招标投标法律法规解读评析
——评标专家指南

（第四版）

陈川生　黄　雯　编著

電子工業出版社
Publishing House of Electronics Industry
北京・BEIJING

内容简介

本书是长期从事招标采购实践工作者撰写的经济与法律的著述。全书共 14 章。前 4 章用系统论的方法对招标投标法及其相关法律法规体系进行剖析、研究和归纳，并在理论上进行了有益的探索。第四版在第三版的基础上重点用新颁布的相关法规对全书进行梳理，增加了对必须招标工程项目规定，政府采购最新相关制度的解读；增加了新颁布的五个标准文件，公路工程项目标准文件的相关内容；并对原书各章节的内容重新审视修改完善，补充了新的案例。帮助读者对其中的资格预审查、编制招标文件及其评标办法对比解析，考察其与法律规范的一致性、相关性和使用要点。除了各章附录的案例对本章内容予以解读外，本书第 14 章精选了评标的系统案例供读者学习参考。用公权力和私权利的视角解读招标投标制度是本书的特点之一。

本书的内容基本覆盖了招标采购服务的主要领域。是从事招标管理和代理机构工作人员全景式的教科书和工作手册；是评标专家的学习指南。

图书在版编目（CIP）数据

招标投标法律法规解读评析：评标专家指南 / 陈川生，黄雯编著. —4 版. —北京：电子工业出版社,2019.5

ISBN 978-7-121-34650-7

Ⅰ. ①招… Ⅱ. ①陈… ②黄… Ⅲ. ①招标投标法－法律解释－中国－高等学校－教材 Ⅳ. ①D922.297.5

中国版本图书馆 CIP 数据核字（2018）第 141305 号

责任编辑：秦淑灵　　文字编辑：蔡馥羽　　特约编辑：陈晓莉
印　　刷：北京七彩京通数码快印有限公司
装　　订：北京七彩京通数码快印有限公司
出版发行：电子工业出版社
　　　　　北京市海淀区万寿路 173 信箱　　邮编：100036
开　　本：787×1 092　1/16　印张：23.5　字数：693 千字
版　　次：2009 年 1 月第 1 版
　　　　　2019 年 5 月第 4 版
印　　次：2023 年 5 月第 6 次印刷
定　　价：68.00 元

凡所购买电子工业出版社图书有缺损问题，请向购买书店调换。若书店售缺，请与本社发行部联系，联系及邮购电话：（010）88254888，88258888。

质量投诉请发邮件至 zlts@phei.com.cn，盗版侵权举报请发邮件至 dbqq@phei.com.cn。

本书咨询联系方式：（010）88254540，caify@phei.com.cn。

四版自序

招标投标法律体系由若干制度组成，其中主要制度有五项，分别是必须招标制度、监督制度、代理制度和评标制度以及相应招标采购程序制度。上述制度的核心是公权和私权关系的平衡。公权在于维护社会秩序保障私权健康运行;私权在公权框架内意思自治在体现当事人合法权益的同时实现社会公共利益的最大化。

除了强制招标制度和监督制度外，代理制度和评标制度最具有中国特色。

在招标制度引进之初，立法者意图是通过对有限代理机构的管制从而约束无数的市场主体，于是有了对代理机构的资质审批制度。但后来发现，代理机构的生存是靠招标人委托项目实现的，招标人是代理机构的衣食父母，代理机构不仅不能起到某种监督作用，反而可能利用其专业技能成为招标各种行为的白手套，社会诟病颇多。于是，作为原因之一，国家陆续取消了5个代理机构的资质审批。取消了资质管制后，代理机构的行为反而越来越正规并逐渐体现其咨询的价值。

与代理制度相比，评标制度更具有强制性，其程序体现公权规制，而私权则表现在每一项评标活动中。从立法意图看，评标应当是一种强制的咨询活动，但是在实践中，这种强制的咨询活动变成为一种事实上的法定代理。特别是条例规定，国有控股或占主导地位的依法必须招标的项目应当确定排名第一的中标候选人为中标人，再加上该类项目剥夺了招标人可以对投标人进行资格审查的权利，公权管制和私权自治关系有所失衡。制度的缺陷加上我国地域辽阔、各地经济文化的发展差异很大，再加上行业的复杂性，执行起来千姿百态，所以评标问题现在也成为社会关注的问题。

本书的出版是想通过对相关行业的法规调整及其各种标准文件评标办法的梳理，帮助评标专家在法律框架内尽量公正地执行自己神圣的职责。

本书已经发行了3版。从2014年第3版以来，国家连续出台了一系列的法律文件和技术规范。主要有:

1. 关于必须招标的工程项目规定;（16号令）
2. 关于招标公告和公示信息发布的规定;（10号令）
3. 国家有关部门关于取消招标代理资质审批制度的规定;
4. 国家发展和改革委员会等九部委颁布了设备、材料、勘察、设计和监理等5个标准系列文件;
5. 财政部颁布了货物和服务招标制度的87号令，质疑投诉的94号令;
6. 交通部门颁布了24号令，以及公路的标准文件系列等。

鉴于此，作为解析法律的专业书籍理应应对不断变化的法律调整带来的新问题。应出版社之约，本书针对上述问题做了全新的阐述，删掉一些与评标无关的内容。本书第4版由昆明市公共资源交易中心副主任黄雯同志负责，修改文字约20余万字；陈川生负责本书的统稿和审定。参加本书修改的还有朱晋华、沈力、刘新才、程浚等。监督部门的工作人员也是一本浓缩的制度手册。

作者近年来应邀在国内住建、电力、石油、煤炭、通信、铁路、航空、水务、烟草、金融、教育、卫生、核工业、国防科技、军队等行业和部门讲学。在讲课过程中，作者不断学习新知识，悟出新的理念，加深了对评标制度的理解。这些一并反映在书中的字里行间。对于本书的缺点错误，欢迎广大读者批评指正。

陈川生

“菜市场理论”的启迪
——三版自序

在招标投标活动中，招标人（代理机构）编制招标文件和组织评标是其重要的能力和水平体现。其中，组织评标是做好评标工作的基础。作为评标专家，熟悉招标投标法律法规既是担任评标专家的条件之一，又是实际工作的必须。

中国政法大学终身教授江平先生指出，招标投标活动的核心是公权力和私权利的关系问题。用公权力和私权利视角解读招标投标相关制度和实践活动是本书的特点之一。

江平先生（中）和 李显冬（左）陈川生（右）2012 年春节在北京合影

众所周知，我国的公共采购由招标投标法和政府采购法予以规范。总结公共采购的基本原则，我们认为可以用菜市场理论予以概括。所谓菜市场理论是指：首先，在菜市场买菜，经常买菜的家庭主妇比不去市场的科学家、教授买得好，即采购人不同采购结果可能不同，这就是采购官或合同官制度的缘由；其次，在菜市场买高档菜或低档菜，在需要的前提下依据兜里的钱决定，这就是预算制度的约束；第三，这个菜市场如果是买方市场，采购人有足够的讨价还价的余地，采购就能取得较好的效果，或者说采购方式在这种条件下可能影响采购结果，这就是竞争条件；第四，上述手段及其目标的实现有赖于公平的市场秩序，这时如果有菜霸威胁小商贩哄抬价格或充斥假货，上述手段和目标就难以实现。换句话说，政府的职能就是要在市场机制失灵的情况下进行行政干预或监督，维持市场秩序，这时的公权力表现为服务、管理和监督。

通常，针对市场不规范的行为主要通过颁布相关法规予以规制。

承蒙读者厚爱，本书 2012 年春再版。再版以来，依据招标投标法实施条例的相关规定，国家有关部门先后密集出台了大量部门规章，主要有以下几条。

（一）国家发改委等部委关于决定修改规章和规范性文件的 23 号令，涉及修改的规章包括：

1．《招标公告发布暂行办法》（4 号令）；

2．《工程建设项目自行招标试行办法》（5 号令）；

3．《工程建设项目可行性研究报告增加招标内容和核准招标事项暂行规定》（9 号令）；

4．《评标委员会和评标方法暂行规定》（12 号令）；

5．《国家重大建设项目招标投标监督暂行办法》（18 号令）；

6.《评标专家和评标专家库管理暂行办法》(29号令);

7.《工程建设项目勘察设计招标投标办法》(2号令);

8.《工程建设项目施工招标投标办法》(30号令);

9.《工程建设项目招标投标活动投诉处理办法》(11号令);

10.《工程建设项目货物招标投标办法》(27号令);

11.《〈标准施工招标资格预审文件〉和〈标准施工招标文件〉试行规定》(56号令);

12.《国家发展计划委员会关于指定发布依法必须招标项目招标公告的媒介的通知》计政策室[2000]868号。

(二)国家发改委等部门联合发布了《电子招标投标办法》及其技术规范(20号令)。

(三)商务部发布了《机电产品国际招投标实施办法》2014年1号令。

(四)财政部发布了《政府采购非招标采购方式管理办法》2014年74号令。

(五)住建部和质检检疫总局联合发布了《建设工程工程量计价规范》2013版国家标准等。

这些部门规章针对目前招标投标市场的不规范行为和问题做了针对性的规定,体现了公权力约束市场不规范行为的强制措施和对合法私权利的保护,显然在这种情形下本书第二版的相关内容也应当及时修订。

本书在第二版的基础上删去了关于招标代理机构的章节,将有关内容压缩在其他章节,在每个章节的结尾尽可能地把作者在日常授课时学员提到的容易混淆的问题用图表或案例予以解读。重点对机电产品国际招标、政府采购、通信招标投标管理办法和电子招标投标法的相关章节重新撰写或解读。方便读者对相关法规的理解和实际运用。

本书再版两年来,作者就招标投标活动的相关问题在全国巡回讲演百余场,讲演的过程就是不断学习的过程,如对招标、投标活动中公权力和私权利的表现方式、表现形式、表现内容的理解、对评标制度的理解,以及对招标投标过程中走过场的现状的研究。作者有一个渐进认识的过程,对于行业内的新鲜事物,作者高度关注,如对深圳市工程交易中心评定分离的试验,作者经过认真调研写出考察报告。针对上述问题的研究,作者大都及时总结成篇发表在行业媒体上,其中,为纪念《招标投标法》颁布和实施十五周年,陈川生和中国政法大学民商法教授、博士生导师李显冬合写的《试论招标制度公权对私权利的规制》一文作为卷首篇,其余两篇作为附文一并收入,以抛砖引玉。

本书由陈川生担任主编,参加编写的有沈力、朱晋华、张晋民等。

本书是针对评标专家写的参考书,但是在编撰过程中也充分考虑到对招标人、招标代理机构工作人员的业务需求,希望读者喜欢并提出宝贵意见。

作者

2014年8月1日

再版序言

任何法律问题都完全可以通过法律规定的程序来得以解决。但公共利益不能够仅仅凭某个人的单独意思私自就能决定，当然也不能够完全由政府一方决定，所以才有了民事主体如何来参与公共利益的决策程序问题。凡是涉及公共利益的问题，任何一种办法都不可能是十全十美的，但有程序规定终究比没有程序规定要好得多。因此，公权力的行使往往成为程序性的问题。

招标投标作为市场竞争的一种重要手段，无疑是我国市场经济法律体系的重要组成部分。根据《招标法》的规定，在中华人民共和国境内进行的招标投标活动要依据它来进行。在中国境内进行的勘察、设计、施工、监理，以及与工程建设有关的重要设备、材料的采购必须实行强制招标。因而，招标投标法就是国家用来规范招标投标活动、调整在招标投标过程中产生的各种关系的法律规范的总称。

可以说《招标法》也主要是一部程序法，我一直以为，程序法是经济决策科学化、民主化的最大保障。一部完善的程序法可以使一项重要的决策失误率降到最小，也可以使经济管理完善化，并使产生腐败的漏洞降到最少。而且，民事法律行为的本质与关键不仅仅在于其合法性，在德国法中其本质上强调的首先就是法律行为的法律后果，不但对招标人具有法律上的拘束力，而且，它可以限制招标人的意思表示的范围。故而，招投标制度设计的基础就在于我国招标采购的主要资金来源，以及采购的对象，往往都涉及国家和公众利益。因此，法律既赋予了某些行政主体或类似主体行政性的权力，而且作为商品交换的主体，法律又承认了其作为民事主体可以成为“公法人”来享有民事权利，承担民事义务。

这样，在招投标活动中，法律才赋予了诸如依特定程序设定的评标委员会的评标权利，以限制和约束招标人的法律意思表示的合法性与正当性。说到底，招投标制度的核心还是“契约自由与市场管制”的关系问题，亦即公法与私法的关系问题。

原山西省机械设备成套局党组成员、总工程师陈川生多年来一直从事招标投标活动并致力于对招标投标法的研究，其中《招标投标法律法规解读评析——评标专家》就是针对评标专家的专著。该书 2008 年出版后受到读者的欢迎，2012 年 2 月 1 日，《招标投标法实施条例》(以下简称《条例》）正式实施。借此机会，作者和他的同事们用《条例》的规则对全书进行了梳理，并由电子工业出版社再版。

作者多年在基层工作，因此他们对法律的感受有独特的视角。该书介绍《招标法》立足应用，简单且有特色。在此基础上，对住房建筑、交通、水利、通信、机电产品国际招标、政府采购招标中的资格预审文件、招标文件的评标办法和相关法规进行解读。作者通过横向、纵向的对比、分析，将一些容易混淆的概念归纳为图表，以对比的方式做了介绍，通过大量案例使读者能够在较短的时间内掌握其知识要点，立足于使用。

常年从事经济工作的同志能够通过实践感悟、编撰有关法律经济的专著，一是说明法律就是“被改造的习惯，是一种根源于社会共同体的历史价值和规范的产物”，它同法律实践是紧密联系的；二是作者不满足应当怎么做，而是力图知道为什么这样做，通过法学理论的研究来提高自己执行法律的自觉性。

我欣赏他们这种学习依法治国的钻研精神。

是为序。

中国政法大学教授

2012 年新春

序

对评标专家培训是保证招标、投标活动公正、公平的一个重要措施，学习和掌握必要的招标、投标法律法规基础知识也是评标专家应当具备的条件之一。

近年来，作者为普及《中华人民共和国招标投标法》（以下简称《招标投标法》）做了大量工作。特别是对山西省评标专家库的入库专家的培训，亲自编写教材，认真授课，为加强省内评标专家对《招标投标法》的理解和提高评标技能起到积极作用。在国家有关部门推行《标准施工资格预审文件》和《标准施工招标文件》（以下简称《标准文件》）的工作中，他们积极宣讲，认真贯彻，本书就是在上述讲稿的基础上整理完成的。

本书作者用系统论的方法对《招标投标法》和两个《标准文件》解读评析，重点是分析总系统同各个子系统之间的法律关系。其中也涉及一些条文的解读并提出一些新的见解。但由于对法律条文的诠释有专门的文献，因此条文释义不是本书的重点。

本书首次提出《招标投标法》具有“公法”和“私法”两重法律关系，并通过对条文的解读使读者对此充分理解。在具体解读中，作者通过总结，如把招标投标法第 68 条归纳为：一个基础即在招标时招标人公正为基础；两个组织即委托代理的招标代理机构，重点做好编制招标文件的工作，解决“买什么”的问题，评标委员会通过甄别真假评审好坏推荐名次的工作程序，重点解决“买谁的”问题；三种管理即程序管理解决合法性、结果管理解决公平性、投诉管理解决成本和效率以及违法的三种责任：民事责任、行政责任、刑事责任。把投标人的行为条件归纳为三个“应当”，把评标专家的责任义务归纳为“三权两责五个判定”等，方便、实用、好记。

为进一步做好招标投标工作，作者将其工作多年总结的《招标投标法》法律法规体系图表，以及其他有关图表作为附表供读者工作时参考。这样，这本书作为《招标投标法》和两个《标准文件》普及教材的同时也在一定程度上成了招标专职工作者的工具书。

招标投标领域广泛，涉及行业很多。我相信，随着我国经济体制改革的深入，招标投标事业一定会有更大的发展，希望有更多的关于招标投标实践和研究成果的著作问世。山西省的同行们写了这本书，我很高兴，写了这些话。以为序。

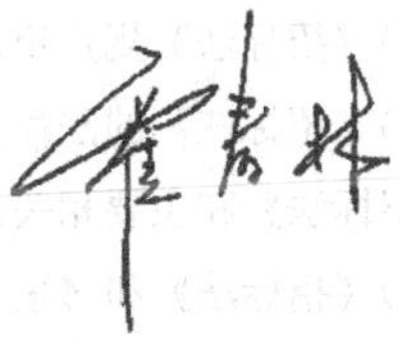

中国招标投标协会常务副会长

2008 年 10 月 18 日

目 录

卷 首 篇

试论我国招投标制度中公权力对私权利的规制

——纪念《招标法》实施十五周年

《中华人民共和国招标投标法》（以下简称《招标法》）既涉及公法范畴，也涉及私法范畴，包含两重法律关系。众所周知，公权力没有授权即禁止，私权利没有禁止即自由。

招标投标活动中的公权力和私权利，通过法律制度和国家技术标准实现。中国招标投标协会副会长李小林指出：法律制度主要针对原则、唯一、稳定、管理和定性的行为事项，技术规范主要针对细节、多样、可变、技术和定量的行为事项，二者具有不可替代、互为补充的调整控制作用，唯有相互结合，才能有效规范招标投标市场行为。[1]

招标投标活动涉及经济学、管理学、工学技术和法学等领域。在经济学领域分为公共经济学和市场经济学；在管理学领域分为公共管理学和工商管理学；在工学技术领域分为国家强制技术标准和推荐性、示范性标准及其具体技术条件；在法学领域主要涉及经济法和民法。上述领域的前者属于一般公权力范畴，后者一般属于私权利范畴。

在法学领域，依据罗马法关于公法和私法的划分原则，认为国家公务的法律为公法；认为个人利益的法律为私法。所谓“公法”，其本质是以国家权力为核心的法律机制，行使国家行政权、审判权等；“公法”和“权力（Power）”相对应。[2]所谓“私法”，则是在市场经济中保护当事人权利的法律，保护公民法人的合法权益，如市场经济中的各种买卖关系、借贷关系等。“私法”和“权利（Right）”相对应。[3]

1995 年，王家福先生在给中央领导同志讲法制课时就明确指出“对于任何法规，若不究明其属于公法或属于私法，就不可能了解其内容和意义，就不可能正确地理解和适用”。

中国政法大学终身教授江平先生指出：“招投标制度的核心还是‘契约自由与市场管制’的关系问题，亦即公法与私法的关系问题。”[4]

众所周知，我国的公共采购由招标投标法和政府采购法予以规范。我国招标制度公权力和私权利的关系可以用图 0.1 予以总结概括。

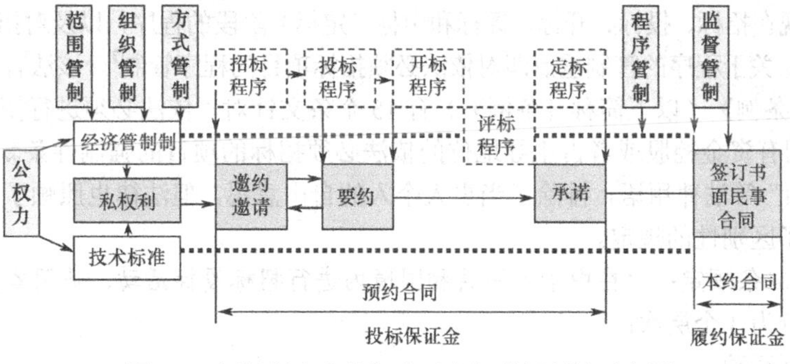

图 0.1　招标制度中公权力对私权利规制的示意图

1 李小林. 创新完善招标投标体制的思考. 宏观经济管理. 2009 年 09 期
2 谢晖. 权力缺席与权力失约——当代中国的公法漏洞及其极济. 来源. 求是学刊. 2001 年 01 期
3 龙卫球. 公法和私法的关系. 全国人大常委会办公厅研究资料. 第 17 期，2004
4 陈川生. 招标投标法律法规解读评析——评标专家指南.（第二版）. 北京：电子工业出版社，2012

一、招投标法律关系中的公权力规制

（一）公权法律制度主要体现于经济管制

公权力的法律管制表现为招标准备阶段的范围管制、组织管制、方式管制；招标过程中的程序管制和招标投标活动全过程的监督管制等5种经济范畴的管制。

1．招标范围规模的管制

强制招标是招标投标制度的核心内容之一，也是最能体现其立法目的之条款之一。依法必须招标，是指法律规定符合某些类型和资金来源范围的采购项目，达到一定数额规模的必须通过招标进行，否则采购单位和相关人员要承担法律责任。

《招标法》第三条规定了达到一定规模的工程建设项目和法律或者国务院对必须进行招标的其他项目的范围有规定的，应当强制招标。

范围管制还包括了应当强制招标和可以不招标的例外规定。

根据招标法第12条的规定，招标文件不得要求或者标明特定的生产供应者，以及含有倾向或者排斥潜在投标人的其他内容。

2．招标组织的管制

所谓组织管制是对依法必须招标的项目招标人自行招标的管制，因为采购人不同采购结果可能不同。

根据招标法第12条的规定，招标文件不得要求或者标明特定的生产供应者，以及含有倾向或者排斥潜在投标的其他内容。

3．招标方式的管制

我国招标制度中法定的招标方式只有公开招标和邀请招标两种方式，政府采购法规定在此基础上增加了竞争性谈判、单一来源谈判、询价和其他方式。其中公开招标应当是主要采购方式。之所以对招标方式做适当的管制是由于采购方式不同将影响采购的结果。

方式管制包括两类法定应当公开招标的规定，一是国家和省确定的重点项目，二是国有资金占控股或主导地位的依法必须招标的项目。除此之外的招标采购方式的选择，属于招标人的私权利，法律同时规定了应当公开招标符合特定条件时可以邀请招标的条件。

上述范围管制、组织管制和方式管制如果属于依法需要审批、核准的项目在项目审批或核准时一并决定，其余需要有关主管部门认定或管理，自为公权的行使。[5]

4．招标程序的管制

程序管制表现在招标、投标、开标、评标和中标（定标）阶段的程序，以及对招投标结果和投诉管制[6]。《招标法》关于程序的管制重点即对依法必须招标项目的程序管制[7]。该法有12个条文，而《招标投标法实施条例》（以下简称《条例》）有15个条文针对“依法必须进行招标的项目”，其中，有3条针对国有资金控股或者占主导地位的依法必须招标的项目的强制性条款。强制性条款采用“不得”“必须”等法律用语，排除了当事人个人的自由意思，但法律也照顾了非强制招标项目的不同情况，做了区别性的规定。

《招标法》第二条规定：“在中华人民共和国境内进行招标投标活动，适用本法。”该法对招投标活动的管理分为3个层次：

一是招标投标活动；

二是依法必须进行招标的项目；

5 赵德兵．我国招投标制度存在的问题与完善.安徽大学学报.2007年硕士论文

6 钟思银．建筑工程招标投标程序探析．科技创新与应用.2012年13期

7 宋子军．招标投标的关键是规范招标投标程序．煤炭工程.2004年第5期

三是国有资金控股或者占主导地位的依法必须招标的项目。

《招标法》中仅针对“依法必须招标的项目”做出规定的条款有：

（1）不得化整为零和规避招标。（第 4 条）

（2）不受地区或部门限制，任何人不得违法限制或排斥本地区或系统外投标，不得非法干涉招标投标活动。（第 6 条）

（3）招标人自行招标应向有关行政监督部门备案。（第 12 条）

（4）招标公告应当通过国家指定媒体发布，且公告的内容法定。（第 16 条）

（5）招标人确定投标人编制投标文件的时间不少于 20 日。（第 24 条）

（6）评标委员会成员的结构、人数和专家比例、专家资格、聘请方式法定。（第 37 条）

（7）评标委员会依法否决所有投标的，招标人应当重新招标。（第 42 条）

（8）招标人确定中标人之日起十五日内向有关行政监督部门书面报告。（第 47 条）

（9）招标人有泄密行为给予行政处罚或承担刑事责任，影响中标的中标无效。（第 52 条）

（10）投标人以非法手段中标的，中标无效并承担相应民事和刑事责任。（第 54 条）

（11）招标人和投标人谈判中违反法律规定承担行政责任。（第 55 条）

（12）招标人违法确定中标人的中标无效并承担相应行政责任。（第 57 条）

《条例》针对“依法必须招标的项目”的条款有：

（1）招标（预审）公告应在国家指定媒介发布并使用国家标准文本。（第 15 条）

（2）提交资格申请的时间不得少于 5 日。（第 17 条）

（3）重新资格审查或招标应修改招标文本后重新审查或招标。（第 23 条）

（4）招标人不得利用划分标段规避招标。（第 24 条）

（5）除法律规定外，专家应当从专家库抽取，招标人不得非法更换。（第 46 条）

（6）招标人应当依法公示中标候选人。（第 54 条）

即对于发布资格预审公告（公告）、使用标准文本、资格预审提交时间、文件修改后重新招标、专家确定、公示等环节的强制规定仅针对“依法必须进行招标的项目”。

对于一般招标投标活动上述规定可参照执行；对于国有资金依法必须招标的项目有关法规对于招标方式、资格审查和确定中标人 3 个环节作出更严格的规定。

5. 招标监督的管制

招标监督的管制的表现为行政监督、社会监督（当事人监督）和司法监督的综合法律调整。法律规定了招标投标活动中行政监督部门的权力清单。公权力的行使方式包括：服务、管理和监督三方面。[8]

其中，服务和管理职能包括：

（1）指定发布招标公告的媒介。（《招标法》第 16 条）

（2）组建综合评标专家库。（《招标法》第 37 条第 3 款、《条例》第 45 条第 2 款）

（3）组织有关部门编制标准文本。（《条例》第 15 条）

（4）对于法定需要审批、核准项目依法审批、核准招标内容。(《招标法》第 9 条和《条例》第 7 条)

（5）对于法定需要备案项目接受自行招标备案。（《招标法》第 12 条第 3 款）

（6）接受依法必须进行招标项目招标情况报告。（《招标法》第 47 条）

（7）对招标代理机构进行资格管理。（《招标法》第 14 条和条例第 11 条）

（8）对取得招标职业资格的专业人员管理。（《条例》第 12 条）

其中，监督职能包括：

（1）受理投诉。（《招标法》第 65 条）

---

8 姜明安. 论公法与政治文明. 法商研究. 2003 年 03 期

（2）对评标活动进行监督。（《条例》第 46 条第 4 款）

（3）对招投标过程中泄露保密资料、泄露标底、串通招标、虚假投标、歧视排斥投标等违法活动进行监督执法和监督检查。（《招标法》第 7 条、国办发[2000]34 号）文）

（4）依据《招标法》第 49～64 条“对违法当事人处罚”。

（5）依据《条例》第 63～82 条“对违法当事人处罚”。

其中，监督方式包括：

（1）受理并处理投诉是有关行政部门对招标投标违法行为进行监督的重要职能，条例和有关部门规章对投诉受理程序、处理和监督措施有明确规定。

（2）《条例》第六章“法律责任”中第 79 条规定：“国家建立招标投标信用制度。有关行政监督部门应当依法公告对招标人、招标代理机构、投标人、评标委员会成员等当事人违法行为的行政处理决定。”即法律明确“透明化”是法定的监督手段。

（3）按照《国家重大建设项目稽察办法》规定，部门可以组织国家重大建设项目稽察特派员，采取经常性稽察和专项性稽察方式对重大建设项目建设过程中的招标投标活动依照法定程序和方式定期进行监督检查。

（4）招标投标活动的其他监督方式，主要是专项或日常检查和监督。

在管理和监督中，有关项目审批行政部门对应当审核项目中的招标范围、招标方式、招标组织形式的审批、核准属于行政管理的范畴，是对市场秩序的规范。审批部门对审批事项落实的检查属于监督行为。

有关行政监督部门接受招标人招标投标情况的书面报告属于行政管理程序的组成部分，接收后备案留存；行政监督部门认为需要或处理投诉对照该书面报告进行检查，属于监督行为。

（二）强制性技术规范的公权力属性[9]

技术规范一般分为强制性、推荐性和示范性 3 种类型，公权力的管制通过各行业的强制性技术标准予以体现。[10]

如在工程建设领域的工程量清单计价规范（GB50500—2013）规定了 3.1.1 等 15 项条款为强制性规定，必须强制执行。这 15 项规定是如下所示。

“(1) 3.1.1 全部使用国有资金投资或国有资金投资为主的工程建设项目，必须采用工程量清单计价。

(2) 3.1.4 工程量清单应采用综合单价计价。

(3) 3.1.5 措施项目中的安全文明施工费必须按国家或省级、行业建设主管部门的规定计算，不得作为竞争性费用。

(4) 3.1.6 规费和税金必须按国家或省级、行业建设主管部门的规定计算，不得作为竞争性费用。

(5) 3.4.1 建设工程发承包，必须在招标文件、合同中明确计价中的风险内容及其范围，不得采用无限风险、所有风险或类似语句规定计价中的风险内容及范围。

(6) 4.1.2 招标工程量清单必须作为招标文件的组成部分，其准确性和完整性应由招标人负责。

(7) 4.2.1 分部分项工程项目清单必须载明项目编码、项目名称、项目特征、计量单位和工程量。

(8) 4.2.2 分部分项工程项目清单必须根据相关工程现行国家计量规范规定的项目编码、项目名称、项目特征、计量单位和工程量计算规则进行编制。

(9) 4.3.1 措施项目清单必须根据相关工程现行国家计量规范的规定编制。

(10) 5.1.1 国有资金投资的建设工程招标，招标人必须编制招标控制价。

---

9 钟瑞栋. 民法中的强制性规范（下）——兼论公法与私法“接轨”的立法途径与规范配置技术. 法律科学. 2009

10 申利静. 技术标准及其法律性质初探. 法制与社会. 2012 年 24 期

（11）6.1.3 投标报价不得低于工程成本。

（12）6.1.4 投标人必须按招标工程量清单填报价格。项目编码、项目名称、项目特征、计量单位、工程量必须与招标工程量清单一致。

（13）8.1.1 工程量必须按照相关工程现行国家计量规范规定的工程量计算规则计算。

（14）8.2.1 工程量必须以承包人完成合同工程应予计量的工程量确定。

（15）11.1.1 工程完工后，发承包双方必须在合同约定时间内办理工程竣工结算”。

上述 15 项强制规定，除了 3.1.4 款采用“应”，6.1.3 款采用“不得”外，其余 13 条均采用“必须”对强制内容予以规范，体现了公权力最严格的约束要求，故而要求行政强制“法定原则”[11]

由于招标采购活动的技术属性，在涉及招标采购的各个行业都有大量的技术规范，如公路建设涉及的技术规范有 700 章，并作为标准招标文件的组成部分，其中的强制性规定都体现了公权力对招标投标活动相对人的约束，合同和其抵触的内容应当服从强制性规范。[12]

二、招投标过程中私权法律关系

（一）私法中的权利保护

《招标法》的私法规范表现在了对当事人合法民事权利的保护[13]，其赋予招标人主要有以下 10 项权利：

1．自主选择招标代理机构作为咨询代理（第 12 条）；

2．启动招标程序发布资格预审公告或招标公告提出邀约邀请（第 16 条）；

3．招标人可以对潜在投标人进行资格审查，国家对投标人资格条件有规定的除外（第 18 条）；

4．编制招标文件包括评标办法的选择或控制价的制定（第 19 条）；

5．可以组织投标人踏勘项目现场（第 21 条）；

6．招标人可以设置标底（第 22 条）；

7．主持开标会议（第 35 条）；

8．依法组建评标委员会（第 37 条）；

9．依据评标委员会评标报告和推荐的中标候选人确定中标人（第 40 条）；

10．发中标通知书做出承诺（第 45 条）。

《条例》补充了招标人终止招标和在法定条件下对中标候选人进行履约能力审查的权利，有关部门规章对终止招标的权利作出限制：在不可抗力的情况下，招标人可以终止招标。

法律赋予招标人上述权利，体现了《招标法》私法的本质内涵，保障了招标人作为平等民事主体应当享有的合法权益[14]，保障了招标人作为项目法人在工程建设项目中的中心地位，同其承担的法人责任相适应。本着权利义务对等的原则，法律也规定了招标人的 20 项义务。

在招标投标活动中经济管制加契约自由是其缔约合同的特点，其合同形式表现为签订预约合同和本约合同两个阶段[15]，投标保证金和履约保证金分别是两个合同形式的担保。[16]

招标文件属于要约邀请，行业内无异议。但是对资格预审文件的法律属性认定有不同意见。有学者认为，资格申请文件没有价格，不能属于要约，由此推断资格预审文件也不是要约邀请。作

---

11 中国制定行政强制法,规范行政强制约束公权力. 中国新闻网. 2011.06.30

12 孙鹏. 论违反强制性规定之效力——兼析〈中华人民共和国合同法〉第 52 条第 5 项的理解和适用.法商研究. 2006 年第 5 期

13 杨正明，李桂模. 私法方法在司法实践中的运用. 法治论坛. 2007 年 4 期

14 高子正. 零敲碎打地侃“定标权”（一）特稿. 中国国际招标网/中国招标采购社区，2010.08.02

15 王利明. 预约合同若干问题研究. 中国民商法律，www.civrllaw.com.cn.2014.05.14

16 翼云峰. 浅议建设工程合同履约保证金. 太原仲裁委员会官网，2010.7.1

者认为，从资格预审制度设计考量，招标是选择交易对象及其方案的采购方式。资格预审主要选合同主体”的适格性，在此基础上，通过招标选择合同内容的最优方案，属于同一性质过程的两个阶段，即希望潜在的合格投标人发出对采购项目的邀约。因此，资格审查文件从实质上看属于招标文件的一部分；资格预审公告和资格预审文件都是对本约合同第一阶段的要约邀请；同理，资格审查申请书同样属于要约，该要约的特殊性在于由于其约定属无名准入合同。因此，资格申请书即使没有价格也应视为要约的重要组成部分。而资格审查合格通知书则属于承诺，从而构成了投标预约合同。

该类经过资格预审的招标项目，由两个法律效力不同的预约合同和一个本约合同共同构成招投标合同关系[17]。这种合同在一些特定行业还可能属于不同性质的合同。如在土地使用权转让的招标过程中，经过资格预审程序发出资格审查合格通知书，表示磋商型的预约合同成立并生效；经过招标程序发出中标通知书表示缔约型的预约合同成立并生效，且该两项预约合同属于民事合同。相对于本合同，发出中标通知书表示本合同成立但未生效；经过国土行政部门审核并作为合同一方签订书面合同，本合同才生效且合同性质属于行政合同。[18]

招标投标活动私权利的表现形式和过程包括：制定招标方案、编制招标文件、执行招标程序、完成中标合同。私权利的约束范畴：在公权力的约束和保护下，契约自由、意思自治。

（二）技术规范的私权利

推荐性、示范性技术规范和一般技术条件体现着私权行使的任意性[19]。如在工程建设领域的工程量清单计价规范（GB50500—2013）中除了强制性规范外还有推荐性和示范性的条款供招标人选用，如关于合同价款的调整，2013 清单标准列举了 15 项可能发生调整的因素，由双方依照合同的约定进行；又例如，工程的设计图纸在符合国家标准和技术规范的前提下充分体现了设计师的智慧。对于建筑大师而言，每一幢建筑都可能是一件凝固的精美艺术品，这些设计成果不但显然属于私权利，而且还有受到法律保护的知识产权。建设工程监理合同（示范文本）规定，监理人对其编制的文本拥有著作权[20]

三、公权力和私权利的交织与约束

（一）公权力和私权利的交织

在招标投标程序管制中，公权力和私权利有时交织在一起。如在投标截止和开标程序，确定投标截止时间是招标人的私权利，开标程序属于公权力的规定。法律规定，开标在投标截止的同一时间和地点进行。又例如，评标制度的设计体现了公权力和私权利的两重法律关系的交织。[21]

有学者指出：[22]“评标专家组成评标委员会，开展评标活动，可以理解成一种代理行为：评标专家们以自己的专业知识与技能来评标，为实现招标人利益最大化，选出最佳的投标人这一招标目的服务；同时，评标专家是独立地为意思表示，评标的结果——出具评标报告、推荐中标候选人这

17 董巧婷，李永锋. 工程招投标与合同法律关系分析. 石家庄铁道学院学报. 2007 年 2 期

18 张志军. 政府采购合同应自中标通知书发出时成立. 政府采购信息报. 2011.12.1

19 李建华，许中缘. 论私法自治与我国民法典——兼评〈中华人民共和国民法（草案）〉第 4 条的规定. 法制与社会发展. 2003 年 03 期

20 住房和城市建设部，国家工商行政管理总局. 2012.3.2 关于印发《建设工程监理合同（示范文本）》的通知. 建市[2012]46 号

21 赵勇，李汉文. 经济转型背景下评标委员会制度研究. 招标采购管理. 2013 年 11 期

22 罗娅，何红锋. 南开大学硕士研究生论文. 评标委员会研究. 2008 年

样的法律效果直接归属于招标人。评标专家与招标人在这个层面上构成了实质的代理关系。”笔者完全同意其做出的这种代理关系的判断，同时，笔者愿意补充修正的是，这种代理不是来自招标人的任意委托，而是国家法律规定，其代理权源于法律规定而授权。

评标委员会的评审结论构成招标人选择交易对象的法定基础，依据条例规定，在国有资金占控股或主导地位的依法必须招标的项目中，评标委员会的评审意见一般构成招标人的承诺——应当第一名中标，更凸显出这种代理关系的存在。这种制度设计属于公权力范畴；而评标专家个人和招标人的关系则属于射幸合同关系，射幸合同属于私权利范畴。评标制度设计是国家公权力通过程序对其行使“私法”活动的予以限制，以防止其以权谋私、输送利益和减少决策失误。

目前，我们对评标中的私权利重视不够，评标制度的问题也较多。深圳市工程交易中心采取评定分离的方法从制度上进行了创新，使评标制度成为一种由招标人主导的技术商务咨询活动，应当更符合立法宗旨的实现。

（二）公权力与私权利间的相互管制与制约

1. 公权力的滥用也会产生管制腐败。

在经济管制类法律的司法活动中，我国主要通过行政部门执法来实现[23]。一般颁布一部法律即需要明确一个行政监督部门，但是《招标法》却是个例外。由于招标投标活动涉及的部门、领域极其广泛，所以形成目前“九龙治水”的监督格局。虽然，《条例》尽可能对目前监管存在的问题作了尽可能详细的针对性规定，但是，兼有公法和私法性质的招标投标活动出现的问题法律规范难以穷尽。部门协调有时不能保证妥协的意见能否保证国家和公众利益的最大化。为此，超越部门利益，将招标投标活动的管理和监督分离的统一的行政监督部门的执法可能有利于对招标投标活动的监督管理。

除了“三峡工程”等特大型项目兼有国家宏观经济领域的布局外，绝大多数工程建设项目大都属于微观经济范畴。对于微观经济领域的法律法规最主要的作用是维持市场公平秩序，而不应造成更多的干预，不能用计划经济的思维解决市场存在的问题[24]。目前，招标投标市场出现了许多不尽人意的地方[25]，有关招投标的法律法规多达上千部，但是“法出而奸生、令下而诈起”，在招标投标领域政府规范市场的法令越多，人们违法的数量也越多；政府打击违法的措施越多，人们违法的手段也越高明。这不能不引起我们的深思。

作者认为，公权力本身具有自我扩张的本能属性[26]，管制腐败是造成上述现象的重要原因。

在招投标领域，各级政府出台的违反上位法的大量规范性文件和实际做法，非法设置行政许可事项、剥夺招标投标当事人依法享有的权利、插手干预正常的招标投标活动、巧立名目向市场主体大肆收费等种种做法是政府最大的失信行为。招标走过场的行为普遍存在，有的地方、部门甚至在“逼良为娼”后再进行“扫黄打非”行动，对市场主体进行各种检查处罚甚至勾结当事人为其围标串标披上合法外衣；造成民愤积怨不断上升，普遍对招标投标市场秩序规范丧失信心。多年的实践已经证明：招标投标领域政府权力越强化问题越多，这种恶性循环越演越烈，难以遏制。行政权力对招标投标的干预，即对资源配置及微观经济活动的干预，造成寻租基础扩大，并导致腐败蔓延。各级政府在发挥公共资源交易中心积极作用的同时更应注意对其可能产生的违法行为依法纠正。

---

23 《国务院办公厅关于贯彻落实全面推进依法行政实施纲要的实施意见》国办发[2004]24号
24 梅继霞. 政府错位与地方政府职能重塑. 江西行政学院学报. 1999.02 期
25 王亚军. 读我国招投标市场中存在的问题. 基建优化. 2004 年 04 期
26 朱四倍. 抑制权力自我扩张本性体现公意. 新浪财经，2006 年 9 月 21 日

2. 私权利的约束靠信用制度的建立

招标投标制度建立在项目法人责任制的基础上[27]，因此法律赋予招标人 10 项重要的权利。由于招标投标活动的经济属性不可避免地滋生腐败；技术属性容易掩盖腐败，管理属性会造成管控腐败的漏洞，法律属性会产生管制腐败。在这种综合属性的活动中，招标人如果行为不端正，这 10 项权利任何一项权利的运用都可以衍生出许许多多防不胜防的违法行为。因此，在完善的监督体制下，招标人的自律是规范招标投标市场的重要保证，其中建立完善的信用制度是约束招标投标当事人最重要的监督手段[28]。目前，在一些地方违法的成本很低，守法的人总吃亏，这样守法的人也会违法[29]。如果我们建立了完善的信用制度，违法的人一处违法，处处受罚，成本极大，那么市场的规范就指日可待了。采用电子招标投标制度是实现信用制度建设的有效途径，当然，电商推广的动力主要还是它的经济性。

综合上述，从公法的视角考量，《招标法》属于经济法部门的一部特别法；从私法的视角考量，《招标法》属于民商法部门的一部特别法。江平先生指出，*凡是涉及公共利益的问题，任何一种办法都不可能是十全十美的，但有程序规定终究比没有程序规定要好得多*。目前，该法在我国经济建设中发挥着重要作用，无疑对私权利的保护是防止公权力滥用的最后一道防线；而私权利只有在公法确认与保护之下才可能真正得以实现。

山西省机械设备成套局原总工程师、教授级高工　陈川生
中国政法大学国土资源法治研究院副院长　民商经济法教授、博士生导师　李显冬

2014 年 8 月 1 日

27 秦丽辉，李传军. 契约治理与项目法人负责制. 长春工程学院学报（社会科学版）. 2003 年 02 期
28 李茂林. 浅谈工程建设招标投标中存在的问题及解决对策. 海河永利. 2002 年 03 期
29 商海失信，违法成本太低. 法制日报. 一法制网 2013 年 10 月 27 日

程序法是经济决策科学化、民主化的最大保障。一部完善的程序法可以使一项重要的决策失误率降到最小处，也可以使经济管理完善化，使产生腐败的漏洞降到最少处。

中国政法大学终身教授　江　平

第1章

《中华人民共和国招标投标法》的法律渊源

学习、研究《中华人民共和国招标投标法》（简称《招标法》）的法律渊源和相关法律体系是在招标投标活动中有关当事人主张权利的法律依据和行使请求权的规范基础。

一、《招标法》的法律渊源和相关法律法规体系

（一）我国《招标法》的法律渊源

1．宪法：中国革命的先行者孙中山先生指出，所谓宪法就是国家构成法，亦即公民权利的保障书。宪法主要有两大使命，一是保障人民的权利，二是规范公仆的权力，是一个国家的根本法，具有最高法律效力，是其他立法工作的根据。

为保障人民的知情权、监督权，有些国家在宪法条文中对招标有明确规定，如秘鲁宪法规定“用公款签订合同以及购置和转让财产必须通过招标进行”。其他诸如墨西哥、洪都拉斯、萨尔瓦多等国的宪法中也有关于招标的条款。

2．基本法律和普通法律：在我国指由全国人民代表大会制定的《民法》《刑法》等基本法律和全国人民代表大会常务委员会制定的其他法律和一般法律，如《招标法》《采购法》等。

3．行政法规：国务院根据宪法和法律，制定行政法规。行政法规由总理签署国务院命令予以公布，如《建设工程质量管理条例》《招标投标法实施条例》等。

4．地方性法规、自治条例和单行条例：省、自治区、直辖市的人民代表大会及其常务委员会根据本行政区域的具体情况和实际需要，在不同宪法、法律、行政法规相抵触的前提下，可制定地方性法规。省、自治区、直辖市的人民代表大会制定的地方性法规由大会主席团发布公告予以发布。

《招标法》颁布后，全国绝大多数省、市、自治区人大常委会都颁布了规范招标投标的地方性法规。

5．部门规章：由部门首长签署命令予以公布。地方政府规章由省长或者自治区主席、直辖市市长签署命令予以公布。

6．规范性文件：是各级政府及其所属部门和派出机关在其职权范围内，依据法律、法规和规章制定的具有普遍约束力的具体规定，如《国务院办公厅印发国务院有关部门实施招标投标活动行政监督的职责分工意见的通知》（国办发[2000]34号）。

（二）我国法律法规的效力等级

1．宪法具有最高的法律效力，一切基本法律、一般法律、行政法规、地方性法规、自治条例和单行条例、规章都不得同宪法相抵触。

2．基本法律、普通法律的效力高于行政法规、地方性法规、规章。

3．行政法规的效力高于地方性法规、规章。

4．地方性法规的效力高于本级和下级地方政府规章。

上述 4 条表述了宪法、法律、行政法规、地方性法规 4 个层次的纵向法律效力等级原则。

5．部门规章之间、部门规章与地方政府规章之间具有同等效力，在各自的权限范围内施行。

本条表述了同阶规章的效力平等和在各自权限范围内有效的适用原则，部门联合发布的规章在所有联合的部门权限内有效。

6．同一机关制定的法律、行政法规、地方性法规、自治条例和单行条例、规章，特别规定与一般规定不一致的，适用特别规定；新的规定与旧的规定不一致的，适用新的规定。

本条表述了法律、法规对于同一事项“一般”服从“特别”“旧”的服从“新”的横向效力层级和时间序列效力层级。

7．法律、行政法规、地方性法规、自治条例和单行条例、规章不溯及既往，但为了更好地保护公民、法人和其他组织的权利和利益而做出的特别规定除外。

本条规定了法律、法规不溯及既往的原则规定。

8．法律之间对同一事项的新的一般规定与旧的特别规定不一致，不能确定如何适用时，由全国人民代表大会常务委员会裁决。

9．行政法规之间对同一事项的新的一般规定与旧的特别规定不一致，不能确定如何适用时，由国务院裁决。

10．同一机关制定的新的一般规定与旧的特别规定不一致时，由制定机关裁决。

上述三条表述了同阶法规在正常适用规则不一致时的裁决权限。

11．地方性法规与部门规章之间对同一事项的规定不一致，不能确定如何适用时，由国务院提出意见，国务院认为应当适用地方性法规的，应当决定在该地方适用地方性法规的规定；认为应当适用部门规章的，应当提请全国人民代表大会常务委员会裁决。

12．部门规章之间、部门规章与地方政府规章之间对同一事项的规定不一致时，由国务院裁决。根据授权制定的法规与法律规定不一致，不能确定如何适用时，由全国人民代表大会常务委员会裁决。

上述两条表述了地方性法规、规章之间不一致的特殊情况时法律适用的处理办法和裁决权限。

（三）我国招标投标法律法规体系的建立和完善

1．我国的招标投标法律法规体系

招标投标法律体系是由有关法律、法规、规章及规范性文件构成跨部门的法律规范系统。

总结我国招标投标活动近 20 年的经验，1999 年 8 月 30 日全国人民代表大会常务委员会正式通过并公布了《中华人民共和国招标投标法》（以下简称招标法）并于 2000 年 1 月 1 日正式实施。2000 年 3 月 4 日，根据该法第 7 条的规定，国务院以（国办发[2000]34 号）文颁发了《关于国务院有关部门实施招投标活动行政监督的职责分工意见》。据此，从 2000 年 5 月 1 日至同年 8 月 7 日，原国家计委连续颁发了 3 号、4 号、5 号、6 号令对招标的范围和规模，招标公告、自行招标和重大项目稽查等事项做出了规定。2000 年 7 月 5 日，原国家计委、建设部等七部委颁布了 12 号令《评标委员会和评标方法暂行规定》，2003 年 4 月 1 日国家发改委发布了 29 号令《评标专家和评标专家库管理暂行办法》等，以此作为基础部门规章。此外，建设部、原外经贸部、原经贸委、交通部、铁道部、水利部、原信息产业部和中国民用航空局等国务院有关部委陆续发布了部门规章及其实施细则，作为行业部门规章，并不断修订完善。与此同时，各省、自治区、直辖市人大常委会分别颁布了招标投标的地方性法规。这样，《招标法》和各省、市自治区地方法规、部门基础规章、行业规章、规范性文件四部分构成了我国相对完整的招投标法律法规体系。

2011年10月30日，国务院颁布了《招标投标法实施条例》（以下简称《条例》），标志着招标投标法律法规制度建设进入一个新阶段。条例颁布后相应的部门规章、标准文件都依法做了必要的调整和修改。

2. 国家有关法规赋予行政监督部门依法行政的权力清单

（1）在招标投标活动中，法律赋予政府有关部门对招标投标活动的行政管理的职能主要是：

① 指定发布招标公告的媒介，《招标法》第16条。

② 组建综合评标专家库，《招标法》第37条第三款、条例第45条第二款。

③ 组织有关部门编制标准文本，条例第15条。

④ 对于法定需要审批、核准项目依法审批、核准招标内容，《招标法》第9条和条例第7条。

⑤ 对于法定需要备案项目接受自行招标备案，《招标法》第12条第三款。

⑥ 接受依法必须进行招标项目招标情况报告，《招标法》第47条。

⑦ 对招标代理机构进行资格管理，《招标法》第14条和条例第11条。

⑧ 对取得招标职业资格的专业人员管理，《条例》第12条。

（2）法律赋予政府有关部门对招标投标活动监督的职能是：

① 受理投诉，《招标法》第65条。

② 对评标活动进行监督，条例第46条第四款。

③ 对招投标过程中泄露保密资料、泄露标底、串通招标、虚假投标、歧视排斥投标等违法活动进行监督执法和监督检查，《招标法》第7条、国办发[2000]34号）文。

④ 依据《招标法》第49～64条对违法当事人处罚。

⑤ 依据《条例》第63～82条对违法当事人处罚。

（3）在招标投标活动中法律赋予政府有关部门法定的监督方式有:

① 受理并处理投诉是有关行政部门对招标投标违法行为进行监督的重要职能，条例和有关部门规章对投诉受理程序、处理和监督措施有明确规定。

②《条例》第六章法律责任中第79条规定：“国家建立招标投标信用制度。有关行政监督部门应当依法公告对招标人、招标代理机构、投标人、评标委员会成员等当事人违法行为的行政处理决定。”即法律明确“透明化”是法定的监督手段。

③ 按照《国家重大建设项目稽察办法》规定，发展改革部门可以组织国家重大建设项目稽察特派员，采取经常性稽察和专项性稽察方式对重大建设项目建设过程中的招标投标活动依照法定程序和方式定期进行监督检查。

（4）招标投标活动的其他监督方式

由于我国没有对招标投标活动监督程序、方式进行立法，实践中，除了法定监督方式外，常用的监督手段有以下几种。

现场监督：是指政府有关部门工作人员在开标、评标的现场行使监督权，及时发现并制止有关违法行为。现场监督也可以通过网上监督来实现，即政府有关部门利用网络技术对招标投标活动实施监督管理。如商务部就是通过“中国国际招标网”对机电产品国际招标投标活动实施过程监督的，机电产品国际招标的主要程序都需要在“中国国际招标网”上进行。

监督检查：是行政机关行使行政监督权最常见的方式。在招标投标活动中，各级政府行政机关对招标投标活动实施行政监督时，一般采用专项检查、重点抽查、调查等方式，依法授权可以调取和查阅有关文件，调查和核实招标投标活动是否存在违法行为。

如有关项目审批行政部门对应当审核项目中的招标范围、招标方式、招标组织形式的审批、核准属于行政管理的范畴，是对市场秩序的规范。审批部门对审批事项落实的检查属于监督行为。

有关行政监督部门接受招标人招标投标情况的书面报告，属于行政管理程序的组成部分，接收后备案留存；行政监督部门认为需要或处理投诉对照该书面报告进行检查属于监督行为。

法律对招标投标活动监督的内容有明确的规定，但对监督程序、方式的规定过于原则宽泛。如对上述招标内容审批、核准执行情况的检查，是依据投诉发现问题进行检查，还是依据项目规模决定检查，还是依据项目数量抽查，都没有规定，随意性很大。有些地方监督方式的权利“无限”，想什么时候监督就监督，想管什么就管什么；监督的方式除了旁站就是检查，执法本身又缺乏监督。在很多地方，招投标活动这种本来在法律监督下的市场交易行为在实际运行中加入了过多的政府行为，设租、寻租行为时有发生，权力滥用和不作为并存。所谓设租具体表现为行政干预、虚假招标、规避招标、排斥潜在投标人、串通投标等；所谓寻租表现为串通投标、围标、贿标等。设租、寻租的过程不仅反映了市场行为的扭曲，还反映了政府行为的失灵和扭曲，“看得见的脚”踩住了“看不见的手”，如果任其发展，将严重破坏经济的发展、政治体制的稳定及市场化改革的进程。

二、《招标法》的法律特征

（一）《招标法》的法律属性

我国的《招标法》既涉及公法范畴，也涉及私法范畴，具有两重法律关系。

1995 年，王家福先生在给中央领导同志讲法制课时就明确指出“对于任何法规，若不究明其属于公法或属于私法，就不可能了解其内容和意义，就不可能正确地理解和适用”。

《招标法》第 1 条规定了该法的立法宗旨：“为了规范招标投标活动，保护国家利益、社会公共利益和招标投标活动当事人的合法权益，提高经济效益，保证项目质量，制定本法。”这种以社会（公共）利益为本位，站在社会本位的高度追求对国家、经济和社会的平衡协调属于经济法的范畴。经济法是任意性规范与强行性规范的统一体，经济法价值理念的基础，在于公私法在深层次上的相互渗透和交融，主要属于“公法”范畴。但也有学者认为经济法属于在公法和私法之外的一个独立的第三领域，即社会法。

另外，《招标法》对招标投标活动规范的目的就是通过一种特殊的缔约形式签订一个民事合同，民事合同属于私法范畴。由于招标投标活动的责任范围应当包括缔约合同和履行合同两个阶段。这种在订立合同中所形成的各种社会关系无疑属于商品交换，所以《招标法》也属于民商法范畴，是民商法的一个特别法。

《招标法》程序性规范具有的“公法”内涵和行政法、刑法等公法规范一同完成了对招投标市场经济管制的目的功能。不言而喻，《招标法》也应当设置相应的民法、行政法、刑法等实体性责任条款。

《招标法》规定了招标、投标、开标、评标和中标（定标）各阶段的程序性规则，其核心是其要约和承诺在公开的条件下以公正的态度和诚信的原则通过法定程序选择最公平的结果。换言之，是通过法定程序“帮助”招标人减少决策失误；通过政府监管，“监督”相关人，保证程序公正，结果公平，减少腐败漏洞。该法还规定了法律适用范围、公共采购强制招标范围、招标投标活动中当事人违法违规处罚等实体性规定。

江平先生指出，“招投标制度的核心还是‘契约自由与市场管制’的关系问题，亦即公法与私法的关系问题。”《招标法》表现的两重法律关系体现了我国现行经济管理体制和调控手段的基本特点。在规范经济秩序中，用经济学家的观点看有两只手，一是市场这只无形的手，二是国家这只有形的手；从法学家的观点看，市场这只手在法律上表现为民法，民法就是私法；国家这只手在法律上表现为经济法，经济法主要属于公法。简单地说，《招标法》就是竞争性合同订立加经济管制。

（二）开展招标投标活动应遵循的基本原则

《招标法》在总则第 5 条中明确规定：“招标投标活动应当遵循公开、公平、公正和诚实信用的原则。”在招标投标活动中，这些原则可以理解为：

公开——开放透明、充分竞争，在招标中其目的是要最大限度地寻求全部交易机会的存在，降低交易成本、监督成本，保证交易结果的公平。

公平——采购过程和内容机会均等、公平的核心是平等。

公正——程序规范、公道客观，表示优化的竞争结果。对政府和当事人还有道德要求的含义。

诚实信用——善意真诚、童叟无欺，诚实信用最早出于《法国民法法典》1134 条规定：“契约应当以善意履行”，我国学者将善意解释为诚实信用，晋商称为大树的根。

1998 年我国新《合同法》的第 1 章第 6 条规定：“当事人在行使权力，履行义务时应当遵循诚实信用原则，不得有欺诈行为。”

诚实信用原则和合同自由原则的结合是现代私法的一个标志，在私法中具有重要价值。

在招标投标活动中，公开是主要客观条件，公正是主观愿望条件，诚实信用是贯穿活动始终的精髓，公平表示活动的结果。

《招标法》规定的程序和责任处处体现了公开、公平、公正和诚实信用原则，深刻理解公开、公平、公正和诚实信用原则的核心内涵，有助于我们把握和遵循《招标法》及相关法规的规定，做好招标投标工作。

（三）开展招标投标活动的当事人应当接受监督

招标投标活动体现了公法和私法两重法律关系，作为公法的外在体现，招标投标活动应当接受有关行政监督部门的监督。

《招标法》第 7 条规定：“招标投标活动及其当事人应当接受依法实施的监督。有关行政监督部门依法对招标投标活动实施监督，依法查处招标投标活动中的违法行为。对招标投标活动的行政监督及有关部门的具体职权划分，由国务院规定。”

总结《招标法》执法经验，本着立足现状、解决问题、创新建制的原则，条例在行政法规层次对招标投标法的执法监督做出分工。

《招标投标法实施条例》（以下简称《条例》）第 4 条规定：“国务院发展改革部门指导和协调全国招标投标工作，对国家重大建设项目的工程招标投标活动实施监督检查。国务院工业和信息化、住房城乡建设、交通运输、铁道、水利、商务等部门，按照规定的职责分工对有关招标投标活动实施监督。

县级以上地方人民政府发展改革部门指导和协调本行政区域的招标投标工作。县级以上地方人民政府有关部门按照规定的职责分工，对招标投标活动实施监督，依法查处招标投标活动中的违法行为。县级以上地方人民政府对其所属部门有关招标投标活动的监督职责分工另有规定的，从其规定。

财政部门依法对实行招标投标的政府采购工程建设项目的预算执行情况和政府采购政策执行情况实施监督。

监察机关依法对与招标投标活动有关的监察对象实施监察。”

该《条例》第 2 款中关于对县级以上地方人民政府执法监督分工的规定，为今后地方政府在经济体制改革中创造条件，逐步建立统一的执法监督部门留下释法空间。

三、《招标法》的核心内容和法律责任

《招标法》第 1 章第 3 条规定了依法必须招标的制度及其范围，这是该部法律的核心内容之一，也是最能体现立法目的的条款之一。

依法必须招标，是指法律规定符合某些类型和资金来源范围的采购项目，达到一定数额规模的必须通过招标进行，否则采购单位和相关人员要承担法律责任。

依据本条款，在各省、市、区根据地方特点，国家有关部门根据行业需要陆续颁布的地方性法规和部门规章中，对此都做了进一步的具体规定。

（一）《招标法》规定招标范围、规模的内容

通常，招投标活动涉及三个方面：工程建设项目、物资采购领域、竞争性服务领域，如维修服务定点等。

《招标法》依法必须招标的范围着重于“工程建设项目”。

《招标法》第 3 条规定：“在中华人民共和国境内进行下列工程建设项目包括项目的勘察、设计、施工、监理，以及与工程建设有关的重要设备、材料等的采购，必须进行招标：

（一）大型基础设施、公用事业等关系社会公共利益、公众安全的项目；

（二）全部或者部分使用国有资金投资或者国家融资的项目；

（三）使用国际组织或者外国政府贷款、援助资金的项目。

前款所列项目的具体范围和规模标准，由国务院发展计划部门会同国务院有关部门制定、报国务院批准。法律或者国务院对必须进行招标的其他项目的范围有规定的，依照其规定。”

《条例》第 2 条对工程及工程建设项目做了具体界定：“招标投标法第三条所称的工程建设项目，是指工程以及与工程有关的货物和服务。

前款所称工程，是指建设工程，包括建筑物和构筑物的新建、改建、扩建以及相关的装修、拆除、修缮等；所称与工程有关的货物，是指构成工程不可分割的组成部分，且为实现工程基本功能必需的设备、材料等；所称与工程有关的服务，是指为完成工程所需的勘察、设计、监理等服务。”

依据《招标法》授权和国务院分工，原国家计委于 2000 年 5 月 1 日颁布《工程建设项目招标范围和规模标准》〔2000 年 3 号令〕。2018 年 3 月 28 日，国家发展和改革委员会经国务院批准，颁布了《必须招标的工程项目规定》（16 号令）对《招标法》第 3 条第 3 项内容做了解释性规定。

强制招标的范围从两个方面予以规制：一是关系到社会公共利益、公众安全的大型基础设施公用事业的工程项目应当界定其中的范围；二是全部或部分使用国有资金投资或融资的工程和使用外国政府和其他组织贷款或援助的工程应当解释其内容。

1、关于资金来源 16 号令第 2 条规定：

“全部或者部分使用国有资金投资或者国家融资的项目包括：

（一）使用预算资金 200 万元人民币以上，并且该资金占投资额 10%以上的项目；

（二）使用国有企业事业单位资金，并且该资金占控股或者主导地位的项目。”

上述法条第一款的“预算资金”指预算法规定的下列预算：

（1）一般公共预算；

（2）政府性基金预算；

（3）国有资本 经营预算；

（4）社会保险基金预算资金。

第 2 条第 2 款的额度和比例要求应当同时具备。例如，若项目 3000 万元预算资金中 250 万元不属于强制招标范围；其中，所谓“资金占控股或者主导地位” 指依照《公司法》第 216 条第二项规定，“控股股东，是指其出资额占有限责任公司资本总额 50%以上或者其持有的股份占股份有限公司股本总额 50%以上的股东;出资额或者持有股份的比例虽然不足 50%，但依其出资额或者持有的股份所享有的表决权已足以对股东会、股东大会的决议产生重大影响的股东。”

资金来源 16 号令第三条“使用国际组织或者外国政府贷款、援助资金的项目包括：

（一）使用世界银行、亚洲开发银行等国际组织贷款、援助资金的项目；

（二）使用外国政府及其机构贷款、援助资金的项目。”

由于使用上述资金的工程项目一般由国家财政担保，因此也视为国有资金。

2、大型基础设施和公用事业工程的范围

16 号令第 4 条规定：“不属于本规定第二条、第三条规定情形的大型基础设施、公用事业等关系社会公共利益、公众安全的项目，必须招标的具体范围由国务院发展改革部门会同国务院有关部门按照确有必要、严格限定的原则制订，报国务院批准。”

在上述范围内 16 号令第 5 条规定了规模标准：

“本规定第 2 条至第 4 条规定范围内的项目，其勘察、设计、施工、监理，以及与工程建设有关的重要设备、材料等的采购达到下列标准之一的，必须招标:

（一）施工单项合同估算价在 400 万元人民币以上;

（二）重要设备、材料等货物的采购，单项合同估算价在 200 万元人民币以上;

（三）勘察、设计、监理等服务的采购，单项合同估算价在 100 万元人民币以上。

同一项目中可以合并进行的勘察、设计、施工、监理，以及与工程建设有关的重要设备、材料等的采购，合同估算价合计达到前款规定标准的，必须招标。”

确定必须招标工程范围内的项目还须界定其规模，无论资金来源界定的范围还是项目性质界定基础设施公用事业工程的范围，在范围内单项合同的估算价达到上述规模属于必须招标的项目。

第 5 条第 2 款中的“可以合并”是施工货物和服务同类项内的合并，有三层意思，

一是应当合并的不能肢解，如墙体和地面；二是可以合并也可以不合并如地基处理和上层建筑项目，判断可以合并的标准是合并有利于合同的履行、保证质量且有利于竞争；第三是不能合并的项目不合并，如货物合同电梯和门窗一般不能合并为一个合同。

“合计”指依照施工、货物和服务三个类别的单项合同内采购总额合计超过规模的必须招标，如公路项目中，勘察设计往往一个合同，勘察设计合计的单项合同中达到 100 万应必须招标。

“估算价”指不同阶段的估算价：在初步设计应当以概算为估算价；施工阶段招标以预算为估算价。

2018 年 6 月 6 日，国家发展改革委关于印发《必须招标的基础设施和公用事业项目范围规定》的通知（发改法规规〔2018〕843 号）规定，

“第一条为明确必须招标的大型基础设施和公用事业项目范围，根据《中华人民共和国招标投标法》和《必须招标的工程项目规定》，制定本规定。

第二条不属于《必须招标的工程项目规定》第二条、第三条规定情形的大型基础设施、公用事业等关系社会公共利益、公众安全的项目，必须招标的具体范围包括：

（一）煤炭、石油、天然气、电力、新能源等能源基础设施项目；

（二）铁路、公路、管道、水运，以及公共航空和 A1 级通用机场等交通运输基础设施项目；

（三）电信枢纽、通信信息网络等通信基础设施项目；

（四）防洪、灌溉、排涝、引(供)水等水利基础设施项目；

（五）城市轨道交通等城建项目。

第 3 条本规定自 2018 年 6 月 6 日起施行”。

同原 3 号令相比，基础设施项目取消了邮政、滩涂治理、水土保持、水利枢纽、道路、桥梁、污水排放及处理、垃圾处理、地下管线、公共停车场、生态环境保护及其他项目。

原公共事业项目的市政工程、科教文化、体育卫生、卫生福利、商品住宅六条全部取消。

即非国有资金投资的上述项目均不属于强制招标项目。上述领域多属于 PPP 项目，该类项目社会合作方不用强制招标有了法律依据。

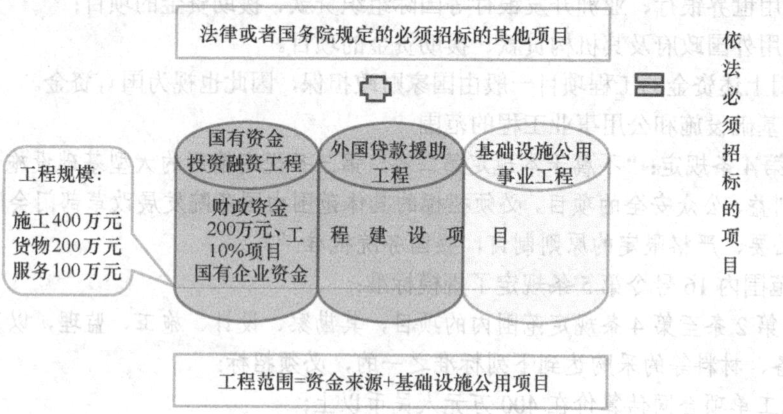

图 1-1　必须招标的范围和规模

（二）对不同层次招标投标活动区别管理的规定

1. 《招标法》对不同层次招投标活动区别管理的规定

《招标法》第 2 条规定：“在中华人民共和国境内进行招标投标活动，适用本法。”该法对招投标活动的监督管理分为三个层次：

一是招标投标活动；

二是依法必须进行招标的项目；

三是国有资金控股或者占主导地位的依法必须招标的项目。

《招标法》在法条设计中有 12 条，《条例》有 15 条针对“依法必须进行招标的项目”，其中，有 3 条针对国有资金控股或者占主导地位的依法必须招标的项目的强制性条款。所谓强制性条款就是采用“不得”、“必须”等法条用语，强制性规定不允许当事人有个人意思表示，但法律也照顾了非强制招标项目的不同情况，做了区别规定。

《招标法》中仅针对“依法必须招标的项目”做出的专属规定如下。

1. 第 4 条：“任何单位和个人不得将依法必须进行招标的项目化整为零或者以其他任何方式规避招标。”

2. 第 6 条：“依法必须进行招标的项目，其招标投标活动不受地区或者部门的限制。任何单位和个人不得违法限制或者排斥本地区、本系统以外的法人或者其他组织参加投标，不得以任何方式非法干涉招标投标活动。”

3. 第 12 条：“……依法必须进行招标的项目，招标人自行办理招标事宜的，应当向有关行政监督部门备案。”

4. 第 16 条：“招标人采用公开招标方式的，应当发布招标公告。依法必须进行招标的项目的招标公告，应当通过国家指定的报刊、信息网络或者其他媒介发布。招标公告应当载明招标人的名称和地址、招标项目的性质、数量、实施地点和时间，以及获取招标文件的办法等事项。”

5. 第 24 条："招标人应当确定投标人编制投标文件所需要的合理时间；但是，依法必须进行招标的项目，自招标文件开始发出之日起至投标人提交投标文件截止之日止，最短不得少于20日。"

6. 第 37 条："评标由招标人依法组建的评标委员会负责。依法必须进行招标的项目，其评标委员会由招标人的代表和有关技术、经济等方面的专家组成，成员人数为五人以上单数，其中技术、经济等方面的专家不得少于成员总数的三分之二……"

7. 第 42 条："评标委员会经评审，认为所有投标都不符合招标文件要求的，可以否决所有投标。 依法必须进行招标的项目的所有投标被否决的，招标人应当依照本法重新招标。"

8. 第 47 条："依法必须进行招标的项目，招标人应当自确定中标人之日起十五日内，向有关行政监督部门提交招标投标情况的书面报告。"

9. 第 52 条："依法必须进行招标的项目的招标人向他人透露已获取招标文件的潜在投标人的名称、数量或者可能影响公平竞争的有关招标投标的其他情况的，或者泄露标底的，给予警告……"

10. 第 54 条："投标人以他人名义投标或者以其他方式弄虚作假，骗取中标的，中标无效，给招标人造成损失的，依法承担赔偿责任；构成犯罪的，依法追究刑事责任。

依法必须进行招标的项目的投标人有前款所列行为尚未构成犯罪的……"

11. 第 55 条："依法必须进行招标的项目，招标人违反本法规定，与投标人就投标价格、投标方案等实质性内容进行谈判的，给予警告，对单位直接负责的主管人员和其他直接责任人员依法给予处分。"

12. 第 57 条："招标人在评标委员会依法推荐的中标候选人以外确定中标人的，依法必须进行招标的项目在所有投标被评标委员会否决后自行确定中标人的……"

《条例》针对"依法必须招标的项目"的条款有：

1. 第 15 条："……依法必须进行招标的项目的资格预审公告和招标公告，应当在国务院发展改革部门依法指定的媒介发布……

编制依法必须进行招标的项目的资格预审文件和招标文件，应当使用国务院发展改革部门会同有关行政监督部门制定的标准文本。"

2. 第 17 条："……依法必须进行招标的项目提交资格预审申请文件的时间，自资格预审文件停止发售之日起不得少于5日。"

3. 第 23 条："……依法必须进行招标的项目的招标人应当在修改资格预审文件或者招标文件后重新招标。"

4. 第 24 条："招标人对招标项目划分标段的，应当遵守招标投标法的有关规定，不得利用划分标段限制或者排斥潜在投标人。依法必须进行招标的项目的招标人不得利用划分标段规避招标。"

5. 第 46 条："除招标投标法第三十七条第三款规定的特殊招标项目外，依法必须进行招标的项目，其评标委员会的专家成员应当从评标专家库内相关专业的专家名单中以随机抽取方式确定……

依法必须进行招标的项目的招标人非因招标投标法和本条例规定的事由，不得更换依法确定的评标委员会成员……"

6. 第 54 条："依法必须进行招标的项目，招标人应当自收到评标报告之日起 3 日内公示中标候选人，公示期不得少于3日。"

即对于发布资格预审公告（公告）、使用标准文本、资格预审提交时间、文件修改后重新招标、专家确定、公示等环节的强制规定仅针对"依法必须进行招标的项目"。

《条例》中对依法必须招标的项目相应法律责任的条款有：

1. 第 63 条："依法必须进行招标的项目的招标人不按照规定发布资格预审公告或者招标公

告，构成规避招标的，依照招标投标法第49条的规定处罚。”

2. 第68条：“投标人以他人名义投标或者以其他方式弄虚作假骗取中标的，中标无效；构成犯罪的，依法追究刑事责任；尚不构成犯罪的，依照招标投标法第54条的规定处罚。依法必须进行招标的项目的投标人未中标的，对单位的罚款金额按照招标项目合同金额依照招标投标法规定的比例计算。”

3. 第70条：“依法必须进行招标的项目的招标人不按照规定组建评标委员会，或者确定、更换评标委员会成员违反招标投标法和本条例规定的，由有关行政监督部门责令改正，可以处10万元以下的罚款，对单位直接负责的主管人员和其他直接责任人员依法给予处分；违法确定或者更换的评标委员会成员做出的评审结论无效，依法重新进行评审。”

4. 第73条：“依法必须进行招标的项目的招标人有下列情形之一的，由有关行政监督部门责令改正，可以处中标项目金额10‰以下的罚款；给他人造成损失的，依法承担赔偿责任；对单位直接负责的主管人员和其他直接责任人员依法给予处分：

（一）无正当理由不发出中标通知书；

（二）不按照规定确定中标人；

（三）中标通知书发出后无正当理由改变中标结果；

（四）无正当理由不与中标人订立合同；

（五）在订立合同时向中标人提出附加条件。”

5. 第74条：“中标人无正当理由不与招标人订立合同，在签订合同时向招标人提出附加条件，或者不按照招标文件要求提交履约保证金的，取消其中标资格，投标保证金不予退还。对依法必须进行招标的项目的中标人，由有关行政监督部门责令改正，可以处中标项目金额10‰以下的罚款……”

《条例》针对“国有资金占控股或者主导地位的依法必须招标的项目”的条款如下。

1. 第8条：“国有资金占控股或者主导地位的依法必须进行招标的项目，应当公开招标；但有下列情形之一的，可以邀请招标：

（一）技术复杂、有特殊要求或者受自然环境限制，只有少量潜在投标人可供选择；

（二）采用公开招标方式的费用占项目合同金额的比例过大。”

2. 第18条：“……国有资金占控股或者主导地位的依法必须进行招标的项目，招标人应当组建资格审查委员会审查资格预审申请文件。资格审查委员会及其成员应当遵守招标投标法和本条例有关评标委员会及其成员的规定。”

3. 第55条：“国有资金占控股或者主导地位的依法必须进行招标的项目，招标人应当确定排名第一的中标候选人为中标人。”

可以看出，法律重点对“依法必招标的项目”进行管理和规范，在《条例》中进一步对使用国有资金的“依法必须招标项目”重点管理，该类项目的重点管理表现在选用招标形式，组织资格预审和确定中标人三个环节。对于其他招标投标活动在不违法的前提下由市场规范。即对于除此之外的招标投标活动，上述条款可参照执行。对于企业正常生产经营活动原材料、个别设备等物资采购不属于《招标法》规定强制招标的范围。国家发改委等七部委27号令（货物招标）第61条规定：“不属于工程建设项目，但属于固定资产投资的货物招标投标活动，参照本办法执行。”如参照《招标法》第24条：“招标人应当确定投标人编制投标文件所需要的合理时间。”即不需要至少不得少于20日，只要合理的时间即可。只有对于“依法必须进行招标的项目，自招标文件开始发出之日起至投标人提交投标文件截止之日止，最短不得少于20日”。对于第一层次的招标项目只要规定合理的时间即可，但考虑到出售招标文本的法定时间，最少不得少于5日。这样，企业在正常生产活动中既可以通过招标采购这种方式保证采购标的的质量和工期（交货期），又可节约资金，同时避免了由于强制招标程序繁杂、时间过长的弊端。

应当指出的是，上述法律责任条款中的针对性是指由于不履行上述行为权利，当然也没有相应法律责任，而不是说法律允许投标人可以弄虚作假、骗取中标等。相反，自愿招标项目应当遵守平等、自愿、公平、诚实等民事活动原则和《招标法》的其他强制性规定，违背这些原则和规定便会产生不公平。

此外，《招标法》第3条第3款规定："法律或者国务院对必须进行招标的其他项目的范围有规定的，依照其规定。"目前，有关规定主要有：商务部关于在有关项目中原产地可能在国（境）外的机电产品招标、国家卫生健康委员会关于医疗药品招标采购，国土资源部关于土地经营权转让招标，科技部关于科研项目招标，国资委、财政部关于企业国有产权转让的招标，原建设部关于物业、特许经营招标，交通部关于经营性公路建设项目投资人招标，客运班线经营权招标等。这些也属于依法必须进行招标的范围。

2．依法必须招标的项目可以不招标的情形

依据《条例》第9条的规定："除招标投标法第66条规定的可以不进行招标的特殊情况外，有下列情形之一的，可以不进行招标。

（一）需要采用不可替代的专利或者专有技术；

（二）采购人依法能够自行建设、生产或者提供；

（三）已通过招标方式选定的特许经营项目投资人依法能够自行建设、生产或者提供；

（四）需要向原中标人采购工程、货物或者服务，否则将影响施工或者功能配套要求；

（五）国家规定的其他特殊情形。"

解读（一）：专利和专有技术的主要区别有以下几点。

1．专利属于工业产权，专有技术不属于工业产权，是没有取得专利权的技术知识，是具有实用性的动态技术。

2．专利是经过审查批准的新颖性、创造性水平比较高的先进技术，专有技术不一定是发明创造，但必须是成熟的、行之有效的。

3．专利的内容是公开的，专有技术的内容是保密的，是一种以保密性为条件的事实上的独占权。

4．专利的有效性受时间和地域的限制，专有技术没有这种限制。

需要使用专利或者专有技术的项目是否适宜招标，关键要看所需要的专利或者专有技术是否具有唯一不可替代性。

解读（二）：正确把握此项可以不进行招标的情形应当注意以下3个要点。

1．在主体方面，仅限于采购人自身是项目投资法人或负责项目组织实施的主体依法能够并自己要求自行建设、生产或者提供，其中，不包括采购人的子公司、投资股东，以及具有管理或利害关系的其他单位。

2．在资格方面，采购人根据有关法律法规和规定，自身具有项目建设、生产或者提供所需要的资格能力，并必须遵守相关法律法规及其监督管理规定。其中，采购人不能同时承担按照有关规定必须由不同主体承担的工作。

3、在用途方面，采购人依法能够自行建设、生产或者提供的项目，不论项目的资金来源，不限于自己使用，包括自己经营或出售的项目。

解读（三）：此类项目可以不进行招标，主要掌握以下两个条件。

1．特许经营项目投资人必须是通过招标投标确定的；

2．项目中标的投资人（不是投资人组建的项目法人，这是与上述第二项限定采购人的主要区别）必须具备法律法规规定和项目所需要的资格能力条件。

注意：投资人和采购人的区别。

投资人可以是一个独立的法人，但往往可能是由若干独立法人组成的财团。该财团可以是法人，也可以是协作性的经营联合体即不具备独立法人资格的合伙人，属于《民法通则》规定的“其他组织”。投资人和采购人不同，投资人从项目资金来源属性考量，只要出资就是投资人，投资人不一定参与项目管理，但项目利益同其有关；采购人从采购主体考量，直接对项目负责，承担项目法人责任。

财政部（财金[2016]90 号文）对该条做了解释：在 PPP 项目中，“已经依据政府采购法选定社会合作方的，合作方依法能够建设、生产或提供服务的，可适用《招标投标法》第九条第三项不再招标”。

这里“投资人”改为“社会合作方”，“招标方式”改为“政府采购法选定的方式”，“特许经营项目”扩展为“PPP 项目”。

解读（四）：本项规定了原中标合同可以不进行招标而继续追加的情形，执行中应当正确把握以下 4 个方面。

1．原项目是通过招标确定了中标人，因客观原因必须向原中标人追加采购工程、货物或者服务。

2．原项目合同没有通过招标确定承包人或供应商的，应视具体情况区别对待。

3．如果不向项目原中标人追加采购，必将影响项目施工或者功能配套要求。

4．原项目中标人必须具有继续履行合同的能力。如果是原中标人破产、违约、涉案等造成终止或无法继续履行合同的，应按规定重新组织招标选择原有合同和新增内容的中标人。

招标人为适用前款规定弄虚作假的，属于招标投标法第四条规定的规避招标。

《招标法》第 66 条规定：“涉及国家安全、国家秘密、抢险救灾或者属于利用扶贫资金实行以工代赈、需要使用农民工等特殊情况，不适宜进行招标的项目，按照国家有关规定可以不进行招标。”

注意：以工代赈资金建设内容包括：县乡村公路、农田水利、人畜饮水、基本农田、草场建设、小流域治理，以及根据国家需要安排的其他工程。但是技术复杂、投资规模大的工程如桥梁、隧道可以通过招标选择施工单位，并以组织所在地农民参加劳务支付报酬为招标条件。

（三）《招标法》强制招标范围的特点

《招标法》按照公共采购的项目性质和资金来源界定公共采购的强制招标范围，是以规范招标投标程序为主要目标，以工程建设项目为主要规范对象的公共采购法规。同西方国家的公共采购法相比，它具有以下特点。

1．采购主体的全面性

我国的《招标法》规范的招标采购主体不仅包括中央和地方政府部门，而且包括事业单位、团体组织和企业。由于我国国有企业为数众多，不能像西方政府采购法那样将法律调整的招标采购企业仅限于公用事业企业。

2．采购对象的系统性

招标采购的对象是工程建设项目，既包括货物，也包括工程（即施工）和服务。而不是西方国家公共采购主要是货物采购。

3．采购资金的多样性

我国招标采购的资金既有财政预算内资金，又有财政预算外资金；既有政府投资资金，又有企业事业单位自有资金；既有国内资金，又有国外资金。这些资金在性质上都属于建设性支出，用于固定资产投资活动。这与西方国家公共采购仅限于政府财政性资金也不同。

（四）《招标法》规定招标范围、规模的缘由

我国在起草《招标法》时，为了使该法与西方国家的政府采购法或公共采购法逐步接轨，曾考

虑将传统意义上的政府采购纳入《招标法》的调整范围内，同时将工程建设领域的招标投标按照西方国家的模式从采购主体、采购对象和采购资金三方面进行重构。但是，1999年，国务院第15次常务会议在审议《招标投标法（草案）》时认为，当前工程建设领域的问题较多，影响较大，迫切需要实行规范化的招标投标制度，因此应明确将工程建设项目的采购招标纳入法律的调整范围。传统意义上的政府采购，由于尚处于推行招标投标制度的试点阶段，不宜过早地纳入法律的调整范围，这实际上将传统政府采购与公共采购进行了区分，并将传统政府采购从《招标法》的调整范围内剔除出来，也就为后来起草《采购法》埋下了伏笔。

《招标法》依法必须招标的范围既考虑从项目性质上划分，又考虑从资金来源上划分。这主要是《招标法》作为公法应当涵盖的内容要求所决定的，如果仅从项目内容上划分，不属于第一款项目类别，但使用国有资金的项目不能完全涵盖，如国有投资建设的机床制造厂项目。反之，仅从资金来源上划分，第一款类别中由个人投资的项目关系到公共利益将失去控制，如民营资本投资建设的发电厂项目。因此必须从两方面加以要求和规范，通过法律行为保护社会公共利益。

在资金规模的划分上，必须招标的施工工程单项合同估算价400万元、工程相关的货物单项合同估算价200万元，相关的服务单项合同估算价100万元的尺度主要考虑采购成本和这些项目对社会公共利益的影响度。随着经济建设的发展，上述范围、规模标准还会调整。

《立法法》第10条规定："被授权机关不得将所授权力转授给其他机关。"因此，没有授权省级人民政府可以根据实际情况，规定本行政区域内必须进行招标的工程建设项目具体范围和规模标准。目前，各级政府层层扩大招标规模范围甚至将10万元的项目也列入地方强制招标范围而不考虑采购成本是错误的，应当纠正。

（五）《招标法》的法律责任

江平先生指出，"责任是权利的保障，是全部法律关系的归宿，也是执法严肃性的灵魂。只有严格的法律责任制度，才能使法律从文字变成现实"。《招标法》第5章中的"法律责任"共16条，对35种违法行为做出了处罚规定。其条文按照招投标程序顺序依次展开。其中，关于责任主体是招标人、投标人和招标代理机构的有12条30种；其余4条分别是：责任主体是上级主管部门、国家机关工作人员各1条，处罚主体的规定1条，重新招标的规定1条。

在责任形式上，单纯涉及行政责任的有8条，涉及行政、民事、刑事责任的有4条。对上述违法行为的处罚，涉及行政处罚的，法律规定由有关行政监督部门执法。不言而喻，涉及民事、刑事责任的由司法部门执法。

经过充分的调查研究和反复论证，新颁布的条例对不得限制和排斥投标人行为、投标人串通投标行为、招标人与投标人的串通投标、以他人名义投标或弄虚作等行为的认定作了具体界定，同时在《招标法》法律责任的基础上补充了20条关于违法责任的条款。条例的颁布和实施，在规范招标投标活动中将发挥重要作用。

四、《招标法》和主要相关法律的关系

（一）《招标法》和《采购法》

随着市场经济的发展，第九届全国人大常委会28次会议于2002年6月29号通过了以规范财政性资金使用为主要目标、以规范货物和服务采购为主要规范对象的《采购法》，并于2003年1月1日起施行。

《中华人民共和国采购法》（以下简称《采购法》）调整的范围属于西方国家传统的政府采购，

所谓传统的政府采购将其界定为中央政府（以后范围又扩大到地方政府和公益事业单位）所进行的货物采购，如关税与贸易总协定 1979 年《采购协议》就做出上述规定。显然，对于传统的政府采购，其采购方式必然是多样性的。政府采购活动中有关行政部门的权利、义务和责任分工也必须明确。因此，《采购法》首先是一部行政实体法。其次，相对于《招标法》而言，《采购法》又属于特别法。这里所谓的特别法是指《招标法》以外关于招标投标活动的某些特别法律规定。

1. 政府采购法规体系

政府采购法规体系如图 1-2 所示。

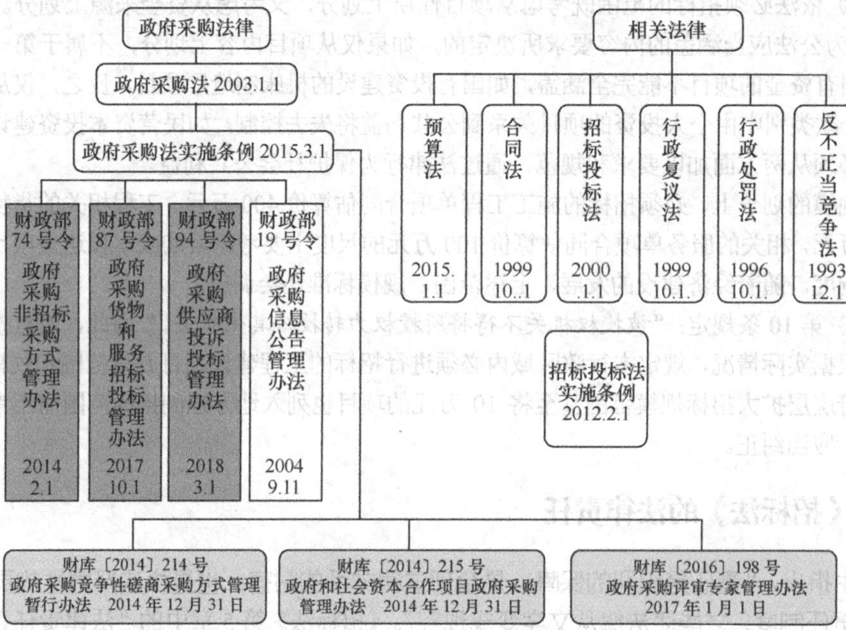

图 1-2 政府采购法规体系

2.《采购法》的适用范围

《采购法》第 2 条规定："本法所称政府采购，是指各级国家机关、事业单位和团体组织，使用财政性资金采购依法制定的集中采购目录以内的，或者采购限额标准以上的货物、工程和服务的行为。

政府集中采购目录和采购限额标准依照本法规定的权限制定。

本法所称采购，是指以合同方式有偿取得货物、工程和服务的行为，包括购买、租赁、委托、雇用等。

本法所称货物，是指各种形态和种类的物品，包括原材料、燃料、设备、产品等。

本法所称工程，是指建设工程，包括建筑物和构筑物的新建、改建、扩建、装修、拆除、修缮等。

本法所称服务，是指除货物和工程以外的其他政府采购对象。"

该法从采购主体、采购资金、采购类别、采购形式、采购地域等多方面，对政府采购的范围做了界定。

（1）政府采购范围

① 采购主体，政府采购活动中的采购主体范围包括各级国家机关、事业单位和团体组织。

② 采购资金，采购人全部或部分用财政性资金进行采购的，属于政府采购的管理范围。政府采购法实施条例第二条第一、二、三款规定："政府采购法第二条所称财政性资金是指纳入预算管理的资金。

以财政性资金作为还款来源的借贷资金，视同财政性资金。

国家机关、事业单位和团体组织的采购项目，既使用财政性资金又使用非财政性资金的，使用财政性资金采购的部分，适用政府采购法及本条例；财政性资金与非财政性资金是无法分割采购的，统一适用政府采购法及本条例。”

③ 采购范围，政府采购标的范围为依法制定的集中采购目录内采购或者限额以上的货物、工程和服务。

④ 采购标的政府采购中的采购是指以合同形式有偿取得货物、工程和服务的行为，契约形式包括购买、租赁、委托、雇用等。

⑤ 采购地域范围，我国政府采购管理的地域范围，是指在中华人民共和国境内从事的政府采购活动。如图 1-3 所示。

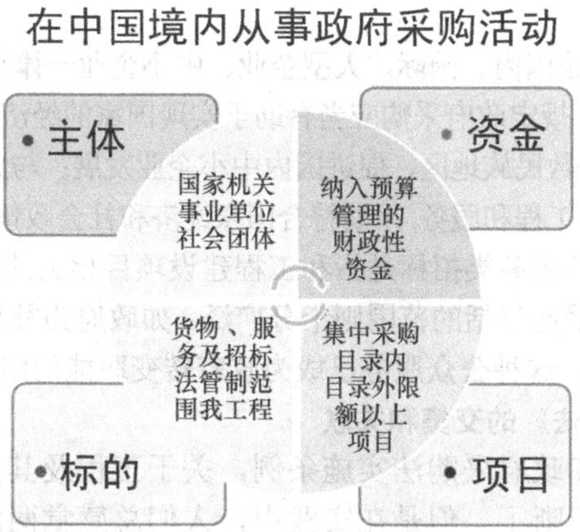

图 1-3　政府采购的定义示意

（2）政府采购的规模标准

政府采购的限额标准包括纳入政府采购管辖的最低限额标准和公开招标的标准。

政府采购管辖的最低限额标准和公开招标限额标准，属于中央预算的政府采购项目，由国务院规定；属于地方预算的政府采购项目，由省、自治区、直辖市人民政府规定。

2017 年至 2018 年国务院办公厅公布的中央预算单位政府规定：

（3）分散采购限额标准

除集中采购机构采购项目和部门集中采购项目外，各部门自行采购单项或批量金额达到 100 万元以上的货物和服务的项目、120 万元以上的工程项目应按《中华人民共和国政府采购法》和《中华人民共和国招标投标法》有关规定执行。

（4）公开招标数额标准

政府采购货物或服务项目，单项采购金额达到 200 万元以上的，必须采用公开招标方式。政府采购工程公开招标数额标准按照国务院有关规定执行。

3．涉及招标投标活动，两部法律的主要区别

（1）采购主体

《采购法》对采购当事人有明确规定，即国家各级机关、事业单位和社会团体；《招标法》规定的招标投标等当事人是包括上述范围的所有企业、机关事业法人和其他组织。

（2）资金来源

《招标法》招标采购的资金来源包括各级财政预算资金、纳入财政管理的各项政府性专项建设基金、国有企业事业单位自有资金；《采购法》的资金来源法律界定为纳入预算的财政性资金。

纳入预算的财政性资金包括，一般公共预算、财政性基金预算、国有资本经营预算、社会保险基金预算。

（3）采购组织形式

《采购法》实行政府主导型的法定代理集中采购为主的方式，辅之以分散采购；集中采购的范围由省级以上人民政府公布的集中采购目录确定。

《招标法》实行委托招标和自行招标两种组织形式，招标人自行招标应当向有关行政监督部门备案。

（4）采购方式

《招标法》的采购方式只有公开招标和邀请招标两种；《采购法》的采购方式除了上述两种外还有竞争性谈判、单一来源谈判、询价以及国务院政府采购监督管理部门认定的其他方式。

（5）采购原则

《招标法》的采购原则无论国内、国际，大型企业、中小企业一律平等，面向世界公平竞争；《采购法》在兼顾公平的基础上，规定政府采购应当有助于实现国家的经济和社会发展政策目标，包括保护环境，扶持不发达地区、少数民族地区，促进国内中小企业发展；与此相对应的，除了特殊情况外，政府采购应当采购本国货物、工程和服务，采购符合国家经济和社会政策的产品，如节能、环保等产品。

此外，招标投标法规范的服务类招标是指和工程建设项目相关的勘探、设计、监理等相关服务招标；政府采购规范的招标采购包括的范围则十分广泛。如政府为社会提供的各种公众服务：城市垃圾管理、文化平台建设等，这种公众服务已成为政府转变职能的组成部分。

4.《招标法》和《采购法》的交集和关联

招标投标法实施条例和政府采购法实施条例，关于工程及其建设项目的定义做了统一定义，两法的适用范围基本清晰了。但是在实践中，人们总感觉两法在一些具体采购活动中仍难以把握，如对使用政府财政资金的工程建设项目中，是否全部由《招标法》规范，哪些货物属于不可分割？哪些可以分割？能否简单地用物理概念判断分割？作者认为必须从功能属性判断货物的不可分割性。

（1）关于工程的定义

为了清晰责任，2012 年 2 月 1 日施行的《条例》第 2 条关于工程的描述采用《政府采购法》关于“工程”的定义，即“前款所称工程，是指建设工程，包括建筑物和构筑物的新建、改建、扩建及其相关的装修、拆除、修缮等”但是由于《招标法》是以规范招标投标程序为主要目的，它用包括列举的方式将采购对象的描述采用项目管理的概念表示为“工程建设项目”，《采购法》采用“工程”的概念表示工程的结果。需要说明的是，上述法条中的“包括”意味着其后列举的内容不是“工程建设项目”的全部，但完全涵盖了《采购法》中关于“工程”的内容，这样，两法关于采购工程范围的界定就完全一致了。

（2）关于工程“及其相关的”理解

招标投标法和政府采购法在其实施条例中对政府采购法关于工程定义中的“新建、改建、扩建、装修、拆除、修缮”六类工程的拆除工程前中间加了一个限制性定语：“及其相关的”五个字，这样，和新建、改建、扩建无关的装修、拆除和修缮就不属于“工程”的概念。政府采购法第四条规定：“工程适用招标投标法”的规定即可排除。政府采购这类和新建、改建、扩建无关的工程就可纳入政府采购管理。

在政府采购中，如政府机关采用财政资金装修不涉及新、改、扩项目一般在目录内都有明细规定，即使规模超过 400 万元，由于不算政府采购法定义的“工程”，也就不适用招标投标法规定的部门监督。可是政府采购法没有“工程”招标采购的程序规定，操作程序中就可能产生混乱，如公告的媒体、格式、招标文件、招标程序两法都有区别，如工程项目工程量清单、合同等政府采购法规都没有规定，还需按照招标投标法规定的程序执行。因此，一些地方政府采购中心对该类无关的“工程”无论目录内外都请采购人进入工程招标交易中心进行交易。

还有依照此规定，企业进行工程建设涉及和新、改、扩无关的工程超过 400 万元规模标准是否属于“工程”呢，如企业车间屋顶防水超过 400 万元的项目和新、改、扩无关，以条例规定应当不算“工程建设项目”定义中的“工程”。即该类项目属于必须招标之外的项目。

（3）关于货物“不可分割”和“基本功能”的理解

《条例》第 2 条明确:“招标投标法第三条所称工程建设项目，是指工程以及与工程建设有关的货物、服务。”“所称与工程建设有关的货物是指构成工程不可分割的组成部分，且为实现工程基本功能所必需的设备、材料等……”这就在很大程度上解决了两法在“工程”上的交集。但是从执行层面考量上述规定仍有模糊空间，比如使用政府财政资金新建一所监狱,和监房配套的集中供热、供冷系统、监视器、电网是否属于“不可分割”，就工程建筑物而言不属于“可分割”，但就实现工程基本功能而言又属于“不可分割”。所以法条还设置了“实现工程基本功能所必需的设备材料等”的约束性规定。因为任何建筑物都有特定的使用功能，所谓“不可分割”不能将其机械理解为一个遮风挡雨的建筑物。如在水力发电站工程中水轮机组和构筑物大坝可以分割，但从项目功能考虑，没有人怀疑水轮机组不是大坝不可分割的组成部分。在本案中，如认定该工程作为监房，其基本功能是关押犯人，那么，上述案例货物采购由于是“功能必须”，其法律适用就是《招标法》。但由于采购工程种类繁多，用法规解释的方式难免有模糊空间，为了方便采购人，笔者认为，在规模以上（400 万元）强制招标、使用财政部门资金的工程中，难以区分两法适用的货物采购一律交由招标投标行政监督部门对采购程序进行监督，财政部门依法对预算和决算执行进行监督。显然，由于法律的明确规定，如某大学使用财政资金新建一座锅炉房，如果锅炉房工程施工不超过 400 万元，该工程的施工和锅炉的采购应统一由财政部门管理监督。作为一个工程或工程建设项目的招标采购尽可能由政府一个部门全程监督管理。这样做，一是方便有关方面一揽子监督，责任明确避免扯皮；二是方便了工程建设的管理，方便了采购人，最大限度地减少了行政成本，提高了行政效率同时维护了国家和公众的最大利益。

（4）关于服务的范围

依招标投标法实施条例第 2 条的规定，和工程有关的服务，指“勘察、设计、监理等。如何理解“等”？该法条属例示性规定，这里的“等”属未尽之意，有立法权的要关可以对此作出扩展性解释，但是，由于该许可须国务院批准，目前，还没有其他机关对其进行补充例示，所以招标投标法定义的服务仅限于“勘察、设计、监理”。执法部门不能随意进行扩展解释。

但政府采购关于服务的规定在条例做了扩展性规定，政府采购条例第 2 条第 4 款:“政府采购法第 2 条所称服务，包括政府自身需要的服务和政府向社会公众提供的公共服务。”

其中向社会提供的服务包括：公共设施管理服务、环境服务、技术服务、教育、医疗卫生和社会服务。依照该项规定，采用 PPP 形式的上述项目纳入政府采购管理。

5.《招标法》和《采购法》的管理和监督

《招标法》第 7 条规定：“对招投标活动的行政监督及有关部门的具体职权划分，由国务院规定”。依据《条例》第 4 条的分工，《招标法》的执法部门是由一家牵头，多家分别执法。多家分管的具体职能分工可能随着国家经济体制的改革进行适当的调整。

《采购法》第 13 条规定：“各级人民政府财政部门是负责政府采购监督管理的部门，依法履行对政府采购活动的监督管理职责。”第 67 条同时规定，“依照法律、行政法规的规定对政府采购行为负有行政监督职责的政府有关部门，应当按照其职责分工，加强对政府采购活动的监督”。

可以看出，《采购法》的执法部门是一家为主、多家分段执法。该法明确由各级财政部门负责执法，而不是指导协调。其他有关部门在其职责范围内分工主要是国家计划部门负责项目审批和投资计划管理。财政部门要加强对工程建设资金使用的管理，建设行政主管部门要在施工市场管理，以及质量监理等方面发挥监督作用，审计、监察部门依法审计和监察。上述规定体现了《采购法》行政实体法的内涵。即规范政府部门执法的权限，称为行政实体法。

《招标法》和《采购法》都是规范市场交易行为的法律。由于招投标的合同对象和政府采购的合同对象都是民事合同，二者都具有“私法”和“公法”的两重法律关系。《招标法》偏重“私法”，其行政责任的法律后果强调行政处罚；《采购法》偏重“公法”，其行政责任的法律后果强调行政处分。

针对上述交集的项目，依据两部法律的规定，无论投资主体，凡属工程建设项目的工程及相关货物、服务的招投标活动适用《招标法》，由国务院有关部门按职责分工监督执法。其中《条例》第4条第3款规定：“财政部门依法对实行招标投标的政府采购工程建设项目的预算执行和政府采购政策情况实施监督。”

凡投资主体和资金来源属于《采购法》规定范围的货物、服务的招投标活动适用《采购法》。此外，在其范围内的政府采购工程不进行招标投标的也适用《采购法》。

6.《投标法》和《采购法》合并的前景

2018 年博鳌论坛习主席向全世界宣告，为深化改革加快开放的步伐，我国要尽快加入 GPA 协议。GPA 协议作为全世界政府采购的基本规则维护了各国贸易的基本秩序。我国前后 6 次出价，其他成员国还不满意。其中一个重要原因就是我国政府采购法规和国际规则的口径和制度的不同。

（1）GPA 成员国将为公共服务职能的企业列入政府采购目录名单，而不论其是否国有民营；我国政府采购管制的对象主要是使用政府财政预算的项目，而不论是否承担公共服务职能，且工程适用招标法。这样，一方面将不承担公共服务的采购都视为政府采购，在 GPA 协议中执行政府采购法我们感到吃亏；但是把工程除外，统计口径差 7 倍，其他成员国家认为也不公平，法律适用范围的差异造成谈判沟通的困难。

（2）GPA 规定政府采购主体必须是“直接或基本上受政府控制的实体或其他由政府指定的实体”，且“提供公共服务和公共产品”；我国国有企业是否属于“政府控制”，是否承担社会公共职能，考虑到历史欠账，国家对一些国企进行必要的财政补贴，补贴后的企业是公益还是商业企业，容易引起成员国的误会。特别是国企采购不分商业和公益类别统统不适用政府采购法，其他国家难以接受。

（3）采购程序的差异，第一，《联合国贸易示范法》是 GPA 成员国普遍遵循的规则。该规则认为招标指“邀请投标、邀请递交意见书，或者邀请参加征求意见书程序或电子逆向拍卖程序”，而不是指某采购方式，这与我国对“招标”的理解有很大不同；第二，在示范法规定的招标程序中，由采购实体对投标文件进行审查和评审而不是评标委员会；我国现行走过场的评标办法能否保证结果的公平？第三，由此衍生的政府采购官制度，以保证采购责任的落实；这是我国制度建设最困难的短板；第四，示范法针对不同情形设计了不同的采购办法，包括方法、程序、标准等，同我国的规则相比，即使政府采购法规定的采购办法也显得比较粗糙，特别是救济程序显得尤为不足，如果供应商的权益在法律上没有保障，贸易平等从何谈起。

综合上述，由于我国现行法律存在的问题造成了 GPA 协议谈判的困难，即使我们做出极大的让步勉强加入该协议，除了损害国家利益外，在采购执行中程序规则的不统一也会使协议的落实步履艰难，或者说不统一规则，执行 GPA 协议就是一句空话。因此我们建议国家有关部门尽快启动研究两法的统一，立法应当由全国人民代表大学牵头，不能再走部门立法的老路。在参加和履行 GPA 协议中，两法依据国际规则修订统一应当是大势所趋。

（二）《招标法》和《合同法》

无论是《招标法》，还是《采购法》，其采购合同均适用于《合同法》。

采用招标方式订立的合同属于一种特殊的合同。其要约邀请、要约和承诺与《合同法》中的相同概念相近但又有不同；同时，其订立合同的步骤也有其特殊性，我们把它称为包含有预约合同在内的本约合同。所谓预约合同是指“约定将来订立一定合同之合同”，其将来应订立的合同称为本约合同。

为了方便对《招标法》的理解，有必要对其涉及《合同法》的相关概念做一个简单的说明。

1.《合同法》中的要约和承诺

《合同法》第 13 条规定：“当事人订立合同，采取要约、承诺方式。”

该条规定了民事合同成立的必要步骤。

《合同法》第 14 条规定：“要约是希望和他人订立合同的意思表示，该意思表示应当符合下列规定：（1）内容具体确定；（2）表明经受要约人承诺，要约人即受该意思表示约束。”

该条表明，首先，要约应具备合同的各项必要因素并明确接受相对人承诺的约束，一般要约人是单人；其次，要约生效采用到达主义，即使对方未拆封也生效；再次，要约被拒绝经相对人同意即可。

《合同法》第 15 条规定：“要约邀请是希望他人向自己发出要约的意思表示；寄送的价目表、拍卖公告、招标公告、招股说明书、商业广告等为要约邀请。”

要约邀请和要约最大的区别在于要约邀请内容的不完整性和不确定性，其对象的不特定性，从法律责任来看，不具有约束性。

《合同法》第 21 条规定：“承诺则是受要约人同意要约的意思表示。”

依据《合同法》承诺到达后合同成立并生效。

2. 招投标活动中的要约和承诺

《招标法》是我国民商法领域的一部特别法。采用招标方式订立的合同是一种特殊的合同。通常，我们把招标公告和招标文件称为要约邀请，投标人的投标文件称为要约，招标人发出中标通知书称为承诺。但是，在招标投标活动中，这里的要约邀请、要约和承诺同《合同法》中的规定有差异。其差异归纳于表 1.1 中。

表 1.1 招标投标活动中的要约邀请、要约、承诺和民法对应关系的差异表

	一般民事合同	采用招标采购方式订立合同
要约邀请	要约邀请和要约最大的区别在于要约邀请内容的不完整性和不确定性，其对象的不特定性，合同订立过程中的不具有法律约束性	要约邀请的资格预审公告、招标公告和招标文件内容明确、完整、稳定，招标文件在招投标活动中对招标人、投标人、评标委员会具有约束力
要约	一般要约人是明确的单人； 其次，要约生效采用到达主义，即使对方未拆封也生效； 再次，要约被拒绝经相对人同意即可	要约人是多数人，公开招标是不特定的多数人； 投标文件必须开标后才生效； 要约是否拒绝首先经评标委员会判定
承诺	承诺到达后合同成立并生效	中标通知书作为承诺表明合同成立但未生效。双方还必须按照招标文件和中标人的投标文件订立合同。如果双方签订的合同对生效条款有其他规定，合同的生效从其规定。如履约保函、定金要求条款等

3. 中标通知书的法律效力

《招标法》第45条："中标人确定后，招标人应当向中标人发出中标通知书，并同时将中标结果通知所有未中标的投标人。

中标通知书对招标人和中标人具有法律效力。中标通知书发出后，招标人改变中标结果的，或者中标人放弃中标项目的，应当依法承担法律责任。"

所谓法律效力指合同当事人之间产生的法律上的影响。中标通知书作为承诺的法律效力是一个复杂的问题，专家学者对此认识不一，《招标投标法释义》中认为中标通知书发出后，由于法律规定："招标人和中标人应当自中标通知书发出之日起30日内，按照招标文件和中标人的投标文件订立书面合同。"依据《合同法》约定附条件的规定，此时合同还未生效。所以发出中标通知书到签订书面合同的阶段，合同处于"成立但未生效"的状态。作者认为这种法律状态可以引入预约合同的概念予以规范。

所谓"预约合同"，学者们一般将其定义为"约定将来订立一定合同的合同"，其将来应当定立的合同称为"本约合同"。预约合同本质上属于债权合同，预约合同的成立需要遵循合同法订立的一般规则。

依据预约合同的法律效力，"预约合同"分为"必须磋商说"和"必须缔约说"两类预约合同。

对于"必须磋商说的预约合同"其法律效力指当事人缔结预约合同后，双方就负有在某个未来时候为达成本约合同而进行磋商的义务。只要为缔结本约合同进行了磋商即完成了合同义务，至于其是否最终缔结本约合同则非其所问。

对于"必须缔约说的预约合同"其法律效力仅就在未来某时进行磋商是不够的，还必须达成本约合同，否则预约合同毫无意义，而且还容易诱发恶意缔约的道德风险。

招标文件属于要约邀请，行业内无异议。但是对资格预审文件的法律属性认定有不同意见。有学者认为，资格申请文件没有价格，不能属于要约，由此推断资格预审文件也不是要约邀请。作者认为，从资格预审制度设计考量，招标是选择交易对象及其方案的采购方式，资格预审主要"审核交易对象"的合格性，在此基础上，通过招标选择最优方案，属于同一性质过程的两个阶段，即希望合格潜在投标人发出对采购项目的要约。因此，资格审查文件从实质上看属于招标文件的一部分；资格预审公告和资格预审文件都是对本约合同第一阶段的要约邀请。同理，资格审查申请书同样属于要约，该要约的特殊性在于由于其约定属无名准入合同，因此，资格申请书没有价格也可视为要约。而资格审查合格通知书则属于承诺从而构成了预约合同。

该类经过资格预审的招标项目，由两个法律效力不同的预约合同和一个本约合同构成其合同关系。这种合同在一些特定行业还可能属于不同性质的合同，如在土地使用权转让的招标过程中，经过资格预审程序发出资格审查合格通知书，表示磋商型的预约合同成立并生效；经过招标程序发出中标通知书表示缔约型的预约合同成立并生效，且该两项预约合同属于民事合同，相对于本合同，发出中标通知书表示本合同成立但未生效；经过国土行政部门审核并作为合同一方签订书面合同，本合同才生效且合同性质属于行政合同。

（三）《招标法》和《行政许可法》

所谓行政许可，"是指行政机关根据公民、法人或者其他组织的申请，经依法审查，准予其从事特定活动的行为"。

根据《行政许可法》第2章第12条第3款的规定："提供公众服务并且直接关系公共利益的职业、行业，需要确定具备特殊信誉、特殊条件或者特殊技能等资格、资质的事项。"

政府有关部门对招标投标活动设定行政许可，依据《招标法》及其相关法规施行监督管理。

根据我国《行政许可法》的许可法定原则，国家法律、法规、地方法规是行政许可的法律依据。必要时，国务院的决定也可以作为行政许可的法律依据，具体如下。

（1）全国人大或常委会通过的法律，如《招标法》。

（2）国务院通过的法规条例，如国务院第613号令《条例》。

（3）省级人大或常委会通过的地方法规，如2005年9月29日山西省人大通过的《山西省工程建设项目招标投标条例》。

（4）国务院颁布的决定，如《国务院关于投资体制改革的决定》。

注意：国务院各部门颁布的部门规章不能作为行政许可的依据。如：原建设部颁布的《市政公用事业特许经营管理办法》不能作为行政许可的依据。但省级人大常委会可颁布相应地方行政法规作为地方行政许可；当然，“规章可以在上位法设定的行政许可事项范围内，对实施该行政许可做出具体规定”。“法规、规章对实施上位法设定的行政许可做出的具体规定，不得增设行政许可；对行政许可条件做出的具体规定，不得增设违反上位法的其他条件。”

在招标投标领域，部门规章在各自的领域范围内实行。部门规章同地方条例不一致的地方，应当由国务院或全国人大裁决。但在具体实践中，对于部门规章重叠管辖的事件，一般以保证招标结果的公平为准则，互相协商，妥善解决。

五、招标投标活动和道德、法律、市场环境的统一

1. 招标投标活动收益最大化的条件

凡是从事招标代理工作的采购人员都知道，在招标投标活动中，只要招标人行为公正，本次招标项目的成功就有了基本保证，如果招标文件编得好，专家聘请得好，即游戏规则公平、科学，评标专家公正、专业，该次招标就会取得圆满成功。但这些条件属于微观层次的考量；从宏观层面看，招标投标活动收益的最大化则有赖于公认的道德（morality）规范、公正的法律（law）约束和规范诚信的市场（market）秩序三项条件的限制，招标投标收益包括质量、工期、投资的成果大小如附图1所示的体积，简称MLM模型。

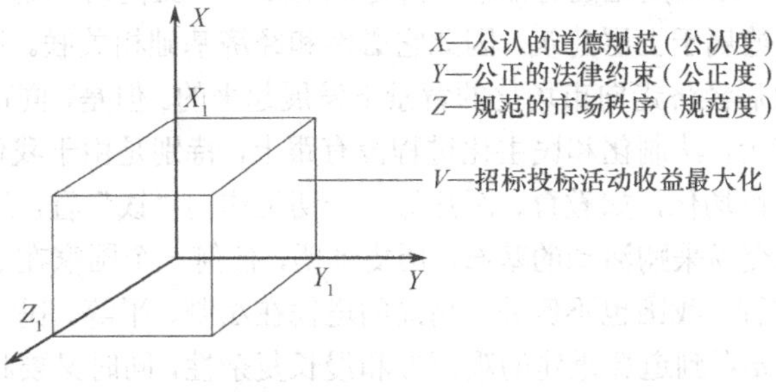

附图1　MLH模型

从道德层面考量，由于多种原因，同10年前相比，我国公认的道德体系近年来受到严重破坏。所谓“道”就是社会的运行规则，所谓“德”则是运行规则在伦理学层次的体现，合称道德。如果社会运行规则出了问题，那么大多数人的道德就不可能没有缺陷。没有道德、没有信任，社会就到处是陷阱。在当今社会，路边救助老人可能被认定为肇事者，从此，人们对需要救助者漠视旁观。公务员从事了本职工作，相关人则认为必须酬谢，公务人员收到礼金也心安理得。由于个人预期寻租的存在，某些承担社会服务的政府部门执法公司化，在行政执法中部门利益优先。相当一些领域的执法监督和金钱挂钩。如某些地方的公路执法只要交钱就可超载；在评标中，只要多一点评审费，个别评标专家就可以违心评标等，当社会服务都和金钱挂钩之后，任何监督都显得苍白无力。当这些行为成为社会公开的潜规则后，任何法律法规的约束都不可能达到预期目标。

从市场秩序考量，经济体制改革还需要继续深化，出于对“维持稳定”的需要，国有企业社会化的现象不仅没有好转，有些方面反而强化了集团社会化职能。在一些几万、几十万人的企业集团中，工程建设项目的招标、物资采购招标等都不可避免地在集团系统内部自行采购，有些属于必须招标的项目或虚假招标，或规避招标；在工程建设领域，一些地方为追求 GDP，要求包工队垫资施工，完工后无钱支付工程费用，造成农民工靠国务院总理出面讨薪的“中国现象”。在施工队伍中资质挂靠、违规招标投标的违法成本很低，各种山寨版产品盛行得不到查处，社会诚信严重缺失。有能力获得项目的权贵者多次转包工程，如吉林高铁某标段由厨师承包高铁桥墩建设并在混凝土中掺加了大量劣质煤渣，此消息经媒体报道后全国哗然。在这样一个市场秩序中，招投标活动的收益包括质量、工期、投资等必然受到极大的限制。

在法律制度方面，在目前社会道德环境条件下，特别是在一些同体监督部门，招投标监督执法形式多于效果，事前监督越位、事中监督错位、事后监督缺位的现象比较普遍。如在开标环节，执法部门云集，行政监督部门、纪律检查部门、招标人各有关部门等都愿意参加，因为在一些地方给监督人员发放和评标专家等额的咨询费是公开的秘密。一些监标人员，一年的灰色收入是其合法工资收入的几倍，其监督效果可想而知，笔者至今也没有看到在开标阶段发现招投标严重违法并进行查处的案例报道。与此同时，监督异化和监督不作为同时存在，如一些地方在出现“水霸”“电霸”的同时出现了“标霸”，越权行政寻租敛财成为个别地方招标的潜规则，而大量工程建设项目超预算没有追究其法人责任，只买贵的不买对的，越招越贵使公众开始质疑招标采购制度的公信力并危及政府的公信力。

另一方面，招投标法律制度本身的一些环节还需要完善，如评标制度。评标委员会提交的评标报告具有法律约束力，但不能承担相应的法人责任，集体负责的结果就是集体不负责。这样，工程建设项目成了唐僧肉就不足为奇。我在新加坡就此问题向该国采购部门咨询，国际同行对此一头雾水，难以理解。

2．道德、法律、市场在招标投标活动中的关系和相互作用

如果说，一个国家，政治是她的骨骼，经济是她的血肉，文化则是她的灵魂。而道德则属于文化在伦理学的范畴。道德属于上层建筑，因此它必然和经济基础相关联。通过立法，把政府采购纳入法制轨道是改革开放后经济走向市场化的背景下发展起来的。但是，同市场经济相适应的社会体系还停留在原有的基点上，法制化和民主化进程没有跟上，特别是由于我们工作中的失误，把一些社会服务工作产业化、市场化，如教育、医疗等。一切工作向“钱”看，进一步加剧了社会道德的急剧衰败，破坏了市场交易采购活动的基石。历史证明，任何一个国家在走向经济现代化的过程中都经历了道德重建的过程，我国也不例外。高尚的道德在法制、平等、民主的环境下才能逐步沉淀为公民的习惯，我们既要看到道德重建的艰巨性和漫长复杂性，同时又要积极创造条件为局部领域的道德高地添砖加瓦。其中，严格法制是建设道德高地的重要武器，法律规范道德。如新加坡对强奸犯罪施以鞭刑的制度，辅之有公民的基本保障制度，该国建国近半个世纪只实行过一次涉及强奸的鞭刑。

所谓法律就是“被改造的习惯”，对于具体行为，道德不能解决的问题法律有些可以强制解决。但是对于社会普遍存在的问题，道德衰败后，法律同样无能为力，因为法律是靠人去执行的，法律如果不能扬善抑恶，市场将无序和混乱。新加坡国立大学东亚研究所所长郑永年先生认为，对于道德重建，政府首先要构建一个有利于道德产生和发展的结构，其中健全法制是重要途径，尽可能减少法律制度的漏洞，加大对执法层不作为和违法行政的责任。其次还要发挥社会的力量，即增加行政透明度。通过社会监督达到社会公益目的，我建议，参照国外先进经验，在条例中应对政府招标采购监督人员实行职业资格制度和严格的责任追究制度，不仅要追究采购相关人员的责任，还要追究预算管理人员的责任。

现在招标采购市场由于道德和法律层面出了的问题到处是陷阱，主要是没有诚信。马克思在资本论中描述的，当利润达到200%，商人就会冒着生命追逐利润的预言在国内市场得到充分的表现。黑心棉、地沟油、假酒、山寨产品充斥市场等。这些现象得不到惩处有法律不健全的因素，但最根本的是这些案件一定和当地的某些权贵利益集团有牵连，当人们对这些丑陋现象见怪不怪时，表明社会麻木了，道德出了问题。如果法律不能保护守法者，违法反而能更快致富，市场一定是混乱的、不公正的，在这种市场环境下，必然会发生招标采购比市场直接采购还贵的怪现象，扭曲的市场将撕裂社会的公平和正义，反过来对社会道德产生灾难性影响，法律制度在扭曲的市场中也显得无能为力，因为任何法律都难免有漏洞。显然，由于部门、地区、集团利益的驱动，在当今道德环境下整顿市场秩序的工作也是艰巨的、漫长的。

道德、法律、市场三个不同范畴影响了招标采购的最大收益。公认的道德规范是采购活动的基础；公平的法律约束是采购活动的保障；规范诚信的市场秩序是采购活动取得成功的条件。三者互为条件，又相互渗透和影响。因此，对招标采购工作出现的问题要综合治理。上述问题，有些是全国性的，需要通过政治体制改革和继续深化经济体制改革逐步纠正和改善。

任何法律问题都完全可以通过法律规定的程序来得以解决。但公共利益不能够仅仅凭某个人的单独意思私自就能决定，当然也不能够完全由政府一方即予以决定，所以才有了民事主体如何来参与公共利益的决策程序问题。显而易见，凡是涉及公共利益的问题，任何一种办法都不可能是十全十美的，但有程序规定终究就比没有程序规定要好得多。因此，公权力的行使往往就成为程序性的问题。

中国政法大学终身教授　江　平

第2章

招标投标活动的程序和管理

《招标法》作为“公法”的内涵体现在有关执法部门对招投标活动程序、结果和投诉的管理；在法律框架下，招标人和投标人通过招投标这种特殊的要约承诺，平等、自愿地签订民事合同则是《招标法》“私法”内涵的具体体现。

一、关于招标人权利义务和责任的规定

（一）招标投标活动依法由招标人负责

有关部门规章明确规定，招标投标活动依法由招标人负责。因此《招标法》在赋予招标人必要的权利的同时，也规定了相应的义务；招标人不履行义务应承担相应法律责任。

在民法中，所谓“权利就是法律赋予民事主体实现其利益的自由，体现为法律为保障权利人享有某种利益或者实施特定行为以实现某种利益的一种行为界限”。权利的本质和功能，表现为两个方面：一是表现为某种合理的主张、要求或者期待；二是这些主观意向又同客观利益发生密切的关联。“权利是法律规定的，所以权利是主观化的法律，法律是客观化的权利。任何人享有的任何权利，离开了国家强制力，都难以圆满实现”。

在民事法律关系中，民事权利和义务是一个统一体。马克思说过：“没有无义务的权利，也没有无权利的义务。”所谓义务就是指“民事主体依法为一定行为或不为一定行为，以满足对方利益需要的必要性。它是法律为了保障民事主体实现其权利而使他人意志受到拘束的状态”。

在某种意义上说，权利表示利益诉求，义务表示责任要求，不履行义务则应承担法律责任。

（二）招标人在招标投标活动中的权利

《招标法》赋予招标人以下10项权利：

（1）自主选择招标代理机构作为咨询代理（第12条）；

（2）启动招标程序发布资格预审公告或招标公告提出邀约邀请（第16条）；

（3）招标人可以对潜在投标人进行资格审查，国家对投标人资格条件有规定的除外（第18条）；

（4）编制招标文件包括评标办法的选择或控制价的制定（第19条）；

（5）可以组织投标人踏勘项目现场（第21条）；

（6）招标人可以设置标底（第22条）；

（7）主持开标会议（第35条）；

（8）依法组建评标委员会（第37条）；

（9）依据评标委员会评标报告和推荐的中标候选人确定中标人（第40条）；

（10）发中标通知书做出承诺（第45条）。

条例补充了招标人终止招标和在法定条件下对中招候选人履约能力审查的权利，有关部门规章对终止招标的权利作出限制：在不可抗力的情况下，招标人可以终止招标。

赋予招标人上述权利，体现了《招标法》其私法的内涵，保障了招标人作为平等民事主体应当享有的合法权益，保障了招标人作为项目法人在工程建设项目中的中心地位，同其承担的法人责任相适应。

（三）招标人在招投标活动中的义务

《招标法》中，规定招标人主要有20项义务：

（1）*在国家规定的依法必须招标的范围内招标人必须进行招标（第3条）；

（2）*不能以任何方式规避招标（第4条）；

（3）招标投标活动当事人（招标人）应当接受依法实施的监督（第7条）；

（4）招标人必须履行必要的项目审批义务（第9条）；

（5）招标人在启动招标程序前必须落实资金或资金来源（第9条）；

（6）*招标人自行招标应当“备案”（第12条）；

（7）公开招标应当发布招标公告。其中，依法必须招标的项目其公告应当通过国家指定的报刊、信息网络或者其他媒介发布（第16条）；

招标人通过发布公告宣布招标项目启动是招标人的一项权利，但是公告按照法律规定的内容在指定媒体发布是招标人的一项义务；

（8）招标人不得采取歧视性态度或者排斥、限制投标人（第18条）；

（9）招标人编制招标文件应符合法定要求（第19条）；

招标人依据项目特点和需要编制招标文件，细化邀约邀请是招标人的重要权利，但是招标文件的编制一定要符合法律规定的要求，表现为招标人的义务。

（10）招标文件不得以特殊的倾向性排斥潜在的投标人（第20条）；

（11）招标人对潜在投标人情况应当保密（第22条）；

（12）应当确定合理的“编制投标文件的时间”，依法必须招标的项目不得少于20日（第24条）；

（13）招标人不得强制要求投标人组成联合体，限制投标人竞争（第31条）；

（14）招标人不得与投标人串通投标（第32条）；

（15）招标人必须尊重投标人的“投标权”（第36条）；

（16）招标人必须负责评标过程的保密（ 第38条）；

（17）招标人应当依法在评标委员会推荐的中标候选人中确定中标人（第40条）；

招标人根据评标委员会提出的书面评标报告和推荐的中标候选人确定中标人组建评标委员会是招标人的一项权利，但“依法”则是招标人的义务，包括招标人代表参加评标委员会、组成成员结构、聘请来源和方式合法等。

（18）招标人不得在确定招标人之前自行与投标人谈判（第43条）；

（19）招标人应当依法在规定时间内与中标人签订合同（第46条）；

（20）*招标人应当向主管部门报告结果（第47条）。

---

*属于针对依法必须招标项目

在《招标法》中，有些法条明确表述招标人的权利或义务。如第12条规定了招标人选择代理机构的权利，第20条规定了招标人保密的义务；有些法条，前款表示权利，后款表述义务，如第16条，招标人通过发布公告启动招标程序表述招标人的权利，但依照法律规定的内容在指定媒体发布则表述了招标人的义务；如有些法条一句话内既有权利也有义务。如第37条，"评标由招标人依法组建的评标委员会负责"，"组建"是权利，"依法"是义务。

凡是属于"义务"的条款一般都有"应当"或"不得""必须"等表述。分别表示义务强制性的程度，但有些法条如第19条"招标人应当根据招标项目的特点和需要编制招标文件"是招标人的邀约邀请，应当视为招标人的权利，而且是一项很重要的权利，当然，编制招标文件必须符合法规要求，在这个意义上，招标人的这项工作属于义务。

《招标法》中规定招标人的10项权利和招标人的20条义务有机的综合为一体，构成了"法定的"招标人全面的义务与权利的统一。《条例》对上述权利和义务做了进一步分解，限于篇幅，不再赘述。

在行使上述法定权利中，招标人一般委托招标代理机构授权"代理"。招标代理机构的经验和专业知识可以为招标人的采购决策提供较为全面、准确的咨询意见。特别是在重大、复杂的项目中，其"代理"行为基本能够保证招标人在项目采购的范围、质量、进度、把握价格的尺度、工程风险管理等方面不会出现较大失误。

招标人可以对招标代理机构委托行使其全部上述权利，也可委托其中一部分，当然也可以委托《招标法》之外招标人认为需要的有关事宜，如竣工验收、货物验收等，其服务费另行约定。

二、关于程序管理的有关规定

通常我们称为招投标的活动包括了招标→投标→开标→评标→中标（定标）5个环节，签订合同是这5个环节的终点和目标。业内也有专家把签订合同作为招投标程序的环节，以强调招投标活动缔约合同的性质。

程序管理主要解决招投标活动的"合法性"问题。

（一）招标

1. 招标人的概念和招标应具备的条件

《招标法》第8条规定："招标人是依照本法规定提出招标项目、进行招标的法人或者其他组织。"

依据《民法通则》，这里的其他组织是指："不具备法人条件的组织。主要包括：法人的分支机构；企业之间或企业、事业单位之间联营，不具备法人条件的组织；合伙组织；个体工商户；农村承包经营户等。"

《招标法》第9条规定："招标项目按照国家有关规定需要履行项目审批手续的，应当先履行审批手续，取得批准。招标人应当有进行招标项目的相应资金或者资金来源已经落实，并应当在招标文件中如实载明。"

上述两条规定包括了两方面的4个内容。一是规定了招标人的资格：提出并进行招标项目、法人或其他组织两个要件；二是规定了招标项目应当具备的条件：履行审批手续、落实资金来源两个基本要件。

条例颁布后，国家有关部委根据行业特点对招标人招标的具体条件做了进一步的规定。详见表2.1。

表 2.1　不同项目应当具备的共同和特别条件汇总表

招标类型	特别条件	共同条件
工程施工	初步设计及概算应当履行审批手续的，已经批准； 有招标所需要的设计图纸及技术资料	1．招标人已经依法成立并符合相应资格条件 2．招标项目的内容、范围、条件、招标方式和组织形式已经有关项目审批部门或招标投标监督部门核准，并完成法律法规规章规定的规划、审批、核准或备案实施程序 3．招标和组织实施必须的资金、或资金来源落实
工程总承包	根据不同开始阶段和方式分别具有可研报告或实施性方案设计或工程初步设计	
工程货物	能够提出货物的使用与技术要求	
非工程使用的一般货物	应具有满足采购招标的设计图纸或技术规格	
政府采购货物和服务	采购计划和资金已经有关采购主管部门批准	
基础设施特许经营项目融资招标	招标人已确定（项目所在地的基础设施政府主管部门组建的招标委员会或类似机构，国有资产投资管理公司）项目实施方案已经政府相关部门批准	
工程概念性方案设计	具有批准的项目建议书	
工程实施性方案设计	具有批准的工程建设项目规划实际条件 具有可行性研究报告	
工程监理	可行性研究报告或工程实施性方案设计	

2．编制招标方案

在正式启动招标投标程序前，招标人应依据项目特点编制招标方案。招标方案的内容主要包括：

① 明确招标项目的任务目标；

② 确定工程建设项目管理模式；

③ 明确招标范围，核准或确定组织形式和招标方式；

④ 选择工程承包方式和合同计价形式；

⑤ 制定招标进度计划和其他工作计划；

⑥ 制订各批次招标文件标段（包）划分原则；

⑦ 拟定各批次投标资格审查的办法、方式和标准；

⑧ 其他保障措施等。

其中，工程建设项目的招标范围、招标组织形式、招标方式等需要有关部门审批、核准的应当办理相应手续。

3．需要办理审批、核准、备案手续的规定

（1）依据《条例》第 7 条："按照国家有关规定需要履行项目审批、核准手续的依法必须进行招标的项目，其招标范围、招标方式、招标组织形式应当报项目审批、核准部门审批、核准。项目审批、核准部门应当及时将审批、核准确定的招标范围、招标方式、招标组织形式通报有关行政监督部门。"

关于工程建设项目审批、核准、备案的适用条件和程序见本章附表 2.2。

（2）国家有关部门规章要求的其他手续。

如商务部颁布的《机电产品国际招标投标实施办法》（2004 年 1 号令）规定在网上完成招标项目建档、招标公告发布、评审专家抽取、评标结果公示、异议投诉处理等相关程序。

4．关于确定招标组织形式的条件

在招标投标活动中，采用招标采购的组织形式有委托招标和自行招标两种。

《招标法》第 12 条规定:“……招标人具有编制招标文件和组织评标能力的，可以自行办理招标事宜。任何单位和个人不得强制其委托招标代理机构办理招标事宜。依法必须进行招标的项目，招标人自行办理招标事宜的，应当向有关行政监督部门备案。”

《条例》第 10 条对上述具有编制招标文件和组织评标的能力做了界定:“指招标人具有与招标项目规模和复杂程度相适应的技术、经济等方面专业人员。”

5．关于确定招标方式的条件

在招标投标活动中，采用招标采购的方式只有公开招标和邀请招标两种。法律规定：国家或省级人民政府确定的重点项目、国有资金占控股或主导地位依法必须招标的项目应当公开招标。

依据《条例》第 8 条的规定:“国有资金占控股或者主导地位的依法必须进行招标的项目，应当公开招标；但有下列情形之一的，可以邀请招标:

(一)技术复杂、有特殊要求或者受自然环境限制，只有少量潜在投标人可供选择；

(二)采用公开招标方式的费用占项目合同金额的比例过大。

有前款第二项所列情形，属于本条例第七条规定的项目，由项目审批、核准部门在审批、核准项目时做出认定；其他项目由招标人申请有关行政监督部门做出认定。”

注意:《条例》第 8 条、第 9 条、第 10 条适用条件的认定应当按照《条例》第 7 条规定的程序进行。

6．招标环节的程序规则

根据招标方案的工作计划，正式启动招标程序。

(1) 发布招标公告（资格预审程序规则见第 5 章）

《条例》第 15 条第 3 款规定:“依法必须进行招标的项目的资格预审公告和招标公告，应当在国务院发展改革部门依法指定的媒介发布。在不同媒介发布的同一招标项目的资格预审公告或者招标公告的内容应当一致。指定媒介发布依法必须进行招标的项目的境内资格预审公告、招标公告，不得收取费用。”

发布招标公告或资格预审公告是启动招投标活动法律程序的标志。因此，公告的内容除了应当符合有关法规对公告内容的要求外，还应当载明有关法规关于招标项目启动的条件，即项目审批和资金来源的有关信息。

(2) 对投标人资质（资格）审查

依据《招标法》招标人可以“要求潜在投标人提供有关资质证明文件和业绩情况，并对潜在投标人进行资格审查；国家对投标人的资格条件有规定的，依照其规定。”有关资格审查的内容在本书第 5 章详细讨论。

(3) 编制招标文件（含资格审查文件）

招标文件属于要约邀请，是招标投标行为及其签订中标合同的依据，对招标投标双方主体在招投标活动过程中均具有约束力。

招标文件应告知潜在投标人：

① 完成工程或提供货物的技术规格和质量要求；

② 投标文件编制和递交的要求；

③ 合同条款；

④ 评标方法和授予合同的标准。

在招标文件中合理划分标段和确定适当的投标人资格条件是实现招标人项目意图的重要手段。招标人在维护自己合法权益的同时应当自觉守法。招标文件要能够让投标人从中判断自己是否适合投标，并如何编制完整响应的投标文件。应该努力减少招标澄清、质疑和投标文件不该发生的遗漏及不响应情况。招标文件的解释权属于招标人。

为了保障招投标双方的合法权益体现社会公正，《条例》第15条第4款规定：“编制依法必须进行招标的项目的资格预审文件和招标文件，应当使用国务院发展改革部门会同有关行政监督部门指定的标准文本。”

（4）组建评标委员会

评标委员会是《招标法》具有中国特色的，体现社会公正和第三方见证，法定行使依法必须招标项目评标工作的专门机构。其内容在《招标法》列在第4章“开标、评标、中标”的第37条予以规定，但这些工作是在开标前的招标环节应当做的。

原国家计委、国家经贸委、建设部、铁道部、交通部信息产业部、水利部等七部委颁布的《评标委员会和评标方法暂行规定》（2001年12号令）和《发改委评标专家和评标专家库管理暂行办法》（2003年29号令），以及新颁布的《条例》都对此做了具体规定（关于评标委员会的详细内容见本书第3章）。

（5）确定投标人编制投标文件的期限

确定投标人编制投标文件所需要的合理时间，“依法必须招标的项目”从出售招标文件至开标时间不少于20日，如修改招标文件，修改通知发出之日至投标截止时间不少于15日。条例修改招标文件的截止时间做了重要补充，如果修改不影响投标人编制投标文件，招标人规定的投标截止时间不变。

（6）其他事项

在招标环节中还有对招标人组织踏勘现场、对投标人名单、标底等保密和关于招标文件澄清修改三项规定。《条例》还对工程总承包招标、两阶段招标做出具体规定。

7．关于终止招标

《条例》第31条规定：“招标人终止招标的，应当及时发布公告，或者以书面形式通知被邀请的或者已经获取资格预审文件、招标文件的潜在投标人。已经发售资格预审文件、招标文件或者已经收取投标保证金的，招标人应当及时退还所收取的资格预审文件、招标文件的费用，以及所收取的投标保证金及银行同期存款利息。”

按照《招标法》的规定，只要采取招标方式，一般都必须进行下去。否则，就属于违法行为。因此，在一些特殊情况下规定终止招标是非常必要的。

8．关于招标无效

招标投标活动是缔结合同的过程，《民法通则》《合同法》对民事行为和合同的效力做了一般性规定。特别是《合同法》第52条第5项规定，违反法律、行政法规的强制性规定的合同无效。根据《最高人民法院关于适用〈中华人民共和国合同法〉若干问题的解释(二)》，法律、行政法规的“强制性规定”是指效力性强制性规定。

招标无效的认定的要件有三条：一是存在违法行为；二是对中标造成实质性影响的结果；三是不能采取补救措施予以纠正。

（1）招标方式违法

应当公开招标未经批准擅自邀请招标。

（2）招标程序违法

① 不在国家指定媒介发布资格预审公告和招标公告；

② 在资格预审文件、招标文件发售、澄清、修改的时限不符合法定要求；

③ 投标文件确定的提交资格预审申请文件的时限不符合法定要求。

（3）招标行为违法

① 在不同媒介发布的同一招标项目的公告内容不一致；

② 不按照资格预审文件载明的标准和方法进行资格预审，或者资格审查委员会的组建不符合法定要求；

③ 招标人或者招标代理机构限制排斥潜在投标人；

④ 招标人或者招标代理机构向他人透露已获取招标文件的潜在投标人的名称、数量或者可能影响公平竞争的有关招投标的其他情况，或者泄露标底；

⑤ 招标人或者招标代理机构与投标人串通；

⑥ 招标代理机构在所代理的招标项目中投标或者代理投标；

⑦ 其他违法行为。

上述违法行为，如果在投标截止前发现的，责令改正并顺延投标截止时间。如果在投标截止后被发现和查实，且对中标结果造成执行影响的，招标无效。

（二）投标

1．投标人的概念和投标应当具备的条件

在《招标法》第3章“投标”中，首先对投标人概念做出界定。

《招标法》第25条规定：“投标人是响应招标、参加投标竞争的法人或者其他组织。”

其行为条件是三个应当：

《招标法》第26条：“投标人应当具备承担招标项目的能力……”

《招标法》第27条：“投标人应当按照招标文件的要求编制投标文件……”

《招标法》第28条：“投标人应当在招标文件要求提交投标文件的截止时间前，将投标文件送达投标地点……”

2．投标环节的程序规则

（1）第28条的第三个“应当”既是行为条件，也是重要的游戏规则。

条例第38条规定：“未通过资格预审的申请人提交的投标文件，以及逾期送达的；或者不按照招标文件要求密封的投标文件，招标人应当拒收。”

该条规定了招标人拒收招标文件的三个条件：主体不合格不收，程序不合法不收；密封不完好不收。在电子招标中第3项的表现形式为没有加密不收。

（2）投标人关于补充、修改、撤回投标文件的规定：在投标截止时间前、书面形式。

（3）投标人对部分非主体、非关键部分的分包应在投标文件中载明。

（4）联合体投标的各方依据协议分工在各专业资格要求中符合项目要求。

（5）《条例》对投标人的禁止性规定：

“第39条　禁止投标人相互串通投标。

有下列情形之一的，属于投标人相互串通投标：

（一）投标人之间协商投标报价等投标文件的实质性内容；

（二）投标人之间约定中标人；

（三）投标人之间约定部分投标人放弃投标或者中标；

（四）属于同一集团、协会、商会等组织成员的投标人按照该组织要求协同投标；

（五）投标人之间为谋取中标或者排斥特定投标人而采取的其他联合行动。”

（关键词：协商、约定、放弃、协同、联合）

“第40条　有下列情形之一的，视为投标人相互串通投标：

（一）不同投标人的投标文件由同一单位或者个人编制；

（二）不同投标人委托同一单位或者个人办理投标事宜；

（三）不同投标人的投标文件载明的项目管理成员为同一人；

（四）不同投标人的投标文件异常一致或者投标报价呈规律性差异；
（五）不同投标人的投标文件相互混装；
（六）不同投标人的投标保证金从同一单位或者个人的账户转出。”

（关键词：编制、投标、经理、规律、混装、账户）

“第 41 条　禁止招标人与投标人串通投标。

有下列情形之一的，属于招标人与投标人串通投标：
（一）招标人在开标前开启投标文件并将有关信息泄露给其他投标人；
（二）招标人直接或者间接向投标人泄露标底、评标委员会成员等信息；
（三）招标人明示或者暗示投标人压低或者抬高投标报价；
（四）招标人授意投标人撤换、修改投标文件；
（五）招标人明示或者暗示投标人为特定投标人中标提供方便；
（六）招标人与投标人为谋求特定投标人中标而采取的其他串通行为。”

（关键词：文件、标底、价格、修改、方便中标、其他）

“第 42 条　使用通过受让或者租借等方式获取的资格、资质证书投标的，属于招标投标法第 33 条规定的以他人名义投标。

投标人有下列情形之一的，属于招标投标法第 33 条规定的以其他方式弄虚作假的行为：
（一）使用伪造、变造的许可证件；
（二）提供虚假的财务状况或者业绩；
（三）提供虚假的项目负责人或者主要技术人员简历、劳动关系证明；
（四）提供虚假的信用状况；
（五）其他弄虚作假的行为。”

（关键词：证件、业绩、人员、信用、其他）

3．关于投标无效

（1）投标主体不合格导致无效

① 招标人和投标人有利害关系（且影响公正），条例第 34 条；
② 投标人之间有三个关系之一（同一法人、控股和管理关系），条例第 34 条；
③ 联合体成员资格审查后增减变化，条例第 37 条；
④ 联合体成员和集体同时投标，条例第 37 条；
⑤ 投标人资格发生变化不符合原条件，条例第 38 条。

上述主体不合格的投标依法直接认定无效。

（2）投标行为违法导致无效

① 串通投标；
② 以他人名义投标的弄虚作假行为；
③ 向招标人或者评标委员会成员行贿；
④ 发生合并、分立、破产等重大变化不再具备原资格条件或投标影响公正性；
⑤ 其他违法行为。

上述违法行为导致投标无效的认定须符合行为、结果和不能纠正 3 个要件。

（三）开标

开标环节的主要程序规则如下。

1．开标时间、地点

《招标法》第 34 条规定：“开标应当在招标文件确定的提交投标文件截止时间的同一时间公开

进行；开标地点应当为招标文件中预先确定的地点。”

2．开标主持人

《招标法》第 35 条规定：“开标由招标人主持，邀请所有投标人参加。投标人未派代表参加开标的，视为默认开标结果。”

3．开标会议程序

（1）《招标法》第 36 条规定了开标的基本程序

“开标时，由投标人或者其推选的代表检查投标文件的密封情况，也可以由招标人委托的公证机构检查并公证；经确认无误后，由工作人员当众拆封，宣读投标人名称、投标价格和投标文件的其他主要内容。”

投标人检查投标文件的密封状况的目的是检查招标人对招标文件保管的责任。如不影响投标公正性，应允许投标文件的密封有“细微偏差”。

“招标人在招标文件要求提交投标文件的截止时间前收到的所有投标文件，开标时都应当当众予以拆封、宣读。

开标过程应当记录，并存档备查。”

《条例》第 44 条规定：

“招标人应当按照招标文件规定的时间、地点开标。

投标人少于 3 个的，不得开标；招标人应当重新招标。

投标人对开标有异议的，应当在开标现场提出，招标人应当当场做出答复，并制作记录。”

本条第 2 款重申了招标法第 28 条：“……投标人少于三个的，招标人应当依照本法重新招标”的规定，这里所谓“投标人少于 3 个”，不包括本数 3 本身，实践中导致参加投标的个数少于 3 人的情形有：

① 实际参加的投标人个数少于 3 个；

② 购买招标文件的潜在投标人个数很多，但是在递交投标文件截止日期时，送至指定地点的投标文件数不足 3 个；

③ 能够进入评标委员会评审阶段的投标人个数少于 3 个；

④ 提交投标保证金的投标人个数少于 3 个；

⑤ 其他导致投标人个数不足 3 个的情形。

依据 23 号令的修正，30 号令、27 号令和 2 号令对上述规定做了补充。主要是重新招标前应当分析招标失败的原因并采取相应措施后重新招标；重新招标的适用范围是依法必须招标的项目，对于一般招标投标活动可以不再招标；对于两次招标失败，如果是需要审批、核准的项目，由原审批、核准单位审批、核准后不再招标。其他项目自行决定不再招标。

（2）关于投标不足 3 人的还有以下情形

① 资格预审合格的潜在投标人不足 3 个的。

《条例》第 19 条第 2 款规定：“通过资格预审的申请人少于 3 个的，应当重新招标”；27 号令第 20 条补充规定，“依法必须招标的项目通过资格预审的申请人不足 3 个的，招标人在分析招标失败的原因并采取相应措施后，应当重新招标。”

② 评标委员会否决不合格投标后，因有效投标不足 3 个使得投标明显缺乏竞争，评标委员会决定否决全部投标的。

27 号令第 41 条第 2 款补充规定：“依法必须招标的项目评标委员会否决投标的，或者评标委员会否决一部分投标后其他有效投标不足 3 个使得投标明显缺乏竞争，决定否决全部投标的，招标人在分析招标失败的原因并采取相应措施后，应当重新招标。”

上述规定中如果有效投标不足 3 个，但其要约参数有竞争性，可以继续评标。

③ 投标有效期满，同意延长投标有效期的投标人少于3个的。

27号令第28条第3款规定："依法必须进行招标的项目同意延长投标有效期的投标人少于3个的，招标人在分析招标失败的原因并采取相应措施后，应当重新招标。"

④ 投标截止前投标人不足3人的。共有4种情形。

（四）评标

评标环节的程序规则。

1．评标环境

《招标法》第38条规定："招标人应当采取必要的措施，保证评标在严格保密的情况下进行。任何单位和个人不得非法干预、影响评标的过程和结果。"

在采用电子招标的情形下，《电子招标投标法》第33条第一款规定："电子评标应当在有效监控和保密的环境下在线进行。"

2．评标组织程序

评标是评标委员会按照招标文件规定的评标标准和方法，对各投标人的投标文件评审，包括质疑（真伪）、评审（好坏）和推荐（名次）最佳投标人的过程。

（1）招标人应当向评标委员会提供评标所必需的信息，但不得明示或者暗示其倾向或者排斥特定投标人。

（2）招标人依法确定评标时间，但超过三分之一的评标委员会成员认为评标时间不够，招标人应当适当延长评标时间，以保证评标的质量。

（3）成员有回避事由、擅离职守或者因健康等原因不能继续评标，招标人应及时更换，以保证评标的按时完成。

（4）《招标法》第39条规定："评标委员会可以要求投标人对投标文件中含义不明确的内容作必要的澄清或者说明，但是澄清或者说明不得超出投标文件的范围或者改变投标文件的实质性内容。"

（5）《招标法》第40条规定："评标委员会应当按照招标文件确定的评标标准和方法，对投标文件进行评审和比较；设有标底的，应当参考标底。评标委员会完成评标后，应当向招标人提出书面评标报告，并推荐合格的中标候选人。"

3．关于评标无效

评标无效就是指评审结论无效。可归纳为主体不合格或行为违法两大类。

（1）评标主体不合格造成的评审结论无效

① 依法被更换的评标委员会成员作出的评审结论无效，条例48条。该条指评标过程中成员有回避事由、擅离职守或健康原因不能继续评标的更换。

② 违法确定或者更换的评标委员会成员做出的评审结论无效，条例第70条。该条指在组建评标委员会过程中的更换。

③ 评标委员会成员有违法行为责令改正或取消资格被更换导致评审结论无效。

④《评标专家和评标专家库管理暂行办法》（国家发改委2003年29号令）第17条第2款规定："政府投资项目的招标人或者其委托的招标代理机构不遵守本办法第五条的规定，不从政府或者政府有关部门组建的评标专家库中抽取专家的，评标无效；情节严重的，政府有关部门依法给予警告。"

（2）评标过程行为违法可能造成原评审结论无效

① 应当回避而不回避；

② 擅离职守；

③ 不按照招标文件规定的评标标准和方法评标；

④ 私下接触投标人；

⑤ 向招标人征询确定中标人的意向或者接受任何单位或者个人明示或者暗示提出的倾向或者排斥特定投标人的要求；

⑥ 对依法应当否决的投标不提出否决意见；

⑦ 暗示或者诱导投标人作出澄清、说明或者接受投标人主动提出的澄清、说明；

⑧ 其他不客观、不公正履行职务的行为。

以上可归纳为评审主体不合格①④项；评审对象不合格第③项；评审行为违法第④⑤⑥⑦⑧项。

上述违法行为的违法后果，按照不同情况分别处理：

① 如果在中标通知书发出前发现并被查实的，责令改正，重新评标；即原评审结论无效重新评审。评审的结果可能推翻前评审意见，也可能维持原评审意见。如果评审主体合格、程序合法，重新评审意见对招标人、投标人有约束力；

② 如果在中标通知书发出后发现并查实，且对中标结果造成实质性影响的，中标无效。

在这种情况下，由监督部门裁定直接认定其中标无效；

③ 需要说明的是，凡是导致招标无效、投标无效的行为，如果是在中标通知书发出后被查实且影响中标结果的，中标无效。

（五）中标（定标）

中标（定标）环节包括了两个步骤，从投标人的角度看称之为中标，从招标人的角度看称之为定标。

招标人依据评标报告和其他必要程序确定中标人，发出中标通知书，此为第一步中标环节，中标通知书发出后表示预约合同成立并生效；第二步，在此基础上经过对预约合同条款的梳理、覆盖和细节的补充完善后，签订书面合同表示本约合同成立并生效，称为定标环节。

招标人确定中标人是一项严肃的系统工作。也应当是行政监督的重点。

1．中标条件

《招标法》第 41 条规定：“中标人的投标应当符合下列条件之一：

（一）能够最大限度地满足招标文件中规定的各项综合评价标准；

（二）能够满足招标文件的实质性要求，并且经评审的投标价格最低，但是投标价格低于成本的除外。”

2．中标前对招标人的约束规定

《招标法》第 43 条规定：“在确定中标人前，招标人不得与投标人就投标价格、投标方案等实质性内容进行谈判。”这绝不意味着在确定中标人后，招标人可以就上述问题可以和中标人谈判，因为法律同时规定了签订合同的有关约束条件。

3．对中标人候选人履约能力的确认

《条例》第 56 条规定：“中标候选人的经营、财务状况发生较大变化或者存在违法行为，招标人认为可能影响其履约能力的，应当在发出中标通知书前由原评标委员会按照招标文件规定的标准和条件审查确认。”

该条款是条例对招标投标程序规则的补充，同招标人项目法人责任制相对应，但应注意启动该条行为主体是招标人，启动的条件两条：中标人资质变化或违法，评审对象是原评标委员会，评审依据是招标文件。

4．中标候选人公示

《条例》第 54 条规定：“依法必须进行招标的项目，招标人应当在收到评标报告之日起 3 日内公示中标候选人，公示期不得少于3日。

投标人或者其他利害关系人对依法必须进行招标的项目的评标报告有异议的，应当在中标候选人公示期间提出。招标人应当自收到异议之日起3日内做出答复；做出答复前，应当暂停招标投标活动。”

5．履约能力审查

《条例》第56条规定：“中标候选人的经营、财务状况发生较大变化或者存在违法行为，招标人认为可能影响其履约能力的，应当在发出中标通知书前由原评标委员会按照招标文件规定的标准和方法审查确认。”

本条是对招标人在法定条件下行使履约能力审查权利、义务的规定。

6．确定中标人

《招标法》第40条规定：“……招标人根据评标委员会提出的书面评标报告和推荐的中标候选人确定中标人。招标人也可以授权评标委员会直接确定中标人。国务院对特定招标项目的评标有特别规定的，从其规定。”

该条款是对所有招投标活动确定中标人的规定，招标人依据评标委员会推荐的中标候选人确定中标人，如果推荐的候选人有3名，对于自愿招标项目或非国有资金依法必须招标的项目，招标人可以选择非第一名中标。但是，对于使用国有资金依法必须招标两个要件同时具备的项目则不同。

《条例》第55条特别规定：“国有资金占控股或者主导地位的依法必须进行招标的项目，招标人应当确定排名第一的中标候选人为中标人。排名第一的中标候选人放弃中标、因不可抗力提出不能履行合同、未按招标文件要求提交履约保证金，或者被查实存在影响中标结果的违法行为等情形，不符合中标条件等情形的，招标人可以按评标委员会提出的中标候选人名单排序依次确定其他中标候选人为中标人，也可以重新招标。”

其中，“被查实存在影响中标结果的违法行为等情形，不符合中标条件等情形的”条款是《条例》做出的新的规定。招标人应当据此重新依次确定中标人，也可重新招标。

23号令对招标人的该项权利在各相关部门规章中做了补充：“依次确定其他中标候选人与招标人预期差距较大，或者对招标人明显不利的，招标人可以重新招标。”

7．发中标通知书

《招标法》第45条规定：“中标人确定后，招标人应当向中标人发出中标通知书，并同时将中标结果通知所有未中标的投标人……”

有关部门规章规定，评标委员会提出书面评标报告后，招标人一般应当在15日内确定中标人，但最迟应当在投标有效期结束日30日前确定。

8．签订书面合同

《招标法》46条规定：“招标人和中标人应当自中标通知书发出之日起三十日内，按照招标文件和中标人的投标文件订立书面合同……”

9．退还投标保证金

《条例》第57条规定：“招标人最迟应当在书面合同签订5日内向中标人和未中标人退还投标保证金及同期银行存款利息。”

10．向有关行政监督部门报告

《招标法》第47条规定：“依法必须进行招标的项目，招标人应当自确定中标人之日起十五日内，向有关行政监督部门提交招标投标情况的书面报告。”

11．关于重新招标的条件

《招标法》第42条：“评标委员会经评审，认为所有投标都不符合招标文件要求的，可以否决所有投标。依法必须进行招标的项目的所有投标被否决的，招标人应当依照本法重新招标。”

12. 关于中标无效

《招标法》规定凡有下列情况之一者，中标无效。

“（1）招标代理机构违法泄露应当保密的与招标投标活动有关的情况和资料的,或者与招标人、投标人串通损害国家利益、社会公共利益或者其他人合法权益等行为影响中标结果，并且中标人为上述所列行为的受益人的。

（2）依法必须进行招标项目的招标人向他人透露已获取招标文件的潜在投标人的名称、数量或者可能影响公平竞争的有关招标的其他情况的，或者泄露标底等行为影响中标结果，并且中标人为上述所列行为的受益人的。

（3）投标人相互串通投标或者与招标人串通投标的，投标人以向招标人或者评标委员会成员行贿的手段谋取中标的。

（4）投标人以他人名义投标或者以其他方式弄虚作假，骗取中标的。

（5）依法必须进行招标的项目，招标人违法与投标人就投标价格、投标方案等实质性内容进行谈判影响中标结果的。

（6）招标人在评标委员会依法推荐的中标候选人以外确定中标的，依法必须进行招标的项目在所有投标被评标委员会否决后自行确定中标人的。”

注意：招标无效指招投标活动的全部环节无效，评标无效是指评标环节无效；可能重新组织评标而不另行组织招标、投标；中标无效是指中标结果无效，可以在评标委员会推荐的候选人中重新确定中标人而无须重新评标。

三、关于结果管理的有关规定

对经过相应合法程序产生的实质结果进行管理称为结果管理。结果管理主要解决“公平”问题。

在《招标法》第45条、第46条、第47条、第48条和有关法规、部门规章的规定中，除了程序规定外，对公示、中标通知书、书面报告、书面合同的内容也做了相应规定。即在程序管理中主要对上述环节的程序合法性进行监督管理，在结果管理中则是对上述环节的实质内容进行监督管理。结果管理是政府有关部门监督管理的重点。

（一）评标结果公示内容

公示是结果管理的重点环节。条例规定公示的环节是招标人收到评标报告之日起 3 日内公示全部中标候选人，公示的内容由有关部门规章规定。

如商务部在2014年1号令对评标结果的公示内容做了明确规定：“采用最低评标价法评标的，《评标结果公示表》中的内容包括“中标候选人排名”“投标人及制造商名称”“评标价格”和“评议情况”等。每个投标人的评议情况应当按商务、技术和价格评议三个方面在《评标结果公示表》中分别填写，填写的内容应当明确说明招标文件的要求和投标人的响应内容。对一般商务和技术条款（参数）偏离进行价格调整的，在评标结果公示时，招标人或招标机构应当明确公示价格调整的依据、计算方法、投标文件偏离内容及相应的调整金额。”

实践证明公示对保证投标人的合法权益和社会公正非常必要。

（二）中标通知书的格式和内容

中标通知书发给中标人。中标通知书的内容应当简明扼要，通常只需告知投标人招标项目已经中标，并确定签订合同的时间、地点即可。其格式依据行业不同有所不同。如在房屋建筑和市政工程标准施工招标文件中附录的中标通知书格式中除上述内容外还要求明确中标金额、工期、质量和中标项目经理。

中标结果通知书发给全体未中标人，告知其所投项目标包的中标人名称。

（三）书面合同

公示期若无异议，招标人应与中标人签订合同。

1. 订立合同的约束条件

（1）必须按照招标文件和中标人的投标文件订立合同；

（2）不得订立背离合同实质性内容的协议；

（3）不得有其他违规行为如不交和违规提高履约保证金擅自改变中标人等；

（4）关于履约、转包、分包在合同中的规定。

2. 履约保证金

招标文件要求中标人提交履约保证金的，中标人应当按照招标文件的要求提交。履约保证金不得超过中标合同金额的10%。

（四）书面报告及存档

1. 书面报告

在规定时间，招标人应按照规定格式要求和内容送有关行政主管部门书面报告。有关部门规章规定，如《工程建设项目货物招标投标办法》（27号令）第54条和《工程建设项目施工招标投标办法》30号令第65条规定："招标人应当自确定中标人之日起15日内，向有关行政监督部门提交招标投标情况的书面报告。

前款所称书面报告至少应包括下列内容：

（一）招标货物基本情况；（招标范围——30号令其余相同）

（二）招标方式和发布招标公告或者资格预审公告的媒介；

（三）招标文件中投标人须知、技术条款、评标标准和方法、合同主要条款等内容；

（四）评标委员会的组成和评标报告；

（五）中标结果。"

2. 文件资料存档

招标人或者其委托的招标代理机构应当妥善保管招标过程中的文件资料包括书面报告所含的内容，存档备查。

《招标法》及相应法规对招标文件的保存时间没有规定。招标人对招标文件资料应当按照档案类别的标准立卷、归档，保存和管理。属于档案组成部分的按照《档案法》的规定办理。

实践中，除非有法律明文规定，招标代理机构对招标文件的保存时间一般是5年，之后，参照机要文件的规定要求销毁。有些项目建设周期较长在项目建成决算后延长一定时间销毁。

《采购法》第42条除了对采购文件包括的内容做了明确规定外，还对保存时间做了规定，"采购文件的保存期限从采购结束之日起至少保存15年。"

（五）完成中标项目

《招标法》第48条规定："中标人应当按照合同约定履行义务，完成中标项目。中标人不得向他人转让中标项目，也不得将中标项目肢解后分别向他人转让。中标人按照合同约定或者经招标人同意，可以将中标项目的部分非主体、非关键性工作分包给他人完成。接受分包的人应当具备相应的资格条件，并不得再次分包。中标人应当就分包项目向招标人负责，接受分包的人就分包项目承担连带责任。”

（六）依法公告违法行为

《条例》第 79 条规定：“国家建立招标投标信用制度。有关行政监督部门应当依法公告招标人、招标代理机构、投标人、评标委员会成员等当事人违法行为的行政处理决定。”

依法公告招投标活动的违法行为是一种强制性的信息披露制度。这种方式可以在避免行政权力介入微观经济可能产生寻租的弊端的同时，通过社会监督，有效的遏制和打击招投标活动的违法现象，净化招标投标市场。

四、关于投诉管理的有关规定

投诉管理是法律的救济手段，投诉管理要考虑投诉成本和招投标活动效率的平衡。

20 多年来招投标活动的实践证明，投诉是投标人在自己合法权益受到侵害时保护自己合法权益的主要途径，是发现和惩处招标投标活动中违法违纪犯罪行为线索的主要渠道，对投诉的处理是政府对招投标活动监督管理的重中之重。

为体现招投标工作的公开、公平、公正、诚实信用的原则，保护招投标当事人特别是投标人的合法权益，《招标法》第 65 条规定：“投标人和其他利害关系人认为招标投标活动不符合本法有关规定的，有权向招标人提出异议或者依法向有关行政监督部门投诉。”

上述条款规定了异议和投诉的主体：投标人和其他利害关系人。

投诉程序：异议、投诉两个步骤。所谓“异议”，是申诉人首先向招标人或代理机构提出申诉，如对其答复不满意则向有关行政监督部门“投诉”。

《条例》补充了异议程序并对投诉程序做了细化完善。明确了异议、投诉的时效、异议的前置、投诉的优先受理、防止恶意投诉、行政监督手段和防止权力滥用等规定，构成了完整的法律救济体系。

（一）关于异议和投诉的规定

1. 关于异议的规定

（1）《条例》第 22 条规定：“潜在投标人或者其他利害关系人对资格预审文件有异议的，应当在资格预审申请截止时间 2 日前提出，对招标文件有异议的，应当在投标截止时间 10 日前提出。招标人应当自收到异议之日起 3 日内做出答复；做出答复前，应当暂停招标投标活动。”

（2）《条例》第 44 条第 2 款规定：“投标人对开标有异议的，应当在开标现场提出，招标人应当做出答复，并制作记录。”

（3）《条例》第 54 条第 2 款规定：“投标人或者其他利害关系人对依法必须进行招标的项目的评标结果有异议的，应当在中标候选人公示期间提出。招标人应当自收到异议之日起 3 日内做出答复；做出答复前，应当暂停招标投标活动。”

上述条文中的异议是指双方对异议点认识理解不一致，不一定存在对错之分。因此，招标人的答复不以异议人是否满意为标准，被异议人本着诚信的原则完成答复程序即可。所谓“暂停”指暂停下一步工作，异议中的“暂停”同投诉中的“责令暂停”有本质的不同。

2. 关于投诉的规定

《条例》第 60 条规定：“投标人或者其他利害关系人认为招标投标活动不符合法律、行政法规的，自知道或者应当知道之日起10日内可以向有关行政监督部门投诉。投诉应当有明确的要求和必要的证明材料。

就本条例第22条、第44条、第54条规定事项投诉的，应当先向招标人提出异议，答复异议的时间不计算在前款规定的期限内。”

《条例》第22条指资格预审文件、招标文件澄清修改的内容、程序；第44条指开标有异议；第54条指对评标结果有异议。换句话说，对于资格预审文件、招标文件、开标和评标结果的投诉，异议是投诉的前置程序，包括程序和内容前置。除此之外，当事人（包括招标人）可以直接投诉。

3．关于行政监督部门优先受理和防止恶意投诉的规定

《条例》第61条规定：“投诉人就同一事项向两个以上有权受理的行政监督部门投诉的，由最先收到投诉的行政监督部门负责处理。

行政监督部门应当自受理投诉之日起3个工作日内决定是否受理投诉，并自30个工作日内做出书面处理决定，但需要检验、检测、鉴定、专家评审的，所需时间不计算在内。

投诉人捏造事实、伪造材料，以侵害他人合法权益，或者以阻碍招标投标活动正常进行为目的提出投诉的，予以驳回。”

4．关于行政监督手段的规定

《条例》第62条规定：“行政监督部门处理投诉，有权查阅、复制有关文件、资料，调查有关情况，相关单位和人员应当予以配合。必要时，行政监督部门可以责令暂停招标投标活动。

行政监督部门的工作人员对监督检查过程中知悉的国家秘密、商业秘密，应当依法予以保密。”

5．关于禁止行政监督权力滥用的规定

《条例》第6条规定：“禁止国家工作人员以任何方式干涉招标投标活动。”

实践中，国家工作人员非法干涉招标投标活动主要表现为以下几个方面。

（1）非法干涉资格预审

（2）非法干涉招标文件的编制

（3）非法干涉评标

（4）非法干涉中标人的确定

非法干涉行为往往出现在行政监督过程中，或者以行政监督之名，行非法干涉之实。区分两者的关键是抓住“非法”二字，即非法干涉行为一定是违反了法律法规的禁止性规定。

七部委《工程建设项目招标投标活动投诉处理办法 》（2006年11号令）第7条规定：投诉人投诉时，应当提交投诉书。投诉书应当包括下列内容：

“（1）投诉人的名称、地址及有效联系方式；

（2）被投诉人的名称、地址及有效联系方式；

（3）投诉事项的基本事实；

（4）相关请求及主张；

（5）有效线索和相关证明材料。”

对招标投标法实施条例规定，先提出异议的事项进行投诉的，应当附提出异议的证明文件。已向有关行政监督部门投诉的，应当一并说明。

投诉人是法人的，投诉书必须由其法定代表人或者授权代表签字并盖章；其他组织或自然人投诉的，投诉书必须由其主要负责人或投诉人本人签字，并附有效身份证及复印件。投诉书有关材料是外文的，投诉人应当同时提供其中文译本。

（二）对投诉的处理程序

在招标投标活动中，对招标文本、开标程序、评标结果的异议是投诉的前置条件，包括程序前置和内容前置。此外，法定投诉主体可直接向行政监督部门投诉。

在政府采购活动中，异议前置对象包括采购文件、采购过程和中标或成交结果。采购文件包括了资格预审公告、招标公告、招标文件、非招标方式的其他采购文件等；采购过程的异议内容极其广泛，实际形成几乎所有问题的异议都可能成为投诉事项的前置条件。

关于投诉的处理程序，国家发改委等七部委《工程建设项目招标投标活动投诉处理办法》（2006年11号令）规定如下：

① 行政监督部门收到投诉后，应当在3个工作日内进行审查并做出是否受理的决定。

② 执行行政监督部门有关回避的规定。

③ 行政监督部门受理投诉后，应当调取、查阅有关文件，调查、核实有关情况。

④ 调查取证时应有2人以上并作笔录，并请调查人签字。

⑤ 听取被投诉人的陈述和申辩。

⑥ 调查取证应承担保密的义务。

⑦ 行政监督部门处理投诉，有权查阅、复制有关文件、资料，调查有关情况，相关单位和人员应当予以配合。必要时，行政监督部门可以责令暂停招标投标活动。

⑧ 投诉处理决定做出前，投诉人要求撤回投诉的，应当以书面形式提出并说明理由，由行政监督部门视以下情况，决定是否准予撤回。

⑨ 有关行政监督管理部门依法做出处理决定。

⑩ 有关行政监督管理部门处理决定归档。

⑪ 投诉人如不服可申请行政复议，或向人民法院提起行政诉讼。

总之，《招标法》作为公法内涵的意义在于有关政府监督管理部门依据《招标法》赋予的职能，对招投标活动进行程序管理、结果管理和投诉管理，这种管理主要不是寻找错误，而是通过程序性的管理和监督，在法定程序范围内帮助招标人的决策符合公共利益，满足社会基本要求，把招标人的决策失误降到最低，把可能产生腐败的因素降到最少。

五、关于招标代理机构的管理和监督

（一）招标代理制度

招标代理制度曾经是招标投标制度的重要组成部分。招标作为一种民事活动也有寻求代理帮助民事主体，实现其缔结合同的需要。

1. 招标采购活动的复杂属性

招标采购涉及经济学、管理学、工学、法学等多种学科。作为组织管制的措施，《招标法》第十二条规定“依法必须进行招标的项目，招标人自行办理招标事宜的，应当向有关行政监督部门备案。”

2. 法学意义上的代理

从法律角度上讲，代理制度是民事法律上一项重要制度。所谓代理是指代理人以被代理人（又称本人）的名义，在代理权限内与第三人（又称相对人）实施民事行为，其法律后果直接由被代理人承受的民事法律制度。

依据代理权不同：委托代理、法定代理、指定代理。

3. 经济学意义上的代理

指根据契约，一个或多个行为主体指定雇用另一些行为主体为其提供服务，并根据提供服务的数量和质量支付相应的报酬。委托人授予代理人决策权，要求代理人提供有利于委托人利益的服务。由于委托人与代理人信息不对称，即代理人相对于委托人具有信息优势，以及双方在激励与责任方面的不一致性或者矛盾，代理人可能背离委托人的利益或意图而采取机会主义行为，从而产生道德风险和逆向选择问题。为了防止委托代理问题的发生，委托人需要通过严密的契约关系和对代理人的密切监督来限制代理人的行为，保证代理人的行为符合委托人的利益。

4．代理组织生命周期的假设

查尔斯·罗伯特·达尔文在《物种起源》一书中将生物的进化过程大体分为过渡繁殖、生存竞争、遗传变异、适者生存4个阶段。这一生物学概念后来被引入到经济学和管理学理论中，首先应用于产品，之后又扩展到企业和产业。产业生命周期理论最早由Raymond Vernon于1966年在产品生命周期理论基础之上逐步发展、演化而形成。Gort和Klepper在定量研究的基础上，对这一理论进行了完善，将一个产业的发展过程分为导入期、成长期、成熟期和衰退或蜕变期。中国的招标代理行业的发展符合产业生命周期理论所描述的发展阶段。

（二）代理机构进入蜕变期

1．国家取消关于招标代理机构资质审批制度

对企业实行资质管理是计划经济的产物，招标代理机构的资质管理在一定历史时期发挥过积极的作用，但是随着市场的不断成熟完善，该项制度在地方保护、行业封锁、权力延伸等消极作用已经越来越多地显现出来。招标代理资格审批制度是招标代理机构生存的护身符。阻碍了其自身的发展，其最大弊病是不可能产生品牌。而品牌是企业在市场竞争中的图腾，如西门子、松下、华为等品牌就是质量保证。其次招标代理资质管理部门分割严重（5个部门颁发招标代理资质），挂靠和虚假资质时有发生，代理质量日益程序化、简单化，有些甚至成为招标人违法招标的“白手套”，在社会上产生负面影响。

因此，从2013年5月国务院取消和下放133项行政审批等事项的决定中，取消了商务部机电产品国际招标资格审批开始，至2018年1月31日国家发改委发布第2号公告止，原来由商务部、工信部、财政部、住建部和发改委负责审批的机电产品国家招标代理资格、通信建设项目招标代理机构资质、政府采购代理机构资格、工程建设项目招标代理资格、中央投资项目招标代理资格的审批陆续分别取消。招标代理机构的发展进入一个新阶段。

2．政府对代理机构的管理方式发生质变

过去，政府对招标代理公司的管理主要通过对代理机构资质的审批规范其行为，但是随着市场秩序的成熟和完善，在政府简政放权的大背景下，政府有关部门改变管理模式就成了必然。即从事前行政审批转变为事中、事后主要依靠社会监督为主，附之以必要的检查的方式对代理机构进行管理。这种管理模式成本低效果好。取消或下放对招标代理机构资格认定的规定并不意味着降低了招标代理机构成立和经营条件的标准，相反，招标代理机构的业务能力和水平由市场检验而不是靠政府资质保护，这有利于代理机构完善自我，提高服务能力和水平。

3．只有垮掉的企业没有垮掉的行业

中国招标投标协会副会长吴强指出：只有垮掉的企业，没有垮掉的行业。

长期以来代理机构的工作是程序代理，在咨询市场越来越多元化、复杂化的背景下，这类代理行为已经远远不能满足招标人的需要。依据经济学的理论，经济越发展社会分工越细，代理工作就越不可或缺。特别PPP项目的建设过程中，对招标代理机构提出更高要求。这既是挑战又是机遇，在经济转型的浪潮下，一些代理机构将被淘汰，一些代理机构将在痛苦的转型中将蜕变成市场不可或缺的综合性咨询公司或企业的专业采购部门。

4．招标代理行业正在发生凤凰涅槃式的转变

据统计，到2016年末，全国工程招标代理共有6495家，自2014年至2016年3年中，每年增长率分别是 3.82%、2.55%和 6.44%。中央投资招标代理共有 1607 家。

2013 年商务部率先取消了机电新产品国际招标代理机构资质审批，极大地激发了市场活力，截至 2017 年底，共有 1053 家新机构注册，招标代理比以前的 223 家增长了 4.7 倍，其中新增民营企业 913 家，国有企业 130 家，公共机构 5 家，外资企业 5 家。新机构中有 435 家已经开展国际招标代理业务，2017 年共完成招标项目 4460 个，中标金额 50.8 亿美元，占全部中标金额的 10.8%。

（三）代理机构的登记制度

1. 机电产品国际项目招标的注册登记制度

依据商务部的规定，对于过去没有取得机电产品国际招标的其他代理机构通过注册的办法从事机电产品国际招标业务。注册的程序和内容如下。

机电产品国际招标代理机构注册指南：

① 访问中国国际招标网（www.chinabidding.com）首页，点击“机电产品国际招标代理机构注册入口”按钮，在线如实填写《机电产品国际招标代理机构登记表》（以下简称《登记表》）。确认无误提交后，将获得国际招标代理机构编号。

② 打印《登记表》并签字盖章，以及营业执照和组织机构代码证书复印件、已获得的其他招标资格证书复印件（如已获得）、本机构获得招标职业资格人员名单及其相应资格证书复印件（以上文件均须加盖公章），一并递交到机构所属主管部门存档（所在地区或所属部门机电产品进出口管理机构）。

③ 完成在线注册、登记存档后，应及时联系中国国际招标网（联系电话：400-0606-000）确认机电产品国际招标业务平台操作权限的开通事宜。

④ 确认开通后，即可进行机电产品国际招标在线招投标项目操作。

⑤ 注册机构在注册过程中应注意如下事项。

- 注册机构应保证《登记表》、注册过程中提交的信息，以及递交所属主管部门存档的资料真实有效，若注册机构有信息不实、造假等行为，注册机构须对此负法律责任；
- 注册机构的部分注册信息（包括招标代理机构中文名称、招标代理机构英文名称、注册地址、联系电话、电子邮箱、法定代表人姓名、人员情况、机构简介），将通过中国国际招标网或其他媒体对社会公众公布，并接受社会公众的监督；
- 进行注册登记的招标代理机构，应在线填写公司内所有专职招标从业人员信息，并要求至少有一人具备招标职业资格（如招标师、造价师等），同时应填写证书编码；
- 2013 年以前已获得机电产品国际招标资质的招标代理机构，无须进行注册。

2. 政府采购项目的注册登记制度

① 2014 年 9 月 26 日财政部颁布《关于做好政府采购代理机构资格认定行政许可取消后相关政策衔接工作的通知》财库〔2014〕122 号。该文件规定：

“二、为满足代理机构信息发布、专家抽取等业务工作需要，方便采购人选择代理机构和政府采购监管部门加强业务监管，自 2015 年 1 月 1 日起，凡有意从事政府采购业务的代理机构可以在中国政府采购网（www.ccgp.gov.cn）或其工商注册所在地省级分网站进行网上登记。网上登记遵循‘自愿、免费、一地登记、全国通用’的原则。”

② 2018 年 1 月 4 日财政部关于印发《政府采购代理机构管理暂行办法》的通知财库〔2018〕2 号。

“第 6 条　代理机构实行名录登记管理。省级财政部门依托中国政府采购网省级分网（以下简称省级分网）建立政府采购代理机构名录（以下简称名录）。名录信息全国共享并向社会公开。

第 7 条　代理机构应当通过工商登记注册地（以下简称注册地）省级分网填报以下信息申请进

入名录，并承诺对信息真实性负责”

③ 2018 年 2 月 13 日财政部颁发《关于做好政府采购代理机构名录登记有关工作的通知》财办库 [2018] 28 号。

为做好代理机构名录登记工作衔接，及时补充完善登记信息，确保《政府采购代理机构管理暂行办法》顺利施行，财政部印发《关于做好政府采购代理机构名录登记有关工作的通知》（财办库[2018] 28 号，以下简称《通知》）。财政部将于 3 月 1 日前完成名录登记系统升级改造，名录登记系统以统一社会信用代码作为代理机构唯一标识。

④ 2018 年 3 月 1 日，财政部印发《政府采购代理机构管理暂行办法》财库[2018]2 号，正式实施。招标代理机构的管理纳入新的法制轨道。

3. 工程建设项目的注册登记制度

① 2017 年全国人大常委会第三十一次会议通过了《招标法》第十四条修订案，删去了第十四条第一款，取消了政府对工程建设项目招标代理机构的资格认定。2017 年 12 月 27 日，国家主席习近平签署八十六号主席令，修正后的《招标法》自 12 月 28 日施行。

② 2017 年 12 月 28 日住房城乡建设部办公厅颁布《关于取消工程建设项目招标代理机构资格认定加强事中事后监管的通知》建办市[2017]77 号。该通知规定，自 2017 年 12 月 28 日起，各级住房城乡建设部门不再受理招标代理机构资格认定申请，停止招标代理机构资格审批。并建立信息报送和公开制度。建办市[2017]77 号规定：

“二、建立信息报送和公开制度。招标代理机构可按照自愿原则向工商注册所在地省级建筑市场监管一体化工作平台报送基本信息。信息内容包括：营业执照相关信息、注册执业人员、具有工程建设类职称的专职人员、近 3 年代表性业绩、联系方式。上述信息统一在我部全国建筑市场监管公共服务平台（以下简称公共服务平台）对外公开，供招标人根据工程项目实际情况选择参考。

招标代理机构对报送信息的真实性和准确性负责，并及时核实其在公共服务平台的信息内容。信息内容发生变化的，应当及时更新。任何单位和个人如发现招标代理机构报送虚假信息，可向招标代理机构工商注册所在地省级住房城乡建设主管部门举报。工商注册所在地省级住房城乡建设主管部门应当及时组织核实，对涉及非本省市工程业绩的，可商请工程所在地省级住房城乡建设主管部门协助核查，工程所在地省级住房城乡建设主管部门应当给予配合。对存在报送虚假信息行为的招标代理机构，工商注册所在地省级住房城乡建设主管部门应当将其弄虚作假的行为信息推送至公共服务平台对外公布。”

③ 2018 年住建部 3 月 8 日正式废止《工程建设项目招标代理机构资格认定办法》（建设部令第 154 号）。现予发布，自发布之日起施行。

4. 工信部下放对招标代理机构资质的审批

2014 年 1 月 27 日，工信部发布《工业和信息化部关于取消通信建设项目招标代理机构资质行政审批事项的通知》（工信部通[2014]46 号文），决定取消通信建设项目招标代理机构资质审批事项。自 2014 年一季度起，将通信建设项目招标代理机构资质管理工作交由中国通信企业协会负责实施，具体工作由中国通信企业协会通信工程建设分会承担。相关工作参照《工业和信息化部关于做好取消通信信息网络系统集成企业资质等 4 项行政审批事项相关工作的通知》（工信部通函[2013]314 号）进行。

5. 发改委取消中央投资项目资质管理

（1）国家发展改革委 2017 年 7 月 31 日发布中华人民共和国国家发展和改革委员会公告（国发〔2017〕9 号），决定今年暂不受理中央投资项目招标代理机构资格认定申请。

（2）2018 年 1 月 31 日国家发改委发布 2018 年第 2 号公告决定，依据国务院关于取消一批行政许可事项的决定（国发[2017]46 号）和全国人大常委会关于修改《招标法》（第 86 号主席令），自2017年12月28日起，我委不再开展“中央投资项目招标代理机构资格认定”相关工作，各级发展改革部门和有关单位不再受理“中央投资项目招标代理机构资格认定”申请。

本章附录

（一）《招标法》关于程序时间的法定要求

《招标法》关于程序时间的法定要求分为两个环节，有4条。

1. 在招标环节

（1）第23条规定：“招标人对已发出的招标文件进行必要的澄清或者修改的，应当在招标文件要求提交投标文件截止时间至少15日前，以书面形式通知所有招标文件收受人。该澄清或者修改的内容为招标文件的组成部分。”

（2）第24条规定：“招标人应当确定投标人编制投标文件所需要的合理时间；但是，依法必须进行招标的项目，自招标文件开始发出之日起至投标人提交投标文件截止之日止，最短不得少于20日。”

2. 在中标环节

（1）第46条规定：“招标人和中标人应当自中标通知书发出之日起30日内，按照招标文件和中标人的投标文件订立书面合同。招标人和中标人不得再行订立背离合同实质性内容的其他协议。”

（2）第47条规定：“依法必须进行招标的项目，招标人应当自确定中标人之日起15日内，向有关行政监督部门提交招标投标情况的书面报告。”

依据条例规定的法定时间要求的内容详见本书附表1。

（二）关于“天、日、工作日”等期间时限的约定

我国《民法通则》第154条规定：“规定按照日、月、年计算期间的，开始的当天不算入，从下一天开始计算。期间的最后一天是星期日或者其他法定假日的，以休假日的次日为期间的最后一天。期间的最后一天的截止时间为24点。有业务时间的，到停止业务活动的时间截止……”

第155条规定：“民法所称的‘以上’‘以下’‘以内’‘届满’包括本数；所称‘不满’‘以外’不包括本数。”

据此，在我国的招标投标法律体系中，期间一般以“日”表述，但也有用“工作日”。

日：指日历日，期间时限约定起始或截止时间如果在国家法定假日，截止时间将顺延至国家法定假日结束后的次日。

工作日：期间时限指国家法定假日以外的日历天数。

如关于招标人同中标人签订合同的时限，《招标法》规定“30日内”，我国招标投标法律法规时限规定中一般都是5的倍数；但是在国际FIDIC合同中一般都用“天”来表述，期间时限起始、截止和过程均不考虑国家法定假日，FIDIC合同期间时限都是7的倍数。

（三）关于废标的讨论研究

2007年中国国际招标网组织行业内专家就废标专题进行了广泛的讨论。该专题顾问是高子正、专题策划是刘梅、页面设计是高晓玉。

该栏目之概念篇对废标的总结如下：

本章“废标可作两解：废标为动词，即指将标废弃；废标为名词，即为被废弃的标。废标作动词讲，可分为两种行为：全部否决所有投标人的投标，废止正在进行的投标活动，宣告招标程序终止的行为，即整个招标项目废标；否决单个投标人的投标。废标的情形，可分为法定废标和约定废标。法律法规明确规定的条件，没有满足而导致的废标，即法定废标；招标文件特别约定的要求，没有被响应而导致的废标，即约定废标。

（1）各法规中关于废标条款的比较

两部大法中，《招标法》中并无“废标”这个词，只是在部分条款中出现了“否决”投标之类的用语。2012 年 2 月 1 日实施的《条例》和上位法保持一致，而《采购法》出现了“废标”一词，并对其作了明确的界定。

（2）关于对废标含义的理解

政府采购法定废标的情形是指整个项目废标，整个招标活动由于以上几种原因（违法、不够竞争或全部超预算等）导致项目无效，重新开始。工程招标和机电产品国际招标法定废标是指投标人的投标作废，经过评标委员会评审不符合招标文件要求而丧失了继续参加评审程序的资格的投标，现在《条例》统一用“否决投标”表述。

约定废标：对于招标文件中约定废标的主要条款，主要是用来防止日后的合同纠纷。招标文件不同，约定的废标条款也各有差异。

几个与废标有关的常用概念见表 2.2。

表 2.2　有关废标的几个常用概念的区别

“废标”与“落标”	“有效标”与“无效标”	“被拒绝的标”与“被废标”
招标一般经过初评和细评两个阶段，废标决定一般在初评阶段做出，经过初评一项投标书被认定为有效的投标之后，评标委员会再进行详细的审查和评估，在细评阶段不能中标的标书不是废标，而成为落标。 但即使经过初评的有效投标，以及被选中的投标仍有可能被宣布作废，这主要是出现招标活动被取消和因某种原因中标被宣布无效的情况	“有效标” 指的是基本符合招标文件要求的投标文件，评标委员会评审的，应该是“有效标”；“有效标” 不一定是“合格标”。 “无效标” 则是指没有对招标文件做出实质响应的投标。无效标的规定不仅是招标人对投标人的一项入围审查权利，有时也可能是投标人的维权工具	以开标时的唱标为分界，被拒绝的不能参加唱标的投标文件，称之为“被拒绝的投标”，即投标文件不予受理的情况。 而参与唱标，而后被认定是没有实质响应的投标文件，称之为“被废标”
“流标”	**“投标无效”**	**“合格标”与“不合格标”**
“流标”是指在政府采购活动中，由于有效投标人不足三家或对招标文件实质性响应的不足三家，而不得不重新组织招标或采取其他方式进行采购的现象。实际上是一种招标失败	投标无效的情况分为三个阶段，即开标前无效，开标后无效，投标过程中无效	评委初评后标书的内容未作实质性响应的为不合格标，初评后标书的内容作实质性响应的为合格标

（四）关于工程建设项目审批、核准、备案的适用条件和程序

表 2.3、表 2.4 是中央投资项目的内容和投资方式表。表 2.5 列出了在工程建设项目中政府有关部门审批、核准、备案的适用条件、标准和工作程序。

表 2.3　中央投资项目内容

	名　称	内　容	规　模
中央投资项目	中央预算内资金	由国家发改委负责管理安排的中央财政性投资资金，包括长期建设国债投资	200 万元
	专项建设基金	国务院有关行业管理部门负责管理安排、有特定资金来源和使用方向要求的中央财政性投资资金，包括铁路、公路、民航、港口、水利等专项资金	500 万元
	国家主权外债资金	指国际金融组织和外国政府贷款、赠款、联合融资	500 万元
	其他中央财政性投资资金的固定资产投资项目	泛指国务院有关部门负责管理安排的上述渠道以外的其他财政性资金，如国管局安排的行政建房资金、财政部安排的农业综合开发资金、国防口安排的国防科技专项资金	500 万元

表 2.4　中央投资项目投资方式

投资方式	投 资 对 象
1. 直接投资	非经营性政府投资项目
2. 资本金注入	经营性政府投资项目
3. 投资补助	符合条件的企业项目和地方政府项目
4. 贷款贴息	符合条件的使用了中长期银行贷款项目的项目贴息
5. 转贷	提供主权担保符合条件的项目，使用国际金融和外国政府贷款

表 2.5　政府（企业）投资项目审批、备案、核准程序表

	政府投资项目办理审批程序	企业投资项目办理核准程序	企业投资项目办理备案程序
适用条件	审批制： 对于政府直接投资和资本金注入的政府投资项目。对项目建议书、可研报告、初步设计和概算进行审批	核准制： 对于不使用政府直接投资和资本金注入的企业投资项目，属于《政府核准的投资项目目录》内的，对项目申请报告进行核准	备案制： 对于不使用政府直接投资和资本金注入的企业投资项目，也不属于《政府核准的投资项目目录》内的，实行备案制
程序1	项目单位首先向发改委等项目审批部门报送项目建议书，依据项目建议书批复文件分别向城乡规划、国土资源和环保部门申请办理规划选址、用地审批和环评审批	项目部门分别向城乡规划、国土资源和环保部门申请办理规划选址、用地预审和环评审批手续	项目单位必须首先向发改委等备案管理部门办理备案手续
程序2	项目单位根据项目论证情况向发改委等项目审批部门报送可研报告，并附规划选址、用地审批和环评审批文件	项目单位向发改委等项目核准部门报送项目申请报告，并附规划选址、用地预审和环评审批文件	
程序3	项目单位依据可研报告批复文件向城乡规划部门办理规划许可手续，向国土资源部门申办正式用地手续	项目单位根据核准文件向城乡规划部门办理规划许可手续，向国土资源部门申办正式用地手续	备案后，分别向城乡规划部门办理规划许可手续，向国土资源部门申办正式用地手续
备注	对于申请政府投资补助及贷款贴息的项目，审批“资金申请报告”		

本章案例解读

（一）关于联合体资格认定的案例

【背景】 某施工招标项目接受联合体投标，其中的资质条件为：钢结构工程专业承包二级和装饰装修专业承包一级施工资质。有两个联合体投标人参加了投标，其中一个联合体由三个成员单位A、B、C组成，其具备的资质情况分别如下。

成员A：具有钢结构工程专业承包二级和装饰装修专业承包二级施工资质；

成员B：具有钢结构工程专业承包三级和装饰装修专业承包一级施工资质；

成员C：具有钢结构工程专业承包三级和装饰装修专业承包三级施工资质。

该联合体成员共同签订的联合体协议书中，成员A承担钢结构施工，成员B、C承担装饰装修施工。资格审查时，审查委员会对最终确定该联合体的资格是否满足本项目资格条件意见不一，有以下三种意见。

意见1：该联合体满足本项目资格要求，因为联合体成员中，分别有钢结构工程专业承包二级的施工企业成员A和装饰装修专业承包一级施工资质成员B。

意见2：该联合体不满足本项目资格要求。《招标法》第31条明确规定"联合体各方均应当具备规定的相应资格条件"，这里的联合体成员A、B、C均不同时满足钢结构工程专业承包二级和装饰装修专业承包一级施工资质。

意见3：该联合体不满足本项目资格要求。《招标法》第31条明确规定"由同一专业的单位组成的联合体，按照资质等级较低的单位确定资质等级"，本案中，三个单位均具有钢结构和装饰装修专业资质，按照该条规定，该联合体的资质等级应该为钢结构专业承包三级和装饰装修专业承包二级，所以，该联合体的资质不满足本项目资格要求条件。

【问题】分析上述三种意见正确与否，说明理由并确定该联合体的资质。

【分析】判断联合体资格条件的标准可归纳为：协议分工、一个身份、共同签约、连带责任。其中法律要求"联合体成员均应当具备相应的资格条件"中的"相应"指协议分工的任务要求。"同一专业"也以协议分工的任务作判断。

【参考答案】上述三种意见中，第二、三两种意见的结论正确，但其理由以及第一种意见均不正确。

第一种意见不正确，因为看一个联合体的资质条件是否满足要求，不是看该联合体成员中是否有满足需要的资质等级。第二、三种意见虽然结论正确，但理由不正确，因为《招标法》第31条中的"联合体各方均应当具备规定的相应资格条件"一句，重点在具备相应的资格条件，而不是所有成员均需要具备所有条件，否则联合体这种模式在工程建设中就没有实际意义。本案中，由于协议分工中联合体成员A承担钢结构施工，成员B、C承担装饰装修施工，所以联合体的钢结构专业施工资质为一级，装饰装修专业承包的施工资质为成员B和成员C两个成员中资质等级较低的资质，即装饰装修专业施工三级，故该联合体的资质为钢结构专业施工资质为一级、装饰装修专业施工三级，不能通过资格审查。

（二）关于重新评标的案例

【背景】某依法必须招标的水利工程建设项目，中央投资金额7000万元。招标人属国有企业。依法在当地公共资源交易中心进行招标投标活动。有16家投标人提交了投标文件。在评审过程中，评标委员会认定其中4家的业绩不合格予以否决，其中包括投标人A。在评标刚结束的第二天上午，招标人还未公示中标候选人之际，投标人A即向招标人（招标公司）提出异议，评标委员会认定A公司业绩不合格不妥并提交了相关证据。招标人（招标公司）即向公共资源交易中心提出请原评标委员会据此重新评审的申请。公共资源交易中心受理了招标人的申请，并于当天下午组织原评标委员会对该项目重新评审。

第二次评审的结果否定了原第一中标候选人的资格，推荐异议人A为第一中标候选人。并在评标结束后在交易中心网站立即公示。投标人B看到公示结果后极其愤怒。立即组织本单位和挂靠的投标人对招标人和代理机构进行质问并封堵了其所在的房间一晚上不允许出入要求他们给个合理的解释。直到第二天中午，招标人家属向 110 报警，在警察的干预下投标人 B 才允许招标人（代理机构）代表离开交易中心。

之后，投标人 B 立即向当地市人大、市纪检监察部门投诉，要求市有关领导调查此事。还其公道。市纪检部门收到投诉后责成项目主管和监督管理部门市水利局处理。但水利局表示，该局是招标人的主管单位不宜处理。最后，该市组织专门调查小组对此事进行调查。联合调查组由市发改委担任组长、监察局、水利局担任副组长、住建局、公共资源交易中心为成员对此事进行调查处理。

经过调查研究，近日联合调查组决定重新组织评标委员会对本项目重新评审。

1．该案例有哪些不妥

（1）投标人 A 的不妥

① 依据《条例》第 54 条第 2 款规定：“投标人或者其他利害关系人对依法必须进行招标的项目的评标结果有异议的，应当在中标候选人公示期间提出。”投标人 A 对中标人的异议没有在规定的期限内提出不妥。

② 依据《条例》第 61 条第三款：“投诉人捏造事实、伪造材料或者以非法手段取得证明材料进行投诉的，行政监督部门应当予以驳回。”投标人 A 提出异议的内容属于保密内容，其获取信息的手段非法应比照该条规定驳回。

（2）投标人 B 的不妥

① 组织本单位和挂靠单位围困招标人（代理机构）不妥并涉嫌违法；

② 向市人大、纪检投诉的主体机关不妥，涉及招标程序违法违规的事项应当由行业主管部门受理。除非案情涉及腐败、违纪行为。

（3）评标委员会的不妥

① 没有按照招标文件进行评审，导致对投标人 A 的业绩误判。

② 评委中有可能涉嫌向投标人 A 泄密的情形。

（4）招标人（代理机构）不妥

① 不应当在评标后公示中标人前受理投标人 A 通过非法手段获取信息提出的异议。

② 针对本次泄密事件没有及时向监督部门报告要求其处理不妥。

（5）公共资源交易中心的不妥

① 交易中心属于招标采购的服务机构，无权也不应当对该项目是否需要组织原评审委员会对中标候选人重新确认进行批准。

② 违法再次通知原评委组织评审不妥。

（6）有关主管和监督部门的不妥

① 水利部门对应当处理的项目不作为不妥。

② 市人大、市纪检责成水利部门处理是正确的。该市政府在水利部门推诿后，针对这件影响较大群体性事件，组织由发改委、住建局、公共资源交易中心等部门组织的联合调查组进行调查符合情理。但是调查组只能做出建议，无权做出重新评标的决定或其他行政决定（行政行为必须法律授权）。

2．在招标投标法律框架下重新评审的思考

（1）在公示前对符合法定条件的中标候选人资格的确认

招标《条例》第 56 条的规定：“中标候选人的经营、财务状况发生较大变化或者存在违法行为，招标人认为可能影响其履约能力的，应当在发出中标通知书前由原评标委员会按照招标文件规定的标准和方法审查确认。”

上述规定表明：对中标候选人履约能力变化或存在违法行为时，招标人可以要求原评委对该中标人的履约能力进行重新确认；法律没有规定发现中标候选人变化或违法的路径、主体资格、程序和标准（主动考察或其他人举报都可），只要招标人认为需要，可以重新对第一名情况进行确认，也无须主管监督部门批准。上述启动重新评审是招标人的一种民事行为。

结合本案例需要注意两点：一是如果投标人A向招标人反映的仅是评委对其本身的评审不公，即使在合法的公示期内也不能援引本条重新评审，只有中标候选人出现“变化”或“违法”才能对中标候选人的履约能力进行确认，而不是对其他人的投标文件进行重新评审。二是即使异议人的程序不合法，但是作为涉嫌中标候选人的变化或违法行为的线索，招标人也可以组织重新评审，因为法律没有规定发现“变化”或“违法”行为的路径。

（2）在评标过程中评标专家主体、程序不合格引起的重新评审

① 关于评审主体：

招标条例第48条第3款：“评标过程中，评标委员会成员有回避事由、擅离职守或者因健康等原因不能继续评标的，应当及时更换。被更换的评标委员会成员作出的评审结论无效，由更换后的评标委员会成员重新进行评审。”

② 关于评审程序：

《条例》第71条，“评标委员会成员有下列行为之一的，由有关行政监督部门责令改正；情节严重的，禁止其在一定期限内参加依法必须进行招标的项目的评标；情节特别严重的，取消其担任评标委员会成员的资格:

（一）应当回避而不回避;

（二）擅离职守;

（三）不按照招标文件规定的评标标准和方法评标;

（四）私下接触投标人;

（五）向招标人征询确定中标人的意向或者接受任何单位或者个人明示或者暗示提出的倾向或者排斥特定投标人的要求;

（六）对依法应当否决的投标不提出否决意见;

（七）暗示或者诱导投标人作出澄清、说明或者接受投标人主动提出的澄清、说明;

（八）其他不客观、不公正履行职务的行为”。

上述事由可以是相对人自己发现纠正，也可以是经法定相关人异议、投诉或举报由监督部门核实后责令改正。

招标《条例》第71条规定的责令改正就是重新评审，依据损失最小原则，某个评委有上述行为，改正某个评委的评审结论。全体评委评审错误只要不属于恶意评审错误一般由原评委评审。如果原评委能力水平难以达到评标项目的要求或有违法行为，监督部门可以判定由招标人重新组建评标委员会进行重新评审。上述启动重新评审属于行政行为。

（3）招标无效、投标无效和中标无效后的重新评审

招标《条例》第82条：“依法必须进行招标的项目的招标投标活动违反招标投标法和本条例的规定，对中标结果造成实质性影响，且不能采取补救措施予以纠正的，招标、投标、中标无效，应当依法重新招标或者评标。”

本条是对招标采购活动中其他违法现象影响中标结果的兜底处理办法。即在招标无效、投标无效、中标无效后才能以最小损失为原则进行处理，显然造成三类无效的情形难以赘述。其处理办法包括重新招标或者评标。

3. 在政府采购法律框架下重新评审的思考

（1）关于评审主体

政府采购87号令第49条第1款、第2款规定：“评标中因评标委员会成员缺席、回避或者健

康等特殊原因导致评标委员会组成不符合本办法规定的，采购人或者采购代理机构应当依法补足后继续评标。被更换的评标委员会成员所作出的评标意见无效。

无法及时补足评标委员会成员的，采购人或者采购代理机构应当停止评标活动，封存所有投标文件和开标、评标资料，依法重新组建评标委员会进行评标。原评标委员会所作出的评标意见无效。”

上述规定保证评标委员会的主体资格合格后才能产生合法的中标结果，避免无效工作。

（2）关于重新评审程序

① 应当由原评审委员会组织评审的法定情形。

87号令第64条，“评标结果汇总完成后，除下列情形外，任何人不得修改评标结果：

（一）分值汇总计算错误的；

（二）分项评分超出评分标准范围的；

（三）评标委员会成员对客观评审因素评分不一致的；

（四）经评标委员会认定评分畸高、畸低的”。

评标报告签署前，经复核发现存在以上情形之一的，评标委员会应当当场修改评标结果，并在评标报告中记载；评标报告签署后，采购人或者采购代理机构发现存在以上情形之一的，应当组织原评标委员会进行重新评审，重新评审改变评标结果的，书面报告本级财政部门。

② 可以重新组织评审委员会重新评审的法定情形：

政府采购87号令第67条：“评标委员会或者其成员存在下列情形导致评标结果无效的，采购人、采购代理机构可以重新组建评标委员会进行评标，并书面报告本级财政部门，但采购合同已经履行的除外：

（一）评标委员会组成不符合本办法规定的；

（二）有本办法第62条第1至5项情形的；

（三）评标委员会及其成员独立评标受到非法干预的；

（四）有政府采购法实施条例第75条规定的违法行为的。

有违法违规行为的原评标委员会成员不得参加重新组建的评标委员会。”

③ 87号令第62条第1至5项的规定：

“（一）确定参与评标至评标结束前私自接触投标人；

（二）接受投标人提出的与投标文件不一致的澄清或者说明，本办法第51条规定的情形除外；

（三）违反评标纪律发表倾向性意见或者征询采购人的倾向性意见；

（四）对需要专业判断的主观评审因素协商评分；

（五）在评标过程中擅离职守，影响评标程序正常进行的；”

从以上规定可以看出，政府采购关于重新评审的条件比较严格，并对原评委评审和重新组织评委评审做了区别规定。后者只有由于上述原因造成评标结果无效后才能启动重新评审，该行为属于行政行为，即需要报告财政部门。

4. 关于公共资源交易中心的责任

公共资源交易中心对该项目重新评标的申请进行审批属于越权行政，依据《公共资源交易平台管理暂行办法》（39号令）第18条第1项，“公共资源交易平台运行服务机构及其工作人员不得从事以下活动：（一）行使任何审批、备案、监管、处罚等行政监督管理职能”。以及第39条的规定：“公共资源交易平台运行服务机构及其工作人员违反本办法第十八条禁止性规定的，由政府有关部门责令限期改正，并予以通报批评。情节严重的，依法追究直接责任人和有关领导的责任。构成犯罪的，依法追究刑事责任。”

依照上述规定，该市公共资源交易中心主管上级单位应当结合本案例举一反三责令其整改并通报批评。

5．关于正确处理本案的建议

首先，水利局作为招标投标活动的法定执法部门应当宣布，第一次评审由于评标委员会的评审失误并影响中标结果，依据 87 号令第 67 条的规定宣布第一次评标结果无效。

其次，虽然第二次评审纠正了第一次评审的错误，但是招标人组织第二次评审缺乏法律依据，且改变中标结果也没有向监督部门报告。违反了法规关于重新组织评审的规定依据条例第 82 条，水利局宣布第二次评标结果无效。

第三，在此基础上，由水利局依据调查组的建议以水利局的名义要求招标人重新组织新的评标委员会重新评审。

第四，对投标人 B 非法围困招标人的行为是否涉嫌拘禁罪由调查组建议公安机关依法认定并予以处理。否则纵容“标闹”横行，将危害招标交易市场秩序和全市的稳定。

6．经验总结

招标人通过投标人 A 异议获得评标不公平的信息，尽管其程序不合法可以驳回，但是招标人可将其作为线索对评标过程进行审核，如确实不公平。可在公示期间向监督部门投诉请求判定其中标无效，之后依据条例第 82 条重新组织评标。其中，主体不合格更换主体，程序不合格改正程序。

评标委员会的提交的评标报告和推荐的候选人名单，不但对招标人具有法律上的拘束力，而且，它可以限制招标人的意思表示的范围。这种制度设计是由于招标采购的资金属于国家，采购对象涉及国家和公众利益所决定的。

中国政法大学民商经济法教授、博士生导师　李显冬

第3章

评标委员会的地位、作用和评标专家

总结我国招标投标近 20 年的司法实践，国家《招标法》第 37 条首次对评标委员会的组建主体、组成结构、专家资格、组建方式，回避要求及保密责任等予以法律界定。

一、评标委员会的法定地位和作用

（一）评标委员会的法定地位

《招标法》第 37 条规定：

“评标由招标人依法组建的评标委员会负责。依法必须进行招标的项目，其评标委员会由招标人的代表和有关技术、经济等方面的专家组成，成员人数为五人以上单数，其中技术、经济等方面的专家不得少于成员总数的三分之二。

前款专家应当从事相关领域工作满八年并具有高级职称或者具有同等专业水平，由招标人从国务院有关部门或者省、自治区、直辖市人民政府有关部门提供的专家名册或者招标代理机构的专家库内的相关专业的专家名单中确定；一般招标项目可以采取随机抽取方式，特殊招标项目可以由招标人直接确定。与投标人有利害关系的人不得进入相关项目的评标委员会；已经进入的应当更换。

评标委员会成员的名单在中标结果确定前应当保密。”

以上条款对评标委员会及其成员做了明确的界定。

（1）组建主体：由招标人依法组建的评标委员会。

（2）组成结构：评标委员会人数必须是单数，且技术、经济专家人数不少于三分之二。

（3）专家资格：专家的基本条件即在本领域工作满八年并具有高级职称或同等水平。

（4）组建方式：确定专家的来源及方式在本条文中确定了专家来源有两条：一是政府专家库，二是招标代理机构专家库。确定专家的方式有两种：一是一般随机抽取，二是特殊项目直接确定。

（5）回避要求：与投标人有利害关系的人不得进入相关项目的评标委员会；已经进入的应当更换。

（6）保密责任：专家名单在中标结果确定前保密。

评标委员会有以下特点：

① 评标委员会具有法定性、唯一性和临时性；

② 评标专家来源具有权威性；

③ 评标结果具有相对公正性；

④ 评标专家责任的相对性。

《招标法》第 44 条规定："评标委员会成员应当客观、公正地履行职务，遵守职业道德，对所提出的评审意见承担个人责任。"评标委员会具有法定、唯一和临时性的组织特征，评标专家的来源决定了评标委员会在本专业领域的权威性，其工作证明了《招标法》规定程序的公正性。所以，评标委员会只对程序的合法性负责，评标专家在对自己所提的评审意见承担个人责任的同时承担保密责任。

（二）评标是公事还是私事

评标首先体现了公权力约束，因为涉及公共利益的采购，不能由招标人说了算，也不能由政府说了算（易造成无人负责），所以公权力体现为程序，作为抽象的评标制度，体现了"公权"性质，特别是国有资金占控股或者主导地位的依法必须进行招标的项目，招标人应当确定排名第一的中标候选人为中标人，评审结论成为招标人的承诺，构成合同体现了代理的法律意思表示，表现为法定代理。

从立法意图考量，作为制度设计的初衷，评标应当是一个法定的综合咨询活动。

但是具体到每一次评标工作，应视为招标人和评标专家订立的射幸合同，所谓射幸合同即合同行为导致结果有不确定性，如博彩合同。在这个意义上评标体现为"私权，即评标具有两重法律关系。评标作为一个社会公益活动，企业应当作为一种义务予以支持。当然，对于评标专家的个人利益，有关部门也应当给予关注" 。

所以，评标是公权管制下的民事活动，是依据法律规定符合特定资格条件行为人的法定义务。既是公事又是私事。具有两重法律关系。

但是，在实践中，评标事实上成为一种法定代理的关系。条例 55 条规定：国有控股或占有主导地位的依法必须招标的项目，招标人应当确定排名第一的中标候选人为中标人。这样评标委员会评标报告和推荐的中标候选人不仅成为招标人定标的依据，而且事实上代理招标人构成了对中标候选人的法律意思表示。由于评标委员会不承担项目成败的责任，条例的这种制度安排不利于落实项目法人责任制，也不符合权利、义务责任对等的立法原则。法律细如凝脂，如果稍有越界，执行的结果往往和立法目标相悖。因此，评标委员会的权利应完整、准确地体现在双重法律关系的范围内，评标应是帮助招标人减少失误的一个法定咨询程序。

（三）评标委员会的作用

1. 评标委员会的作用

评标委员会负责项目招投标活动中的评标工作，其工作程序科学、公正，评标结果权威、公平。作为专家"证人"，首先是通过专家自身的参与见证了开标、评标程序的真实性；其次认证了推荐的投标人能满足招标文件的要求，报价经济合理；同时，证明了推荐结果的最优化，实现了"程序公正合法"。

中国政法大学江平教授认为，"民事法律行为本质与关键不仅仅在于其合法性，其本质在德国法上，强调的首先是其法律后果，评标委员会的提交的评标报告和推荐的候选人名单，不但对招标人具有法律上的拘束力，而且，它可以限制招标人的意思表示的范围。这种制度设计是由于招标采购的资金属于国家，采购对象涉及国家和公众利益所决定的。法律可以赋予某行政主体或类似主体行政权力，但作为商品交换的主体，法律又承认了其作为民事主体可以成为'公法人'，来享有民事权利，承担民事义务，所以，在招投标活动中，法律赋予了评标委员会的评标权利，以限制和约束招标人的法律意思表示的合法性与正当性。"

依据《招标法》的授权，在评标工作中，经过规定程序，从有关专家库依法聘用的专家按照招标文件确定的评标标准和方法，对投标文件进行评审和比较，从最大限度地满足招标文件中规定的各项综合评价标准，能够满足招标文件的实质性要求，并且评标价格最低的投标人中推荐最佳投标候选人供招标人从中确定中标人。其作用是评标委员会全体成员法律意思表示的集成，作为评标委员会由两部分人员组成，一是依法抽取或指定的评标专家，包括商务和技术专家应当超过全体成员的三分之二，二则是招标人代表。这种混合结构体现了非专家在评标委员会的“陪审员”作用，见证程序合法体现“公法”内涵。在一般中小项目中，商务专家可以对技术部分打分评价，技术专家也可对商务部分打分评价，这是“非专家”对专家意见公正性的自我评价。同时这种结构除了方便工作外也体现了“私法”意义，招标人代表在评标委员会只是成员之一，一般应当比较熟悉标的背景和中标条件，评标专家则依据个人的技术专长对项目进行咨询。这种咨询意见形成的评标报告具有法律效力。

2. 《条例》关于对评标委员会成员权利、义务的规定

评标委员会成员由招标人和评标专家组成。《条例》第49条规定：“评标委员会成员应当依照招标投标法和本条例的规定，按照招标文件规定的评标标准和方法，客观、公正地对投标文件提出评审意见。招标文件没有规定的评标标准和方法不得作为评标的依据。

评标委员会成员不得私下接触投标人，不得收受投标人给予的财物或者其他好处，不得向招标人征询确定中标人的意向或者接受任何单位或者个人明示或者暗示提出的倾向或者排斥特定投标人的要求，不得与其他不客观、公正履行职务的行为。”

该条第1款重申了评标依据的唯一依据：招标文件制定的评标标准，并对评标专家提出公正、客观的道德要求。

第2款对评标委员会成员明确了4个不得：不得私下接触投标人、接受财物、征询招标人中标意向排斥特定投标人，以及有其他不公正行为。

关于否决投标各种行为的认定是评标委员会在评标过程中的一项重要权力。《条例》第51条规定：“有下列情形之一的，评标委员会应当否决投标：

（一）投标文件未经投标单位盖章和单位负责人签字；

（二）投标联合体没有提交共同投标协议；

（三）投标人不符合国家或者招标文件规定的资格条件；

（四）同一投标人提交两个以上不同的投标文件或者投标报价，但招标文件要求提交备选投标的除外；

（五）投标报价低于成本或者高于招标文件设定的最高投标限价；

（六）投标文件没有对招标文件的实质性要求和条件做出响应；

（七）投标人有串通投标、弄虚作假、行贿等违法行为。”

上述的7条可概括为投标文件、资格、报价、行为违法4个方面。

注意：(1) 在评标过程中法定否决投标的主体是评标委员会而不是其他；(2) 否决投标必须以法律和招标文件的约定为依据，经过法定程序慎重决定；(3) 被否决的投标，不再对其投标文件进行评审，该投标人直接出局。

除此之外，评标委员会完成评标后，应当向招标人提出书面报告，并推荐合格的中标候选人。该评标报告依据《招标法》的规定具有法律约束力，也是评标委员会最重要的一项权力。《条例》对此做了重要补充，详见本书第5章第1节。

二、评标专家

（一）评标专家的条件

国家发改委2003年3月22日颁发《评标专家和评标专家库管理暂行办法》(2003年29号令).

对评标专家的权利、义务和管理做出全面规定。该规定共19条，其中规定入选评标专家库的专家，必须具备的条件（第7条）：

“（1）从事相关专业领域工作满8年并具有高级职称或同等专业水平；

（2）熟悉有关招标投标的法律法规；

（3）能够认真、公正、诚实、廉洁地履行职责；

（4）身体健康，能够承担评标工作；

（5） 法律规章规定的其他条件”

上述5条，第1条是评标专家的专业资格条件；第2条是评标专家应当具备的法律知识基础，因为评标过程是法律意思表示；第3条是专家应当具备的道德标准；第4条是评标专家应当具备的身体条件；第5条是兜底条款。

国家发改委等七部委2001年颁布的《评标委员会和评标方法暂行规定》（12号令）第11条也规定了评标专家的条件，共3条，其中，第1条、第3条两个部规章的文字表述完全一样，在第2条中，29号令“在熟悉有关招标投标的法律法规”后，没有采用12号令条件中“并具有与招标项目有关的实践经验”这句话，增加了一条，“身体健康，能够承担评标工作”。作为同等意思表述。但12号令在专家必备的3个条件外，还有4个否决条件。即12号令的第12条：

“有下列情形之一的，不得担任评标委员会成员：

（1）投标人或者投标人主要负责人的近亲属；

（2）项目主管部门或者行政监督部门的人员；

（3）与投标人有经济利益关系，可能影响对投标公正评审的；

（4）曾因在招标、评标以及其他与招标投标有关活动中从事违法行为而受过行政处罚或刑事处罚的。”

12号令中的这些否决性条款在29号令中把它放到第12条第1款中，列为评标专家回避的条件，作为评标专家的义务之一。

在推荐遴选评标专家时，《招标法》和29号令规定可以聘用同等专业水平的专家，厦门大学教授谢泳说过，“学历是证明一个人受过某一方面训练的最有力证据，学历是一个社会常态管理。但是一个正常的社会，必须在常态之外，给特殊人才留出空间” 。因此，特殊人才也应当经过程序聘为评标专家库专家。

（二）评标专家的权利和义务

1. 评标专家的权利（29号令第13条）

“（1）接受招标人或其招标代理机构聘请，担任评标委员会成员；

（2）依法对投标文件进行独立评审，提出评审意见，不受任何单位或者个人的干预；

（3）接受参加评标活动的劳务报酬；

（4）法律、行政法规规定的其他权利。”

2. 评标专家的义务（29号令第14条）

“（1）有《招标法》第37条和《评标委员会和评标方法暂行规定》第12条规定情形之一的，应当主动提出回避；

（2）遵守评标工作纪律，不得私下接触投标人，不得收受他人的财物或者其他好处，不得透露对投标文件的评审和比较、中标候选人的推荐情况及与评标有关的其他情况；

（3）公正地进行评标；

（4）配合有关行政监督部门的监督、检查；

（5）行政法规规定的其他义务。”

3. 评标专家的“三权”“两责”和“五个判定”

为了方便记忆，作者把评标专家的工作权利概括为“三权”“两责”和“五个判定”。

三权：指评标委员会对投标文件的质疑权、评审权和推荐权，换句话说，评标专家要解决“真假、好坏、名次”问题。

两责：对评审意见承担个人责任、保密的责任，其保密的内容包括对评标内容、（定标前）评标结果、评委名单等内容的保密。

五个判定：

（1）对招标文件约定事项的重大偏差和细微偏差的认定。

案例：某货物项目公开招标，招标人在招标文件中要求投标文件在重要页面加盖公章，评标委员会在评标时发现某份报价合适、产品质量和供货期都能满足招标人的投标文件封皮没有加盖公章，认为不符合招标文件重要页面加盖公章的要求而予以否决，招标人很无奈。

（2）开标后少于3家是否继续评标的认定。

案例：在招标投标活动中，经常遇到在评标过程中，经初步评审后合格的投标文件不足3份，是否继续评标往往出现争议。招标法没有正面对此有明确规定，但是《招标法》第42条规定：评标委员会认为所有投标人都没有实质响应招标文件，评标委员会可以否决全部投标。换句话说，如果还有一份投标文件响应招标文件，该投标文件也可以不否决。这时，投标人之间竞争表现为投标人要约和社会平均价格的竞争。如何判断是否存在满足招标人的邀约邀请、属于评标委员会的自由裁量权。

注意：在政府采购活动中，遇到这种情形处理完全不同。政府采购法明确规定，只要招标文件和招标程序合规，经同级财政部门批准可以改变采购方式，转入竞争性谈判。在这种情形下，供应商可以是2人。

（3）投标报价低于成本的认定。

解读：法律明确规定投标报价低于成本应当否决其投标。但是鉴于判断低于成本一般比较困难，因此要启动澄清程序，允许投标人解释报价较低的理由。如果评委有足够的专业水平判断是否低于成本应当不困难。但是由于抽取的专家往往缺乏岗位实践的能力，低于成本问题报价的案例时有发生。

需要强调的是，软件采购的成本的判断更加复杂，其成本来源于认知成本。因此，政府采购法规没有强调低于成本而是规定如果投标人的报价和其他投标人相比很低，评标委员会认为可能影响合同履行或产品质量，可以要求投标人澄清。

（4）对投标人澄清有效性的认定。

案例：某服务采购项目，招标文件要求投标人的报价是闭口价，但没有说明闭口价包含的内容，某投标人在投标文件的分项报价说明，报价不包括差旅费。在投标函没有该说明。评标委员会认为投标文件两部分不一致而要求投标人澄清，投标人要求招标人解释闭口价是否包含差旅费，招标人解释包含差旅费，投标人澄清其报价也包含差旅费从而中标。

监督部门认为实质内容不能澄清引起争议。专家解释，无论是否实质问题，只要存在含义不清、同一问题的表达前后不一致、文字或计算错误都可以澄清。本案属于同一问题前后不一致的问题可以澄清。

注意：开标后招标人不能修改招标文件，但是可以对文件含义不清进行解释。其次文字错误不包括法律文件中的错误，法律文件如授权书的法人签字或授权人名字错误不能澄清。

（5）投标人是否实质上响应招标文件和是否有违法行为的认定。

解读：评标委员会判定投标文件是否响应招标文件的要求属于合格性判断，需要专家具备专业岗位的基本知识；对是否存在违法行为的判断属于合法性判断。需要专家具备招标法规的基本知识。有些地方要求评标专家在评标报告签署是否发现围标串标等违法行为，鉴于专家水平能力的差异，其效果还有待实践检验。

（三）评标专家的法律责任

《招标法》第56条规定了评标委员会成员的法律责任。该条规定：“评标委员会成员收受投标人的财物或者其他好处的，评标委员会成员或者参加评标的有关工作人员向他人透露对投标文件的评审和比较、中标候选人的推荐及与评标有关的其他情况的，给予警告，没收收受的财物，可以并处3000元以上5万元以下的罚款，对有所列违法行为的评标委员会成员取消担任评标委员会成员的资格，不得再参加任何依法必须进行招标的项目的评标；构成犯罪的，依法追究刑事责任。”有关部门规章也做了行政处罚的规定，如警告、取消评委、有违法所得没收违法所得、罚款等。

《条例》第71条、第72条对评委违规和不遵守评标纪律做出了补充规定。

《条例》第71条规定：“评标委员会成员有下列行为之一的，由有关行政监督部门责令改正；情节严重的，禁止其在一定期限内参加依法必须进行招标的项目的评标；情节特别严重的，取消其担任评标委员会成员的资格：

（一）应当回避而不回避；

（二）擅离职守；

（三）未按照招标文件规定的评标标准和方法评标；

（四）私下接触投标人；

（五）向招标人征询确定中标人的意向或者接受任何单位或者个人明示或者暗示提出的倾向或者排斥特定投标人的要求；

（六）对依法应当否决的投标不提出否决意见；

（七）暗示或诱导投标人做出澄清、说明或者接受投标人主动提出的澄清、说明；

（八）其他不客观、公正履行职务的行为。”

根据本条规定，评标委员会成员有上述违法行为评标的，应承担的法律责任包括：

（1）责令改正。评标委员会成员有上述违法行为时，应对其违法行为及时予以纠正，以保证客观公正地进行评标。

（2）暂停、取消评标资格。《条例》第72条规定：“评标委员会成员收受投标人的财物或者其他好处的，没收收受的财物，处3000元以上5万元以下的罚款，取消担任评标委员会成员的资格，不得再参加依法必须进行招标的项目的评标；构成犯罪的，依法追究刑事责任。”

三、条例关于评标程序的细化补充和完善

1．评标制度体系

评标是招标投标活动的重要环节，针对目前招投标活动实际存在的问题，《条例》在评标环节从以下10个方面做了详细的补充和规范完善，构成完整的评标制度体系：

（1）评标专家库；

（2）评标专家的抽取；

（3）直接确定评标专家；

（4）评标过程对招标人的要求；

（5）对评标委员会成员的评标要求（见本章第一节）；

（6）不得以投标报价是否接近标底作为中标条件；

（7）关于否决投标的规定；

（8）投标文件的澄清、说明；

（9）评标报告；

（10）评标结果公示。

第 6～9 条属于评标办法的规定，详见第 5 章第一节；第 10 条属于评标法定程序之一，在本书第 2 章已列出。

2．评标组织

第 1～4 条属于评标组织工作，分别列示、解读如下。

（1）第 45 条：“国家实行统一的评标专家专业分类标准和管理办法。具体标准和办法由国务院发展改革部门会同国务院有关部门制定。

省级人民政府和国务院有关部门应当组建综合评标专家库。”

目前，全国存在不同层级部门、各类招标代理机构、大型国有企业的评标专家库，在招投标活动中发挥了积极作用。但是，实践中一些需求难以在现存评标专家库中得以满足，需要从国家层面搭建综合性的公共服务平台，建立各级人民政府和国务院各部门评标专家库，通过电子交易平台，实现全国范围内资源共享。这样做的目的是：

一是满足招标人对评标专家的多元需求；

二是满足重大和技术复杂项目评标工作的需求；

三是满足招标代理机构和自行组织招标的大型国有企业对评标专家资源的需要；

四是适应行政管理体制改革增强提供公共服务的能力的需要。

（2）第 46 条：“除招标投标法第 37 条第 3 款规定的特殊招标项目外，依法必须进行招标的项目，其评标委员会的专家成员应当从评标专家库内相关专业的专家名单中以随机抽取的方式确定。任何单位和个人不得以明示、暗示等任何方式指定或者变相指定参加评标委员会的专家成员。

依法必须进行招标的项目的招标人非因招标投标法和本条例规定的事由，不得更换依法确定的评标委员会成员。更换评标委员会的专家成员应当依照前款规定进行。

评标委员会成员与投标人有利害关系的，应当主动回避。

有关行政监督部门应当按照规定的职责分工，对评标委员会成员的确定方式、评标专家的抽取和评标活动进行监督。行政监督部门的工作人员不得担任本部门负责监督项目的评标委员会成员。”

上述法条第 1 款明确抽取专家的法定条件：依法必须招标的项目；专家的来源：评标专家库相应专业；抽取方式：随机法定。

第 2 款规定：除非符合法定条件，评委不能随意更换。

第 3 款规定：评委的义务：依法主动回避。

第 4 款规定：监督部门执法的范围有三项：确定方式；专家抽取、评标活动及相应的义务。

（3）第 47 条：“招标投标法第 37 条第 3 款所称特殊项目，是指技术复杂、专业性强或者国家有特殊要求，采取随机方式确定的专家难以保证胜任评标工作的项目”。

制定科学、合理的评标办法，抽取或指定称职的评标专家是保证评标科学、公正的关键。同规定评标办法相对应，各部门有关规定对评标专家的确定和资格要求都有明确的规定。有些特定项目必须从政府指定的专家库抽取专家。但是应该注意，随机抽取的评标专家只有在专家库专家人数充足、专业齐全、质量可靠的条件下才能保证评标质量。对专家选取的办法应根据项目情况灵活处理。必须保证参加评标委员会的专家具备评标要求的特定的专业知识，而不是只有头衔没有特定专业工作经验的所谓专家。

上述条款对直接确定的条件做了规定。其中，技术复杂专业性强从项目性质考量；“抽取方式难以保证”从专家库的数量和水平考量。

（4）第 48 条：“招标人应当向评标委员会提供评标所必需的信息，但不得明示或者暗示其倾向或者排斥特定投标人。

招标人应当根据项目规模和技术复杂程度等因素合理确定评标时间。超过三分之一的评标委员会成员认为评标时间不够的，招标人应当适当延长。

评标过程中，评标委员会成员有回避事由、擅离职守或者因健康等原因不能继续评标的，应当及时更换。被更换的评标委员会成员做出的评审结论无效，由更换后的评标委员会成员重新进行评审。”

该条第1款所指招标人向评标委员会提供评标必需的信息和数据，其中包括以下内容：

① 招标的目标；

② 招标项目的范围和性质；

③ 招标文件中规定的主要技术要求、标准和商务条款；

④ 招标文件规定的评标标准、评标方法和在评标过程中考虑的相关因素；

⑤ 开标会记录；

⑥ 投标文件；

⑦ 采用资格预审的，还包括资格预审文件和资格预审申请文件。

但是，招标人在提供上述有关信息和数据时，不得以明示或者暗示的方式倾向或者排斥特定投标人。

该条第2款确定评标所需合理时间应考虑的主要因素有：

① 招标项目的规模和技术特征；

② 评标委员会成员的数量；

③ 评标方法；

④ 投标人和有效投标的数量；

⑤ 投标文件编制的质量；

⑥ 是否有提高评标工作效率的手段。

该条第3款关于招标人更换评标委员会成员的规定，需要注意以下几个问题：

① 招标人应根据有关规定重新确定新的专家，被更换的专家已做出的评审结论无效，新的专家应重新进行评标。

② 为提高工作效率，减少争议，鉴于《招标法》第44条第1款的规定，只有在受到被更换的专家影响的情况下，才需要重新进行评审。否则，其他评标委员会成员的评审结论有效。

③ 招标人应告知被更换的专家，对本招标项目评标活动仍应承担保密义务。

④ 该款中的“评标过程中”是指自评标委员会成员进入评标工作地点，至招标人依法确定中标人止，即在评标结束后确定中标人之前也可依法更换评标委员会成员。

四、关于评标制度的思考和改革思路

目前，在评标过程中走过场和个别专家滥用权利的现象并存。作者曾在和赵勇合著的《招标采购监督管理》一书中对该问题做过讨论，其原因主要有评标的社会性和专家单位管理的矛盾，其表现形式：评审时间不够。评标专家的专业性管理和评审对象作为项目或产品综合性的矛盾，其表现性形式：可能涉嫌“砖家”评标；评标专家的权利和责任不对等的矛盾，其表现形式：走过场和滥用权利及专家库管理等问题。这些问题多属于制度结构缺陷的问题，从招标实践中看，还有制度完善过程中的制度异化问题，异化的表现形式主要有以下形式。

（一）评标制度的异化

1. 评标制度的异化

招标的属性是竞争。招标是采购的一种方式，其实质就是通过一种公平的制度设计，在一个平台上通过卖方的公平竞争使买方获取最大的收益，俗称买方坐山观虎斗。但是我国招标制度的设计具有公权力通过程序限制私权利的法律属性。因为实行强制招标采购的“招标人”的资金是国家的，是花别人的钱给别人办事，因此需要限制其法律意思表示。其中，评标制度就是限制其法人意思表示的最主要的制度设计。一方面，招标投标活动由招标人主持负责，另一方面这个活动要限制其滥用权利，其本身就有可能形成制度的悖论，需要精准把握，即需要正确处理公法和私法的关系问题。在严格的法人负责制的约束下，招标人希望通过招标程序购买合格的标的物，评标专家认真负责履行自己的义务。在这种情形下，体现公权力的程序对招标人不仅没有管束的束缚，相反，公权力规范的市场秩序为其行使私权利创造了自由的空间，这样评标制度的约束力就呈现正向作用；反之，如果由于法律制度、道德环境和市场秩序条件的任一缺失，评标制度的约束力变成招标人和评标专家的博弈，评标制度的约束力就呈现副作用。在实践中，如果限制过严，法人负责制就难以落实，限制过宽，程序走过场。

鉴于强制招标范围及其广泛，我国地域辽阔，各地各行业的情况存在巨大差异，过多过严的制度规范反而造成制度的异化。如行业普遍认为评标专家评标时间不够是造成评标结果不可靠的原因之一，这个问题的症结主要是专家“单位”所有制造成的，但立法部门采取头痛医头的办法，在招标投标法实施条例中规定，有三分之一的专家认为应当延长评标时间。这项制度出台后因为专家所属单位的限制并没有解决专家评标时间不够的问题，反而被某些品行不良的专家利用这项规定，使其成为勒索招标人评标服务费的筹码。需要一天完成的评标要求延长三天，招标人为了尽快签订合同，只好答应付 2 天的专家费，但须当天完成评标。这样的评标能不走过场吗？在招标投标法出台前后，评标环节作为帮助招标人减少失误的环节，科学选定合同相对人起到积极作用。现在从事招标行业的老同志回顾这一阶段的工作都很感慨，那个时候也没有这么多法规和技术规范，大都是真招标，真解决问题。为什么现在法规制度、技术规范多如牛毛反而大多走过场呢？原因很简单，评标制度被异化。

《招标法》第 40 条规定：评标委员会完成评标后，应向招标人提出书面评标报告，并推荐合格的中标候选人。法律没有规定合格候选人的人数要求，其立法意图虽然有限制招标人法律意思表示的考量，但是没有剥夺招标人确定中标人的权利，招标人可以在评标委员会推荐的合格的候选人中（没有规定数量限制）依据自己的经济条件、采购习惯任选择其中一个中标人并承担由此应当承担的法人责任。但在条例出台前，部门规章大都规定了推荐 3 人并要求排序，并要求依法必须招标的项目应当确定第一名中标。后经条例修正缩小了限制范围，改为国有资金占控股或主导地位的依法必须招标项目第一中标候选人应当中标。这样就形成法定代理的法律关系，在该类项目中招标人实际被剥夺了确定中标人的权利，招标人和评标委员会从合作关系变成博弈关系，招标人千方百计在招标文件中设置各种限制评标专家的条款，限制评标专家的自由裁量权；大多数专家也把评标作为生活补贴的机会，懒得和招标人较真，评标走过场就成为常态。也有少数专家利用手中的权利敲诈勒索谋取私利，社会上也出现了所谓“串串”公司或数据公司，为投标人提供专家信息、交易中心个别人互相勾结问题等不规范和违法的行为愈演愈烈。在这种情况下由招标人承担项目法人责任就显得不公平，责任追究就难以落实。

2. 评标方法的异化

在招标投标制度中，招标人负责编制招标文件，其中包括评标办法的确定属于私权利，只要不违法应当由招标人根据项目特点确定。但是各地方政府出台名目繁多的地方标准文件，在没有弄懂评标方法特点机理的情况下，照猫画虎对评标方法严格管制。不分项目性质要求最低价中标，或对综合评标价的价格因数，非价格因素盲目限定，造成评标结果不能满足招标人的要求。依据中国国际招标网社区总版主钱忠宝先生六年的潜心研究，钱先生提出了评标办法的差异、权重定理。该定理表明，评审因素权重的大小和其重要性无关，和评审因素差异的大小有关。非价格因素的差异性不仅是权重分配的依据也是评标方法选择的依据。依据钱先生的计算，在国际招标最低评标价的评标方法中，非价格因素的差异性最大偏离度不会超过投标价的 15%，因此采用最低评标价评审实质是最低报价中标。所以，钱先生指出，在国际招标中使用最低评标价必须具备三个条件，一是有三人以上的非价格因素较小的合格的潜在投标人；二是招标人对行业有深入的了解有能力选出合格的潜在投标人；三是招标人应当具备相应的专业和外贸知识。钱先生指出，在国际招标中我们照搬世行、亚行的标准文件，要求评标普遍采用最低评价法，殊不知世行、亚行的项目大多数是“扶贫”项目，扶贫项目的评标办法适用最经济价值原则，能用就行。但我国机电产品国际招标购买的设备都是国内难以满足的高精尖设备应当适用最优价值原则，如果潜在投标人存在较大的非价格因素的差异，不能最低价中标。作者在某石油基地了解到的一个案例印证了钱先生的论点。某石油钻井需要购买特殊设备，发公告后国内某企业也来购买招标文件，招标人不能阻止，但是他们和国际一流企业相比差距太大但价格便宜。该设备对油井安全至关重要，万一出现问题，价值上亿元的油井就可能报废，招标人不敢冒此风险。但领导部门一律要求按照最低评标价评标，如果允许该企业来投标一定中标，于是这家央企只好先购买一台国内的设备放在仓库不用，条件是请该企业放弃对某设备的投标。这就是评标方法的异化表现。

3．评标活动监督管制的异化

实践中领导干部、招标单位负责人滥用权力干预评标委员会成员的选取，指定或变相指定评标委员会专家成员，甚至要求评标委员会成员或者招标人选定所指定的投标人为中标候选人或者中标人等情况时有发生，因此，对该事项的监督和纠正完全有必要。条例赋予行政监督部门对评标环节进行监督的权利。《条例》第 46 条第 4 款规定了对评标活动的监督。包括：对评标委员会成员的确定方式、评标专家的抽取和评标活动进行监督。其中，对专家确定方式和抽取的监督等程序问题，所有监督人员都可以胜任。但是，招标投标活动的技术属性决定了评标活动的复杂性，《条例》第 49 条规定：“评标委员会成员应当依照招标投标法和本条例的规定，按招标招标文件规定的评标标准和方法，客观、公正地对投标文件提出评审意见。招标文件没有规定的评标标准和方法不得作为评标依据。”法律对没有按照招标文件评审设置了严肃的法律责任，其结果可能导致评标无效。这是评标活动中最实质的问题。评标程序具有法律属性，但评标内容更多是技术属性，因此行政监督应当对评标活动的程序进行监督，而不应包括对评审内容的干预；因为对于内容的评价是技术问题，或者说属于私权利范畴。在现行制度框架下对于该项行为最合格的监督人是招标人代表。但恰恰有些地方政府规定，招标人代表不能进入评标委员会。有报纸报道，某次评标，评标专家依照招标文件的约定在 0 分到 10 分之间打分。有位专家从环保的角度打了 0 分，有位专家从效益的角度打了 10 分，监督部门认为专家有严重倾向性宣布评标无效，这是典型的非法干预，但媒体作为监督的案例介绍经验。

本来，对评标活动监督立法是希望通过加强监督体现评标的公正，但实践中该项规定成为干扰评委正常评标的护身符，绝大多数评标本着少生事的想法，走过场也就成为必然。评标监督管制的异化影响了公正，这是立法部门没有料到的。

（二）深圳市实行评定分离的实践

深圳市是我国经济体制改革的前沿特区，对评标制度的改革和探索也是这样。

为了解决招标投标中出现的突出问题，进一步落实项目法人制，2011 年 9 月深圳市住建局下发了《关于深化建设工程招标投标改革试行评标定标分离的通知》[深建市场【2011】206 号]开始对该市管辖范围内工程建设项目招标试行评标和定标分离的制度（以下简称制度）。

1．制度的起源

众所周知，在招标投标法的评标制度设计中，有关条款规定，评标委员会评标后向招标人提交评标报告并向招标人推荐合格的中标候选人。法律没有要求推荐人数的要求和必须排出顺序。但是在实践中评标委员会一般推荐三名中标候选人，之后部门规章据此做了规范形成法律，之后作为补充性立法，《条例》将其上升为法规。并要求对国有资金占控股或主导地位的依法必须招标的项目应当确定推荐的排名第一的中标候选人为中标人，其立法意图是进一步限制国有资金项目招标人的法律意思表示。在这种法律框架下，招标人对投标人的承诺受到评标委员会的严格限制，评标委员会的评标意见一般构成了招标人的承诺。从而构成抽象的法定代理和事实的射幸合同关系。但评标委员会对其评标结果，依据代理的法律关系不承担法律后果，一般也没有相应责任，即通常我们说的，评标委员会的权利和义务不对等。在实践中，为了谋取中标，投标人千方百计获取拟参加评标专家的信息，在个别地方甚至成立了“串串公司”，专门将依法抽取的专家名单出卖给需要该信息的潜在投标人，获取信息的投标人向专家“公关”，以求合理关照。另外，现行法律规定从保护专家公正评标的角度出发对评标过程保密，评标过程不透明；鉴于招标投标程序的技术属性，行政监督也力不从心。专家权利、义务不对等和评标程序的不透明致使个别专家胆大妄为甚至草菅“人命”和敷衍了事现象并存，制度的缺陷成为招投标市场走过场的原因之一。

针对上述弊端，深圳市充分利用特区改革试点的政策条件，参照发达国家以及香港特别行政区的经验于 2011 年以部门文件的形式对在该市应当进入市场交易的工程建设项目进行大胆试验改革。

2. 制度的框架

评定分离的出发点一是突出业主定标权，落实项目法人（业主）负责制实现市场主体权责统一；二是使评标过程公开，招投标过程全透明，充分接受全社会的监督。其基本做法是，专家评标定性不定量；业主票决定标；评标过程全公开。其中，评定分离定性不定量是制度的基础和条件，评标程序透明公开是制度的保障；业主票决定标是制度的核心。

（1）评定分离制度

评标方法:评标委员会根据招标文件中的评审重点和评审指引，对各投标人的技术、商务标书进行独立判断并形成综合评审意见，提交定标委员会决策定标。

评标委员会的成员全部从专家库公开抽取，随即在网上公布；评标过程中没有业主代表参与。

实行定性评审就是让评标专家做应该做的专业性业务，为定标委员会定标提供综合性评审意见，弥补招标人专业知识的不足，回归专家评标本质。

（2）评标程序公开制度

评标环节的公开透明包括专家库公开、评标委员会名单公开、评审结果公开，即三公开。

公开评标专家库：公开现有评标专家库专家的姓名及评审专业；公开专家抽取过程及评标委员会专家名单公示评审结果：评审意见、评标报告等信息。这样，评标专家的评审过程和推荐意见充分接受全社会的监督。

专家水平的高低、是否公正在透明的程序中得到最大限度的监督和评价，本身对专家的能力、水平、职业道德是全面的监督和评价，保证评标结果的公正性。

（3）业主票决定标制度

该制度的核心是评标委员会向招标人提交评标报告推荐合格的中标候选人，评标结论定性不定量，也没有数量限制，凡是合格的投标文件都列入推荐名单；招标人在本单位或本系统组建定标委员会，定标委员会一般由招标人熟悉项目的董事会成员、领导班子成员、中层干部、具有建设领域中级职称的专家（投标人除外）组成。该委员会的具体成分、人数由招标人决定。评标委员会向招标人提交评标报告后，招标人向交易中心提交本单位定标委员会成员名单（一般超过参加定标人数的2倍以上），交易中心从中随机抽取7～15人在交易中心召开定标会议，定标会议接受监督部门的现场监督。定标会前一般由招标人法人代表或授权委托人向委员会宣布定标原则，例如，价格、质量、工期的优先原则，或项目对中标人的其他合法要求。在此基础上确定定标方法，主要有，先评后抽定标、票决抽签定标、逐轮票决定标、直接票决定标4种方法。

① 先评后抽定标是依据评标报告和项目法人确定的原则对合格的投标人评议，之后直接抽取中标人。

② 票决抽签定标是定标委员会投票表决，在预先约定的名额如前三名中抽取中标人。

③ 逐轮票决定标是依据预先约定的轮次如三轮，如评标委员会推荐了 20 人，第一轮选出 10 人。第二轮从 10 人中选出 5 人，第三轮选出中标人。

④ 直接票决定标一般针对推荐人数有限直接投票确定中标人。

3．制度的实践

作者在交易中心列席了某项目定标会议，该项目属于交通勘察项目，由行政主管部门某处作为招标人，交易中心工作人员在监督部门的监督下，从交通系统一百余人的定标委员会中抽取 7 人组成定标委员会。这些成员都是基层干部，有位成员在会议结束后对作者说，我是一个普通干部。连个科长也不是，谁中标都和我没关系。我投票的依据就是评标委员会提供的评标报告和推荐的候选人，由于项目的非价格因素差距不大，价格就是唯一因素。

本次评标采用票决抽签定标方法，经过投票，定标委员会从 5 个合格中标候选人中选出前三名，然后通过乒乓球摇号的方式确定了中标人。

作者在某国企单位向他们了解国企对该办法的评价和感受，该企业招标办的同志说，我们央企在本地的分公司如果施工招标需要到服务中心招标，定标时，我们向中心管理部门提交了 30 人的名单，随机确定了 15 人作为定标委员会成员。根据预先约定的定标办法确定中标人。这个制度的核心是通过招标人单位内部的民主管理制度取代评标委员会限制了法人代表的法律意思表示，体现了某种民主集体决策的意思自治。评标委员会对投标文件技术、商务的评审，起到一种咨询参谋的作用，结果是帮助招标人推荐合格的中标人、候选人（招标法无人数限制），在此基础上，招标人通过民主管理程序自行决定中标人，中标结果是否公正取决于定标委员会成员的素质、能力和水平。

4．制度的成效

在学习过程中，深圳市建设工程交易服务中心的同志们向作者介绍了开展评定分离制度后的初步效果。从 2011 年 10 月 1 日起截至 2014 年 2 月，在深圳建设工程交易服务中心通过评定分离的项目合计 1447 项，招标金额为 721.672113 亿元人民币。从试行的效果看，总体评价大都积极的。

（1）投标人的报价趋于合理

实施评定分离以来，正面引导作用日益发挥，有效避免了恶性低价竞争。依据条例的规定，招标文件不允许设置投标下线。投标人投标报价都十分理性，以市工务署的评定分离项目为例，平均下浮率比上年度仅降了约 4%。详见表 3.1。

表 3.1　根据交易中心的统计

2011年10月至2013年4月底		
项目类别	完成招标数量（项）	中标金额（亿元）
施工招标	538	1042.196
监理招标	149	8.189
货物采购招标	47	8.82341
勘察设计招标	21	1.6705
咨询服务及其他类招标	39	6.2132

其中施工招标中标价平均下浮率 11.17%，同比 2011 年的平均下浮率 10.06%下降 1.11%。

（2）工程建设承包商更重视履约

评定分离后，业主有充分的定标自主权，诚信不佳、履约表现不好的承包商，在定标环节很难得到业主的认可，评定分离制度促进了承包商加强合同履约意识。

（3）投诉逐年下降

据建设监督部门统计，深圳市建设工程交易服务中心交易的项目实行评定分离后逐年下降，对规范市场秩序起到积极作用。详见图 3.1。

从图3.1可以看出同比2011年（1～10月）下降55%；同比2010年（1～10月）下降69%；同比2009年（1～10月）下降75%。

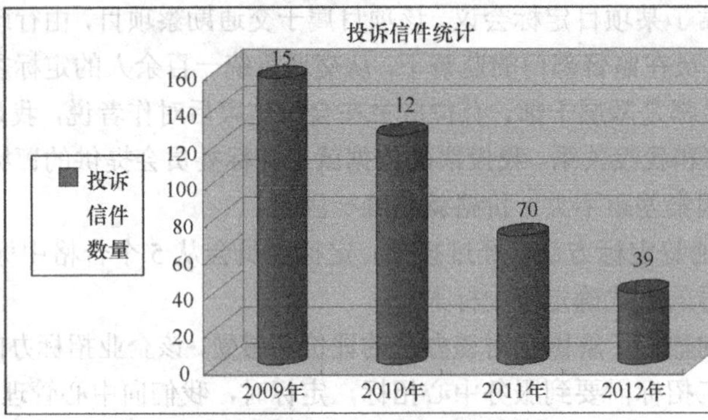

图 3.1　近年投诉信件统计

（4）对围标串标行为起到一定的遏制作用

对比以往的制度设计，此次改革实现了业主定标权的归位，淡化了评标专家的定标作用，同时采用评标三公开，针对评标过程的有效投诉大幅降低，对于规范专家行为、规范评标过程起到了积极作用，打破了过去围绕评标专家进行围标串标活动的不良局面。

5．考察后的思考

（1）从招标投标法立法的宗旨对该制度进行审视

招标采购究其实质就是对涉及国家和社会利益的合同缔约、履约通过公权力适当管制。其中，招标人负责招标采购的组织工作并对合同的履约承担法人责任，因此招标投标法赋予招标人10项重要的权利，私权利一个重要属性就是权利、义务和责任的统一，因此深圳制度的实施受到多数招标人和业内专家的好评。

目前深圳经验不能复制的最大障碍是在有三个做法同现行法规抵触，一是评标委员会成员应当包括招标人，二是评标专家的名单在中标结果决定前应当保密，三是推荐的中标候选人应当不超过3人，并标明排序。其中前两项是招标投标法的规定，第三项是补充性立法招标投标法实施条例的规定。但是法律一直只能是过去司法实践的概括总结。深圳作为特区在某些方面突破现行法规的规定进行改革的试点应当是允许的。在试点的基础上待条件成熟后对法律进行修改。深圳市工程建设服务交易中心的同志告诉笔者，他们准备利用特区立法权，以地方法规的形式将评定分离的合法性加以固化。巩固定性评审、评定分离成果，使定性评审、评定分离及三公开法定化、制度化、规范化、同时出台其他配套政策全面落实招标人负责制。

（2）关于公权力对私权利的规制

中国民法泰斗，中国政法大学终身教授江平指出，招投标制度的核心还是契约自由与市场管制的关系问题，亦即公法与私法的关系问题。

在考察过程中，作者阅读了一些评定分离项目的评标报告，观摩了定标会议，访问了实行评定分离项目的招标人、投标人和定标委员会成员。多数人认为这项改革通过落实招标人合法权益努力实现法律规范的立法宗旨，特别是取消了在国有资金占控股或主导地位的依法必须招标的项目中评标工作法定代理的属性代之为技术商务的咨询关系，大方向是正确的，但是还有些亟待解决的问题。

评标制度的实质是通过法定程序限制和约束招标人的法律意思表示的合法性与正当性。在评定分离的项目评标过程中，如果招标文件确定的评标办法过于宽泛，评标专家难以作为，在所有定性评审的四项选择中：优、良、一般和不合格的空白处画勾叉，这在商务条件的评审中问题不大，但在技术条件的评审中对项目质量中的权重、关系和采购的风险建议和约束条件不能这样评价，这样的评标报告对招标人的定标没有参考意义，作者阅读了某评标报告看到，投标人提交20个投标文件，评标委员会向招标人推荐了17人。定标委员会不是采购专家，只能参照投标报价最低选择中标人。如果招标人行为不公正，招标走过场的行为就更普遍了。

有关文件对定标委员会的成员资格做了原则规定，但是有些招标人对此不以为然，该项制度设计的初衷是招标人通过法人实体内部的民主管理帮助法人代表对采购活动集体决策。但如果定标成员对采购项目的商务、技术条件和项目意图不清楚，评标委员会提交的评标报告意见模糊和推荐的名单众多，投票表决的依据也只能是价格高低。

在当前围标串标现象比较严重、道德环境不够规范、市场秩序混乱的条件下深圳市对特定项目在资格合格的前提下通过抽签的方式确定中标人，包括评定分离制度在票决后抽签的方法，这些规定注重了程序公平，有一定的合理性。但前提是投标人之间非价格因素的差异不能太大。从管理学的角度看，程序公平并不一定导致结果公平，因此，在评定分离制度设计中应当考虑对结果公平的考核并通过其他法规或程序予以规范，如对项目核算和合同审计的监督同程序管理能够形成跟踪反馈系统并明确规定严格的法律责任。

（3）评定分离制度需要系统完善和范围限定

上述问题的产生不是制度本身出现问题而是该项制度需要系统的完善，首先要提高编制招标文件的质量和水平。特别是评标指标体系的科学性、准确性和全面性，同时给评标专家留有发挥专业咨询的空间；其次，要加强对评标专家库的管理，用制度规范专家恪守职责，针对有些专家在新规则评标中的所谓“失落感”，针对性地开展对评标专家的培训；招标人应针对项目特点选择和项目适应的聘请方式。对技术复杂和抽取专家难以满足评标的项目，监督部门应当积极支持、理解、认定招标人直接聘请专家。最后，对定标委员会的成员资格条件要严格规范，如果定标成员不负责任又缺乏专业知识其票决结果的科学性将受到质疑。

评定分离的制度在工程建设项目的试点取得的成效并不意味着可以在其他行业都完全可行照搬，如在应当严格限制采购人权限的政府采购项目、技术条件差异很大的工业项目需要评标委员会充分发挥专家的评审咨询意见，需要专家不仅定性还应当定量作出结论意见，但采用该办法时应当慎重。

（4）对完善该项制度的参考意见

制度设计确定了招标人应有的权利和项目法人责任制是一致的，但是定标委员会集体投票选择中标人，有些项目票决后抽签的方式确定了中标人。这种制度设计有可能用集体负责的借口否定了法人个人负责制。列宁说过，集体负责就是集体不负责。因此笔者建议，在定标后应当增加一个环节：由项目法人签字生效。对国企依法必须招标的项目符合中央三重一大（重要人事任免、重大决策、重大投资和大额资金支付）事项集体决策的条件，还应符合相关规定。定标程序设计可参考美国议案决策程序，对议员提出的草案，须参众两院通过，之后通过的法律总统签署后生效，如果总统否决了两院的提案，两院必须以三分之二多数否决总统的意见，法案也可生效。 在评定分离制度中，评标委员会相当于众议院，定标委员会相当于参议院。

作者在新加坡向该国政府采购官咨询，新加坡在公共采购中是否有评标委员会？该官员回答，我们有专家委员会，作者继续问，专家的意见是否有法律约束力？官员答，我们很重视专家意见。作者又问，谁确定中标人。该官员回答是我。作者又问，你个人有这样大的权力，如何能防止投标人行贿呢？官员回答：我不敢、不能、也不愿接受其贿赂。作者追问为什么？官员回答，新加坡公共采购全过程的透明接受全社会的监督，另外我的个人家庭财产也要定期公示，政府严格的惩戒机制使我不敢贪腐；我不能是由于在新加坡银行对现金的管制很严格，一是项目经费用现金的严格控制，二是在新加坡买一定金额的商品必须通过支票或刷卡交易，你给我现金我买房子汽车都不能消费，存入银行要公示，所以约束机制使我不能贪腐，三是作为采购官我已经享受政府的种种关照，衣食无忧，一旦贪腐将失去一切，得不偿失，所以保障机制使我不愿贪腐。

招标投标制度的立法宗旨是为了保护国家和社会公共利益、当事人合法权益、提高经济效益，保障项目质量，该项制度的公开性在一定程度上减少了腐败的漏洞，因此关于招标投标制度的任何改革的出发点都应当立足于招标制度的立法宗旨。如果想解决腐败问题，新加坡的经验可供参考。

评标方法名目繁多，但究其实质一般可归纳为三类：第一是以货币为单位对投标文件评审“价格”；第二是以分值为单位对投标文件评审“分值”；以分值为单位的评标办法可以是百分制，也可以更模糊的相对打分排队法等评价；第三则是其他排序方法。

作者

第 4 章

评标办法研究

一、评标办法

评标办法包含了评标方法、评标标准、评标程序、评标结果四方面内容。

（一）评标方法

原国家计委等七部委《评标委员会评标方法暂行规定》（12 号令）第 29 条明确了三类评标方法：包括“经评审的最低投标价法、综合评估法或者法律、行政法规允许的其他评标方法”。为了加强对本行业招投标的监督管理，根据国务院的分工，工业、水利、交通、铁道、民航、信息产业及建设部、原外经贸部等部委及各省人大在该办法规定的基础上，根据行业特点又颁布了一些具体规定，如表 4.1 所示。

表 4.1　国家各部门有关法规（细则）规定的评标办法

	部门	国家各部门有关法规（细则）规定的评标办法
1	原国家计委等七部委 12 号令	综合评估法、经评审的最低投标价法、法律法规允许的其他评标方法
2	建设部	
3	商务部	最低评标价法、综合评标法（打分法）
4	交通部	综合评价方法、合理低价法、最低评标价法、综合评估法和双信封评标法，以及法律、法规允许的其他评标方法。固定标价评分法、技术评分合理标价法、计分法和综合评议法
5	水利部	综合评分法、综合最低评标价法、合理最低投标价法、综合评议法及两阶段评标法
6	信息产业部	最低投标价中标法、综合评分法
7	铁道部	最低评标价法、综合评分法、合理最低投标价法
8	财政部	综合评分法、性价比法、最低评标价法

上述评标方法名目繁多，但究其实质一般可归纳为三类：第一是以货币为单位对投标文件评审“价格”；第二是以分值为单位对投标文件评审“分值”，以分值为单位的评标办法可以是百分制，也可以是更模糊的相对打分排队法等评价；第三则是其他排序方法。各类评标方法评审项目分解的子目数量、层级、内容和权重在招标文件中应当明示从而构成评审标准系统；其评审结果表现为“评标价”“分”“排名”“得票”“性价比”等多种形式并以此排序，构成评标结果的组成部分。

（二）评标标准

1. 评标的内涵

招标投标活动的过程是通过特殊方式和程序缔结合同的过程。其中，评标是合同缔约过程中法律规定的第三方评价的关键程序。招标文件中的评标标准一般都参照合同中的一般条款设置，详见表 4.2。

表 4.2　合同实质性条款和招投标活动中资格审查和评标的关联表

	合同法关于合同一般条款的规定	招标投标活动相应环节	投标人	评标环节
1	当事人的名称或者姓名、住所	资格审查	满足	真实性评审（履约能力）
2	标的	招标文件约定	响应	核对不予评审
3	数量	评标	响应	核对不予评审
4	质量	评标	满足	满足性分析、比较、论证
5	价款或者报酬	评标	竞争	性价比性分析、比较、论证
6	履行期限、地点和方式	招标文件约定	满足 满足	可靠性分析、比较、论证 核对不予评审
7	违约责任	招标文件约定	响应	核对不予评审
8	解决争议的方法	招标文件约定	响应	核对不予评审

从表 4.2 可以看出，构成合同一般条款的标的、数量、履行地点、方式和解决争议方法等内容由招标人在招标文件中事先明确，需要竞争的实质上仅有价款、履行期限和质量等实质性内容。所以，招标采购的目标集中在合同价款、履行期限和质量三个方面的抉择，换句话说，评标的实质就是在投标人满足履约能力的前提下（资格审查）对其投标文件中要约质量、进度和报价的评价进行综合比较。当然，这也是合同履约管理的重点。

2. 评标标准

《招标法》第 41 条规定，“中标人的投标应当符合下列条件之一：

（一）能够最大限度地满足招标文件中规定的各项综合评价标准；

（二）能够满足招标文件的实质性要求，并且经评审的投标价格最低；但是投标价格低于成本的除外。”

上述条件体现了公平交易中要约的底线原则——物美价廉。如果说，第一条偏重体现了采购的“物美”，第二条则偏重体现了采购的“价廉”。但在招标实践中，第一条标准对应的评标方法是综合评估法；第二条标准对应的评标方法是经评审的最低投标价法。

构成评标标准系统的子目数量、层级、内容和权重设计见本章评标实务部分。

（三）评标程序

1. 基本评标程序

为保证招标结果的公正，国家《招标法》等有关法律法规对招标程序作了严格的规定。原国家计委《评标委员会和评标方法暂行规定》（2001 年 12 号令）规定了评标工作的 3 个基本阶段和 5 个环节。

第一阶段，准备和初步评审；

第二阶段，详细评审；

第三阶段，推荐中标候选人和定标。

（1）**准备**：主要是由招标代理机构的工作人员根据招标文件的要求对评标使用的各种表格、

文具、做好准备，评委在评标前要认真阅读招标文件，至少应了解和熟悉以下内容：

① 招标的目标；

② 招标项目的范围和性质；

③ 招标文件中规定的主要技术要求、标准和商务条款；

④ 招标文件规定的评标标准、评标方法和在评标过程中考虑的相关因素。

（2）**初步评审**：评委主要对投标文件原则条款进行评审和比较。其中一些简单技术工作可由代理机构工作人员完成，如汇率的计算、唱标统计排队等事务性工作。在交通等行业成立了“清标组”，专门负责给评标委员会做基础准备工作。评标委员会成员的任务首先是注意两个“发现”，做好两个“应当”，剔出废标。

两个“发现”，一是“发现投标人以他人的名义投标、串通投标、以行贿手段谋取中标或者以其他弄虚作假方式投标的，该投标人的投标应作废标处理”。二是“发现投标人的报价明显低于其他投标报价或者在设有标底时明显低于标底，使得其投标报价可能低于其个别成本的”投标文件，不能做出合理解释的按废标处理。

《条例》第 50 条关于标底做出补充规定：“招标项目设有标底的，招标人应当在开标时公布。标底只能作为评标的参考，不得以投标报价是否接近标底作为中标条件，也不得以投标报价超过标底上下浮动范围作为否决投标的条件。

对于采用双信封评标的，应在第一信封评审结束后，在开启第二信封的开标会上公布标底，以减少人为操纵第一信封的评审。”

从表 4-3 可以看出，标底只是投标人理想的预期价格，用来判断本次采购的合理性，是否“占便宜”，能否占便宜是采购人满意的普遍心理；如果在招标活动中没有达到招标人预期目标，但是其需求是刚性采购，招标人也得同投标人中最符合其需求的投标人签订合同。因此，法律规定，标底只能作为评标的参考不能作为评标的依据。不言而喻，标底的保密，方便招标人获取最大的利益。

表 4.3　最高控制价与标底的区别

区别	最高限价	标底
功能定位不同	是招标人能够接受的最高投标价格	为招标人理想的市场预期价格
取价依据不同	依据工程计价规范、工程定额、造价信息（可参照市场价格）和取费标准编制定价	应当遵守工程计价规范，主要结合项目和市场竞争情况确定要素价格，不受其他定价标准的强制性约束
保密要求不同	在招标文件中公开	保密，开标前不得公开
响应要求不同	强制性，投标人必须响应	不具有强制性，投标人无须响应
拘束效果不同	投标报价不得超过最高投标限价，超过的应当否决投标	可以超过标底，标底不是否决投标的直接依据
评标作用不同	是评标判断投标有效性的依据之一	标底为评标参考

最高限价的最大优点是防止投标人超过预算，缺点是容易出现贴近最高限价弱化竞争的情形。

所谓两个“应当”，一是“应当审查每一投标文件是否对招标文件提出的所有实质性要求和条件做出响应。未能在实质上响应的投标，应作废标处理”。二是“应当根据招标文件，审查并逐项列出投标文件的全部投标偏差”。并逐项列出全部投标偏差，其中，投标文件有重大偏差的投标文件按废标处理。

《评标委员会和评标方法暂行规定》第 24 条对偏差的认定做了细化：

（1）“评标委员会应当根据招标文件，审查并逐项列出投标文件的全部投标偏差。”

（2）投标偏差分为重大偏差和细微偏差。

《评标委员会和评标方法暂行规定》第 25 条规定下列情况属于重大偏差：

“（1）没有按照招标文件要求提供投标担保或者所提供的投标担保有瑕疵；

（2）投标文件没有投标人授权代表签字和加盖公章；

（3）投标文件载明的招标项目完成期限超过招标文件规定的期限；

（4）明显不符合技术规格、技术标准的要求；

（5）投标文件载明的货物包装方式、检验标准和方法等不符合招标文件的要求；

（6）投标文件附有招标人不能接受的条件；

（7）不符合招标文件中规定的其他实质性要求。

投标文件有上述情形之一的，为未能对招标文件做出实质性响应，并按本规定第23条规定作否决投标处理。招标文件对重大偏差另有规定的，从其规定。”

《评标委员会和评标方法暂行规定》12号令的规定：“在评标过程中以下情况应当或可以否决投标。

第20条　在评标过程中，评标委员会发现投标人以他人的名义投标、串通投标、以行贿手段谋取中标或者以其他弄虚作假方式投标的，应当否决该投标人的投标。

第21条　在评标过程中，评标委员会发现投标人的报价明显低于其他投标报价或者在设有标底时明显低于标底，使得其投标报价可能低于其个别成本的，应当要求该投标人作出书面说明并提供相关证明材料。投标人不能合理说明或者不能提供相关证明材料的，由评标委员会认定该投标人以低于成本报价竞标，应当否决其投标。

第22条　投标人资格条件不符合国家有关规定和招标文件要求的，或者拒不按照要求对投标文件进行澄清、说明或者补正的，评标委员会可以否决其投标。

第23条　评标委员会应当审查每一投标文件是否对招标文件提出的所有实质性要求和条件作出响应。未能在实质上响应的投标，应当予以否决。”

即三个应当否决：违法、低于成本、没有实质响应；一个可以否决：资格不符。

关于细微偏差，《评标委员会和评标方法暂行规定》第26条规定：

“细微偏差是指投标文件在实质上响应招标文件要，但在个别地方存在漏项或者提供了不完整的技术信息和数据等情况，并且补正这些遗漏或者不完整不会对其他投标人造成不公平的结果。细微偏差不影响投标文件的有效性。

评标委员会应当书面要求存在细微偏差的投标人在评标结束前予以补正。拒不补正的，在详细评审时可以对细微偏差作不利于该投标人的量化。量化标准应当在招标文件中规定。”

（3）**详细评审**：评委要根据招标文件确定的评标办法和细则，按照商务和技术两部分进行详细评审和比较。这部分工作根据工程、货物和服务领域有较大的区别，评委应当按照有关部门规定的要求工作。在施工项目评标中，评委自由裁量权较小，在大型成套项目的评标时，评委的自由裁量权相对较大。评标方法决定了评委的裁量自由权。

注意：在上述两个阶段评标委员会可以要求投标人进行投标文件的澄清和补正。在《标准施工招标文件》规定的评标程序中，将“投标文件的澄清和补正”单独列为一个环节。其评标程序为：初步评审、详细评审、投标文件的澄清和补正、评标结果四步。

《条例》52条规定：“投标文件中有含义不明确的内容、明显文字或者计算错误，评标委员会认为需要投标人作出必要澄清、说明的，应当书面通知该投标人。投标人的澄清、说明应当采用书面形式，并不得超出投标文件的范围或者改变投标文件的实质性内容。

评标委员会不得暗示或者诱导投标人作出澄清、说明，不得接受投标人主动提出的澄清、说明。”

该条款第1款明确了在评标过程中启动澄清的主体：评标委员会；澄清方式：书面。澄清范围不能改变实质性内容。该条第2款明确了评标委员会在澄清中的两项义务：两个不得范围和内容。

（4）**推荐中标候选人**：评委经过认真评审、比较，在代理机构设计的表格上按照打分细则独立打分。这里有些是根据经评审的最低投标价排队，有些是按照综合评分法打分，根据价格或分值推荐前 3 名。并根据原国家计委《评标委员会和评标方法暂行规定》（2001 年 12 号令）的要求，撰写评标报告。

《条例》第 53 条对该程序作了具体规定：“评标完成后，评标委员会应当向招标人提交书面评标报告和中标候选人名单。中标候选人应当不超过 3 个，并标明排序。

评标报告应当由评标委员会全体成员签字。对评标结果有不同意见的评标委员会成员应当以书面形式说明其不同意见和理由，评标报告应当注明该不同意见。评标委员会成员拒绝在评标报告上签字又不书面说明其不同意见和理由的，视为同意评标结果。”

该条第 1 款规定中关于推荐中标候选人的数量由招标人自行确定，一般为 3 人。条例做出这样的规定：

一是如果只推荐一名中标候选人，当该候选人因特殊情况不能签订合同时，就需要重新招标，造成时间、人力、资源的浪费，同时也会侵害了其他合格投标人的合法权益。

二是根据《招标法》第 40 条的规定，除国有资金占控股或者主导地位的依法必须进行招标的项目外，招标人可以不确定排名第一的中标候选人为中标人，而是可以根据招标项目的特点和实际需要，从招标人推荐的中标候选人中选择一名。

实践中，评标委员会根据招标文件规定的评标办法否决不合格投标后，有效投标不足 3 个，且评标委员会认为具有竞争的，应按照招标文件规定继续评审，并向招标人推荐中标候选人；认为明显缺乏竞争的，应建议招标人重新招标，并在评标报告中予以说明。

该条第二款对评标报告中评委的签字程序做了规定。

关于中标候选人公示的内容在本书第 2 章已做了说明。

（5）**定标**：定标是招标人的权利，中标通知书由招标人发出。如果招标人授权，招标代理机构在接到招标人定标的书面通知后，也可由代理机构盖章发出中标通知书。中标通知书是招标人承诺的法律意思表示。

2．国家各部委根据行业特点规定的评标程序

在招标实践中，国务院各部门按照原国家计委等七部委《评标委员会和评标方法暂行规定》（2001 年 12 号令）规定的原则结合行业特点分别做了进一步规定，详见表 4.4。

表 4.4　原国家经贸委、商务部、国家发改委等九部委关于评标程序对照表

	原国家经贸委	商务部	国家发改委等九部委标准施工招标文件	
			经评审的最低价法	综合评估法
1	初步审核	符合性检查	形式评审	形式评审
2	资格审核	商务评议	资格评审	资格评审
3	商务评审	技术评议	响应性评审	响应性评审
4	技术评审	价格评议	施工组织设计和项目管理机构评审	施工组织设计评审
5	综合评审或价格比较	资格后审		项目管理机构评审
6			详细评审	投标报价评分
7				其他因素评分

商务部规定机电产品国际招标项目一般应当采用最低评标价法评标，其评标程序为：符合性检查、商务评议、技术评议、价格评议、资格后审等阶段，上一个环节不合格不得进入下一个环节。采用综合评价法时评标程序为：初步评审、综合评审、价格评审和综合得分 4 个阶段。

2007 年 11 月，由国家发改委、财政部、建设部、铁道部、交通部、信息产业部、水利部、中国民用航空局、国家广播电视总局联合制定并发布了《标准施工招标资格预审文件》和《标准施工招标文件》。该文件将于 2008 年 5 月 1 日起实行。其中，对评标程序也做出了具体规定，经评审的最低投标价法评标程序为：形式评审、资格评审、响应性评审、施工组织设计和项目管理机构评审以及详细评审 5 个环节；综合评估法规定的程序在上述基础上把详细评审环节改为投标报价和其他因素评分两部分。

（四）评标结果

1. 评标报告和推荐中标候选人

评标报告是评标委员会向招标人提交的书面工作报告，反映了评标委员会的工作成果，评标报告推荐的中标候选人名单对招标人有法律约束力。

依据有关法规的规定，评标报告应当包含 10 项内容，评标委员会成员在评标报告的签字体现了评标委员会对招投标过程的参与权、评审权、和监督权。

“（1）基本情况和数据表；

（2）评标委员会成员名单；

（3）开标记录；

（4）符合要求的投标一览表；

（5）废标情况说明；

（6）评标标准、评标方法或者评标因素一览表；

（7）经评审的价格或者评分比较一览表；

（8）经评审的投标人排序；

（9）推荐的中标候选人名单与签订合同前要处理的事宜；

（10）澄清、说明、补正事项纪要。”

评委对全部报告内容审核后，在指定位置签字。

注意：如果专家对评标结论持有异议，应以书面方式阐述其不同意见和理由。评标委员会成员拒绝在评标报告上签字且不陈述其不同意见和理由的，视为同意评标结论。评标委员会应当对此做出书面说明并记录在案。

2. 授权确定中标人

如果经招标人授权，评标委员会可以依据评标报告和推荐的中标候选人名单直接确定中标人。

二、评标方法实务

本节根据原国家计委等七部委《评标委员会评标方法暂行规定》（12 号令）第 29 条列举的三类方法分别介绍如下。

（一）经评审的最低投标价法

经评审的最低投标价法是评标委员会依据招标文件规定的价格调整方法，对所有投标人的投标价及投标文件的商务部分做必要的调整，形成经评审的最终投标价（修正价），然后以此价格按高低排出次序。该方法最大的特征是在资格和技术条件满足的条件下仅把商务因素折算成价格，该价格是投标人真实的要约一般也是合同价。在实践中，考虑工程或货物的各项财务成本的全寿命期成本计算评标法，也属于经评审的最低投标价法范畴，是该评标方法的一个特例。

（1）经评审的最低投标价法

一般适用于具有通用技术（性能标准）或者招标人对其技术、性能没有特殊要求的招标项目，其实质是非价格因素在招标人可以接受的范围内，差异不大。

中标人的投标应当符合招标文件规定的技术要求和标准，但评标委员会无须对投标文件的技术部分进行价格折算。

除报价外，评标时应考虑的商务因素一般有以下几种：

① 内陆运输费用及保险费；

② 交货或竣工期；

③ 支付条件；

④ 零部件及售后服务；

⑤ 价格调整因素。

经澄清确认后修正的最终投标价应当认为是投标人的真实要约，一般可以作为合同的签约价。

（2）全寿命周期成本计算法（LCC）评标

全寿命周期成本计算法（Life Cycle Cost）是将工程或货物的建设、采购、安装、运行、维修、消耗、报废等整个寿命周期各项成本分别折算为现值合计后进行比较的评标方法。全寿命周期成本计算法可以全面反映一次采购的全寿命周期成本，使采购的决策不仅仅考虑初始采购成本，还综合考虑项目的长期经济成本，使采购决策更加全面、科学和客观。采用全寿命周期成本计算法仅计算工程或货物的各项财务成本，对其技术、品牌、人员、资质、业绩等因素进行符合评审性。

采用设备寿命期成本计算评标法，应首先确定一个统一的设备评审寿命期，然后将投标报价和因为其他因素而需要调整（增或减）的价格，加上今后一定的运转期内所发生的各项运行和维护费用（如零部件、燃料、油料、电力等）再减去寿命期末设备的残值。计算运转期内各项费用，包括所需零部件、油料、燃料、维修费及到期后残值等，都应按招标文件规定的贴现率折算成净现值，再计入评标价中。本章附录介绍了此类评审方法。

寿命期成本计算法的结果是“评标价”，仅作为评标排序使用，不是投标人的要约价，这是和前者的一个重要的区别，也是其作为第一种评标方法特例的原因。

表 4.5 归纳了报价以外的其他主要折算因素的内容。

表 4.5　主要非价格因素表

主 要 因 素	折算报价内容
运输费用	货物如果有一个以上的标包进入港，或者有国内投标人参加投标时，应在每一个标价上加上将货物抵达港或生产地运到现场的运费和保险费； 其他由招标单位可能支付的额外费用，如运输超大件设备需要对道路加宽、桥梁加固所需支出的费用等
价格调整	如果按可以调整的价格招标，则投标的评审和比较必须考虑价格调整因素。按招标文件规定价格调整方式，调整各投标人的报价
交货或竣工期限	对交货或完工期在所允许的幅度范围内的各投标文件，按一定标准（如投标价的某一百分比），将不同交货或完工期的差别及其对招标人利益的不同影响，作为评价因素之一，计入评标价中
付款条件	如果投标人所提的支付条件与招标文件规定的支付条件偏离不大，则可以根据偏离条件使招标人增加的费用（利息等），按一定贴现率算出其净现值，加在报价上
零部件及售后服务	如果要求投标人在投标价之外单报这些费用，则应将其加到报价上。如果招标文件中没有做出“包括”或“不包括”的规定，评标时应计算可能的总价格将其加到投标价上
优惠条件	可能给招标人带来的好处，以开标日为准，按一定的换算办法贴现折算后，作为评审价格因素
其他可能折算为价格的要素	按对招标人有利或不利的原则，增加或减少到投标价中。如对实施过程中必然发生，而投标文件又属于明显漏项的部分，应给予相应的补项，增加到报价上

（二）综合评估法

在采购机械、成套设备及其他重要固定资产如工程项目等时，如果仅仅比较各投标人的报价或报价加商务部分，则对竞争性投标之间的差别不能做出恰如其分的评价。因此，在这些情况下，必须以价格加其他全部因素综合评标，即应用综合评估法评标。综合评估法包括最低评标价法、综合评分法和性价比法。

1. 最低评标价法

最低评标价法，是将商务、技术等各个评审因素在同一基础或者同一标准上进行量化，量化指标可以采取折算为货币的方法使各投标文件具有可比性。对技术部分和商务部分的量化结果进行加权，计算出每一投标的评标价，以此确定候选中标人。

最低评标价和经评审的最低评标价法有以下不同，

（1）评价的内容不同，前者不仅把商务条件，也把技术条件等也折算成价格，后者只对商务因素折价。

（2）评价的结果不同，前者以按游戏规则折算的“评标价”为对象，作为确定推荐中标候选人的评标依据，后者是在资格条件、技术条件满足的前提下对投标人商务部分折算成“修正价”一般都成为签订合同的要约。

2. 综合评标价法（综合评分法、打分法）

综合评标价法，也称打分法，是指评标委员会按预先确定的评分标准，对各投标文件需要评审的要素（报价和其他非价格因素）进行量化、评审记分，以投标文件综合分的高低确定中标单位的评标方法。

使用综合评分法，评审要素确定后，首先将需要评审的内容划分为几大部类，并根据招标项目的性质、特点，以及各要素对招标人总投资的影响程度来具体分配分值权重（即“得分”）。然后再将各类要素细分成评定小项并确定评分的标准。这种方法往往将各评审因素的指标分解成100分，因此也称百分法。

在设备综合因素评标法中，黑龙江省机械设备成套局张春宇先生提出 4 个基本因素的评价体系，如表 4.6 所示。

表 4.6　设备综合因素评标评价指标图

价格因素（P）	价格因素 P 根据用户的承受能力确定权值，如业主资金有限，性能技术要求适中，价格因素的权值适当调高	
性能技术因素（T）	性能因素	性能因素由主要部件的性能指标加权合成体现。分两类：一类是可客观量化的指标，如时间、转速等；另一类是模糊待量化的指标，如先进性、合理性等
	技术先进因素	技术先进因素由若干关键技术先进性加权合成体现
	匹配因素	若干产品配件匹配指标和用户匹配指标加权合成
	可靠性因素	可靠性因素由若干耐用性指标和易维护指标加权合成
性能价格比因素（R）	由若干主要部件（总成）加权合成	
信用因素（G）	质量因素	加权合成
	售后服务	加权合成
	信誉承诺	加权合成
	业绩因素	加权合成

在编制标书时根据采购设备的技术特点，有关专家将上述因素逐一分解、列表，并经过程序确

定合理的权值，设计好打分表格在评标时由评委打分汇总。国内有单位编制了专门软件，使用起来也方便。

如在某项目总承包招标中，某公司将该项目分解为：总平面布置、工艺方法、工艺系统、投标设备、投标人业绩、投标报价 6 个子系统和若干 2 级、3 级系统及相应评分标准，这类项目一般采用模糊打分。

打分法的好处是简便易行，评标考虑因素更为全面，可以将难以用金额表示的各项要素量化后进行比较，从中选出最好的投标。缺点是要确定每个评标因素的权重和权值都易带主观性。在为实现某特定工艺要求的设备招标采购时，如投标人提供的设备型号各异，难以合理确定不同技术性能的有关分值和每一性能应得的分数，有时甚至会忽视某一投标人设备的一些重要指标。因此，在使用该办法设计评标指标体系时，应慎重反复比较，使评价指标表述全面、科学、准确。

3. 性价比法

在政府采购评标中除了综合评分法和最低评标价法外，还采用性价比法。这种方法实质上也是一种“评估”的评标方法。但量纲特殊，既不是分也不是价，而是分/价，即投标人总得分 = B/N。其中，B 为投标人价格因素以外各项评分之和，N 为投标人报价。

评标方法细则的设计关系到评标工作的综合质量，关系到招标项目的最终结果，关系到招标人的核心利益。在某种意义上说，针对不同项目，设计科学、合理、适用的评标办法细则的能力反映了招标文件编写人员的综合素质，体现了招标代理机构技术服务水平。

（三）法律行政法规允许的其他评标方法

1. 专家评议法

专家评议法也称定性评议法或综合评议法，评标委员会根据预先确定的评审内容，如报价、工期、技术方案和质量等，对各投标文件共同分项进行定性的分析、比较。专家进行评议后，选择投标文件在各指标都优良者为候选中标人，也可以用表决的方式确定候选中标人。这种方法实际上是定性的优选法，由于没有对各投标因素的量化（除报价是定量指标外）比较，标准难以确切掌握，往往需要评标委员会协商，评标的随意性较大。其优点是评标委员会成员之间可以直接对话与交流，交换意见和讨论比较深入，评标过程简单，在较短时间内即可完成。但当成员之间评标悬殊时，确定中标人较困难。

专家评议法一般适用于小型项目或无法量化投标条件的情况下使用。

2. 最低投标价法

最低投标价法，是价格法之一种，也称合理最低投标价法，即能够满足招标文件的各项要求，投标价格最低的投标可作为中选投标。采用这种方法无须对商务部分折价修正投标价。

一般适用于简单商品、半成品、原材料，以及其他性能、质量相同或容易进行比较的货物招标。这些货物技术规格简单，技术性能和质量标准及等级通常可采用国际（国家）标准规范，此时仅以投标价格的合理性作为唯一尺度定标。

对于这类产品的招标，招标文件应要求投标人根据规定的交货条件提出标价。计算价格的方法通常情况是，如果所采购的货物从国外进口，则一般规定以买主国家指定港口的到岸价格报价。如果所采购货物来自国内，则一般要求以出厂价报价。如果所提供的货物是投标人早已从国外进口，目前已存放在国内的，则投标价应为仓库交货价或展室价。

3. 其他方法

在服务领域的招标工作中，采用征求意见书或设计竞赛等方式，业主通过发布公告或征求服务建议书，向感兴趣的服务者发出邀请的效果也很好。

4．三类评标方法的小结

（1）上述三大类评标方法归纳如图 4.1 所示

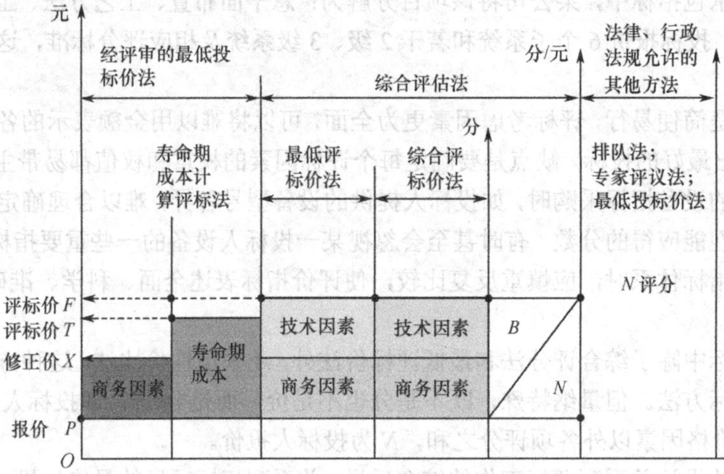

图 4.1　三类评标方法归类示意图

图中归纳了本节叙述的三种评标方法。某投标人报价 *P*，其中，经评审的最低投标价法是对所有投标人的投标价，以及投标文件的商务部分做必要的调整修正，形成经评审的最终投标价，也是修正价 *X*。但寿命期成本计算评标法是该法特例，形成的价格是评标价 *T*。

注意：修正价一般作为合同要约价；评标价只能作为评标排序使用。

综合评估法中的最低评标价不仅把商务因素，同时把技术因素也折合成价格叠加在报价内形成评标价 *F*。

综合评估法中的综合评标价（打分法）同样也是把商务、技术因素都进行评审，但不是评“价”而是评“分”。

综合评估法是最常用的一种评标方法。

（2）关于评审因素中的权重设计

钱忠宝先生的研究表明：在价格因素和非价格因素两者的权重确定后，非价格因素项目权重的设计和该子目的重要性无关，关键是非价格因素的差异。因此，最低价的评标方法适用于非价格因素差别不大的项目，在一个平台上竞争价格；最优价值评标方法适用于非价格因素较大的项目。所谓非价格评审因素包括采购标的物的显性差异和非显性差异。前者表示在一定时间内不可能发生较大变化并可以从公开渠道获得，如企业资质信息、生产设备的功能、性能、在行业中的地位等；从而依据不同差异确定相应的权重；后者表示具有不可预知性，如施工组织设计、项目管理水平、工程设计理念和创意等无法对其进行量化评价，对该类差异应当赋予较大权重。

（四）综合评估法中折算分值的方法

在采用综合评估法评标时，需要对投标报价及商务技术参数折算成分值，商务部在《机电产品国际招标综合评价法实施规范（试行）》的通知（2008 商产字 311 号）文中总结实践经验确定了以下方法：

① 排除法：对于只需要判定是否符合招标文件要求或是否具有某项功能的指标，可以规定符合要求或具有功能即获得相应分值；反之则不得分。

【例 1】招标文件规定，设备应具备自动断电保护功能。评价方法为：具备该功能得 3 分，不具备得 0 分。

② 区间法：对于可以明确量化的指标，规定各区间的对应分值，根据投标人的投标响应情况进行对照打分。采用区间法时需要特别注意区间设置要全面、连续，特别是临界点、最高值最低值等的设定。

【例 2】 招标文件规定，系统工作效率在 90%～100%之间的得 3 分，在 75 %～90%之间的得 2 分，在 60 %～75%之间的得 1 分，60 %以下的得 0 分。

③ 排序法：对于可以在投标人之间具体比较的指标，规定不同名次的对应分值，并根据投标人的投标响应情况进行优劣排序后依次打分。

【例 3】按照各投标人按质保期长短排序，第一名（质保期最长）得满分 3 分，第二名得 2 分，第三名得 1 分，第四名及以后的得 0 分。

④ 计算法：需要根据投标人的投标响应情况进行计算打分的指标，应当规定相应的计算公式和方法。

【例 4】废气回收率达到 97%得 2 分，每增加 0.5%加 0.5 分（如 97.5%得 2.5 分，98%得 3 分，依此类推，在两个值的区间内的，以线性插值法计算）。废气回收率低于 97%得 0 分。

注意：关于插值计算分为斜率>0 和斜率<0 两种情况。

A. 依据监理收费规定，计费额在 500 万元以内，收费基价为 16.5 万元；计费额在 1000 万元以内，收费基价为 30.1 万元，某工程 600 万元，计算收费基价。

分析：该题计费额是自变量 D。收费基价为函数 F。自变量（计费额）增加，函数（收费）增加，斜率>0 适用该公式：

$$F = F_1 + (F_2 - F_1) / (D_2 - D_1)(D - D_1)$$

上式中：F 是函数，F_2 是 D_2 自变量的函数（最大值），F_1 是自变量 D_1 的函数值（最小）；

$$F = 16.5 + (30.1 - 16.5) / (1000 - 500) \times (600 - 500) = 19.22 \text{ 万元}$$

B. 评标办法约定，百公里油耗指标最高得 10 分，最低得 0 分。某项目投标人百公里油耗指标最高为 12 升，最低为 6 升。投标人甲的该项指标为 8 升，请计算得分。

分析：该题得分是函数，油耗是自变量，自变量（油耗）函数（增加）得分减少，斜率<0，适用以下公式：

$$F = F_2 - (F_2 - F_1) / (D_2 - D_1)(D - D_1)$$

上式中：F 是函数，F_2 是 D_2 自变量的函数（最大值），F_1 是自变量 D_1 的函数值（最小）；

$$F = 10 - [(10 - 0) \div (12 - 6)] \times (8 - 6) = 6.67 \text{（分）}$$

⑤ 两步评价法：总体设计、总体方案等无法量化比较的评价内容与因素，可以采取两步评价方法：第一步，评标委员会成员独立确定投标人该项评价内容的优劣等级，不同专家评出的优劣等级对应的分值算术平均后确定该投标人该项评价内容的平均等级；第二步，评标委员会全体成员根据投标人的平均等级，在对应的分值区间内打分。

【例 5】根据各投标人的系统设计方案的先进性、合理性进行优劣评价，满分为 4 分；“最优”得 3～4 分；“较优”得 2～3 分；“一般”得 1～2 分；“差”得 0～1 分。

上述 5 种类型评价方法应充分考虑每个评价因素所有可能的投标响应，且每一种可能的投标响应须对应一个明确的分值或分值区间。采用上述第 5 项所列方法除外。

2．公式计算分值的基本方法

（1）反函数计算公式（见图 4.2）

$$F(D) = A\,\frac{D_{\min}}{D_i}$$

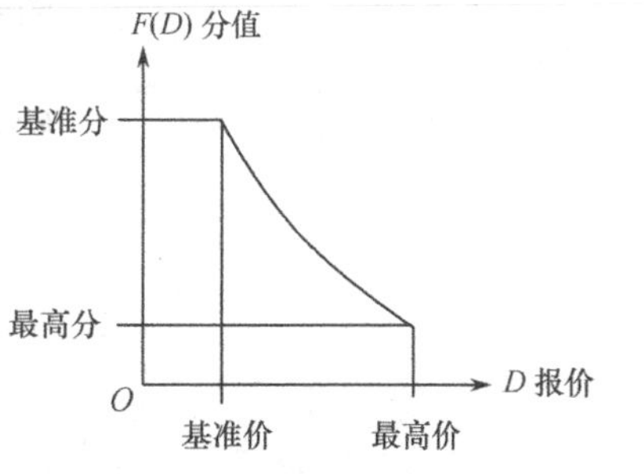

图 4.2 反函数折算方法

式中，A 为基础分值；D_{min} 为基准价；D_i 为第 i 个投标价。

反函数计算公式是一种常用的折算分值的方法。如在机电产品国际综合评标价（打分法）或政府采购评分中，就以该公式计算其分值。但基准价确定的方式不同，前者是从所有投标人中的最低评标价为基准价；后者以满足招标文件要求且投标价格最低的投标报价为评标基准价，其函数曲线是缓降曲线，如图 4.2 所示。其缺陷是，在高报价和低报价区间，相同的差值折算的分值不同。

（2）区间比例计算（见图 4.3）

$$F(D) = A - K\frac{D_1 - D_{min}}{D_{max} - D_{min}}$$

式中，$F(D)$ 为第 i 个投标人折算分数值；A 为基础分值；K 为分数因子；D_{max} 为投标报价最大值；D_{min} 为投标报价的最小值。

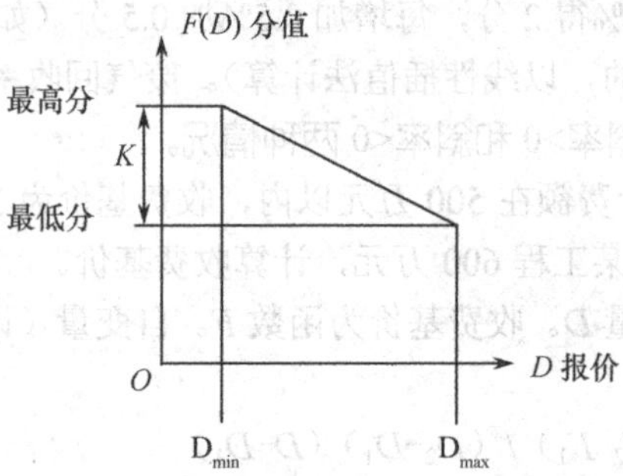

图4.3　区间比例计算

如果某招标项目招标人要求所有投标报价折算分值不超过10分，公式中K=10，同时约定价格因素占评分的40分，则最高投标报价折算分值为30分，最低报价折算分值为40分。

（3）区别比例计算公式

$$F(D) = F - \frac{|D_1 - D|}{D} \times 100 \times E$$

式中，F_1=投标价得分；F=投标报价分值；D_1=投标人的投标价；D=评标基准价；E 为调节系数。

当｜D_1-D｜>0，表示投标报价大于基准价，E 值一般选 2～3；

当｜D_1-D｜<0，表示投标报价小于基准价，E 值选 1。

区别比例计算公式常用在工程施工评标中，投标报价和基准价相比绝对值相同，如图 4.4 中的 K_1=K_2，折算分值区别处理。超过基准价的投标报价扣分多一些，低于基准价的报价折算分数少一点。Δ_2 分值>Δ_1 分值。

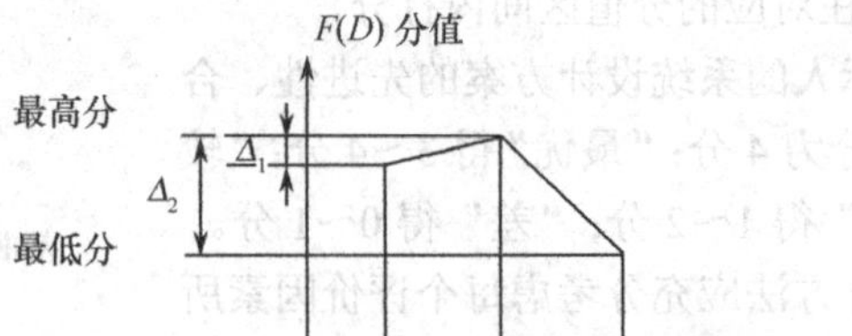

图 4.4　区别比例计算

【例 1】 某项目基准评标价 1000 万，设 F=80，当绝对值为正数，设投标报价超过基准价时 E=2，绝对值为负数，即投标报价低于基准价时，E=1。

如某投标人 X 报价为 1200 时，其报价折算分值为：

$$80-\left|\frac{+200}{1000}\right|\times 100\times 2=40\text{分；}$$

某投标人 Y 投标报价为 800 万，其折算分值为：

$$80-\left|\frac{-200}{1000}\right|\times 100\times 1=60\text{分。}$$

这样，当报价和基准价的绝对值相等时，由于各自的 E 值相差 2 倍，折算分值相差 2 倍，实现招标人项目意图。上式中“100”是放大系数，便于观察折算的差别。

该公式适用于参照基准价评分并鼓励合理低价中标的项目。

【例 2】 某项目基准评标价 412.5 万，投标人 A 报价 530 万，投标人 B 报价 295 万。招标文件设定折算分值公式为：评标价=50−|投标价−基准价|/基准价。该公式取消了调节因子 E。

投标人 A 报价的折算分值=50−|530−412.5| /412.5×100=50− (117.5)/412.5×100=50−28=22

投标人 B 报价的折算分值=50−|295−412.5| /412.5×100=50− (117.5)/412.5×100=50−28=22

注意：|530−412.5| =|295−412.5| =K_1=K_2

两个投标报价相差 235 万的投标人按照该办法计算得分相同。该方法适用设计、勘探等智力标的的项目招标。

三、特殊评标程序和方法

（一）总承包招标和两阶段招标办法

《招标法》颁布和实施 10 年来，招投标实践中，结合项目特点，各行业和地方创造了很多行之有效的评标办法，《条例》总结了总承包招标和两阶段招标两种办法。

1．总承包招标

《条例》第 29 条：“招标人可以依法对工程以及与工程建设有关的货物、服务全部或者部分实行总承包招标。以暂估价形式包括在总承包范围内的工程、货物、服务属于依法必须进行招标的项目范围且达到国家规定规模标准的，应当依法进行招标。

前款所称暂估价，是指总承包招标时不能确定价格而由招标人在招标文件中暂时估定的工程、货物、服务的金额。”

本条第 1 款服务的规定不包括监理；对暂估价项目招标的组织方式和具体程序没有做出统一规定，而是留给部门规章、地方性法规、规范性文件或者标准文件等根据实际情况给予具体规定。

2．两阶段招标

《条例》第 30 条：“对技术复杂或者无法精确拟定技术规格的项目，招标人可以分两阶段进行招标。

第一阶段，投标人按照招标公告或者投标邀请书的要求提交不带报价的技术建议，招标人根据投标人提交的技术建议确定技术标准和要求，编制招标文件。

第二阶段，招标人向在第一阶段提交技术建议的投标人提供招标文件，投标人按照招标文件的要求提交包括最终技术方案和投标报价的投标文件。

招标人要求投标人提交投标保证金的，应当在第二阶段提出。”

（二）世界银行和亚洲开发银行贷款项目的办法

世界银行和亚洲开发银行贷款项目的招标程序有4种类型：一阶段单信封招标程序、一阶段双信封招标程序、两阶段双信封招标程序，以及两阶段单信封招标程序。

1．一阶段单信封招标程序

一阶段单信封招标程序即普通常用的招标程序。投标人投标时将投标报价和技术投标文件封装在同一个信封中同时递交，同时开标评标。递交了响应招标文件且最低评标价的投标中标。

一阶段单信封招标程序适用于土建工程、货物和材料的招标。

2．一阶段双信封招标程序

投标人投标时将投标报价和技术投标文件分别封装在两个不同的信封中同时递交。招标人先对技术投标文件进行评审，确定响应招标文件的技术文件。不响应招标文件的技术文件将被拒绝。招标人对经评审技术投标文件响应招标文件的投标报价进行公开开标，确定最低评标价的投标中标。

一阶段双信封招标程序适合选择咨询公司的招标。技术复杂的大型设备或交钥匙合同采购时，也可以考虑采用。

3．两阶段双信封招标程序

两阶段双信封招标程序亚行贷款项目特有的一种招标程序。招标程序分为两个阶段：

① 第一阶段：投标人投标时将投标报价和技术投标文件分别封装在两个不同的信封中同时递交。招标人先对技术投标文件进行评审，确定响应招标文件的技术投标文件。不响应招标文件的技术投标文件，招标人可要求投标人进行修改。修改后的技术投标文件必须响应招标文件。投标人如果拒绝按照招标人的要求修改技术投标文件，其投标将被拒绝。

② 第二阶段：被要求修改技术投标文件的投标人递交修改后的技术投标文件和补充报价。补充报价只能是由于修改技术投标文件而导致的修改。

招标人对收到的投标报价和技术投标文件进行公开开标。经评审，确定技术投标文件响应招标文件、评标价最低的投标中标。

4．两阶段单信封招标程序

双阶段单信封是世界银行贷款采用的一种招标程序。该程序适合交钥匙合同、大型复杂的设施采购、特殊性质的工程、复杂的信息和通信技术合同招标。在这些合同的招标过程中，采购人有可能会面临下列问题：对市场技术现状不了解，编制技术规范存在困难；虽然了解市场状况，但存在多种相近的可接受的技术方案；投标人可能提供技术上不均等的投标。为了确保投标人投标时的技术方案符合招标人要求，可以采用两阶段招标程序。

① 第一阶段：邀请投标人提交不含价格的技术标。招标人对收到的技术标进行评审，要求不满足技术要求的投标人修改技术方案。不按招标人要求修改技术方案的投标人将被拒绝。

② 第二阶段：投标人递交投标文件。投标文件包括价格和技术方案。招标人组织公开开标。经评审，确定技术投标文件响应招标文件、评标价最低的投标中标。

（三）关于PPP等特殊项目的评标办法

目前，我国各级政府在提供公共服务的项目中正在积极推进PPP融资方式，它不仅是融资方式的一个选择，也是我国走向现代化全面改革中发展混合经济以解放生产力的战略性举措。所谓PPP融资模式（Public-Private-Partnership）泛指政府与私人部门为提供公共产品或服务而建立的合作关系，以授予特许经营权力特征。从管理角度看，PPP是指政府公共部门与民营部门合作过程中，让非公共部门参与提供公共产品或服务，从而实现政府公共服务的职能，同时为参与部门带来利益。PPP合作的运行有三个特征，一是伙伴关系，二是利益共享，三是风险共担。在PPP合作模式中，

BOT 是广泛采用的一种形式。

BOT（建设、运营、移交）项目是由投资人投资建设、按照合同约定经营并在合同规定时间移交给项目所有人的工程建设项目。

BOT 项目招标属于服务类融资和管理项目招标，其项目管理、招标程序、评标重点同工程建设、设备材料招标有很大差异。

BOT 项目是一种特殊的建设项目，往往涉及社会公权力。以招标人的身份界定，属于政府采购的项目范畴。因此，政府有关部门要全过程参与；从资金来源界定，由投标人负责注入资金又属于融资项目范畴。BOT 建设项目要求投标人提供建设资金，投标人关心投资的回报和风险，招标人对投标人的评价首先应该是投标人的可信度。BOT 建设项目说到底是融资项目，因此，财务条件是 BOT 建设项目评标标准的重点。

BOT 建设项目从管理上属于工程建设项目，但从招标类别上划分又属于服务类招标。服务类招标和货物、工程建设招标的最大不同就是服务标的的多样性，其招标程序见表 4.7。

表 4.7　BOT 建设项目与传统工程建设项目管理工作程序区别表

	传统建设项目	BOT 建设项目
1	项目法人（招标人）提出项目建议书	政府主管部门提出项目方案
2	政府职能部门对项目建议书备案、核准、审批，同意项目立项	政府职能部门对项目建议书（融资）或备案、核准、审批，同意项目立项
3	招标人委托咨询公司作项目可行性研究报告（可研）	政府项目主管部门委托招标公司组织招标，要求投标人在投标书内提供项目可行性研究报告（可研）
4	政府职能部门对可研报告备案、核准、审批	政府项目主管部门和评标委员会在评标过程中同投标人进行技术和财务谈判，并通过谈判确定最佳技术和财务方案
5	招标人通过招标委托设计单位作初步设计、施工设计	根据评标和谈判的初步结果，选定少数投标人为中标候选人，并排出名次
6	招标人委托招标公司对项目监理和工程建设、设备、材料分批组织招标	政府项目主管部门和相关部门按照名次顺序依次同中标候选人就特许权协议进行谈判
7	开标后，招标人组建评标委员会专家评标，评标委员会推荐中标候选人名单	同最满意的候选人草签特许权协议，报政府职能部门备案、核准、审批后，确定中标人，招标人通知招标公司发中标通知书
8	招标人在中标候选人名单中确定中标人	
9	招标人向中标人发中标通知书	
10	招标人和中标人签订合同，交履约保证金	中标人组建项目公司，政府主管部门和中标人项目公司签订合同，授予项目，中标人交履约保证金
11	各中标人履行合同，工程完工	项目公司同贷款人、建筑承包人、运营维护人和保险人签订协议
12	项目备案、核准、审批单位组织验收	工程建设完工后，中标人项目公司按照特许权协议负责运营至规定年限，在规定条件下将项目移交政府主管部门

在招标实践中，我们一般参照两步法招标程序，第一步，招标定方案；第二步，确定最佳合作伙伴。

考虑到评标标准的特殊性，此类项目对专家专业水平和职业道德的水平要求较高，特邀专家可能比随机抽取专家的办法更好一些。在评标中，也不宜采用刚性的打分办法，在招标实践中，用分项排队的办法可能更科学地反映专家的意见，以供政府主管部门决策时参考。在这个意义上说，

BOT 建设项目招标是一个通过法定程序进行的专家咨询。

（四）框架协议采购程序

1．概念和用途

框架协议程序第一阶段，采购人先与供应商以框架协议确定工程、货物或服务的采购单价或价格形成机制、交易条件等；第二阶段再由采购人或项目单位根据实际采购数量等需求与供应商订立采购合同。

其合同形式包括供货安排、交付期不定/交付量不定的合同或任务订单、目录合同、总括合同等，定点服务和协议供货属于框架协议合同的形式之一。

框架协议采购适用于采购计划难以确定、重复采购或满足个别紧急采购的工程、货物和服务采购项目。框架协议的主要目的是提高采购效率，降低交易成本。在此基础上，降低合同成本，保证合同的顺序履行。

框架协议可以通过招标或其他本规范的其他采购办法实施。

2．适用条件

① 对采购“标的”的需要预计将在某一特定时期内不定期出现或重复出现；所谓不定期指不清楚需要的程度、时间或数量，或者预期重复性的需要。

如重复采购标准物项或服务（办公用品、房屋维修合同等）。

② 或者由于采购标的的性质，对该采购“标的”的需要可能在某一特定时期内在紧急情况下出现。如紧急情况的供货预案等

3．框架协议组织形式的分类

（1）封闭式框架协议

协议指采购人与一个或多个供应商或承包商订立，其中载明所有采购条款和条件。第一阶段的提交书是最后提交书，在采购第二阶段供应商或承包商之间没有进一步竞争。

该采购方式同传统采购合同的区别是物项是今后采购的，通常在一定时期内分批采购。

（2）开放式框架协议

采购人与不止一个供应商或承包商订立，其中也载明采购的某些主要条款和条件。第一阶段的提交书是“临时”提交书，因为不能对其进行评审，但可以评估其响应性，并且要求供应商或承包商在第二阶段进行另一轮竞争。这些协议必须以电子方式运作。

（3）两个框架协议的区别

开放式框架协议和封闭式框架协议的主要区别是在开放式框架协议方式下，供应商可以在公告有效期内随时提出加入框架协议供应商库的申请；其次，其竞争主要在第二阶段。因此，开放式框架协议在第一阶段的采购方式可以多样化。

4．封闭式框架协议

（1）采购程序

① 选择框架协议对象应当通过公开招标方式进行；如果特别需要，可以用公开招标之外的其他方式选择协议对象，如采购低价值、重复性和紧急物项，以及药品、能源供应、教科书之类公开招标的交易成本过高，可采用本规范的其他采购方法。

② 邀请供应商或承包商参加封闭式框架协议程序之初招标人应向其提供资格条件、评审办法等信息并告知：

A．与一个还是与不止一个供应商或承包商订立框架协议。

B．与不止一个供应商或承包商订立框架协议的，将加入框架协议的供应商或承包商的最低数目或最高数目。

C．框架协议的形式、条款和条件。

D．经评审后授予封闭式框架协议。

（2）框架协议形式、条款和条件

① 封闭式框架协议应当以书面形式订立，并应当载明：

A．框架协议期限，该期限不应超过采购条例确定的最长期限。

B．采购标的说明及确立框架协议时已经确定的其他所有采购条款和条件。

C．确立框架协议时无法充分、准确确定采购条款和条件的，在已经知道的范围内对此种条款和条件的估计。

D．与不止一个供应商或承包商订立封闭式框架协议的，确定第二阶段的采购方式。

如果进行第二阶段竞争以授予框架协议下的采购合同，其程序和开放式框架协议的规则相同。

E．框架协议下的采购合同将授予价格最低的提交书还是最有利的提交书和采购合同的授予方式。

② 与不止一个供应商或承包商订立封闭式框架协议，应当视为所有当事人之间订立了一项协议，但是采购人可以在第二阶段签订的协议中针对特定情形分别有所调整，如知识产权。并做好相应的记录和不同条款之间的差异。

③ 除本条列明的信息外，框架协议还应当包含框架协议有效运作所必需的一切信息，其中包括如何查取该协议和该协议下即将授予采购合同的通知及联系方式。

5．开放式框架协议

① 在开放式框架协议有效期内，供应商、承包商随时可以申请加入供应商库，如资格申请合格将在第二阶段进行竞争，并告知资格合格的供应商或承包商：

A．关于拟通过第二阶段竞争加以确定或细化的采购条款和条件的说明；

B．任何第二阶段竞争的程序和预期频度，以及第二阶段提交书的预计递交截止时间；

C．第二阶段竞争期间将适用的程序和标准，包括此种标准的相对权重及适用此种标准的方式。第二阶段竞争期间可以变更评审标准相对权重的，框架协议应当具体指明可变范围。

② 框架协议运作期间，不允许对采购标的说明作任何改动。对于其他采购条款和条件，包括预期采购合同的授标标准（及其相对权重和适用方式）和程序，只能在框架协议明文允许的范围内加以改动。

6．注意事项

① 框架协议招标中标人可以不止一个，即只确定单价、规格型号，不确定数量。实践中如果缺乏有效监督，在实际签订供货合同时，合同签订方随意性很大，约束管理可能流于形式。企业应当通过完善监督体制在发挥其优越性的同时，把腐败的漏洞降到最低。如实行动态价格监控制度、采购公示制度等。

② 依据《示范法》颁布指南对采购实体的解释，采购实体的定义表示可以允许不止一个采购人适用已经生效的框架协议。

如在同一集团公司内，有子公司已经采用招标或其他竞争方式来签订框架协议。其他子公司采购同类采购项目，且采购“标的”的型号及技术参数同已经签订的框架协议的标的型号、技术参数一致。在使用质量和售后服务良好的前提下，可不再重新招标，直接共享其他子公司框架协议结果。

③ 集中采购模式的目标是通过规模效应降低采购成本；框架式协议主要解决需求重复但又模糊及一些紧急采购。

四、关于工程建设项目最低价竞标的思考

"最低价竞标"一度被建筑行业公认为是工程建设项目招投标发展的必然趋势。这个模式最早发源于英国。1998年《美国工程新闻纪录》（ENR）对英国采用最低价竞标项目统计表明，采用这种模式，42%的项目未能按时完工，33%的项目超出预算，13%的项目产生了合同变更和诉讼，47%的业主将不愿再雇用现有承包商。ENR经过调查研究认为，英美实施最低价中标的20年间，建筑行业的工程管理与风险管理出现了巨大的浪费，行业履约质量和工程质量一步步下坡，破坏了建筑业的发展。ENR认为，市场发展到一定阶段，建筑市场规模不断扩大，各种类型、层次不一的承包商涌现并充斥建筑市场，竞争日益激烈，业主面临的选择面广，但尚未发现衡量履约质量的最佳方法，价格实际上就成了唯一标准。在这种情况下，哪些承包商会中标呢？一般是缺乏行业经验、风险控制力差、管理成本低的承包商容易以最低价中标，他们缺乏高技能经验丰富的施工人员和管理人员，无须支付高额工资和管理费用。造成了业主自我承担的风险和成本风险双双扩大。对此，ENR提出了市场不同发展阶段应采取不同的竞标方式的意见并推出"最优价值"评价模式。该模式摒弃了"最低价"选择了"最优价值"，把风险和管理全部转移出去。目前在美国英特尔、波音、美联航、军方等客户广泛应用该方法，99%的项目按时完工，深受业主欢迎。

这个模式的主要程序大致如下：

业主按照最优价值招标系统的软件要求，考核承包商过去的履约质量；之后，承包商在投标书写出施工计划和风险评估计划，再经过面试、优选、确定中标单位。随后，在项目实施过程向业主提供风险周报，竣工后对其履约质量和产品质量综合评估，形成新的履约质量信息。

依据钱忠宝先生的研究，"最低价竞标"只有在非价格因素较小的条件下才适用，如果差异较大应当采用"最优价值"评价模式。作者同意钱先生的论断，并推而广之认为，如果非价格因素差异超过极限范围还会影响到采购方式的选择，如用政府资金聘请律师，即使超过法定规模，也不能用招标的方式聘请，不同条件用不同方法。

本章案例解读

（一）最低评标价的案例

某电厂扩建工程采购锅炉成套设备及附属设备。在众多的可能偏离招标文件技术规格要求的参数中，考虑到要突出主要因素，因而选择了以下几项作为评标时应考虑的技术因素：

① 锅炉热效差异，每相差1%，价格应调整4 110 000美元；

② 再热系统管道压降，每相差1Pa，价格调整8 650 000美元；

③ 锅炉本体及主蒸气管道压降每相差1Pa，价格调整210 000美元；

④ 锅炉及附属设备中指定五项辅机所需厂用电，每相差1kW，价格调整2000美元；

⑤ 供货范围偏离招标文件要求而引起的对报价的调整；

⑥ 由于投标文件所提出的技术要求，引起工程其他部分设备或建设费用的差异。

确定这些标准的主要依据是：

① 汽轮发电机组出力；

② 燃煤的低位发热量；

③ 机组年运行小时的负荷模式；

④ 单位工程每千瓦投资；

⑤ 到厂标准燃煤价；

⑥ 厂用电单价；
⑦ 劳动力单价；
⑧ 机组运行年限；
⑨ 外币兑换率；
⑩ 平均固定费用率；
⑪ 工程内部收益率；
⑫ 归还贷款年限。

在计算中考虑到了对燃煤价格、电价、材料、劳动力单价的升值因素的预测。

根据以上标准，对符合要求而报价最低的三家投标人进行了详细评比，评标的结果列于表 4.8 中。

表 4.8　最低三家投标人的评价表

投标人	A	B	C	注
报价（折合成美元）	66870225	66694754	59487000	三份投标都没有因各自的特殊要求而引起工程其他部分设备或建设费用的重大变化。因而在这一因素方面不必要调整
锅炉热效（%）	93.47	93.88	93.06	
调整（美元）	+1685100	0	+3370200	
厂用电（kW）	5970	8120	7600	
调整（美元）	0	+4300000	+3260000	
锅炉主体压降（Pa）	25.6	24.1	24.2	
调整（美元）	+315000	0	+21000	
再热系统压降（Pa）	2.48	2.72	3.44	
调整（美元）	0	+2076000	+8304000	
供货范围调整（美元）	+40241	0	+109800	
评标价	68915566	73070754	744552000	
评标名次	1	2	3	

【问题】如何计算表内数据？

【参考答案】计算评标价

该案例属于最低评标价法，计算方法如下：

① 锅炉热效以 B 公司值为标准值：93.88%，那么，

A 公司为 93.47%，与 B 公司的差值为 93.88%–93.47%＝0.41%

C 公司为 93.06%，与 B 公司的差值为 93.88%–93.06%＝0.82%

锅炉热效差异为每相差 1%，则价格应调整 4 110 000 美元。

根据推荐标准：

A 公司报价增加值为 4110000×(0.41%)＝1 685 100（美元）；

C 公司报价增加值为 4110000×(0.82%)＝3 370 200（美元）。

② 电厂用电以 A 公司 5970kW 为基准调整：

B 公司用电增加值（8210-5970）×2000 美元=4 300 000（美元）；

C 公司用电增加值（7600-6970）×2000 美元=3 260 000（美元）。

③ 锅炉主体压降以 B 公司 24.1Pa 为基准调整：

A 公司锅炉主体压降增加值（25.6-24.1）×210 000 美元=315 000（美元）；

B 公司锅炉主体压降增加值（24.2-24.1）×210 000 美元=21 000（美元）。

④ 再热系统压降以 A 公司 2.48Pa 为基准调整：

B 公司再热系统压降增加值（2.72-2.48）×8 650 000 美元=2 076 000（美元）；

C 公司再热系统压降增加值（3.44-2.48）×8 650 000 美元=8 304 000（美元）。

⑤ 供货范围偏离依照招标文件要求对报价调整：

A 公司增加 40 241 美元；B 公司和招标文件要求符合增加值为 0；C 公司增加值为 109 800 美元，分别填入表内计算评标价。A 公司评标价最低价 68 915 566 美元中标。

（二）考虑资金时间价值进行评标的案例

1．已知终值求现值进行评标的案例

【例 1】某施工招标项目投标价格为 600 万元，合同生效时支付 100 万元，合同生效 3 个月支付 300 万元，合同生效 6 个月支付 200 万元。假设银行月息为 1%，评标采用经评审的最低投标价法，各次付款均折现为合同生效时的现值。请计算评标价。

【分析】考察利用终值求现值的公式计算。

一次支付情况下的折现。

对于一定时间后将要发生的一次性资金支付，将其折现为现值，称为一次支付情况下的折现。一次支付现值计算公式如下：

$$P = F(1+i)^{-n}$$

其中：P 为现值；F 为终值；i 为折现率；n 为折现期数。

以上公式中$(1+i)^{n}$称为一次支付现值系数。将$(1+i)^{n}$用符号（$P/F,i,n$）表示，以上公式也可表示为：

$$P = F(P/F,i,n)$$

为了计算方便，经常将常用的一次支付现值系数计算后列入表 4.9 中。

表 4.9　一次支付现值系数表

n	1	2	3	4	5	6
（P/F,1%,n）	0.99	0.98	0.971	0.962	0.952	0.942
（P/F,2%,n）	0.98	0.961	0.943	0.925	0.907	0.89
（P/F,3%,n）	0.971	0.943	0.915	0.888	0.863	0.837

【参考答案】

计算该投标的评标价，需要将后两次支付价款分别折算为合同生效时的现值：

查表 16.14 得　(P/F　1%　3)=0.971

(P/F　1%　6)=0.942

$$P=100+300\times0.971+200\times0.942=579.59\text{（万元）}$$

该投标评标价格为 579.59 万元。

2．已知年金求现值评标的案例

【例 2】某施工招标项目投标价格为 1000 万元，合同生效时支付 300 万元，其余部分从当月末开始，分为 7 个月等额支付，每次支付 100 万元。假设银行月息为 1%，评标采用经评审的最低投标价法，各次付款均折现为合同生效时的现值。请计算评标价。

【分析】考察利用年金（多次等额支付）求现值的公式计算。

对于一定时间后将要发生的相同金额的多次资金支付，将其折现为现值，称为多次等额支付情况下的折现。

多次等额支付的折现计算公式如下：

$$P = A\times\frac{(1+i)^n-1}{i(1+i)^n}$$

其中：P 为现值；A 为每次等额支付的金额（或称为年金）；i 为折现率；n 为年金次数。

以上公式中的计算结果称为等额系列现值系数，用符号（$P/A,i,n$）表示。所以上式也可表示为

$$P = A(P/A,i,n)$$

为了计算方便，经常将常用的等额系列现值系数计算后列入表 4.10 中。

表 4.10　等额系列现值系数表

n	1	2	3	4	5	6	7	8
（P/A,1%,n）	0.99	1.97	2.941	3.902	4.853	5.795	6.728	7.625
（P/A,10%,n）	0.909	1.736	2.487	3.17	3.791	4.355	4.868	5.335

【参考答案】

查表 4.9 得　　　$(P/A\quad 1\%\quad 7) = 6.728$

$$P = 300+100\times 6.728 = 972.8\text{（万元）}$$

该投标评标价格为 972.82 万元。

3．寿命期综合评估法在电力变压器评标应用的案例

【背景】 变压器招标中，评标办法选用寿命期内的综合评估法。因为变压器在运行过程中将产生损耗，其中有有功损耗和无功损耗，这些损耗都在一定程度上消耗掉了能源，所以制定评分标准时应予以充分考虑，评分标准中提出变压器的损耗应计入评标价中，贴现率按 7%考虑。按国家规定，变压器使用年限 20 年，残值率 5%。变压器电价执行两部电价，其中基本电价为 15 元/kW •月，电能电价为 0.432 元/kW • h。

各投标人报价和技术参数见表 4.11。

表 4.11　电力变压器的投标报价和技术参数统计

投标单位	规格型号	（元/台）	P_0（空载损耗/kW）	I_0（空载电流/%）	P_k（负载损耗/kW）	短路阻抗/U_d%
A 公司	S11-160/10	22 200.00	0.26	1.0	2.10	4.0
B 公司	S11-160/10	21 950.00	0.26	0.8	2.20	4.2
C 公司	S11-160/10	28 000.00	0.27	0.4	1.80	3.6
D 公司	S11-160/10	24 710.00	0.28	0.6	2.00	3.8

注：招标文件规定空载损耗 0.28kW，空载电流 8%±30%，负载损耗 2.2kW，短路阻抗 4%±10%。

【问题】 采用寿命期综合评估法进行计算。

【参考答案】

电力变压器损耗的计算分步如下。

1．计算单位耗电

变压器的功率损耗可分为两部分，即固定损耗与可变损耗。

固定损耗就是空载损耗（即铁损和激磁功率损耗，简称物铁损），它只与变压器的容量以及电压的高低有关，而与负载的大小无关，空载损耗可分为有功损耗和无功损耗两部分，有功部分基本上是铁芯的磁滞损耗和涡流损耗，一般在产品说明书或出厂试验报告中注明。无功部分是励磁电流产生的损耗。

变压器空载损耗计算公式为

$$N_L = P_0 + kQ_0 = P_0 + k\,(I_0\,\% \cdot S_e) \tag{1}$$

式中：P_0——空载损耗中的有功损耗（kW）；

Q_0——空载损耗中的无功损耗（kVAR）；

k——无功经济当量，按变压器在电网中的位置取值，一般可取 k=0.1kW/kVAR；

I_0%——空载电流占额定电流的百分数；

S_e——额定容量（kVAR）。

变压器的可变损耗就是负载损耗（即绕组中的损耗，简称铜损），它也分为两部分，即有功部和无功部分。有功部分是变压器原、副绕组的电阻通过电流时产生的损耗，它和电流的平方成正比，因此它的大小取决于变压器负载的大小和功率因数的高低。无功部分主要是漏磁通产生的损耗，变压器负载损耗计算公式：

$$L_L = P_k + kQ_d = P_k + k\,(U_d\% \times S_e) \tag{2}$$

式中：P_k——负载损耗中的有功损耗（kW）；

Q_d——短路损耗的无功部分（kVAR）；

k——无功经济当量，按变压器在电网中的位置取值，一般可取 $k=0.1$kW/kVAR；

$U_d\%$——短路电压占额定电压的百分数；

S_e——额定容量（kVA）。

据此计算各投标人变压器空载和负载损耗，即分别计算各变压器的空载损耗和负载损耗。

A 公司变压器

$$N_{LA} = P_0 + k\,(L_0\% \times S_e) = 0.26 + 0.1 \times 1\% \times 160 = 0.42\ (\text{kW})$$

$$L_{LA} = P_k + k\,(U_0\% \times S_e) = 2.1 + 0.1 \times 4\% \times 160 = 2.74\ (\text{kW})$$

B 公司变压器

$$N_{LB} = P_0 + k\,(L_0\% \times S_e) = 0.26 + 0.1 \times 0.8\% \times 160 = 0.388\ (\text{kW})$$

$$L_{LB} = P_k + k\,(U_0\% \times S_e) = 2.2 + 0.1 \times 4.2\% \times 160 = 2.872\ (\text{kW})$$

C 公司变压器

$$N_{LC} = P_0 + k\,(L_0\% \times S_e) = 0.27 + 0.1 \times 0.4\% \times 160 = 0.334\ (\text{kW})$$

$$L_{LC} = P_k + k\,(U_0\% \times S_e) = 1.8 + 0.1 \times 3.6\% \times 160 = 2.376\ (\text{kW})$$

D 公司变压器

$$N_{LD} = P_0 + k\,(L_0\% \times S_e) = 0.28 + 0.1 \times 0.6\% \times 160 = 0.376\ (\text{kW})$$

$$L_{LD} = P_k + k\,(U_0\% \times S_e) = 2.0 + 0.1 \times 3.8\% \times 160 = 2.608\ (\text{kW})$$

2. 计算单位电费

变压器年消耗电费分两部分——空载损耗部分和负载损耗部分。其中空载损耗部分年消耗电费为

$$C_N = E_n \times 12 + E_L h_{py} \tag{3}$$

式中：C_N——年单位空载损耗电费（元）；

E_n——两部电价中的基本电价（元/kw·h），按 15 元/kw·月；

E_L——两部电价中的电能电价（元/kw·h），按 0.432 元/kw·h；

h_p——年运行小时数，一般按 8760 小时计算。

计算得：$C_N = 15 \times 12 + 0.432 \times 8760 = 3964$（元/kW·h）。

负载损耗部分年消耗电费为

$$C_L = (E_n \times 12 + E_L t)\ K_2 \tag{4}$$

式中：C_L——年单位负载损耗电费（元）；

E_n——两部电价中的基本电价，（元/kw·月），按 15 元/kw·月；

E_L——两部电价中的电能电价，（元/kw·h），按 0.432 元/kw·h；

t——年最大负荷损耗小时数，由最大负荷利用小时 T_{max} 及功率因数 $\cos\varphi$ 确定，如表 4.12 所示，或由公式计算得出：$t = T_{max}(\cos\varphi_{max}/\cos\varphi_{av})2 \times (1/8760)$，按 $T_{max} = 6800$h，$\cos\varphi = 0.9$，查表得 $t = 5500$h；

K_2——变压器负载率（变压器计算负荷/额定容量），取 $K_2 = 0.752$。

计算得：C_L=(15×12+0.432×5500)×0.752=1922 (元/kw)

分别计算各单位变压器年消耗电费：

A 公司变压器

$$C_A=C_N\times N_{LA}+C_L\times L_{LA}=3964\times0.42+1922\times2.74=6931(\text{元})$$

B 公司变压器

$$C_B=C_N\times N_{LB}+C_L\times L_{LB}=3964\times0.388+1922\times2.872=7058\ (\text{元})$$

C 公司变压器

$$C_C=C_N\times N_{LC}+C_L\times L_{LC}=3964\times0.334+1922\times2.376=5891\ (\text{元})$$

D 公司变压器

$$C_D=C_N\times N_{LD}+C_L\times L_{LD}=3964\times0.376+1922\times2.608=6503\ (\text{元})$$

表 4.12　t 和 T_{max} 的关系表

$\cos\varphi$	t/(h)				
T_{max}/(h)	0.8	0.85	0.9	0.95	1
2000	1 500	1 200	1 000	800	700
2500	1 700	1 500	1 250	1 100	950
3000	2 000	1 800	1 600	1 400	1 250
3500	2 350	2 150	2 000	1 800	1 600
4000	2 750	2 600	2 400	2 200	2 000
4500	3 150	3 000	2 900	2 700	2 500
5000	3 600	3 400	3 200	3 000	3 000
5500	4 100	4 000	3 950	3 750	3 600
6000	4 650	4 600	4 500	4 350	4 200
6500	5 250	5 200	5 100	5 000	4 850
7000	5 950	5 900	5 800	5 700	5 600
7500	6 650	6 600	6 550	6 500	6 400
8000	7 400		7 350		7 250

3. 各投标单位评标价的计算

将各单位变压器年消耗电费按给定的折旧年限 n=20 年，折现率 I=7% 折现到招标时现值，得出各单位的评标价格。

$$T_{OC}=T_O+C\,(P/A,\ i,\ n)-W\,(P/F,\ i,\ n) \tag{5}$$

式中：T_{OC}——评标价格；

C——变压器年消耗电费；

W——变压器残值，W=变压器原值×残值率；

$(P/A,\ i,\ n)$——年值折现系数，且

$$(P/A,\ I,\ n)=\frac{(1+i)^n-1}{i(1+i)^n}=\frac{(1+7\%)^{20}-1}{7\%(1+7\%)^{20}}=10.594$$

$(P/F,\ i,\ n)$——终值折现系数，且

$$(P/F,\ i,\ n)=\frac{1}{(1+i)^n}=\frac{1}{(1+7\%)^{20}}=0.258$$

A 公司变压器的评标价：

$$T_{OCA}=22\,200+10.954\times6931-22\,200\times5\%\times0.258=97\,836\ (\text{元})$$

B 公司变压器的评标价：

$$T_{OCB}=21\,950+10.954\times7058-21\,950\times5\%\times0.258=99\,230\ (\text{元})$$

C 公司变压器的评标价：

$$T_{OCC}=28\,000+10.954\times5891-28\,000\times5\%\times0.258=92\,169\ (元)$$

D 公司变压器的评标价：

$$T_{OCD}=24\,710+10.954\times6503-24\,710\times5\%\times0.258=93\,434\ (元)$$

最低评标价的确定：

通过上述计算，得出最低评标价为 C 公司，虽然它的投标报价最高，但因为技术条件优越，损耗比其他厂家小，所以按照评标价格计算，C 厂家的变压器在寿命期内为最低评标价，应确定 C 厂家为中标单位。

（本案例作者：沈阳东北电力工程咨询有限公司　郭永旗）

招标采购的这种经济属性，决定了招标采购理论是以微观经济学为基础的一种有限选择理论，是一种基于一次性博弈基础上的优化理论。

中国招标投标协会副秘书长、工程管理博士、数学博士后　毛林繁

第5章

资格审查和《标准施工招标资格预审文件》

一、资格审查的目的和内容

（一）资格审查的法律内涵

在缔结合同的过程中，对合同相对人履约能力的审查是招标人应当解决的首要问题，即作为合同成立的要件之一，主体合格是缔结合同的基础条件。如果说投标相当于考试，资格审查就是选择符合主体合格条件的若干好学生。所谓中标人就是主体合格的好学生参加考试的优胜者。

资格审查分为资格预审和资格后审。

资格预审是在潜在投标人在购买招标文件之前与评标分开而独立进行的，依据法律规定，资格预审的行为主体是招标人，但国家有规定的从其规定。

资格预审是为了解决在招标投标活动中出现的“三过”问题，即投标人过多、招标成本过高、评标时间过长采取的一种资格审查办法。采用开标前预审的方法可使评标工作得以集中精力于评比标价和标书的实质性响应方面。还在一定程度上减少了实力不足的投标人进行恶性低价夺标情况出现的可能性，降低了恶性竞争，从而能更好地吸引和激励优秀的投标商参加投标，即可报出既实际又有竞争力的报价。同时，由于排除了不合格的投标人，从而减少了评标工作量，这无论对业主还是投标商都是十分有利的。

对于国有资金占控股或者主导地位的依法必须进行招标的项目，《条例》第18条第2款规定：“国有资金占控股或者主导地位的依法必须进行招标的项目，招标人应当组建资格审查委员会审查资格预审申请文件。资格审查委员会及其成员应当遵守招标投标法和本条例有关评标委员会及其成员的规定。”

《标准施工招标资格预审文件》（简称《资格预审文件》）和《标准施工招标文件》相关程序的内容对照见表5.1。

从表5.1中我们看出，对于国有资金占控股或者主导地位的依法必须进行招标的项目，对潜在投标人资格审查的过程和招标投标活动的过程基本相同。在某种意义上说，这种制度设计把招标程序分为两个阶段。

第一个阶段是选择“合格的潜在投标人”，第二个阶段是选择“最优的投标要约”。对于该类项目的资格预审制度，业内学者张志军认为，这种审查程序构成了特殊的合同关系。笔者完全同意构成合同关系的判断。同时，笔者补充认为，由于资格审查文件从实质上属于招标文件的一部分。因此，资格预审公告和资格预审文件是对本约合同第一阶段的要约邀请。同理，资格审查申请书属于要约，该要约的特殊性在于由于其约定属无名准入合同，因此，资格申请书没有价格也可视为要约。资格审查合格通知书属于承诺从而构成了预约合同。但是，这种预约合同的法律效力和第二阶

表 5.1 《资格预审文件》和招标文件基本内容对照表

	《资格预审文件》中申请人须知	《标准施工招标文件》中投标人须知
1.	总则	总则
2.	资格预审文件	招标文件
3.	资格预审申请文件的编制	投标文件
4.	资格预审申请文件的递交	投标
5.	资格预审申请文件的审查	开标
6.		评标
7.	通知和确认	合同授予
8.	申请人的资格改变	重新招标和不再招标
9.	纪律与监督	纪律和监督
10.	需要补充的其他内容	需要补充的其他内容

段从招标公告到中标通知书形成的预约合同效力不同。资格审查阶段形成的预约合同是“必须磋商说”的预约合同。只要达成潜在投标人履约能力合格可以投标的共识即可。该合同对是否签订本约合同没有约束力。换句话说，合格的潜在投标人可以去投标，也可以不去投标。对于招标人，潜在投标人可能合格，也可能不合格。但是，属于“必须缔约说”的第二阶段的预约合同对签订本约合同有约束力，招标人和中标人必须依法签订书面合同即本约合同。

该类经过资格预审的招标项目，由两个法律效力不同的预约合同和一个本约合同构成其合同关系。

所谓资格后审，是指开标后在评标阶段进行的资格审查。资格审查的主体是评标委员会。

资格后审的办法适合投标申请人较少的项目，资格后审增加了串标的难度和成本。特别适合重复生产供应的成品货物投标，评审办法只用合格制。

《条例》第 20 条对资格后审的主体、依据和标准做了相应规定。

（二）资格审查的内容

《工程建设项目施工招投标办法》（30 号令）第 20 条对资格审查的内容规定如下。

“资格审查应主要审查潜在投标人或者投标人是否符合下列条件：

（一）具有独立订立合同的权利；

（二）具有履行合同的能力，包括专业、技术资格和能力，资金、设备和其他物质设施状况，管理能力，经验、信誉和相应的从业人员；

（三）没有处于被责令停业，投标资格被取消，财产被接管、冻结，破产状态；

（四）在最近三年内没有骗取中标和严重违约及重大工程质量问题；

（五）法律、行政法规规定的其他资格条件。”

上述条款可归纳为主体合格、能力合格、正常状态、信用合格和其他合格等 5 个方面。

在货物招标项目的资格审查中能力合格包括制造能力和服务能力两方面内容。

《招标法》第 18 条规定在赋予招标人权利的同时，也对招标人提出两条禁止性规定。即“招标人不得以不合理的条件限制或者排斥潜在投标人，不得对潜在投标人实行歧视待遇。”

《条例》第 32 条对上述规定做了具体界定“招标人有下列行为之一的，属于以不合理条件限制或者排斥潜在投标人或者投标人：

（一）就同一项目向潜在投标人或者投标人提供有差别的项目信息；

（二）设定的资格、技术、商务条件与招标项目的具体特点和实际需要不相适应或者与合同履行无关；

（三）依法必须进行招标的项目，以获得特定区域、行业或者部门的业绩、奖项为加分条件或者中标条件；

（四）对不同的潜在投标人、或者投标人采取不同的资格审查或评标标准；

（五）限定或者指定特定的专利、商标、品牌、原产地或者供应商；

（六）非法限定潜在投标人或者投标人所有制形式或者组织形式；

（七）以其他不合理条件限制、排斥潜在投标人或者投标人。”

（关键词：差别信息、无关条件、特定业绩、不同标准、限定供应商、限制所有制、其他）

《条例》第 27 条第 3 款中关于业绩加分应当注意以下区别。

上述条款规定不得以特定行政区域的业绩、奖项作为加分条件或者中标条件。换言之，全国性的业绩、奖项是否可以作为加分条件的，如鲁班奖等可由部门规章规定。原建设部 89 号令第 41 条规定：“以评定方式进行评估的，对于各种评比奖项不得额外计分。”部门规章没有禁止的，可由招标文件约定，不得以特定行政区域的业绩作为加分条件或者中标条件，但并不排斥特定区域项目的特殊性产生的对投标人的要求。在实践中对于建设场址位于高海拔、冻土等独特地理环境和自然条件的项目，确有必要将特定区域或特定项目的业绩作为加分条件或者中标条件。如在西藏海拔 3000 米的地方修建一民用机场，不能要求投标人必须在西藏修过海拔 3000 米以上的机场，但可以要求曾修过海拔 3000 米以上机场的业绩作为加分条件或者中标条件。

二、依法必须进行招标项目资格审查的规定

《招标法》第 18 条规定了对潜在投标人进行资格审查的原则规定，但没有对资格预审的程序作出规定，条例作为立法性补充对资格审查的程序做了全面详细的补充，构成完整的资格预审制度。具体如下。

（1）资格预审公告

（2）资格预审文件招标文件的发售

（3）资格预审申请文件提交时间

（4）资格预审主体和依据

（5）资格预审结果

（6）资格后审

（7）对资格预审文件的异议

（8）资格预审文件和招标文件的澄清修改

（9）资格预审文件和招标文件不得违法

（10）资格申请人

上述条款的内容分别是：

（1）

《条例》第 15 条：“公开招标的项目，应当依照招标投标法和本条例的规定发布招标公告、编制招标文件。

招标人采用资格预审办法对潜在投标人进行资格审查的，应当发布资格预审公告、编制资格预审文件。

依法必须进行招标的项目的资格预审公告和招标公告，应当在国务院发展改革部门依法指定的媒介发布。在不同媒介发布的同一招标项目的资格预审公告或者招标公告的内容应当一致。指定媒介发布依法必须进行招标的项目的境内资格预审公告、招标公告，不得收取费用。

编制依法必须进行招标的项目的资格预审文件和招标文件，应当使用国务院发展改革部门会

同有关行政监督部门制定的标准文本。”

该条第1、第2款是对所有招投标活动的要求，第3款是对依法必须招标项目的要求，第4款是使用标准文本的原则规定，其具体应用应当由部门规章制定实施细则执行。

（2）

《条例》第16条：“招标人应当按照资格预审公告、招标公告或者投标邀请书规定的时间、地点发售资格预审文件或者招标文件。资格预审文件或者招标文件的发售期不得少于5日。

招标人发售资格预审文件、招标文件收取的费用应当限于补偿印刷、邮寄的成本支出，不得以营利为目的。”

该条补充了资格预审文件出售时间的规定，明确了有关文件收取费用定价的原则。所谓“不营利”是指不得分配利润，不追求利润最大化，其定价认定略高于成本。

（3）

《条例》第17条：“招标人应当合理确定提交资格预审申请文件的时间。依法必须进行招标的项目提交资格预审申请文件的时间，自资格预审文件停止发售之日起不得少于5日。”

该条补充了提交资格预审文件的时间，其中，对依法必须招标的项目做了强制性规定。

（4）

《条例》第18条：“资格预审应当按照资格预审文件载明的标准和方法进行。

国有资金占控股或者主导地位的依法必须进行招标的项目，招标人应当组建资格审查委员会审查资格预审申请文件。资格审查委员会及其成员应当遵守招标投标法和本条例有关评标委员会及其成员的规定。”

该条第1款补充了关于资格预审的标准和方法，第2款规定使用国有资金依法必须招标的项目应当组建资格预审委员会及其组建程序。

（5）

《条例》第19条：“资格预审结束后，招标人应当及时向资格预审申请人发出资格预审结果通知书。未通过资格预审的申请人不具有投标资格。

通过资格预审的申请人少于3个的，应当重新招标。”

该条第1款补充了资格预审结束后的通知义务，第2款规定了少于3人的处理办法。特别注意，资格预审结果不能公示且在开标前应当保密。

（6）

《条例》第20条：“招标人采用资格后审办法对投标人进行资格审查的，应当在开标后由评标委员会按照招标文件规定的标准和方法对投标人的资格进行审查。”

（7）

《条例》第21条：“招标人可以对已发出的资格预审文件或者招标文件进行必要的澄清或者修改。澄清或者修改的内容可能影响资格预审申请文件或者投标文件编制的，招标人应当在提交资格预审申请文件截止时间至少3日前，或者投标截止时间至少15日前，以书面形式通知所有获取资格预审文件或者招标文件的潜在投标人；不足3日或者15日的，招标人应当顺延提交资格预审申请文件或者投标文件的截止时间。”

该条明确了招标人在规定递交截止前对已经发售的文件可以修改的权利，同时规定了约束条件。

（8）

《条例》第22条：“潜在投标人或者其他利害关系人对资格预审文件有异议的，应当在提交资格预审申请文件截止时间2日前提出；对招标文件有异议的，应当在投标截止时间10日前提出。招标人应当自收到异议之日起3日内做出答复；做出答复前，应当暂停招标投标活动。”

该条款明确提出异议的主体是投标人和其他利害关系人。其中利害关系人应包括有意参加资格预审或者投标的潜在投标人、资格预审申请文件或者投标文件中列名的拟用于招标项目的项目负责人、分包人和供应商，以及资格审查委员会或者评标委员会成员。

提出异议的条件是，异议方认为不符合招投标法规。招标人应当在限期内履行对异议做出答复的义务。本条对特定情形下提出异议的时间进行了限制。答复前暂停下一阶段招投标活动的下一步工作。

（9）

《条例》第23条："招标人编制的资格预审文件、招标文件的内容违反法律、行政法规的强制性规定，违反公开、公平、公正和诚实信用原则，影响资格预审结果或者潜在投标人投标的，依法必须进行招标的项目的招标人应当在修改资格预审文件或者招标文件后重新招标。"

本条适用条件：违法或者违反"三公"原则。该条主要规范依法必须招标的项目，防止招标人滥用两次招标失败达到规避招标的目的。

（10）

《条例》第43条："提交资格预审申请文件的申请人应当遵守招标投标法和本条例有关投标人的规定。"

由于对使用国有资金依法必须招标的项目资格审查做了严格规定，《条例》增加了"资格预审申请文件的申请人"的概念，该申请人可能是潜在投标人，也可能不是，其结果由资格审查委员会决定。但潜在投标人可以是投标人，也可能不是，由投标人自己决定。在开标截止前递交投标文件就是投标人，否则就不能称其为投标人。投标人中标后称之为中标人，签订合同之后称之为承包人或供应商。

三、关于《标准施工招标资格预审文件》

2007年11月1日，为了规范施工招标资格预审文件、招标文件编制活动，促进招标投标活动的公开、公平和公正，国家发展和改革委员会、财政部、建设部、铁道部、交通部、信息产业部、水利部、民用航空总局、广播电影电视总局联合制定了《标准施工招标资格预审文件》（以下简称《资格预审文件》）和《〈标准施工招标文件〉试行规定》（第56号）（以下简称《标准招标文件》）自2008年5月1日起施行。同时，要求有关行业部委依据两个标准文件，结合专业工程施工招标特点和管理需要编制行业标准施工招标文件。

由于该项工作的试点工作已经结束，2013年3月11日。国家发改委等八部委通过23号令修改了该规定的名称将"试行"改为"暂行"，同时删除了有关试行的范围限制。

《资格预审文件》规定了资格审查的程序、内容、方法、格式等条款，其中，审查办法按照合格制和有限数量制两种方法分别做了规定。

（一）《资格预审文件》的内容

《资格预审文件》由章、节、条、款、项、目共6个层次和5个章节组成，即：

"第一章　资格预审公告

第二章　申请人须知

第三章　资格审查办法

第四章　资格预审申请文件格式

第五章　项目建设概况"

其中，"资格审查办法"一章有两种方式供招标人选择：一是合格制，这是国际通用并且是资格预审文件鼓励使用的一种方法；二是有限数量制。

（二）资格审查办法

在资格预审中使用合格制的主要问题是如何制定一个科学合理的入门条件，这种方法最大限度地摒弃了人为因素，相对比较公平；其工作程序相对简单，条款也不难理解。现在主要介绍有限数量制这种方法。

在资格审查中使用有限数量制是依照我国国情决定的。由于我国目前各种经济成分并存，各类施工队伍水平参差不齐，以及建筑市场整体上说还不够成熟完善，因此，仅仅用合格制进行资格预审的办法还不能满足招标工作的需要。在合格制不能满足需要的情况下，可采用有限数量制。同编制招标文件一样，资格审查不能有排他性、歧视性条款，其评审程序同评标程序也是一样的，分为初步审查、详细审查、综合评分、提交报告 4 个步骤。

2005 年 10 月 10 日建设部颁发了《关于加强房屋建筑和市政基础设施工程项目施工招标投标行政监督工作的若干意见》（建市[2005]208 号）对资格审查做了详细规定：

“依法必须公开招标的工程项目的施工招标实行资格预审，并且采用经评审的最低投标价法评标的，招标人必须邀请所有合格申请人参加投标，不得对投标人的数量进行限制。

依法必须公开招标的工程项目的施工招标实行资格预审，并且采用综合评估法评标的，当合格申请人数量过多时，一般采用随机抽签的方法，特殊情况也可以采用评分排名的方法选择规定数量的合格申请人参加投标。其中，工程投资额 1000 万元以上的工程项目，邀请的合格申请人应当不少于 9 个；工程投资额 1000 万元以下的工程项目，邀请的合格申请人应当不少于 7 个。”

注意：在资格预审中使用合格制的招标项目，其评标方法必须采用经评审的最低投标价法进行评标；使用有限数量制的招标项目，其评标方法应当采用综合评估法评标。

（三）资格预审程序

《资格预审文件》依据两种审查办法规定了资格审查程序。

采用“合格制”的程序如下：

“1. 审查方法

本次资格预审采用合格制。凡符合本章第 2.1 款和第 2.3 款规定审查标准的申请人均通过资格预审。

2. 审查标准

2.1 初步审查标准

初步审查标准：见资格审查办法前附表。

2.2 详细审查标准

项目审查标准：见资格审查办法前附表。

3. 审查程序

3.1 初步审查

3.1.1 审查委员会依据本章第 2.1 款规定的标准，对资格预审申请文件进行初步审查。有一项因素不符合审查标准的，不能通过资格预审。

3.1.2 通过资格预审的申请人除应满足本章第 2.1 款、第 2.2 款规定的审查标准外，还不得存在下列任何一种情形：

（1）不按审查委员会要求澄清或说明的；

（2）有第二章“申请人须知”第 1.4.3 项规定的任何一种情形的；

（3）在资格预审过程中弄虚作假、行贿或有其他违法违规行为的。

3.2 资格预审申请文件的澄清

在审查过程中，审查委员会可以书面形式，要求申请人对所提交的资格预审申请文件中不明确的内容进行必要的澄清或说明。申请人的澄清或说明应采用书面形式，并不得改变资格预审申请文件的实质性内容。申请人的澄清和说明内容属于资格预审申请文件的组成部分。招标人和审查委员会不接受申请人主动提出的澄清或说明。

4. 审查结果

4.1 提交审查报告

审查委员会按照本章第 3 条规定的程序对资格预审申请文件完成预审后，确定通过资格预审的申请人名单，并向招标人提交书面审查报告。

4.2 重新进行资格预审或招标

通过资格预审申请人的数量不足 3 个的，招标人重新组织资格预审或不再组织资格预审而直接招标。"

在采用"有限数量制"办法时，有以下不同：

① 在第 2 条增加 2.3 评分标准（评分标准：见资格审查办法前附表）；

② 在第 3 条增加"3.4 评分"；

③ 3.4.1 款规定："通过详细审查的申请人不少于 3 个且没有超过本章第 1 条规定数量的，均通过资格预审，不再进行评分。"

④ 3.4.2 款规定："通过详细审查的申请人数量超过本章第 1 条规定数量的，审查委员会依据本章第 2.3 款评分标准进行评分，按得分由高到低的顺序进行排序。"

（四）资格审查标准

资格审查是对投标人履约能力的审查，其与第 30 号令（施工） 第 20 条的规定的异同参见表 5.2。

表 5.2 《资格预审文件》和 30 号令（施工）第 20 条关于资格审查条件的规定对照

	《资格预审文件》	30 号令（施工）第 20 条
1	独立订立合同的权利	具有独立订立合同的权利
2	圆满履行合同的能力，包括技术、资金设备、管理、经验信誉和人员能力	具有履行合同的能力，包括专业、技术资格和能力，资金、设备和其他物质设施状况，管理能力，经验、信誉和相应的从业人员
3	同类项目业绩	
4	投标人处于正常经营状态（无破产、停产、财产查封等）	没有处于被责令停业，投标资格被取消，财产被接管、冻结，破产状态
5	投标人无违法犯罪行为（无诈骗等）	在最近三年内没有骗取中标和严重违约及重大工程质量问题
6		法律、行政法规规定的其他资格条件

与 30 号令（施工）第 20 条相比，《资格预审文件》对资格审查的标准强调了"同类项目业绩"，在信用条件中仅强调犯罪行为，对履约和质量信用在其他方面考核。

（五）资格审查委员会的概念

根据资格预审文件 5.1 条的规定，"资格预审申请文件由招标人组建的审查委员会负责。审查委员会参照《中华人民共和国招标投标法》第 37 条规定组建。"这里，第一次提出了审查委员会的概念，《条例》第 18 条针对资金占控股或者占主导地位的依法必须招标的项目要求依法组建

"资格审查委员会"，并将"参照"第37条修改为"遵照"第37条规定组建，在行政法规层面对资格审查委员会予以法定。

在该类项目中，依法组建的资格审查委员会和一般依法必须招标项目组建的资格审查委员会的主体都是招标人，但在组建方式和确定合格潜在投标人方面有不同。

（1）组建方式

国有资金占控股或者占主导地位的依法必须招标的项目在资格预审时应当依法组建资格审查委员会。所谓依法，就是遵守招标投标法，在规范依法必须招标的项目中聘请专家的程序和方式。一般依法必须招标的项目选用标准文本时可参照执行。

（2）确定合格潜在投标人的权限

前者由资格审查委员会评审确定，后者由招标人依据资格预审报告自主决定。

本章案例和练习

（一）关于资格预审若干问题的解读

1. 实行资格后审工程项目，A公司因报名时委托的注册建造师甲近期在某工程上中标无法担任本工程项目经理，经A公司研究决定委托同级别注册建造师乙为公司项目经理继续参与投标，招标文件对此无约定，问该投标是否有效？

参考答案：可以更换，投标有效。潜在投标人在报名时（资格后审的）提交的任何资料不构成要约，所以不具备法律约束力，在投标截止前投标人可以更改相关资料，并不需负任何法律责任。

2. 经资格预审合格（合格制审查）的A公司因参加资格预审时委托的注册建造师甲近期在某工程上中标，无法担任本工程项目经理。经A公司研究决定委托乙为公司项目经理继续参与投标，招标文件对此无约定，问该投标是否有效？

参考答案：经过资格预审合格的投标文件，在评标阶段由评标委员会依据招标文件对其资格条件是否发生变化进行审查，项目经理变更属重大变化，如果投标人在提交投标文件前发生重大变化且通知招标人的，招标人应当提请原资格审查委员会对该变化进行审查，如果认为不合格的，投标无效；如果没有通知招标人的，视为在评标过程中发生的重大变化，由评标委员会进行审查认定，不合格的投标无效。

3. 经资格预审合格（有限数量制审查）的A公司因参加资格预审时委托的注册建造师甲近期在某工程上中标，无法担任本工程项目经理，经A公司研究决定委托乙为公司项目经理继续参与投标，招标文件对此无约定，问该投标是否有效？

参考答案：同合格制审查仅涉及该投标人本身不同，有限数量制审查的变更涉及所有潜在投标人的权益，对A公司重新审查的任何变化可能影响到所有投标人的权益，因此无论是在开标前或开标后均不再重新评审，开标后由评标委员会直接否决其投标。

4. 资格预审时，发现有两家企业属于母子关系，问如何处理？

参考答案：受理审查，这有利于扩大招标人选择的范围，如全部合格，两家协商确定一人投标。

5. 资格后审时，评标时发现二家属于母子关系，如何处理？

参考答案：依据条例第34条"与招标人存在利害关系可能影响招标公正性的法人、其他组织或者个人，不得参加投标。单位负责人为同一人或者存在控股、管理关系的不同单位，不得参加同一招标项目投标。违反前两款规定的，相关投标均无效。"的规定：否决投标。

6. 资格预审合格的，评标时发现某家安全生产许可证过期，如何处理？

参考答案：启动澄清程序，解决是否发生变化。变化问题可以澄清。。

7. 资格后审发现安全生产许可证过期，但出具省或××市安检站合格证明的如何处理。

参考答案：由评标委员会依法认定其证明是否有效。判断是否有效的标准，一是证明材料的主体是发证单位；二是其证明的事由合理，同时提供者应对其真实性负责；三是在评标报告中向招标人做出说明，并提醒招标人在签订合同时注意防范风险。

8. 合同专用章有效性认定

在一次评审中发现某投标人的投标函上盖的是合同专用章。请问：该投标文件是否有效？

答：投标文件无效。按招投标法的要求，投标文件要求加盖单位公章，这里指的单位公章是指法人资格的公章，不是指广义上的只要企业到公安局备案刻的各种专用印章。因为在招标过程中并没有形成合同关系，所以不应使用合同专用章，应视为非响应性投标。

如果投标文件密封处加盖合同章是否认定密封合格由招标人解释。一般应认定密封合格。

9. 营业执照与企业资质中法人代表不一致如何处理？营业执照名称与资质名称不一致的处理？

参考答案：

（1）实践中会有企业营业执照上的法人代表与企业资质、税务登记证上的法人代表不一致，依照以下原则处理。①根据公司法，企业法人代表以工商营业执照登记为准，其他登记并不具备法律效力。②名称审查并不包括法人代表审查。③如果该投标人或潜在投标人不是以工商营业执照上法人代表进行授权签名或签署投标文件则该签名无效，招标文件要求必须有法人代表或授权委托人签名的，可以否决其投标。

（2）营业执照名称变更后与企业资质不一致的问题。公司变更后，原企业不存在，所以原企业具备的资质如果没有及时变更一致的，可以否决投标。

（二）本章练习题

【背景】某招标文件在当月 1 日发售，开标截止日是 21 日。

【问题】

1. 如果投标人在 10 日提出异议，招标人在 13 日答复开标时间是否顺延至 13 日。

2. 如果招标人在 3 日内未答复，那么开标时间是从答复之日顺延还是按期开标？

【参考答案】

1. 如果招标人的答复没有造成招标文件的修改，或虽然修改但不影响投标文件的编制，则开标时间不变还是 21 日；如果修改招标文件并影响投标文件的编制，则开标时间依照《条例》第 21 条规定从 14 日算起延长 15～29 日。

2. 招标人必须在 3 日内答复，这是招标人法定义务。答案不以异议人满意为条件，超过法定时间，行政监督部门可依照《条例》第 64 条处罚，并“责令改正”。开标时间参照第一题的原则处理。如拒不改正或者不能改正并影响中标结果的，招标无效。

招标文件的质量应当满足四项基本要求。一是招标文件内容完整条款清晰；二是符合法律法规并充分贯彻招标人项目意图；三是能科学准确评选出最佳中标人，四是项目合同能够顺利执行并最大幅度地减少工程实施和结算阶段的纠纷。

山西省招标投标协会招标代理机构委员会主任

山西华安建设项目管理有限公司　总经理　姜莉

第6章

招标和《标准施工招标文件》

一、招标文件的概述

（一）招标文件的内涵和作用

1. 招标文件的内涵

众所周知，《招标法》作为程序法所对应的实体法是《合同法》。

《合同法》第 13 条规定：“当事人订立合同，采取要约、承诺方式”，在一些特定的交易活动中，在当事人“要约”的环节之前，还有一个“要约邀请”。在招标投标活动中，发出招标公告、编制出售招标文件是交易活动中的“要约邀请”。招标公告和招标文件属于“要约邀请书”。一般讲，招标文件不是合同的组成部分，但是，要约邀请的科学、规范，关系到合同当事人（即投标人），在招标投标活动中全面、准确地提出要约的质量和水平，从而关系到合同当事人双方的合法权益。而在市场经济中保护当事人的权利、保护公民法人的合法权益是所有“私法”的立法宗旨。

在招标投标活动中，编制招标文件是表述交易活动中“买什么”的意思表示。投标文件则是对招标人的“要约”，招标人通过招标投标活动发出的中标通知书做出“承诺”，决定了“买谁的”，并签订正式合同完成交易。这时，作为要约的投标文件（合同一般不包括施工组织设计）则构成全部合同的组成部分。

2. 招标文件在招标投标活动中的作用

招标文件是招投标活动的章程。招标文件作为招标投标活动的纲领性文件，具有以下作用：

① 招标人表达招标采购愿望的申明；

② 招标人描述拟采购标的物商务和技术条件的说明；

③ 招标人依法制定的招投标活动的游戏规则（包括程序、内容和办法）；

④ 招标人和中标人签订书面合同的基础和依据。

（二）法规对编制招标文件的规定

1. 有关法规对招标文件的规定

《招标法》第 19 条规定了编制招标文件的主要内容和基本要求：“招标人应当根据招标项目的特点和需要编制招标文件。招标文件应当包括招标项目的技术要求、对投标人资格审查的标准、投标报价要求和评标标准等所有实质性要求和条件及拟签订合同的主要条款。

国家对招标项目的技术、标准有规定的，招标人应当按照其规定在招标文件中提出相应要求。

招标项目需要划分标段、确定工期的，招标人应当合理划分标段、确定工期，并在招标文件中载明。”

《招标法》第20条规定了编制招标文件的限制条件：“招标文件不得要求或者标明特定的生产供应者，以及含有倾向或者排斥潜在投标人的其他内容。”

《条例》据此做了细化和完善，《条例》第24条规定：“招标人对招标项目划分标段的，应当遵守招标投标法的有关规定，不得利用划分标段限制或者排斥潜在投标人。依法必须进行招标的项目的招标人不得利用划分标段规避招标。”

《条例》第25条规定：“招标人应当在招标文件中载明投标有效期。投标有效期从提交投标文件的截止之日起算。”

同时，对招标人编制的招标文件的内容违反法律、行政法规的强制性规定，违反公开、公平、公正和诚实信用原则，影响潜在投标人投标的行为，《条例》第23条明确规定招标文件修改后重新招标。

为了考察招标师对招标文件内容的理解和编制技能的要求，2009年全国招标师职业水平考试《招标采购专业实务》科目试题中案例分析第3题如下：

“招标代理机构应在招标文件的哪些组成内容中体现招标人尽可能缩短工期的要求，并如何具体设置要求。”

正确答案是：“招标代理机构应在招标文件的投标人须知、评标办法和合同内容中体现招标人尽可能缩短工期的要求。

具体设置要求如下。

① 在投标人须知中说明计划工期在项目中的重要性，对工期要求警示投标人注意。

② 在评标办法中设置工期提前的评标优惠办法，对工期评价的权值、权重适当倾斜，工期超出计划工期的不予评标。

③ 在合同商务条款中设置履约奖罚条款。”

该题表明，“招标人须知”“评标办法”和“合同条款”是在招标文件中重要的组成部分，其中合同条款尤为关键，它是招投标活动行为目标的法律基础。

综合上述，招标文件一般由6部分组成，即：

① 招标公告（资格预审公告）或投标邀请书；

② 投标人须知；

③ 评标办法；

④ 合同条款；

⑤ 技术条件；

⑥ 文件格式。

上述内容中，公告和邀请是招标人的要约邀请，是投标人要约的程序依据。投标人须知、评标办法和合同条款这三部分构成了本项目招标的具体的游戏规则；其中，投标人须知告知投标人本次招标程序和相关文件注意事项；评标办法告知投标人中标的条件；合同条款告知投标人中标后签订合同中双方应承担的权利、义务和责任。技术条件主要是对采购标的之具体表述；文件格式是招标刚性程序属性的必然要求。依照招标项目不同，招标文件中的技术条件和文件格式也有所不同，如施工招标文件中的技术条件分为工程量清单、技术条款、设计图纸等构成招标文件四卷八章。

2. 招标文件的内容

除了《招标法》上述规定之外，招标文件中的实质性要求和条件还应当包括：

① 明确规定是否缴纳投标保证金，如需缴纳，明确其数额、方式和交纳方法；

② 明确规定投标有效期和出现特殊情况的处理办法；

③ 明确规定工程完工期、货物交货期和提供服务的时间；

④ 明确规定是否允许价格调整及调整方法；

⑤ 明确规定是否要求提交备选方案及备选方案的评审办法；

⑥ 明确规定是否允许对非主体、非关键工作或货物进行分包及相应要求；

⑦ 明确规定是否允许联合体投标及相应要求；

⑧ 对采用工程量清单招标的，应当明确规定提供工程量清单及相应要求；

⑨ 明确规定各项技术规格是否符合国家技术法规的规定。不得要求或标明特定投标人或者产品，必须引用某一供应者的技术规格才能准确或清楚说明拟招标货物的技术规格时的处理方法；

⑩ 明确规定对投标文件的签署及密封要求，等等。

3. 关于履约保证金和投标保证金

《招标法》第46条规定"……招标文件要求中标人提交履约保证金的，中标人应当提交。"**作为约定权利**，招标文件体现了招标人在签订合同时对中标人的权利要求。同上述法定权利不同，招标文件的要求属于约定权利。

《招标法》没有对投标保证金做出规定，但是在招标实践中，投标保证金对于规范投标人行为很有必要。为此，《条例》第26条规定："招标人在招标文件中要求投标人提交投标保证金的，投标保证金不得超过招标项目估算价的2%。投标保证金有效期应当与投标有效期一致。

依法必须进行招标的项目的境内投标单位，以现金或者支票形式提交的投标保证金应当从其基本账户转出。

招标人不得挪用投标保证金。"

实践中，投标保证金经常被滥用和误用，亟待规范和纠正，主要表现形式有：

（1）错误地认为投标人在任何投标中均必须提交投标保证金；

（2）要求潜在投标人在购买资格预审文件或者招标文件时递交投标保证金；

（3）招标人将投标保证金交由招标代理机构收取和处置；

（4）不同投标人的投标保证金由实际同一家投标人出具；

（5）不合理地提高投标保证金金额来谋取不法利益，限制和排斥潜在投标人；

（6）一些行政部门或者服务机构越俎代庖，侵犯招标人的合法权益。

同履约保证金相同，条例对投标保证金的规定也属于约定而不是法定，投标保证金不是投标文件必然和法定的组成部分。如需缴纳，投标保证金的数额由招标人以项目估算价为基础计价在招标文件中约定，投标人按照文件约定缴纳保证金向招标人提供担保。条例规定该担保应当从投标人基本账户出具是为了遏制围标、串标、资质挂靠等违法现象的发生。

注意：《招标投标法释义》解释："履约保证金不是《合同法》规定的定金，不是预付款，更不同于投标保证金。履约保证金是在《招标法》中规定的一种特殊的督促中标人履行债务的措施。而与债务的法定担保不同。"这种解释的理由认为所谓担保是以债权存在为前提，投标保证金和履约保证金缺乏债权要件。

对此，很多学者有不同意见，作者认为，在招标投标活动中的债权表现形式也是特殊的，它首先是一个"参加法定合同订立过程的权利"，其次，这个过程的后果是预约合同的成立。对于中标人而言，预约合同就是债权，对于未中标人而言，参加法定合同订立过程的权利可视为债权。因此，投标保证金和履约保证金投标作为担保是成立的。投标保证金是预约合同的担保，这种保证以质押的方式履行。履约保证金是本约合同的履约担保，中标人不按照招标文件的要求缴纳履约保证金，将失去同招标人签订本约合同的权利。

4. 招标文件中的合同条款

由于合同是当事人交易活动执行游戏规则的成果，关系到项目的成败和当事人的核心利益。

因此，国际咨询工程师联合会（FIDIC）对关系到合同文件编制的工作非常重视，不断推出各种类别的 FIDIC 合同版本，俗称彩色工程供世界各国工程界选用。如红皮书（Conditions of Contract Construction，CONC）是国际工程施工的标准文件，灰皮书（EPC/T）是总承包合同文件等。这些文件随着国际工程实践的发展不断完善，几年推行一个新的版本。这些标准合同的最大的特点如下。

一是平衡、可靠、有效。FIDIC 合同条款公平分配合同各方的权利、义务和风险，明确地规定了各方的义务，条文的执行有时限，争端裁决有程序、有规定。

二是 FIDIC 合同条文全面、完整、清晰。该合同对实质性条款有详细的定义，不同条款有类似结构，便于比较和查找。同时，合同的条件范围涵盖了合同管理，方便实施，最大限度地满足了各方面工作的需要。

三是公平、公正、国际公认。FIDIC 合同由第三方的咨询工程师起草，没有业主强加的条款，公正的将风险分配给能够有条件控制它的一方，并经过长期合同实践的考验被国际同行广泛使用，其游戏规则被世界各发展银行推荐在世界范围内通用。从而保证了工程建设项目的顺利建设，维护了各方的合法权益。

基于此，我国面对国际经济一体化的机遇和挑战，就必须学习国际工程承包市场的游戏规则。可以说，根据有关法律、法规，参照 FIDIC 合同的基本精神和思路，编制并推行《资格预审文件》、《标准招标文件》等有关标准文本并逐步形成标准文本体系。

4．招标标准文本体系

借鉴国际经验，参照 FIDIC 合同，结合我国实际，我国招标标准文本的体系如图 6.1 所示。

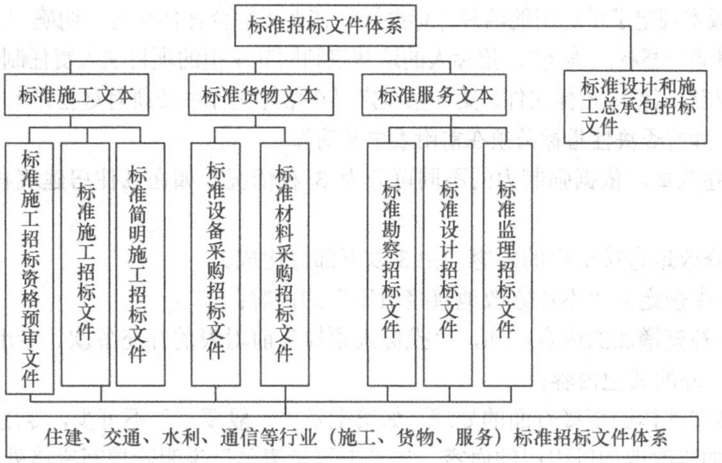

图 6.1　我国招标标准文件体系示意图

从 2007 年开始至 2017 年，我国用了 10 年的时间，基本完成了标准招标文件系列的编制工作。这是我国工程领域向国际接轨靠拢的重要步骤，也是市场经济发展的必然。

二、《标准施工招标文件》的主要内容

（一）《标准招标文件》的框架和条文的特点

《标准招标文件》依据《招标法》及部门规章《工程建设项目施工招标投标办法》（30 号令）的上述规定，参照国际通用的 FIDIC 合同条款设计思路，该招标文件将上述内容由章、节、条、款、项、目共 6 个层次编为四卷共八章。

其中，第一卷有五章，各卷章分别是：

“第一章　招标公告或邀请书

第二章　投标人须知

第三章　评标办法

第四章　合同条款及格式

第五章　工程量清单

第二卷 第六章　图纸

第三卷 第七章　技术标准和要求

第四卷 第八章　投标文件格式”

由此可以看出，《标准招标文件》依据30号令对招标文件的9条规定和顺序，将其中第1、第2、第3、第5和第8条编为第一卷，作为招标文件程序规定的核心条款；将第7条图纸单独列为第二卷；将第6条技术条件单独列为第三卷，并将“技术条件”规范为“技术标准和要求”；考虑到投标人的操作性和方便评标，《标准招标文件》将上述规定中的第4条“投标文件格式”、第9条“投标辅助材料”合编为第四卷，称为“投标文件格式”，组成了一个完整的标准施工招标文件。

其中，为增强合同管理的可操作性，在进度、质量和资金管理方面，合同条款中对“工程进度控制程序、暂停施工程序、隐蔽部分覆盖检查程序、变更程序、工程进度付款及修正程序、竣工结算程序、竣工验收程序、最终结清程序、争议解决程序”等9项内容作了明确规定并用图表表述，公平规范，职责清晰。 可以说，《标准招标文件》是《招标法》第19条和七部委30号令第24条在施工招投标活动中全面、科学的整合和具体化，是全国工程施工招标实践智慧的结晶。

此外，这个版本规定了供选用的两种评标办法。在选用综合评估法时、明确“各评审因素的评审标准、分值和权重等由招标人确定”。招标人的这些权利同其承担的项目法人责任制是对应的。同时，考虑到投标人的权益，《标准招标文件》第5条规定“在招标文件中必须对这些评审标准、分值和权重在前附表中明示，如有否决性指标必须在前附表中载明”。

标准文件四卷八章，依据强制力的不同可分为 3 种情况：如在《住房建筑和市政工程标准施工招标文件》中：

一是应不加修改地直接引用的内容。由3以下部分构成。

① 标准文件中规定为“不加修改地直接引用”的内容；

② 行业文件补充增加的内容，如，“投标人须知”前附表的补充条款、专用合同条款等中除设置的填写空格以外的其他内容；

③ 行业标准文件体例衔接方面的处理。如第七章“一般要求”不可少，专用条款2.3有引用。

二是提倡不加修改地加以引用的内容。如“工程量清单”说明除填写空格外的内容，是08计价规范与标准文件紧密衔接的成果，不提倡修改；“技术标准和要求”的内容是行业标准文件整个体系不可或缺的组成部分。其中的大部分内容甚至有合同条款的作用，如进一步细化的条款、内容较细的计日工。

三是示范性参考内容。如评标办法的附件和附表、合同附件格式、投标文件格式等。

《标准招标文件》是全面、准确执行《招标法》及其规章的范本。

（二）《标准招标文件》中对投标人的资格要求

1.“投标人须知”对投标人的限制规定

对投标人的限制规定：

“1.4 投标人资格要求（适用于已进行资格预审的）

投标人应是收到招标人发出投标邀请的单位。

1.4 投标人资格要求（适用于未进行资格预审的）

1.4.1 投标人应具备承担本标段施工的资质条件、能力和信誉。

（1）资质条件：见投标人须知前附表。

（2）财务要求：见投标人须知前附表。

（3）业绩要求：见投标人须知前附表。

（4）信誉要求：见投标人须知前附表。

（5）项目经理资格：见投标人须知前附表。

（6）其他要求：见投标人须知前附表。

1.4.2 投标人须知前附表规定接受联合体投标的，除应符合本章第 1.4.1 项和投标人须知前附表的要求外，还应遵守以下规定：

（1）联合体各方应按招标文件提供的格式签订联合体协议书，明确联合体牵头人和各方权利义务；

（2）由同一专业的单位组成的联合体，按照资质等级较低的单位确定资质等级；

（3）联合体各方不得再以自己名义单独或参加其他联合体在同一标段中投标。

1.4.3 投标人不得存在下列情形之一：

（1）为招标人不具有独立法人资格的附属机构（单位）；

（2）为本标段前期准备提供设计或咨询服务的，但设计施工总承包的除外；

（3）为本标段的监理人；

（4）为本标段的代建人；

（5）为本标段提供招标代理服务的；

（6）与本标段的监理人或代建人、招标代理机构同为一个法定代表人；

（7）与本标段的监理人或代建人、招标代理机构相互控股或参股的；

（8）与本标段的监理人或代建人、招标代理机构相互任职或工作的；

（9）被责令停业的；

（10）被暂停或取消投标资格的；

（11）财产被接管或冻结的；

（12）在最近三年内有骗取中标或严重违约或重大工程质量问题的。”

在该条款的 1.4.2 款中重申了《招标法》和《工程建设项目施工招投标办法》（30 号令）中有关联合体投标的规定外，在 1.4.3 款中具体规定了投标人不得存在的 12 种情况。这 12 种情况主要是保证投标人在平等的情况下进行竞争，防止虚假投标、串标等违反招投标活动公开、公平、公正、诚实、信用基本原则的现象发生。

其中 1.4.3 款（2）项规定，主要是因为前述单位在投标时和其他投标人相比处于有利地位，如果允许其投标将对其他投标人不平等。但是国家鼓励以项目总承包的方式组织工程建设，因此补充写了一个除外条款。

2. 关于联合体资质的审查

根据《招标法》第 31 条的规定：“联合体各方均应具备承担招标项目的相应能力；国家有关规定或者招标文件对投标人资格条件有规定的，联合体各方均应当具备规定的相应资格条件。”这里的“相应能力”和“资格条件”是指以其在联合体协议中规定的专业分工所要求的能力和资格。同理，该条规定的“由同一专业的单位组成的联合体，按照资质等级较低的单位确定资质等级”中的“同一专业”也是依据联合体协议分工承担的专业，并以此确定联合体资格等级。

三、《标准施工招标文件》中的评标办法

《标准招标文件》第 3 章“评标办法”以不同评标方法为标志，列举了两种评标办法：一是经

评审的最低投标价法为标志的评标办法；二是以综合评估法为标志的评标办法。由招标人根据项目特点选择其一。前者适用于具有通用技术、性能标准或者招标人对其技术、性能、标准没有特殊要求的项目；后者适用于招标人对招标项目的技术、性能有特殊要求的招标项目。

（一）标准评标程序

《标准招标文件》的第 3 章在两种评标办法正文前都有一个附表，其表格是参照原国家计委等七部委《评标委员会和评标方法暂行规定》（12 号令）的规定评标程序设计。

1. 《评标委员会和评标方法暂行规定》（12 号令）规定的评审程序

（1）评审准备与初步评审

评审准备包括编制评标相应表格，研究招标文件两方面工作，达到至少了解“项目的目标、范围和性质、技术要求和评标办法”等内容的工作目标。

初步评审包括形式评审、资格评审、响应性评审等内容，在工程建设项目施工招标中，施工组织设计和管理机构也属于初步评审的范畴。经过初步评审合格的投标文件进入详细评审阶段。

（2）详细评审

详细评审阶段主要是依据招标文件制定的评标标准对合格投标文件中的技术和商务部分进一步评审比较，一般通过计算的方法计算评标价或分值，提交“标价比较表（经评审的最低投标价法）”或“综合评估比较表（综合评估法）”。

（3）推荐中标候选人和定标

评标委员会根据上述工作撰写评标报告，招标人依据有关规定依法确定中标人。

2.《标准招标文件》评标办法前附表的规定

（1）形式评审标准；

（2）资格评审标准；

（3）响应性评审标准；

（4）施工组织设计和项目管理机构评审标准；

（5）详细评审标准。

上述规定的前 4 个步骤属于初步评审。

（二）《标准招标文件》中两种评标办法程序的异同

1. 初步评审

在《标准招标文件》2.1 中，原国家计委等 7 部委《评标委员会和评标方法暂行规定》（12 号令）规定的初步评审分解为（以下按照标准招标文件序号）：

“2.1.1 形式评审标准

2.1.2 资格评审标准

2.1.3 响应性评审标准

2.1.4 施工组织设计”

其中，“形式评审标准”和“资格评审标准”也称作符合性检查，即审查所有投标文件是否按照规定要求编制、签署和基本资格条件；响应性评审是核查投标文件是否对招标文件做出实质性响应，有无重大偏差，其中也有技术性核查。施工组织设计的内容一部分属于符合性评审，如项目经理任职资格和业绩，另一部分属于响应性评审，如施工方案中各种措施是保证项目目标实现的必要条件。

在《标准招标文件》的两种评标办法中，前三步的评标程序、评审因素完全相同，详见表 6.1。

表 6.1 两种评标办法前三步程序对照表

条款号		经评审的最低投标价法评审因素	条款号		综合评估法评审因素
2.1.1	形式评审标准	投标人名称	2.1.1	形式评审标准	投标人名称
		投标函签字盖章			投标函签字盖章
		联合文件格式			联合文件格式
		联合体投标人			联合体投标人
		报价唯一			报价唯一
2.1.2	资格评审标准	营业执照	2.1.2	资格评审标准	营业执照
		安全许可证			安全许可证
		资质等级			资质等级
		财务状况			财务状况
		类似项目业绩			类似项目业绩
		信誉			信誉
		项目经理			项目经理
		其他要求			其他要求
		联合体投标人			联合体投标人
2.1.3	响应性评审标准	投标内容	2.1.3	响应性评审标准	投标内容
		工期			工期
		工程质量			工程质量
		投标有效期			投标有效期
		投标保证期			投标保证期
		权利义务			权利义务
		已标价工程量清单			已标价工程量清单
		技术标准和要求			技术标准和要求

在完成上述三步工作后，《标准招标文件》规定进行施工组织设计和项目管理机构评审标准，两种办法的程序相同，在综合评估法的前附表中，由于对投标人的施工组织设计和项目管理机构评审用分值评比，因此其指标必须尽可能细化，增加了“内容完整性和编制水平”、“项目经理任职资格和业绩”两个条款，这样，使分值的表述尽可能客观公正，详见表 6.2。

表 6.2 两种评标办法第四步程序对照表

条款号		经评审的最低投标价法评审因素	条款号		综合评估法评审因素
2.1.4	施工组织设计和项目管理机构评审标准	施工方案与技术措施	2.1.4（1）	施工组织设计评审标准	内容完整性和编制水平
					施工方案与技术措施
		质量管理与措施			质量管理与措施
		安全管理与措施			安全管理与措施
		环境保护体系与措施			环境保护体系与措施
		工程进度计划与措施			工程进度计划与措施
		资源配备计划			资源配备计划
		技术负责人	2.1.4（2）	项目管理机构评审标准	项目经理任职资格和业绩
		其他主要人员			技术负责人任职资格和业绩
		施工设备			其他主要人员
		试验检测仪器设备			

两种方法所不同的是，在综合评分法中有一个前置工作，即制定评分标准和计算方法，这些工作在 12 号令中属于评标准备程序中的工作。详见表 6.3。

表 6.3　综合评分法评分标准和计算方法表

条 款 号	条 款 内 容	编 列 内 容
2.2.1	分值构成	施工组织设计：________ 项目管理机构：________ 投标报价：________ 其他评分因素：________
2.2.2	评标基准计算方法	
2.2.3	投标报价的偏差率计算公式	偏差率=100%（投标人报价-评标基准价）/评标基准价

2．详细评审

《评标委员会和评标方法暂行规定》（12 号令）规定的详细评审在评审工作实践中主要是对投标文件前述内容反复比较、评审，最后提出推荐意见。

在经评审的最低投标价办法中，评委应当就漏项、付款条件、工期、到货地等投标差异量化折算成价格增加到相应的投标报价中，形成统一平台评审比较、排队。

在综合评分法中，评委根据指标、权值和规定的分值范围打分，并将偏差率折算分值，核计各投标文件投标分值、比较、排队，详见表 6.4。

表 6.4　两种评标办法第五步程序对照表

经评审的最低评标价法评审标准				综合评估法评审标准			
条 款 号		量化因素	量化标准	条 款 号		量化因素	评分标准
2.2.4	详细评审标准	单价遗漏		2.2.4（3）	投标报价评分标准	偏差率	
		付款条件					
		……					
				2.2.4（4）	其他因素评分标准		

注意：在初步评审和详细评审阶段评标委员会都可要求投标人进行澄清和补正说明。

（三）采用经评审的最低投标价法的评标办法

1．评标方法

“本次评标采用经评审的最低投标价法。评标委员会对满足招标文件实质要求的投标文件，根据本章第 2.2 款规定的量化标准进行价格折算，按照经评审的投标价由低到高的顺序推荐中标候选人，或根据招标人授权直接确定中标人，但投标报价低于其成本的除外。经评审的投标价相等时，投标报价低的优先；投标报价也相等，由招标人自行确定”。

上述条款明确了评标主体是评标委员会；评标对象为投标人递交的评标文件；评审、比较的计算方法用价格折算；确定评标结果的步骤要经评审的投标价排序规则。

2．评审标准

初审和详细评审按照附表所列各项标准进行评审。这里，评标委员会依据投标文件进行形式评审，即依据投标文件所列内容比较、评审，投标人应当对提交文件的真实性负责。

3．评标程序

《标准招标文件》依据《招标法》第39条、第40条的规定，在12号令规定的评标程序中，确定了初步评审、详细评审、投标文件的澄清和补正、推荐中标候选人和定标4个环节。在12号令中“投标文件的澄清和补正”没有作为独立的一个环节。

（1）3.1条初步评审解析

原国家计委等七部委《评标委员会和评标方法暂行规定》（2001年12号令）规定的评标准备和初步评审阶段在《标准招标文件》中规定为形式评审、资格评审（资格后审）和响应性评审3个步骤，在响应性评审中，有关计算部分列入详细评审阶段。

关于废标的规定除了《标准招标文件》1.4.3条所列的12种以外，在3.1.2条中增加了两条：

“（1）串通投标或弄虚作假或有其他违法行为的；

（2）不按评标委员会要求澄清、说明或补正的……”

这是针对在工程施工中上述情况不断增加而提出的针对性措施。

3.13款关于对投标报价算数错位的处理规定如下：

“投标报价有算术错误的，评标委员会按以下原则对投标报价进行修正，修正的价格经投标人书面确认后具有约束力。投标人不接受修正价格的，其投标作废标处理。

（1）投标文件中的大写金额与小写金额不一致的，以大写金额为准；

（2）总价金额与根据单价计算出的结果不一致的，以单价金额为准修正总价，但单价金额小数点有明显错误的除外。”

注意：对该条规定的解释有两种意见，一是交通、水利行业认为，约束力是合同价格的约束力。即在确认后合同价可以改变投标人的原投标报价，修正后的价格为最终投标报价。二是建筑行业，认为约束力是对评标程序的约束，其标准文件评标办法A3.6条规定其修正仅对评标价有约束力，合同价以投标函为准。

（2）3.2条详细评审解析

在该阶段主要是根据有关标准量化计算，将商务部分的缺项、付款条件等计算出评标价。如果发现可能低于成本的投标，按照3.3条的规定，要求投标人做出解释和澄清，不能做出合理解释的按废标处理。

（3）3.3条投标文件的澄清和补正解析

要求投标人对投标文件澄清补正是评标委员会的权力。该条款规定了澄清和补正的程序和内容。

投标人所有的澄清和补正必须以书面形式写出，并将作为投标文件的组成部分，不言而喻，评标委员会的要求也必须书面提出。

（4）3.4条评标结果解析

“3.4.1 除第二章投标人须知前附表授权直接确定中标人外，评标委员会按照经评审的价格由低到高的顺序推荐中标候选人。

3.4.2 评标委员会完成评标后，应当向招标人提交书面评标报告。”

在《标准招标文件》中，评标报告的内容完全按照原国家计委等七部委《评标委员会和评标方法暂行规定》（12号令）第42条的规定，要求如实记载以下内容：

“（1）基本情况和数据表；

（2）评标委员会成员名单；

（3）开标记录；

（4）符合要求的投标一览表；

（5）废标情况说明；

（6）评标标准、评标方法或者评标因素一览表；

（7）经评审的价格或者评分比较一览表；

（8）经评审的投标人排序；

（9）推荐的中标候选人名单与签订合同前要处理的事宜；

（10）澄清、说明、补正事项纪要。”

在实际工作中，评标委员会根据上述规定结合项目实际情况撰写评标报告。评委个人对报告中个人提出的评审意见承担责任。

在采用经评审的最低投标价法评标时，除了详细评审的计算外，在评审表格中填“√”号或“×”，前面环节不合格者不得进入下一个环节。

（四）采用综合评估法的评标办法

采用本方法评标的程序与上述方法相同，在形式评审标准、资格评审标准、响应性评审标准中也是画“√”或“×”。但是，在施工组织设计和项目管理机构的评审中则要按照有关规定打分而不是画“√”，这些分值和权值的确定在招标文件中载明。综合评估法的应用详见本章案例解读。

四、《标准施工招标文件》中的工程量清单

（一）《建设工程工程量清单计价规范》

2003 年 7 月 1 日，原建设部编制并颁布了《建设工程工程量清单计价规范》（GB50500—2003）在全国实施。工程量清单计价规范体现了“控制量、放开价、由企业自主报价，最终由市场形成价格”的工程造价改革思路。工程量清单的核心是“量价分离、风险共担”，即招标人负责提供工程量并对工程量变更引起的费用变更承担风险。投标人根据市场供求和企业管理成本报价，并对市场价格变动引起的收入风险承担责任。这样，在招投标活动中从根本上避免了标底泄露等弊端，充分体现了招标活动的公平、公正，有利于促进投标人重视新技术、新工艺的应用和经营管理水平的提高，有利于提高国内建设各方主体参与国际化竞争的能力，适应了我国加入世界贸易组织（WTO），融入国际建设工程市场的需要。2008 年 12 月 1 日，原建设部在全国实施《建设工程工程量清单计价规范》（GB50500—2008）标准，由“2008 标准”替代“2003 标准”。2013 年住建部又颁发了《建设工程工程量清单计价规范》（GB50500—2013）标准取代“2008 标准”。目前“2018 标准”也即将推出。标准的不断更新使这项工作更加规范健康的发展。

（二）工程量清单计价规范的特点

1．强制性

清单计价规范由建设主管部门按照强制性国家标准的要求批准颁布，作为工程量清单计价的依据，并规定：“全部使用国有资金投资或以国有资金投资为主的工程建设项目，必须采用工程量清单计价”，而且明确工程量清单是招标文件的组成部分，并规定了招投标人在编制清单和投标人投标报价时，必须遵守清单计价规范的规定。

2．统一性

清单计价规范统一了工程量清单的项目和组成；统一了各分部分项工程的项目编码、项目名称、计量单位和工程量计算规则，即“四统一”规则；把非实体项目统一在措施项目和其他项目中，为建立全国统一计价方式和计价行为提供了依据。

3．实用性

各附录中的实体项目的名称清晰、计量单位明确、工程量计算规则简洁明了，尤其还列有项目

特征和工程内容；措施项目针对不同专业工程特点，列出了常见的专业措施项目。这些规定既方便了工程量清单的编制，也便于投标方结合自身的实际情况确定报价。

4．竞争性

清单计价规范中，实体项目没有规定工、料、机的消耗量，投标企业根据自己的企业定额，也可以参照地区统一的消耗量定额，结合市场价格信息，以企业的个别成本报价；相关的措施项目，在工程量清单中只列“措施项目”一栏，投标企业根据工程的实际情况和施工组织设计自行确定具体措施项目及其费用。这种方式为企业的投标报价提供了适于自身生产效率和管理水平的自主空间，使企业的竞争能力得以充分体现。

5．通用性

采用工程量清单计价，便于与国际惯例接轨，符合工程量计算方法标准化、工程量计算规则统一化、工程造价确定市场化的要求。

（三）2013版工程量清单和评标相关的规定解读

1．2013版建设工程量清单计价规范的特点

2013版建设工程工程量清单计价规范（以下简称13版清单）是适应我国工程投资体制和建设管理体制改革，深化我国工程造价管理改革、规范建设工程承发包双方计价行为，维护建设市场秩序，保障建筑业市场工程造价机制持续顺利发挥作用的强制性国家标准。

该标准要求：凡使用国有资金的建设工程发包方必须采用工程量清单计价。

13版清单充分考虑了未来建筑市场的市场化需要，规范建筑市场秩序，凡公民、法人或者其他组织能够自主决定，市场竞争机制能够有效调节，行业组织或者中介机构能够自律管理的事项，政府都要退出。凡可以采用事后监管和间接管理方式的事项，一律不设前置审批。为今后建筑市场的市场化推广做了良好的铺垫。

2．2013版清单增强了强制性规定的约束力

已颁布的13版清单中，与08版清单内容基本一致的强制性条文为十五条。其中六条强制性条文的语气增强，将条文中“应”字修改为更具强调性的“必须”一词。

“3.1.5　措施项目中的安全文明施工费 必须（应）按国家或省级、行业建设主管部门的规定计算，不得作为竞争性费用。

3.16 规费和税金必须（应）按国家或省级、行业建设主管部门的规定计算，不得作为竞争性费用。

8.21 分部分项工程项目清单必须（应）载明项目编码、项目名称、项目特征、计量单位和工程量。

8.22 分部分项工程项目清单必须（应）根据相关工程现行国家计量规范规定的项目编码、项目名称、项目特征、计量单位和工程量计算规则进行编制。

4.32 投标人必须（应）按招标工程量清单填报价格。项目编码、项目名称、项目特征、计量单位、工程量必须与招标工程量清单一致。

4.81 工程完工后，发承包双方必须（应）在合同约定时间内办理工程竣工结算。”

3．关于2013版清单强制性规定的调整

鉴于工程量清单的编制方式已非常普及，已用强制性规定强调其重要性，因此13版取消08版清单中针对“分部分项工程量清单”的强制性条文，使得工程量清单的编制方式更加灵活，适用范围更广。

为适应工程项目造价的实际需要，13版清单新增了针对“风险分担”“措施项目清单编制”“招标控制价的使用”“投标报价”“工程计量”的强制性条文，为解决工程项目实际问题提供了依据，使清单的强制性条文更具有针对性，更有利于实际工作，可操作性更强。

13版清单和08版删节和新增的条款详见表6.5。

表 6.5　08 版删节和 13 版增加的强制性规定的一览表

条款号	08 版删节的强制性条文内容	条款号	13 版增加的强制性条文内容
3.2.3	分部分项工程量清单的项目编码，应采用十二位阿拉伯数字表示。一至九位应按附录的规定设置，十至十二位应根据拟建工程的工程量清单项目名称设置。同一招标工程的项目编码不得有重码	3.4.1	建设工程发承包，必须在招标文件、合同中明确计价中的风险内容及其范围，不得采用无限风险、所有风险或类似语句规定计价中的风险内容及范围
3.2.4	分部分项工程量清单的项目名称应按附录的项目名称结合拟建工程的实际确定	4.3.1	措施项目清单必须根据相关工程现行国家计量规范的规定编制
3.2.5	分部分项工程量清单中所列工程量应按附录中规定的工程量计算规则计算	5.1.1	国有资金投资的建设工程招标，招标人必须编制招标控制价
3.2.6	分部分项工程量清单的计量单位应按附录中规定的计量单位确定	6.1.3	投标报价不得低于工程成本
3.2.7	分部分项工程量清单项目特征应按附录中规定的项目特征，结合拟建工程项目的实际予以描述	8.1.1	工程量必须按照相关工程现行国家计量规范规定的工程量计算规则计算

4．关于编制招标文件的相关规定

（1）招标人对清单的准确性负责

13 版清单第 4.1.2 款规定："招标工程量清单必须作为招标文件的组成部分，其准确性和完整性由招标人负责。"

（2）签订合同时实质性条款以中标人的投标文件为准

13 版清单第 7.1.1 款规定："实行招标的工程合同价款应在中标通知书发出之日起 30 日内，由发承包双方依据招标文件和中标人的投标文件在书面合同中约定。

合同约定不得违背招、投标文件中关于工期、造价、质量等方面的实质性内容。招标文件与中标人投标文件不一致的地方，以投标文件为准。"

（3）严格风险范围和内容边界

13 版清单第 3.4.1 款规定："建设工程发承包，必须在招标文件、合同中明确计价中的风险内容及其范围，不得采用无限风险、所有风险或类似语句规定计价中的风险内容及其范围。"

（四）标准文件中的工程量清单说明

"工程量清单"条款列为《标准招标文件》第一卷第五章，文字说明要点有二：一是工程量清单说明，二是投标报价说明。

"1. 本工程量清单是根据招标文件中包括的、有合同约束力的图纸及有关工程量清单的国家标准、行业标准、合同条款中约定的工程量计算规则编制。约定计量规则中没有的子目，其工程量按照有合同约束力的图纸所标示尺寸的理论净量计算。计量采用中华人民共和国法定计量单位。"

注意：该条款规定了编制清单的依据，除了工程图纸、建设部 119 号《建设工程工程量清单计价规范》外，工程地质资料、工程设计通用图集、工程施工技术规程、标准、验收规范等都是编制清单的重要依据。

首先，工程地质资料涉及工程土壤类别、地下水位、软地基等这些将涉及清单中项目特征描述和措施项目清单的内容；其次，施工图纸常常援引标准图集，这样图集的有关内容成了图纸的一部分；再次，编制清单已经与施工质量验收规范相联系，如计价规范要求现浇筑件中固定钢筋的"铁马”及锚固钢筋、预制件钓钩等并入钢筋工程量，这就必须了解“铁马”、锚固钢筋、预制件钓钩的规格、间距、尺寸等，但这些数据在施工图纸中一般没有，代理机构的造价工程师必须熟悉相应施工技术规程和质量验收规范。

“2. 本工程量清单应与招标文件中的投标人须知、通用合同条款、专用合同条款、技术标准和要求及图纸等一起阅读和理解”。

招标文件应保持所有技术资料数据的一致性，如发生索赔应根据文件效力的优先顺序解决。

“3. 本工程量清单仅是投标报价的共同基础，实际工程计量和工程价款的支付应遵循合同条款的约定和第六章‘技术标准和要求’的有关规定”。

在工程竣工决算时，中标价≠合同价≠结算价。

“4. 补充子目工程量计算规则及子目工作内容说明：______________”。

虽然清单规范明确要求“四统一”，但是工程建设的复杂性是任何一个规范也不可能完全覆盖的。因此，遇到特殊情况，可按照规范的要求，对特殊子目进行补充。当然，这些补充项目的编码应到省级定额总站备案。

（五）投标报价说明

“1. 工程量清单中的每一子目须填入单价或价格，且只允许有一个报价。

2. 工程量清单中标价的单价或金额，应包括所需人工费、施工机械使用费、材料费、其他（运杂费、质检费、安装费、缺陷修复费、保险费，以及合同明示或按时的风险、责任和义务等），以及管理费、利润等。

3. 工程量清单中投标没有填入单价或价格的子目，其费用视为已分摊在工程量清单中其他相关子目的单价或价格之中。

没有填入单价或价格的子目属单项漏项，在计算机辅助评标系统中很容易检索出来。

4. 暂列金额的数量及拟用子目的说明。

5. 暂估价的数量及拟用子目的说明”。

如果说暂列价可能是由设计深度不够等因素造成的，暂估价则还可能取决于清单编制的质量。如由于工程量清单项目特征描述不清楚，造成了遗留问题，这在装饰工程项目中时有发生。这种情况已发生但说不清、定不了的暂估价在清单中占一定比例，工程结算价一定会超过合同价。

（六）关于招标控制价

所谓招标控制价（Tender Sum Limit ）是指招标人根据国家和省级、行业建设主管部门颁发的有关计价依据和办法，以及拟定的招标文件和工程量清单，结合工程具体情况编制的招标工程的最高限价（2013 清单 第 2.0.45）。

该标准第 5.1.1 条规定“国有资金投资的建设工程招标，招标人必须编制招标控制价”。

（1）13 版清单第 5 章对有关招标控制价作出如下规定：

“5.1 一般规定

5.1.1 国有资金投资的工程建设项目应实行工程量清单招标，招标人应编制招标控制价。

5.1.2 招标控制价超过批准的概算时，招标人应将其报原概算审批部门审核。

5.1.3 投标人的投标报价高于招标控制价的，其投标应予以拒绝。

5.1.4 招标控制价应由具有编制能力的招标人，或受其委托具有相应资质的工程造价咨询人编制和复核。

5.1.5 招标控制价应在招标时公布，不应上调或下浮，招标人应将招标控制价及有关资料报送工程所在地工程造价管理机构备查。

5.2　编制与复核

5.2.1　招标控制价应根据下列依据编制与复核:

1. 本规范;

2. 国家或省级、行业建设主管部门颁发的计价定额和计价办法;

3. 建设工程设计文件及相关资料;

4. 拟定的招标文件及招标工程量清单;

5. 与建设项目相关的标准、规范、技术资料;

6. 施工现场情况、工程特点及常规施工方案(在08标准基础上新增);

7. 工程造价管理机构发布的工程造价信息;工程造价信息没有发布的,参照市场价;

8. 其他的相关资料。

5.2.2　分部分项工程费应根据拟定的招标文件中的分部分项工程量清单项目的特征描述及有关要求计价,并应符合下列规定:

1. 综合单价中应包括拟定的招标文件中要求投标人承担的风险费用。拟定的招标文件没有明确的,应提请招标人明确;

2. 拟定的招标文件提供了暂估单价的材料和工程设备,按暂估的单价计入综合单价。

5.2.3　措施项目费应根据拟定的招标文件中的措施项目清单按本规范第3.1.2和3.1.4条的规定计价。

5.2.4　其他项目费应按下列规定计价:

1. 暂列金额应按招标工程量清单中列出的金额填写;

2. 暂估价中的材料、工程设备单价应按招标工程量清单中列出的单价计入综合单价;

3. 暂估价中的专业工程金额应按招标工程量清单中列出的金额填写;

4. 计日工应按招标工程量清单中列出的项目根据工程特点和有关计价依据确定综合单价计算;

5. 总承包服务费应根据招标工程量清单列出的内容和要求估算;

5.2.5　规费和税金应按本规范第3.1.5条的规定计算。

5.3　投诉与处理　(13清单和08清单相比增加了关于对招标控制价的投诉处理规定)

5.3.1　投标人经复核认为招标人公布的招标控制价未按照本规范的规定进行编制的,应当在招标控制价公布后5天内向招投标监督机构和工程造价管理机构投诉。

5.3.2　投诉人投诉时,应当提交书面投诉书,包括以下内容:

1. 投诉人与被投诉人的名称、地址及有效联系方式;

2. 投诉的招标工程名称、具体事项及理由;

3. 相关请求和主张及证明材料。投诉书必须由单位盖章和法定代表人或其委托人的签名或盖章。

5.3.3　投诉人不得进行虚假、恶意投诉,阻碍投标活动的正常进行。

5.3.4　工程造价管理机构在接到投诉书后应在二个工作日内进行审查,对有下列情况之一的,不予受理:

1. 投诉人不是所投诉招标工程的投标人;

2. 投诉书提交的时间不符合本规范第5.3.1条规定的;

3. 投诉书不符合本规范第3.5.2条规定的。

5.3.5　工程造价管理机构决定受理投诉后,应在不迟于次日将受理情况书面通知投诉人、被投诉人,以及负责该工程招投标监督的招投标管理机构。

5.3.6　工程造价管理机构受理投诉后,应立即对招标控制价进行复查,组织投诉人、被投诉人或其委托的招标控制价编制人等单位人员对投诉问题逐一核对。有关当事人应当予以配合,并保证所提供资料的真实性。

5.3.7 工程造价管理机构应当在受理投诉的十天内完成复查（特殊情况下可适当延长），并作出书面结论通知投诉人、被投诉人及负责该工程招投标监督的招投标管理机构。

5.3.8 当招标控制价复查结论与原公布的招标控制价误差＞±3%的，应当责成招标人改正。

5.3.9 招标人根据招标控制价复查结论，需要修改公布的招标控制价的，且最终招标控制价的发布时 间至投标截止时间不足十五天的，应当延长投标文件的截止时间。”

（2）关于招标控制价应用的思考

在实践中，用招标控制价这种方法在一定程度上遏制了恶意围标、串标现象，但是，在同一控制价指引下，又采用同样的平均消耗量定额和统一材料指导价，投标人的报价就基本相同，形不成有效竞争。控制价下浮2%～5%就是“基准价”，有些实力差、管理水平低、报价低于控制价的投标人在“控制价”的引导下也混入其中，如果投标文件编得巧妙，还可能在其他方面以零点几分胜出。中标后再通过寻找合同漏洞，制造工程量变更等弥补损失，或停工要挟发包人，实在不行搁下摊子走人。这是造成项目审计结算大大超过预算的一个重要原因。

在国际工程建设行业，世界银行不接受设置标底和报价低于某一标准（或低于成本）投标就无效的做法。世界银行之所以不接受这种做法，就是因为这种报价的方法，不能反映现实工程的真正的造价；相反，还可能淘汰掉按单价分析法报价的真正的合理最低价的好的投标。特别是有的标价评的方法是，“先去掉一个最高价格的投标，再去掉一个最低价格的投标”，然后再进行评比。这样，真正合理、最低价的好的投标没有进入评标程序就出局了。因此，《条例》第50条特别规定“招标项目设有标底的，招标人应当在开标时公布。标底只能作为评标的参考，不得以投标报价是否接近标底作为中标条件，也不得以投标报价超过标底上下浮动范围作为否决投标的条件。”以防止上述事件发生。

五、关于简明标准施工和标准设计施工总承包招标文件

《标准招标文件》适用于一定规模以上，且设计和施工不是由同一承包商承担的工程施工招标，但不能满足小型项目及工程总承包项目招标的需要。为此，国家发展改革委在2009年启动了《简明标准施工招标文件》和《标准设计施工总承包招标文件》编制工作，并于2011年12月20日正式颁布，2012年5月1日实施。这两个文件是在标准招标文件的基础上修改补充完善的，其相关序号相同，修改补充的内容在重点考虑小型项目和设计施工总承包特点的同时，还依据新颁布条例的有关规定对相关内容做了补充和修改，如关于招标结果公示等。此外，《简明标准施工招标文件》和《标准设计施工总承包招标文件》没有对资格预审做出规定，招标人需要编制资格预审文件，可参照《标准施工招标资格预审文件》体例，结合招标项目具体特点和实际需要编制。

（一）《简明标准施工招标文件》的适用范围、框架和特点

1.《简明标准施工招标文件》的适用性

《简明标准施工招标文件》适用于工期不超过12个月、技术相对简单、且设计和施工不是由同一承包人承担的小型项目施工招标。该文件采用标准招标文件相同的章节项目编号。招标人可根据招标项目具体特点和实际需要，参照《标准施工招标文件》、行业标准施工招标文件（如有），对《简明标准施工招标文件》做相应的补充和细化。采用电子招标投标的，招标人应按照国家有关规定，结合项目具体情况，在招标文件中载明相应要求。

2.《简明标准施工招标文件》的框架和内容

《简明标准施工招标文件》在原有的施工招标文件基础上进行简化，取消分卷，但文件构成不变。取消资格预审选项，鼓励资格后审，取消标段，联合体和有关分包的规定，简化施工组织设计

要求，简化评标办法中的评审因素。根据 12 个月以内工程特点，对通用合同条款进行了相应的简化。

3.《简明标准施工招标文件》的特点

《简明标准施工招标文件》作为《标准施工招标文件》的简化本，对于《简明标准施工招标文件》没有规定的内容，招标人可根据实际需要，参照《标准施工招标文件》做适当补充。考虑到实际情况的多样性，《简明标准施工招标文件》既适用于总价合同，又适用于单价合同。

（二）《简明标准施工招标文件》的评标办法

1. 评标办法（经评审的最低投标价法）

该评标办法的评审因素和标准详见评标办法前附表（表 6.6）。

表 6.6 评标办法（经评审最低投标价法）前附表

条款号		评审因素	评审标准
2.1.1	形式评审标准	投标人名称	与营业执照、资质证书、安全生产许可证一致
		投标函签字盖章	有法定代表人或其委托代理人签字或加盖单位章
		投标文件格式	符合第八章“投标文件格式”的要求
		报价唯一	只能有一个有效报价
		……	……
2.1.2	资格评审标准	营业执照	具备有效的营业执照
		安全生产许可证	具备有效的安全生产许可证
		资质等级	符合第二章“投标人须知”第 1.4.1 项规定
		项目经理	符合第二章“投标人须知”第 1.4.1 项规定
		财务要求	符合第二章“投标人须知”第 1.4.1 项规定
		业绩要求	符合第二章“投标人须知”第 1.4.1 项规定
		其他要求	符合第二章“投标人须知”第 1.4.1 项规定
		……	……
2.1.3	响应性评审标准	投标报价	符合第二章“投标人须知”第 3.2.3 项规定
		投标内容	符合第二章“投标人须知”第 1.3.1 项规定
		工期	符合第二章“投标人须知”第 1.3.2 项规定
		工程质量	符合第二章“投标人须知”第 1.3.3 项规定
		投标有效期	符合第二章“投标人须知”第 3.3.1 项规定
		投标保证金	符合第二章“投标人须知”第 3.4.1 项规定
		权利义务	符合第四章“合同条款及格式”规定
		已标价工程量清单	符合第五章“工程量清单”给出的范围及数量
		技术标准和要求	符合第七章“技术标准和要求”中的规定
		……	……
2.1.4	施工组织设计评审标准	质量管理体系与措施	……
		安全管理体系与措施	……
		环境保护管理体系与措施	……
		工程进度计划与措施	……
		资源配备计划	……
		……	……
条款号		量化因素	量化标准
2.2	详细评审标准	单价遗漏	……
		不平衡报价	……
		……	……

从上表可以看出，同标准招标文件相同序号相比，其评审因素有以下删节和修改：

① 在 2.1.1 款形式评审标准中删去联合体投标人。

② 在 2.1.2 款资格评审标准中删去资质等级、信誉、项目经理和联合体内容，将财务状况修改为财务要求，将类似项目业绩修改为业绩要求。

③ 在 2.1.3 款响应性评审标准中增加了投标报价。

④ 在 2.1.4 款施工组织设计标准中删去施工方案与技术措施、技术负责人、其他主要人员、施工设备、试验检测仪器等。

在文字表述部分除了只有资格后审一种办法外，其余评标方法、评标标准、评标程序、评标结果的条款同标准文件完全相同。

实践中，小型工程建设项目的评标一般采用经评审的最低投标价法。

2．评标办法（综合评估法）

该评标办法的评审因素和标准详见评标办法前附表 6.7。

表 6.7　评标办法（综合评估法）前附表

条款号		评审因素	评审标准
2.1.1	形式评审标准	投标人名称	与营业执照、资质证书、安全生产许可证一致
		投标函签字盖章	有法定代表人或其委托代理人签字或加盖单位章
		投标文件格式	符合第 8 章“投标文件格式”的要求
		报价唯一	只能有一个有效报价
		……	……
2.1.2	资格评审标准	营业执照	具备有效的营业执照
		安全生产许可证	具备有效的安全生产许可证
		资质等级	符合第二章“投标人须知”第 1.4.1 项规定
		项目经理	符合第二章“投标人须知”第 1.4.1 项规定
		财务要求	符合第二章“投标人须知”第 1.4.1 项规定
		业绩要求	符合第二章“投标人须知”第 1.4.1 项规定
		其他要求	符合第二章“投标人须知”第 1.4.1 项规定
		……	……
2.1.3	响应性评审标准	投标报价	符合第二章“投标人须知”第 3.2.3 项规定
		投标内容	符合第二章“投标人须知”第 1.3.1 项规定
		工期	符合第二章“投标人须知”第 1.3.2 项规定
		工程质量	符合第二章“投标人须知”第 1.3.3 项规定
		投标有效期	符合第二章“投标人须知”第 3.3.1 项规定
		投标保证金	符合第二章“投标人须知”第 3.4.1 项规定
		权利义务	符合第四章“合同条款及格式”规定
		已标价工程量清单	符合第五章“工程量清单”给出的范围及数量
		技术标准和要求	符合第七章“技术标准和要求”规定
		……	……
2.2.1		分值构成 (总分 100 分)	施工组织设计：________分 项目管理机构：________分 投标报价：__________分 其他评分因素：________分
2.2.2		评标基准价计算方法	
2.2.3		投标报价的偏差率计算公式	偏差率=100% ×（投标人报价-评标基准价）/评标基准价

续表

条款号		评审因素	评审标准
2.2.4（1）	施工组织设计评分标准	内容完整性和编制水平	
		施工方案与技术措施	……
		质量管理体系与措施	……
		安全管理体系与措施	……
		环境保护管理体系与措施	……
		工程进度计划与措施	……
		资源配备计划	……
		……	
2.2.4（2）	项目管理机构评分标准	项目经理任职资格与业绩	……
		其他主要人员	……
		……	……
2.2.4（3）	投标报价评分标准	偏差率	……
		……	
2.2.4（4）	其他因素评分标准	……	……

同标准招标文件相同序号相比，上述评标办法的增删与表 7.6 相同。此外，在 2.2.4（2）款删除了技术负责人任职资格与业绩因素。

文字表述部分序号、内容和《标准招标文件》相同，依次分别为评标方法、评标标准、评标程序、评标结果。

（三）关于工程总承包

1. 工程总承包的基本概念和主要方式

① 工程总承包是指从事工程总承包的企业(以下简称工程总承包企业)受业主委托，按照合同约定对工程项目的勘察、设计、采购、施工、试运行(竣工验收)等实行全过程或若干阶段的承包。

② 工程总承包企业按照合同约定对工程项目的质量、工期、造价等向业主负责。工程总承包企业可依法将所承包工程中的部分工作发包给具有相应资质的分包企业；分包企业按照分包合同的约定对总承包企业负责。

③ 工程总承包的具体方式、工作内容和责任等，由业主与工程总承包企业在合同中约定。工程总承包主要有如下方式：

1）设计采购施工(Engineering Procurement Construction，EPC) ——交钥匙总承包

设计采购施工总承包是指工程总承包企业按照合同约定，承担工程项目的设计、采购、施工、试运行服务等工作，并对承包工程的质量、安全、工期、造价全面负责。

交钥匙总承包是设计采购施工总承包业务和责任的延伸，最终是向业主提交一个满足使用功能、具备使用条件的工程项目。

2）设计——施工总承包（Design-Build，D-B）

设计——施工总承包是指工程总承包企业按照合同约定，承担工程项目设计和施工，并对承包工程的质量、安全、工期、造价全面负责。

根据工程项目的不同规模、类型和业主要求，工程总承包还可采用设计—采购总承包（E-P）、采购——施工总承包（P-C）等方式。

2. 工程总承包方式的特点

工程总承包这种方式与施工承包方式的最大区别是前者的招标人不再提供工程设计图纸，只提供基本的工程方案设计/工艺设计作为招标条件，而将此后的工程设计与施工责任及相应风险转移给一个总承包人。这种工程承包方式有利于工程设计与施工之间的衔接配合，可以避免相互脱节而引起的差错、遗漏、变更、返工及纠纷；可以合理组织分段设计与施工，缩短建设工期。但招标人对工程设计细节和施工的调控影响力较小，所以应通过招标选择设计施工专业素质及综合协调管理水平较高的总承包人，并合理清晰界定相关责任和风险。在 D-B 这种方式下业主设咨询工程师，并承担一个有经验的承包商不能预见的风险。

设计—建造合同规定了中标合同金额都是总价包干，也可根据实践需要修改为单价合同、成本加酬金合同等其他价格方式。对于期中支付，通常为总价合同中的一个部分，一般无须每月精确计量。

有学者认为，EPC/C 交钥匙总承包是在 D-B 方式的基础上扩展前期和后期服务的承包方式。显然，在 EPC 方式下其风险责任主要归承包人，发包人不委派工程师，一个有经验的承包商不能预见的风险由承包人承担。

3. 工程总承包方式招标文件的一般要求

设计—施工（D-B）方式招标文件组成通常为，第一卷包括投标人须知、投标函和资料表；第二卷包括合同条件和项目业主要求。与施工招标文件相比，减少了工程量清单、图纸、其他资料表和技术规范及要求，增加了资料表和项目业主要求。

其中项目业主要求是设计—建造招标文件区别于施工招标文件的重要内容。项目业主要求是规定其竣工工程要求的文件，包括合同条件中未包括的所有事项。项目业主要求一般包括以下内容的基础文件：现场地址的界定、工程的说明与目标、质量与性能标准、具体细节要求和特定义务（如操作人员培训等）等。与此相对应投标文件增加建议书和资料表，投标文件构成最重要的是承包人的建议和工程设计图纸。

EPC 交钥匙招标文件的组成与 D-B 招标文件绝大部分相同，但更加简洁；对投标文件一般会要求增加培训建议书、合同后技术支持、零配件供应的建议书等；对承包人资质要求基本相同，但综合管理能力要求更高。在合同条款中其风险责任绝大部分转移给承包人。

（四）《标准设计施工总承包招标文件》的适用范围、框架和特点

1.《标准设计施工总承包招标文件》的适用性

考虑到设计施工总承包的投资主体的不同，对工程总承包实施阶段要求的不同、工作内容不同，《标准设计施工总承包招标文件》根据我国目前进行工程总承包的实际情况，借鉴 FIDIC 经验，在通用合同条款中设置了相同的条款号， 用（A)、(B）表示，供招标人根据实际需要选择使用。招标人将工程建设项目的多数工作进行发包时，可选择（A）条款；招标人将工程建设项目的全部工作进行发包时，可选择（B）条款。

2.《标准设计施工总承包招标文件》的框架和内容

《标准设计施工总承包招标文件》 在总结各行业设计施工总承包共同特点的基础上，将设计、采购、施工等内容进行有机整合，对不同类型的总承包做出有针对性的规定。文本设计原则上不改变标准招标文件体例，但在具体内容上，主要根据工程总承包的特点，对通用合同条款作相应的调整，并增加发包人要求，发包人提供的资料和条件，承包人建议书，承包人实施计划等内容。

3.《标准设计施工总承包招标文件》的特点

（1）规定了工程总承包资质要求

《建筑法》第 26 条明确规定，“承担建筑工程的单位应当持有依法取得的资质证书，并在其资质等级许可的业务范围内承揽工程”。《标准设计施工总承包招标文件》在做好与上位法衔接的同时，

为了给推广总承包留出空间，原则规定“投标人应具备承担本招标项目的资质条件”。至于在具体资质要求上是否要求总承包人必须同时具有设计施工资质，由招标人根据行业管理情况，以及招标项目的特点和实际需要，在招标文件中予以明确。

（2）体现了设计施工总承包特点

为充分体现设计施工总承包特点，在通用合同条款第5条规定了承包人的设计义务，设计人员的资质条件，设计进度计划，招标人设计审查，行政审查，竣工文件等内容，并就设计、采购、施工有关内容进行了梳理，做了有机的衔接。

（3）明确了施工总承包监理人的地位

《标准设计施工总承包招标文件》遵循了《标准施工招标文件》对监理人的定位，建立了以监理人为主体的合同管理模式。为了防止实践中可能产生的强制监理扩大化，《标准设计施工总承包招标文件》规定监理人是指在专用合同条款中指明的，受发包人委托对合同履行实施管理的法人或其他组织。照此规定，监理既包括受发包人委托的合同管理，也包括国家规定的强制监理，只有强制监理才应当委托具有相应资质的监理单位承担。

（五）《标准设计施工总承包招标文件》的评标办法

1. 评标办法（综合评估法）的前附表

在实施设计施工总承包的工程建设项目中，一般都采用综合评估法评标。考虑到同上位法的一致性，《标准设计施工总承包招标文件》仍然参照《标准招标文件》的体例在综合评估法之后罗列了经评审的最低投标价法的评标办法。

采用综合评估法评标的评审因素和标准详见评标办法前附表6.8。

表6.8 评标办法（综合评估法）前附表

条款号		评审因素	评审标准
2.1.1	形式评审标准	投标人名称	与营业执照、资质证书一致
		投标函签字盖章	有法定代表人或其委托代理人签字或加盖单位章
		投标文件格式	符合第七章“投标文件格式”的要求
		联合体投标人	提交联合体协议书，并明确联合体牵头人
		报价唯一	只能有一个有效报价
		……	……
2.1.2	资格评审标准	营业执照	具备有效的营业执照
		资质等级	符合第二章“投标人须知”第1.4.1项规定
		财务状况	符合第二章“投标人须知”第1.4.1项规定
		类似项目业绩	符合第二章“投标人须知”第1.4.1项规定
		信誉	符合第二章“投标人须知”第1.4.1项规定
		项目经理	符合第二章“投标人须知”第1.4.1项规定
		设计负责人	符合第二章“投标人须知”第1.4.1项规定
		施工负责人	符合第二章“投标人须知”第1.4.1项规定
		施工机械设备	符合第二章“投标人须知”第1.4.1项规定
		项目管理机构及人员	符合第二章“投标人须知”第1.4.1项规定
		其他要求	符合第二章“投标人须知”第1.4.1项规定
		联合体投标人	符合第二章“投标人须知”第1.4.2项规定
		……	……

续表

条款号		评审因素	评审标准
2.1.3	响应性评审标准	投标报价	符合第二章“投标人须知”第 3.2.4 项规定
		投标内容	符合第二章“投标人须知”第 1.3.1 项规定
		工期	符合第二章“投标人须知”第 1.3.2 项规定
		质量标准	符合第二章“投标人须知”第 1.3.3 项规定
		投标有效期	符合第二章“投标人须知”第 3.3.1 项规定
		投标保证金	符合第二章“投标人须知”第 3.4 款规定
		权利义务	符合第四章“合同条款及格式”规定的权利义务
		承包人建议	符合第五章“发包人要求”的规定
		……	……
条款号		条款内容	编列内容
2.2.1		分值构成 (总分 100 分)	承包人建议书：________分 资信业绩部分：________分 承包人实施方案：________分 投标报价：________分 其他评分因素：________分
2.2.2		评标基准价计算方法	
2.2.3		投标报价的偏差率计算公式	偏差率=100% ×（投标人报价－评标基准价）/评标基准价
2.2.4（1）	承包人建议书评分标准	图纸	……
		工程详细说明	……
		设备方案	……
		……	……
2.2.4（2）	资信业绩评分标准	信誉	……
		类似项目业绩	……
		项目经理业绩	……
		设计负责人业绩	……
		施工负责人业绩	……
		其他主要人员业绩	……
		……	……
2.2.4（3）	承包人实施方案评分标准	总体实施方案	……
		项目实施要点	……
		项目管理要点	……
		……	……
2.2.4（4）	投标报价评分标准	偏差率	……
		……	……
2.2.4（5）	其他因素评分标准	……	……
	……	……	……
3.2.1	设计部分评审	……	

从上表可以看出，同《标准招标文件》相比，该文件在相同序号上做了以下增删：

① 在 2.2.1 款形式评审中，评审因素相同但评审标准取消了安全生产许可证的要求。

② 在 2.1.2 款资格评审中，评审因素中取消了安全生产许可证，增加了 4 项因素：设计负责人、施工负责人、施工机械设备、项目管理人员。

③ 在 2.1.3 款响应性评审中，评审因素取消了已标价工程量清单、技术标准和要求；增加了投标人报价和承包人建议两项因素。

④ 在 2.2.1 款分值构成中，评审因素全新设计，原标准招标文件为施工组织设计、项目管理机构、投标报价和其他四项。现修改为适用设计施工总承包施工评标需要的五项条件。

2.2.2 款评分基准价计算方法、2.2.3 款投标报价偏差率计算公式同《标准招标文件》相同。

⑤ 在 2.2.4 款施工组织设计评分标准中，按照分值构成的因素全新设计，并由原来的 4 项增加为 5 项：承包人建议书、资信业绩、承包人实施方案、投标报价和其他。每一项都做了具体的分解。

⑥ 在 3.2.1 款中，增加了设计部分的评审标准。

2. 评标办法（综合评估法）中的评分标准

由于设计—建造模式包含了设计，所以对于设计—建造投标文件的评审，通常应该采用综合评估法，即应保证评选的中标人是提供最好价值的，而不追求价格最低。通常可从投标人的以往业绩、资质条件、承包人建议书（一般包含了设计、采购和施工）的科学性和先进性、投标报价等方面综合评审。

《标准设计施工总承包招标文件》和《标准招标文件》评标办法文字部分的差异：

① 评标标准按照设计施工总承包的要求全新设计，其同《标准招标文件》相同的序号对比详见表 6.9。

表 6.9 两种招标文件中评标因素和分值构成对比表 总分合计 100 分

	标准招标文件的分值构成	设计施工总承包招标文件的分值构成
1	施工组织设计________分	2.2.4（1）承包人建议书：________分
2	项目管理机构________分	2.2.4（2）资信业绩部分：________分
3	投标报价 ________分	2.2.4（3）承包人实施方案：________分
4	其他评分因素________分	2.2.4（4）投标报价：________分
5		2.2.4（5）其他评分因素：________分

② 两种文件评标程序中，3.2.1 款、3.2.2 款和 3.2.3 款的差异如下：

“3.2.1 评标委员会按本章第 2.2 款规定的量化因素和分值进行打分，并计算出综合评估得分。评标办法前附表对承包人建议书中的设计文件评审有特殊规定的，从其规定。

（1）按本章第 2.2.4（1）目规定的评审因素和分值对承包人建议书计算出得分 A；

（2）按本章第 2.2.4（2）目规定的评审因素和分值对资信业绩部分计算出得分 B；

（3）按本章第 2.2.4（3）目规定的评审因素和分值对承包人实施方案计算出得分 C；

（4）按本章第 2.2.4（4）目规定的评审因素和分值对投标报价计算出得分 D；

（5）按本章第 2.2.4（5）目规定的评审因素和分值对其他部分计算出得分 E。

3.2.2 评分分值计算保留小数点后两位，小数点后第三位“四舍五入”。

3.2.3 投标人得分 = A + B + C + D + E。”

除此之外，其余完全相同。

3. 工程总承包项目合同中的设计条款和竣工后试验条款

与施工合同条款相比，工程总承包招标文件中的合同减少了指定分包人、测量与估价两个条款，增加了设计和竣工后试验两个条款。

评标专家应当对设计和竣工后的验收条款予以注意。

（1）关于设计条款的评审

在实践中，设计过程通常为 3 个阶段：第一阶段由招标人提出概念设计，包含在项目业主要求内；第二阶段由投标人提出初步设计，包含在投标文件中的建议书里；第三阶段，作为施工用的最终设计图纸。

设计条款通常包括：设计义务一般要求、承包人文件、承包人的承诺、技术标准和规定、培训、竣工文件、操作和维修手册和设计错误。

（2）竣工后试验条款

设计—建造模式除了有竣工验收外，还有竣工后验收。竣工后试验是设计—建造与传统施工模式下的关于竣工验收方式的重要区别。竣工后试验是指在项目业主要求中规定的试验，并在承包人建议书中详细说明。这些试验在接收后尽快进行，以确定工程是否符合规定的性能标准。在设计—建造模式下，一般由项目业主进行竣工后试验。竣工后试验合同条款一般包括：竣工后试验的程序、延误的试验、重新试验和未能通过竣工后试验。在 EPC 建造模式下则一般由承包人进行上述试验。

六、标准设备（材料、勘察、设计、监理）和招标文件

2017 年 9 月 12 日，为进一步完善标准文件编制规则，构建覆盖主要采购对象、多种合同类型、不同项目规模的标准文件体系，提高招标文件编制质量，促进招标投标活动的公开、公平和公正，营造良好市场竞争环境。国家发展改革委会同工业和信息化部、住房城乡建设部、交通运输部、水利部、商务部、国家新闻出版广电总局、国家铁路局、中国民用航空局，编制了《标准设备采购招标文件》《标准材料采购招标文件》《标准勘察招标文件》《标准设计招标文件》和《标准监理招标文件》（以下简称 5 个《标准文件》）。

5 个《标准文件》适用于依法必须招标的与工程建设有关的设备、材料等货物项目和勘察、设计、监理等服务项目。机电产品国际招标项目，应当使用商务部编制的机电产品国际招标标准文本（中英文）。

5 个《标准文件》自 2018 年 1 月 1 日起实施。因出现新情况，需要对 5 个《标准文件》不加修改地引用的内容做出解释或修改的，由国家发展改革委会同国务院有关部门做出解释或修改。该解释和修改与 5 个《标准文件》具有同等效力。

（一）5 个《标准文件》的特点

1．在现行法律框架内妥善处理公权和私权的关系

在招标采购活动中，公权用于维持商品经济市场秩序。所以，在标准文件中，对影响和破坏市场秩序的行为依照法律并细化为可操作的条文。例如，在投标人须知 1.4.3 条中，从施工标准文件的 12 项增加到 16 项，并依据条例做了必要调整。关于合同价款的规定，设备和材料的计价形式明确为固定价合同，并针对材料市场变化较大的情形规定了可以调整的若干条件。例如，在服务的三个合同计价形式上则明确由专用合同约定，这体现了私权的契约自由和意思自治。其实合同本身就体现了私权。

2．在项目管理正确处理公平和效率的关系

5 个《标准文件》在项目管理中正确处理公平和效率的管理，体现权利和义务的对等。例如，对延迟支付和延迟交付规定相同的处罚办法；3 个月延迟交付和 3 个月延迟付款可以解除合同的规定；在售后服务中依据责任确定服务费用的支付方，等等。

在公平的基础上，标准合同还处处体现了“效率”原则。例如，约定了在设备售后服务中心买方通知后及时处理的时间：24 小时答复、48 小时到达现场、7 天内解决问题、依照国际惯例及时支付等。

5个《标准文件》条款的公正、及时有利于合同目标的顺利实现。

3. 在评标办法中努力实现采购需求和竞争性供给的平衡

招标投标活动的目的是通过竞争满足招标人的需求。在采购方式确定后，评标办法的设计就成为落实上述目标的重要工具。5个《标准文件》评标办法针对设备和材料需求明确、可以量化的特点规定了两种办法：综合评估法和经评审的最低投标价法。针对服务项目产出型的特点，5个《标准文件》仅规定了综合评估法一种方法。每种方法都针对资格条件、评审因素做了引导性的规定；资格条件满足基本需求，评审条件在此基础上体现竞争优势，努力实现采购需求和竞争性供给的统一。有利于准确实现招标人的项目意图。

4. 编制颁布5个《标准文件》是进一步推行招标电子化的基础工程

在本次颁发标准文件的序号和格式凡是能通用的一律通用，如在投标人须知1.4.3项中，关于不得投标的情形；凡可模块化处理的一律模块化移植，如合同条款中违约责任、不可抗力、争议解决等条款的设置等。标准文件条款的模块化和标准化为方便实现电子招标奠定了基础。

所谓电子招标模块化的表现形式，一是数据系统一次性录入文本内容自动核对勾稽；二是文本内容要素、文本结构要素与文本自动转化；三是文本来源和文本真实性的自动确认；四是文本要素信息的智能化集成。电子招标的上述特点要求招标文本标准化和格式化。因此《标准文件》的发布还可以视为积极推行招标电子化的基础性工程。

5. 全面落实5个《标准文件》对规范招标采购市场有重要意义

针对性强和便于操作性也是本标准文件的特点。如在投标人须知1.4.1项中规定：除专用合同条款另有约定外，双方在合同协议书上签字并加盖单位章后，合同生效。从而区别了合同成立和生效的关系。实践中对缔约和违约责任的划分就有了明确的规定。例如，关于合同支付从预付款、交付款、验收款、结清款4个环节做了付款条件和程序规定，公平合理、清晰方便；如迟延交付违约金规定了详细的计算方法，依据不同时间从0.5%到1%到1.5%，再到迟交违约金总额不得超过合同价格的10%。5个《标准文件》的实用和操作方便有利于文件的推广和使用。反过来进一步促进了招标采购市场的公平和规范。

（二）5个《标准文件》的内容

5个《标准文件》按照不同的标的，分为货物和服务招标文件两类。其中，货物类分为设备和材料两个文本；服务类分为勘察、设计、监理三个文本。5个《标准文件》共分6章，具体内容如下。

第一章：招标公告（投标邀请书）。包括适用于公开招标的招标公告及适用于邀请招标的投标邀请书，供招标人选择使用。

第二章：投标人须知。包括前附表和正文两部分，主要包括总则、招标文件、投标文件、投标、开标、评标、合同授予、纪律和监督、需要补充的其他内容等。按照不同招标标的物的特点，此部分内容会有部分差异。例如，《标准设计招标文件》中有技术成果经济补偿的条款，《标准勘察招标文件》《标准设计招标文件》《标准监理招标文件》对项目负责人、总监理工程师及其他主要人员提出要求，《标准设备采购招标文件》和《标准材料采购招标文件》中没有投标函附录等。

第三章：评标办法。包括前附表和正文两部分。

根据《评标委员会和评标方法暂行规定》，评标方法包括经评审的最低投标价法、综合评估法或者法律、行政法规允许的其评标方法。《标准设备采购招标文件》和《标准材料采购招标文件》沿用既有标准文本的体例，明确规定了经评审的最低投标价法和综合评估法两种评标方法，并分别以序号相同的两章进行规定，供招标人选择使用。

根据《工程建设项目勘察设计招标投标办法》规定，勘察设计评标一般采取综合评估法进行，因此对《标准勘察招标文件》《标准设计招标文件》和《标准监理招标文件》等服务类招标文件均只规定了综合评估法。

第四章：合同条款及格式。包括通用合同条款、专用合同条款及合同附件格式三部分。其中，通用合同条款按照不同采购标的物的特点编写，专用合同条款部分供招标人根据实际自行补充、细化和修改。

第五章：供货要求、发包人要求、委托人要求。

第六章：投标文件格式。

（三）设备和材料标准文件要点解析

为方便解读，本章按照货物和服务的标准文件对其中的投标人须知和评标办法的要点分别解析。

标准招标文件适用的货物指和工程不可分割的、实现其功能所必需的设备和采购。部门规章适用于《工程建设项目货物招标投标管理办法》（27 号令）。

设备和工程最大的区别是“标的”的可移动性；工程建设项目的货物具有生产的批量性、供应成套性、验收的复杂性、售后的服务性等特征。这些特点将反映在招标文件中如生产条件要求、检测、验收、运输等。

1．投标人须知

（1）关于投标资格审查

1.4.3 条款规定了投标人不得存在下列情形之一，表 6.10 归纳了施工、设备和材料招标文件的异同点。

表 6.10　标准施工（设备、材料）招标文件中 1.4.3 规定一览表

	标准施工招标文件	标准设备招标文件	标准材料招标文件
1	为招标人不具有独立法人资格的附属机构（单位）	与招标人存在利害关系且可能影响招标公正性	与招标人存在利害关系且可能影响招标公正性
2	为本标段前期准备提供设计或咨询服务的，但设计施工总承包的除外	与本招标项目的其他投标人为同一个单位负责人	与本招标项目的其他投标人为同一个单位负责人
3	为本标段的监理人	与本招标项目的其他投标人存在控股、管理关系	与本招标项目的其他投标人存在控股、管理关系
4	为本标段的代建人	与本招标项目其他投标人代理同一个制造商同一品牌同一型号的设备投标	与本招标项目其他投标人代理同一个制造商同一品牌同一型号的材料投标
5	为本标段提供招标代理服务的	为本招标项目提供过设计、编制技术规范和其他文件的咨询服务	为本招标项目提供过设计、编制技术规范和其他文件的咨询服务
6	与本标段的监理人或代建人或招标代理机构同为一个法定代表人	为本工程项目的相关监理人，或者与本工程项目的相关监理人存在隶属关系或者其他利害关系	为本工程项目的相关监理人，或者与本工程项目的相关监理人存在隶属关系或者其他利害关系
7	与本标段的监理人或代建人或招标代理机构相互控股或参股的	为本招标项目的代建人	为本招标项目的代建人
8	与本标段的监理人或代建人或招标代理机构相互任职或工作的	为本招标项目的招标代理机构	为本招标项目的招标代理机构
9	被责令停业的	与本招标项目的监理人或代建人或招标代理机构同为一个法定代表人	与本招标项目的监理人或代建人或招标代理机构同为一个法定代表人
10	被暂停或取消投标资格的	与本招标项目的监理人或代建人或招标代理机构存在控股或参股关系	与本招标项目的监理人或代建人或招标代理机构存在控股或参股关系
11	财产被接管或冻结的	被依法暂停或者取消投标资格	被依法暂停或者取消投标资格
12	在最近三年内有骗取中标或严重违约或重大工程质量问题的	被责令停产停业、暂扣或者吊销许可证、暂扣或者吊销执照	被责令停产停业、暂扣或者吊销许可证、暂扣或者吊销执照
13		进入清算程序，或被宣告破产，或其他丧失履约能力的情形	进入清算程序，或被宣告破产，或其他丧失履约能力的情形

续表

	标准施工招标文件	标准设备招标文件	标准材料招标文件
14		在最近三年内发生重大产品质量问题（以相关行业主管部门的行政处罚决定或司法机关出具的有关法律文书为准）	在最近三年内发生重大产品质量问题（以相关行业主管部门的行政处罚决定或司法机关出具的有关法律文书为准）
15		被工商行政管理机关在全国企业信用信息公示系统中列入严重违法失信企业名单	被工商行政管理机关在全国企业信用信息公示系统中列入严重违法失信企业名单
16		被最高人民法院在“信用中国”网站（www.creditchina.gov.cn）或各级信用信息共享平台中列入失信被执行人名单	被最高人民法院在“信用中国”网站（www.creditchina.gov.cn）或各级信用信息共享平台中列入失信被执行人名单
17		在近三年内投标人或其法定代表人、拟委任的项目负责人有行贿犯罪行为的（以检察机关职务犯罪预防部门出具的查询结果为准）	在近三年内投标人或其法定代表人、拟委任的项目负责人有行贿犯罪行为的（以检察机关职务犯罪预防部门出具的查询结果为准）

从上表可以看出，关于投标人不得投标的规定可分为四部分，一是主体资格（1～3）；二是不得有利益冲突关联（4～10）；三是不得有违法行为（11～14），四是信用条件合格（15～17）。

和标准施工文件相比，在主体资格方面，设备、材料招标文件引用《条例》第三十四条的规定表述更为准确；关于利益冲突方面两个文件基本相同；关于骗取中标、严重违约和质量事故的违法行为，设备材料标准文件的分别展开列举；和标准施工招标文件相比最大的不同是增加了关于对投标人信用的要求。

关于信用体系建设，目前国家有关部门出台的文件主要有以下内容。

① 国务院印发了《关于建立完善守信联合激励和失信联合惩戒制度加快推进社会诚信建设的指导意见》（国发〔2016〕33 号）。

② 国家税务总局等 21 各部门出台的《关于对重大税收案件当事人实施联合惩戒措施的合作备忘录》。

③ 工商总局等 38 个部门出台的《失信企业协同监管和联合惩戒合作备忘录》。

④ 证监会等 22 个部门出台的《关于对违法失信上市公司相关责任主体实施联合惩戒合作备忘录》。

⑤ 最高院等 44 个部门《关于对失信被执行人联合惩戒合作备忘录》。

⑥ 安检总局等 18 个部门《关于对安全生产领域失信生产经营单位及其相关人员开展联合惩戒合作备忘录》。

⑦ 最高院等 9 部门联合发布《在招标投标领域对失信被执行人实施联合惩戒的通知》。

⑧ 住建部关于信用管理的规定：2017 年 12 月 11 日住建部颁发了《建筑市场信用管理暂行办法》（建市〔2017〕241 号）。

该办法 2018 年 1 月 1 日生效。其中，

“第 2 条：本办法所称建筑市场信用管理是指在房屋建筑和市政基础设施工程建设活动中，对建筑市场各方主体信用信息的认定、采集、交换、公开、评价、使用及监督管理。

本办法所称建筑市场各方主体是指工程项目的建设单位和从事工程建设活动的勘察、设计、施工、监理等企业，以及注册建筑师、勘察设计注册工程师、注册建造师、注册监理工程师等注册执业人员。”

“第 4 条：信用信息由基本信息、优良信用信息、不良信用信息构成。

基本信息是指注册登记信息、资质信息、工程项目信息、注册执业人员信息等。

优良信用信息是指建筑市场各方主体在工程建设活动中获得的县级以上行政机关或群团组织表彰奖励等信息。

不良信用信息是指建筑市场各方主体在工程建设活动中违反有关法律、法规、规章或工程建设强制性标准等，受到县级以上住房城乡建设主管部门行政处罚的信息，以及经有关部门认定的其他不良信用信息。”

建筑市场各方主体的信用信息公开期限为：

“(一) 基本信息长期公开；

(二) 优良信用信息公开期限一般为3年；

(三) 不良信用信息公开期限一般为6个月至3年，并不得低于相关行政处罚期限。具体公开期限由不良信用信息的认定部门确定。”

(2) 关于投标报价要求

表6.11汇总了标准施工和设备材料招标文件关于报价要求的不同。

表6.11　标准施工设备材料招标文件报价要求一览表

标准施工招标文件	标准设备（材料）招标文件
3.2.1 投标人应按第五章“工程量清单”的要求填写相应表格	3.2.1 投标报价应包括国家规定的增值税税金，除投标人须知前附表另有规定外，增值税税金按一般计税方法计算。投标人应按第六章“投标文件格式”的要求在投标函中进行报价并填写分项报价表
3.2.2 投标人在投标截止时间前修改投标函中的投标总报价，应同时修改第五章“工程量清单”中的相应报价。此修改须符合本章第4.3款的有关要求	3.2.2 投标人应充分了解该项目的总体情况及影响投标报价的其他要素
	3.2.3 投标报价为各分项报价金额之和，投标报价与分项报价的合价不一致的，应以各分项合价累计数为准，修正投标报价；如分项报价中存在缺漏项，则视为缺漏项价格已包含在其他分项报价之中。投标人在投标截止时间前修改投标函中的投标报价总额，应同时修改投标文件“分项报价表”中的相应报价。此修改须符合本章第4.3款的有关要求
	3.2.4 招标人设有最高投标限价的，投标人的投标报价不得超过最高投标限价，最高投标限价在投标人须知前附表中载明
	3.2.5 投标报价的其他要求见投标人须知前附表

解读：

施工报价主要是围绕工程量清单及其缺漏项，设备报价相对应的是零部件的短缺。

关于缺漏项的处理，标准设备材料文件关于报价的规定和长期习惯不同，首先，在3.2.3项中规定，如分项报价中存在缺漏项，则视为缺漏项价格已包含在其他分项报价之中，而不是将其他投标人最高价加入其评标价。其次，2016年6月开始国家税务制度改革，全面推行增值税，因此，投标报价必须包含关于增值税的相关内容。再次，关于是否设置最高限价是招标人的自由裁量权。但如果设置即成为否决投标人的一个条件。

2. 关于评标办法

设备和材料标准招标文件中关于评标办法的规定基本相同。

(1) 评标方法：综合评估法、经评审的最低投标价法。

(2) 评标标准：初步评审标准、详细评审标准。

(3) 评标程序：初步评审、详细评审、投标文件的澄清。

(4) 评标结果：依第2.2款规定的评分标准进行打分，并按得分由高到低顺序推荐中标候选人，或根据招标人授权直接确定中标人，但投标报价低于其成本的除外。综合评分相等时，以投标报价低的优先；投标报价也相等的，以技术得分高的优先；如果技术得分也相等，按照评标办法前附表的规定确定中标候选人顺序。

（综合评估法）施工、设备和材料采购评审标准的异同如表 6.12 所示。

需要注意的是，在标准设备招标文件中，对技术服务和质保期的评价是区别其他类别的一个条件。

表 6.12　标准施工、设备和材料招标文件中评标办法一览表

条款号	施工评审标准	设备评审标准	材料评审标准
1.评标方法		中标候选人排序方法	同左
2.1.1 形式评审	投标人名称	投标人名称	同左
	投标函签字盖章	投标函签字盖章	同左
	投标文件格式	投标文件格式	同左
	联合体投标人	联合体投标人	同左
	报价唯一	备选投标方案	备选投标方案
	……	……	……
2.1.2 资格评审	营业执照	营业执照和组织机构代码证	同左
	安全生产许可证		同左
	资质等级	资质要求	同左
	财务状况	财务要求	同左
	类似项目业绩	业绩要求	同左
	信誉	信誉要求	同左
	项目经理		
	其他要求	其他要求	同左
	联合体投标人	联合体投标人	同左
		不存在禁止投标的情形	同左
		投标设备制造商的资质要求（如有）	投标材料制造商的资质要求（如有）
		投标设备的业绩要求（如有）	投标材料的业绩要求（如有）
		……	……
2.1.3 响应性评审		投标报价	同左
	投标内容	投标内容	同左
	工期	交货期	同左
		交货地点	同左
	工程质量	技术性能指标	同左
	投标有效期	投标有效期	同左
	投标保证金	投标保证金	同左
	权利义务	权利义务	同左
	已标价工程量清单	投标设备及技术服务和质保期服务	投标材料及相关服务
	技术标准和要求	技术支持资料	同左
	……		同左
2.2.1 分值构成 100 分	施工组织设计：________分	商务部分：________分	同左
	项目管理机构：________分	技术部分：________分	同左
	投标报价：________分	投标报价：________分	同左
	其他评分因素：________分	其他评分因素：________分	同左
2.2.2		评标基准价计算方法	同左

续表

条款号	施工评审标准	设备评审标准		材料评审标准
2.2.3 投标报价的偏差率计算公式	偏差率=100%×（投标人报价-评标基准价）/评标基准价	约定		约定
2.2.4（1）施工组织设计评分标准	内容完整性和编制水平	2.2.4（1）商务评分标准	对投标人履约能力的评价	同左
	施工方案与技术措施		对招标文件商务条款的响应程度	同左
	安全管理体系与措施		投标设备的业绩	投标材料的业绩
	质量管理体系与措施		……	……
	环境保护管理体系与措施			
	工程进度计划与措施			
	资源配备计划			
	……			
2.2.4 (2) 项目管理机构评分标准	项目经理任职资格与业绩	2.2.4（2）技术评分标准	对投标设备整体评价	对投标材料整体评价
	技术负责人任职资格与业绩		投标设备技术性能指标的响应程度	投标材料质量标准的响应程度
	其他主要人员		对投标人技术服务和质保期服务能力的评价	对投标人相关服务能力的评价
	……		……	……
2.2.4 (3) 投标报价评分标准	偏差率	2.2.4（3）投标报价评分标准	偏差率	同左
	……		……	……
2.2.4（4）其他评分因素	……	2.2.4（4）其他评分因素	……	……

（四）标准勘察设计监理招标文件要点解析

标准勘察、设计、监理招标文件的适用范围是指为完成工程所需的勘察、设计、监理等服务。

该类项目的标的属于“产出型”，即采购人不能在采购时直接看到采购结果，因而和“投入型”的货物相比，采购人承担的风险责任较大。反映在招标文件中，确定需求后如何将其设置为准确的商务和技术条件比较困难，因为这类服务项目的关键因素是服务人员的能力水平，对人的能力评价一般只能参照过去的业绩或反映其能力信号系统：学历、职称等评价。因而，项目价格一般也不是主要评审因素。评审方法只有综合评估法一种。

1. 投标人须知

① 勘察、设计和监理招标文件内容基本一致，在前附表中不同点主要有：

1.4.1 项对投标人资质条件、能力、信誉中的第（5）、（6）、（7）或（8）项不同。详见表 6-13。

表 6-13 勘察、设计和监理招标文件关于投标人资质要求汇总表

勘察标准文件	设计标准文件	监理标准文件
（1）资质要求 （2）财务要求 （3）业绩要求 （4）信誉要求 （5）项目负责人的资格要求 （6）其他主要人员要求 （7）勘察设备要求 （8）其他要求	（1）资质要求 （2）财务要求 （3）业绩要求 （4）信誉要求 （5）项目负责人的资格要求 （6）其他主要人员要求 （7）其他要求	（1）资质要求 （2）财务要求 （3）业绩要求 （4）信誉要求 （5）总监理工程师的资格要求 （6）其他主要人员要求 （7）试验检测仪器设备要求 （8）其他要求

在标准设计招标文件投标人须知中有关于是否对技术成果补偿的条款。其他两个服务类文件没有此要求。

关于技术成果经济补偿：招标人对符合招标文件规定的未中标人的技术成果进行补偿的，招标人将按投标人须知前附表规定的标准给予经济补偿，未中标人在投标文件中声明放弃技术成果经济补偿费的除外。招标人将于中标通知书发出后 30 日内向未中标人支付技术成果经济补偿费。

② 投标人须知正文中关于对投标文件的规定。

服务类招标文件对投标文件的要求重点是对服务人员的评价，其中技术方案体现了投标人的能力水平。详见表 6.14。

表 6.14　勘察设计和监理招标文件关于对投标文件要求一览表

勘察标准招标文件	设计标准招标文件	监理标准招标文件
3.1.1 投标文件应包括下列内容： （1）投标函及投标函附录； （2）法定代表人身份证明或授权委托书； （3）联合体协议书； （4）投标保证金； （5）勘察费用清单； （6）资格审查资料； （7）勘察纲要； （8）投标人须知前附表规定的其他资料。 投标人在评标过程中作出的符合法律法规和招标文件规定的澄清确认，构成投标文件的组成部分	3.1.1 投标文件应包括下列内容： （1）投标函及投标函附录； （2）法定代表人身份证明或授权委托书； （3）联合体协议书； （4）投标保证金； （5）设计费用清单； （6）资格审查资料； （7）设计方案； （8）投标人须知前附表规定的其他资料。 投标人在评标过程中作出的符合法律法规和招标文件规定的澄清确认，构成投标文件的组成部分	3.1.1 投标文件应包括下列内容： （1）投标函及投标函附录； （2）法定代表人身份证明或授权委托书； （3）联合体协议书； （4）投标保证金； （5）监理报酬清单； （6）资格审查资料； （7）监理大纲； （8）投标人须知前附表规定的其他资料。投标人在评标过程中作出的符合法律法规和招标文件规定的澄清确认，构成投标文件的组成部分

2. 关于评标办法

沿用标准文件的通行规则，只有综合评估法一种。详见表 6.15。

表 6.15　服务类招标文件评标办法一览表

	勘察标准文件	设计标准文件	监理标准文件
2.2.1 分值构成 (总分 100 分)	资信业绩分____分 勘察纲要部分____分 投标报价____分 其他评分因素____分	资信业绩分____分 设计方案部分____分 投标报价____分 其他评分因素____分	资信业绩分____分 监理大纲部分____分 投标报价____分 其他评分因素____分
2.2.（2） 勘察（设计方案、监理大纲）纲要评分标准	勘察范围、勘察内容	设计范围、设计内容	监理范围、监理内容
	勘察依据、勘察工作目标	设计依据、设计工作目标	监理依据、监理工作目标
	勘察机构设置和岗位职责	设计机构设置和岗位职责	监理机构设置和岗位职责
	勘察说明和勘察方案	设计说明和设计方案	监理工作程序、方法和制度
	勘察质量、进度、保密等保证措施	设计质量、进度、保密等保证措施	质量、进度、造价、安全环保监理措施
			合同、信息管理方案
	勘察安全保证措施	设计安全保证措施	监理组织协调内容及措施
	勘察工作重点、难点分析	设计工作重点、难点分析	监理工作重点、难点分析
	合理化建议	合理化建议	合理化建议
	……	……	

本章案例解读

工程评标综合评估法评审参考范文

某工程施工项目采用资格预审方式招标，并采用综合评估法进行评标，其中投标报价权重为 60 分、技术评审权重为 40 分。共有 5 个投标人进行投标，所有 5 个投标人均通过了初步评审，评标委员按照招标文件规定评标办法对施工组织设计、项目管理机构、设备配置、财务能力、业绩与信誉进行详细评审打分。其中：施工组织设计 10 分；项目管理机构 10 分；设备配置 5 分；财务能力 5 分；业绩与信誉 10 分。

1．投标报价的评审

除开标现场被宣布为废标的投标报价之外，所有投标人的投标价去掉一个最高值和一个最低值后的算术平均值即为投标价平均值（如果参与投标价平均值计算的有效投标人少于 5 家时，则计算投标价平均值时不去掉最高值和最低值）。

投标价平均值直接作为评标基准价。

评标委员会将首先按下述原则计算各投标文件的投标价得分：当投标人的投标价等于评标基准价 D 时得 60 分，每高于 D 一个百分点扣 2 分，每低于 D 一个百分点扣 1 分，中间值按比例内插（得分精确到小数点后 2 位，四舍五入）。

用公式表示如下：

$$F_1 = F - \frac{|D_1 - D|}{D} \times 100 \times E$$

式中，F_1 为投标价得分；$F=60$；D_1 为投标人的投标价；D 为评标基准价。若 $D_1 \geqslant D$，则 $E=2$；若 $D_1 < D$，则 $E=1$。

2．技术管理能力的评审

技术管理能力的评审内容主要包括施工组织设计评审及项目管理机构的评审两部分。

（1）施工组织设计：10 分

施工总平面布置基本合理，组织机构图较清晰，施工方案基本合理，施工方法基本可行，有安全措施及雨季施工措施，并具有一定的操作性和针对性，施工重点难点分析较突出，较清晰，得基本分 6 分；

施工总平面布置合理，组织机构图清晰，施工方案合理，施工方法可行，安全措施及雨季施工措施齐全，并具有较强的操作性和针对性，施工重点难点分析突出，清晰，得 7～8 分；

施工总平面布置合理且周密细致，组织机构图很清晰，施工方案具体、详细、科学，施工方法先进，施工工序安排合理，安全措施及雨季施工措施齐全，操作性和针对性强，施工重点难点分析突出，清晰，对项目有很好的针对性和指导作用，得 9～10 分。

（2）项目管理机构：10 分

项目管理机构设置基本合理、项目经理、技术负责人、其他主要技术人员的任职资格与业绩满足招标文件的最低要求，得 6 分；

项目管理机构设置合理，项目经理、技术负责人、其他主要技术人员的任职资格与业绩高于招标文件的最低要求，评标委员会酌情加 1～4 分。

3．其他评标因素（包括设备配置、财务能力、业绩与信誉）

（1）设备配置：5 分

设备满足招标文件最低要求，得 3 分；

设备超出招标文件最低要求，评审委员会酌情考虑加 1～2 分。

（2）财务能力：5 分

财务能力满足招标文件最低要求，得 3 分；

财务能力超出招标文件最低要求，评审委员会酌情考虑加 1～2 分。

（3）业绩与信誉：10 分

业绩与信誉满足招标文件最低要求，得 6 分；

业绩与信誉超出招标文件最低要求，评审委员会酌情考虑加 1～4 分。

表 6.10 至表 6.17 综合给出了 5 家综合评分的得分。

表 6.16　投标报价得分计算表

投标人	投标报价（万元）	投标报价平均值（万元）	投标报价得分
投标人 A	1000	1000	60 分
投标人 B	950		55 分
投标人 C	980		58 分
投标人 D	1050		50 分
投标人 E	1020		56 分

表 6.17　技术评审得分计算表

序号	评标因素	满分	投标人 A	投标人 B	投标人 C	投标人 D	投标人 E
1	施工组织设计	10 分	8 分	9 分	8 分	7 分	8 分
2	项目管理机构	10 分	7 分	9 分	6 分	8 分	8 分
3	设备配置	5 分	4 分	4 分	3 分	3 分	4 分
4	财务能力	5 分	3 分	4 分	4 分	5 分	3 分
5	业绩与信誉	10 分	7 分	10 分	9 分	6 分	8 分
合计		40 分	29 分	36 分	30 分	29 分	31 分

表 6.18　综合评分及排序表

投标人	报价得分	技术评审得分	总分	排序
投标人 A	60 分	29 分	89 分	2
投标人 B	55 分	36 分	91 分	1
投标人 C	58 分	30 分	88 分	3
投标人 D	50 分	29 分	79 分	5
投标人 E	56 分	31 分	87 分	4

投标人 B 的综合评分得分最高，因此评标委员会推荐投标人 B 中标。

计划经济本质上是权力（Power）经济，市场经济本质上是权利（Right）经济。权力经济主要依靠行政命令、长官意志，而权利经济主要靠主体平等、意思自治的法律规范来调整。

中国政法大学终身教授　江平

第 7 章

《房屋建筑和市政工程标准施工招标文件》的评标解读

2010 年 6 月 9 日，住房建设部依据发展改革委、交通部等九部委联合发布了两个标准文件《〈标准施工招标资格预审文件〉和〈标准施工招标文件〉试行规定》。组织专家制定了本行业的资格预审文件和标准招标文件。分别简称为《建筑预审文件》和《建筑招标文件》。

一、《房屋建筑和市政工程标准施工招标文件》的适用范围和特点

（一）《建筑招标文件》的适用范围

《建筑预审文件》和《建筑招标文件》分别是《标准预审文件》和《标准招标文件》的配套文件。适用于一定规模以上，且设计和施工不是由同一承包人承担的房屋建筑和市政工程的施工招标。作为配套文件，其章节与《标准招标文件》一致，资格预审文件包括资格预审公告、申请人须知、资格审查办法、资格预审申请文件格式和项目建设概况 5 章。招标文件包括招标公告（投标邀请书）、投标人须知、评标办法、合同条款及格式、工程量清单、图纸、技术规范和投标文件格式 8 章采用相同的章、节、条、款、项、目，供招标人和投标人选择使用。

1. 直接引用《标准资格预审文件》和《标准招标文件》的章节

《建筑预审文件》中直接引用《标准资格预审文件》的章节是：第 2 章“申请人须知”，第 3 章“资格审查办法”正文部分。《建筑招标文件》中直接引用《标准招标文件》的章节是：

第 2 章“投标人须知”，第 3 章“评标办法”正文部分，第 4 章第 1 节“通用合同条款”。

2.《建筑招标文件》中的示范性内容

第 3 章“评标办法”的附表，第 5 章“工程量清单”，以及第 7 章“技术标准和要求”。

示范性内容提倡使用，但没有法律强制性。

3.《建筑招标文件》中的附表

《建筑招标文件》对《标准招标文件》中的附表考虑到行业特点做了细化补充，同时也重新设计了若干体现行业特点的表格，体现了《建筑招标文件》的专业性。

如在“投标人须知”章节的“附表一 开标记录表”中增加了开标地点要求和其他两项要求，即：

“(二)开标过程中的其他事项记录。

(三)出席开标会的单位和人员（附签到表）。”

在“附表二 问题澄清通知”中增加了一个质疑问卷附件。

根据行业特点和行业招标实践要求，增加了“附表七 备选投标方案编制要求”和“附表八 电子投标文件编制及报送要求”。

在“评标办法”章节新增了全部 6 个附表等。虽然这些附表有些是示范性的，但对于规范招

投标程序，满足评标需要十分方便。

4．技术规范

考虑到房屋建筑和市政工程行业专业众多，《建筑招标文件》在技术规范部分只能就通用部分做了规定。各专业的规范和技术要求还需要招标人根据项目的专业要求设置。

（二）《房屋建筑和市政工程标准施工招标文件》的特点

《建筑预审文件》和《建筑招标文件》的主要特点：

一是充分考虑了住房城乡建设系统有关法律法规，符合房屋建筑和市政工程施工招标和资格预审活动的特点，统一了房建和市政工程施工招投标规则。《建筑标准文件》总结了行业发展经验和实践操作中的惯例，如招标公告中明确了在有形市场报名环节，投标人的法定代表人或其委托代理人应当按时参加开标会，否则其投标为废标等。统一了房建和市政工程施工招投标的规则和做法，规范了资格预审、评标、结算等环节。

二是总结了实践中一些好的经验和做法，对资格预审、评标定标、合同履行等环节进行了良性引导和规范。如对评标程序的清标组、对启动低于成本程序的规定等做了界定，这些有助于提高编制招标文件和评标的质量。招标人以标准文件为基础，结合项目特点和实际需要进行补充和修改就可以形成完整、规范的招标文件，有助于项目建设的顺利进行。

三是通过对九部委的《标准招标文件》和住房建设部以往的招标示范文本进行修订、补充和完善编制的《建筑招标文件》，对于规范建筑行业的范招投标活动将发挥重要作用。各级招投标监管部门在实施招投标监管中，探索出了不少好的经验和办法，出台了相应的监管办法和规范性文件。但实际执行中，仍然存在部分招标人利用资格审查的环节设置不合理的条件排斥潜在的投标人，围标、串标及随意废标等违法现象也时有发生。针对这些长期存在的问题，在《建筑招标文件》里通过具体的量化指标等方式，对防范这些违法违规行为提供了可操作性较强的办法。

二、《房屋建筑和市政工程标准施工招标文件》行业要求

（一）“投标人前附表”补充的行业要求

《建筑招标文件》的第 2 章“投标人须知”正文中完全引用《标准招标文件》相同章节。但“投标人前附表”结合行业特点做了一些具体规定，并增加了“附表七 备选投标方案编制要求”和“附表八 电子投标文件编制及报送要求”。

在 1.1.2～1.1.3 款招标人和代理机构的联系方式中，增加了电子邮件。

在 1.3.2 款计划工期中，补充了“除上述总工期外，发包人还要求以下区段标注工期：______。有关工期的详细要求见第七章“技术标准和要求”。

在 1.3.3 款质量标准中明确了：“关于质量要求的详细说明见第七章“技术标准和要求”。

在 1.4.1 款投标人资质条件、能力和信誉中明确为“注册建造师执业资格，具备有效的安全生产考核合格证书，且不得担任其他在施建设工程项目的项目经理”。

其他要求还有：

在“1.4.2 款是否接受联合体投标中强调了“联合体资质按照联合体协议约定的分工认定。”

在 1.1.2 款偏离中明确了“可偏离的项目和范围见第七章‘技术标准和要求’：

允许偏离最高项数：______；

偏差调整方法：______”。

在 2.2.2～2.2.3 款关于确认对招标文件的澄清和修改时间的具体要求为“在收到相应澄清（修

改）文件后____小时内”。

3.4.1 款投标保证金款除了形式和金额外增加了“递交方式”。

在 3.5.2～3.5.5 款中有关证明材料的年份要求明确了起止时间段。

在 3.6 条是否允许递交备选投标方案中明确了“备选投标方案的编制要求见附表七备选投标方案编制要求，评审和比较方法见第三章评标办法”。

在 3.7 条中对装订要求做了非常明确的规定：

“按照投标人须知第 3.1.1 项规定的投标文件组成内容，投标文件应按以下要求装订：□不分册装订□分册装订，共分__册，分别为：

投标函，包括__至__的内容；

商务标，包括__至__的内容；

技术标，包括__至__的内容 ____标，包括__至__的内容；

每册采用_______方式装订；

装订应牢固、不易拆散和换页，不得采用活页装订。”

在 4.2.2 款中投标文件递交地点明确规定为：

“（有形建筑市场／交易中心名称及地址）。”

原建设部《房屋建筑和市政基础设施工程施工招标投标管理办法》（89 号令）

第 13 条规定：“全部使用国有资金投资或者国有资金投资占控股或者主导地位，依法必须进行施工招标的工程项目，应当进入有形建筑市场进行招标投标活动。政府有关管理机关可以在有形建筑市场集中办理有关手续，并依法实施监督。”

在 4.2.3 款关于退还投标文件中增加了说明，如果要求退还应填写“退还安排”。

在 6.1.1 款对评标委员会招标人的代表规定了资格条件中：“限招标人在职人员，且应当具备评标专家相应的或者类似的条件。”

7.1 条是否授权评标委员会确定中标人与《标准招标文件》内容相同。

7.3.1 款履约担保与《标准招标文件》内容相同。除此之外，还增加了内容：

“10. 需要补充的其他内容属于全部新增内容。

10.1 词语定义

10.1.1 类似项目

10.1.2 不良行为记录

10.2 招标控制价

10.3 “暗标”评审

10.4 投标文件电子版

10.5 计算机辅助评标

10.6 投标人代表出席开标会”

考虑到建筑行业施工特点，为方便评标的澄清，加大围标成本，《建筑招标文件》按照“本须知第 5.1 款的规定，招标人邀请所有投标人的法定代表人或其委托代理人参加开标会。投标人的法定代表人或其委托代理人应当按时参加开标会，并在招标人按开标程序进行点名时，向招标人提交法定代表人身份证明文件或法定代表人授权委托书，出示本人身份证，以证明其出席，否则，其投标文件按废标处理。”

10.7 条为中标公示。

“在中标通知书发出前，招标人将中标候选人的情况在本招标项目招标公告发布的同一媒介和有形建筑市场／交易中心予以公示，公示期不少于 3 个工作日。”

10.8 条为知识产权。

10.9 条描述了重新招标的其他情形。

“除投标人须知正文第 8 条规定的情形外，除非已经产生中标候选人，在投标有效期内同意延长投标有效期的投标人少于 3 个的，招标人应当依法重新招标。”

投标人须知正文第 8 条指出：

① 投标截止时间止，投标人少于 3 个的，

② 经评标委员会评审后否决所有投标的。

10.10 条为同义词语。

10.11 条为监督。

10.12 条为解释权：

“构成本招标文件的各个组成文件应互为解释，互为说明；如有不明确或不一致，构成合同文件组成内容的，以合同文件约定内容为准，且以专用合同条款约定的合同文件优先顺序解释；除招标文件中有特别规定外，仅适用于招标投标阶段的规定，按招标公告（投标邀请书）、投标人须知、评标办法、投标文件格式的先后顺序解释；同一组成文件中就同一事项的规定或约定不一致的，以编排顺序在后者为准；同一组成文件不同版本之间有不一致的，以形成时间在后者为准。按本款前述规定仍不能形成结论的，由招标人负责解释。

在合同履约阶段按照法定顺序解释。”

10.13 条是为招标人补充的其他内容。

（二）“技术标准和要求”体现的行业特点

《标准招标文件》的第 7 章“技术标准和要求”全部空白，要求招标人根据项目特点编写。《建筑招标文件》的第 7 章针对行业通用的技术规范撰写了三节共 20 条及一个附件，是招标文件中最能体现房屋建筑和市政工程行业特点的文件之一。

《建筑招标文件》的第 7 章是示范性内容，但是在第 1 节中充分考虑了与第 4 章“通用合同条款”和“专用合同条款”的相互衔接，提倡招标人不加修改的直接引用。

在“通用合同条款”和“专用合同条款”中重点对相关程序做了规定，“技术标准和要求”重点对相关标准要求做了界定。

“技术标准和要求”按照一般要求、特殊要求和特殊适用标准依次做出规定，“技术标准和要求”的第 1 节“一般要求”主要有以下条款：

“1. 工程说明

2. 承包范围

3. 工期要求

4. 质量要求

5. 适用规范和标准

6. 安全文明施工

7. 治安保卫

8. 地上、地下设施和周边建筑物的临时保护

9. 样品材料代换

10. 进口材料和工程设备

11. 进度报告和进度例会

12. 试验和检验

13. 计日工

14. 计量与支付”

上述条款对合同条款中的相应内容依据建筑行业的特点做了详尽的标准界定和内容细化补充。如仅对“安全文明施工”，“技术标准和要求”就做了9款65项规定。其中“脚手架”项，分别从脚手架安全设施、搭建方案审批程序、脚手架安全性审批、日常使用的安全检查程序以及拆除程序等做了详尽规定，以保证安全活动在“脚手架”项目上从制度上得以保证。

在“技术标准和要求”中的“第二节 特殊技术标准和要求”有以下条款：

“1. 材料和工程设备技术要求

2. 特殊技术要求

3. 新技术、新工艺和新材料

4. 其他特殊技术标准和要求”

在“技术标准和要求”中的第三节适用的国家、行业，以及地方规范、标准和规程。

《建筑招标文件》的技术标准和要求仅针对通用技术和标准，招标人在使用时还应当对各专业的技术标准和要求补充做出相应的具体规定。

三、《房屋建筑和市政工程标准施工招标文件》评标办法

（一）《建筑招标文件》的评标办法

1. 评标方法

《建筑招标文件》规定的评标方法也是两种，即“评审的最低投标价法”和“综合评估法”。其中前一种方法有“评标价计算方法”说明，后一种方法对“暗标”评审等问题的处理规定。

2. 评标标准

在《建筑招标文件》中的评标程序和《标准招标文件》的规定基本相同，但加了第3节，即

“3.1.2 废标条件

3.2.1 价格折算

3.2.2 判断投标报价是否低于成本

补1备选方案评审

补2计算机辅助评标”

3. 评标程序

《建筑招标文件》附件A中规定了如下评标详细程序：

“A0.总则

本附件是本章“评标办法”的组成部分，是对本章第3条所规定的评标程序的进一步细化，评标委员会应当按照本附件所规定的详细程序开展并完成评标工作。

A1.基本程序

评标活动将按以下5个步骤进行：

（1）评标准备；

（2）初步评审：

（3）详细评审；

（4）澄清、说明或补正；

（5）推荐中标候选人或者直接确定中标人及提交评标报告。

A2. 评标准备

A2.1 评标委员会成员签到

评标委员会成员到达评标现场时应在签到表上签到以证明其出席。评标委员会签到表见附表 A-1。

A2.2 评标委员会的分工

评标委员会首先推选一名评标委员会主任。招标人也可以直接指定评标委员会主任。评标委员会主任负责评标活动的组织领导工作。评标委员会主任在与其他评标委员会成员协商的基础上，可以将评标委员会划分为技术组和商务组。

A2.3 熟悉文件资料

A2.3.1 评标委员会主任应组织评标委员会成员认真研究招标文件，了解和熟悉招标目的、招标范围、主要合同条件、技术标准和要求、质量标准和工期要求等，掌握评标标准和方法，熟悉本章及附件中包括的评标表格的使用，如果本章及附件所附的表格不能满足评标所需时，评标委员会应补充编制评标所需的表格，尤其是用于详细分析计算的表格。未在招标文件中规定的标准和方法不得作为评标的依据。

A2.3.2 招标人或招标代理机构应向评标委员会提供评标所需的信息和数据，包括招标文件、未在开标会上当场拒绝的各投标文件、开标会记录、资格预审文件及各投标人在资格预审阶段递交的资格预审申请文件（适用于已进行资格预审的）、招标控制价或标底（如果有）、工程所在地工程造价管理部门颁布的工程造价信息、定额（如作为计价依据时）、有关的法律、法规、规章、国家标准及招标人或评标委员会认为必要的其他信息和数据。

A2.4 对投标文件进行基础性数据分析和整理工作（清标）

A2.4.1 在不改变投标人投标文件实质性内容的前提下，评标委员会应当对投标文件进行基础性数据分析和整理（本章中简称为“清标”），从而发现并提取其中可能存在的对招标范围理解的偏差、投标报价的算术性错误、错漏项、投标报价构成不合理、不平衡报价等存在明显异常的问题，并就这些问题整理形成清标成果。评标委员会对清标成果审议后，决定需要投标人进行书面澄清、说明或补正的问题，形成质疑问卷，向投标人发出问题澄清通知（包括质疑问卷）。

A2.4.2 在不影响评标委员会成员的法定权利的前提下，评标委员会可委托由招标人专门成立的清标工作小组完成清标工作。在这种情况下，清标工作可以在评标工作开始之前完成，也可以与评标工作平行进行。清标工作小组成员应为具备相应执业资格的专业人员，且应当符合有关法律法规对评标专家的回避规定和要求，不得与任何投标人有利益、上下级等关系，不得代行依法应当由评标委员会及其成员行使的权利。清标成果应当经过评标委员会的审核确认，经过评标委员会审核确认的清标成果视同是评标委员会的工作成果，并由评标委员会以书面方式追加对清标工作小组的授权，书面授权委托书必须由评标委员会全体成员签名。

A2.4.3 投标人接到评标委员会发出的问题澄清通知后，应按评标委员会的要求提供书面澄清资料并按要求进行密封，在规定的时间递交到指定地点。投标人递交的书面澄清资料由评标委员会开启。

（关键词：签到、分工、熟悉、整理 4 个步骤）

A3.初步评审

A3.1 形式评审

评标委员会根据评标办法前附表中规定的评审因素和评审标准，对投标人的投标文件进行形式评审，并使用附表 A-2 记录评审结果。

A3.2 资格评审

A3.2.1（A）评标委员会根据评标办法前附表中规定的评审因素和评审标准，对投标人的投标文件进行资格评审，并使用附表 A-3 记录评审结果（适用于未进行资格预审的）。

A3.2.2（B）当投标人资格预审申请文件的内容发生重大变化时，评标委员会依据资格预审文件中规定的标准和方法，对照投标人在资格预审阶段递交的资格预审文件中的资料，以及在投标文件中更新的资料，对其更新的资料进行评审（适用于已进行资格预审的）。其中：

（1）资格预审采用“合格制”的，投标文件中更新的资料应当符合资格预审文件中规定的审查标准，否则其投标作废标处理；

（2）资格预审采用“有限数量制”的，投标文件中更新的资料应当符合资格预审文件中规定的审查标准，其中以评分方式进行审查的，其更新的资料按照资格预审文件中规定的评分标准评分后，其得分应当保证即便在资格预审阶段仍然能够获得投标资格，且没有对未通过资格预审的其他资格预审申请人构成不公平，否则其投标作废标处理。

A3.3　响应性评审

A3.3.1 评标委员会根据评标办法前附表中规定的评审因素和评审标准，对投标人的投标文件进行响应性评审，并使用附表 A-4 记录评审结果。

A3.3.2（A）“投标人投标价格不得超出（不含等于）按照本章前附表的规定计算的‘拦标价’，凡投标人的投标价格超出‘拦标价’的，该投标人的投标文件不能通过响应性评审。（适用于设立拦标价的情形）

拦标价=标底价×（1+_______%）。”

A3.3.2（B）“投标人投标价格不得超出（不含等于）按照第二章‘投标人须知’前附表第 10.2 款载明的招标控制价，凡投标人的投标价格超出招标控制价的，该投标人的投标文件不能通过响应性评审。（适用于设立招标控制价的情形）”

① 措施项目费用。分部分项费的计算应以招标文件中提供的措施项目清单为依据。

② 其他项目费用。其他项目费用包括暂列金额、暂估价、计日工及总承包服务费组成。

③ 规费和税金。规费和税金应按国家或省级、行业建设主管部门的规定计算，不得作为竞争性费用。

“A3.4 施工组织设计和项目管理机构评审

评标委员会根据评标办法前附表中规定的评审因素和评审标准，对投标人的施工组织设计和项目管理机构进行评审，并使用附表 A-5 记录评审结果。

A3.5 判断投标是否为废标

A3.5.1 判断投标人的投标是否为废标的全部条件（包括本章第 3.1.2 项中规定的条件），在本章附件 B 中集中列示。

A3.5.2 本章附件 B 集中列示的废标条件不应与第二章“投标人须知”和本章正文部分包括的废标条件抵触，如果出现相互矛盾的情况，以第二章“投标人须知”和本章正文部分的规定为准。

A3.5.3 评标委员会在评标（包括初步评审和详细评审）过程中，依据本章附件 B 中规定的废标条件判断投标人的投标是否为废标。

A3.6 算术错误修正

评标委员会依据本章中规定的相关原则对投标报价中存在的算术错误进行修正，并根据算术错误修正结果计算评标价。”

（注意：建筑行业对《标准招标文件》3.1.3 条款中“调整后的报价经投标人确认后产生约束力”的理解是对评标价的约束，合同价以投标函为准。）

“A3.7 澄清、说明或补正

在初步评审过程中，评标委员会应当就投标文件中不明确的内容要求投标人进行澄清、说明或者补正。投标人应当根据问题澄清通知要求，以书面形式予以澄清、说明或者补正。澄清、说明或补正根据本章第 3. 3 款的规定进行。

（关键词：形式、资格、响应、施工组织、废标、修正、澄清 7 个步骤）

A4.详细评审

只有通过了初步评审、被判定为合格的投标方可进入详细评审。

A4.1 价格折算

A4.1.1 评标委员会根据评标办法前附表、本章附件C中规定的程序、标准和方法，以及算术错误修正结果，对投标报价进行价格折算，计算出评标价，并使用附表A-6记录评标价折算结果。

A4.2 判断投标报价是否低于成本

根据本章第3.2.2项的规定，评标委员会根据本章附件D中规定的程序、标准和方法，判断投标报价是否低于其成本。由评标委员会认定投标人以低于成本竞标的，其投标作废标处理。

A4.3 澄清、说明或补正

在初步评审过程中，评标委员会应当就投标文件中不明确的内容要求投标人进行澄清、说明或者补正。投标人应当根据问题澄清通知要求，以书面形式予以澄清、说明或者补正。澄清、说明或补正根据本章第3. 3款的规定进行。

（关键词：折算、判断、澄清、汇总）

A5 推荐中标候选人或者直接确定中标人

A5.1 汇总评标结果

投标报价评审工作全部结束后，评标委员会应按照附表A-7的格式填写评标结果汇总表。

A5.2 推荐中标候选人

A5.2.1 除第二章“投标人须知”前附表授权直接确定中标人外，评标委员会在推荐中标候选人时，应遵照以下原则：

（1）评标委员会对有效的投标按照评标价由低至高的次序排列，根据第二章“投标人须知”前附表第7.1款的规定推荐中标候选人。

（2）如果评标委员会根据本章的规定作废标处理后，有效投标不足三个，且少于第二章“投标人须知”前附表第7.1款规定的中标候选人数量的，则评标委员会可以将所有有效投标按评标价由低至高的次序作为中标候选人向招标人推荐。如果因有效投标不足三个使得投标明显缺乏竞争的，评标委员会可以建议招标人重新招标。

A5.2.2 投标截止时间前递交投标文件的投标人数量少于三个或者所有投标被否决的，招标人应当依法重新招标。

A5.3 直接确定中标人

第二章“投标人须知”前附表授权评标委员会直接确定中标人的，评标委员会对有效的投标按照评标价由低至高的次序排列，并确定排名第一的投标人为中标人。

A5.4 编制及提交评标报告

评标委员会根据本章第3.4.2项的规定向招标人提交评标报告。评标报告应当由全体评标委员会成员签字，并于评标结束时抄送有关行政监督部门。

评标报告的内容和《标准招标文件》的规定相同。

（关键词：汇总、推荐、报告）

A6. 特殊情况的处置程序

A6.1 关于评标活动暂停

A6.1.1 评标委员会应当执行连续评标的原则，按评标办法中规定的程序、内容、方法、标准完成全部评标工作。只有发生不可抗力导致评标工作无法继续时，评标活动方可暂停。

A6.1.2 发生评标暂停情况时，评标委员会应当封存全部投标文件和评标记录，待不可抗力的影响结束且具备继续评标的条件时，由原评标委员会继续评标。

A6.2 关于评标中途更换评标委员会成员

A6.2.1　除非发生下列情况之一，评标委员会成员不得在评标中途更换：

（1）因不可抗拒的客观原因，不能到场或需在评标中途退出评标活动。

（2）根据法律法规规定，某个或某几个评标委员会成员需要回避。

A6.2.2　退出评标的评标委员会成员，其已完成的评标行为无效。由招标人根据本招标文件规定的评标委员会成员产生方式另行确定替代者进行评标。

A6.3 记名投票

在任何评标环节中，需评标委员会就某项定性的评审结论做出表决的，由评标委员会全体成员按照少数服从多数的原则，以记名投票方式表决。

A7.补充条款”

4．评标结果

推荐中标候选人、撰写评标报告。

（二）关于废标条件

“B0.总则

本附件所集中列示的废标条件，是本章“评标办法”的组成部分，是对第二章“投标人须知”和本章正文部分所规定的废标条件的总结和补充，如果出现相互矛盾的情况，以第二章“投标人须知”和本章正文部分的规定为准。

B1.废标条件

投标人或其投标文件有下列情形之一的，其投标作废标处理：

B1.1　有第二章“投标人须知”第 1.4.3 项规定的任何一种情形的（12 种）；

B1.2　有串通投标或弄虚作假或有其他违法行为的；

B1.3　不按评标委员会要求澄清、说明或补正的；

B1.4　在形式评审、资格评审（适用于未进行资格预审的）、响应性评审中，评标委员会认定投标人的投标文件不符合评标办法前附表中规定的任何一项评审标准的；

B1.5　当投标人资格预审申请文件的内容发生重大变化时，其在投标文件中更新的资料，未能通过资格评审的（适用于已进行资格预审的）；

B1.6　投标报价文件（投标函除外）未经有资格的工程造价专业人员签字并加盖执业专用章的；

B1.7 在施工组织设计和项目管理机构评审中，评标委员会认定投标人的投标未能通过此项评审的；

B1.8　评标委员会认定投标人以低于成本报价竞标的；

B1.9　投标人未按第二章“投标人须知”第 10.6 款规定出席开标会的；

B1.10 ……”

（上述废标条款共 20 条，可归纳为招标主体、招标行为、招标文件、其他 4 个方面。）

“注释：如果工程所在地管理规定要求评标委员会对判定为废标的投标文件说明废标情况的，应增加“废标情况说明表”格式，废标情况说明应当对照招标文件规定的废标条件及投标文件存在的具体问题。”

（三）关于投标人低于成本评审办法

“附件 D：投标人成本评审办法（示范性）

D0 总则

本附件是本章“评标办法”的组成部分，评标委员会按照本章第 3.2.2（采用综合评估法的第

3.2.4 项的规定，对投标人投标报价是否低于其成本进行评审和判断时，适用本附件所规定的办法。

D1 评审程序

D1.1 启动成本评审工作的前提条件

在满足下列两项条件的前提下，评标委员会应当启动并进行本办法所规定的评审，以判别投标人的投标报价是否低于其成本：

D1.1.1 投标人的投标文件已经通过本章“评标办法”规定的“初步评审”，不存在应当废标的情形；

D1.1.2 投标人的投标报价低于（不含）以下限度的：________。”

“说明：（1）设有标底或者招标控制价时以标底或者招标控制价为基准设立下浮限。（2）既不设招标控制价又不设标底的，可以有效投标报价的算术平均值为基准设立下浮限度。具体限度视工程所在地和招标项目具体情况在本附件中规定。但此处的下限仅作为启动成本评审工作的警戒线，不得直接认定废标。”

“D1.2 对投标价格的合理性进行评审

评标委员会结合清标成果，对各个投标价格和影响投标价格合理性的以下因素逐一进行分析，并修正其中任何可能存在的错误和不合理内容：

（1）算术性错误分析和修正；

（2）错漏项分析和修正；

（3）分部分项工程量清单部分价格合理性分析和修正；

（4）措施项目清单和其他项目清单部分价格合理性分析和修正；

（5）企业管理费合理性分析和修正；

（6）利润水平合理性分析和修正；

（7）法定税金和规费的完整性分析和修正；

（8）不平衡报价分析和修正。

D1.3 澄清、说明或补正

评标委员会汇总对投标报价的疑问，启动“澄清、说明或补正”程序，发出问题澄清通知并附上质疑问卷，要求投标人进行澄清和说明并提交有关证明材料。

D1.4 判断投标报价是否低于其成本

评标委员会根据投标人澄清和说明的结果，计算出对投标人投标报价进行合理化修正后所产生的最终差额，判断投标人的投标报价是否低于其成本。

D2 评审的依据

D3 算术性错误分析和修正

D4 错漏项分析和修正

D5 分部分项工程量清单部分价格合理性分析和修正

D6 措施项目清单和其他项目清单部分价格合理性分析和修正

D7 企业管理费合理性分析和修正

D8 利润水平合理性分析和修正

D9 法定税金和规费的完整性分析和修正

D10 不平衡报价分析和修正

D11 对投标报价的澄清和说明

D12 判断投标报价是否低于成本”

上述程序可分为 5 个阶段：

第一阶段 判断启动低于成本的条件；

第二阶段 从八个方面对投标报价的合理性进行评价；

第三阶段 投标人对评标委员会就上述问题评审意见做出澄清；

第四阶段 评标委员会参考投标人意见从八个方面最后修正；

第五阶段 最终做出结论。

《建筑招标文件》评标办法的附表还有：

“附件 C 评标价计算方法

附件 E 备选方案的评审和比较方法

附件 F 计算机辅助评标方法”等附件。

（四）关于综合评估法评标中的其他规定

1. 关于暗标

综合评估法评标是通过对施工组织设计、项目管理机构、投标报价及其他评分因素综合打分的评标方法，其评标程序和“经评审的最低投标价”方法基本相同，所不同的是在详细评审环节中要求依据 2.2.1～2.2.4 款的标准对投标文件打分，这些标准与《标准招标文件》完全相同。

为了尽量减少评标专家的主观性和感情因素，在对施工组织设计评分时可以采取“暗标评审”的方法。对此，该办法在《建筑招标文件》附录 A 在程序规定中增加了以下条款：

“A2.4 暗标编号(适用于对施工组织设计进行暗标评审的)

第二章“投标人须知”前附表第 10. 3 款要求对施工组织设计采用“暗标”评审方式且第八章“投标文件格式”中对施工组织设计的编制有暗标要求，则在评标工作开始前，招标人将指定专人负责编制投标文件暗标编码，并就暗标编码与投标人的对应关系做好暗标记录。暗标编码按随机方式编制。在评标委员会全体成员均完成暗标部分评审并对评审结果进行汇总和签字确认后，招标人方可向评标委员会公布暗标记录。暗标记录公布前必须妥善保管并予以保密。”

“A6.1 暗标评审的评审程序规定(适用于对施工组织设计进行暗标评审的)

如果第二章“投标人须知”前附表第 10.3 款要求对施工组织设计采用“暗标”评审方式且第八章“投标文件格式”中对施工组织设计的编制有暗标要求，评标委员会需对施工组织设计进行暗标评审的，则评标委员会需将施工组织设计(暗标)评审提前到初步评审之前进行。施工组织设计评审结果封存后再进行形式评审、资格评审、响应性评审和项目管理机构评审。项目管理机构评审完成后再公开暗标编码与投标人名称之间的对应关系。”

2. 关于推荐中标候选人

“A5.1 推荐中标候选人

A5.1.1 除第二章“投标人须知”前附表第 7.1 款授权直接确定中标人外，评标委员会在推荐中标候选人时，应遵照以下原则：

（1）评标委员会按照最终得分由高至低的次序排列，并根据第二章“投标人须知”前附表第 7.1 款规定的中标候选人数量，将排序在前的投标人推荐为中标候选人；

（2）如果评标委员会根据本章的规定作废标处理后，有效投标不足三个，且少于第二章“投标人须知”前附表第 7.1 款规定的中标候选人数量的，则评标委员会可以将所有有效投标按最终得分由高至低的次序作为中标候选人向招标人推荐。如果因有效投标不足三个使得投标明显缺乏竞争的，评标委员会可以建议招标人重新招标。”

“A5.2.2 投标人数量少于三个或者所有投标被否决的，招标人应当依法重新招标。”

《建筑招标文件》的上述规定是评标专家自由裁量权最重要的体现。

本章案例解读

（一）招标文件内容不一致案例解读

① 某工程招标采用固定总价合同形式，在招标文件中工程范围、招标工程量清单、专用合同条款、工作范围均不包括装修，施工图中包括装修，投标截止前潜在投标人均未提出异议或要求澄清，评标时发现投标人报价清单均不含装修，问如何处理？

参考答案：依据《建筑招标文件》投标人须知前附表 10.12：“构成本招标文件的各个组成文件应互为解释，互为说明；如有不明确或不一致，构成合同文件组成内容的，以合同文件约定内容为准，且以专用合同条款约定的合同文件优先顺序解释。”规定，该项目遗漏的内容构成合同文件，依据合同文件优先顺序，专用合同条款在施工图纸效力之前，所以不含此工程费用报价是正确的。

② 某工程招标采用固定总价形式，在评标时评标委员会发现，招标文件对评标样品演示的规定在投标人须知前附表和评标办法前附表的规定不一致，有 5 份投标文件依照招标文件前附表的规定编制，有 3 份投标文件依照评标办法的规定编制，评标委员会请招标人对招标文件作出解释。

参考答案：依据《建筑招标文件》投标人须知前附表 10.12：“除招标文件中有特别规定外，仅适用于招标投标阶段的规定，按招标公告（投标邀请书）、投标人须知、评标办法、投标文件格式的先后顺序解释；”的规定，评标样品演示仅适用招标投标阶段，评标委员会应当按照招标文件的顺序，即按照投标人须知中对样品演示进行评标，对于其他 5 份投标文件应当允许投标人重新按照投标人须知的规则演示并评审。

③ 某工程招标采用固定总价形式，在评标时评标委员会发现，招标文件文件对安全员资格的规定在投标人须知前附表和评标办法前附表不一致，有 5 份投标文件依照招标文件前附表编制，有 3 份投标文件依照评标办法的规定编制，评标委员会请招标人对招标文件作出解释。

参考答案：依据《建筑招标文件》投标人须知前附表 10.12：“同一组成文件中就同一事项的规定或约定不一致的，以编排顺序在后者为准；同一组成文件不同版本之间有不一致的，以形成时间在后者为准。按本款前述规定仍不能形成结论的，由招标人负责解释。”的规定，关于安全员资格的规定招标文件前后不一致，应当按照招标文件编排顺序确定，应当以评标办法的约定为准。

（二）某配电箱招标文件没有规定产品必须经 3C 认证的案例解读

某工程招配电箱，招标文件未规定技术标准，图纸上给明了技术标准（因该产品属电器产品，技术标准 3C 认证证明企业是否达到标准），评标时发现有 7 家投标人未达到此标准，评委如何处理？

参考答案：评委应当否决投标，因为评标依据除了招标文件外还有法律和强制技术规范。

（三）资格预审文件和招标文件规定不一致案例解读

某次评标工作中，资格预审文件对项目经理的要求是建筑工程类二级及以上建造师（含临时）。但在招标文件中对项目经理的要求却是建筑工程类一级及以上建造师（含临时）。7 家通过资格预审的投标人中有三家投标时所报项目经理是建筑工程类二级建造师。招标文件中又明确规定项目经理不符合要求的作废标。请问：这种情况怎么处理？

参考答案：资格预审文件等材料与招标文件不一致时，应以招标文件为准 。评标委员会按照招标文件规定的评标标准和方法进行评审。有两家项目经理不符合招标文件要求，应按招标文件的规定否决投标。其中引起质疑投诉和责任后果由招标人承担。

经过激烈竞争的中标人已经承担很大风险。如果在签订合同时，招标人在中标价基础上增加额外的项目或压低标价，业主则会冒工程质量降低和拖延工期的风险盲目签约，结果往往得不偿失，最终损失的还是建设单位和国家。这已经为无数的事实所证实。

清华大学教授　王蓁正

第8章

《水利水电工程标准施工招标文件》评标解读

一、《水利水电工程标准施工招标文件》的主要内容

（一）《水利水电工程标准施工招标文件》的内容

《水利水电工程标准施工招标资格预审文件》（以下简称《水电预审文件》）共分为资格预审公告、申请人须知、资格审查办法、资格预审申请文件格式、项目建设概况5章，《水利水电工程标准施工招标文件》（以下简称《水电招标文件》）共4卷8章：

第一卷主要对招标公告等内容、格式进行了规范；

第二卷为图纸，主要对招标图纸的组成、编绘、目录等内容、格式提出了要求；

第三卷“技术标准和要求（合同技术条款）”是参考性的文本，招标人可根据工程项目的具体需要进行修改，但应注意与“通用合同条款”“专用合同条款”以及“工程量清单”的衔接。

《水电招标文件》的技术标准和要求比较全面完整。

第四卷为投标文件格式，对投标人的投标文件内容和应提供的材料进行了明确。

《水电招标文件》于2009年颁布，2010年2月1日起施行。该文件严格遵从国家发展改革委等九部委编制的《标准招标文件》的框架和架构，充实了《标准招标文件》空白章节（专用合同条款、图纸、合同技术条款），并根据水利水电行业管理的实际和需要，修改了工程量清单，补充细化了《标准招标文件》，要求不加修改引用的章节（申请人须知、资格审查办法、投标人须知、评标办法、通用合同条款）。《标准招标文件》和《水电招标文件》结合使用，共同构成完整的《水电招标文件》。

（二）实施《水利水电工程标准施工招标文件》的意义

水利部于1997年发布了《水利水电土建工程施工合同条件》，2000年进行了修订并发布了《水利水电工程施工合同和招标文件示范文本》（GF—2000—0208），对规范招标文件编制、加强施工招标管理起到了重要作用。与《水利水电工程施工合同和招标文件示范文本》相比，2010年2月1日施行的《水电招标文件》增加了资格预审文件编制要求，补充完善了投标人须知内容，突出了评标办法，丰富了通用合同条款，调整了投标文件格式，增加了适应计价规范的工程量清单格式，调整了技术条款的编排结构和内容，并对招标图纸提出通用要求。《水电招标文件》涵盖了招标投标过程中的招标文件、资格预审、投标文件的内容，对于规范统一招投标内容格式，促进水利工程招标投标市场健康发展具有重要的意义，也是水利部贯彻落实中央关于工程建设领域突出问题专项治理工作决策部署、开展水利系统专项治理工作的重要措施。

二、《水利水电工程标准施工招标文件》的行业特点

（一）“投标人须知”体现的行业要求

《水电招标文件》应与中华人民共和国《标准招标文件》（2007 年版）结合使用，当两者相同条款号内容不一致时，采用《水电招标文件》。

《水电招标文件》的“投标人须知”根据水利施工的特点在以下环节做了必要的调整和规定 。该全文引用《标准招标文件》（2007 年版）相应条款并增加补充了以下内容（以下沿用《水电招标文件》的序号）。

1．项目概况

在 1.1 条项目概况中，补充增加的主要有以下内容。

在相关人信息补充了 1.1.6～1.1.9 款，现场管理机构、项目设计人、监管人和代建机构等信息要求。

在 1.11 条中对分包的内容、金额和资质要求根据水利行业做了具体规定。投标人应在投标文件中提供分包协议资质证书及营业执照复印件、人员设备和业绩资料表、分包的工程项目和工程量。

在 1.12 条偏离中，明确规定了不允许偏离招标文件的实质性要求和条件，以及投标文件偏离招标文件的非实质性要求和条件处理方式。

2. 关于招标文件的澄清和修改

全文引用《标准施工招标文件》（2007 年版）相应条款，并补充、明确了招标文件澄清和答复的具体时间：

2.2.1 款“投标人如有疑问，应在投标截止时间 17 天前以书面形式提出澄清申请，要求招标人对招标文件予以澄清。”

2.2.2 款“投标人在收到澄清通知后，应在 1 天内以书面形式告知招标人，确认已收到该澄清通知。”

2.2.3 款“投标人收到修改通知后，应在 1 天内以书面形式告知招标人，确认已收到该修改通知。”

3．关于投标文件的补充

全文引用《标准施工招标文件》（2007 年版）相应条款（“3.1 投标文件组成”“3.2 投标报价”“3.3 投标有效期”和“3.4 投标保证金”），并对 3.5 条进行了补充。

3.5 条对于已进行资格预审的资格审查资料的投标文件，如发生资格变化应按新情况更新或补充其在资格预审申请文件中提供的资料，证实其具备承担本标段施工的资质条件、能力和信誉。《水利招标文件》重点对后审的投标文件做了具体规定：

“3.5 条资格审查资料（适用于未进行资格预审的）

3.5.2‘近 3 年财务状况’应附‘经会计师事务所或审计机构审计的财务会计报表，包括资产负债表、现金流量表、利润表和财务情况说明书的复印件’。同时增加了‘流动资金来源证明’，明确了时间界限‘近 3 年’。”

3.5.3 款“‘近 5 年完成的类似项目情况表’应附中标通知书、合同协议书，以及合同工程完工证书(工程竣工证书副本)的复印件。每张表格只填写一个项目，并标明序号”。明确了时间界限“近 5 年”。

3.5.5 款“‘近 3 年发生的诉讼及仲裁情况表’应说明相关情况，并附法院或仲裁机构做出的判决、裁决等有关法律文书复印件”。时间要求“近 3 年”。

3.6 条备选投标方案条款明确可以递交备选投标方案并依照《标准招标文件》3.6 的条款执行。

3.7 条投标文件的编制条款对投标文件的书写格式做了严格的规定。

3.7.3 款："投标文件应采用不褪色的材料书写或打印。投标文件正本除封面、封底、目录、分隔页外，其余每一页均应加盖投标人单位公章，并由投标人的法定代表人或其委托代理人签字。已标价的工程量清单还应加盖注册水利工程造价工程师执业印章。投标文件应尽量避免涂改、行间插字或删除。如果出现上述情况，修改之处应加盖投标人单位公章或由投标人的法定代表人或其委托代理人签字确认。"

4．投标程序的特别规定

全文引用《标准施工招标文件》（2007 年版）相应条款，并补充了封套标示的内容：

"4.1.2　投标文件的封套上除应清楚地标记"正本"或"副本"字样外，封套还应写明以下内容：

（1）所投标段名称和合同编号；

（2）招标人的名称和地址；

（3）投标人的名称和地址，并加盖单位公章（投标人为联合体形式时，须注明联合体名称，联合体牵头人的名称、地址，加盖联合体牵头人单位公章）；

（4）'在投标截止时间之前不得拆封' 的声明。"

5．对投标人必须参加开标会的规定

全文引用《标准施工招标文件》（2007 年版）相应条款，并补充以下内容：在开标时，"投标人的法定代表人或其委托代理人未参加开标会的，招标人可将其投标文件按无效标处理。"其开标程序和标准文件的规定相同。

6．评标

全文引用《标准招标文件》（2007 年版）相应条款。

7．合同授予

全文引用《标准招标文件》（2007 年版）合同授予的相应条款，并补充以下内容：

在 7.1 条定标方式中规定：

"评标委员会推荐 3 名中标候选人，并标明推荐顺序。招标人依据评标委员会推荐的中标候选人确定中标人。"

在 7.4 条"签订合同"中，为严肃中标通知书的法律效力，《水电招标文件》的 7.4.2 款特别规定了招标人违约责任：

"发出中标通知书后，招标人无正当理由拒签合同的，招标人向中标人退还投标保证金，并按投标保证金双倍的金额补偿投标人损失。"

8．关于重新招标和不再招标

全文引用《标准招标文件》（2007 年版）相应条款，并在"8.1 重新招标"一条中除了《标准招标文件》8.1 条的（1）、（2）款外补充了 3 款，即以下 5 种情形：

"有下列情形之一的，招标人将重新招标：

（1）投标截止时间止，投标人少于 3 个的；

（2）经评标委员会评审后否决所有投标的；

（3）评标委员会否决不合格投标或者界定为废标后因有效投标不足 3 个使得投标明显缺乏竞争，评标委员会决定否决全部投标的；

（4）同意延长投标有效期的投标人少于 3 个的；

（5）中标候选人均未与招标人签订合同的。"

8.2　不再招标

"重新招标后，仍出现本章第 8.1 条规定情形之一的，属于必须审批的水利工程建设项目，经行政监督部门批准后不再进行招标。”

9. 纪律和监督

该全文引用《标准招标文件》(2007 年版)相应条款，并补充以下内容。

——对 9.1 条招标人串通投标的行为界定，

“下列行为均属招标人与投标人串通投标：

(1) 招标人在开标前开启投标文件，并将投标情况告知其他投标人，或者协助投标人撤换投标文件，更改报价；

(2) 招标人向投标人泄露标底；

(3) 招标人与投标人商定，投标时压低或抬高标价，中标后再给投标人或招标人额外补偿；

(4) 招标人预先内定中标人；

(5) 其他串通投标行为”。

——对 9.2 条以他人名义投标行为的界定。

“9.2.1 下列行为均属以他人名义投标：

(1) 投标人挂靠其他施工单位；

(2) 投标人从其他施工单位通过转让或租借的方式获取资格或资质证书；

(3) 由其他单位及法定代表人在自己编制的投标文件上加盖印章或签字的行为”。

“9.2.2 下列行为，视为允许他人以本单位名义承揽工程：

(1) 投标人的法定代表人的委托代理人不是投标人本单位人员；

(2) 投标人拟在施工现场所设项目管理机构的项目经理、技术负责人、财务负责人、质量管理人员、安全管理人员(专职安全生产管理人员)不是本单位人员。

投标人本单位人员，必须同时满足以下条件：

(1) 聘任合同必须由投标人单位与之签订；

(2) 与投标人单位有合法的工资关系；

(3) 投标人单位为其办理社会保险关系，或具有其他有效证明其为本单位人员身份的文件”。

——对 9.2 条投标人串通投标行为的界定。

“9.2.3 下列行为均属投标人串通投标报价：

(1) 投标人之间相互约定抬高或压低投标报价；

(2) 投标人之间相互约定，在招标项目中分别以高、中、低价位报价；

(3) 投标人之间先进行内部竞价，内定中标人，然后再参加投标；

(4) 投标人之间其他串通投标报价的行为”。

10. 需要补充的其他内容

该全文引用《标准施工招标文件》(2007 年版)相应条款，并补充以下内容。

“10.1 类似项目

类似项目的要求见投标人须知前附表。

10.2 已标价工程量清单电子版

投标人递交投标文件时，应同时提交已标价工程量清单电子版，份数及格式见投标人须知前附表。

10.3 原件

投标人须知前附表要求投标人递交原件的，投标人应在递交投标文件时按第 8 章投标文件格式第十条原件的复印件要求所列清单提交原件。原件经查验后及时退回投标人。

10.4 中标人的投标文件

中标人须在签订合同前向招标人另行提交投标人须知前附表规定份数的投标文件副本。”

（二）“评标办法”体现的行业特点

《水电招标文件》中关于分别编印“经评审的最低投标价法”和“综合评估法”两种评标办法，招标人应根据项目具体特点和实际需要选择使用。“评标办法正文”应全文引用。“评标办法前附表”适用于进一步补充、明确评审因素和评审标准。招标人应根据招标项目具体特点和实际需要，详细列明正文之外的评审因素和评审标准，没有明列的因素和标准不应作为评标的依据。

“评标办法附件”所提供的格式文件供招标人参考使用。

A. 在《水电招标文件》中，关于“采用经评审的最低投标价法的评标办法”规定，评标办法前附表采用《标准招标文件》推荐的格式。

1. 评标方法

全文引用《标准施工招标文件》（2007 年版）相应条款。

2. 评审标准

全文引用《标准施工招标文件》（2007 年版）相应条款，并补充以下内容：

2.1 条初步评审标准

2.1.1 款形式评审标准：

“在《标准招标文件》2.1.1 款基础上补充了（7）、（8）两项。

（1）投标人名称应与营业执照、资质证书、安全生产许可证一致。

（2）投标文件的签字盖章符合第 2 章投标人须知第 3.7.3 款规定。

（3）投标文件格式符合第 8 章投标文件格式的要求。

（4）联合体投标人应提交联合体协议书，并明确联合体牵头人。

（5）只能有一个报价。

（6）投标文件的正本、副本数量符合第 2 章投标人须知第 3.7.4 款规定。

（7）投标文件的印刷与装订符合第 2 章投标人须知第 3.7.5 款规定。

（8）形式评审其他标准见评标办法前附表。”

2.1.2 款资格评审标准(适用于未进行资格预审的)：

在《标准招标文件》2.1.2 款基础上补充了（9）、（10）、（11）和（12）项。

“(1）具备有效的营业执照；

（2）具备有效的安全生产许可证；

（3）具备有效的资质证书且资质等级符合第 2 章投标人须知第 1.4.1 款的规定；

（4）财务状况，符合第 2 章投标人须知第 1.4.1 款的规定；

（5）业绩，符合第 2 章投标人须知第 1.4.1 款的规定；

（6）信誉，符合第 2 章投标人须知第 1.4.1 款的规定

（7）项目经理，符合第 2 章投标人须知第 1.4.1 款的规定；

（8）联合体投标人，符合第 2 章投标人须知第 1.4.2 款的规定；

（9）企业主要负责人具备有效的安全生产考核合格证书；

（10）技术负责人资格符合第 2 章投标人须知第 1.4.1 款规定；

（11）委托代理人、安全管理人员(专职安全生产管理人员)、质量管理人员、财务负责人应是投标人本单位人员，其中安全管理人员(专职安全生产管理人员)具备有效的安全生产考核合格证书；

（12）资格评审其他标准见评标办法前附表。”

2.1.3 款响应性评审标准：

在《标准招标文件》2.1.3 款基础上补充了第 9 条。

“（1）投标范围符合第 2 章投标人须知第 1.3.1 款的规定；

（2）计划工期符合第 2 章投标人须知第 1.3.2 款的规定；

（3）工程质量符合第 2 章投标人须知第 1.3.3 款的规定；

（4）投标有效期符合第 2 章投标人须知第 3.3.1 款的规定；

（5）投标保证金符合第 2 章投标人须知第 3.4 款的规定；

（6）权利义务符合第 4 章合同及格式规定的权利义务；

（7）已标价工程量清单符合第 7 章工程量清单的有关要求；

（8）技术标准和要求符合第 7 章技术标准和要求（合同技术条款）的规定；

（9）响应性评审其他标准见评标办法前附表。”

2.1.4 款施工组织设计和项目管理机构评审标准未作规定。

3．评标程序

全文引用《标准招标文件》（2007 年版）中该节 3.1 至 3.4 全部条款，并补充以下内容。

“3.4.1　评标委员会按照经评审的投标价由低到高的顺序推荐 3 名中标候选人，并标明推荐顺序。”

4．评标结果

推荐中标候选人、撰写评标报告。

B．在《水电招标文件》中，关于“采用综合评估法的评标办法”规定，评标办法前附表参照《标准施工招标文件》。

1. 评标方法

全文引用《标准招标文件》（2007 年版）的相应条款。

2. 评审标准

全文引用《标准招标文件》（2007 年版）的相应条款，并补充以下内容：

“2.1　初步评审标准

2.1.1　形式评审标准（同经评审的最低评标价法）

2.1.2　资格评审标准（适用于未进行资格预审的）（同经评审的最低评标价法）

2.1.3　响应性评审标准（同经评审的最低评标价法）

2.2 条分值构成与评分标准规定了以下确定评标基准价的公式

2.2.2（A）“采用有效报价的平均数确定评标基准价（适用于招标人不提供标底的）：

$$S=\begin{cases}\dfrac{A_1+A_2+\cdots+A_n-M-N}{n-2} & (N>5)\\ \dfrac{A_1+A_2+\cdots+A_n}{n} & (N\leqslant 4)\end{cases}$$

式中：S——评标基准价；

A_i——投标人的有效报价（$i=1,2,\cdots,n$），有效报价约定见评标办法前附表；

N——有效报价的投标人个数；

M——最高的投标人有效报价；

N——最低的投标人有效报价。

2.2.2（B）“采用复合标底确定评标基准价（适用于招标人提供标底的）：

$$S=T+A+\frac{a_1+a_2+\cdots+a_n}{n}\times(1-A)$$

式中：a_i——投标人有效报价($n=1$，2，…)，有效报价约定见评标办法前附表；

T——招标人标底；

A——招标人标底在评标基准价中所占的权重，权重约定见评标办法前附表；

n——有效报价的投标人个数。”

2.2.3 款给出了投标报价的偏差率计算方法，即：

$$偏差率=\frac{投标人报价-评标基准价}{评标基准价}\times 100\%$$

2.2.4 款为评分标准。

《水电招标文件》中关于评标办法（综合评估法）所附的评分标准，按照水利行业的特点设置了评分因素，各项分值的权重、权值由招标人确定，详见表 8.1。

表 8.1　评分标准

序号	评分因素	分值	评分标准	赋分
一	施工组织设计			
1	内容完整性和编制水平			
2	施工方案与技术措施			
	格式一：分部工程			
2.1	施工导流			
2.2	上下游连接工程			
2.3	基础工程			
2.4	水下工程			
2.5	上部结构			
2.6	设备安装工程			
2.7	观测工程			
	……			
	格式二：专业工程			
2.1	施工导流			
2.2	土方工程			
2.3	砌石工程			
2.4	混凝土工程			
2.5	基础处理工程			
2.6	设备安装工程			
2.7	观测工程			
	……			
3	质量管理体系与措施			
3.1	质量计划			
3.2	岗位职责			
3.3	材料采购			
3.4	过程控制及检验			
3.5	分项措施的针对性			
	……			
4	安全管理体系与措施			
4.1	安全体系建设			
4.2	安全预案可靠性			
4.3	安全经费保障			
	……			
5	环境保护管理体系与措施			

续表

序号	评分因素	分值	评分标准	赋分
5.1	环境保护管理体系健全			
5.2	污染物处理和排放与国家和地方环境保护标准的符合性			
5.3	技术及管理措施可行性			
	……			
6	工程进度计划与措施			
6.1	进度计划			
6.2	关键路径			
6.3	逻辑关系			
6.4	措施保证计划			
	……			
7	资源配备计划			
7.1	设备配备计划			
7.2	劳动力配备计划			
7.3	其他施工生产资源类的配备计划			
7.4	资金使用计划			
	……			
二	项目管理机构			
1	项目经理学历、专业、职称和业绩			
2	技术负责人学历、专业、职称和业绩			
3	质量管理人员学历、专业、职称和业绩			
4	安全管理人员(专职安全生产管理人员)学历、专业、职称和业绩			
5	财务负责人学历、专业、职称和业绩			
	……			
三	投标报价			
1	投标总价			
2	投标分项报价			
2.1	基础价格			
2.2	费用构成			
2.3	主要工程项目的报价			
2.4	总价项目(措施项目)			
2.5	分项报价			
	……			
四	其他因素			
1	投标人的业绩			
2	综合实力			
3	财务状况			
	……			

注：本评分标准供招标人参考。

3. 评标程序

全文引用《标准招标文件》（2007 年版）中 3.1 至 3.4①条，并补充以下内容：

3.4 条为评标程序中的评标结果：

“3.4.1　评标委员会依据评分标准进行评分，按评标办法前附表的约定计算投标人最终得分，根据得分由高到低的顺序推荐3名中标候选人，并标明推荐顺序。”

4．评标结果

推荐中标候选人、撰写评标报告。

三、《水利水电工程标准施工招标文件》工程量清单

《水电招标文件》中“第五章 工程量清单”在总说明中明确，工程量清单应与招标文件中的投标人须知、通用合同条款、专用合同条款、技术标准、图纸，以及《水利工程工程量清单计价规范》（GB50501—2007）等一起阅读和理解。

（一） 建设和水利两个工程量清单计价规范的区别

《水利工程工程量清单计价规范》（GB50501—2007）（以下简称为“水利07规范”）是在遵循《建设工程工程量清单计价规范》（GB50500—2003）的编制原则、方法和表现形式的基础上，考虑了同《水电招标文件》的衔接，结合水利工程的特点，总结我国水利工程管理的经验编制的。该规范和现行《建设工程工程量清单计价规范》（GB50500—2013）（以下简称“建设13规范”）的主要区别见表8.2。

表8.2 建设与水利工程量清单的区别

	工程量清单类别		
1	规范	《建设工程工程量清单计价规范》GB50500—2013	《水利工程工程量清单计价规范》GB50501—2007
2	主编部门	中华人民共和国 住房和城乡建设部	中华人民共和国水利部
3	施行日期	2013年3月1日	2007年7月1日
4	适用范围	建设工程工程量清单计价活动	水利枢纽、水力发电、引（调）水、供水、灌溉、河湖整治、堤防等新建、扩建、改建、加固工程的招标投标工程量清单编制和计价活动
5	强制性	全部使用国有资金投资或国有资金投资的工程建设项目，必须采用工程量清单计价	没有此强制条款*
6	包含内容	附录建筑工程 GB50500—2013 房屋建筑与装饰工程 GB50854—2013 仿古建筑工程 GB50855—2013 通用安装工程 GB50856—2013 市政工程 GB50857—2013 园林绿化工程 GB50858—2013 矿山工程 GB50859—2013 构筑物工程 GB50860—2013 城市轨道交通工程 GB50861—2013 爆破工程 GB50862—2013	附录A：水利建筑工程 附录B：水利安装工程
7	清单类型	分部分项工程量清单	分部分项工程量清单
8	工程量清单内容	有规费、税金明细清单	没有规费、税金明细清单*
9	清单重码	同一招标工程的项目编码不得有重码	没有明确的规定
10	工程清单格式		需要在工程量清单表中列出“主要技术条款编码”
11	工程单价	综合单价， 单价中没有考虑规费、税金*	完全综合单价， 单价中考虑规费、税金*

续表

		工程量清单类别	
12	清单编码	清单 12 位编码： 第 10 至 12 位从 001 开始 13 版规范未做强制性规定	清单 12 位编码： 水利建筑工程第 10 至 12 位从 001 开始； 水利安装工程第 10 至 12 位从 000 开始
13	清单标志	清单 12 位编码开始前两位为“01～06”	清单 12 位编码开始前两位为“50”
14	补充清单	附录的顺序码与 B 和三位阿拉伯数字组成，并应从×B001 起顺序编制	没有特别要求
15	措施项目清单	凡能列出工程数量的措施项目，单独计入“措施项目清单（二）”中	凡能列出工程数量的措施项目均应列入分类分项工程量清单*
16	其他项目清单	包括暂列金额、暂估价、计日工、总承包服务费等	主要是暂列金额
17	零星工作清单	已经包含在其他项目清单的计日工中，不再单独列	单独列项
18	不可竞争费	有明确的规定	没有明确的规定
19	清单报价	参考《预算定额》或《消耗量定额》	参考《概算定额》或《预算定额》
20	其他	关于招标控制价、工程价款支付、竣工结算、争议处理比较明确	没有明确的规定
21	软件	计价软件各地和全国应用普遍	计价软件比较繁杂

注：表中“*”的内容为作者解释说明。

（二）《水电招标文件》中的工程量清单

在《水电招标文件》中，工程量清单由工程量清单说明和投标报价说明两部分组成。其中，在投标报价说明中包括了清单报价表的组成和填写规定两部分内容。

1．水利工程量清单表的组成

《标准招标文件》在工程量清单章节中给出了 5 类 10 个表格，主要是工程量清单表、记日工表、暂估价表、投标价汇总表和单价分析表；并要求清单的具体表现形式应当按照国家和行业标准进行细化。为此《水电招标文件》依照（GB50501—2007）规范列出以下 17 类表格。

水利工程量清单报价表由以下表格组成：

（1）投标总价；

（2）工程项目总价表；

（3）分类分项工程量清单报价表；

（4）措施项目清单计价表；

（5）其他项目清单计价表；

（6）计日工项目计价表；

（7）工程单价汇总表；

（8）工程单价费（税）率汇总表；

（9）投标人生产电、风、水、砂石基础单价汇总表；

（10）投标人生产混凝土配合比材料费表；

（11）招标人供应材料价格汇总表（若招标人提供）；

（12）投标人自行采购主要材料预算价格汇总表；

（13）招标人提供施工机械台时（班）费汇总表（若招标人提供）；

（14）投标人自备施工机械台时（班）费汇总表；

（15）总价项目分类分项工程分解表；

（16）工程单价计算表；

（17）人工费单价汇总表。

2. 工程量清单表填写规定

同《标准招标文件》中的相关规定相同，水利工程量清单不允许投标人删改清单的任何内容，未填写的单价和合价视为含在其他子目中，但水利清单说明还规定“对有效工程量以外的超挖、超填工程量，施工附加量，加工、运输损耗量等，所消耗的人工、材料和机械费用，均应摊入相应有效工程量的工程单价内”。

此外，规范要求：“投标金额大于或等于投标总标价万分之五的工程项目，必须编报工程单价计算表。”

在工程量清单计价规定中，水电单价包含税金；建筑单价不含税金，规费和税金作为不可竞争性费用另列。

有关两个单价的构成细目区别如表 8.3 所示。

表 8.3 两个规范中工程量清单单价或金额构成

建筑工程（GB50500—2013）	水利工程（GB50501—2007）
1．人工费	1．直接费（人工费、材料费、机械使用费，和季节、夜间、高原、风沙增加的直接费）
2．施工机械使用费	
3．材料费	
建筑工程（GB50500—2013）	水利工程（GB50501—2007）
1．其他（运杂费、质检费、缺陷修复费、保险费，合同明示或暗示的风险和责任）	1．考虑风险因素
2．管理费	2．施工管理费
3．利润	3．利润
规费和税金不包含在子目单价中	4．税金

两者相比，“07 水利规范”中所指的综合单价为完全综合单价，包含构成一个计量单位的全部费用，而“13 建设规范”中的综合单价为并不是真正意义上的全包括的综合单价，规费和税金等不可竞争的费用并不包括在项目单价中。

3. 水电招标文件中工程量清单应用存在的问题

长期以来，水利工程的造价一直沿用完全综合单价形式，因此“08 水利规范”的颁布和实施对于水利工程造价没有实质性的变动。但是《水利工程设计概（估）算编制规定》仍执行的是水利部水总[2002]116 号文的版本，其给出的费率标准主要有：现场经费费率、间接费费率。而“07 水利规范”要求的是施工管理费，因此，在编制标底、招标控制价、工程合同价款结算中无配套依据。从而影响了该规范的全面实施和使用，需要相关配套文件的完善。

目前我国公路建设普遍采用的“项目法人责任制”“招标投标制”“建设监理制”“合同管理制”实际上均来源于 FIDIC 的这种传统模式。

中国公路建设行业协会专家委员会委员

北京华杰工程咨询有限公司副总经理、教授级高工　石国虎

第 9 章

《公路工程标准招标文件》评标解读

2018 年 2 月 27 日交通运输部发布第 51 号公告，依照《中华人民共和国招标投标法》《中华人民共和国招标投标法实施条例》等法律法规，按照《公路工程建设项目招标投标管理办法》（交通运输部令〔2015〕第 24 号），在国家发展改革委牵头编制的《标准施工招标文件》及《标准施工招标资格预审文件》（以下简称《标准文件》）基础上，结合公路工程施工招标特点和管理需要，交通运输部组织制定了《公路工程标准施工招标文件》（2018 年版）（以下简称《施工招标文件》）及《公路工程标准施工招标资格预审文件》（以下简称《资格预审文件》）自 2018 年 3 月 1 日起执行。

一、《公路工程标准文件》修订的原则、背景和主要内容

（一）修订的背景

标准招标文件的颁布和实施对加强公路工程施工招标管理，规范资格预审文件和招标文件编制工作，促进招标投标活动的公开、公平、公正，维护招标投标活动当事人的合法权益有重要意义。交通部于 2009 年出台《公路工程施工标准文件（2009）版》；2014 年修订颁布了《公路工程施工标准文件（2014）版》；2018 年交通部再次修订颁布了《公路工程施工标准文件（2018）版》，不断修订主要基于以下三方面原因。

1．贯彻落实党的十九大精神的需要

《施工招标文件》和《资格预审文件》（2018 版）是贯彻落实党的十九大精神，深化“简政放权、放管结合、优化服务”的改革，依照法律法规和技术标准，在总结现行施工招标投标工作实践经验基础上，与国家发展改革委共同制定的。目的是解决公路工程施工招标投标工作中的普遍性和共同性的问题，提高工程质量和招标效率，体现创新和择优导向，在确保合法合规的前提下，简化针对投标人提出的过于烦琐的招投标程序和文件编制要求，进一步规范招标投标活动当事人的权利义务，切实减轻投标人的负担。

《施工招标文件》和《资格预审文件（2018 版）》的实施，对进一步统一公路工程招标投标活动、加强政府投资管理，预防和遏制腐败，促进形成统一开放、竞争有序的招标投标市场，具有十分重要的意义。

2．适应新的招投标法律法规、部门规章和公路工程相关技术标准、规范的需要

国务院于 2011 年颁布了《中华人民共和国招标投标法实施条例》，自 2012 年 2 月 1 日起施行；交通运输部于 2015 年颁布了《公路工程建设项目招标投标管理办法》（24 号令），明确提出了公路工程建设项目招标投标实行“五公开”“三记录”制度，要求全面披露公路工程建设项目招标投标信息，广泛接受社会公众监督；此外，《公路建设市场管理办法》（交通运输部令 [2011] 11 号）《公

路工程施工分包管理办法》（交公路发〔2011〕685号）《公路桥涵施工技术规范》（JTG/T F50—2011）《公路工程施工安全技术规范》（JTG F90—2015）等。

一系列部门规章、规范性文件和公路工程相关技术标准、规范陆续出台，使得原《公路工程施工标准文件》部分内容已不能满足公路工程招标投标和建设管理的需要，因此有必要进行修订。

注：《公路工程建设项目招标投标管理办法》（24号令）关于"五公开""三记录"的要求如下。

五公开：对资格预审文件和招标文件的关键内容、中标候选人关键信息、评标信息、投诉处理决定、不良行为信息的"五公开"要求，全面接受社会监督，从而进一步规范招标人、投标人、评标专家等招投标当事人的相关行为。

三记录：招标人要对资格审查、开标及评标全过程录音录像；对评标专家在评标活动中的职责履行情况予以记录；评标委员会对评标监督人员或者招标人代表干预正常评标活动，或者有其他不正当言行在评标报告中如实记录。

3. 适应公路工程施工招标投标新形势和新情况发展的需要

原《公路工程施工标准文件》实施以来，在很大程度上规范了公路工程施工市场秩序，但随着市场的发展变化及相关法律法规的调整，有必要结合近年来公路工程施工招标投标活动中出现的新情况、新问题，对原文件进行修订。例如，根据国务院统一部署，公路工程建设项目均进入公共资源交易市场进行统一交易；电子招标投标的发展如火如荼，导致招标文件、招标文件澄清及修改的发出、投标文件的递交、开标、评标等程序发生了根本变化；部分招标人过于强调招标程序的严谨性对投标人提出了过于苛刻的要求；个别投标人仍不遵守市场竞争规则，存在串通投标或弄虚作假等不良行为。

针对上述新情况、新问题，《公路工程施工标准文件》完善了相关条款，以便堵塞制度漏洞，促进公路工程施工招投标市场和建设管理的健康长远发展。

（二）修订的原则

《公路工程施工标准文件》的修订以"合法性""一致性""合理性""适用性"和"前瞻性"为基本原则，对近年来公路工程施工招标投标过程中获得的经验和出现的问题进行了研究，以问题为导向，坚持改革创新，力求务实有效。

"合法性"指严格遵守国家有关招投标的法律、行政法规和部门规章。

"一致性"指除非根据招标类别需做调整和修改外，无论是施工、勘察设计还是监理招标标准文件，在文本框架和招投标程序上（包括标准文件各章节的顺序和内容，投标人须知、评标办法的条款内容、用词用语等）尽量保持一致，方便各级交通运输主管部门、招标人和评标专家理解和使用。

"合理性"指合理划分项目发包人和承包人之间的责任和风险，在加强对招标人、投标人行为监管的基础上，给予招标人、投标人合理的权限和自由度。

"适用性"指紧贴公路工程建设项目招标投标和建设管理的实际情况，尽量满足不同省市地区、不同招标人的实际需要，针对目前公路建设市场招标投标领域和项目管理过程中出现的新情况、新问题，补充完善相关条款，使得标准文件具备较强的针对性、操作性、实用性和规范性。

"前瞻性"指充分体现出公路行业在建设实施过程中的先进管理理念，通过某些条款的设置引导招投标活动的有序、健康发展，有效避免招投标违法行为的产生，响应国务院和交通运输部关于加快推进实施电子招标投标的号召，充分考虑标准文件与开展电子招标投标工作的衔接问题。

（三）修订的主要内容

与原《公路工程施工标准文件》相比，新《公路工程施工标准文件》修订的主要内容包括以下

7个方面。

第一，根据《中华人民共和国招标投标法实施条例》、部24号令等现行法律法规及标准规范需补充或调整的内容。例如，在施工招标标准文件中新增技术评分最低标价法；补充了在项目招投标过程中利用公路建设市场信用信息管理系统进行投标人单位业绩、主要人员业绩查询的条款；结合部24号令、《公路建设市场管理办法》《公路工程施工分包管理办法》等有关要求，对分包条款进行修改完善；根据《国务院办公厅关于清理规范工程建设领域保证金的通知》（国办发〔2016〕49号），对保证金相关条款进行调整；根据国家营改增的新政策，对合同条款相关内容进行了修改；对施工技术规范中引用的国家标准、公路行业及其他行业的标准、规范及规程等进行系统梳理、更新、补充及完善。

第二，补充了部24号令未做出明确规定但有必要在施工招标标准文件中进一步明确的内容。例如，补充了施工招标各类评标办法中，评标因素的类别设置及权重的取值范围；在技术评分最低标价法中，对通过第一个信封（商务及技术文件）评审的投标人数量的设置做了进一步引导，避免由于数量设置不合理，导致演变为经评审的最低投标价法。

第三，为更好地与电子招标投标相衔接，在施工招标标准文件中增加专门章节，如“附录采用电子招标投标条款示例”。大力发展电子招标投标，促进招标采购与互联网深度融合，是降低制度性交易成本，提高资源配置质量效率，推动政府职能转变和党风廉政建设的重要抓手。采用电子招标投标的，招标人应按照国家有关规定，结合项目具体情况和交易平台操作特点，在招标文件中载明相应要求。招标人可在参考施工招标标准文件之附录的基础上，对招标文件的获取、澄清修改、异议，投标文件的编制、密封和标识、递交、修改与撤回，开标、评标、中标候选人公示、中标结果公示及异议等条款进行调整。

第四，体现国家简政放权、减轻企业负担精神，对施工招标标准文件部分条款进行了简化。例如，购买资格预审文件或招标文件时不再要求企业携带营业执照、资质证书原件；简化对资格预审申请文件和投标文件的密封和签署要求，不再强制规定投标人法定代表人或其委托代理人必须逐页签署；如果由法定代表人委托代理人签署资格预审申请文件或投标文件，不再强制要求对授权委托书进行公证；投标人在投标阶段无须再填报具体分包单位，从根本上解决投标人不敢填写分包的痼疾。

第五，对施工技术规范结构体系进行调整，将原标准文件中的计量支付条款从技术规范分离出来，构成招标文件的一个独立章节，“第八章工程量清单计量规则”。单独编制公路工程工程量清单计量规则，有利于统一工程量计量的方法和原则，促进工程量计量行为的规范化和标准化，减少工程实施过程中因计量条款不清晰、不明确发生的合同争议。工程量清单由子目号、子目名称、单位、数量、单价、合价组成；施工技术规范各章节的工程内容、工艺流程、质量检评标准构成每个子目的实施过程；计量规则由子目号、子目名称、单位、工程量计量、工程内容组成，每个子目号与工程量清单的子目号一一对应，是承包人报价、发包人支付的依据。

第六，在施工技术规范中强化安全施工管理和标准化管理。落实《公路养护安全作业规程》（JTG H30—2015）及《公路工程施工安全技术规范》（JTG F90—2015）的规定，增加公路改扩建维持交通情况下的安全控制要求。加强标准化施工管理，在技术规范第100章增加“105节施工标准化”；贯彻《关于开展高速公路施工标准化活动的通知》（交公路发〔2011〕70号）精神，从工地标准化、施工标准化、管理标准化等方面补充相关要求。

第七，充分认识公路工程建设过程中党建工作的重要意义，在施工招标标准文件中补充相应条款。各级党组织加强对公路工程建设项目的党建工作，对强化党组织对公路工程项目的领导和监督，加强廉政建设等具有十分重要的意义。对于政府投资的国家高速公路项目，或承包人为国有控股或参股企业的，承包人应按规定在项目现场设立基层党组织。承包人为非国有控股或参股企业的不满足上述情形的，承包人应创造条件使党员能够参加党组织生活并接受相应管理。承包人在项目现场设立基层党组织的，应明确党组织机构设置、党组织负责人及党务工作人员配备情况，编制党务工作开展预案，并按照预案要求在项目实施过程中同步开展党务工作，充分发挥基层党组织在项目实施中的作用。

二、公路工程标准施工招标资格预审文件

《公路工程标准资格预审文件（2018 年版）》以国家九部委《标准施工招标资格预审文件》（以下简称《标准资格预审文件》）为基础，结合公路工程施工招标特点和管理需要编制而成。《标准资格预审文件》规定通用部分，《公路工程标准资格预审文件》规定公路工程内容，两者结合使用。其中，《公路工程标准资格预审文件》不加修改地引用《标准资格预审文件》“申请人须知”正文、“资格审查办法”正文部分的文字用宋体表示，补充的公路工程行业内容部分的文字用隶书表示，两种字体具有同等效力。

（一）资格预审公告

1. 招标条件

本招标项目______（项目名称）已由______（项目审批、核准或备案机关名称）以______（批文名称及编号）批准建设，初步设计已由______（批准机关名称）以______（批文名称及编号）批准，项目业主为______，建设资金来自______（资金来源），出资比例为______，招标人为______。项目已具备招标条件，现进行公开招标，特邀请有兴趣的潜在投标人（以下简称申请人）提出资格预审申请。

注意：①关于投标主体，24 号令第 7 条规定：“公路工程建设项目招标人是提出招标项目、进行招标的项目法人或者其他组织。”

②关于招标条件 24 号令第 8 条的第 2 款：“公路工程建设项目履行项目审批或者核准手续后，方可开展勘察设计招标；初步设计文件批准后，方可开展施工监理、设计施工总承包招标；施工图设计文件批准后，方可开展施工招标。

施工招标采用资格预审方式的，在初步设计文件批准后，可以进行资格预审。”

2. 项目概况与招标范围

说明本次招标项目的建设地点、规模、计划工期、标段划分、招标范围等。

3. 申请人资格要求

3.1 本次资格预审要求申请人须具备______资质______业绩，并在人员、设备、资金等方面具有相应的施工能力。

申请人应进入交通运输部“全国公路建设市场信用信息管理系统（http：//glxy.mot.gov.cn）”中的公路工程施工资质企业名录，且申请人名称和资质与该名录中的相应企业名称和资质完全一致。

[本段规定仅适用于根据《关于发布公路工程从业企业资质名录的通知》（厅公路字〔2011〕114 号）要求，招标人应通过名录对申请人资质条件进行审核的公路施工企业。]

3.2 本次资格预审______（接受或不接受）联合体资格预审申请。联合体申请资格预审的，应满足下列要求：__________________。

3.3 每个申请人最多可对______（具体数量）个标段提出资格预审申请；被招标项目所在地省级交通运输主管部门______信用等级的申请人，最多可对______（具体数量）个标段提出资格预审申请。每个申请人允许中______个标。对申请人信用等级的认定条件为：

3.4 与招标人存在利害关系可能影响招标公正性的单位，不得提出资格预审申请。单位负责人

为同一人或存在控股、管理关系的不同单位，对同一标段提出资格预审申请的，最多只能有一家单位通过资格预审。

（国务院国有资产监督管理机构直接监管的中央企业均不属于本条规定的“母公司”，其一级子公司可同时对同一标段提出资格预审申请,但同属一个子公司的二级子公司不得同时对同一标段提出资格预审申请。）

3.5 在“信用中国”网站（http://www.creditchina.gov.cn/）中被列入失信被执行人名单的申请人，不能通过资格预审。

（招标人可根据招标项目所在地省级交通运输主管部门的有关规定，对信用等级高的申请人给予一定的奖励，例如，增加参与投标的标段数量，减免投标保证金，减少履约保证金、质量保证金等优惠措施。）

注意：24号令第62条第2、3、4款规定：

“招标人应当将交通运输主管部门的信用评价结果应用于公路工程建设项目招标。鼓励和支持招标人优先选择信用等级高的从业企业。

招标人对信用等级高的资格预审申请人、投标人或者中标人，可以给予增加参与投标的标段数量，减免投标保证金，减少履约保证金、质量保证金等优惠措施。优惠措施及信用评价结果的认定条件应当在资格预审文件和招标文件中载明。

资格预审申请人或者投标人的信用评价结果可以作为资格审查,或者评标中履约信誉项的评分因素，各信用评价等级的对应得分应当符合省级人民政府交通运输主管部门有关规定，并在资格预审文件或者招标文件中载明。”

4．资格预审方法

本次资格预审采用合格制/有限数量制。

5．资格预审文件的获取

5.1 请申请人于___年___月___日至___年___月___日每日上午___时___分至___时___分，下午___时___分至___时___分（北京时间，下同），在___（详细地址）持单位介绍信和经办人身份证购买资格预审文件。（删除09版规定企业法人营业执照副本原件、企业资质证书副本原件、企业安全生产许可证副本原件、单位介绍信、经办人身份证及上述资料复印件）参加多个标段资格预审的申请人必须分别购买相应标段的资格预审文件，并对每个标段单独递交资格预审申请文件。

5.2 资格预审文件每套售价____元，售后不退。

① 资格预审文件的发售时间不得少于5日。

② 资格预审文件中提到的货币单位除有特别说明外，均指人民币元。

③ 每套资格预审文件售价只计工本费，最高不超过1000元。

6．资格预审申请文件的递交

6.1 递交资格预审申请文件截止时间（申请截止时间，下同）为___年___月___日___时___分，申请人应于当日___时___分至___时___分将资格预审申请文件递交至___（详细地址）。

6.2 逾期送达的、未送达指定地点的或不按照资格预审文件要求密封的资格预审申请文件，招标人将予以拒收。

注意：24号令第18条：“招标人应当自资格预审文件，或者招标文件开始发售之日起，将其关键内容上传至具有招标监督职责的交通运输主管部门政府网站或者其指定的其他网站上进行公开。公开内容包括项目概况、对申请人或者投标人的资格条件要求、资格审查办法、评标办法、招标人联系方式等。公开时间至提交资格预审申请文件截止时间2日前或者投标截止时间10日前结束。

招标人发出的资格预审文件或者招标文件的澄清或者修改涉及前款规定的公开内容的，招标人应当在向交通运输主管部门备案的同时，将澄清或者修改的内容上传至前款规定的网站。”

7. 发布公告的媒介

本次资格预审公告同时在（发布公告的媒介名称）上发布。

注意：《招标公告和公示信息发布管理办法》10 号令第 8 条规定：“依法必须招标项目的招标公告和公示信息应当在“中国招标投标公共服务平台”或者项目所在地省级电子招标投标公共服务平台（以下统一简称“发布媒介”）发布。”

（二）申请人须知

1. 总则

1.1 项目概况

1.1.1 根据《中华人民共和国招标投标法》《中华人民共和国招标投标法实施条例》《公路工程建设项目招标投标管理办法》等有关法律、法规和规章的规定，本招标项目已具备招标条件，现进行公开招标，特邀请有兴趣承担本标段的申请人提出资格预审申请。

1.1.2 本招标项目招标人：见申请人须知前附表。

1.1.3 本标段招标代理机构：见申请人须知前附表。

1.1.4 本招标项目名称：见申请人须知前附表。

1.1.5 本标段建设地点：见申请人须知前附表。

1.2 资金来源和落实情况

1.2.1 资金来源及比例：见申请人须知前附表。

1.2.2 资金落实情况：见申请人须知前附表。

1.3 招标范围、计划工期、质量要求和安全目标

1.3.1 招标范围：见申请人须知前附表。

1.3.2 本标段的计划工期：见申请人须知前附表。

1.3.3 本标段的质量要求：见申请人须知前附表。

1.3.4 本标段的安全目标：见申请人须知前附表。

1.4 申请人资格要求

1.4.1 申请人应具备承担本标段施工的资质条件、能力和信誉。

① 资质要求：见申请人须知前附表；

② 财务要求：见申请人须知前附表；

③ 业绩要求：见申请人须知前附表；

④ 信誉要求：见申请人须知前附表；

⑤ 项目经理和项目总工资格：见申请人须知前附表；

⑥ 其他要求：见申请人须知前附表。

需要提交的相关证明材料见本章第 3.2 款的规定。

1.4.2 申请人须知前附表规定接受联合体申请资格预审的，联合体申请人除应符合本章第 1.4.1 项和申请人须知前附表的要求外，还应遵守以下规定：

① 联合体各方必须按资格预审文件提供的格式签订联合体协议书，明确联合体牵头人和各方的权利义务，并承诺就中标项目向招标人承担连带责任；

② 由同一专业的单位组成的联合体，按照资质等级较低的单位确定资质等级；

③ 通过资格预审的联合体，其各方组成结构或职责，以及财务能力、信誉情况等资格条件不得改变；

④ 联合体各方不得再以自己的名义单独或加入其他联合体在同一标段中参加资格预审；

⑤ 联合体各方应分别按照本资格预审文件的要求，填写资格预审申请文件中的相应表格，并由联合体牵头人负责对联合体各成员的资料进行统一汇总后一并提交给招标人；联合体牵头人所提交的资格预审申请文件应认为已代表了联合体各成员的真实情况；

⑥ 尽管委任了联合体牵头人，但联合体各成员在资格预审、投标、签订合同与履行合同过程中，仍负有连带的和各自的法律责任。

注意：2018 版取消了 2014 版中联合体成员数量限制的规定；取消了牵头人必须完成 50%工程量的规定。

1.4.3 申请人（包括联合体各成员）不得与本标段相关单位存在下列关联关系：

① 为招标人不具有独立法人资格的附属机构（单位）；

② 与招标人存在利害关系且可能影响招标公正性；

③ 为本标段前期准备提供设计或咨询服务的法人或其任何附属机构（单位）；

④ 为本标段的监理人；

⑤ 为本标段的代建人；

⑥ 为本标段的招标代理机构；

⑦ 与本标段的监理人、代建人或招标代理机构同为一个法定代表人；

⑧ 与本标段的监理人、代建人或招标代理机构存在控股或参股关系；

⑨ 法律法规或申请人须知前附表规定的其他情形。

1.4.4 申请人（包括联合体各成员）不得存在下列不良状况或不良信用记录：

① 被省级及以上交通运输主管部门取消招标项目所在地的投标资格且处于有效期内；

② 被责令停业，暂扣或吊销执照，或吊销资质证书；

③ 进入清算程序，或被宣告破产，或其他丧失履约能力的情形；

④ 在国家企业信用信息公示系统中被列入严重违法失信企业名单（http://www.gsxt. gov.cn/）；

⑤ 在“信用中国”网站中被列入失信被执行人名单（http://www.creditchina.gov.cn/）；

⑥ 申请人或其法定代表人、拟委任的项目经理在近三年内有行贿犯罪行为的（行贿犯罪行为的认定以检察机关职务犯罪预防部门出具的查询结果为准）；

⑦ 法律法规或申请人须知前附表规定的其他情形。

1.4.5 申请人（包括联合体各成员）应进入交通运输部“全国公路建设市场信用信息管理系统（http：//glxy.mot.gov.cn）”中的公路工程施工资质企业名录，且申请人名称和资质与该名录中的相应企业名称和资质完全一致。申请人不满足本项规定条件的，不能通过资格预审。

（本项规定仅适用于根据《关于发布公路工程从业企业资质名录的通知》（厅公路字〔2011〕114 号）要求，招标人应通过名录对申请人资质条件进行审核的公路施工企业。）

1.4.6 单位负责人为同一人或存在控股、管理关系的不同单位，对同一标段提出资格预审申请的，最多只能有一家单位通过资格预审。

注意：国有资金占控股或主导地位的依法必须进行招标的项目，审查委员会应由招标人代表和有关方面的专家组成，人数为 5 人以上单数，其中技术、经济专家人数应不少于成员总数的 2/3。

如果每个申请人只允许中一个标，则同一个申请人在不同标段资格预审申请文件中提供的项目经理（以及备选人）和项目总工（以及备选人）在满足资格要求的基础上可以重复。

2．资格预审文件

2.1 资格预审文件的组成

2.1.1 本次资格预审文件包括资格预审公告、申请人须知、资格审查办法、资格预审申请文件格式、项目建设概况，以及根据本章第 2.2 款对资格预审文件的澄清和第 2.3 款对资格预审文件的修改。

2.1.2 当资格预审文件、资格预审文件的澄清或修改等在同一内容的表述上不一致时，以最后发出的书面文件为准。

2.2 资格预审文件的澄清

2.2.1 申请人应仔细阅读和检查资格预审文件的全部内容。如发现缺页或内容不全，应及时向招标人提出，以便补齐。如有疑问，应按申请人须知前附表规定的时间和形式将提出的问题送达招标人，要求招标人对资格预审文件予以澄清。

2.2.2 资格预审文件的澄清以申请人须知前附表规定的形式发给所有购买资格预审文件的申请人，但不指明澄清问题的来源。澄清发出的时间距本章第 4.2.1 项规定的提交资格预审申请文件截止时间不足 3 日，且澄清内容可能影响资格预审申请文件编制的，将相应延长提交资格预审申请文件的截止时间。

2.2.3 申请人在收到澄清后，应按申请人须知前附表规定的时间和形式通知招标人，确认已收到该澄清。

2.2.4 除非招标人认为确有必要答复，否则，招标人有权拒绝回复申请人在本章第 2.2.1 项规定的时间后提出的任何澄清要求。

2.3 资格预审文件的修改

2.3.1 招标人以申请人须知前附表规定的形式修改资格预审文件，并通知所有已购买资格预审文件的申请人。修改资格预审文件的时间距本章第 4.2.1 项规定的提交资格预审申请文件截止时间不足 3 日，且修改内容可能影响资格预审申请文件编制的，将相应延长提交资格预审申请文件的截止时间。

2.3.2 申请人收到修改内容后，应按申请人须知前附表规定的时间和形式通知招标人，确认已收到该修改。

2.4 资格预审文件的异议

申请人或其他利害关系人对资格预审文件有异议的，应在提交资格预审申请文件截止时间 2 日前以书面形式提出。招标人将在收到异议之日起 3 日内作出答复；作出答复前，将暂停招标投标活动。

3．资格预审申请文件的编制

3.1 资格预审申请文件的组成

3.1.1 资格预审申请文件应包括下列内容：

① 资格预审申请函；

② 授权委托书或法定代表人身份证明；

③ 联合体协议书；

④ 申请人基本情况；

⑤ 近年财务状况；

⑥ 近年完成的类似项目情况表；

⑦ 申请人的信誉情况表；

⑧ 拟委任的项目经理和项目总工资历表；

⑨ 其他资料：见申请人须知前附表。

3.1.2 申请人须知前附表规定不接受联合体资格预审申请的或申请人没有组成联合体的，资格预审申请文件不包括本章第 3.1.1（3）目所指的联合体协议书。

3.2 资格预审申请文件的编制要求

3.2.1 资格预审申请文件应按第四章“资格预审申请文件格式”进行编写，如有必要，可以增加附页，并作为资格预审申请文件的组成部分。申请人须知前附表规定接受联合体资格预审申请的，本章第 3.2.3 项至第 3.2.9 项规定的表格和资料应包括联合体各方相关情况。

3.2.2 如果资格预审申请文件由委托代理人签署，则申请人须提交授权委托书，授权委托书应按第四章“资格预审申请文件格式”的要求出具，并由法定代表人和委托代理人亲笔签名，不得使用印章、签名章或其他电子制版签名代替。

如果由申请人的法定代表人亲自签署资格预审申请文件，则申请人须提交法定代表人身份证明，身份证明应符合第四章“资格预审申请文件格式”的要求。

以联合体形式申请资格预审的，法定代表人授权委托书或法定代表人身份证明须由联合体牵头人按上述规定出具。

解读：取消了 2009 版对法定代表人公证的要求。

3.2.3 “申请人基本情况表”应附企业法人营业执照副本和组织机构代码证副本（按照“三证合一”或“五证合一”登记制度进行登记的，可仅提供营业执照副本，下同）、施工资质证书副本、安全生产许可证副本、基本账户开户许可证的复印件，申请人在交通运输部“全国公路建设市场信用信息管理系统”公路工程施工资质企业名录中的网页截图复印件，以及申请人在国家企业信用信息公示系统中基础信息（体现股东及出资详细信息）的网页截图或由法定的社会验资机构出具的验资报告、或注册地工商部门出具的股东出资情况证明复印件。

企业法人营业执照副本和组织机构代码证副本、施工资质证书副本、安全生产许可证副本、基本账户开户许可证的复印件应提供全本（证书封面、封底、空白页除外），应包括申请人名称、申请人其他相关信息、颁发机构名称、申请人信息变更情况等关键页在内，并逐页加盖申请人单位章。

注意：资格预审申请文件中要求申请人提供的各类证照复印件均指彩色扫描件或彩色复印件，其他资料的复印件可为黑白扫描件或黑白复印件。

3.2.4 “财务状况表”应附经会计师事务所或审计机构审计的财务会计报表，包括资产负债表、现金流量表、利润表和财务情况说明书的复印件，具体年份要求见申请人须知前附表。申请人的成立时间少于申请人须知前附表规定年份的，应提供成立以来的财务状况表。

3.2.5 “近年完成的类似项目”应是已列入交通运输主管部门“公路建设市场信用信息管理系统”并公开的主包已建业绩或分包已建业绩，具体时间要求见申请人须知前附表。

“近年完成的类似项目情况表”应附在交通运输部“全国公路建设市场信用信息管理系统（网址：http://glxy.mot.gov.cn/BM/）”中查询到的企业“业绩信息”相关项目网页截图复印件，即包括“项目名称”“标段类型”“合同价”“主要工程量”“项目主要管理人员”等栏目在内的项目详细信息网页截图复印件。

在交通运输部“全国公路建设市场信用信息管理系统”中无法查询，但可在省级交通运输主管部门“公路建设市场信用信息管理系统”中查询的，应附省级交通运输主管部门“公路建设市场信用信息管理系统”中查询到的网页截图复印件。除网页截图复印件外，申请人无须再提供任何业绩证明材料。

如申请人未提供相关项目网页截图复印件或相关项目网页截图中的信息无法证实申请人满足资格预审文件规定的资格预审条件（业绩最低要求），则该项目业绩不予认定。

3.2.6 “申请人的信誉情况表”应附申请人在国家企业信用信息公示系统中未被列入严重违法失信企业名单，在“信用中国”网站中未被列入失信被执行人名单的网页截图复印件，以及由项目所在地或申请人住所地检察机关职务犯罪预防部门出具的近三年内申请人及其法定代表人、拟委任的项目经理均无行贿犯罪行为的查询记录证明原件。

3.2.7 “拟委任的项目经理和项目总工资历表”应附项目经理（以及备选人）和项目总工（以及备选人）的身份证、职称资格证书，以及资格预审条件所要求的其他相关证书（如建造师注册证书、安全生产考核合格证书等）的复印件，建造师注册证书、安全生产考核合格证书在政府相关部门网站上公开信息的网页截图复印件，以及申请人所属社保机构出具的拟委任的项目经理（以及备选人）和项目总工（以及备选人）的社保缴费证明或其他能够证明拟委任的项目经理（以及备选人）和项目总工（以及备选人）参加社保的有效证明材料复印件。“拟委任的项目经理和项目总工资历表”还应附交通运输部“全国公路建设市场信用信息管理系统”中载明的、能够证明项目经理（以及备选人）和项目总工（以及备选人）具有相关业绩的网页截图复印件。在交通运输部“全国公路建设市场信用信息管理系统”中无法查询，但可在省级交通运输主管部门“公路建设市场信用信息管理系统”中查询的，应附省级交通运输主管部门“公路建设市场信用信息管理系统”中查询到的网页截图复印件。除网页截图复印件外，申请人无须再提供任何业绩证明材料。如申请人未提供相关业绩网页截图复印件或相关业绩网页截图中的信息无法证实申请人满足资格预审文件规定的资格预审条件（项目经理和项目总工最低要求），则该业绩不予认定。

如项目经理（以及备选人）和项目总工（以及备选人）目前仍在其他项目上任职，则申请人应提供由该项目发包人出具的、承诺上述人员能够从该项目撤离的书面证明材料原件。

注意：公路工程项目允许项目经理在投标时可以在其他项目任职，但应承诺如中标后在岗。

3.2.8 “拟委任的其他管理和技术人员汇总表”（如有）应填报满足申请人须知前附表附录 6 规定的其他人员的相关信息。“拟委任的其他管理和技术人员资历表”（如有）中相关人员应附身份证、职称资格证书，以及资格预审条件所要求的其他相关证书的复印件，相关业绩证明材料复印件，以及申请人所属社保机构出具的社保缴费证明或其他能够证明其参加社保的有效证明材料复印件。

3.2.9 “拟投入本标段的主要施工机械表”“拟配备本标段的主要材料试验、测量、质检仪器设备表”（如有）应填报满足申请人须知前附表附录 7 规定的机械设备和试验检测设备。

3.2.10 申请人在资格预审申请文件中填报的资质、业绩、主要人员资历和目前在岗情况、信用等级等信息，应与其在交通运输主管部门“公路建设市场信用信息管理系统”上填报并发布的相关信息一致。申请人应根据本单位实际情况及时完成相关信息的申报、录入和动态更新，并对相关信息的真实性、完整性和准确性负责。

3.3 资格预审申请文件的装订、签字

3.3.1 申请人应按本章第 3.1 款和第 3.2 款的要求，编制完整的资格预审申请文件，用不褪色的材料书写或打印。资格预审申请文件格式中明确要求申请人法定代表人或其委托代理人签字之处，必须由相关人员亲笔签名，不得使用印章、签名章或其他电子制版签名代替；明确要求申请人加盖单位章之处，必须加盖单位章。其中资格预审申请函及对资格预审申请文件的澄清和说明应加盖申请人单位章，或由申请人的法定代表人或其委托代理人签字。

以联合体形式申请资格预审的，资格预审申请文件由联合体牵头人的法定代表人或其委托代理人按上述规定签署并加盖联合体牵头人单位章。

资格预审申请文件中的任何改动之处应加盖申请人单位章，或由申请人的法定代表人或其委托代理人签字确认。

注意：公路工程文件的签字要求严格，申请人的签字不能使用印章，同时加盖单位章。

3.3.2 资格预审申请文件正本一份，副本份数见申请人须知前附表。正本和副本的封面右上角上应清楚地标记“正本”或“副本”字样。申请人应根据申请人须知前附表要求提供电子版文件。当副本和正本不一致或电子版文件和纸质正本文件不一致时，以纸质正本文件为准。

3.3.3 资格预审申请文件的正本与副本应分别装订成册（A4 纸幅），编制目录并逐页标注连续页码。资格预审申请文件不得采用活页夹装订，否则，招标人对由于资格预审申请文件装订松散而造成的丢失或其他后果不承担任何责任。装订的其他要求见申请人须知前附表。

4．资格预审申请文件的递交

4.1 资格预审申请文件的密封和标识

4.1.1 资格预审申请文件的正本、副本及其电子版文件（如需要）应统一密封在一个封套中。封套应加贴封条，并在封套的封口处加盖申请人单位章或由申请人的法定代表人或其委托代理人签字。

4.1.2 资格预审申请文件封套上应写明的内容见申请人须知前附表。

4.1.3 未按本章第4.1.1项要求密封的资格预审申请文件，招标人将予以拒收。

4.2 资格预审申请文件的递交

4.2.1 申请截止时间：见第一章“资格预审公告”第6条。

4.2.2 申请人递交资格预审申请文件的地点：见第一章“资格预审公告”第6条。

4.2.3 除申请人须知前附表另有规定外，申请人所递交的资格预审申请文件不予退还。

4.2.4 逾期送达或未送达指定地点的资格预审申请文件，招标人将予以拒收。

5. 资格预审申请文件的审查

5.1 审查委员会

5.1.1 资格预审申请文件由招标人组建的审查委员会负责审查。国有资金占控股或主导地位的依法必须进行招标的项目，审查委员会按照《中华人民共和国招标投标法》第三十七条规定组建。

5.1.2 审查委员会人数：见申请人须知前附表。

5.2 资格审查

审查委员会根据申请人须知前附表规定的方法和第三章“资格审查办法”中规定的审查标准，对所有已受理的资格预审申请文件进行审查。第三章“资格审查办法”没有规定的方法和标准不得作为审查依据。

注意：24号令第14条关于资格审查报告的规定：“资格预审审查工作结束后，资格审查委员会应当编制资格审查报告。资格审查报告应当载明下列内容：

（一）招标项目基本情况；

（二）资格审查委员会成员名单；

（三）监督人员名单；

（四）资格预审申请文件递交情况；

（五）通过资格审查的申请人名单；

（六）未通过资格审查的申请人名单及未通过审查的理由；

（七）评分情况；

（八）澄清、说明事项纪要；

（九）需要说明的其他事项；

（十）资格审查附表。

除前款规定的第（一）、（三）、（四）项内容外，资格审查委员会所有成员应当在资格审查报告上逐页签字。”

6. 通知和确认

6.1 通知

招标人在申请人须知前附表规定的时间内，以书面形式将资格预审结果通知申请人，并向通过资格预审的申请人发出投标邀请书。

对于未通过资格预审的申请人，招标人应在资格预审结果通知书中告知其未通过的依据和原因。

6.2 资格预审结果的异议

申请人或利害关系人对资格预审审查结果有异议的，应在收到资格预审结果通知书后3日内提出。招标人将在收到异议之日起3日内作出答复；作出答复前，将暂停招标投标活动。

6.3 确认

通过资格预审的申请人收到投标邀请书后，应在申请人须知前附表规定的时间内以书面形式明确表示是否参加投标。在申请人须知前附表规定时间内未表示是否参加投标或明确表示不参加投标的，不得再参加投标。因此造成潜在投标人数量不足3个的，招标人重新组织资格预审或不再组织资格预审而直接招标。

注意：24号令第15条关于异议的规定："资格预审申请人对资格预审审查结果有异议的，应当自收到资格预审结果通知书后3日内提出。招标人应当自收到异议之日起3日内作出答复；作出答复前，应当暂停招标投标活动。

招标人未收到异议或者收到异议并已作出答复的，应当及时向通过资格预审的申请人发出投标邀请书。未通过资格预审的申请人不具有投标资格。"

7. 申请人的资格改变

通过资格预审的申请人组织机构、财务能力、信誉情况等资格条件发生变化，使其不再实质上满足第三章"资格审查办法"规定标准的，其投标不被接受。

8. 纪律与监督

8.1 严禁贿赂

严禁申请人向招标人、审查委员会成员和与审查活动有关的其他工作人员行贿。在资格预审期间，不得邀请招标人、审查委员会成员，以及与审查活动有关的其他工作人员到申请人单位参观考察，或出席申请人主办、赞助的任何活动。

8.2 不得干扰资格审查工作

申请人不得以任何方式干扰、影响资格预审的审查工作，否则将导致其不能通过资格预审。

8.3 保密

招标人、审查委员会成员，以及与审查活动有关的其他工作人员应对资格预审申请文件的审查、比较进行保密，不得在资格预审结果公布前透露资格预审结果，不得向他人透露可能影响公平竞争的有关情况。

8.4 投诉

8.4.1 申请人或其他利害关系人认为本次资格预审活动不符合法律、行政法规规定的，可以自知道或应当知道之日起10日内向有关行政监督部门投诉。投诉应有明确的请求和必要的证明材料。

监督部门的联系方式见申请人须知前附表。

8.4.2 申请人或其他利害关系人对资格预审文件和资格预审审查结果提出投诉的，应按照本章第2.4款和第6.2款的规定先向招标人提出异议。异议答复期间不计算在第8.4.1项规定的期限内。

9. 是否采用电子招标投标

本次资格审查是否采用电子招标投标方式，见申请人须知前附表。

10. 需要补充的其他内容

10.1 申请规定

10.1.1 每个申请人可提出资格预审申请和允许中标的标段数，应符合申请人须知前附表的规定。

10.1.2 申请人在资格预审申请文件中作出的有关人员、设备投入的承诺将作为施工合同文件的组成部分。除招标文件另有规定外，申请人在资格预审申请文件中填报的项目经理（以及备选人）和项目总工（以及备选人）不允许更换。

10.3 招标人的权利

招标人有对资格预审申请文件进行核实和要求申请人进行澄清的权力，若招标人在资格审查时或必要的调查过程中发现申请人有弄虚作假行为，将取消其投标资格，并将其弄虚作假行为上报省级交通运输主管部门，作为不良记录纳入公路建设市场信用信息管理系统。

需要补充的其他内容：见申请人须知前附表。

注意：10.3 款援引《联合国贸易示范法》的规定，加大招标人对投标文件核实和澄清的权利，招标人在任一环节都可行使自己的权利，以保证投标主体的合格。

（三）资格审查办法

1. 审查方法

本次资格预审采用合格制。凡符合本章第 2.1 款、第 2.2 款、第 3.2.2 项和第 3.2.3 项规定审查标准的申请人均通过资格预审。

或本次资格预审采用有限数量制。审查委员会依据本章规定的审查标准和程序，对通过初步审查和详细审查的资格预审申请文件进行量化打分，按得分由高到低的顺序确定通过资格预审的申请人。通过资格预审的申请人不超过资格审查办法前附表规定的数量。

2. 审查标准

2.1 初步审查标准（前附表）

① 申请人名称与营业执照、组织机构代码证、资质证书、安全生产许可证一致。

② 资格预审申请文件按照资格预审文件规定的格式、内容填写，字迹清晰可辨。

③ 资格预审申请文件签署、盖章情况符合第二章“申请人须知”中的第 3.3.1 项规定。

④ 提交资格预审申请文件的标段与购买资格预审文件的标段一致。

⑤ 申请人的授权委托书或法定代表人身份证明符合第二章“申请人须知”中的第 3.2.2 项规定。

⑥ 资格预审申请文件正、副本份数符合第二章“申请人须知”中的第 3.3.2 项规定。

⑦ 资格预审申请人如果以联合体形式申请，符合第二章“申请人须知”中的第 1.4.2 项规定。

⑧ 资格预审申请文件没有对招标人的权利提出削弱性或限制性要求，没有对申请人的责任和义务提出实质性修改。

2.2 详细评审标准（前附表）

① 申请人具备有效的营业执照、组织机构代码证、资质证书、安全生产许可证和基本账户开户许可证。

② 申请人的资质等级符合第二章“申请人须知”中的第 1.4.1 项规定。

③ 申请人的财务状况符合第二章“申请人须知”中的第 1.4.1 项规定。

④ 申请人的类似项目业绩符合第二章“申请人须知”中的第 1.4.1 项规定。

⑤ 申请人的信誉符合第二章“申请人须知”中的第 1.4.1 项规定。

⑥ 申请人的项目经理（包括备选人）和项目总工（包括备选人）资格、在岗情况符合第二章“申请人须知”第 1.4.1 项规定。

⑦ 申请人的其他要求符合第二章“申请人须知”中的第 1.4.1 项规定。

⑧ 申请人不存在第二章“申请人须知”中的第 1.4.3 项或第 1.4.4 项规定的任何一种情形。

⑨ 申请人符合第二章“申请人须知”中的第 1.4.5 项规定。

对于特别复杂的特大桥梁和特长隧道项目主体工程，以及其他有特殊要求的工程，还可对其他管理和技术人员（例如项目副经理、专业工程师等）及主要机械设备和试验检测设备进行详细审查。

（本款规定仅适用于根据《关于发布公路工程从业企业资质名录的通知》（厅公路字〔2011〕114 号）要求，招标人应通过名录对申请人资质条件进行审核的公路施工企业。）

⑩ 以联合体形式申请资格预审的，联合体各方均未再以自己名义单独或参加其他联合体在同一标段中申请资格预审；独立提出资格预审申请的，申请人未同时参加联合体在同一标段中申请资格预审。

⑪ 在资格预审过程中申请人不存在串通投标、弄虚作假、行贿或其他违法违规行为，串通投标、弄虚作假行为按照《中华人民共和国招标投标法实施条例》第 39 条至第 42 条的规定进行评审

和认定。

⑫ 审查委员会要求申请人对资格预审申请文件进行澄清或说明的，申请人的澄清或说明符合本章正文第 3.3 款规定。

2.3 评分标准（有限数量制）

评分标准：见资格审查办法前附表。

① 招标人应列明各评分因素或各评分因素细分项（如有）的评分标准并作为审查委员会进行评分的依据。

② 对于特别复杂的特大桥梁和特长隧道项目主体工程及其他有特殊要求的工程，还可以将其他管理和技术人员（如项目副经理、专业工程师等），以及主要机械设备和试验检测设备列为评分因素进行评分，并适当调整本标准文件规定的评分因素权重分值范围。

③ 各评分因素权重分值范围如下：拟投入本标段的项目经理（包括备选人）和项目总工（包括备选人）资历、信誉 25～40 分；类似工程施工经验 25～35 分；履约信誉 10～25 分；财务能力 10～20 分；技术能力 0～10 分。

④ 招标人可结合招标项目所在地省级交通运输主管部门对申请人的信用评级对其履约信用进行评分，但不得任意设置歧视性条款并不得任意设立行政许可。

⑤“技术能力”指申请人的科研开发和技术创新能力，招标人可结合招标项目的具体情况提出相关要求，包括申请人获得的与项目施工有关的国家级工法、专利（发明专利或实用新型专利）、国家或省级科学技术进步奖，主编或参编过的国家、行业或地方标准等。

3. 审查程序

3.1 初步审查

3.1.1 审查委员会依据本章第 2.1 款规定的标准，对资格预审申请文件进行初步审查。有一项因素不符合审查标准的，不能通过资格预审。

3.1.2 审查委员会可以要求申请人提交第二章“申请人须知”中的第 3.2.3 项至第 3.2.8 项规定的有关证明和证件的原件，以便核验。

3.2 详细审查

3.2.1 审查委员会依据本章第 2.2 款规定的标准，对通过初步审查的资格预审申请文件进行详细审查。有一项因素不符合审查标准的，不能通过资格预审。

3.2.2 在详细审查过程中，审查委员会应查询交通运输主管部门“公路建设市场信用信息管理系统”，对申请人的资质、业绩、主要人员资历和目前在岗情况、信用等级等信息进行核实。若资格预审申请文件载明的信息与交通运输主管部门“公路建设市场信用信息管理系统”发布的信息不符，使得申请人的资格条件不符合资格预审文件规定的，申请人不能通过资格预审。

3.2.3 单位负责人为同一人或存在控股、管理关系的不同单位，在同一标段中有两家以上（含两家）通过初步审查和详细审查的，只能有一家单位通过资格预审。确定通过资格预审单位的原则见资格审查办法前附表。

3.3 资格预审申请文件的澄清

在审查过程中，审查委员会可以书面形式，要求申请人对所提交的资格预审申请文件中不明确的内容进行必要的澄清或说明。申请人的澄清或说明应采用书面形式，并不得改变资格预审申请文件的实质性内容。申请人的澄清和说明内容属于资格预审申请文件的组成部分。审查委员会不接受申请人主动提出的澄清或说明。

3.4 不得否决资格预审申请文件的情形

审查委员会不得以资格预审申请文件页码不连续、采用活页夹装订、个别文字有遗漏错误等不影响资格预审申请文件实质性内容的偏差为由，否决申请人的资格预审申请文件。

3.4 评分（有限数量制）

3.4.1 通过详细审查的申请人不少于 3 个且没有超过本章第 1 条规定数量的，均通过资格预审，不再进行评分。

3.4.2 通过详细审查的申请人数量超过本章第 1 条规定数量的，审查委员会依据本章第 2.3 款评分标准进行评分，按得分由高到低的顺序进行排序。

合格制的 3.4 款在有限数量制为 3.5 款

4．审查结果

4.1 提交审查报告

审查委员会按照本章第 3 条规定的程序对资格预审申请文件完成审查后，确定通过资格预审的申请人名单，并向招标人提交书面审查报告。

4.2 重新进行资格预审或招标

通过详细审查申请人的数量不足 3 个的，招标人重新组织资格预审或不再组织资格预审而直接招标。

（四）附录采用电子招标投标条款示例

采用电子招标投标时，《公路工程标准施工招标资格预审文件》的相应条款可做如下调整。

申请人须知正文第 2.2.3 项修改为：

2.2.3 资格预审文件澄清（或 2.3.2 修改）发出的同时，“电子交易平台”以手机短信方式提醒申请人登录平台查看。申请人应注意及时浏览网上发出的澄清（或 2.3.2 修改），因申请人自身原因未及时获知澄清（或 2.3.2 修改）内容而导致的任何后果将由申请人自行承担。

申请人须知正文第 2.4 款修改为：

2.4 资格预审文件的异议

申请人或其他利害关系人对资格预审文件有异议的，应在提交资格预审申请文件截止时间 2 日前以书面形式提出。招标人将在收到异议之日起 3 日内作出答复；作出答复前，将暂停招标投标活动。提出异议与作出答复均应通过“电子交易平台”在“异议与答复”菜单以书面形式完成。

申请人须知正文第 3.3 款修改为：

3.3 资格预审申请文件的制作

3.3.1 资格预审申请文件的制作应满足以下规定。

① 资格预审申请文件由申请人使用“电子交易平台”自带的“资格预审申请文件制作工具”制作生成。

② 申请人在编制资格预审申请文件时应建立分级目录，并按照标签提示导入相关内容。

③ 资格预审申请文件中证明资料的“复印件”均为“原件的扫描件”，应从“电子交易平台”会员诚信库中选择并进行超链接，未标示“复印件”的证明资料均应直接制作生成。

④ 第四章“资格预审申请文件格式”中要求盖单位章和（或）签字的地方，申请人均应使用 CA 数字证书加盖申请人的单位电子印章和（或）法定代表人的个人电子印章或电子签名章。以联合体形式申请资格预审的，资格预审申请文件由联合体牵头人按上述规定加盖联合体牵头人单位电子印章和（或）法定代表人的个人电子印章或电子签名章。

⑤ 资格预审申请文件制作完成后，申请人应使用 CA 数字证书对资格预审申请文件进行文件加密，形成加密的资格预审申请文件。

⑥ 资格预审申请文件制作的具体方法详见“资格预审申请文件制作工具”中的帮助文档。

3.3.2 因申请人自身原因而导致资格预审申请文件无法导入“电子交易平台”电子开标、评标系统，视为撤销其资格预审申请文件，申请人自行承担由此导致的全部责任。

申请人须知正文第 4.1 款修改为：

4.1 资格预审申请文件的加密

资格预审申请文件应按照本章第 3.3.1 项要求制作并加密，未按要求加密的资格预审申请文件，招标人（“电子交易平台”）将拒绝接收并提示。

申请人须知正文第 4.2 款修改为：

4.2 资格预审申请文件的递交

4.2.1 申请人应在第一章“资格预审公告”第 6 条规定的申请截止时间前，通过互联网使用 CA 数字证书登录“电子交易平台”，将加密的资格预审申请文件上传，并保存上传成功后系统自动生成的电子签收凭证，递交时间即为电子签收凭证时间。申请人应充分考虑上传文件时的不可预见因素，未在申请截止时间前完成上传的，视为逾期送达，招标人（“电子交易平台”）将拒绝接收。

4.2.2 根据本章第 4.1 款的规定，申请人递交的资格预审申请文件，只要出现应当拒收的情形，其资格预审申请文件不予接收。

申请人须知正文增加第 4.3 款：

4.3 资格预审申请文件递交的补救措施

4.3.1 资格预审申请文件递交过程中因本章第 4.3.2 项所列原因，导致系统无法正常运行，将按申请人须知前附表的规定采取补救措施。

4.3.2 当出现以下情况时，应中止资格预审申请文件的递交，并在恢复正常后及时安排时间递交资格预审申请文件。

① 系统服务器发生故障，无法访问或无法使用系统；

② 系统的软件或数据库出现错误，不能进行正常操作；

③ 系统发现有安全漏洞，有潜在的泄密危险；

④ 出现断电事故且短时间内无法恢复供电；

⑤ 其他无法保证招投标过程正常进行的情形。

4.3.3 采取补救措施时，必须对原有资料及信息作出妥善保密处理。

申请人须知正文第 5.2 款修改为：

5.2 资格审查

5.2.1 审查委员会根据申请人须知前附表规定的方法和第三章“资格审查办法”中规定的审查标准，对所有已受理的资格预审申请文件进行审查。第三章“资格审查办法”没有规定的方法和标准不得作为审查依据。

5.2.2 资格审查的补救措施

审查委员会按照本章第 5.2.1 项的规定在电子评标系统上开展审查工作。如果资格审查过程中出现异常情况，导致无法继续审查工作的，可暂停审查，对原有资料及信息作出妥善保密处理，待电子评标系统恢复正常之后，应重新组织审查。

申请人须知正文第 6.1 款修改为：

6.1 通知

招标人在申请人须知前附表规定的时间内，通过“电子交易平台”以数据电文形式将资格预审结果通知申请人，并向通过资格预审的申请人发出投标邀请书。

对于未通过资格预审的申请人，招标人应在资格预审结果通知书中告知其未通过的依据和原因。申请人须知正文第 6.2 款修改为以下内容。

6.2 资格预审结果的异议

申请人或利害关系人对资格预审审查结果有异议的，应在收到资格预审结果通知书后 3 日内提出。招标人将在收到异议之日起 3 日内作出答复；作出答复前，将暂停招标投标活动。提出异议与作出答复均应通过“电子交易平台”在“异议与答复”菜单以书面形式进行。

三、《公路工程标准招标文件》

（一）公路工程标准文件框架和招标程序

1. 公路招标文件的构成

第一卷　第一章　招标公告/投标邀请书

　　　　第二章　投标人须知

　　　　第三章　评标办法

　　　　第四章　合同条款及格式

　　　　第五章　工程量清单

第二卷　第六章　图纸（另册）

第三卷　第七章　技术规范（另册）

　　　　第八章　工程量清单计量规则

第四卷　第九章　投标文件格式

解读：标准施工招标文件四卷八章，公路工程招标文件把工程量清单规则从技术上规范中单列，构成四卷九章。

2. 公路工程项目招标程序的规定

24 号令第 11 条：“公路工程建设项目采用资格预审方式公开招标的，应当按照下列程序进行：

（一）编制资格预审文件；

（二）发布资格预审公告，发售资格预审文件，公开资格预审文件关键内容；

（三）接收资格预审申请文件；

（四）组建资格审查委员会对资格预审申请人进行资格审查，资格审查委员会编写资格审查报告；

（五）根据资格审查结果，向通过资格预审的申请人发出投标邀请书；向未通过资格预审的申请人发出资格预审结果通知书，告知未通过的依据和原因；

（六）编制招标文件；

（七）发售招标文件，公开招标文件的关键内容；

（八）需要时，组织潜在投标人踏勘项目现场，召开投标预备会；

（九）接收投标文件，公开开标；

（十）组建评标委员会评标，评标委员会编写评标报告、推荐中标候选人；

（十一）公示中标候选人相关信息；

（十二）确定中标人；

（十三）编制招标投标情况的书面报告；

（十四）向中标人发出中标通知书，同时将中标结果通知所有未中标的投标人；

（十五）与中标人订立合同。

采用资格后审方式公开招标的，在完成招标文件编制并发布招标公告后，按照前款程序第（七）项至第（十五）项进行。

采用邀请招标的，在完成招标文件编制并发出投标邀请书后，按照前款程序第（七）项至第（十五）项进行。”

（二）投标人须知

本章中涉及合同主体资格的有关规定与资格预审文件的规定相同，不再赘述。

1．总则

1.9.5 招标人提供的本合同工程的水文、地质、气象和料场分布、取土场、弃土场位置等参考资料，并不构成合同文件的组成部分，投标人应对自己就上述资料的解释、推论和应用负责，招标人不对投标人据此作出的判断和决策承担任何责任。

1.10 投标预备会

1.10.1 第一章“招标公告”或“投标邀请书”规定召开投标预备会的，招标人按规定的时间和地点召开投标预备会，澄清投标人提出的问题。

1.10.2 投标人应按投标人须知前附表规定的时间和形式将提出的问题送达招标人，以便招标人在会议期间澄清。

1.10.3 投标预备会后，招标人将对投标人所提问题的澄清，以本章第2.2款规定的形式通知所有购买招标文件的投标人。该澄清内容为招标文件的组成部分。

1.11 分包

1.11.1 投标人拟在中标后将中标项目的部分非主体、非关键性工作进行分包的，应符合以下规定：

（1）分包内容要求：允许分包的工程范围仅限于非关键性工程或适合专业化队伍施工的专项工程。招标人允许分包或不允许分包的专项工程（如有）应在投标人须知前附表中载明。

（2）接受分包的第三人资格要求：分包人的资格能力应与其分包工程的标准和规模相适应，且具备投标人须知前附表中规定的资格条件。

（3）其他要求：投标人如有分包计划，应按第九章“投标文件格式”的要求填写“拟分包项目情况表”，明确拟分包的工程及规模，且投标人中标后的分包应满足合同条款第4.3款的相关要求。

注意：24号令第26条关于分包的规定：“招标人应当按照国家有关法律法规规定，在招标文件中明确允许分包的或者不得分包的工程和服务，分包人应当满足的资格条件及对分包实施的管理要求。

招标人不得在招标文件中设置对分包的歧视性条款。

招标人有下列行为之一的，属于前款所称的歧视性条款：

（一）以分包的工作量规模作为否决投标的条件；

（二）对投标人符合法律法规及招标文件规定的分包计划设定扣分条款；

（三）按照分包的工作量规模对投标人进行区别评分；

（四）以其他不合理条件限制投标人进行分包的行为。”

1.12 响应和偏差

1.12.1 投标文件偏离招标文件某些要求，视为投标文件存在偏差。偏差包括重大偏差和细微偏差。

1.12.2 投标文件应对招标文件的实质性要求和条件作出满足性或更有利于招标人的响应，否则，视为投标文件存在重大偏差，投标人的投标将被否决。

投标文件存在第三章“评标办法”中所列任一否决投标情形的，均属于存在重大偏差。

1.12.3 投标文件中的下列偏差为细微偏差

① 在按照第三章“评标办法”的规定对投标价进行算术性错误修正及其他错误修正后，最终投标报价未超过最高投标限价（如有）的情况下，出现第三章“评标办法”规定的算术性错误和投标报价的其他错误。

② 施工组织设计（含关键工程技术方案）和项目管理机构不够完善。

③ 投标文件页码不连续、采用活页夹装订、个别文字有遗漏错误等不影响投标文件实质性内容的偏差。1.12.4 评标委员会对投标文件中的细微偏差按如下规定处理。

1）对于本章第 1.12.3 项（1）目所述的细微偏差，按照第三章“评标办法”的规定予以修正并要求投标人进行澄清。

2）对于本章第 1.12.3 项（2）目所述的细微偏差，如果采用合理低价法或经评审的最低投标价法评标，应要求投标人对细微偏差进行澄清，只有投标人的澄清文件被评标委员会接受，投标人才能参加评标价的最终评比。如果采用技术评分最低标价法或综合评分法评标，可在相关评分因素的评分中酌情扣分。

3）对于本章第 1.12.3 项（3）目所述的细微偏差，可要求投标人对细微偏差进行澄清。

2. 招标文件

2.1 招标文件的组成

本招标文件包括：

① 招标公告（或投标邀请书）；

② 投标人须知；

③ 评标办法；

④ 合同条款及格式；

⑤ 工程量清单；

⑥ 图纸；

⑦ 技术规范；

⑧ 工程量清单计量规则；

⑨ 投标文件格式；

⑩ 投标人须知前附表规定的其他资料。

根据本章第 1.10 款、第 2.2 款和第 2.3 款对招标文件所做的澄清、修改，构成招标文件的组成部分。

当招标文件、招标文件的澄清或修改等在同一内容的表述上不一致时，以最后发出的书面文件为准。

注意：同一时间发出的文件各部分不一致应当以效力等级高的优先。

2.2 招标文件的澄清

2.2.1 投标人应仔细阅读和检查招标文件的全部内容。如发现缺页或附件不全，应及时向招标人提出，以便补齐。如有疑问，应按投标人须知前附表规定的时间和形式将提出的问题送达招标人，要求招标人对招标文件予以澄清。

2.2.2 招标文件的澄清以投标人须知前附表规定的形式发给所有购买招标文件的投标人，但不指明澄清问题的来源。澄清发出的时间距本章第 4.2.1 项规定的投标截止时间不足 15 日，且澄清内容可能影响投标文件编制的，将相应延长投标截止时间。

2.2.3 投标人在收到澄清后，应按投标人须知前附表规定的时间和形式通知招标人，确认已收到该澄清。

2.2.4 除非招标人认为确有必要答复，否则，招标人有权拒绝回复投标人在本章第 2.2.1 项规定的时间后提出的任何澄清要求。

2.3 招标文件的修改

相关内容和澄清的程序相同。

2.4 招标文件的异议

投标人或其他利害关系人对招标文件有异议的，应在投标截止时间10日前以书面形式提出。招标人将在收到异议之日起3日内作出答复；作出答复前，将暂停招标投标活动。

注意：24号令第19条关于对招标文件异议的规定，“潜在投标人或者其他利害关系人可以按照国家有关规定对资格预审文件或者招标文件提出异议。招标人应当对异议作出书面答复。未在规定时间内作出书面答复的，应当顺延提交资格预审申请文件截止时间或者投标截止时间。

招标人书面答复内容涉及影响资格预审申请文件或者投标文件编制的，应当按照有关澄清或者修改的规定，调整提交资格预审申请文件截止时间或者投标截止时间，并以书面形式通知所有获取资格预审文件或者招标文件的潜在投标人”。

3．投标文件

3.1　投标文件的组成

根据投标人须知前附表规定的不同形式，投标文件的组成应满足相应条款要求。

若采用双信封形式，第3.1.1项采用以下条款。

3.1.1 投标文件应包括下列内容。

第一个信封（商务及技术文件）：

① 投标函及投标函附录；

② 授权委托书或法定代表人身份证明；

③ 联合体协议书；

④ 投标保证金；

⑤ 施工组织设计；

⑥ 项目管理机构；

⑦ 拟分包项目情况表；

⑧ 资格审查资料；

⑨ 投标人须知前附表规定的其他资料。

注意：取消了2009版要求的承诺函。

第二个信封（报价文件）：

① 调价函及调价后的工程量清单（如有）；

② 投标函；

③ 已标价工程量清单；

④ 合同用款估算表。

投标人在评标过程中作出的符合法律法规和招标文件规定的澄清确认，构成投标文件的组成部分。

3.1.1 投标文件应包括下列内容：

① 投标函及投标函附录；

② 授权委托书或法定代表人身份证明；

③ 联合体协议书；

④ 投标保证金；

⑤ 已标价工程量清单；

⑥ 施工组织设计；

⑦ 项目管理机构；

⑧ 拟分包项目情况表；

⑨ 资格审查资料；

⑩ 调价函及调价后的工程量清单（如有）；

⑪ 投标人须知前附表规定的其他资料。

投标人在评标过程中作出的符合法律法规和招标文件规定的澄清确认，构成投标文件的组成部分。

若采用单信封形式，招标人应修改第九章“投标文件格式”中相关内容，将投标文件第二个信封（报价文件）投标函中的投标报价写入投标文件第一个信封（商务及技术文件）投标函内。

3.1.2 投标人须知前附表规定不接受联合体投标的，或投标人没有组成联合体的，投标文件不包括本章第 3.1.1（3）目所指的联合体协议书。

3.1.3 投标人须知前附表未要求提交投标保证金的，投标文件不包括本章第 3.1.1（4）目所指的投标保证金。

3.2 投标报价

3.2.1 投标报价应包括国家规定的增值税税金，除投标人须知前附表另有规定外，增值税税金按一般计税方法计算。投标人应按第九章“投标文件格式”的要求在投标函中进行报价并填写工程量清单相应表格。

工程量清单的填写分下列两种方式。投标人应按投标人须知前附表规定的方式填写工程量清单。

① 本项目招标采用工程量固化清单，招标人在出售招标文件的同时向投标人提供工程量固化清单电子文件（光盘或 U 盘），或将工程量固化清单电子文件上传至投标人须知前附表载明的网站供投标人自行下载。投标人填写工程量清单中各子目的单价及总额价，即可完成投标工程量清单的编制，确定投标报价，并打印出投标工程量清单，编入投标文件。投标人未在工程量清单中填入单价或总额价的工程子目，将被认为其已包含在工程量清单其他子目的单价和总额价中，招标人将不予支付。

投标人必须严格遵循工程量固化清单电子文件中的数据、格式及运算定义，并将已填写完毕的投标工程量清单电子文件单独拷入招标人提供的光盘（或 U 盘）中密封在投标文件内一并交回。严禁投标人修改工程量固化清单电子文件中的数据、格式及运算定义。

投标人根据招标人提供的工程量固化清单电子文件填报完成并打印的投标工程量清单中的投标报价和投标函大写金额报价应一致，如果报价金额出现差异，其投标将被否决。

为减少评标阶段对投标报价进行修正的工作量，建议招标人在出售招标文件时，同时提供“工程量固化清单”，清单的数据、格式及运算定义应保证投标人无法修改。投标人只需填写各子目单价或总额价，即可自动生成投标报价。

② 本项目招标由招标人提供书面工程量清单，由投标人按照招标人提供的工程量清单填写本合同各工程子目的单价、合价和总额价。评标委员会将按照第三章“评标办法”的规定对投标价进行算术性错误修正及其他错误修正。

3.2.2 投标人应充分了解本项目的总体情况及影响投标报价的其他要素。

3.2.3 本项目的报价方式见投标人须知前附表。投标人在投标截止时间前修改投标函中的投标总报价，应同时修改投标文件“已标价工程量清单”中的相应报价。此修改须符合本章第 4.3 款的有关要求。

3.2.4 投标人如果发现工程量清单中的数量与图纸中数量不一致时，应立即通知招标人核查，除非招标人以书面方式予以更正，否则，应以工程量清单中列出的数量为准。

3.2.5 投标人应根据《公路水运工程安全生产监督管理办法》，在投标总价中计入安全生产费用，安全生产费用应符合合同条款第 9.2.5 项的规定。工程量清单第 100 章内列有上述安全生产费的支付子目，由投标人按招标文件的规定填写总额价。

注意：《公路水运工程安全生产监督管理办法》交通运输部令 2017 年第 25 号规定如下。

第14条："施工单位从事公路水运工程建设活动，应当取得安全生产许可证及相应等级的资质证书。施工单位的主要负责人和安全生产管理人员应当经交通运输主管部门对其安全生产知识和管理能力考核合格。

施工单位应当设置安全生产管理机构或者配备专职安全生产管理人员。施工单位应当根据工程施工作业特点、安全风险及施工组织难度，按照年度施工产值配备专职安全生产管理人员，不足5000万元的至少配备1名；5000万元以上不足2亿元的按每5000万元不少于1名的比例配备；2亿元以上的不少于5名，且按专业配备。"

第21条"从业单位应当保证本单位所应具备的安全生产条件必须的资金投入。

建设单位在编制工程招标文件及项目预算时，应当确定保障安全作业环境及安全施工措施所需的安全生产费用，并不得低于国家规定的标准。

施工单位在工程投标报价中应当包含安全生产费用并单独计提，不得作为竞争性报价。

安全生产费用应当经监理工程师审核签认，并经建设单位同意后，在项目建设成本中据实列支，严禁挪用。"

3.2.6 除投标人须知前附表另有规定外，招标人不接受调价函。若招标人接受调价函，则应在招标文件中给出调价函的格式。投标人若有调价函则应遵循如下规定：

① 调价函必须采用招标文件规定的格式；调价函应说明调价后的最终报价，并以最终报价为准，而且投标人只能有一次调价的机会；

② 工程量清单中招标人指定的报价不允许调价；

③ 调价函必须附有调价后的工程量清单；调价函必须粘贴或机械装订在投标文件正本首页，与投标文件一起密封提交。

若投标人未提交调价后的工程量清单，或调价函未装在投标文件正本首页，调价函均视为无效，仍以原报价作为最终报价。若投标人提交的调价函多于一个，或对不允许调价的内容进行了调价，或调价函有附加条件，其投标将被否决。

④ 若招标人接受调价函，投标人调价后的工程量清单和有效调价函的大写金额报价应保持一致，如果报价金额出现差异，则以有效调价函的大写金额报价为准。

3.2.7 在合同实施期间，投标人填写的单价、合价和总额价是否由于物价波动进行价格调整按照合同条款第16.1款的规定处理。如果按照合同条款第16.1.1项的规定采用价格调整公式进行价格调整，由招标人根据项目实际情况测算确定价格调整公式中的变值权重范围，并在投标函附录价格指数和权重表中约定范围；投标人在此范围内填写各可调因子的权重，合同实施期间将按此权重进行调价。

3.2.8 招标人设有最高投标限价的，投标人的投标报价不得超过最高投标限价，最高投标限价在投标人须知前附表中载明。

3.2.9 投标报价的其他要求见投标人须知前附表。

3.3 投标有效期

3.3.1 除投标人须知前附表另有规定外，投标有效期为90日。

3.3.2 在投标有效期内，投标人撤销投标文件的，应承担招标文件和法律规定的责任。

3.3.3 出现特殊情况需要延长投标有效期的，招标人以书面形式通知所有投标人延长投标有效期。投标人应予以书面答复，同意延长的，应相应延长其投标保证金的有效期，但不得要求或被允许修改其投标文件；投标人拒绝延长的，其投标失效，但投标人有权收回其投标保证金及以现金或支票形式递交的投标保证金的银行同期活期存款利息。

3.4 投标保证金

3.4.1 投标人在递交投标文件的同时，应按投标人须知前附表规定的金额和第九章"投标文件格式”规定的投标保证金格式递交投标保证金，并作为其投标文件的组成部分。联合体投标的，其投标保证金由牵头人递交，并应符合投标人须知前附表的规定。

投标保证金应采用现金、支票、银行保函或招标人在投标人须知前附表规定的其他形式。

① 若采用现金或支票，投标人应在递交投标文件截止时间之前，将投标保证金由投标人的基本账户转入招标人指定账户，否则视为投标保证金无效。招标人指定的开户银行及账号见投标人须知前附表。

② 若采用银行保函，则应由符合投标人须知前附表规定级别的银行开具，并采用招标文件提供的格式。银行保函复印件装订在投标文件内，原件应在递交投标文件截止时间之前单独密封递交给招标人。

无论采取何种形式的投标保证金，投标保证金有效期均应与投标有效期一致。招标人如果按本章第 3.3.3 项的规定延长了投标有效期，则投标保证金的有效期也相应延长。

注意：缴纳保证金是约定的民事权利，投标保证金不得超过招标标段估算价的 2%，招标人应据此测算出具体金额。

3.4.2 投标人不按本章第 3.4.1 项要求提交投标保证金的，评标委员会将否决其投标。

3.4.3 招标人最迟将在中标通知书发出后 5 日内向中标候选人以外的其他投标人退还投标保证金，与中标人签订合同后 5 日内向中标人和其他中标候选人退还投标保证金。投标保证金以现金或支票形式递交的，招标人应同时退还投标保证金的银行同期活期存款利息，且退还至投标人的基本账户。

利息计算原则见投标人须知前附表。

注意：公路工程标准文件前附表规定。

① 计算利息的起始日期为投标截止当日，终止日期为招标人退还投标保证金日期的前 1 日。

② 投标保证金的利息按照第（1）款所述计息时间段内招标人指定汇入银行公告的活期存款利率计付，并扣除招标人汇款手续费。

③ 利息金额计算至分位，分以下尾数四舍五入。

3.4.4 有下列情形之一的，投标保证金将不予退还：

① 投标人在投标有效期内撤销投标文件。

② 中标人在收到中标通知书后，无正当理由不与招标人订立合同，在签订合同时向招标人提出附加条件，或不按照招标文件要求提交履约保证金。

③ 发生投标人须知前附表规定的其他可以不予退还投标保证金。

3.5　资格审查资料（适用于已进行资格预审的）

3.5.1 投标人在递交投标文件前，发生可能影响其投标资格的新情况的，应在投标文件中更新或补充其在申请资格预审时提供的资料，以证实其各项资格条件仍能继续满足资格预审文件的要求。投标人至少应更新以下资料（如有）：

① 财务状况方面的变化，新近取得银行信贷额度（如有必要）的证明和（或）获得其他资金来源的证据，以及现已接受（中标或签约）的新合同工程对财务状况的影响。

② 投标人名称的变化及有关批件。

3.5.2 如果投标人在投标阶段发生合并、分立、破产等重大变化，或发生重大安全或质量事故，或由于其他任何情况，导致投标人不再具备资格预审文件规定的各项资格条件或其投标影响招标公正性时，投标人必须在其投标文件中对上述情况进行如实说明，否则，招标人一经查实，将视为投标人弄虚作假，其投标将被否决。

解读：本款规定在投标阶段对发生重大变化事件，投标人有告知义务，否则招标人有权否决投标，这属于公权管制下的民事行为，权利主体是招标人。

3.5.3 招标人有权核查投标人在资格预审申请文件和投标文件中提供的资料，若在评标期间发现投标人提供了虚假资料，其投标将被否决；若在签订合同前发现作为中标候选人的投标人提供了虚假资料，招标人有权取消其中标资格；若在合同实施期间发现投标人提供了虚假资料，招标人有权从工程支付款或履约保证金中扣除不超过 10%签约合同价的金额作为违约金。同时招标人将投标人上述弄虚作假行为上报省级交通运输主管部门，作为不良记录纳入公路建设市场信用信息管理系统。

解读：本款规定在评标包括之后阶段针对投标人弄虚作假行为的处理办法，在评标期间，招标人提供虚假证据，评标委员会作出否决决定。在确定中标人期间，招标人可以中止同其签订合同，在合同履行期间，可以从履约保证金中收回违约金，但是否中止合同，法律没有规定，由招标人视情节决定。同时该条还规定了向监督部门报告的义务。

3.6 备选投标方案

3.6.1 除投标人须知前附表规定允许外，投标人不得递交备选投标方案，否则其投标将被否决。

3.6.2 允许投标人递交备选投标方案的，只有中标人所递交的备选投标方案方可予以考虑。评标委员会认为中标人的备选投标方案优于其按照招标文件要求编制的投标方案的，招标人可以接受该备选投标方案。

3.6.3 投标人提供两个或两个以上投标报价，或在投标文件中提供一个报价，但同时提供两个或两个以上施工组织设计的，视为提供备选方案。

3.7 投标文件的编制

3.7.1 投标文件应按第九章“投标文件格式”进行编写，如有必要，可以增加附页，作为投标文件的组成部分。其中，投标函附录在满足招标文件实质性要求的基础上，可以提出比招标文件要求更有利于招标人的承诺。

3.7.2 投标文件应对招标文件有关工期、投标有效期、质量要求、安全目标、技术标准和要求、招标范围等实质性内容作出响应。

3.7.3（有关打印装订的规定和资格预审文件相应规定相同，不再重复。）

4. 投标

4.1 投标文件的密封和标识

若采用双信封形式，第 4.1.1 项和第 4.1.2 项采用以下条款：

注意：2018 版取消了 2014 版 4.1 关于特殊情形延长投标截止期的规定。

4.1.1 投标文件应采用双信封形式密封。投标文件第一个信封（商务及技术文件）及第二个信封（报价文件）应单独密封包装。商务及技术文件的正本与副本应统一密封在一个封套中。报价文件的正本与副本、投标文件电子版文件（如需要）及填写完毕的工程量固化清单电子文件（如采用工程量固化清单形式）应统一密封在另一个封套中。封套应加贴封条，并在封套的封口处加盖投标人单位章或由投标人的法定代表人或其委托代理人签字。

采用银行保函形式提交投标保证金的，银行保函原件应密封在单独的封套中。

4.1.2 投标文件第一个信封（商务及技术文件）、第二个信封（报价文件）及银行保函封套上应写明的内容见投标人须知前附表。

若采用单信封形式，第 4.1.1 项和第 4.1.2 项采用以下条款：

4.1.1 投标文件应采用单信封形式密封。投标文件的正本与副本、投标文件电子版文件（如需要）及填写完毕的工程量固化清单电子文件（如采用工程量固化清单形式）应统一密封在一个封套中。封套应加贴封条，并在封套的封口处加盖投标人单位章或由投标人的法定代表人或其委托代理人签字。

采用银行保函形式提交投标保证金的，银行保函原件应密封在单独的封套中。

4.1.2 投标文件及银行保函封套上应写明的内容见投标人须知前附表。

4.1.3 未按本章第 4.1.1 项要求密封的投标文件，招标人将予以拒收。

4.2 投标文件的递交

4.2.1 投标人应在第一章“招标公告”或“投标邀请书”规定的投标截止时间前递交投标文件。

4.2.2 投标人递交投标文件的地点：见第一章“招标公告”或“投标邀请书”。

4.2.3 除投标人须知前附表另有规定外，投标人所递交的投标文件不予退还。投标人少于 3 个的，投标文件当场退还给投标人。

4.2.4 招标人收到投标文件后，向投标人出具签收凭证。

4.2.5 逾期送达的或未送达指定地点的投标文件，招标人将予以拒收。

4.3 投标文件的修改与撤回

4.3.1 在本章第 4.2.1 项规定的投标截止时间前，投标人可以修改或撤回已递交的投标文件，但应以书面形式通知招标人。

4.3.2 投标人修改或撤回已递交投标文件的书面通知应按照本章第 3.7.3 项的要求签字或盖章。招标人收到书面通知后，向投标人出具签收凭证。

4.3.3 投标人撤回投标文件的，招标人自收到投标人书面撤回通知之日起 5 日内退还已收取的投标保证金。

4.3.4 修改的内容为投标文件的组成部分。修改的投标文件应按照本章第 3 条、第 4 条的规定进行编制、密封、标记和递交，并标明“修改”字样。

5. 开标

若采用双信封形式，第 5.1 款采用以下条款：

5.1 开标时间和地点

招标人在本章第 4.2.1 项规定的投标截止时间（开标时间）和投标人须知前附表规定的地点对收到的投标文件第一个信封（商务及技术文件）公开开标，并邀请所有投标人的法定代表人或其委托代理人准时参加。

招标人在投标人须知前附表规定的时间和地点对投标文件第二个信封（报价文件）公开开标，并邀请所有投标人的法定代表人或其委托代理人准时参加。

投标人若未派法定代表人或委托代理人出席开标活动，视为该投标人默认开标结果。

若采用单信封形式，第 5.1 款采用以下条款：

5.2 开标程序（双信封）

5.2.1 主持人按下列程序对投标文件第一个信封（商务及技术文件）进行开标：

（1）宣布开标纪律；

（2）公布在投标截止时间前递交投标文件的投标人数量；

（3）宣布开标人、唱标人、记录人等有关人员姓名；

（4）按照投标人须知前附表规定由投标人推选的代表检查投标文件的密封情况；

（5）按照投标人须知前附表规定的开标顺序当众开标，公布标段名称、投标人名称、投标保证金的递交情况、工期及其他内容，并记录在案；

（6）投标人代表、招标人代表、记录人等有关人员在开标记录上签字确认；

（7）开标结束。

5.2.2 在投标文件第一个信封（商务及技术文件）开标现场，投标文件第二个信封（报价文件）不予开封，由招标人密封保存。

5.2.3 招标人将按照本章第 5.1 款规定的时间和地点对投标文件第二个信封（报价文件）进行开标。主持人按下列程序进行开标。

① 宣布开标纪律；

② 当众拆开投标文件第一个信封（商务及技术文件）评审结果的密封袋，宣布通过投标文件第一个信封（商务及技术文件）评审的投标人名单；

③ 宣布开标人、唱标人、记录人等有关人员姓名；

④ 按照投标人须知前附表规定由投标人推选的代表检查投标文件的密封情况；

⑤ 按照投标人须知前附表规定的开标顺序当众开标，开标人只拆封通过投标文件第一个信封（商务及技术文件）评审的投标文件的第二个信封（报价文件），公布标段名称、投标人名称、投标报价及其他内容，并记录在案；

⑥ 计算并宣布评标基准价；

⑦ 将未通过投标文件第一个信封（商务及技术文件）评审的投标文件第二个信封（报价文件）退还给投标人；

⑧ 投标人代表、招标人代表、记录人等有关人员在开标记录上签字确认；

⑨ 开标结束。

若投标函或调价函中的投标价大小写金额不一致，应以大写金额为准。

5.2.4 若采用合理低价法或综合评分法，在投标文件第二个信封（报价文件）开标现场，招标人将按第三章“评标办法”规定的原则计算并宣布评标基准价。若招标人发现投标文件出现以下任一情况，其投标报价将不再参加评标基准价的计算：

① 未在投标函上填写投标总价；

② 投标报价或调价函中的报价超出招标人公布的最高投标限价（如有）；

③ 投标报价或调价函中报价的大写金额无法确定具体数值；

④ 投标函上填写的标段号与投标文件封套上标记的标段号不一致。

如果投标人认为某一标段的评标基准价计算有误，有权在开标现场提出，经招标人当场核实确认之后，可重新宣布评标基准价。开标现场宣布的评标基准价除计算有误经评标委员会修正外，在整个评标期间保持不变，不随任何因素发生变化。

5.2.5 在投标文件第一个信封（商务及技术文件）或第二个信封（报价文件）开标过程中，若招标人宣读的内容与投标文件不符，投标人有权在开标现场提出疑问，经招标人当场核查确认之后，可重新宣读其投标文件。若投标人现场未提出疑问，则认为投标人已确认招标人宣读的内容。

若采用单信封形式，第5.2款采用以下条款：（与双信封程序基本相同，略。）

（5.2 略）

5.3 开标异议

投标人对开标有异议的，应在开标现场提出，招标人当场作出答复，并制作记录，有异议的投标人代表、招标人代表、记录人等有关人员在记录上签字确认。

6. 评标

6.1 评标委员会

6.1.1 评标由招标人依法组建的评标委员会负责。评标委员会由招标人或其委托的招标代理机构熟悉相关业务的代表，以及有关技术、经济等方面的专家组成。评标委员会成员人数及技术、经济等方面专家的确定方式见投标人须知前附表。

6.1.2 评标委员会成员有下列情形之一的，应主动提出回避：

① 为负责招标项目监督管理的交通运输主管部门的工作人员；

② 与投标人法定代表人或其委托代理人有近亲属关系；

③ 为投标人的工作人员或退休人员；

④ 与投标人有其他利害关系，可能影响评标活动公正性；

⑤ 在与招标投标有关的活动中有过违法违规行为、曾受过行政处罚或刑事处罚。

6.1.3 评标过程中，评标委员会成员有回避事由、擅离职守或因健康等原因不能继续评标的，招标人有权更换。被更换的评标委员会成员作出的评审结论无效，由更换后的评标委员会成员重新进行评审。

6.3 评标

6.3.1 评标委员会按照第三章“评标办法”规定的方法、评审因素、标准和程序对投标文件进行评审。第三章“评标办法”没有规定的方法、评审因素和标准，不作为评标依据。

6.3.2 评标完成后，评标委员会应向招标人提交书面评标报告和中标候选人名单。评标委员会推荐中标候选人的人数见投标人须知前附表。

7. 合同授予

7.1 中标候选人公示

招标人在收到评标报告之日起 3 日内，按照投标人须知前附表规定的公示媒介和期限公示中标候选人，公示期不得少于 3 日，公示内容包括：

① 中标候选人排序、名称、投标报价，对工程质量要求、安全目标和工期的响应情况；

② 中标候选人在投标文件中承诺的项目经理和项目总工姓名、个人业绩、相关证书名称和编号；

③ 中标候选人在投标文件中填报的项目业绩；

④ 被否决投标的投标人名称、否决依据和原因；

⑤ 提出异议的渠道和方式；

⑥ 投标人须知前附表规定公示的其他内容。

7.2 评标结果异议

投标人或其他利害关系人对依法必须进行招标的项目的评标结果有异议的，应在中标候选人公示期间提出。招标人将在收到异议之日起 3 日内作出答复；作出答复前，将暂停招标投标活动。

7.3 中标候选人履约能力审查

中标候选人的经营、财务状况发生较大变化或存在违法行为，招标人认为可能影响其履约能力的，将在发出中标通知书前提请原评标委员会按照招标文件规定的标准和方法进行审查确认。

7.4 定标

按照投标人须知前附表的规定，招标人或招标人授权的评标委员会依法确定中标人。

7.5 中标通知

在本章第 3.3 款规定的投标有效期内，招标人以投标人须知前附表规定的形式向中标人发出中标通知书，同时将中标结果通知未中标的投标人。

7.6 中标结果公告

招标人在确定中标人之日起 3 日内，按照投标人须知前附表规定的公告媒介和期限公告中标结果，公告期不得少于 3 日。公告内容包括中标人名称、中标价。

7.7 履约保证金

7.7.1 在签订合同前，中标人应按投标人须知前附表规定的形式、金额和招标文件第四章“合同条款及格式”规定的或事先经过招标人书面认可的履约保证金格式向招标人提交履约保证金。除投标人须知前附表另有规定外，履约保证金为签约合同价的 10%。联合体中标的，其履约保证金以联合体各方或联合体中牵头人的名义提交。

采用银行保函时，应由符合投标人须知前附表规定级别的银行开具，所需的费用由中标人承担，中标人应保证银行保函有效。

7.7.2 中标人不能按本章第 7.7.1 项要求提交履约保证金的，视为放弃中标，其投标保证金不予退还，给招标人造成的损失超过投标保证金数额的，中标人还应对超过部分予以赔偿。

7.8 签订合同

7.8.1 招标人和中标人应在中标通知书发出之日起30日内，根据招标文件和中标人的投标文件订立书面合同。中标人无正当理由拒签合同，在签订合同时向招标人提出附加条件，或不按照招标文件要求提交履约保证金的，招标人取消其中标资格，其投标保证金不予退还；给招标人造成的损失超过投标保证金数额的，中标人还应对超过部分予以赔偿。

7.8.2 发出中标通知书后，招标人无正当理由拒签合同，或在签订合同时向中标人提出附加条件的，招标人向中标人退还投标保证金；给中标人造成损失的，还应赔偿损失。

注意：在确定中标人后双方不签订合同的后果属于民事行为责任。中标人的保证金不予退还，超过招标人损失的依据证据应当赔偿；反之，招标人也应当向中标人进行相应赔偿。

7.8.3 签约合同价的确定原则如下：

（1）按照评标办法规定对投标报价进行修正后，若修正后的最终投标报价小于开标时的投标函大写金额报价，则签订合同时以修正后的最终投标报价为准；

（2）按照评标办法规定对投标报价进行修正后，若修正后的最终投标报价大于开标时的投标函大写金额报价，则签订合同时以开标时的投标函大写金额报价为准，同时按比例修正相应子目的单价或合价。

【如投标人按照招标人提供的工程量固化清单电子文件填写工程量清单，无须按照第三章“评标办法”的相关规定对投标报价进行修正，则本项不适用。】

7.8.4 联合体中标的，联合体各方应共同与招标人签订合同，就中标项目向招标人承担连带责任。

7.8.5 招标人和中标人在签订合同协议书的同时，须按照本招标文件规定的格式和要求签订廉政合同及安全生产合同，明确双方在廉政建设和安全生产方面的权利和义务，以及应承担的违约责任。

注意：2018版文件删节了2014版标准施工文件投标人须知第8条【重新招标和不再招标】的规定。由其他部分予以规范。

8．纪律和监督

8.5 投诉

8.5.1 投标人或其他利害关系人认为招标投标活动不符合法律、行政法规规定的，可以自知道或应当知道之日起10日内向有关行政监督部门投诉。投诉应有明确的请求和必要的证明材料。

监督部门的联系方式见投标人须知前附表。

8.5.2 投标人或其他利害关系人对招标文件、开标和评标结果提出投诉的，应按照本章第2.4款、第5.3款和第7.2款的规定先向招标人提出异议。异议答复期间不计算在第8.5.1项规定的期限内。

注意：24号令第64条规定，“投诉人投诉时，应当提交投诉书。投诉书应当包括下列内容：

（一）投诉人的名称、地址及有效联系方式；

（二）被投诉人的名称、地址及有效联系方式；

（三）投诉事项的基本事实；

（四）异议的提出及招标人答复情况；

（五）相关请求及主张；

（六）有效线索和相关证明材料。

对本办法规定应先提出异议的事项进行投诉的，应当提交已提出异议的证明文件。未按规定提出异议或者未提交已提出异议的证明文件的投诉，交通运输主管部门可以不予受理”。

本条是关于受理投诉的规定，依据《工程建设项目招标投标投诉办法》11 号令第 7 条的规定补充了投诉书的内容。

对于招标文本、开标和中标结果投诉的应当首先向招标人提出异议，招标人不答复或答复后异议人不满意可向监督部门投诉，异议是投诉的前置条件，包括实质和内容前置。

不具备上述条件，监督部门可以不予受理。“可以”指一般不受理，但不排除特殊情况下的受理，监督部门有自由裁量权。

24 号令第 65 条同时规定：“投诉人就同一事项向两个以上交通运输主管部门投诉的，由具体承担该项目招标投标活动监督管理职责的交通运输主管部门负责处理。

交通运输主管部门应当自收到投诉之日起 3 个工作日内决定是否受理投诉，并自受理投诉之日起 30 个工作日内作出书面处理决定；需要检验、检测、鉴定、专家评审的，所需时间不计算在内。

投诉人缺乏事实根据或者法律依据进行投诉的，或者有证据表明投诉人捏造事实、伪造材料的，或者投诉人以非法手段取得证明材料进行投诉的，交通运输主管部门应当予以驳回，并对恶意投诉按照有关规定追究投诉人责任。”

本条参照条例第 61 条的规定制订。

第 1 款对两个以上有权受理的机关投诉的规定，明确由具体承担该项目监督的交通运输部门处理，而不是条例规定的由最先收到的机关处理。

第 2 款规定同条例第 61 条第二款相同。3 个工作日决定是否受理，30 个工作日处理完毕，有关认定的技术工作不算在内。

第 3 款是对违法投诉的处理办法，违法行为包括实施造假和手段违法两项，办法补充了对违法投诉的责任条款：予以驳回，并对恶意投诉按照有关规定追究投诉人责任。

24 号令第 66 条：“交通运输主管部门处理投诉，有权查阅、复制有关文件、资料，调查有关情况，相关单位和人员应当予以配合。必要时，交通运输主管部门可以责令暂停招标投标活动。

交通运输主管部门的工作人员对监督检查过程中知悉的国家秘密、商业秘密，应当依法予以保密。”

本条参照条例第 62 条制定，授权监督交通运输主管部门作为监督主体的权力，以及相关人员配合的义务。

第 2 款规定了执法人员应当遵循的保密义务。

24 号令第 67 条：“交通运输主管部门对投诉事项作出的处理决定，应当在对该项目具有招标监督职责的交通运输主管部门政府网站上进行公告，包括投诉的事由、调查结果、处理决定、处罚依据及处罚意见等内容。”

本条是对条例处理投诉本程序的补充，规定处理结果在有关政府网站上公告。公告的内容法定：投诉事由、调查结果、处理决定、处罚依据和处罚意见。接受社会监督。

9．是否采用电子招标投标

本招标项目是否采用电子招标投标方式，见投标人须知前附表。

10．需要补充的其他内容

10.1 自购买招标文件之日起，投标人应保证其提供的联系方式（电话、传真、电子邮件）一直有效，以便及时收到招标人发出的函件（招标文件的澄清、修改等），并应及时向招标人反馈信息，否则招标人不承担由此引起的一切后果。

需要补充的其他内容：见投标人须知前附表。

（三）评标办法

24 号令第 44 条：“公路工程施工招标，评标采用综合评估法或者经评审的最低投标价法。综合评估法包括合理低价法、技术评分最低标价法和综合评分法。

合理低价法，是指对通过初步评审的投标人，不再对其施工组织设计、项目管理机构、技术能力等因素进行评分，仅依据评标基准价对评标价进行评分，按照得分由高到低排序，推荐中标候选人的评标方法。

技术评分最低标价法，是指对通过初步评审的投标人的施工组织设计、项目管理机构、技术能力等因素进行评分，按照得分由高到低排序，对排名在招标文件规定数量以内的投标人的报价文件进行评审，按照评标价由低到高的顺序推荐中标候选人的评标方法。招标人在招标文件中规定的参与报价文件评审的投标人数量不得少于3个。

综合评分法，是指对通过初步评审的投标人的评标价、施工组织设计、项目管理机构、技术能力等因素进行评分，按照综合得分由高到低排序，推荐中标候选人的评标方法。其中评标价的评分权重不得低于50%。

经评审的最低投标价法，是指对通过初步评审的投标人，按照评标价由低到高排序，推荐中标候选人的评标方法。

公路工程施工招标评标，一般采用合理低价法，或者技术评分最低标价法。技术特别复杂的特大桥梁和特长隧道项目主体工程，可以采用综合评分法。工程规模较小、技术含量较低的工程，可以采用经评审的最低投标价法。”

以上4种评标方法汇总于表9.1中。

表9.1　4种评标方法的汇总一览表

	合理低价法	技术评分最低标价法	综合评分法	经评审的最低评标价法
初审	通过初审合格	通过初审合格	通过初审合格	通过初审合格
施工组织设计	不再评分	评分	评分	
项目管理机构	不再评分	评分	评分	
技术能力	不再评分	评分	评分	
等其他指标	不再评分	评分	评分	
报价文件	计算报价得分： 偏差率=（评标价-基准价）/基准价 得分=100-偏差率×100×E	对约定分数名次入围评价（不少于3个） 评标价=投标函文字报价； 或=投标函文字报价-暂估价-暂列金	计算报价得分： 评标价的权重不得低于50% 偏差率=（评标价-基准价）/基准价 得分=100-偏差率×100×E	评标价=投标函文字报价； 或=投标函文字报价-暂估价-暂列金
	基准价由招标文件约定		基准价由招标文件约定	
结果	得分由高到低推荐	评标价由低到高推荐	得分由高到低推荐	评标价由低到高推荐
适用	一般公路施工	一般公路施工	特别复杂桥梁隧道	小型、技术含量低

24号令第45条：“实行设计施工总承包招标的，招标人应当根据工程地质条件、技术特点和施工难度确定评标办法。

设计施工总承包招标的评标采用综合评分法的，评分因素包括评标价、项目管理机构、技术能力、设计文件的优化建议、设计施工总承包管理方案、施工组织设计等因素，评标价的评分权重不得低于50%。”

● **评标办法（合理低价法）**

1. 评标方法

本次评标采用合理低价法。评标委员会对满足招标文件实质性要求的投标文件，按照本章第

2.2 款规定的评分标准进行打分，并按得分由高到低顺序推荐中标候选人，或根据招标人授权直接确定中标人，但投标报价低于其成本的除外。综合评分相等时，评标委员会应按照评标办法前附表规定的优先次序推荐中标候选人或确定中标人。

前附表注释：

①“合理低价法”是综合评估法的评分因素中评标价得分为 100 分、其他评分因素分值为 0 分的特例。“合理低价法”中，第一个信封（商务及技术文件）的评审应采用合格制。

②“评标办法前附表”用于明确评标的方法、因素、标准和程序。招标人应根据招标项目具体特点和实际需要，详细列明全部评审因素、标准，没有列明的因素和标准不得作为评标的依据。

除技术特别复杂的特大桥和长大隧道工程外，公路工程施工招标评标一般应当使用合理低价法。

前附表：在采用该方法时如综合评分相等时，评标委员会依次按照以下优先顺序推荐中标候选人或确定中标人。

① 评标价低的投标人优先；

② 被招标项目所在地省级交通运输主管门评为较高信用等级的投标人优先；

③ ……

2．评审标准

2.1 初步评审标准

2.1.1 形式评审标准：见评标办法前附表。

2.1.2 资格评审标准：见评标办法前附表（适用于未进行资格预审的）。

2.1.3 资格评审标准：见资格预审文件第三章“资格审查办法”详细审查标准（适用于已进行资格预审的）。

2.1.4 响应性评审标准：见评标办法前附表。

评标基准价的计算：

在开标现场，招标人将当场计算并宣布评标基准价。

（1）评标价的确定

方法一：评标价＝投标函文字报价

方法二：评标价＝投标函文字报价-暂估价-暂列金额（不含计日工总额）

方法三：……

（2）评标价平均值的计算

除按第二章“投标人须知”第 5.2.4 项规定开标现场被宣布为不进入评标基准价计算的投标报价之外，所有投标人的评标价去掉一个最高值和一个最低值后的算术平均值即为评标价平均值（如果参与评标价平均值计算的有效投标人少于 5 家时，则计算评标价平均值时不去掉最高值和最低值）。

（3）评标基准价的确定

方法一：将评标价平均值直接作为评标基准价。

方法二：将评标价平均值下浮%，作为评标基准价。

方法三：招标人设置评标基准价系数，由投标人代表现场抽取，评标价平均值乘以现场抽取的评标基准价系数作为评标基准价。

方法四：……

在评标过程中，评标委员会应对招标人计算的评标基准价进行复核，存在计算错误的应予以修正并在评标报告中做出说明。除此之外，评标基准价在整个评标期间保持不变，不随任何因素发生变化。招标人可依据招标项目特点和实际需要，选择或制定适合项目的评标基准价计算方法。与评标基准价计算或评标价得分计算相关的所有系数（如有），其具体数值或随机抽取的数值区间均应在评标办法中予以明确。

偏差率=100% ×（投标人评标价－评标基准价）/评标基准价

偏差率保留一位小数，评标价：100 分。

评标价得分计算公式示例：

① 如果投标人的评标价>评标基准价，则评标价得分＝100－偏差率×100×E_1；

② 如果投标人的评标价≤评标基准价，则评标价得分＝100＋偏差率×100×E_2。

其中：E_1 是评标价每高于评标基准价一个百分点的扣分值；E_2 是评标价每低于评标基准价一个百分点的扣分值；招标人可依据招标项目具体特点和实际需要设置 E_1、E_2，但 E_1 应大于 E_2。

解读：上述公式中，100 是放大系数，便于拉开分差；E 是调节因子，体现招标人意图。

如某项目基准评标价 1000 万元，设分值 F=80，当偏差率为正数，即投标报价超过基准价时 E_1=2；当偏差率为负数，即投标报价低于基准价时，E_2=1。

如某投标人 X 报价为 1200 元时，其报价折算分值为

80-（+200 / 1000）×100×2= 40 分；

某投标人 Y 投标报价为 800 万元，其折算分值为

80+（-200 / 1000）×100×1=60 分。

这样，当报价和基准价的绝对值相等时，由于各自的 E 值相差 2 倍，且相加折算分值相差更大，实现招标人项目意图。该公式适用于参照基准价评分并鼓励合理低价中标的项目。

3．评标程序

3.1 第一个信封初步评审

3.1.1 评标委员会可以要求投标人提交第二章“投标人须知”第 3.5.1 项至第 3.5.6 项规定的有关证明和证件的原件，以便核验。评标委员会依据本章第 2.1 款规定的标准对投标文件第一个信封（商务及技术文件）进行初步评审。有一项不符合评审标准的，评标委员会应否决其投标。（适用于未进行资格预审的）

3.1.2 评标委员会依据本章第 2.1.1 项、第 2.1.3 项规定的评审标准对投标文件第一个信封（商务及技术文件）进行初步评审。有一项不符合评审标准的，评标委员会应否决其投标。当投标人资格预审申请文件的内容发生重大变化时，评标委员会依据本章第 2.1.2 项规定的标准对其更新资料进行评审（适用于已进行资格预审的）。

3.2 第二个信封开标

第一个信封（商务及技术文件）评审结束后，招标人将按照第二章“投标人须知”第 5.1 款规定的时间和地点对通过投标文件第一个信封（商务及技术文件）评审的投标文件第二个信封（报价文件）进行开标。

3.3 第二个信封初步评审

3.3.1 评标委员会依据本章第 2.1.1 项、第 2.1.3 项规定的评审标准对投标文件第二个信封（报价文件）进行初步评审。有一项不符合评审标准的，评标委员会应否决其投标。

3.3.2 投标报价有算术错误的，评标委员会按以下原则对投标报价进行修正，修正的价格经投标人书面确认后具有约束力。投标人不接受修正价格的，评标委员会应否决其投标。

① 投标文件中的大写金额与小写金额不一致的，以大写金额为准；

② 总价金额与依据单价计算出的结果不一致的，以单价金额为准修正总价，但单价金额小数点有明显错误的除外；

③ 当单价与数量相乘不等于合价时，以单价计算为准，如果单价有明显的小数点位置差错，应以标出的合价为准，同时对单价予以修正；

④ 当各子目的合价累计不等于总价时，应以各子目合价累计数为准，修正总价。

前附表 3.3.2 注释：

如本项目招标由投标人按照招标人提供的书面工程量清单填写本合同各工程子目的单价、合价和总额价，则评标委员会按照本章第 3.3.2 项和第 3.3.3 项的规定对投标人的投标报价进行修正。如本项目招标由投标人按照招标人提供的工程量固化清单电子文件填写工程量清单，无须按照本章第 3.3.2 项和第 3.3.3 项的规定对投标报价进行修正，第 3.3.2 项至第 3.3.5 项内容不适用。

3.3.3 工程量清单中的投标报价有其他错误的，评标委员会按以下原则对投标报价进行修正，修正的价格经投标人书面确认后具有约束力。投标人不接受修正价格的，评标委员会应否决其投标。

① 在招标人给定的工程量清单中漏报了某个工程子目的单价、合价或总额价，或所报单价、合价或总额价减少了报价范围，则漏报的工程子目单价、合价和总额价或单价、合价和总额价中减少的报价内容视为已含入其他工程子目的单价、合价和总额价之中。

② 在招标人给定的工程量清单中多报了某个工程子目的单价、合价或总额价，或所报单价、合价或总额价增加了报价范围，则从投标报价中扣除多报的工程子目报价或工程子目报价中增加了报价范围的部分报价。

③ 当单价与数量的乘积与合价（金额）虽然一致，但投标人修改了该子目的工程数量，则其合价按招标人给定的工程数量乘以投标人所报单价予以修正。

3.3.4 修正后的最终投标报价若超过最高投标限价（如有），评标委员会应否决其投标。

3.3.5 修正后的最终投标报价仅作为签订合同的一个依据，不参与评标价得分的计算。

注意：评标价和投标报价的区别，评标价只用来经评审确定名次，如中标，合同价格应当是投标报价。修正价是投标人真实意思表述，视为投标价。

3.4 第二个信封详细评审

3.4.1 评标委员会按本章第 2.2 款规定的量化因素和分值进行打分，并计算出综合评估得分（即评标价得分）。

3.4.2 投标人得分分值计算保留小数点后两位，小数点后第三位“四舍五入”。

3.4.3 评标委员会发现投标人的报价明显低于其他投标报价，使得其投标报价可能低于其个别成本的，应要求该投标人作出书面说明并提供相应的证明材料。投标人不能合理说明或不能提供相应证明材料的，评标委员会应认定该投标人以低于成本报价竞标，并否决其投标。

3.5 投标文件相关信息的核查

3.5.1 在评标过程中，评标委员会应查询交通运输主管部门“公路建设市场信用信息管理系统”，对投标人的资质、业绩、主要人员资历和目前在岗情况、信用等级等信息进行核实。若投标文件载明的信息与交通运输主管部门“公路建设市场信用信息管理系统”发布的信息不符，使得投标人的资格条件不符合招标文件规定的，评标委员会应否决其投标。

3.5.2 评标委员会应对在评标过程中发现的投标人与投标人之间、投标人与招标人之间存在的串通投标的情形进行评审和认定。投标人存在串通投标、弄虚作假、行贿等违法行为的，评标委员会应否决其投标。

① 有下列情形之一的，属于投标人相互串通投标：

a. 投标人之间协商投标报价等投标文件的实质性内容；

b. 投标人之间约定中标人；

c. 投标人之间约定部分投标人放弃投标或中标；

d. 属于同一集团、协会、商会等组织成员的投标人按照该组织要求协同投标；

e. 投标人之间为谋取中标或排斥特定投标人而采取的其他联合行动。

② 有下列情形之一的，视为投标人相互串通投标：

a. 不同投标人的投标文件由同一单位或个人编制；

b. 不同投标人委托同一单位或个人办理投标事宜；

c. 不同投标人的投标文件载明的项目管理成员为同一人；

d. 不同投标人的投标文件异常一致或投标报价呈规律性差异；

e. 不同投标人的投标文件相互混装；

f. 不同投标人的投标保证金从同一单位或个人的账户转出。

③ 有下列情形之一的，属于招标人与投标人串通投标：

a. 招标人在开标前开启投标文件并将有关信息泄露给其他投标人；

b. 招标人直接或间接向投标人泄露标底、评标委员会成员等信息；

c. 招标人明示或暗示投标人压低或抬高投标报价；

d. 招标人授意投标人撤换、修改投标文件；

e. 招标人明示或暗示投标人为特定投标人中标提供方便；

f. 招标人与投标人为谋求特定投标人中标而采取的其他串通行为。

④ 投标人有下列情形之一的，属于弄虚作假的行为：

a. 使用通过受让或租借等方式获取的资格、资质证书投标；

b. 使用伪造、变造的许可证件；

c. 提供虚假的财务状况或业绩；

d. 提供虚假的项目负责人或主要技术人员简历、劳动关系证明；

e. 提供虚假的信用状况；

f. 其他弄虚作假的行为。

3.6 投标文件的澄清和说明

3.6.1 在评标过程中，评标委员会可以书面形式要求投标人对投标文件中含义不明确的内容、明显文字或计算错误进行书面澄清或说明。评标委员会不接受投标人主动提出的澄清、说明。投标人不按评标委员会要求澄清或说明的，评标委员会应否决其投标。

注意：公路项目的澄清不包括对同一问题表达前后不一致的情形。公路项目的评标澄清执行本条规定。

3.6.2 澄清和说明不得超出投标文件的范围或改变投标文件的实质性内容（算术性错误的修正除外）。投标人的书面澄清、说明属于投标文件的组成部分。

3.6.3 评标委员会不得暗示或诱导投标人作出澄清、说明，对投标人提交的澄清、说明有疑问的，可以要求投标人进一步澄清或说明，直至满足评标委员会的要求。

3.6.4 凡超出招标文件规定的或给发包人带来未曾要求的利益的变化、偏差或其他因素在评标时不予考虑。

3.7 不得否决投标的情形

投标文件存在第二章“投标人须知”第 1.12.3 项所列情形的，均视为细微偏差，评标委员会不得否决投标人的投标，应按照第二章“投标人须知”第 1.12.4 项规定的原则处理。

3.8 评标结果

3.8.1 除第二章“投标人须知”前附表授权直接确定中标人外，评标委员会按照得分由高到低的顺序推荐中标候选人，并标明排序。

3.8.2 评标委员会完成评标后，应向招标人提交书面评标报告。

解读：使用合理低价法需要注意以下问题。

① 招标人采用双信封形式的合理低价法时，应使用第二章“投标人须知”中有关采用双信封

形式的相关条款。招标人不得修改“投标人须知”正文及“评标办法”正文，但可修改“投标人须知”前附表、“评标办法”前附表、招标公告/投标邀请书、开标记录表、投标文件格式等与双信封形式有关的内容。

② 投标文件第一个信封（商务及技术文件）不得出现有关投标报价的内容，否则评标委员会将对投标文件第一个信封（商务及技术文件）否决其投标。

● **评标办法（技术评分最低价法）**

1．评标方法

本次评标采用技术评分最低标价法。评标委员会对满足招标文件实质性要求的投标文件的施工组织设计、主要人员、技术能力等因素进行评分，按照得分由高到低排序，对排名在招标文件规定数量以内的投标人的报价文件进行评审，按照评标价由低到高的顺序推荐中标候选人，或根据招标人授权直接确定中标人，但投标报价低于其成本的除外。评标价相等时，评标委员会应按照评标办法前附表规定的优先次序推荐中标候选人或确定中标人。

2．评审标准

2.1 初步评审标准

2.1.1 形式评审标准：见评标办法前附表。

2.1.2 资格评审标准：见评标办法前附表（适用于未进行资格预审的）。

2.1.3 资格评审标准：见资格预审文件第三章“资格审查办法”详细审查标准（适用于已进行资格预审的）。

2.1.4 响应性评审标准：见评标办法前附表。

2.2 分值构成与评分标准

2.2.1 第一个信封评分分值构成

（1）施工组织设计：见评标办法前附表；

（2）主要人员：见评标办法前附表；

（3）其他评分因素：见评标办法前附表。

2.2.2 第一个信封评分标准

（1）施工组织设计评分标准：见评标办法前附表；

（2）主要人员评分标准：见评标办法前附表；

（3）其他因素评分标准：见评标办法前附表。

2.2.3 第二个信封详细评审标准：见评标办法前附表。

前附表注释：

针对 2.1.2 资格标准“（7）投标人的其他要求符合招标文件规定①。”

① 对于特别复杂的特大桥梁和特长隧道项目主体工程以及其他有特殊要求的工程，还可对其他管理和技术人员（例如项目副经理、专业工程师等），以及主要机械设备和试验检测设备进行资格评审。

针对 2.1.2 资格标准“（9）投标人符合第二章“投标人须知”第 1.4.5 项规定。②”

②本款规定仅适用于根据《关于发布公路工程从业企业资质名录的通知》（厅公路字〔2011〕114 号）要求，招标人应通过名录对投标人资质条件进行审核的公路施工企业。②针对 2.2.1“评分分值构成③”

③第一个信封评分分值构成（总分 100 分）

各评分因素权重分值范围如下：施工组织设计 25~40 分；主要人员 25~40 分；技术能力 10~20 分；履约信誉 15~25 分。

针对 2.2.1 分值构成其中“技术能力④”：

【④“技术能力”指投标人的科研开发和技术创新能力，招标人可结合招标项目的具体情况提出相关要求，包括投标人获得的与项目施工有关的国家级工法、专利（发明专利或实用新型专利）、国家或省级科学技术进步奖，主编或参编过的国家、行业或地方标准等。】

针对 2.2.3“评标价＝修正后的投标报价－暂估价－暂列金额（不含计日工总额）⑤”

【⑤如本项目招标由投标人按照招标人提供的工程量固化清单电子文件填写工程量清单，无须按照本章第 3.4.2 项和第 3.4.3 项的规定对投标报价进行修正，评标价＝投标函文字报价－暂估价－暂列金额（不含计日工总额）。】

针对 3.2.4 通过第一个信封详细评中“按照投标人的商务和技术得分由高到低排序，选择前___名⑥通过详细评审”。

【⑥按照投标人的商务和技术得分由高到低排序，选择前一名通过详细评审，该数量的设置应避免本办法演变为经评审的最低投标价法，该数量应不少于 3 名，最高不宜超过 10 名。此外，招标人可规定技术文件采用暗标形式编制。】

针对前附表评分因素权重分值原文注释。

【①招标人应根据项目具体情况确定各评分因素及评分因素权重分值，并对各评分因素进行细分（如有）、确定各评分因素细分项的分值，各评分因素权重分值合计应为 100 分。各评分因素（评标价和履约信誉评分项除外）得分一般不得低于其权重分值的 60%，且各评分因素得分应以评标委员会各成员的打分平均值确定，评标委员会成员总数为 7 人以上时，该平均值以去掉一个最高分和一个最低分后计算。评标委员会成员对某一项评分因素的评分低于权重分值 60%的，应在评标报告中作出说明。】

针对前附表评分因素权重分值评分标准②。

【②招标人应列明各评分因素或各评分因素细分项（如有）的评分标准并作为评标委员会进行评分的依据。】

针对前附表评分因素权重分值 2.2.3 中履约信誉③。

【③招标人可结合招标项目所在地省级交通运输主管部门对投标人的信用评级对其履约信用进行评分，但不得任意设置歧视性条款并不得任意设立行政许可。】

注意：24 号令第四十六条规定：“评标委员会成员应当客观、公正、审慎地履行职责，遵守职业道德。评标委员会成员应当依据评标办法规定的评审顺序和内容逐项完成评标工作，对本人提出的评审意见及评分的公正性、客观性、准确性负责。

除评标价和履约信誉评分项外，评标委员会成员对投标人商务和技术各项因素的评分一般不得低于招标文件规定该因素满分值的 60%；评分低于满分值 60%的，评标委员会成员应当在评标报告中作出说明。”

3．评标程序

3.2 第一个信封详细评审

3.2.1 评标委员会按本章第 2.2 款规定的量化因素和分值进行打分，并计算出各投标人的商务和技术得分。

（1）按本章第 2.2.2 项（1）目规定的评审因素和分值对施工组织设计部分计算出得分 A；

（2）按本章第 2.2.2 项（2）目规定的评审因素和分值对主要人员部分计算出得分 B；

（3）按本章第 2.2.2 项（3）目规定的评审因素和分值对其他部分计算出得分 C。

3.2.2 投标人的商务和技术得分分值计算保留小数点后两位，小数点后第三位“四舍五入”。

3.2.3 投标人的商务和技术得分=$A+B+C$。

3.2.4 评标委员会按照投标人的商务和技术得分由高到低排序，排名在评标办法前附表规定数量以内的投标人，其投标文件第一个信封（商务及技术文件）通过详细评审。

3.2.5 通过投标文件第一个信封（商务及技术文件）初步评审的投标人不少于 3 个且未超过评标办法前附表第 3.2.4 项规定数量的，均通过投标文件第一个信封（商务及技术文件）详细评审，不再对投标人的商务和技术文件进行评分。

3.3 第二个信封开标

第一个信封（商务及技术文件）评审结束后，招标人将按照第二章“投标人须知”第 5.1 款规定的时间和地点对通过投标文件第一个信封（商务及技术文件）评审的投标文件第二个信封（报价文件）进行开标。

3.4 第二个信封初步评审

3.4.1 评标委员会依据本章第 2.1.1 项、第 2.1.3 项规定的评审标准对投标文件第二个信封（报价文件）进行初步评审。有一项不符合评审标准的，评标委员会应否决其投标。

3.4.2 投标报价有算术错误的，评标委员会按以下原则对投标报价进行修正，修正的价格经投标人书面确认后具有约束力。投标人不接受修正价格的，评标委员会应否决其投标。

① 投标文件中的大写金额与小写金额不一致的，以大写金额为准；

② 总价金额与依据单价计算出的结果不一致的，以单价金额为准修正总价，但单价金额小数点有明显错误的除外；

③ 当单价与数量相乘不等于合价时，以单价计算为准，如果单价有明显的小数点位置差错，应以标出的合价为准，同时对单价予以修正；

④ 当各子目的合价累计不等于总价时，应以各子目合价累计数为准，修正总价。

解读：如本项目招标由投标人按照招标人提供的书面工程量清单填写本合同各工程子目的单价、合价和总额价，则评标委员会按照本章第 3.4.2 项和第 3.4.3 项的规定对投标人的投标报价进行修正。如本项目招标由投标人按照招标人提供的工程量固化清单电子文件填写工程量清单，无须按照本章第 3.4.2 项和第 3.4.3 项的规定对投标报价进行修正，第 3.4.2 项至第 3.4.4 项内容不适用。

本条是对“价”的修正。

3.4.3 工程量清单中的投标报价有其他错误的，评标委员会按以下原则对投标报价进行修正，修正的价格经投标人书面确认后具有约束力。投标人不接受修正价格的，评标委员会应否决其投标。

① 在招标人给定的工程量清单中漏报了某个工程子目的单价、合价或总额价，或所报单价、合价或总额价减少了报价范围，则漏报的工程子目单价、合价和总额价或单价、合价和总额价中减少的报价内容视为已含入其他工程子目的单价、合价和总额价之中。

② 在招标人给定的工程量清单中多报了某个工程子目的单价、合价或总额价，或所报单价、合价或总额价增加了报价范围，则从投标报价中扣除多报的工程子目报价或工程子目报价中增加了报价范围的部分报价。

③ 当单价与数量的乘积与合价（金额）虽然一致，但投标人修改了该子目的工程数量，则其合价按招标人给定的工程数量乘以投标人所报单价予以修正。

3.4.4 修正后的最终投标报价若超过最高投标限价（如有），评标委员会应否决其投标。

注意：本条是对“项”的修正。

3.5 第二个信封详细评审

3.5.1 评标委员会按本章第 2.2 款规定的量化因素和标准进行价格折算，计算出评标价，并编制价格比较一览表。

3.5.2 评标委员会发现投标人的报价明显低于其他投标报价，使得其投标报价可能低于其个别成本的，应要求该投标人作出书面说明并提供相应的证明材料。投标人不能合理说明或不能提供相应证明材料的，由评标委员会认定该投标人以低于成本报价竞标，并否决其投标。

3.6 投标文件相关信息的核查

（与“合理低价法”相同）

3.7 投标文件的澄清和说明

3.8 不得否决投标的情形

3.9 评标结果

（以上条款和合理低价法相应条款相同。）

● **评标办法（综合评分法）**

本办法仅适用于技术特别复杂的特大桥梁和特长隧道项目主体工程。

“评标办法前附表”用于明确评标的方法、因素、标准和程序。招标人应根据招标项目具体特点和实际需要，详细列明全部评审因素、标准，没有列明的因素和标准不得作为评标的依据。

1．评标方法

本次评标采用综合评分法。评标委员会对满足招标文件实质性要求的投标文件，按照本章第2.2款规定的评分标准进行打分，并按得分由高到低顺序推荐中标候选人，或根据招标人授权直接确定中标人，但投标报价低于其成本的除外。综合评分相等时，评标委员会应按照评标办法前附表规定的优先次序推荐中标候选人或确定中标人。

2．评审标准

2.2.1 分值构成

① 施工组织设计：见评标办法前附表；

② 主要人员：见评标办法前附表；

③ 评标价：见评标办法前附表；

④ 其他评分因素：见评标办法前附表。

2.2.2 评标基准价计算

评标基准价计算方法：见评标办法前附表。

2.2.3 评标价的偏差率计算

评标价的偏差率计算公式：见评标办法前附表。

注：偏差率和基准价的计算方法和合理低价法相同。

2.2.1 分值构成(总分100分)

施工组织设计：________分

项目管理机构：________分

评标价：__________分

财务能力：________分

业绩：____________分

履约信誉：________分

其他：____________分

前附表注释：

分值构成③

【③ 各评分因素权重分值范围如下：施工组织设计5～20分；主要人员10～20分；技术能力0～5分；财务能力5～10分；业绩5～12分；履约信誉3～5分。】

其中技术能力④

【④“技术能力”指投标人的科研开发和技术创新能力，招标人可结合招标项目的具体情况提出相关要求，包括投标人获得的与项目施工有关的国家级工法、专利（发明专利或实用新型专利）、

国家或省级科学技术进步奖，主编或参编过的国家、行业或地方标准等。】

评标价⑤

【⑤评标价权重分值不应低于 50 分。】

2.2.4 评分标准

2.2.4 1）施工组织设计________分

总体施工组织布置及规划

主要工程项目的施工方案、方法与技术措施

工期保证体系及保证措施

工程质量管理体系及保证措施

安全生产管理体系及保证措施

环境保护、水土保持保证体系及保证措施

文明施工、文物保护保证体系及保证措施

项目风险预测与防范，事故应急预案

……

2.2.4 2）项目管理机构________分[1]

项目经理任职资格与业绩

项目总工任职资格与业绩

……

[1]对于采用综合评估法进行评标的，技术特别复杂的特大桥梁和长大隧道工程，还应将其他主要管理人员和技术人员列为项目管理机构的评分因素进行评分。

2.2.4 3）评标价________分[1]

评标价得分计算公式示例：

1）如果投标人的评标价>评标基准价，则评标价得分＝F-偏差率×100×E_1；

2）如果投标人的评标价≤评标基准价，则评标价得分＝F+偏差率×100×E_2。

其中 F 是评标价所占的权重分值；E_1 是评标价每高于评标基准价一个百分点的扣分值；E_2 是评标价每低于评标基准价一个百分点的扣分值，招标人可依据招标项目具体特点和实际需要设置 E_1、E_2，但 E_1 应大于 E_2。

[1]评标价所占权重不应低于 50%。

2.2.4 4）其他因素______分

财务能力

设备配置

业绩

履约信誉[1]

……

[1]招标人可结合招标项目所在地省级交通主管部门对投标人的信用评级对其履约信用进行评分，但不得任意设置歧视性条款并不得任意设立行政许可

3.评标程序（与“合理低价法”相同）

3.1 初步评审

3.2 详细评审

3.3 投标文件的澄清和补正

3.4 评标结果

● **评标办法（经评审的最低评标价法）**

“经评审的最低投标价法”即《公路工程施工招标投标管理办法》中规定的“最低评标价法”。使用世界银行、亚洲开发银行等国际金融组织贷款的项目和工程规模较小、技术含量较低的工程采用经评审的最低投标价法进行评标。

其前附表规定的评标方法。

经评审的投标价相等时，评标委员会依次按照以下优先顺序推荐中标候选人或确定中标人：

（1）投标报价低的投标人优先；

（2）被招标项目所在地省级交通运输主管部门评为较高信用等级的投标人优先；

（3）……

1．评标方法

本次评标采用经评审的最低投标价法。评标委员会对满足招标文件实质性要求的投标文件，根据本章第2.2款规定的量化因素及量化标准进行价格折算，按照经评审的投标价由低到高的顺序推荐中标候选人，或根据招标人授权直接确定中标人，但投标报价低于其成本的除外。经评审的投标价相等时，评标委员会应按照评标办法前附表规定的优先次序推荐中标候选人或确定中标人。

2．评标标准

2.1 初步评审标准（同“合理低价法”）

2.1.1 形式评审标准：见评标办法前附表。

2.1.2 资格评审标准：见评标办法前附表（适用于未进行资格预审的）。

2.1.3 资格评审标准：见资格预审文件第三章“资格审查办法”详细审查标准（适用于已进行资格预审的）。

2.1.4 响应性评审标准：见评标办法前附表。

2.1.5 施工组织设计和项目管理机构评审标准：见评标办法前附表。

前附表2.1.4 施工组织设计和项目管理机构评审标准：无。

2.2.2 详细评审标准：见评标办法前附表。

2.2.3 详细评审标准：经评审的投标价（评标价）＝修正后的投标报价－修正后的暂估价－修正后的暂列金额（不含计日工总额） [1]。

[1]如本项目招标采用第二章“投标人须知”第3.2.1项（1）目规定的投标人按照招标人提供的工程量固化清单电子文件填写工程量清单的，无须按照本章第3.1.3项和第3.1.4项的规定对投标报价进行修正，经评审的投标价（评标价）＝投标函文字报价－暂估价－暂列金额（不含计日工总额）。

3．评标程序

（其他内容同合理低价法、综合评估法基本相同。）

3.1 第一个信封初步评审

3.2 第二个信封开标

3.3 第二个信封初步评审

3.4 第二个信封详细评审

3.5 投标文件相关信息的核查

3.6 投标文件的澄清和说明

3.7 不得否决投标的情形

3.8 评标结果

本章附录：

一、双信封综合评估法投标人须知前附表符合条例规定的参考示范（2018 版）

条款号		评审因素与评审标准
2.1.1 2.1.3	形式评审与响应性评审标准	第一信封评审： （1）投标文件按照招标文件规定的格式、内容填写，字迹清晰可辨： a. 投标函按招标文件规定填报了项目名称、标段号、补遗书编号、工期、工程质量要求及安全目标； b. 投标函附录的所有数据均符合招标文件规定； c. 投标文件组成齐全完整，内容编制了施工组织设计及项目管理机构相关图表； d. 投标文件第一信封没有出现投标报价信息； e. 投标文件组成齐全完整有效，内容均按规定填写 （2）投标文件上法定代表人或其委托代理人的签字、投标人的单位章盖章齐全，符合招标文件规定 第一个信封（商务及技术文件）的重要页面均应由投标人的法定代表人，或其委托代理人签署姓名（本页正文内容已由投标人的法定代表人或其委托代理人签署姓名的可不签署），不得使用印章、签名章或其他电子制版签名，并加盖投标人单位章（本页正文内容已加盖单位章的除外）。投标文件中的任何改动之处，应加盖投标人单位章或投标人的法定代表人或其授权代理人签字确认，签字字迹清晰可辨 （3）与申请资格预审时比较，投标人资格没有实质性下降： a. 通过资格预审后法人名称变更时，应提供相关部门的合法批件及企业法人营业执照和资质证书的副本变更记录复印件； b. 资格没有实质性下降，指投标人仍然满足资格预审中的最低要求(业绩、人员、财务等)； c. 与所投标段的其他投标人不存在控股、管理关系或单位负责人为同一人的情况；与招标人也不存在利害关系并可能影响招标公正性 （4）投标人按照招标文件的规定提供了投标保证金： a. 投标保证金金额符合招标文件规定的金额，且投标保证金有效期不少于投标有效期； b. 投标人在投标人须知前附表规定的时间之前，将投标保证金由投标人注册地的基本开户账户一次性汇入或转入招标人指定账户； c. 投标保证金的银行凭证（电汇或转账回单）及投标人基本账户开户许可证的彩色复印件装入投标文件中 （5）投标人法定代表人授权委托代理人签署投标文件的，须提交授权委托书，且授权人和被授权人均在授权委托书上签名，未使用印章、签名章或其他电子制版签名代替 （6）投标人法定代表人亲自签署投标文件的，提供了法定代表人身份证明，且法定代表人在法定代表人身份证明上签名，未使用印章、签名章或其他电子制版签名代替 （7）投标人无专业分包计划 （8）投标文件载明的招标项目完成期限未超过招标文件规定的时限 （9）投标文件未附有招标人不能接受的条件 （10）权利义务符合招标文件规定： a. 投标人应接受招标文件规定的风险划分原则，未提出新的风险划分办法； b. 投标人未增加发包人的责任范围，或减少投标人义务； c. 投标人未提出不同的工程验收、计量、支付办法； d. 投标人对合同纠纷、事故处理办法未提出异议； e. 投标人在投标活动中无欺诈行为； f. 投标人未对合同条款有重要保留 （11）若原资格预审申请文件中所附的营业执照、资质证书、企业安全生产许可证及人员的证明材料（包括安全生产考核合格证、建造师证书、造价工程师证书、试验检测工程师证书等）超过有效期，须更新，更新的内容应按资格预审文件中要求附相应资料，否则将否决其投标 （12）投标人补充的企业业绩和项目经理及项目总工的补充业绩，应满足资格预审文件第三章“资格预审办法”详细审查标准

条款号		评审因素与评审标准
2.1.1 2.1.3	形式评审与响应性评审标准	（1）投标文件按照招标文件规定的格式、内容填写，字迹清晰可辨： a．投标函按招标文件规定填报了项目名称、标段号、补遗书编号（如有）、投标价（包括大写金额和小写金额）； b．已标价工程量清单说明文字与招标文件规定一致，未进行实质性修改和删减； c．投标文件组成齐全完整，内容均按规定填写 （2）投标文件上法定代表人或其委托代理人的签字、投标人的单位章盖章齐全，符合招标文件规定 （3）投标报价或调价函中的报价未超过招标文件设定的最高投标限价（如有） （4）投标报价或调价函中报价的大写金额能够确定具体数值 （5）同一投标人未提交两个以上不同的投标报价，但招标文件要求提交备选投标的除外 （6）投标人若提交调价函，调价函符合招标文件第二章“投标人须知”第3.2.6项要求 （7）投标人若填写工程量固化清单，填写完毕的工程量固化清单未对工程量固化清单电子文件中的数据、格式和运算定义进行修改；工程量固化清单中的投标报价和投标函大写金额报价一致 （8）投标文件正、副本份数符合招标文件第二章“投标人须知”第3.7.4项规定 ……

条款号	条款内容	编列内容
2.2.1	分值构成 (100分)	第一信封评审分值（30分） 施工组织设计：12.5分 项目管理机构：8分 财务能力： 2分 业绩： 6分 履约信用： 1.5分 第二信封评审分值（70分） 评标价：70分
2.2.2	评标基准价计算方法	最高投标限价= $A_{控}$； 计算上限控制价、评标基准价时，构成工程实体的主要材料价格不予下浮 主要材料费用按 A 控的 N 计； 上限控制价：$A_{上}=A_{控}\times[(1-N)\times K_{上}+N]$ 评标基准价：$A_{基}=A_{控}\times[(1-N)\times K_{上}\times K_{基}+N]$ 式中 N：按40%计； 其中： $K_{上}$：上限控制价系数，取值范围：0.910～0.930（取值包含范围上下限，取值步长为01，共21个数值） $K_{基}$：评标基准价系数，取值范围：0.860～0.880（取值包含范围上下限，取值步长为01，共21个数值） $K_{上}$、$K_{基}$系数值由投标人代表在第二信封投标文件开标会议现场随机抽取 投标人的投标报价超出上限控制价（不含上限控制价本身，下同）视为高出招标人的支付能力而不予接受，其投标将被否决 评标基准价的计算： 在开标现场，招标人将当场计算并宣布评标基准价
		（1）评标价的确定： 评标价=投标函文字报价 （2）评标价的计算： 除按第二章“投标人须知”第5.2.5项规定开标现场被宣布为被宣布为不参加评标基准价计算的投标报价之外，其他所有投标人的投标报价均参与评标价的计算。 当投标人的评标价等于评标基准价时得满分，每高于评标基准价一个百分点扣1.5分，每低于评标基准价一个百分点扣1.0分，中间值按比例内插 如果投标人认为评标基准价计算有误，有权在开标现场提出，招标人当场核实确认之后，可重新宣布评标基准价。确认后的评标基准价在整个评标期间保持不变，不随通过初步评审和详细评审的投标人的数量发生变化

条款号	条款内容	编列内容
2.2.3	评标价的偏差率计算公式	偏差率=100%×（投标人评标价－评标基准价）/评标基准价

评分因素与权重分值

条款号	评分因素	评分因素权重分值	各评分因素细分项	分值（满分）	评分标准
2.2.4（1）	施工组织设计	13.0 分	总体施工组织布置及规划	1.0 分	满足资审条件得：0.6 分 合理加 0.3～0.4 分 基本合理加 0.1～0.2 分
			主要工程项目的施工方案、方法与技术措施	3.0 分	满足资审条件得：2 分 合理加 0.6～1.0 分 基本合理加 0.1～0.5 分
			工程保通体系及措施	1.0 分	满足资审条件得：0.6 分 合理加 0.3～0.4 分 基本合理加 0.1～0.2 分
			工期保证体系及保证措施	2.0 分	满足资审条件得：1.2 分 合理加 0.5～0.8 分 基本合理加 0.1～0.4 分
			工程质量管理体系及保证措施	2.0 分	满足资审条件得：1.2 分 合理加 0.5～0.8 分 基本合理加 0.1～0.4 分
			安全生产管理体系及保证措施	2.0 分	满足资审条件得：1.2 分 合理加 0.5～0.8 分 基本合理加 0.1～0.4 分
			环境保护、水土保持保证体系及保证措施	1.0 分	满足资审条件得：0.6 分 合理加 0.3～0.4 分 基本合理加 0.1～0.2 分
			文明施工、文物保护保证体系及保证措施	0.5 分	满足资审条件得：0.3 分 合理加 0.2 分 基本合理加 0.1 分
			项目风险预测与防范，事故应急预案	0.5 分	满足资审条件得：0.3 分 合理加 0.2 分 基本合理加 0.1 分
2.2.4(2)	项目管理机构	10 分	项目经理（主选）任职资格与业绩	5.0 分	项目经理业绩按资格申请书及补充的业绩进行评分。满足强制性资格条件，得基本分 3.4 分。项目经理每具有一座主跨 400～450（含）米的斜拉桥工程业绩的加 0.6 分，每具有一座主跨 450～500（含）米的斜拉桥工程业绩的加 0.8 分，每具有一座主跨 500 米以上的斜拉桥工程业绩的加 1 分，最多加 1.6 分
			项目总工（主选）任职资格与业绩	5.0 分	项目总工业绩按资格申请书及补充的业绩进行评分。满足强制性资格条件，得基本分 3.4 分。项目总工每具有一座主跨 400～450（含）米的斜拉桥工程业绩的加 0.6 分，每具有一座主跨 450～500（含）米的斜拉桥工程业绩的加 0.8 分，每具有一座主跨 500 米以上的斜拉桥工程业绩的加 1 分，最多加 1.6 分

续表

评分因素与权重分值					评分标准
条款号	评分因素	评分因素权重分值	各评分因素细分项	分值（满分）	
2.2.4(3)	评标价	60 分	评标价得分计算公式（保留两位小数）： $F_1=F-（|D_1-D|/D）\times100\times E$ 式中：F_1—投标人评标价得分； F—60； D_1—投标人的评标价； D—评标基准价 若 $D_1\geqslant D$，则 $E=1.5$；若 $D_1<D$，则 $E=1.0$		
2.2.4(4)	财务能力	5 分	短期偿债能力	3.0 分	1.2>流动比率≥1.0，得 1.6 分 1.4>流动比率≥1.2，得 1.7 分；1.6>流动比率≥2.4，得 0.8 分；1.8>流动比率≥2.6，得 2.8 分；流动比率≥1.8，得 3.0 分
			长期偿债能力	2.0 分	资产负债率≤50%，得 2.0 分； 50%<资产负债率≤70%，得 1.8 分； 资产负债率>70%，得 1.6 分
2.2.4(5)	业绩	6 分	业绩评分按资格申请书及补充的业绩进行评分 满足资审文件资格条件业绩要求，得 3.6 分； 每增加一座主跨 500～600 米的特大桥梁（斜拉桥）业绩加 0.6 分，每增加一座主跨 600 米以上的特大桥梁（斜拉桥）业绩加 0.8 分，最多加 2.4 分		
2.2.4(6)	履约信誉	6 分	按 X X 省公路建设市场信用评价实施细则执行 被评为 AA 级信用等级的投标人，得 6 分； 被评为 A 级信用等级的投标人，得 4.5 分； 被评为 B 级信用等级的投标人，得 3.8 分 初次进入 X X 省公路建设市场的投标人，按《公路施工企业信用评价规则》规定确定其信用等级，并据此计算履约信用评分		
需要补充的其他内容： 第 1 条评标方法细化为： 本次评标采用综合评估法。评标委员会对满足招标文件实质性要求的投标文件，按照本章第 2.2 款规定的评分标准进行打分，并按最终得分由高到低顺序推荐中标候选人。综合评分相等时，则按工程量清单 200 章至 500 章合计金额较低的投标人优先；工程量清单 200 章至 500 章合计金额也相等时，被 X X 省交通主管部门评为较高信用等级的投标人优先。如果综合评分及工程量清单 200 章至 500 章合计金额均相等时，按照投标人递交投标文件时间较前的投标人优先 标准文件要求，各评分因素权重分值范围如下：施工组织设计 5～20 分；主要人员 10～20 分；技术能力 0～5 分；财务能力 5～10 分；业绩 5～12 分；履约信誉 3～5 分。评标价权重分值不应低于 50 分 本文件符合标准文件的要求					
本次招标采用工程量固化清单填写工程量清单，第 3.1.3 项至第 3.1.6 项关于算术性修正的内容不适用					

程序正义是实质正义的前提。虽然程序正义和实质正义有时也发生矛盾，但那并不是普遍的现实。

中国政法大学终身教授　江平

第 10 章

通信工程建设项目招标投标活动及其管理

通信工程建设项目是国家重要的基础设施组成部分，它不仅关系到社会公众利益和国家安全，也是国家建立现代交易制度的基础条件，因为通信技术的发展保证交易自由便利，而交易自由是现代交易制度的核心。

2009 年 4 月 30 日，为进一步规范通信建设项目招投标活动，提高招标文件编制质量，原信息产业部根据《〈标准施工招标资格预审文件〉和〈标准施工招标文件〉试行规定》（国家发展改革委等九部委 56 号令，以下简称《标准招标文件》），结合通信行业特点制定了《通信建设项目施工招标文件范本（试行）》和《通信建设项目货物招标文件范本（试行）》。之后，随着通信行业的迅猛发展，通信工程建设项目招标投标活动发生了很大的变化，出现了许多新情况和新问题，有关可以不进行招标的特殊情形、评标专家及评标专家库、招标项目应具备的条件等规定已不能适应招标投标监督管理工作的需要。同时，集中招标、集中资格预审、招标活动的信息化管理等活动追切需要通过部门规章予以规范。

2014 年 5 月 4 日，工业和信息化部公布了《通信工程建设项目招标投标管理办法》（工业和信息化部令第 27 号）。该部门规章 2014 年 7 月 1 日正式实施。2000 年 9 月 22 日公布的《通信建设项目招标投标管理暂行规定》（中华人民共和国信息产业部令第 2 号）同时废止。

一、通信工程建设项目招标投标活动的管制

（一）通信工程建设项目招标投标活动的监督管理

1．关于监督管理体制

第 3 条："工业和信息化部和各省、自治区、直辖市通信管理局（以下统称为"通信行政监督部门"）依法对通信工程建设项目招标投标活动实施监督。"

原 2 号令第二章"管理和职责"对原信息产业部、省、自治区、直辖市通信管理部门和电信运营公司总部的管理职能做了规定。其中原 2 号令赋予电信运营总公司经信产部书面确认可自行办理招标事宜，同上位法不一致。

27 号令简化为依法监督，同时删除了关于电信运营公司的相关规定，解决了政企不分和同体监督的问题。

2．监督办法

第 43 条："通信行政监督部门对通信工程建设项目招标投标活动实施监督检查，可以查阅、复制招标投标活动中有关文件、资料，调查有关情况，相关单位和人员应当配合。必要时，通信行政监督部门可以责令暂停招标投标活动。

通信行政监督部门的工作人员对监督检查过程中知悉的国家秘密、商业秘密，应当依法予以保密。"

本条第一款依据条例第 60、61、62 条结合行业特点规定了行业招标投标活动监督的主体、监督手段、权利及相关人员的义务。第二款规定了监督部门人员相应的义务。

3. 建立情况通报制度

第 48 条："通信行政监督部门建立通信工程建设项目招标投标情况通报制度，定期通报通信工程建设项目招标投标总体情况、公开招标及招标备案情况、重大违法违约事件等信息。"

依据条例 79 条建立信用制度的规定，通信行业建立通报制度，向全社会通报行业通信工程建设项目招标投标的总体情况、公开招标、招标备案和重大违法违约事件四个方面的信息接受社会监督，这是条例信用制度建设的具体落实，对于规范招标投标市场有非常重要的作用，是改善监督的有效措施。

（二）通信工程建设项目强制招标的适用范围

1. 招标投标活动的定义和法律适用

27 号令第 2 条："在中华人民共和国境内进行通信工程建设项目招标投标活动，适用本办法。

前款所称通信工程建设项目，是指通信工程以及与通信工程建设有关的货物、服务。其中，通信工程包括通信设施或者通信网络的新建、改建、扩建、拆除等施工；与通信工程建设有关的货物，是指构成通信工程不可分割的组成部分，且为实现通信工程基本功能所必需的设备、材料等；与通信工程建设有关的服务，是指为完成通信工程所需的勘察、设计、监理等服务。

依法必须进行招标的通信工程建设项目的具体范围和规模标准，依据国家有关规定确定。"

本条参照条例关于工程建设项目的规定对通信工程建设项目做了界定：通信工程包括通信设施或者通信网络，针对该类项目的特点，其建设方式显然不应涵盖一般工程建设项目中的装修和修缮两种形式，从而只有新建、改建、扩建和拆除四种形式。

2. 应当招标可以不招标的规定

通信 27 号令第 7 条："除《招标法》第 66 条和《实施条例》第 9 条规定的可以不进行招标的情形外，潜在投标人少于 3 个的，可以不进行招标。

招标人为适用前款规定弄虚作假的，属于《招标法》第四条规定的规避招标。"

原信息产业部 2 号令第 3 条规定，在依法必须招标的项目中，"涉及国家安全等有关特殊通信建设项目，可以直接发包或委托。在原局采用同型号设备进行扩容工程设备采购的，可以直接发包或委托。"上述规定不符合条例的相关规定，27 号令予以删除。

（三）关于招标组织形式的管制

1. 关于自行招标的备案制度

第 8 条："依法必须进行招标的通信工程建设项目的招标人自行办理招标事宜的，应当自发布招标公告或者发出投标邀请书之日起 2 日内通过"管理平台"向通信行政监督部门提交《通信工程建设项目自行招标备案表》(见附录一)。"

依据招标法第 12 条的授权，该法规定了通信工程自行招标的管理办法。通过电子管理平台在招标文本发出 2 日内向通信行政监督部门提交格式化的备案表。

原 2 号令规定：电信运营公司总部经原信息产业部批准可以直接自行招标无须逐项备案；

不跨省的通信企业经省主管部门批准可以直接自行招标无须逐项备案；上述规定不符合条例规定，27 号令予以删除。

2. 关于招标代理资格管理

第 9 条 ："招标代理机构代理招标业务，适用《招标法》、《实施条例》和本办法关于招标人的规定。"

原2号令规定：通信建设项目招标代理机构必须取得相应资质后，方可从事招标代理活动。其资质认定管理办法，由信息产业部另行制定。招标代理机构的资质管理虽然在一定历史时期发挥过积极的作用，但目前地方保护、行业封锁、权力延伸等消极作用已经越来越多地显现出来。27号令依照中央简政放权，让市场在资源配置中起决定性作用的指导思想和商务部一道，在本法中撤销了对相应招标代理资格审批的许可。今后行业主管部门将管理的重点从对企业的资质管理转移到对人员的能力素质提升方面。有关部门正在推行的招标师职业资格制度在此方面做出了有益的尝试。这将是未来相当长一段时期内的发展方向。

（四）关于招标方式的管制

1．法律规定应当公开招标的项目

招标法规定：国家发改委或省、市、自治区人民政府确定的重点项目。

条例规定：国有资金控股或占主导地位的依法必须招标的项目。

2．应当公开招标可以邀请招标的规定

通信第6条："国有资金占控股或者主导地位的依法必须进行招标的通信工程建设项目，应当公开招标；但有下列情形之一的，可以邀请招标：

（一）技术复杂、有特殊要求或者受自然环境限制，只有少量潜在投标人可供选择；

（二）采用公开招标方式的费用占项目合同金额的比例过大。

有前款第一项所列情形，招标人邀请招标的，应当向其知道或者应当知道的全部潜在投标人发出投标邀请书。

采用公开招标方式的费用占项目合同金额的比例超过1.5%，且采用邀请招标方式的费用明显低于公开招标方式的费用的，方可被认定为有本条第一款第二项所列情形。

本条参照条例第8条做了规定。其中第3款针对行业普遍反映的上述"采用公开招标方式的费用占项目合同金额的比例过大"的规定没有量化标准、操作性不强的问题，《办法》规定，采用公开招标方式的费用占项目合同金额的比例超过1.5%，且采用邀请招标方式的费用明显低于公开招标方式的费用的，方可被认定为"比例过大"。

原信息产业部2号令第11条规定："通信建设项目的施工及设备、材料采购原则上应当采用公开招标方式；项目的勘察、设计、监理可以采用邀请招标方式。"的规定同条例的规定抵触予以废止。

二、通信工程建设项目的电子招标和集中采购

（一）电子招标投标制度

为了贯彻落实国家有关推进电子政务、推进工程建设领域项目信息公开等要求，提高行政监督效率，27号令规定建立"通信工程建设项目招标投标管理信息平台"，对通信工程建设项目招标投标活动实行信息化管理，要求招标人选取评标专家、自行招标备案、发布资格预审公告和招标公告、公示中标候选人、报送项目实施情况应当通过平台进行，实行对招标投标活动的信息化管理。

1．鼓励电子招标

第4条："工业和信息化部鼓励按照《电子招标投标办法》进行通信工程建设项目电子招标投标。"

鉴于工信部行业管理的特点，在招标投标活动中推行电子招标投标办法有天然的优势和基础。因此27号令鼓励行业按照电子招标投标办法进行通信工程建设项目的招标投标活动。

2．建立管理平台

第 5 条："工业和信息化部建立'通信工程建设项目招标投标管理信息平台'（以下简称'管理平台'），实行通信工程建设项目招标投标活动信息化管理。"

依据电子招标投标办法和本法规定，工信部建立了行业的电子公共服务和监督平台，称之为"管理平台"，该法规定了在招标投标活动中需要通过"管理平台"管理的事项：

①第 8 条：自行招标备案；②第 10 条：发布资格预审公告或招标公告；③第 30 条：抽取专家；④第 30 条：远程监督；⑤第 37 条：公示中标候选人；⑥第 40 条：确定中标人后 15 日内向行政主管部门报告；⑦第 42 条：集中招标实施完成后 30 日内向监督部门报告实施情况。

该平台没有进行交易的功能，通信工程建设项目电子交易活动应当允许符合条件的交易平台竞争交易。

3．违反管理平台规定行为的处罚

第 45 条，"依法必须进行招标的通信工程建设项目的招标人或者招标代理机构有下列情形之一的，由通信行政监督部门责令改正，可以处 3 万元以下的罚款：

（一）招标人自行招标，未按规定向通信行政监督部门备案；

（二）未通过"管理平台"确定评标委员会的专家；

（三）招标人未通过"管理平台"公示中标候选人；

（四）确定中标人后，未按规定向通信行政监督部门提交招标投标情况报告"。

（二）关于通信工程建设项目的集中采购

实践中，通信行业普遍采用集中招标采购方式。集中招标是将多个同类通信工程建设项目集中进行招标，包括货物集中招标和服务集中招标。集中招标不仅可以降低招标成本、提高效率，而且也节省投标成本。27 号令根据《招标法》和《实施条例》规定的原则，对集中招标行为进行了规范，规定招标人采用集中招标的，应当遵守依法必须进行招标项目的有关规定，明确了对集中招标的规范要求。

1．集中采购的条件

第 22 条："通信工程建设项目已确定投资计划并落实资金来源的，招标人可以将多个同类通信工程建设项目集中进行招标。

招标人进行集中招标的，应当遵守《招标法》、《实施条例》和本办法有关依法必须进行招标的项目的规定。"

本条规定了集中采购的适用条件，除了一般招标项目启动招标程序的投资计划和落实资金来源的之外，增加了多个同类项目需要招标的条件；本条第二款是对集中采购法律约束的规定。

2．集中采购招标文件的规定

第 23 条："招标人进行集中招标的，应当在招标文件中载明工程或者有关货物、服务的类型、预估招标规模、中标人数量及每个中标人对应的中标份额等；对与工程或者有关服务进行集中招标的，还应当载明每个中标人对应的实施地域。"

通信工程建设项目集中采购类似招标师职业水平考试《招标采购专业实务》书中介绍的框架式协议招标，集中采购文件对采购数量没有准确要求：预估工程规模、中标人的数量；但有其特点，要求明确每个中标人对应的份额或者实施地域，这在一般框架协议招标中没有要求。

3．集中采购的资格预审

第 24 条："招标人可以对多个同类通信工程建设项目的潜在投标人进行集中资格预审。招标人进行集中资格预审的，应当发布资格预审公告，明确集中资格预审的适用范围和有效期限，并且应当预估项目规模，合理设定资格、技术和商务条件，不得限制、排斥潜在投标人。

招标人进行集中资格预审，应当遵守国家有关勘察、设计、施工、监理等资质管理的规定。

集中资格预审后，通信工程建设项目的招标人应当继续完成招标程序，不得直接发包工程；直接发包工程的，属于《招标法》第四条规定的规避招标。”

本条是对多个同类项目所有潜在资格预审申请人集中资格预审的规定。第 1 款规定集中资格审查应当发布公告及其公告的内容。针对集中采购的特点：①除了一般公告的内容外还要有明确的资格适用范围和时间范围期限；②预估项目规模；第 2 款：集中采购资格预审应当遵守相关法规关于资质要求的规定；第三款规定对资格预审合格的潜在投标人应组织招标程序，不得直接发包并规定了规避招标的法律责任：适用招标法第 49 条和条例第 63 条。

4．集中采购确定中标人的规定

第 38 条：“招标人应当根据《招标法》和《实施条例》的有关规定确定中标人。

招标人进行集中招标的，应当依次确定排名靠前的中标候选人为中标人，且中标人数量及每个中标人对应的中标份额等应当与招标文件载明的内容一致。招标人与中标人订立的合同中应当明确中标价格、预估合同份额等主要条款。

中标人不能履行合同的，招标人可以按照评标委员会提出的中标候选人名单排序依次确定其他中标候选人为中标人，也可以对中标人的中标份额进行调整，但应当在招标文件中载明调整规则。”

本条第一款重申了确定中标人的原则；第 2 款针对集中招标数量预估和多名中标人的特点做了限制性规定。依据招标文件约定，确定排名靠前的中标候选人数和预估中标的份额。

第 3 款对集中采购合同的主要条款作了规定，数量预估不能确定。第 4 款针对中标人不能履约规定：①在评标委员会推荐的候选人排序内依次递补；②也可依照招标文件约定进行份额调整。

5．对集中采购招标的监督

第 42 条：“招标人进行集中招标的，应当在所有项目实施完成之日起 30 日内通过“管理平台”向通信行政监督部门报告项目实施情况。”

该条是针对集中采购办法专设的要求报告的监督条款。报告的条件：所有项目实施完成；报告的时间：所有项目实施完成 30 日；报告的途径：通过管理平台；报告的对象：通信行政监督部门。

6．违法集中招标规定的处罚

第 47 条：“招标人进行集中招标或者集中资格预审，违反本办法第 23 条、第 24 条、第 35 条或者第 38 条规定的，由通信行政监督部门责令改正，可以处 3 万元以下的罚款。”

三、通信工程建设项目编制招标文本和执行程序的规定

27 号令详细规定了资格预审公告、招标公告或者投标邀请书、资格预审和招标文件等应当载明的内容，要求对投标人的资格要求、审查标准和方法、评标标准和方法、中标条件等内容应当在资格预审文件和招标文件中详细载明，避免招标人在招标过程中随意更改或者使用未载明的标准、方法或者条件，促进招标过程透明和公开。

（一）招标文本应载明的内容

1．招标（资格预审）公告或邀请书的内容

第 11 条，“资格预审公告、招标公告或者投标邀请书应当载明下列内容：

（一）招标人的名称和地址；

（二）招标项目的性质、内容、规模、技术要求和资金来源；

（三）招标项目的实施或者交货时间和地点要求；

（四）获取招标文件或者资格预审文件的时间、地点和方法；

（五）对招标文件或者资格预审文件收取的费用；

（六）提交资格预审申请文件或者投标文件的地点和截止时间。

招标人对投标人的资格要求，应当在资格预审公告、招标公告或者投标邀请书中载明”。

2．资格预审文件的内容

第12条，“资格预审文件一般包括下列内容：

（一）资格预审公告；

（二）申请人须知；

（三）资格要求；

（四）业绩要求；

（五）资格审查标准和方法；

（六）资格预审结果的通知方式；

（七）资格预审申请文件格式。

资格预审应当按照资格预审文件载明的标准和方法进行，资格预审文件没有规定的标准和方法不得作为资格预审的依据”。

本条与标准文件的相关内容相比，增加了资格预审通知方式的要求。

3．招标文件的内容

第13条，“招标人应当根据招标项目的特点和需要编制招标文件。招标文件一般包括下列内容：

（一）招标公告或者投标邀请书；

（二）投标人须知；

（三）投标文件格式；

（四）项目的技术要求；

（五）投标报价要求；

（六）评标标准、方法和条件；

（七）网络与信息安全有关要求；

（八）合同主要条款。

招标文件应当载明所有评标标准、方法和条件，并能够指导评标工作，在评标过程中不得作任何改变”。

针对通信网络安全的特殊要求，通信工程建设项目招标文件和标准招标文件的内容相比增加了网络于信息安全有关要求。

4．使用标准文本

第15条：“编制依法必须进行招标的通信工程建设项目资格预审文件和招标文件，应当使用国家发展和改革委员会会同有关行政监督部门制定的标准文本及工业和信息化部制定的范本。”

政府的公权力包括服务、管理和监督三个方面。组织有关专家编制标准招标文本体现了公权力的服务内涵，使用标准文本可以规范招标交易行为，合理地进行风险分配，顺利完成中标项目。

第21条：“通信工程建设项目需要划分标段的，招标人应当在招标文件中载明允许投标人中标的最多标段数。”

招标文件中进行合理的划分标段即划分合同，合同管理是工程建设项目管理的核心内容。条例24条对划分标段做了规定不得排斥潜在投标人或规避招标。本条明确规定招标文件应当允许中标的最多标段。

（二）招标文本完善了评标办法

为了解决实践中存在的评标标准不透明、不公正、不完善的问题，27号令规定评标所采用的标准应当在招标文件中详细载明，并结合通信行业特点，分别规定了勘察设计招标项目、监理招标项目、施工招标项目和货物招标项目的评标标准。

1．勘察设计和监理评标标准

该法第 16 条和第 17 条分别规定了勘察审计和监理的评标标准如表 10.1 所示

表 10.1　勘察设计和监理评标标准的异同对比

勘察设计	监理
（一）投标人的资质、业绩、财务状况和履约表现；	（一）投标人的资质、业绩、财务状况和履约表现
（二）项目负责人的资格和业绩	（二）项目总监理工程师的资格和业绩
（三）勘察设计团队人员	（三）主要监理人员及安全监理人员
（四）技术方案和技术创新	（四）监理大纲
（五）质量标准及质量管理措施	（五）质量和安全管理措施
（六）技术支持与保障	
（七）投标价格；	（六）投标价格
（八）组织实施方案及进度安排	

2．施工项目和货物项目评标标准

该法第十八条和第十九条分别规定了施工和货物项目的评标标准如表 10.2 所示。

表 10.2　施工和货物项目的评标标准异同表

施工项目	货物项目
（一）投标人的资质、业绩、财务状况和履约表现	（一）投标人的资质、业绩、财务状况和履约表现
（二）项目负责人的资格和业绩	
（三）专职安全生产管理人员	
（四）主要施工设备及施工安全防护设施	
（五）质量和安全管理措施	（三）技术标准及质量标准
（六）投标价格	（二）投标价格
（七）施工组织设计及安全生产应急预案	（四）组织供货计划 （五）售后服务

3．评标方法

第 20 条：“评标方法包括综合评估法、经评审的最低投标价法或者法律、行政法规允许的其他评标方法。

鼓励通信工程建设项目使用综合评估法进行评标。”

鉴于通信行业的技术复杂性，显然用基于最经济原则的经评审的最低评标价法是不适宜的，因此该方法鼓励采用基于最优原则的综合评估法进行评标。

（三）招标投标程序的规定

1．招标

（1）关于资格预审程序

第 10 条：“公开招标的项目，招标人采用资格预审办法对潜在投标人进行资格审查的，应当发布资格预审公告、编制资格预审文件。招标人发布资格预审公告后，可不再发布招标公告。

依法必须进行招标的通信工程建设项目的资格预审公告和招标公告，除在国家发展和改革委员会依法指定的媒介发布外，还应当在“管理平台”发布。在不同媒介发布的同一招标项目的资格预审公告或者招标公告的内容应当一致。”

本条第 1 款是针对所有公开招标项目的规定，凡采取公开招标方式的包括强制招标或企业自愿招标的项目选择资格预审的都应依照条例和本法规定，发资格预审公告、编制资格预审文件。资格预审合格后，不再发招标公告向合格的潜在投标人直接发邀请书，其中非强制招标的项目对公告媒体没有要求；第2针对强制招标的项目，强调资格预审公告应当在指定媒体发布同时还需在“管理平台”发布，且不同媒体公告的内容必须一致。

（2）踏勘和预备会

第25条：“招标人根据招标项目的具体情况，可以在发售招标文件截止之日后，组织潜在投标人踏勘项目现场和召开投标预备会。

招标人组织潜在投标人踏勘项目现场或者召开投标预备会的，应当向全部潜在投标人发出邀请。”

通信工程建设项目施工一般需要组织现场踏勘。本条第1对组织踏勘和召开预备会的时间做了规定，须在停止发售招标文件之后；第2规定了向所有潜在合格投标人发出踏勘和会议邀请，两款内容都体现公平、公正。

2. 投标

第26条：“投标人应当在招标文件要求提交投标文件的截止时间前，将投标文件送达投标地点。通信工程建设项目划分标段的，投标人应当在投标文件上标明相应的标段。

未通过资格预审的申请人提交的投标文件，以及逾期送达或者不按照招标文件要求密封的投标文件，招标人应当拒收。”

招标人收到投标文件后，不得开启，并应当如实记载投标文件的送达时间和密封情况，存档备查。”

本条是关于递交投标文件的规定。第1规定了递交的时间、地点和文件标识的要求；第2依照条例做了规定，主体不合格、程序不合法、非保密的投标文本招标人拒绝接收；第3规定了关于在投标截止前对投标文件保密并记载存档备查的要求。

3. 开标

（1）开标程序的补充规定：

第27条：“通信工程建设项目投标人少于3个的，不得开标，招标人在分析招标失败的原因并采取相应措施后，应当依法重新招标。划分标段的通信工程建设项目某一标段的投标人少于3个的，该标段不得开标，招标人在分析招标失败的原因并采取相应措施后，应当依法对该标段重新招标。

投标人认为存在低于成本价投标情形的，可以在开标现场提出异议，并在评标完成前向招标人提交书面材料。招标人应当及时将书面材料转交评标委员会。”

本条对开标前不足三人重新招标依据条例的规定做了细化补充，补充了认定3人的计算方法：以标段为单位。规定了重新招标的要件：分析失败原因采取措施后才可以重新招标。第2款是对开标时投标人对其他投标人报价涉嫌低于成本异议的程序规定：①投标人在开标现场公开提出；②在评标完成前向招标人提交书面材料；③招标人及时转交评标委员会；④异议处理的权利主体——评标委员会。

取消了原2号令必须邀请所有投标人代表参加的规定和由招标人直接宣布由于委托书和联合体协议不合格废标的条款。

（2）开标记录的规定

第28条，“招标人应当根据《招标法》和《实施条例》的规定开标，记录开标过程并存档备查。招标人应当记录下列内容：

（一）开标时间和地点；

（二）投标人名称、投标价格等唱标内容；

（三）开标过程是否经过公证；

（四）投标人提出的异议。

开标记录应当由投标人代表、唱标人、记录人和监督人签字。

因不可抗力或者其他特殊原因需要变更开标地点的，招标人应提前通知所有潜在投标人，确保其有足够的时间能够到达开标地点”。

本条是依据法规对开标程序的补充。第 1 款：规定了开标记录的内容，四项内容，其中唱标记录是开标记录的组成部分。第 2 款：明确开标记录的见证手续：投标人、唱标人、记录人、监督人四位不同身份者签字，其中明确必须有监督人。第 3 款：对因两类原因，不可抗力和其他特殊原因变更开标地点的程序规定，①提前通知；②确保投标人能够到达开标地点。

关于评标程序的规定详见本章第四节。

4．中标（定标）

（1）公示中标候选人

第 37 条：“依法必须进行招标的通信工程建设项目的招标人应当自收到评标报告之日起 3 日内通过‘管理平台’公示中标候选人，公示期不得少于 3 日。”

本条规定了公示的基准点：收到评标报告之日发布公示的时间，3 日内发布的渠道，管理平台公示期的规定，不得少于 3 日。

（2）招标人确定中标人

第 38 条：“招标人应当根据《招标法》和《实施条例》的有关规定确定中标人。

招标人进行集中招标的，应当依次确定排名靠前的中标候选人为中标人，且中标人数量及每个中标人对应的中标份额等应当与招标文件载明的内容一致。招标人与中标人订立的合同中应当明确中标价格、预估合同份额等主要条款。

中标人不能履行合同的，招标人可以按照评标委员会提出的中标候选人名单排序依次确定其他中标候选人为中标人，也可以对中标人的中标份额进行调整，但应当在招标文件中载明调整规则。”

确定中标人是招标人在招标投标活动中最重要的权利，尽管该权利受到严格的约束。本条没有重复招标法和条例的相关规定，第一款原则重申了招标人的该项权利和约束条件；第 2 款针对集中招标项目确定中标人的办法做出明确规定：①依次靠前确定；②数量或对应的份数同招标文件的约定一致；③同时规定了该类合同的主要内容，明确中标价格、预估合同份数；第 3 款是对中标人不履行合同的规定：在招标文件预先约定的条件下①可以依照排序依次递补；②也可以调整中标份额。

（3）结果管理

第 39 条：“在确定中标人之前，招标人不得与投标人就投标价格、投标方案等实质性内容进行谈判。

招标人不得向中标人提出压低报价、增加工作量、增加配件、增加售后服务量、缩短工期或其他违背中标人的投标文件实质性内容的要求。”

本条第一款重申招标法第 43 条的规定；第 2 款用列举的方式补充了改变要约实质内容的违法行为，以便于监督管理。

（4）情况报告

第 40 条：“依法必须进行招标的通信工程建设项目的招标人应当自确定中标人之日起 15 日内，通过“管理平台”向通信行政监督部门提交《通信工程建设项目招标投标情况报告表》(见附录二)。”

依据招标法第 47 条规定的情况报告制度细化：通过管理平台报告。

（5）建立招标档案

第 41 条：“招标人应建立完整的招标档案，并按国家有关规定保存。招标档案应当包括下列内容：

（一）招标文件；

（二）中标人的投标文件；

（三）评标报告；

（四）中标通知书；

（五）招标人与中标人签订的书面合同；

（六）向通信行政监督部门提交的《通信工程建设项目自行招标备案表》《通信工程建设项目招标投标情况报告表》；

其他需要存档的内容。”

5．关于违反招标文件和程序规定的处罚

（1）关于对一般违法行为的处罚

第46条：“招标人有下列情形之一的，由通信行政监督部门责令改正，可以处3万元以下的罚款，对单位直接负责的主管人员和其他直接责任人员依法给予处分；对中标结果造成实质性影响，且不能采取补救措施予以纠正的，招标人应当重新招标或者评标。

（一）编制的资格预审文件、招标文件中未载明所有资格审查或者评标的标准和方法；

（二）招标文件中含有要求投标人多轮次报价、投标人保证报价不高于历史价格等违法条款；

（三）不按规定组建资格审查委员会；

（四）投标人数量不符合法定要求时未重新招标而直接发包；

（五）开标过程、开标记录不符合《招标法》、《实施条例》和本办法的规定；

（六）违反《实施条例》第32条的规定限制、排斥投标人；

（七）以任何方式要求评标委员会成员以其指定的投标人作为中标候选人、以招标文件未规定的评标标准和方法作为评标依据，或者以其他方式非法干涉评标活动，影响评标结果。”

（2）关于对无理由终止招标的处罚

第44条：“招标人在发布招标公告、发出投标邀请书，或者售出招标文件或资格预审文件后无正当理由终止招标的，由通信行政监督部门处以警告，可以并处1万元以上3万元以下的罚款。”

四、通信工程建设项目评标专家和评标办法

（一）关于评标委员会

1．评标委员会的组成

第29条：“评标由招标人依法组建的评标委员会负责。

通信工程建设项目评标委员会的专家成员应当具备下列条件：

（一）从事通信相关领域工作满8年并具有高级职称或者同等专业水平。掌握通信新技术的特殊人才经工作单位推荐，可以视为具备本项规定的条件；

（二）熟悉国家和通信行业有关招标投标及通信建设管理的法律、行政法规和规章，并具有与招标项目有关的实践经验；

（三）能够认真、公正、诚实、廉洁地履行职责；

（四）未因违法、违纪被取消评标资格或者未因在招标、评标及其他与招标投标有关活动中从事违法行为而受过行政处罚或者刑事处罚；

（五）身体健康，能够承担评标工作。

工业和信息化部统一组建和管理通信工程建设项目评标专家库，各省、自治区、直辖市通信管理局负责本行政区域内评标专家的监督管理工作。”

本条是对国家通信行业政府专家库专家成员资格条件的规定。

本条第1款：重申了组建评标委员会的主体是招标人，其次评标由评标委员会负责；第2款依据条例的规定结合行业特点对专家资格做了规定，其中本款第一项对同等专业水平做了解释，对其他行业也有重要意义；第3款明确了通信项目专家库的管理层次和监督主体，工信部管理国家专家

库、省局管理本行政范围内的专家库。

2. 专家聘请方式

第 30 条："依法必须进行招标的通信工程建设项目，评标委员会的专家应当从通信工程建设项目评标专家库内相关专业的专家名单中采取随机抽取方式确定；个别技术复杂、专业性强或者国家有特殊要求，采取随机抽取方式确定的专家难以保证胜任评标工作的招标项目，可以由招标人从通信工程建设项目评标专家库内相关专业的专家名单中直接确定。

依法必须进行招标的通信工程建设项目的招标人应当通过"管理平台"抽取评标委员会的专家成员，通信行政监督部门可以对抽取过程进行远程监督或者现场监督。"

本条是对聘请专家程序和方式的规定。

本条的适用条件是通信工程建设项目依法必须招标的项目，包含国有、民营、合资等所有投资成分。第 1 款规定了该类项目应当从行业专家库聘请评审专家、聘请的方式：一般随机抽取，个别直接确定，以及约束条件（专家库内确定）。第 2 款：抽取专家管道。"管理平台"；抽取专家过程的监督方式，远程或现场监督。

3. 评标委员会的分组

第 31 条："依法必须进行招标的通信工程建设项目技术复杂、评审工作量大，其评标委员会需要分组评审的，每组成员人数应为 5 人以上，且每组每个成员应对所有投标文件进行评审。评标委员会的分组方案应当经全体成员同意。

评标委员会设负责人的，其负责人由评标委员会成员推举产生或者由招标人确定。评标委员会其他成员与负责人享有同等的表决权。"

由于通信行业技术复杂、专业类别繁杂、商务或技术评审条件的差别较大，本条规定了评审专家分组评审规则。本条第 1 款规定了①可以分组的条件：技术复杂、评审量大；②分组人数的规定，每组 5 人以上单数以便于表决（全部评委可以是双数）；③每组成员对所有投标文件的相应部分进行评审；④分组方案的确定：须经全体成员同意。

第 2 款规定是对法规的补充：评标委员会设置负责人，其产生方式由招标人指定或推举产生；所有评委具有同等表决权。

（二）评标委员会成员的权利、义务和评标程序

1. 评标委员会成员的权利和义务

第 32 条："评标委员会成员应当客观、公正地对投标文件提出评审意见，并对所提出的评审意见负责。

招标文件没有规定的评标标准和方法不得作为评标依据。"

本条参照条例第 49 条规定拟定。第一款赋予评标专家相应的权利，第二款是其相应义务的规定。

2. 关于低于成本的评审

第 33 条："评标过程中，评标委员会收到低于成本价投标的书面质疑材料、发现投标人的综合报价明显低于其他投标报价或者设有标底时明显低于标底，认为投标报价可能低于成本的，应当书面要求该投标人做出书面说明并提供相关证明材料。招标人要求以某一单项报价核定是否低于成本的，应当在招标文件中载明。

投标人不能合理说明或者不能提供相关证明材料的，评标委员会应当否决其投标。"

本条是对于条例相应条款的细化和补充。第 1 款规定评标过程中启动对低于成本的评审需满足 3 个要件之一：①收到招标人从开标现场转来的投标人书面质疑；②发现投标人综合报价明显低于其他投标报价；③设有标底时明显低于标底。如果评标委员会认为可能低于成本应当要求投标人

书面澄清，包括相应的说明和证明；如果招标人要求以某一单项核定是否低于成本应预先约定。第2款规定了澄清后的处理程序，如果不能提供说明和证明，其投标将被否决。

3．否决投标文件的补充规定

第34条："投标人以他人名义投标或者投标人经资格审查不合格的，评标委员会应当否决其投标。

部分投标人在开标后撤销投标文件或者部分投标人被否决投标后，有效投标不足3个且明显缺乏竞争的，评标委员会应当否决全部投标。有效投标不足3个，评标委员会未否决全部投标的，应当在评标报告中说明理由。

依法必须进行招标的通信工程建设项目，评标委员会否决全部投标的，招标人应当重新招标。"

本条第1款规定了对违法的投标文件和不合格的投标文件应当否决；第2款规定了开标后有效投标不足三人的处理办法。招标的属性是竞争，在开标前，竞争的属性体现在投标人数的满足：至少3人；但开标后，所有要约都已经公开，其竞争的属性应当同社会的平均指标相比来判断其竞争属性。所以，本条规定了否决的前提条件：且明显缺乏竞争。如果评标委员会认为有竞争性可以"未全部否决"，当然，评标委员会应当在评标报告中说明理由。第3款规定了否决投标后的处理办法：重新招标。

（三）评标结果

1．评标报告

第35条："评标完成后，评标委员会应当根据《招标法》和《实施条例》的有关规定向招标人提交评标报告和中标候选人名单。

招标人进行集中招标的，评标委员会应当推荐不少于招标文件载明的中标人数量的中标候选人，并标明排序。

评标委员会分组的，应当形成统一、完整的评标报告。"

本条第1款依据法规规定要求评标委员会在评标完成后向招标人提交评标报告并推荐中标候选人名单，标志着评标程序的结束和成果。第2款针对通信行业集中招标的项目做出推荐候选人的具体规定：不少于招标文件载明的中标人数。第3款规定了分组评标报告的法定要求：应形成统一完整的评标报告。

2．评标报告的格式内容

第36条，"评标报告应当包括下列内容：

（一）基本情况；

（二）开标记录和投标一览表；

（三）评标方法、评标标准或者评标因素一览表；

（四）评标专家评分原始记录表和否决投标的情况说明；

（五）经评审的价格或者评分比较一览表和投标人排序；

（六）推荐的中标候选人名单及其排序；

（七）签订合同前要处理的事宜；

（八）澄清、说明、补正事项纪要；

（九）评标委员会成员名单及本人签字、拒绝在评标报告上签字的评标委员会成员名单及其陈述的不同意见和理由"。

五、通信工程建设项目招标文件范本内容的特点

（一）招标文件范本的内容

通信工程建设项目施工招标文件范本章节和标准招标文件完全相同，但结合行业特点在具体条款做了细化和补充；货物招标文件依据货物招标采购的要求，将合同条款和协议分为两个章节，其中合同条款主要约定除了技术条件以外的全部合同条件，包括履约保证金、交货期、伴随服务、备件、质量保证期、故障响应、付款、误期赔偿、争议解决等内容；协议章节规范合同格式。投标格式单独列为一章。标准文本中如有和 27 号令抵触的应以 27 号令为准修正。有关内容见表 10.3。

表 10.3　通信建设项目施工、货物招标文件章节对照表

	施工招标文件	货物招标文件
第一部分	第一章　招标公告	第一章　招标公告/投标邀请书
	第二章　投标邀请书	
第二部分	第三章　投标人须知	第二章　投标人须知
	第四章　评标办法	第三章　合同条款
	第五章　合同条款及格式	第四章　合同协议书
	第六章　技术规范	第五章　货物需求及技术规格
第三部分	第七章　投标文件	第六章　评标办法
第四部分	第八章　工程量清单	第七章　投标文件格式
	第九章　图纸	第八章　其他

（二）施工招标文件范本和标准招标文件“投标人须知”的异同

通信工程建设项目施工招标文件范本和《标准指标文件》中投标人须知的异同见表 10.4。可以看出，前者是后者的细化完善。并在投标报价、投标文件组成、投标保证金、备选方案、投标文件份数和签署、递交开标、评标、定标与签署合同等环节做了补充。

通信建设项目施工招标文件范本规定，如项目进行资格预审，使用标准资格预审文件文本。

表 10.4　两个施工招标文件投标人须知的异同表

	《标准施工招标文件》投标人须知	《通信施工标准文件》投标人须知
1	总则	投标人须知前附表
2	招标文件	投标报价
3	投标文件	投标文件的组成
4	投标	投标保证金
5	开标	投标人的备选投标方案
6	评标	投标文件的份数和签署
7	合同授予	投标文件的递交
8	重新招标和不再招标	开标
9	纪律和监督	评标
10	需要补充的其他问题	定标与签订合同
11		需要补充的其他内容

（三）施工和货物招标文件范本中“投标人须知”对照

通信建设项目货物招标文件投标人须知共34条，对投标人投标做出比较细致地约定，方便投标人做出是否投标的判断，详见表10.5。

表10.5 通信建设项目施工和货物招标文件投标人须知的对照表

	《施工招标文件》	《货物招标文件》
1	投标人须知前附表	投标人前附表
2	投标报价	投标人及合同名称
3	投标文件的组成	项目的确定和资金来源
4	投标保证金	招标的组织形式
5	投标人的备选投标方案	招标方式
6	投标文件的份数和签署	资格审查
7	投标文件的递交	合格的货物和服务
8	开标	投标费用
9	评标	招标文件的组成
10	定标与签订合同	招标文件的澄清
11	需要补充的其他内容	投标文件的编写
12		投标文件的构成
13		关于优惠条件
14		投标报价
15		证明投标人资格合格的文件
16		证明货物的合格性和符合招标文件的规定的文件
17		投标保证金
18		投标文件的有效期
19		备选投标方案
20		投标文件的式样和签署
21		投标文件的密封和标记
22		投标文件的提交、送达
23		投标文件的修改和撤回
24		开标
25		评标由依法组建的评标委员会进行
26		投标文件的澄清和说明
27		投标文件的评审
28		评标方法
29		关于划分标包
30		相关人员接触
31		中标通知书
32		签订书面合同
33		履约保证金
34		招标代理服务费

（四）施工（货物）招标文件范本中的投标报价

1．施工招标文件中的投标报价

《通信施工招标文件》投标报价2.1款对报价的依据做了专门规定：

“2.1 投标价格（招标文件中规定本次招标采用下述报价方式之一）

（1）按照国家和行业现行费用定额、预算定额等相关规定进行报价。

（2）按照国家和行业规定的工程量清单报价方式报价。

（3）投标人根据招标文件的规定及企业自身的情况报价。

2.2 投标货币　按照前附表规定。”

上述第三种报价是通信施工招标文件特殊约定的。

2. 货物招标文件中的投标报价

“2.14.1 投标人应在投标单项报价表上标明本合同拟提供货物的单价（如适用）和总价。见前附表。

2.14.2 投标单项报价表上的价格应按下列要求填写：

（1）报所供货物的出厂价，除应包括增值税或其他税，还应包括以下对 a）、b）两项已交纳的全部关税、增值税和其他税：

a）报出厂价的货物在制造或组装时使用的部件和原材料是从国外进口的；

b）报仓库交货价、展室交货价或货架交货价的货物是从国外进口的。

（2）如果‘投标人须知前附表’中有规定，货物运至最终目的地的国内运输、保险和伴随货物交运的有关费用。

（3）投标人须知前附表中列出的其他服务费用。

（4）各项投标价格均以人民币报价。”

货物报价在出厂价的基础上还应包括进口部件的进口环节税（如果有）、国内运输费、保险费及其他随货交运的服务费、其他服务费。

（五）关于投标保证金不予退还的规定

通信建设项目施工和货物招标文件均规定：

“下列任何情况发生时，投标保证金将不予退还：

（1）投标人在招标文件中规定的投标有效期内撤回投标；

（2）投标人在投标文件中提供虚假的文件和材料，意图骗取中标的；

（3）中标人未能在规定期限内提交履约保证金或签订合同协议；

（4）中标人未按规定交付招标代理服务费；

（5）招标文件中其他规定”

对于不予退还招标文件的约定，除法律规定外该招标文件增加了（2）、（4）、（5）三条规定。

六、通信建设项目标准招标文件的评标办法

（一）施工招标文件范本中的评标办法

1. 评标方法

通信建设项目施工招标文件范本中只有综合评估法一种评标方法。

2. 评标程序

通信建设项目评标程序在执行标准文件的基础上做了以下细化和补充：

（1）初步评审

“2.1 投标文件的初步评审

2.1.1 在初步评审中，评标委员会将首先审定每份投标文件是否响应了招标文件的下述要求。

2.1.2 如发现下列情况之一的，其投标文件将按废标处理：

1）未按照招标文件要求提供投标担保或者所提供的投标担保有瑕疵；

2）超出经营范围投标的；

3）资格证明文件不全的；

4）投标文件没有投标人或授权代表签字和加盖单位章；

5）业绩不满足招标文件要求的；

6）投标文件载明的招标项目完成期限超过招标文件规定的期限；

7）明显不符合技术规格、技术标准的要求；

8）投标文件附有招标人不能接受的条件；

9）不符合招标文件中规定的其他实质性要求。

2.1.3 招标文件中用醒目方式标明的并且说明不满足其中任何一项要求和条件的投标将被拒绝，这些要求和条件为实质上响应条款。

2.1.4 评标委员会将对不响应实质性条款存在重大偏差的投标文件作废标处理。对于投标文件的重大偏差不允许进行澄清或修改。

2.1.5 投标文件若实质上响应招标文件的要求，但在其他方面存在细微偏差，评标委员会可要求投标人进行书面澄清、补正；如投标人拒绝澄清或补正，评标委员会将按照招标文件规定做出不利于该投标人的评审。

2.2 报价计算错误的修正原则

2.2.1 评标委员会将对确定为实质上响应招标文件要求的投标文件进行校核，看其是否有计算上或汇总上的算术错误，修正错误的原则如下：

投标文件中的大写金额与小写金额不一致的，以大写金额为准；总价金额与单价金额不一致，以单价金额为准，但单价金额小数点有明显错误的除外；工程量清单中任一项目的单价与工程量的乘积与总价之间不一致时，通常以标出的**单价为准，修改总价**。

2.2.2 按上述修改错误的方法，调整投标文件中的投标报价。经投标人确认同意后，调整后的报价有效。如果投标人不接受修正后的投标报价则其投标将被拒绝。”

注意：同水利、交通行业相同，通信建设项目经过澄清可以修改投标总价，住房建筑行业评标过程的澄清只能作为评审的依据，不可修改投标总价。

（2）详细评审

“2.3 投标文件的详细评审

2.3.1 评标委员会按照招标文件确定的实质性响应条款对投标文件进行评价与比较。

2.3.2 根据本招标文件的第四章的评分要求，通过对投标人的投标报价、工期、质量标准、施工方案或施工组织设计、优惠条件、社会信誉及以往业绩等综合评价。

2.3.3 评标委员会发现投标人的报价明显低于其他投标报价，或者在设有标底时明显低于标底，使得其投标报价可能低于其个别成本的，应当要求该投标人做出书面说明并提供相应的证明材料。投标人不能合理说明或者不能提供相应证明材料的，由评标委员会认定该投标人以低于成本报价竞标，其投标作废标处理。”

其余按照标准文件规定执行。

3．评标标准

综合评估法的量化因素和权值比重参见表 10.6。

（下列表格中的内容，招标人可按照实际需要自行增减。）

4．评标结果

按《标准招标文件》规定执行。

表10.6　综合评估法评标因素表

技术评分标准　　（满分：______分）		
1	施工方法及技术措施	分
2	施工进度及计划安排	分
3	施工总体计划	分
4	施工设备配置方案及适用性	分
5	材料、设备交接、管理安排	分
6	主要材料选型合理性	分
7	施工质量保证措施	分
8	安全生产和文明施工措施	分
9	保修措施	分
企业信誉综合评价　　（满分：______分）		
1	施工队伍素质及人员配置合理性	分
2	项目负责人	分
3	企业资质等级	分
4	ISO 9000系列认证	分
	企业信用档案	分
6	银行信用等级	分
7	投标文件响应程度	分
工程业绩　　（满分：______分）		
1	工程施工质量标准	分
2	工程施工实例比较	分
3	最近类似施工项目______项	分
	价格因素　　（满分：______分）	
	漏报单价： 报价偏差率 付款条件	

（二）货物招标文件范本中的评标办法

货物项目评标办法。依据12号令的有关规定包括评标程序、评标方法、评标标准和评标结果。货物招标文件范本在评标程序中对初步评审和详细评审分别做了细化补充；在评标方法中重点对经评审的最低投标价法中的报价量化因素和综合评估法中的评审因素做了具体规定。

1. 评审程序

货物招标文件投标人须知约定，评标委员会按照以下程序和标准进行评审。

“2.27.1 评标委员会将审查投标文件是否完整、总体编排是否有序、文件签署是否合格、有无计算上的错误等。

2.27.2 算术错误将按以下方法更正：若单价计算的结果与总价不一致，以单价为准修改总价；若单价有明显的小数点错位，应与投标人进行澄清更正；若用文字表示的数值与用数字表示的数值不一致，以文字表示的数值为准。如果投标人不接受对其错误的更正，其投标将被拒绝。

2.27.3 对于投标文件中不构成重大偏差的不正规、不一致或不规则等的微细偏差，评标委员会可以要求投标人进行补正，拒不补正的，在详细评审时可以对微细偏差做出不利于该投标人的评审，量化标准应当在招标文件中规定。

2.27.4 在详细评标之前，评标委员会要审查每份投标文件是否实质上响应了招标文件的要求。实质上响应的投标应该是与招标文件要求的关键性条文没有重大偏离的投标。对招标文件中加“※星号”或重体字标明的关键条文的偏离、保留或反对，将被认为是重大偏离，将导致废标。

2.27.5 开标之后，投标人不得要求通过修正或撤销不合要求的偏离从而使其投标成为实质上响应的投标。如发现下列情况之一的，其投标将被评标委员会视为废标：

1）没有按照招标文件要求提供投标担保或者所提供的投标担保有瑕疵；

2）超出经营范围投标的；

3）资格证明文件不全的；

4）投标文件没有投标人授权代表签字和加盖单位章；

5）业绩不满足招标文件要求的；

6）投标文件载明的招标项目完成期限超过招标文件规定的期限；

7）明显不符合技术规格、技术标准的要求；

8）投标文件载明的货物包装方式、检验标准和方法等不符合招标文件的要求；

9）投标文件附有招标人不能接受的条件；

10）不符合招标文件中规定的其他实质性要求。

评标委员会只对符合上述要求的投标进行评价和比较”。

2.27.5 款除了第 8 项外，同《施工招标文件》规定完全相同，且关于经营范围的要求是通信建设项目增加的废标条件。

2．经评审的最低投标价法中的报价量化因素

货物招标文件约定，采用该评标方法评标时以招标文件指定的报价方式为依据计算基础价，同时评标委员会在评标时，除考虑投标人的报价之外，依据第 6 章评标办法 6.1.2.2 项规定，还要考虑量化以下因素：

“1）将货物运至最终目的地所发生的国内运输费、保险费及它伴随服务费用；

2）投标文件申报的交货期；

3）与合同条款规定的付款条件的偏差；

4）所投货物零部件、备品备件和服务的费用；

5）得到投标货物的备件和售后服务的可能性；

6）投标货物在使用周期内预计的运营费和维护费；

7）投标货物的性能和生产率。”

在量化上述因素时（第 6.1.2.2）可采用以下量化方法调整评标价格。

（1）评标价格全费用

“国内运输费、保险费及其他伴随服务的费用。

评标委员会将按照铁路/公路等交通部门、保险公司和/或其他有关机构发布的收费标准（由招标人或代理机构提供）计算货物从出厂地/进口港运抵“合同条款前附表”所指明的项目现场所发生的内陆运输、保险及其他伴随服务的费用；为便于计算，投标人应在投标书中提供估计的货物尺寸、装运重量和每个合同包的估计出厂价。”

（2）交货期限有范围

“投标文件申报的交货期

提前交货或推迟交货将会做出利于或不利于投标人的价格调整，调整采用下述方法之一：

a）本投标邀请项下的货物按照货物需求一览表规定的时间交货（或启运）。以上述规定的时间为基础，每超过基础时间，其评标价将在投标价的基础上增加“评审标准”中规定的出厂价的某一百分比（%）来考虑。提前交货不考虑降低评标价。

b）本投标邀请项下的货物按照货物需求一览表规定的可接受的几周时间范围内交货（启运）。提前交货不考虑降低评标价，晚于交货时间范围供货的投标将被视为非响应性投标。在这段可接受的时间范围内，每超过货物需求一览表中规定的最早交货时间一周，其评标价格在投标价的基础上增加“评审标准”中规定的某一百分比（%）来考虑。

c）本招标邀请项下的货物按照货物需求一览表规定的分批装运交货（启运），提前交货或者推迟交货的投标将调整其评标价。方法是每提前或超过规定的交货时间一周，其评标价将在投标价的基础上增加“评审标准”中规定的出厂价的某一百分比（%）。”

（3）付款条件可协商

“评审付款条件的偏差采用下述方法之一：

a）投标人应按照合同条款所列的付款条件报价。评标时以此报价为基础，但投标人可提出替代的付款计划并说明采用该替代的付款计划投标价可以降低多少。评标委员会可以考虑中标的投标人替代的付款计划。

b）合同条款中规定了招标人提出的付款计划。如果投标书对此有偏离但又属招标人可以接受的，评标时将按“评审标准”所述的利率计算提前支付所产生的利息，并将其计入评标价中。”

（4）零配备件计总价

“评审零部件和备品备件的费用采用下述方法之一：

a）投标人将所投货物的零部件及在‘合同条款前附表’中规定的运行周期内必需的备品备件的名称和数量清单附在技术规格中，按投标文件中所报的单价来计算其总价，并计入投标价中。

b）招标人将开列经常使用的零部件和备件清单，以及在‘合同条款前附表’中所规定的运行周期所需要的数量，按投标文件中所报的单价计算其总价，并计入投标价中。

c）评标委员会将根据每一投标人提供的信息，以及招标人过去的经验或其他购买人的经验来估算在‘合同条款前附表’中所规定的运行周期所需要的零部件和备件的费用，并计入评标价。”

（5）售后服务算费用

“评审备件供应和售后服务设施。根据‘合同条款前附表’或招标文件其他条款的规定，招标人建立最起码的维修服务设施和零部件库房所需的费用，如果是单独报价，评标时应计入评标价。”

（6）运行服务全周期

“投标设备的预计运行和维护费用。由于所采购的货物的运行和维护费用是设备使用周期成本的一个主要部分，这些费用将根据‘合同条款前附表’或技术规格中规定的标准进行评价。”

（7）技术参数调价格

“投标货物的性能和生产率：

a）投标人应响应技术规格中的规定，说明所提供的货物保证达到的性能和效率。高于标准的，不考虑降低评标价；低于标准性能或效率的（假设为100%），每低一个百分点，投标价将增加‘评审标准’中规定的调整金额，采用技术规格中规定的方法，计算货物在使用年限中的运行成本所额外增加的费用。

b）所提供的货物必须具备技术规格中相应条文所规定的最低生产率才能被认为是具有响应性。若所提供的货物与规定的要求有偏离时，评标将以该货物实际生产率的单位成本为基础，采用‘评审标准’或技术规格中规定的方法，调整其评标价格。”

（8）其他因素要周全

“其他额外的评标因素和标准（备选标等）

其他额外的评标因素和标准将在招标文件中详细规定。”

3．综合评估法中的量化因素和权重

评标时，评标委员会按照招标文件规定的量化因素和权重比值打分。综合评估法的评审因素和标准见表 10.7。

表 10.7　综合评估法的评审因素和标准表

	评审因素	评审标准
符合性检查	投标人名称	与营业执照、资质证书一致
	投标函签字盖章	有法定代表人或其委托代理人签字或加盖单位章
	投标保证金	符合第二章“投标人须知前附表”规定
	……	……
详细评审	量化因素和权重比值	评分标准
	一、价格　　（　分）	
	二、合同条款（　分）	……
	2.1 交货期	……
	2.2 付款条件	……
	2.3 备品	
	2.4 履约延误	
	……	……
	三、技术条款（　分）	……
	3.1……	……
	3.2……	……

评标时，评标委员会按照招标文件规定的量化因素和权重打分。

人们把机电产品国际招标项目的监督形象地称为“上车检票，下车验票”，这种方式把涉及公共利益的民事合同的意思自治和必要的行政监督的关系处理得恰到好处。既规范了招标程序的合法、公正，又为相对人提供了公开、公平的交易市场，为政府有关部门依法监督招标投标活动创造了经验。

第 11 章

机电产品国际招标投标活动及其管理

一、机电产品国际招标投标活动

（一）机电产品国际招标投标活动的定义和法律适用

2014 年 2 月 21 日，依据法规授权，商务部颁布《机电产品国际招标投标实施办法（试行）》（2014 年第 1 号令）（以下简称 1 号令）该法于 2014 年 4 月 1 日实施。

1．该法第 2 条第 2 款规定了机电产品国际招标投标活动的定义

“机电产品国际招标投标活动，是指中华人民共和国境内的招标人根据采购机电产品的条件和要求，在全球范围内以招标方式邀请潜在投标人参加投标，并按照规定程序从投标人中确定中标人的一种采购行为。”

2．该法第 2 条第 3 款对机电产品的范围作了规定

“所称机电产品，是指机械设备、电气设备、交通运输工具、电子产品、电器产品、仪器仪表、金属制品等及其零部件、元器件。机电产品的具体范围见附件一。”（商务部确定）。

3．机电产品国际招标投标活动的其他范围规定

① 第 110 条 ：“不属于工程建设项目，但属于固定资产投资项目的机电产品国际招标投标活动，按照本办法执行。”

上述规定的依据：招标法第 3 条第 3 款：“法律或者国务院对其必须进行招标的其他项目的范围有规定的，依据其规定。”（27 号令 61 条参照。）

② 第 111 条：“与机电产品有关的设计、方案、技术等国际招标投标，可参照本办法执行。”

③ 第 113 条：“ 机电产品国际招标投标活动采用电子招标投标方式的，应当按照本办法和国家有关电子招标投标的规定执行。”

4．该法适用范围的特定除外条款

第 112 条：“ 使用国外贷款、援助资金进行机电产品国际招标的，应当按照本办法的有关规定执行。贷款方、资金提供方对招标投标的具体条件和程序有不同规定的，可以适用其规定，但违背中华人民共和国的国家安全或社会公共利益的除外。”

5．机电产品国际招标投标活动应当遵循的原则

第 3 条：“机电产品国际招标投标活动应当遵循公开、公平、公正、诚实信用和择优的原则。机电产品国际招标投标活动不受地区或者部门的限制。”

同招标法规相比，机电产品国际招标投标活动应当遵循的原则增加了“择优”的规定，这是由机电产品国际招标的属性决定的，进口的机电产品大都是我国国民经济建设急需而我国制造水平尚有差距的产品。因此，其中标原则不能是最经济原则，应体现择优原则。

（二）机电产品国际招标投标活动的管理

1．该法第 4 条第 1 款规定了商务部管理机电产品国际招标投标活动的职责

“商务部负责管理和协调全国机电产品的国际招标投标工作，制定相关规定；根据国家有关规定，负责调整、公布机电产品国际招标范围；负责监督管理全国机电产品国际招标代理机构（以下简称招标机构）；负责利用国际组织和外国政府贷款、援助资金（以下简称国外贷款、援助资金）项目机电产品国际招标投标活动的行政监督；负责组建和管理机电产品国际招标评标专家库；负责建设和管理机电产品国际招标投标电子公共服务和行政监督平台。”

同原 13 号令相比：对招标代理资格管理由审批改为监督管理。同时补充了三个负责：

① 负责对外资项目该类招标的行政监督；②负责组建和管理该类项目的专家库；③负责建设和管理该类项目电子服务和监督平台。

2．该法第 4 条第 2 款规定了地方政府商务主管部门相应的职责分工

“各省、自治区、直辖市、计划单列市、新疆生产建设兵团、沿海开放城市及经济特区商务主管部门、国务院有关部门机电产品进出口管理机构负责本地区、本部门的机电产品国际招标投标活动的行政监督和协调；负责本地区、本部门所属招标机构的监督和管理；负责本地区、本部门机电产品国际招标评标专家的日常管理。

各级机电产品进出口管理机构（以下简称主管部门）及其工作人员应当依法履行职责，不得以任何方式非法干涉招标投标活动。主管部门的工作人员对监督检查过程中知悉的国家秘密、商业秘密，应当依法予以保密。”

第 2 款增加了地方政府的职责，监督和协调两个负责，同 13 号令相比增加第三款：主管部门及其人员的义务责任。

（三）机电产品国际招标项目需要审批、核准、认定、告知的事项

1．需要依法审批核准的事项（2 项）

（1）依法在招标准备前需要审批核准的项目

第 9 条：“招标人应当在所招标项目确立、资金到位或资金来源落实并具备招标所需的技术资料和其他条件后开展国际招标活动。

按照国家有关规定需要履行项目审批、核准手续的依法必须进行招标的项目，其招标范围、招标方式、招标组织形式应当先获得项目审批、核准部门的审批、核准。”

该条第一款依照招标法第九条第 1 款补充设计，第 2 款依照条例第七条设计。

（2）法定应当公开招标的机电产品需要采取邀请招标方式的规定

该法第 10 条第 2 款：“有前款第 2 项所列情形，（人数有限，费用比例过大）属于本办法第九条第 2 款规定的项目，（需要审批核准）招标人应当在招标前向相应的主管部门提交项目审批、核准部门审批、核准邀请招标方式的文件；…”

2．需要主管部门认定的事项（1 项）

第 10 条第 2 款接上文：“其他项目采用邀请招标方式应当由招标人申请相应的主管部门做出认定。”

3．需要向主管部门告知（备案、报、报告）的有关事项（5 项）

（1）关于自行招标的备案事宜

第 11 条第 2 款：“……依法必须进行招标的项目，招标人自行办理招标事宜的，应当向相应主管部门备案。”

（2）关于直接确定评标专家的规定

第 51 条第 1 款：“ ……技术复杂、专业性强或者国家有特殊要求，采取随机抽取方式确定的专家难以保证其胜任评标工作的特殊招标项目，报相应主管部门后，可以由招标人直接确定评标专家。”

（3）关于评标专家依法更换的规定

第 54 条第 3 款：“…评标过程中，评标委员会成员有回避事由、擅离职守或者因健康等原因不能继续评标的，应当于评标当日报相应主管部门后按照所缺专家的人数重新随机抽取，及时更换。”

（4）关于中标通知书报告的规定

第 72 条：“依法必须进行招标的项目，中标人确定后，招标人应当在中标结果公告后 20 日内向中标人发出中标通知书，并在中标结果公告后 15 日内将评标情况的报告（见附件 3）提交至相应的主管部门。中标通知书也可以由招标人委托其招标机构发出。”

（5）关于计划变更重新招标的规定

第 80 条：“依法必须进行招标的项目，在国际招标过程中，因招标人的采购计划发生重大变更等原因，经项目主管部门批准，报相应的主管部门后，招标人可以重新组织招标。”

4. 取消了原 3 号令向商务部或主管部门 13 项备案的事项

① 第 4 条：采用邀请招标方式的项目应当向商务部备案。

② 第 11 条：抽取专家次数超过三次的，应当报相应主管部门备案后，重新随机抽取专家。

③ 第 12 条：专家进入专家库应当由本人提出申请，经主管部门或招标机构推荐。被推荐的专家需填写“机电产品国际招标评审专家推荐表”并经推荐单位签章提交招标网，同时报商务部备案。

④ 第 22 条：因特殊原因，需要使用综合评价法（即打分法）进行评标的招标项目，其招标文件必须详细规定各项商务要求和技术参数的评分方法和标准，并通过招标网向商务部备案。

⑤ 第 23 条：招标文件制定后，招标机构应当将招标文件送评审专家组审核，并通过招标网报送相应的主管部门备案。

⑥ 第 25 条：招标文件最终修改部分的内容通过招标网报送相应的主管部门备案。

⑦ 同时将评审专家组审核意见的原始资料及招标机构的意见报送相应的主管部门备案。

⑧ 第 26 条 招标文件修改：通过招标网将修改的内容及理由报相应主管部门备案。

⑨ 第 32 条：招标人或招标机构应在开标时制作开标记录，并在开标后两日内通过招标网备案（指向相应主管部门备案）。

⑩ 第 42 条：招标机构应在评标结果公示期内，将评标报告（见附件四）送至相应的主管部门备案。

⑪ 第 49 条：重新评标的评标结果需报送相应的主管部门备案。

⑫ 第 55 条：“中标通知书发出后，不得擅自更改中标结果。如因特殊原因需要变更的，应当重新组织评标，并报相应的主管部门备案。”

⑬ 第 66 条：“在国际招标过程中，有下列情况之一的，经向相应的主管部门备案，招标人可以重新组织招标：

1）经评标，没有实质上满足招标文件商务、技术要求的投标人的；

2）招标人的采购计划发生重大变更的；

3）当次招标被相应主管部门宣布无效的。

除前款所列情况外，招标人不得擅自决定重新招标。”

以上 13 条取消事项中，直接向商务部备案的 3 项即招标方式、招标方法、评标专家的规定。其余 10 项是向相应主管部门备案的事项。这些取消的事项有些是招标人的权利，有些是重复报告。

（四）关于招标组织形式和招标方式的管制

1. 关于自行招标的管制

第 11 条 ：“招标人采用委托招标的，有权自行选择招标机构为其办理招标事宜。任何单位和个人不得以任何方式为招标人指定招标机构。

招标人自行办理招标事宜的，应当具有与招标项目规模和复杂程度相适应的技术、经济等方面专业人员，具备编制国际招标文件（中、英文）和组织评标的能力。依法必须进行招标的项目，招标人自行办理招标事宜的，应当向相应主管部门备案。”

本条第 1 款：依据法律授权的招标人权利；第 2 款：补充自行招标的条件和重申自行招标备案的程序。

2．关于招标方式的管制和除外条款

（1）机电产品国际应当公开招标的管制范围

① 国家、省重点项目的机电产品国际招标项目；

② 国有资金占控股或主导地位的依法必须招标的机电产品国际招标项目。

（2）应当公开招标的除外条款

第 10 条 ：“国有资金占控股或者主导地位的依法必须进行机电产品国际招标的项目，应当公开招标；但有下列情形之一的，可以邀请招标：

（一）技术复杂、有特殊要求或者受自然环境限制，只有少量潜在投标人可供选择；

（二）采用公开招标方式的费用占项目合同金额的比例过大。

有前款第二项所列情形，属于本办法第九条第二款规定的项目，招标人应当在招标前向相应的主管部门提交项目审批、核准部门审批、核准邀请招标方式的文件；其他项目采用邀请招标方式应当由招标人申请相应的主管部门做出认定。”

（五）关于招标代理机构的监督管理

商务部负责监督管理全国机电产品国际招标代理机构（以下简称招标机构）。这种监督管理取消了对招标代理机构资格的审批，更注重通过制定必要的游戏规则通过市场规范其行为。1 号令涉及代理机构的条款只有第12 条一个条文。但该条有 7 款，分别是从业资格、代理程序、代理权利、代理义务、委托合同、不得利益冲突和附则对招标代理机构进行管理监督。

该法第 12 条：“招标机构应当具备从事招标代理业务的营业场所和相应资金；具备能够编制招标文件（中、英文）和组织评标的相应专业力量；拥有一定数量的取得招标职业资格的专业人员。

招标机构从事机电产品国际招标代理业务，应当在招标网免费注册，注册时应当在招标网在线填写机电产品国际招标机构登记表。

招标机构应当在招标人委托的范围内开展招标代理业务，任何单位和个人不得非法干涉。招标机构从事机电产品国际招标业务的人员应当为与本机构依法存在劳动合同关系的员工。招标机构可以依法跨区域开展业务，任何地区和部门不得以登记备案等方式加以限制。

招标机构代理招标业务，应当遵守招标投标法、招标投标法实施条例和本办法关于招标人的规定；在招标活动中，不得弄虚作假，损害国家利益、社会公共利益和招标人、投标人的合法权益。

招标人应当与被委托的招标机构签订书面委托合同，载明委托事项和代理权限，合同约定的收费标准应当符合国家有关规定。

招标机构不得接受招标人违法的委托内容和要求；不得在所代理的招标项目中投标或者代理投标，也不得为所代理的招标项目的投标人提供咨询。

招标机构管理办法由商务部另行制定。”

1 号令第 12 条依据条例第 11、12、13、14 条的规定细化补充。

该条第 1 款依据条例第 12 条第二款规定了招标代理的基本条件。和自行招标规定的基本条件相比，在人员资格强调了团队相应专业力量和招标职业资格。由于代理机构代理的业务范围广泛，因此规定其具有相应的专业力量很有必要；其次，作为专业招标代理机构的工作人员应当比自行招标的单位采购人员在执业资格和能力素质上有更高更全面的要求。其区别详见表 11.1。

表 11.1

对自行招标从业人员的规定	对招标代理从业人员的规定
具备编制国际招标文件（中、英文）和组织评标的能力。	具备能够编制招标文件（中、英文）和组织评标的相应专业力量
应当具有与招标项目规模和复杂程度相适应的技术、经济等方面的专业人员	拥有一定数量的取得招标职业资格的专业人员。

本条第 2 款规定了招标代理机构代理机电产品国际招标在指定网站免费注册的程序；

第 3 款规定了代理机构的权利（两个应当：明确委托范围、办理劳动关系；两个不得：不得干涉、不得限制；一个可以：跨区域）。

第 4 款规定了代理机构的义务（一个应当：应当守法；一个不得：不得作假，侵害国家公众利益和当事人合法权益）。

第 5 款规定了代理机构从事代理的法定程序：签订委托合同及合同的基本内容。

第 6 款规定了签订合同的义务（不得接受违法代理、不得存在利益冲突）。

第 7 款为代理机构管理办法预留立法空间。

二、机电产品国际强制招标的范围

（一）机电产品国际招标强制招标的范围

依据商务部 2014 年 1 号令第 6 条规定，“通过招标方式采购原产地为中国关境外的机电产品，属于下列情形的必须进行国际招标：

（一）关系社会公共利益、公众安全的基础设施、公用事业等项目中进行国际采购的机电产品；

（二）全部或者部分使用国有资金投资项目中进行国际采购的机电产品；

（三）全部或者部分使用国家融资项目中进行国际采购的机电产品；

（四）使用国外贷款、援助资金项目中进行国际采购的机电产品；

（五）政府采购项目中进行国际采购的机电产品；

（六）其他依照法律、行政法规的规定需要国际招标采购的机电产品。

已经明确采购产品的原产地在中国关境内的，可以不进行国际招标。必须通过国际招标方式采购的，任何单位和个人不得将钱款项目化整为零或者以国内招标等其他任何方式规避国际招标。

商务部制定、调整并公布本条第一项所列项目包含主要产品的国际招标范围”。

本条关境外的情形包括：外国、及中国境内的海关特殊监管区，包括保税区、出口加工区、保税物流园区、跨境工业园区、保税港区、综合保税区、自由贸易示范区等。上述地域范围内符合 1 号令第六条情形的都属于本法的管制范围。

（二）应当招标可以不进行国际招标的范围

1. 除《招标投标法实施条例》第 9 条规定的情形外，依据商务部 2014 年 1 号令第 7 条规定，：“有下列情形之一的，可以不进行国际招标：

（一）国（境）外赠送或无偿援助的机电产品；

（二）采购供生产企业及科研机构研究开发用的样品样机；

（三）单项合同估算价在国务院规定的必须进行招标的标准以下的；

（四）采购旧机电产品；

（五）采购供生产配套、维修用零件、部件；
（六）采购供生产企业生产需要的专用模具；
（七）根据法律、行政法规的规定，其他不适宜进行国际招标采购的机电产品。
招标人不得为适用前款规定弄虚作假规避招标”。

2．补充鼓励条款

第 8 条：“鼓励采购人采用国际招标方式采购不属于依法必须进行国际招标项目范围内的机电产品。”

三、机电产品国际招标文本

机电产品国际招标文件的标准示范文本《机电产品采购国际竞争性招标文件》（2014）。由商务部机电和科技产业司组织编制。

（一）招标文件的构成

《机电产品采购国际竞争性招标文件》共两册。第一册包括的主要内容有投标人须知、合同通用条款、合同格式及投标文件格式。第二册由招标人根据项目情况自行编制并另行装订，但其目录结构已在第一册中做出规定。第二册应包括投标邀请、投标资料表、合同专用条款、货物需求一览表及技术规格（即技术规范）。

招标文件第一册与第二册是通用与专用的关系，两者密切相关，既是原则与具体的结合，也是具体对原则的补充。招标文件第一册对机电产品国际招标的商务内容（投标人须知与合同条款）做出基本规定，如果招标人需要对第一册的内容进行修改或补充，可在第二册中另行规定。

（二）招标文本的内容

1．机电产品国际招标项目的编号

机电产品国际招标对招标文件的编号有专门规定，详见图 11.1。

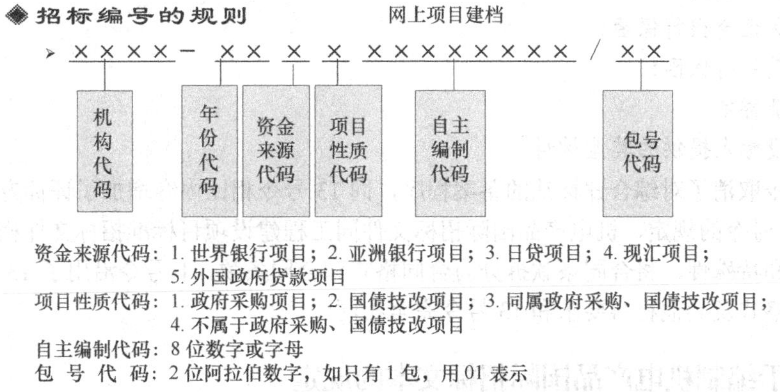

图 11.1　机电产品国际招标项目编号

2．关于资格预审公告和招标公告内容

第 15 条：“资格预审公告、招标公告或者投标邀请书应当载明下列内容。
（一）招标项目名称、资金到位或资金来源落实情况；
（二）招标人或招标机构名称、地址和联系方式；
（三）招标产品名称、数量、简要技术规格；

（四）获取资格预审文件或者招标文件的地点、时间、方式和费用；

（五）提交资格预审申请文件或者投标文件的地点和截止时间；

（六）开标地点和时间；

（七）对资格预审申请人或者投标人的资格要求。”

本条依据条例的规定补充了资格审查文件内容的规定。

3．关于招标文件的编制

（1）第 18 条：“编制依法必须进行机电产品国际招标的项目的资格预审文件和招标文件，应当使用机电产品国际招标标准文本。”

（2）第 19 条，“招标人根据所采购机电产品的特点和需要编制招标文件。招标文件主要包括下列内容：

（一）招标公告或投标邀请书；

（二）投标人须知及投标资料表；

（三）招标产品的名称、数量、技术要求及其他要求；

（四）评标方法和标准；

（五）合同条款；

（六）合同格式；

（七）投标文件格式及其他材料要求：

1、投标书；

2、开标一览表；

3、投标分项报价表；

4、产品说明一览表；

5、技术规格响应/偏离表；

6、商务条款响应/偏离表；

7、投标保证金银行保函；

8、单位负责人授权书；

9、资格证明文件；

10、履约保证金银行保函；

11、预付款银行保函；

12、信用证样本；

13、要求投标人提供的其他材料”。

由于 1 号令取消了对综合评标法的备案程序，同 13 号令相比内容增加了评标方法和标准。

依据原 3 号令的规定，机电产品国际招标文件同工程建设项目标准招标文件相比，结合国际合同的复杂性和特殊性，将合同条款拆分为合同格式和合同条款，1 号令沿用了 13 号令的这些内容。投标文件格式及其他材料要求和 13 号令完全相同。

（三）关于编制机电产品国际招标文本的规定

1．使用标准招标文本

该法第 18 条规定：“编制依法必须进行机电产品国际招标的项目的资格预审文件和招标文件，应当使用机电产品国际招标标准文本。”

本条依据条例第 15 条第 4 款规定，标准文本是资格预审文件和招标文件的总称。

2．关于编制招标文件内容的规定：

该法第 21 条规定：招标文件的技术、商务等条款应当清晰、明确、无歧义，不得设立歧视性条款或不合理的要求排斥潜在投标人。招标文件编制内容原则上应当满足3个以上潜在投标人能够参与竞争。招标文件的编制应当符合下列规定。

(1) 应当设置“*”项目

“对招标文件中的重要条款（参数）应当加注星号（“*”），并注明如不满足任一带星号（“*”）的条款（参数）将被视为不满足招标文件实质性要求，并导致投标被否决。

构成投标被否决的评标依据除重要条款（参数）不满足外，还可以包括超过一般条款（参数）中允许偏离的最大范围、最多项数。

采用最低评标价法评标的，评标依据中应当包括：一般商务和技术条款（参数）在允许偏离范围和条款数内进行评标价格调整的计算方法，每个一般技术条款（参数）的偏离加价一般为该设备投标价格的0.5%，最高不得超过该设备投标价格的1%，投标文件中没有单独列出该设备分项报价的，评标价格调整时按投标总价计算；交货期、付款条件等商务条款的偏离加价计算方法在招标文件中可以另行规定。

采用综合评价法的，应当集中列明招标文件中所有加注星号（“*”）的重要条款（参数）”。

在设置“*”项目时应当遵照科学合理必须的原则，设置过多可能导致投标人不足三人，过宽可能形成门槛虚设。

(2) 应当明确缺漏项的范围和比重

“招标文件应当明确规定在实质性响应招标文件要求的前提下投标文件分项报价允许缺漏项的最大范围或比重，并注明如缺漏项超过允许的最大范围或比重，该投标将被视为实质性不满足招标文件要求，并将导致投标被否决”。

(3) 应当规定小签内容

“招标文件应当明确规定投标文件中投标人应当小签的相应内容，其中投标文件的报价部分、重要商务和技术条款（参数）响应等相应内容应当逐页小签”。

(4) 应当规定投标报价方式

“招标文件应当明确规定允许的投标货币和报价方式，并注明该条款是否为重要商务条款。招标文件应当明确规定不接受选择性报价或者附加条件的报价”。

(5) 设置最高限价应当明确限价或计算方法

“招标人设有最高投标限价的，应当在招标文件中明确最高投标限价或者最高投标限价的计算方法。招标人不得规定最低投标限价”。

(6) 应当明确准确清晰的评标依据和商务、技术要求

“招标文件应当明确规定评标依据以及对投标人的业绩、财务、资信等商务条款和技术参数要求，不得使用模糊的、无明确界定的术语或指标作为重要商务或技术条款（参数）或以此作为价格调整的依据。招标文件对投标人资质提出要求的，应当列明所要求资质的名称及其认定机构和提交证明文件的形式，并要求相应资质在规定的期限内真实有效”。

(7) 公布的信用信息可以作为资格条件依据

“招标人可以在招标文件中将有关行政监督部门公布的信用信息作为对投标人的资格要求的依据”。

(8) 应当符合国家法规和政策

“招标文件内容应当符合国家有关安全、卫生、环保、质量、能耗、标准、社会责任等法律法规的规定”。

(9) 允许联合体投标时应当明确联合体的资格条件

“招标文件允许联合体投标的，应当明确规定对联合体牵头人和联合体各成员的资格条件及其他相应要求”。

（10）允许两个方案时应当明确主选和备选方案

“招标文件允许投标人提供备选方案的，应当明确规定投标人在投标文件中只能提供一个备选方案并注明主选方案，且备选方案的投标价格不得高于主选方案”。

（11）应当明确评标总价的计算方法

“招标文件应当明确计算评标总价时关境内、外产品的计算方法，并应当明确指定到货地点。除国外贷款、援助资金项目外，评标总价应当包含货物到达招标人指定到货地点之前的所有成本及费用。

关境外产品为：CIF 价＋进口环节税＋国内运输、保险费等（采用 CIP、DDP 等其他报价方式的，参照此方法计算评标总价）。其中投标截止时间前已经进口的产品为：销售价（含进口环节税、销售环节增值税）＋国内运输、保险费等。关境内制造的产品为：出厂价（含增值税）＋消费税（如适用）＋国内运输、保险费等。有价格调整的，计算评标总价时，应当包含偏离加价”。

由于国际招标的结果将可能构成国际贸易合同，投标价格应采用国际贸易的价格方式。国际贸易的价格方式由价格、货币名称和价格术语三部分组成。货币名称一般采用人民币或其他可自由兑换货币，如美元、欧元、日元等货币。

国际通用的价格术语根据巴黎国际商会颁布的《国际贸易术语解释通则》（Incoterms）的规定解释，目前，最新版本是《2010 年国际贸易术语解释通则》。价格术语是指用简短的概念和英文缩写字母说明货物的价格构成、买卖双方有关手续、费用和风险责任的划分，以及物权转移的界限。国际贸易惯例本身不是法律，对国际贸易当事人不产生必然的强制性约束力，其适用版本也不存在“新法取代旧法”的规定，由当事人在合同中约定。该通则的分类办法规定如下：

① 按照价格构成分类，价格术语分为四组：E 组（出厂价）、F 组（主要运费未付）、C 组（主要运费已付）和 D 组（货到价）；

② 按照双方有关交货手续分类，价格术语分为两类：实际交货和象征性交货。

实际交货是指卖方要在规定的时间和地点，将符合合同规定的货物提交给买方；如 EXW、DDP 等；

象征性交货指以收受单据表示货物完成交割，FOB、CFR 、CIF、FCA 、CPT、CIP 六种贸易术语都属于象征性交货（Symbolic Delivery），即俗称的单据买卖，卖方凭单交货，买方凭单付款，货物所有权随单转移。

③ 按照风险责任划分有两种，适用于海洋和内河运输的装运港交货的贸易术语：FOB、CFR 、CIF，风险的划分是装运港船舷；适用于多种运输工具的货交承运人的贸易术语：FCA 、CPT、CIP，风险的划分是货交承运人。

④ 按照运输方式可分为两类。

适用于任何运输方式的术语：EXW 工厂交货，FCA 货交承运人，CPT 运费付至，CIP 运费及保险费付至，DAT 目的地交货，DAP 所在地交货，DDP 完税后交货。

适用于海上和内陆水上运输的术语：FAS 船边交货，FOB 船上交货，CFR 成本加运费，CIF 成本保险费加运费。

在机电产品国际招标中，我们一般要求按照货物到达指定地点报价。常用的术语 EXW 工厂交货价，FOB 装运港船上交货价（俗称离岸价），CFR 成本加运费价，CIF 成本加保险费加运费价（俗称到岸价），CIP 为运费保险费付至指定目的地价，DDP 为完税后交货价。

国外（境外）制造的货物（或部分进口部件）已来到国内，其报价应包括关税、增值税和其他税。如果要求货物到达最终目的地，报价还应包括内陆运输、保险和伴随货物交运的有关费用。

（12）关于招标文件中若干不一致的明确规定

“招标文件应当明确投标文件的大写金额和小写金额不一致的，以大写金额为准；投标总价金额与按分项报价汇总金额不一致的，以分项报价金额计算结果为准；分项报价金额小数点有明显错位的，应以投标总价为准，并修改分项报价；应当明确招标文件、投标文件和评标报告使用语言的种类；使用两种以上语言的，应当明确当出现表述内容不一致时以何种语言文本为准”。

（13）应当载明有效期

该法第22条规定：“招标文件应当载明投标有效期，以保证招标人有足够的时间完成组织评标、定标及签订合同。投标有效期从招标文件规定的提交投标文件的截止之日起算。”

（14）关于投标保证金的列举形式不包括现金

除了保证金额度有效期、基本账户和不得挪用等规定外，该法第23条规定：“……投标保证金可以是银行出具的银行保函或不可撤销信用证、转账支票、银行即期汇票，也可以是招标文件要求的其他合法担保形式……”

保证金列举的形式不包括现金，其他担保方式指除了银行之外的第三方担保等。

四、机电产品国际招标投标活动的程序

（一）关于电子招标服务和监督平台

1．机电产品国际招标的管理程序通过互联网进行管理

该法第5条规定：“商务部委托专门网站为机电产品国际招标投标活动提供公共服务和行政监督的平台（以下简称招标网）。

机电产品国际招标投标应当在招标网上完成招标项目建档、招标过程文件存档和备案、资格预审公告发布、招标公告发布、评审专家抽取、评标结果公示、异议投诉、中标结果公告等招标投标活动的相关程序，但涉及国家秘密的招标项目除外。

招标网承办单位应当在商务部委托的范围内提供网络服务，应当遵守法律、行政法规及本办法的规定，不得损害国家利益、社会公共利益和招投标活动当事人的合法权益，不得泄露应当保密的信息，不得拒绝或者拖延办理委托范围内事项，不得利用委托范围内事项向有关当事人收取费用。”

招标网的网址：http//www.chinabidding.com。

依据上述条款的规定，机电产品国际招标程序中需要向有关电子平台报送备案的事项如下。

① 需要事后上传招标网存档的6项内容：招标文件、招标文件澄清和修改、投标文件送达时间和密封情况、开标记录、异议及其答复。

② 1号令规定对招标文件的异议及答复、开标环节的异议及答复、评标结果的异议及答复，应当先以纸质形式提交给招标人，再上传到招标网存档。

③ 1号令规定就招标文件、开标程序、中标结果三项异议事项投诉的，投标人和其他利害关系人应当在招标网上投诉。

应当注意，在实践中，招标代理机构还有2项内容需要在网上提交到相应主管部门进行事前监督检查，包括：①网上建档的监督检查，主要确认建档内容是否完备、属实，项目认定是否准确（检查期限3日内，届时未点击同意，系统自动转入下个程序）；②公示结束后的项目材料是否完备，检查文件包括评标情况报告，未经主管部门点击同意，公示结果不能转为公告，招标代理机构不能发中标通知书。

2．该法关于电子招标的规定

第113条：“ 机电产品国际招标投标活动采用电子招标投标方式的，应当按照本办法和国家有关电子招标投标的规定执行。”

3. 关于电子交易平台

商务部只负责建设电子招标投标公共服务平台和行政监督平台，供招标人和投标人免费使用。相关电子招标投标交易平台的运营商由招标人自主选择。

交易平台与招标网进行对接实现数据交换。招标机构业务人员只需在交易平台操作相关数据，其他数据无须重复录入或上报招标网，由系统接口自动进行数据交换。通过招标网抽取评标专家，招标机构业务人员将抽取结果录入交易平台或由招标网交换给交易平台即可。

1 号令颁布实施后原中国国际招标网运营商对原有业务平台的分离改造，将监管和公共服务职能和项目交易管理职能逐步分离，打造新的业务环境和商业模式，推出悦招平台为电子交易平台。

（二）招标程序

机电产品国际招标程序通过网上管理，除了条例规定的程序外，机电产品国际招标程序结合行业特点做了以下补充规定。

1. 网上注册

第 13 条："发布资格预审公告、招标公告或发出投标邀请书前，招标人或招标机构应当在招标网上进行项目建档。建档内容包括项目名称、招标人名称及性质、招标方式、招标组织形式、招标机构名称、资金来源及性质、委托招标金额、项目审批或核准部门、主管部门等。"

本条依据条例和电子招标投标办法的规定设计了发布招标公告的前置程序：网上建档。网上建档的内容共 9 项。

2. 公开招标的资格预审制度

第 17 条："公开招标的项目，招标人可以对潜在投标人进行资格预审。资格预审按照招标投标法实施条例的有关规定执行。国有资金占控股或者主导地位的依法必须进行招标的项目，资格审查委员会及其成员，应当遵守与本办法有关评标委员会及其成员的规定。"

本条有三层意思：第一层是关于资格预审的适用条件，公开招标包括强制或非强制项目；第二层是关于资格预审程序的规定，依据法规一般规定预审；第三层是国有资金占控股或者主导地位的依法必须招标的项目资格预审的程序规定。

3. 发布公告和投标邀请书

第 14 条：" 招标人采用公开招标方式的，应当发布招标公告。招标人采用邀请招标方式的，应当向 3 个以上具备承担招标项目能力、资信良好的特定法人或者其他组织发出投标邀请书。"

第 1 款法律赋于招标人发布招标公告的权利。招标公告是招标人的要约邀请，是投标人要约的法律程序依据。本条第 2 款对邀请招标的方式做了程序规定：邀请对象的人数是 3 人以上；主体是特定法人或其他组织；资格条件是承担项目的能力并资信良好。

4. 发布招标公告在网上进行

第 25 条："依法必须进行招标的项目的资格预审公告和招标公告应当在符合法律规定的媒体和招标网上发布。"

依法必须招标的机电产品国际招标的公告（资格预审）应当在中国招标采购网和中国国际招标网上发布，世行等外资项目还应当同时在中国日报上发布。

5. 在网上出售文件

第 24 条："招标人或招标机构应当在资格预审文件或招标文件开始发售之日前将资格预审文件或招标文件发售稿上传招标网存档。"

上述两条依据电子招标投标办法作规定。发布媒体增加了招标网；发售招标文件上传招标网存档。

6．发售招标文件的时间和两类文件的效力等级

第26条："招标人应当确定投标人编制投标文件所需的合理时间。依法必须进行招标的项目，自招标文件开始发售之日起至投标截止之日止，不得少于20日。

招标文件的发售期不得少于5个工作日。

招标人发售的纸质招标文件和电子介质的招标文件具有同等法律效力，除另有约定的，出现不一致时以纸质招标文件为准。"

本条第1款依据法规重申了确定编制招标文件招标的时间。注意区别规定：对非管制项目确定合理的时间、对依法招标的项目不少于20日。

本条第2款关于招标文件发售的时间，依据条例不少于5日的规定，确定为5个工作日。该款适用的范围包括强制和非强制项目。

第3款是关于纸质文件和电子文件效力的规定，在纸质文件招标中发生歧义以纸质文件为准。如果采用电子招标，依据电子招标投标办法的规定，发生歧义以电子文件为准。

7．关于对文件的澄清修改

第29条："招标人可以对已发出的资格预审文件或者招标文件进行必要的澄清或者修改。澄清或者修改的内容可能影响资格预审申请文件或者投标文件编制的，招标人或招标机构应当在提交资格预审文件截止时间至少3日前，或者投标截止时间至少15日前，以书面形式通知所有获取资格预审文件或者招标文件的潜在投标人，并上传招标网存档；不足3日或者15日的，招标人或招标机构应当顺延提交资格预审申请文件或者投标文件的截止时间。

该澄清或者修改内容为资格预审文件或者招标文件的组成部分。澄清或者修改的内容涉及与资格预审公告或者招标公告内容不一致的，应当在原资格预审公告或者招标公告发布的媒体和招标网上发布变更公告。

因异议或投诉处理而导致对资格预审文件或者招标文件澄清或者修改的，应当按照前款规定执行。"

该条参照条例第21条设计，但针对三个类别的澄清修改做了补充规定。

① 必要的澄清修改；②修改后同公告不一致的修改；③在异议阶段投诉致使文件的修改。

三种情形的修改都是招标文件的组成部分，都应在原媒体发布变更公告。

8．招标文件发售期截止不足三人依法即可以重新招标

第27条："招标公告规定未领购招标文件不得参加投标的，招标文件发售期截止后，购买招标文件的潜在投标人少于3个的，招标人可以依照本办法重新招标。重新招标后潜在投标人或投标人仍少于3个的，可以依照本办法第46条第2款有关规定执行。"

为了提高效率，本条规定在发出招标文件投标截止后不足3人即可重新招标而不必等到投标截止，但是依据条例的相关规定应对招标文件进行修改后才可以重新招标；重新招标还不足3人除了需要审批核准的项目需要审批核准外，其他项目直接进行两家或一家开标。

9．顺延投标截止时间的限制条件

第30条："招标人顺延投标截止时间的，至少应当在招标文件要求提交投标文件的截止时间3日前，将变更时间书面通知所有获取招标文件的潜在投标人，并在招标网上发布变更公告。"

确定投标截止时间是招标人的私权利，但是必须事先约定。如果由于各种原因，招标人顺延投标截止时间，本办法规定了约束条件，在投标截止日前3日，这在工程建设项目相关部门规章中是没有的。同时，变更不仅在规定时间通知相关人，还应当在网上公告，以示公平。

此处还有关于开标前的保密规定；招标人在执行程序中不得违法的规定；以及关于终止招标的规定，其中终止招标的条件是遇到不可抗力。

（三）投标程序

1. 关于投标主体的规定

① 第32条："投标人是响应招标、参加投标竞争的法人或其他组织。

与招标人存在利害关系可能影响招标公正性的法人或其他组织不得参加投标；接受委托参与项目前期咨询和招标文件编制的法人或其他组织不得参加受托项目的投标，也不得为该项目的投标人编制投标文件或者提供咨询。

单位负责人为同一人或者存在控股、管理关系的不同单位，不得参加同一招标项目包投标，共同组成联合体投标的除外。

违反前三款规定的，相关投标均无效。"

本条对投标主体资格的管制依照条例规定。第1款是对投标人主体资格的界定；第二款是关于主体行为不能有利益冲突关系的规定；第3款是关于投标人之间关系的界定；第四款是不合格主体投标的法律责任。

该法第114条对其中的单位负责人作了解释："本办法所称'单位负责人'，是指单位法定代表人或者法律、行政法规规定代表单位行使职权的主要负责人。"

② 该法第44条对投标主体资格重大变化导致投标无效的情形依照条例做了规定："投标人发生合并、分立、破产等重大变化的，应当及时书面告知招标人。投标人不再具备资格预审文件、招标文件规定的资格条件或者其投标影响招标公正性的，其投标无效"

③ 该法第42条第4款对联合体的投标行为条件依据条例做了规定："联合体各方在同一招标项目包中以自己名义单独投标或者参加其他联合体投标的，相关投标均无效。"

2. 关于编制投标文件的规定

（1）关于招标文件内容有效性的规定

第33条："投标人应当根据招标文件要求编制投标文件，并根据自己的商务能力、技术水平对招标文件提出的要求和条件在投标文件中做出真实的响应。投标文件的所有内容在投标有效期内应当有效。"

注意：该条规定投标文件的所有内容在投标有效期内应当有效。在投标有效期内的"有效期满的证件"，如营业执照、企业资质证书、认证证书、项目负责人证书等的投标人将失去投标资格或直接被否决投标。

国际招标的有效期一般比较长，例如，有关规定要求在期满30天开始受理延续手续（30天以前不受理审验手续），而受理的时间恰巧在投标有效期间，在这种情况下评标委员会应当通过澄清，实事求是应予以评审，如评委认为澄清有说服力原则上按照有效的证件认定，但应当提醒招标人签订合同注意。

（2）关于技术支持资料有效性的规定

第34条："投标人对加注星号（"*"）的重要技术条款（参数）应当在投标文件中提供技术支持资料。

技术支持资料以制造商公开发布的印刷资料、检测机构出具的检测报告或招标文件中允许的其他形式为准，凡不符合上述要求的，应当视为无效技术支持资料。"

在招标实践中，要求投标人对所有加注"*"的技术参数提供技术支持是困难的，也不是所有产品都有检测机构出具的检测报告。因此，本条规定补充了招标文件约定的其他形式也可以作为有效的技术支持文件。

3. 关于投标程序的规定

（1）免费注册

第38条："投标人在招标文件要求的投标截止时间前，应当在招标网免费注册，注册时应当在招标网在线填写招投标注册登记表，并将由投标人加盖公章的招投标注册登记表及工商营业执照（复印件）提交至招标网；境外投标人提交所在地登记证明材料（复印件），投标人无印章的，提交由单位负责人签字的招投标注册登记表。投标截止时间前，投标人未在招标网完成注册的不得参加投标，有特殊原因的除外。”

注册程序：填表、上传、盖章或签字。

（2）关于对招标文件的异议

第 36 条：“潜在投标人或者其他利害关系人对资格预审文件有异议的，应当在提交资格预审申请文件截止时间 2 日前向招标人或招标机构提出，并将异议内容上传招标网；对招标文件有异议的，应当在投标截止时间 10 日前向招标人或招标机构提出，并将异议内容上传招标网。招标人或招标机构应当自收到异议之日起 3 日内做出答复，并将答复内容上传招标网；做出答复前，应当暂停招标投标活动。”

本条规定基本引用条例第 32 条，不同的是补充了异议的提出和答复均上传招标网。

（3）投标文件包括银行资信证明文件

第 35 条：“投标人应当提供在开标日前 3 个月内由其开立基本账户的银行开具的银行资信证明的原件或复印件。”

在国际招标中，由于涉及国际贸易信息不对称，为了防止招标人被欺诈等风险，国际招标中法律规定投标人应当在投标时提交银行资信证明作为其履约实力的证明。该法规定了时间和账户性质文件形式的限制：投标前 3 个月、基本账户、原件或有法律效力的复印件。这些规定在工程建设项目中不作法定要求。

（4）投标文件关于提交保证金的规定

第 34 条：“投标人应当按照招标文件的要求，在提交投标文件截止时间前将投标保证金提交给招标人或招标机构。

投标人在投标截止时间前撤回已提交的投标文件，招标人或招标机构已收取投标保证金的，应当自收到投标人书面撤回通知之日起 5 日内退还。

投标截止后投标人撤销投标文件的，招标人可以不退还投标保证金。招标人主动要求延长投标有效期但投标人拒绝的，招标人应当退还投标保证金。”

补充了保证金递交时间、退还、可以不退还、应当退还的条件。

（5）关于联合体的规定依照条例规定

（6）关于投标文件的撤回依照条例规定

要约是私权利，在生效前补充、修改、撤回是其合法权益。

（7）关于投标文件的密封

第 40 条：“投标人应当按照招标文件要求对投标文件进行包装和密封。投标人在投标截止时间前提交价格变更等相关内容的投标声明的，应与开标一览表一并或者单独密封，并加施明显标记，以便在开标时一并唱出。”

依据国际贸易管理允许投标人报价折扣作为修正要约，该申明可以一并放入投标文件，也可单独密封。单独密封的好处是在递交时可以根据现场判断是否递交，折扣声明应当有明显标记已免唱标时遗漏。

（8）提交投标文件

第 41 条：“未通过资格预审的申请人提交的投标文件，以及逾期送达或者不按照招标文件要求密封的投标文件，招标人应当拒收。

招标人或招标机构应当如实记载投标文件的送达时间和密封情况，并存档备查。”

该条完全引用条例第 36 条：

第 1 款是主体应合格（资格不合格拒收）、程序应合法（逾期送达拒收）、权益应保护（密封不合格拒收）；第 2 款是程序规定（如实记载、存档备查）。

（9）编制投标文件应当合法依照条例规定

（10）投标程序不得违法

第 45 条："禁止招标投标法实施条例第 39 条、第 40 条、第 41 条、第 42 条所规定的投标人相互串通投标、招标人与投标人串通投标、投标人以他人名义投标或者以其他方式弄虚作假的行为。"

机电产品国际招标的投标程序的规定：注册、异议（如有）、资信证明、保证金、联合体、撤回（如有）、密封、递交、文件不得违法、程序不得违法。

（四）开标程序

1．关于对开标的管制

第 46 条："开标应当在招标文件确定的提交投标文件截止时间的同一时间公开进行；开标地点应当为招标文件中预先确定的地点。开标由招标人或招标机构主持，邀请所有投标人参加。

投标人少于 3 个的，不得开标，招标人应当依照本办法重新招标；开标后认定投标人少于 3 个的应当停止评标，招标人应当依照本办法重新招标。重新招标后投标人仍少于 3 个的，可以进入两家或一家开标评标；按国家有关规定需要履行审批、核准手续的依法必须进行招标的项目，报项目审批、核准部门审批，核准后可以不再进行招标。

认定投标人数量时，两家以上投标人的投标产品为同一家制造商或集成商生产的，按一家投标人认定。对两家以上集成商或代理商使用相同制造商产品作为其项目包的一部分，且相同产品的价格总和均超过该项目包各自投标总价 60%的，按一家投标人认定。

对于国外贷款、援助资金项目，资金提供方规定当投标截止时间到达时，投标人少于 3 个可直接进入开标程序的，可以适用其规定。"

投标截止时间的确定是私权利，但开标时间的确定体现了公权力。

本条第 1 款引用法律原文，是公权力对开标程序设计的制度规定。第 2 款针对投标不足 3 人的问题分别做了规定。认定分为开标前认定和开标后认定，开标前认定的主体是招标人，开标后认定的主体是评标委员会，合法主体认定不足 3 人后停止开标或评标，建议重新招标。重招后还不足 3 人可以依照程序直接 2 人或 1 人开标、评标。第 3 款对认定投标人数量做了界定，和 13 号令相比，补充了 60%的认定界限。第 4 款是对不足 3 人可以开标的除外条款，即对该类项目首次招标不足 3 人无须重新发公告直接开标。

应当注意，上述认定和经评审不足 3 人的处理不同，在满足 3 人投标项目的评标过程中，有效投标不足 3 人是否继续评标或明确重新招标，由评标委员会依据是否实质响应和构成竞争判定，其竞争的参照物是要约参数的比较。这是评标专家最重要的自由裁量权之一。

2．开标的程序

① 第 47 条："开标时，由投标人或者其推选的代表检查投标文件的密封情况，也可以由招标人委托的公证机构检查并公证；经确认无误后，由工作人员当众拆封，宣读投标人名称、投标价格和投标文件的其他主要内容。

招标人在招标文件要求提交投标文件的截止时间前收到的所有投标文件，开标时都应当当众予以拆封、宣读。

投标人的开标一览表、投标声明（价格变更或其他声明）都应当在开标时一并唱出，否则在评标时不予认可。投标总价中不应当包含招标文件要求以外的产品或服务的价格。"

本条第 1 款、第 2 款引用招标法第 36 条第 1、2 款。补充了第 3 款。

一是对唱标的规定，开标一览表、投标声明一并唱出。否则不予认可；同13号令相比，取消了招标方案也须一并唱标的规定。二是明确规定总价不应包括招标文件约定范围之外的产品或服务价格。

② 第49条：“招标人或招标机构应当在开标时制作开标记录，并在开标后3个工作日内上传招标网存档。”

本条规定是评标程序的组成部分并规定了开标记录上传的时间约束。

注意：开标记录包含唱标记录

3. 开标异议的处理及其程序

第48条：“投标人对开标有异议的，应当在开标现场提出，招标人或招标机构应当当场做出答复，并制作记录。”

本条款引用条例44条第3款。本条规定对开标异议要求当场提出，也没有规定答复期间应当暂停。这是考虑到在实行救济的同时尽可能节约资源提高效率。该环节的异议是投诉的前置条件。

（五）定标程序

1. 评标结果公示

（1）公示的程序和内容

第67条：“依法必须进行招标的项目，招标人或招标机构应当依据评标报告填写《评标结果公示表》，并自收到评标委员会提交的书面评标报告之日起3日内在招标网上进行评标结果公示。评标结果应当一次性公示，公示期不得少于3日。

采用最低评标价法评标的，《评标结果公示表》中的内容包括“中标候选人排名”“投标人及制造商名称”“评标价格”和“评议情况”等。每个投标人的评议情况应当按商务、技术和价格评议三个方面在《评标结果公示表》中分别填写，填写的内容应当明确说明招标文件的要求和投标人的响应内容。对一般商务和技术条款（参数）偏离进行价格调整的，在评标结果公示时，招标人或招标机构应当明确公示价格调整的依据、计算方法、投标文件偏离内容及相应的调整金额。

采用综合评价法评标的，《评标结果公示表》中的内容包括“中标候选人排名”“投标人及制造商名称”“综合评价值”“商务、技术、价格、服务及其他等大类评价项目的评价值”和“评议情况”等。每个投标人的评议情况应当明确说明招标文件的要求和投标人的响应内容。

使用国外贷款、援助资金的项目，招标人或招标机构应当自收到评标委员会提交的书面评标报告之日起3日内向资金提供方报送评标报告，并自获其出具不反对意见之日起3日内在招标网上进行评标结果公示。资金提供方对评标报告有反对意见的，招标人或招标机构应当及时将资金提供方的意见报相应的主管部门，并依照本办法重新招标或者重新评标。”

对评标结果公示是机电产品国际招标早已实行的制度。条例出台后，1号令在名称和时间要求方面依照条例规定作了规范，并作了细化和补充：第一款强调了公示是一次性的；第二款规定两种评标方法不同且公示的内容法定。最低评标价法的公示内容：“中标候选人排名”“投标人及制造商名称”“评标价格”和“评议情况”。第三款规定了综合评价法公示的内容：“中标候选人排名”“投标人及制造商名称”“综合评价值”“商务、技术、价格、服务及其他等大类评价项目的评价值”和“评议情况”。第四款对使用国外贷款、援助资金的项目提交评标报告的相关规定。

（2）公示后处理

第68条：“评标结果进行公示后，各方当事人可以通过招标网查看评标结果公示的内容。招标人或招标机构应当应投标人的要求解释公示内容。”

本条规定了各方当事人对公示查看的权利和招标人代理机构应当解释的义务。

（3）对公示异议的处理

第69条：“投标人或者其他利害关系人对依法必须进行招标的项目的评标结果有异议的，应当于公示期内向招标人或招标机构提出，并将异议内容上传招标网。招标人或招标机构应当在收到异议之日起3日内做出答复，并将答复内容上传招标网；做出答复前，应当暂停招标投标活动。

异议答复应当对异议问题逐项说明，但不得涉及其他投标人的投标秘密。未在评标报告中体现的不满足招标文件要求的其他方面的偏离不能作为答复异议的依据。

经原评标委员会按照招标文件规定的方法和标准审查确认，变更原评标结果的，变更后的评标结果应当依照本办法进行公示。”

本条是对异议不同意见处理的规定。第一款规定异议的主体是投标人或者其他利害关系人，同13 号令相比增加了其他利害关系人同条例相关条款一致。第一款除了在公示期和暂停的规定外，补充了提出和答复须网上进行的要求；第二款规范了异议答复的具体要求：逐项、保密和依据；第三款规定了对异议重新评审的主体、标准和变更结果后的公示程序。

2. 定标

（1）定标的程序和原则

第70条：“招标人根据评标委员会提出的书面评标报告和推荐的中标候选人确定中标人。招标人也可以授权评标委员会直接确定中标人。国有资金占控股或者主导地位的依法必须进行招标的项目，以及使用国外贷款、援助资金的项目，招标人应当确定排名第一的中标候选人为中标人。排名第一的中标候选人放弃中标、因不可抗力不能履行合同、不按招标文件要求提交履约保证金，或者被查实存在影响中标结果的违法行为等情形，不符合中标条件的，招标人可以按照评标委员会提出的中标候选人名单排序依次确定其他中标候选人为中标人，也可以重新招标。”

本条是招标投标法第40条第2款和条例第54条的合成。补充了招标人应当确定排名第一的中标候选人为中标人项目的条件：使用国外贷款、援助资金的项目。其余依照条例对依次确定中标人的条件作了规定：

中标人放弃中标、有不可抗力、履约担保不合格以及经查实有违法行为四种情形，招标人可自行决定依次递补也可重新招标。

（2）公示后异议的处理

第71条：“评标结果公示无异议的，公示期结束后该评标结果自动生效并进行中标结果公告；评标结果公示有异议，但是异议答复后10日内无投诉的，异议答复10日后按照异议处理结果进行公告；评标结果公示有投诉的，相应主管部门做出投诉处理决定后，按照投诉处理决定进行公告。

本条是对评标结果公示处理的规定。公示无异议的处理：公示期结束评标结果自动生成中标结果公告；公示有异议的处理：在法定时间答复后无异议按照处理结果公示；公示有投诉的处理：做出处理决定后公告。

（3）公示资料及时存档

第73条：“中标结果公告后15日内，招标人或招标机构应当在招标网完成该项目包招标投标情况及其相关数据的存档。存档的内容应当与招标投标实际情况一致。”

本条对招标资料的存档时限和内容、形式和真实性做了规定。

（4）发出中标通知书和提交情况报告

第72条：“依法必须进行招标的项目，中标人确定后，招标人应当在中标结果公告后20日内向中标人发出中标通知书，并在中标结果公告后15日内将评标情况的报告（见附件3）提交至相应的主管部门。中标通知书也可以由招标人委托其招标机构发出。

使用国外贷款、援助资金的项目，异议或投诉的结果与报送资金提供方的评标报告不一致的，招标人或招标机构应当按照异议或投诉的结果修改评标报告，并将修改后的评标报告报送资金提供方，获其不反对意见后向中标人发出中标通知书。”

本条是针对依法必须招标的项目发中标通知书和提交评标情况报告的程序规定。

① 发出中标通知书的时限：中标结果公告后20日；

② 依据招标投标法第47条的规定，确定中标人后15日内向主管部门报告。（区别评标报告）评标情况报告包含“一、项目简介(自述)；二、招标过程简介；三、评标过程；四、评标结果”。

本条第2款是对使用外资项目发中标通知书的规定。机电产品国际招标中标结果报送流程如图11.2所示。

（5）履约能力审查

第74条：“中标候选人的经营、财务状况发生较大变化或者存在违法行为，招标人认为可能影响其履约能力的，应当在发出中标通知书前由原评标委员会按照招标文件规定的方法和标准审查确认。”

本条引用条例第56条，是对招标人的救济。本条规定的适用条件：

① 经营、财务发生较大变化；

② 存在违法行为。

本条的处理程序：原评委依照原标准确认。

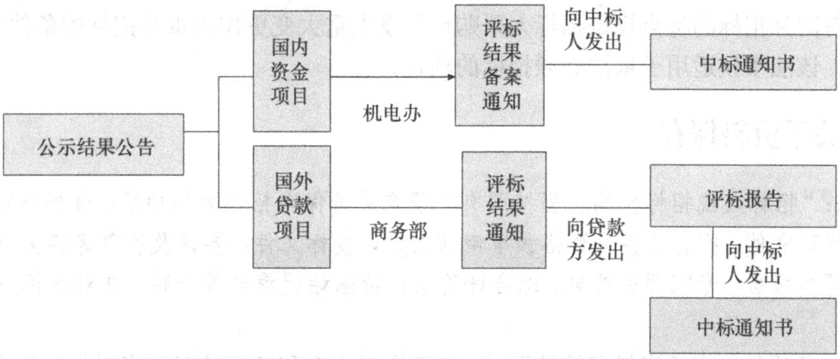

图11.2 机电产品国际招标中标结果报送流程图

（6）中标通知书的法律效力

第75条：“中标通知书对招标人和中标人具有法律效力。中标通知书发出后，招标人改变中标结果的，或者中标人放弃中标项目的，应当依法承担法律责任。”

本条引用招标投标法第45条第2款。

中标通知书的法律效力表示经过招标程序达成合同合意，即合同成立；但须经过谈判对细节梳理后签订合同后合同才能生效。

所谓法律责任属于缔约过失责任，依据条例第73、74条处罚。

（7）签订书面合同的程序

第76条：“招标人和中标人应当自中标通知书发出之日起30日内，依照招标投标法、招标投标法实施条例和本办法的规定签订书面合同。合同的标的、价款、质量、履行期限等主要条款应当与招标文件和中标人的投标文件的内容一致。招标人或中标人不得拒绝或拖延与另一方签订合同。招标人和中标人不得再行订立背离合同实质性内容的其他协议。

招标人最迟应当在书面合同签订后5日内向中标人和未中标的投标人退还投标保证金及银行同期存款利息。”

本条依据条例第57条补充：重申30日，在拒绝签订合同之外补充了对拖延签订合同的要求，但由于没有上位法相应规定，该法不能对拖延签订合同设置法律责任。

（8）关于履约保证金

第77条：“招标文件要求中标人提交履约保证金的，中标人应当按照招标文件的要求提交。履约保证金不得超过中标合同金额的10%。”

履约保证金是对本合同的担保，本条完全引用条例第 58 条的法条。

（六）招标合同的签订程序

① 第 78 条：“中标产品来自关境外的，由招标人按照国家有关规定办理进口手续。”

关境外的产品办理进口手续是机电产品国际招标的一个特点。法律规定招标人负责办理。

② 第 79 条：“中标人应当按照合同约定履行义务，完成中标项目。中标人不得向他人转让中标项目，也不得将中标项目肢解后分别向他人转让。”本条引用条例第 5 条第 1 款。招标采购形成的合同在合同法中属于不可转让合同。

（七）重新招标的条件和程序

第 80 条：“依法必须进行招标的项目，在国际招标过程中，因招标人的采购计划发生重大变更等原因，经项目主管部门批准，报相应的主管部门后，招标人可以重新组织招标。”

本条针对国际招标的特点规定招标人采购计划发生重大变更作为重新招标的条件之一，但须主管部门批准。该法条仅适用于依法必须招标的项目。

（八）关于资料保存

第 81 条：“招标人或招标机构应当按照有关规定妥善保存招标委托协议、资格预审公告、招标公告、资格预审文件、招标文件、资格预审申请文件、投标文件、异议及答复等相关资料，以及与评标相关的评标报告、专家评标意见、综合评价法评价原始记录表等资料，并对评标情况和资料严格保密。”

本条规定了项目结束后资料保管的要求。包括资料内容和评标情况和资料保密的义务。但保密规定在行政监督部门需要阅读资料或了解相应情况，以便处理投诉或司法调查时除外。

五、机电产品国际招标投标活动的投诉和处理

（一）投诉的受理

1. 投诉的受理

第 82 条：“投标人或者其他利害关系人认为招标投标活动不符合法律、行政法规及本办法规定的，可以自知道或者应当知道之日起 10 日内向相应主管部门投诉。就本办法第 36 条规定事项进行投诉的，潜在投标人或者其他利害关系人应当在自领购资格预审文件或招标文件 10 日内向相应的主管部门提出；就本办法第 48 条规定事项进行投诉的，投标人或者其他利害关系人应当在自开标 10 日内向相应的主管部门提出；就本办法第 69 条规定事项进行投诉的，投标人或者其他利害关系人应当在自评标结果公示结束 10 日内向相应的主管部门提出。

就本办法第 36 条、第 48 条、第 69 条规定事项投诉的，应当先向招标人提出异议，异议答复期间不计算在前款规定的期限内。就异议事项投诉的，招标人或招标机构应当在该项目被网上投诉后 3 日内，将异议相关材料提交相应的主管部门。”

本办法 36 条针对招标文件，48 条针对开标程序、69 条针对评标结果，针对上述三项的异议是投诉的前置条件，包括内容和程序前置。

本办法依据条例第 60 条对受理投诉的时间计算的基点做了明确的规定：领取文件、开标时间、公示结束后 10 日内，异议答复时间除外，上述投诉在 3 日内上网向主管部门递交异议材料。

2. 投诉的程序和要求

第 83 条："投诉人应当于投诉期内在招标网上填写《投诉书》(见附件 4)(就异议事项进行投诉的，应当提供异议和异议答复情况及相关证明材料)，并将由投诉人单位负责人或单位负责人授权的人签字并盖章的《投诉书》、单位负责人证明文件及相关材料在投诉期内送达相应的主管部门。境外投诉人所在企业无印章的，以单位负责人或单位负责人授权的人签字为准。

投诉应当有明确的请求和必要的证明材料。投诉有关材料是外文的，投诉人应当同时提供其中文译本，并以中文译本为准。

投诉人应保证其提出投诉内容及相应证明材料的真实性及来源的合法性，并承担相应的法律责任。"

本条是投诉程序的规定。

（1）上网填报本办法规定格式的投诉书

（2） 提交材料的内容要求

① 投诉人单位负责人或单位负责人授权的人签字并盖章的《投诉书单位负责人证明文件及相关材料。

② 对三项特定内容的投诉提供异议和异议答复情况及相关证明材料。

③ 境外单位无印章的合法签字。

（3）投诉须有明确的请求和证明，文字要求中文

（4）投诉人对投诉材料的真实性、来源合法负责并承担法律责任

（二）投诉处理程序和措施

第 84 条："主管部门应当自收到书面投诉书之日起 3 个工作日内决定是否受理投诉，并将是否受理的决定在招标网上告知投诉人。主管部门应当自受理投诉之日起 30 个工作日内做出书面处理决定（见附件 5)，并将书面处理决定在招标网上告知投诉人；需要检验、检测、鉴定、专家评审的，以及监察机关依法对与招标投标活动有关的监察对象实施调查并可能影响投诉处理决定的，所需时间不计算在内。使用国外贷款、援助资金的项目，需征求资金提供方意见的，所需时间不计算在内。

主管部门在处理投诉时，有权查阅、复制有关文件、资料，调查有关情况，相关单位和人员应当予以配合。必要时，主管部门可以责令暂停招标投标活动。

主管部门在处理投诉期间，招标人或招标机构应当就投诉的事项协助调查。"

本条依据条例第 60、62 条对投诉处理的程序和措施结合行业特点做了具体规定。

一是明确行政监督部门是主管部门；二是对在 30 个工作日内完成处理决定的除外时间条件增加了两条：

① 监察部门对监察对象可能影响结果的监察的调查时间；

② 使用国外贷款、援助资金的项目，需征求资金提供方意见的所需要的时间。

（三）不予受理的条件

第 85 条："有下列情形之一的投诉，不予受理：

（一）就本办法第 36 条、第 48 条、第 69 条规定事项投诉，其投诉内容在提起投诉前未按照本办法的规定提出异议的；

（二）投诉人不是投标人或者其他利害关系人的；

（三）《投诉书》未按本办法有关规定签字或盖章，或者未提供单位负责人证明文件的；

（四）没有明确请求的，或者未按本办法提供相应证明材料的；

（五）涉及招标评标过程具体细节、其他投标人的商业秘密或其他投标人的投标文件具体内容但未能说明内容真实性和来源合法性的；

（六）未在规定期限内在招标网上提出的；

（七）未在规定期限内将投诉书及相关证明材料送达相应主管部门的。”

不予受理的情形归纳为：

①投诉程序不合法（一）（七）项；②投诉主体不合格（二）项；③投诉文件不合格（三）（四）项；④投诉内容不合法（五）项；⑤投诉方式不合格（六）项。

（四）对投诉处理中相关事宜的规定

1. 关于招标无效

第 86 条：“在评标结果投诉处理过程中，发现招标文件重要商务或技术条款（参数）出现内容错误、前后矛盾或与国家相关法律法规不一致的情形，影响评标结果公正性的，当次招标无效，主管部门将在招标网上予以公布。”

本条是对处理投诉中对由于招标文件错误，影响公正可能导致当次评标无效的规定，该项认定的主体不言而喻是主管部门，处理结果在网上公布，接受社会监督。

2. 关于投诉内容的评审

第 87 条：“招标人对投诉的内容无法提供充分解释和说明的，主管部门可以自行组织或者责成招标人、招标机构组织专家就投诉的内容进行评审。

就本办法第 36 条规定事项投诉的，招标人或招标机构应当从专家库中随机抽取 3 人以上单数评审专家。评审专家不得作为同一项目包的评标专家。

就本办法第 69 条规定事项投诉的，招标人或招标机构应当从国家级专家库中随机抽取评审专家，国家级专家不足时，可由地方级专家库中补充，但国家级专家不得少于 2/3。评审专家不得包含参与该项目包评标的专家，并且专家人数不得少于评标专家人数。”

由于招标产品涉及复杂的技术条件，因此在处理投诉中一般需要技术专家对投诉的技术问题进行评审。

本条规定的适用条件：招标人对投诉的内容无法提供充分解释和说明的情形。

技术评审组织主体：主管部门或责成招标人（代理机构）。

对招标文件投诉的评审，评审专家不少于 3 人，专家来源专家库。

对评标结果投诉的评审专家不少于评标委员会专家人数。专家来源国家级专家库，人数不足可从地方库递补，但国家级专家不少于 2/3。

上述专家均不包括参与评审的专家。

3. 投诉人拒绝配合的处理依据

第 88 条：“投诉人拒绝配合主管部门依法进行调查的，被投诉人不提交相关证据、依据和其他有关材料的，主管部门按照现有可获得的材料对相关投诉依法做出处理。”

本条对投诉处理中可能出现的两种情形做了警示性规定。

（1）投诉人拒绝配合；（2）被投诉人不提交证据材料。

在上述情况下主管部门依据现有证据依法做出处理。

4. 关于投诉的撤回

第 89 条：“投诉处理决定做出前，经主管部门同意，投诉人可以撤回投诉。投诉人申请撤回投诉的，应当以书面形式提交给主管部门，并同时在网上提出撤回投诉申请。已经查实投诉内容成立的，投诉人撤回投诉的行为不影响投诉处理决定。投诉人撤回投诉的，不得以同一的事实和理由再次进行投诉。”

投诉可以撤回的条件是做出处理前；撤回投诉的程序是书面向主管部门申请。

撤回的除外条款：①已经查实的撤回不影响处理结果；②撤回投诉的不能再就同一事项投诉。

5. 关于投诉事项处理结果的规定

第90条："主管部门经审查，对投诉事项可做出下列处理决定：

（一）投诉内容未经查实前，投诉人撤回投诉的，终止投诉处理；

（二）投诉缺乏事实根据或者法律依据的，以及投诉人捏造事实、伪造材料或者以非法手段取得证明材料进行投诉的，驳回投诉；

（三）投诉情况属实，招标投标活动确实存在不符合法律、行政法规和本办法规定的，依法做出招标无效、投标无效、中标无效、修改资格预审文件或者招标文件等决定。"

处理结果归纳为：做出终止、驳回和三个无效及修改招标文本的决定。

6. 关于投诉及其处理的信息公示

第91条，"商务部在招标网设立信息发布栏，包括下列内容：

（一）投诉汇总统计，包括年度内受到投诉的项目、招标人、招标机构名称和投诉处理结果等；

（二）招标机构代理项目投诉情况统计，包括年度内项目投诉数量、投诉率及投诉处理结果等；

（三）投标人及其他利害关系人投诉情况统计，包括年度内项目投诉数量、投诉率及不予受理投诉、驳回投诉、不良投诉（本办法第96条第4项的投诉行为）等；

（四）违法统计，包括年度内在招标投标活动过程中违反相关法律、行政法规和本办法的当事人、项目名称、违法情况和处罚结果"。

公示是信用制度的核心，是主动接受社会监督的基础。

本法第91条规定了公示的四项内容：

①投诉汇总统计；②招标机构代理项目投诉情况统计；③投标人及其他利害关系人投诉情况统计；④违法统计。

上述统计汇总数据涉及招标人、投标人、招标代理机构；从一个侧面反映了招标人、投标人的诚信守信、代理机构代理的代理质量水平等，对规范市场秩序有一定的积极意义。

7. 处理信息资料的保存

第92条："主管部门应当建立投诉处理档案，并妥善保存。"

六、机电产品国际招标评标委员会及其评标程序

（一）评标委员会

1. 评标委员会的组成

第50条："评标由招标人依照本办法组建的评标委员会负责。

依法必须进行招标的项目，其评标委员会由招标人的代表和从事相关领域工作满8年并具有高级职称或者具有同等专业水平的技术、经济等相关领域专家组成，成员人数为5人以上单数，其中技术、经济等方面专家人数不得少于成员总数的2/3。"

本条引用招标法第37条第1、2款。

组建主体：招标人。组成结构：招标人代表和评标专家，取消了13号令要求代理机构应当参加的规定。委员会数量：5人以上单数。专家条件：资格、数量。

2. 关于聘请专家的规定

第51条："依法必须进行招标的项目，机电产品国际招标评标所需专家原则上由招标人或招标机构在招标网上从国家、地方两级专家库内相关专业类别中采用随机抽取的方式产生。任何单位和

个人不得以明示、暗示等任何方式指定或者变相指定参加评标委员会的专家成员。但技术复杂、专业性强，或者国家有特殊要求，采取随机抽取方式确定的专家难以保证其胜任评标工作的特殊招标项目，报相应主管部门后，可以由招标人直接确定评标专家。

抽取评标所需的评标专家的时间不得早于开标时间3个工作日；同一项目包评标中，来自同一法人单位的评标专家不得超过评标委员会总人数的1/3。

随机抽取专家人数为实际所需专家人数。一次招标金额在1000万美元以上的国际招标项目包，所需专家的1/2以上应当从国家级专家库中抽取。

抽取工作应当使用招标网评标专家随机抽取自动通知系统。除专家不能参加和应当回避的情形外，不得废弃随机抽取的专家。

机电产品国际招标评标专家及专家库管理办法由商务部另行制定。”

本条第1款规定了评委会专家的来源、方法和方式。来源：国家地方两级专家库。方式：一般随机抽取、特殊直接指定（报主管部门）。方法：使用招标网自动语音通知系统，抽取过程无须报主管部门、无须专家出具无法参加评标的书面理由。

为防止投标人提前获悉专家名单影响公正，考虑到实际操作可行的前提下尽可能缩短抽取的时间，第2款对抽取的时间做了限制（不得早于开标前3个工作日）尽量减少专家名单泄密的机会，为体现公平对专家的来源也做了规定：同一法人单位的专家不得超过评标委员会总人数的1/3。

第3款规定抽取专家不考虑后备专家，抽取的专家为实际所需专家人数；为保证评标质量，对1000万美元以上的项目，（13号令是500万美元）要求国家库的专家不少于1/2。

第4款规定了通知方式和除法定条件外不得废弃随机抽取的专家。

第5款为制定专家管理办法留下立法空间。

3. 关于评标委员会成员相关义务、权利的规定

第52条：“与投标人或其制造商有利害关系的人不得进入相关项目的评标委员会，评标专家不得参加与自己有利害关系的项目评标，且应当主动回避；已经进入的应当更换。主管部门的工作人员不得担任本机构负责监督项目的评标委员会成员。

依法必须进行招标的项目的招标人非因招标投标法、招标投标法实施条例和本办法规定的事由，不得更换依法确定的评标委员会成员。更换评标委员会的专家成员应当依照本办法第51条规定进行。”

本条依照条例有关规定设计，第一款体现了专家的义务、第二款体现专家的权利。

4. 关于评标委员会保密的规定

第53条：“评标委员会成员名单在中标结果确定前应当保密，如有泄密，除追究当事人责任外，还应当报相应主管部门后及时更换。

评标前，任何人不得向评标专家透露其即将参与的评标项目招标人、投标人的有关情况及其他应当保密的信息。

招标人和招标机构应当采取必要的措施保证评标在严格保密的情况下进行。任何单位和个人不得非法干预、影响评标的过程和结果。

泄密影响中标结果的，中标无效。”

第1款补充了泄密后的补救措施；第2款规定了任何人不得向专家泄密；第3款，规定了评标的保障条件；第4款规定了泄密的法律责任。

（二）评标程序

1. 评标准备

第54条：“招标人应当向评标委员会提供评标所必需的信息，但不得向评标委员会成员明示或者暗示其倾向或者排斥特定投标人。

招标人应当根据项目规模和技术复杂程度等因素合理确定评标时间。超过1/3的评标委员会成员认为评标时间不够的，招标人应当适当延长。

评标过程中，评标委员会成员有回避事由、擅离职守或者因健康等原因不能继续评标的，应当于评标当日报相应主管部门后按照所缺专家的人数重新随机抽取，及时更换。被更换的评标委员会成员做出的评审结论无效，由更换后的评标委员会成员重新进行评审。”

2. 评审程序

第55条：“评标委员会应当在开标当日开始进行评标。有特殊原因当天不能评标的，应当将投标文件封存，并在开标后48小时内开始进行评标。评标委员会成员应当依照招标投标法、招标投标法实施条例和本办法的规定，按照招标文件规定的评标方法和标准，独立、客观、公正地对投标文件提出评审意见。招标文件没有规定的评标方法和标准不得作为评标的依据。

评标委员会成员不得私下接触投标人，不得收受投标人给予的财物或者其他好处，不得向招标人征询确定中标人的意向，不得接受任何单位或者个人明示或者暗示提出的倾向或者排斥特定投标人的要求，不得有其他不客观、不公正履行职务的行为。”

机电产品国际招标程序的规定基本引用条例第48、49条结合行业特点做了补充，一是对不能参加评标专家的补救，应当于评标当日报相应主管部门后按照所缺专家的人数重新随机抽取；二是对特殊原因不能开标的规定，评标委员会应当在开标当日开始进行评标。有特殊原因当天不能评标的，应当将投标文件封存，并在开标后48小时内开始进行评标。

七、机电产品国际招标的评标方法

（一）两种评标办法的基本要求

1. 确定中标人的原则

第56条 采用最低评标价法评标的，在商务、技术条款均实质性满足招标文件要求时，评标价格最低者为排名第一的中标候选人；采用综合评价法评标的，在商务、技术条款均实质性满足招标文件要求时，综合评价最优者为排名第一的中标候选人。

最低评标价法是我国机电产品国际招标借鉴世行亚行贷款项目的评标方法。但是，由于世行、亚行贷款项目主要是扶贫项目，因此，该方法的评价遵循最经济原则。但是，我国机电产品国际招标大都属于国内制造企业不能满足其要求的高新技术项目，应当遵循最优原则采用综合评价法。所以采用什么评标方法，应当由招标人选择，政府不应当干预。因此，1号令取消了对采用综合评价法备案的要求。

2. 商务评议中的否决条款

第57条：“在商务评议过程中，有下列情形之一者，应予否决投标：

（一）投标人或其制造商与招标人有利害关系可能影响招标公正性的；

（二）投标人参与项目前期咨询或招标文件编制的；

（三）不同投标人单位负责人为同一人或者存在控股、管理关系的；

（四）投标文件未按招标文件的要求签署的；

（五）投标联合体没有提交共同投标协议的；

（六）投标人的投标书、资格证明材料未提供，或不符合国家规定或者招标文件要求的；

（七）同一投标人提交两个以上不同的投标方案或者投标报价的，但招标文件要求提交备选方案的除外；

（八）投标人未按招标文件要求提交投标保证金或保证金金额不足、保函有效期不足、投标保证金形式或出具投标保函的银行不符合招标文件要求的；

（九）投标文件不满足招标文件加注星号（“*”）的重要商务条款要求的；

（十）投标报价高于招标文件设定的最高投标限价的；

（十一）投标有效期不足的；

（十二）投标人有串通投标、弄虚作假、行贿等违法行为的；

（十三）存在招标文件中规定的否决投标的其他商务条款的。

前款所列材料在开标后不得澄清、后补；招标文件要求提供原件的，应当提供原件，否则将否决其投标。”

本条第1款依据条例第33条、53条和原13号令第36条结合行业现状对否决投标的商务条款作了详细规定。第一至第三项属于主体不合格（违反利益冲突原则）。第四至第十一属于投标文件不合格，包括：签署形式、联合体协议、资格证明、备选方案、保证金、关键项、超控制价、投标有效期等8项违法行为。第十三项为兜底条款。

第2款明确规定上述重大偏差不得澄清、后补，招标文件要求提供原件投标人应当提供的义务和责任。

3．资格条件的否决条款

第58条：“对经资格预审合格、且商务评议合格的投标人不能再因其资格不合格否决其投标，但在招标周期内该投标人的资格发生了实质性变化不再满足原有资格要求的除外。”

该条款依据原13号令第40条修改。规定了评审程序的延顺性，但如果资质发生变化不再满足要求可以否决其投标，符合条例第56条履约能力审查的规定。

4．技术评议中的否决条款

第59条：“技术评议过程中，有下列情形之一者，应予否决投标：

（一）投标文件不满足招标文件技术规格中加注星号（“*”）的重要条款（参数）要求，或加注星号（“*”）的重要条款（参数）无符合招标文件要求的技术资料支持的；

（二）投标文件技术规格中一般参数超出允许偏离的最大范围或最多项数的；

（三）投标文件技术规格中的响应与事实不符或虚假投标的；

（四）投标人复制招标文件的技术规格相关部分内容作为其投标文件中一部分的；

（五）存在招标文件中规定的否决投标的其他技术条款的。”

本条列举了技术条款应当否决的5项内容。

其中第一项是技术指标内涵的要求包含了两种情形。一是不满足带“*”条款，二是表面满足但没有技术资料支持；第二项是技术指标数量的限制；第三项是技术指标事实不符（达不到指标）或虚假投标（主观造假）；第四项是技术指标复制招标文件；第五项是兜底条款。

上述情形评标委员会一般都容易判定，但对其中第三项的认定如果需要投标人澄清的可以澄清。

5．关于备选方案规定

第62条：“招标文件允许备选方案的，评标委员会对有备选方案的投标人进行评审时，应当以主选方案为准进行评标。备选方案应当实质性响应招标文件要求。凡提供两个以上备选方案或者未按要求注明主选方案的，该投标应当被否决。凡备选方案的投标价格高于主选方案的，该备选方案将不予采纳。”

本条是对备选方案的规定，一是评审以主选方案为主；二是备选方案应实质性响应招标文件；三是必须注明主选、备选否则否决；四是备选方案的价格要便宜。

（二）最低评标价法的评议原则和步骤

依据1号令第22条规定，依据钱忠宝先生的推算，在最低评标价法中，非价格因素偏离折价的幅度一般不超过投标价的15%，因此在价格权重占85%的情况下，招标人一定要对潜在投标人的非价格因素的信息进行充分沟通，选择同一档次的产品进行比较，在这种情况下才能满足招标人的要求。

1．最低评标价的评议原则

（1）第60条“采用最低评标价法评标的，价格评议按下列原则进行：

（一）按招标文件中的评标依据进行评标。计算评标价格时，对需要进行价格调整的部分，要依据招标文件和投标文件的内容加以调整并说明。投标总价中包含的招标文件要求以外的产品或服务，在评标时不予核减；

（二）除国外贷款、援助资金项目外，计算评标总价时，以货物到达招标人指定到货地点为依据；

（三）招标文件允许以多种货币投标的，在进行价格评标时，应当以开标当日中国银行总行首次发布的外币对人民币的现汇卖出价进行投标，货币对评标货币的转换以计算评标价格。”

该条是对最低评价法价格评议原则的规定。

第一项规定需要价格调整的依据：招标文件和投标文件的内容；明确价格范围，超出范围的不予核减。

第二项明确除法定条件外，价格总价以招标人指定的交货地为计算依据。如CIF进口国指定港口，CIP进口国内地海关保税区、DDP进口国某项目指定地等。

第三项规定了如果多种货币计算评标价时以开标当日中国银行总行首次发布的外币对人民币的现汇卖出价折算为约定货币。

2．最低评标价的评议步骤

最低评标价评议的步骤：符合性检查、商务评议、技术评议、价格评议和资格后审等步骤。

（1）符合性检查

符合性评议依照招标文件要求和1号令第58条的规定进行审查包括：

①投标函（按规定签章等）；②投标保证金（如金额、有效期不足，开户行级别不够等）；③法人授权书（非法人代表本人给投标人授权者）；④资格证明文件[如缺少资格声明、制造商资格声明、贸易公司（作为代理）的资格声明、制造商出具的授权函等]；⑤技术文件（没有按招标文件要求提交的）。

符合性检查是一种形式审查，只核实投标文件中是否已经包括了以上文件内容，形式上是否符合招标文件规定。

（2）商务评议

商务评议将依据招标文件要求依据1号令第57条逐项进行审查。审查内容包括：

①投标人的合格性；②投标的有效性，包括是否由法人代表或授权代表有效签署、是否逐页小签；③投标有效期；④投标保证金（金额和有效期）；⑤资格证明文件：包括资格声明、制造厂家资格声明、贸易公司（作为代理）的资格声明、制造商授权书、银行资信证明等；⑥经营范围；⑦交货期；⑧质量保证期；⑨付款条件和方式；⑩适用法律、仲裁及其他。

（3）技术评议

技术评议将按照招标文件技术要求和1号令第59条的规定进行审查。审查的内容包括：①对主要技术指标的审查比较；②对一般技术指标的审查。评标委员会填写《技术参数比较表》，将招标文件的技术指标与投标文件的响应参数进行比较。

（4）价格评议

价格评议依照下列步骤进行：

第一步：投标价格修正。

① 开标价格：在开标会上宣布的价格；

② 算术修正值：是指修正的数字如供货范围的偏差、计算错误等的修正；

③ 汇总算术修正后的投标价格：在开标价格基础上，经过加减修正后的价格；

④ 投标声明：有无商务、技术调整如折扣等；

⑤ 汇总修正投标总价：经过修正后的价格；

⑥ 分列设备价、备件及专用工具价、技术服务及培训三项分别列出，但均含在投标总价之内；

⑦ 汇率，按开标日当日中国人民银行卖出汇率统一转换成约定货币；

⑧ 汇总全部投标总价确认投标价（合同价）。

以上投标总价是在一般情况下作为评标价格调整的基础。但调整中如果出现缺漏项的调整则应按本法第 63 条的规定执行：

第二步：评标中的价格调整。

价格调整包括供货范围调整、商务偏离调整、技术偏离调整等，均应该按照招标文件约定的范围和标准进行。

A．供货范围调整。

依据 1 号令第 63 条进行调整：

第 63 条："投标人应当根据招标文件要求和产品技术要求列出供货产品清单和分项报价。投标人投标报价缺漏项超出招标文件允许的范围或比重的，为实质性偏离招标文件要求，评标委员会应当否决其投标。缺漏项在招标文件允许的范围或比重内的，评标时应当要求投标人确认缺漏项是否包含在投标价中，确认包含的，将其他有效投标中该项的最高价计入其评标总价，并依据此评标总价对其一般商务和技术条款（参数）偏离进行价格调整；确认不包含的，评标委员会应当否决其投标；签订合同时以投标价为准。"

该条关于缺漏项的规定有以下层次：

一是投标文件应列出产品清单和分项报价；二是明确缺漏项超出规定的属于实质性偏离，应予否决；三是没有超出规定的可以要求投标人确认：确认总价包含缺漏项以其他最高价折算评标价，确认总价不包含缺漏项的否决投标；四是明确签订合同的价格是投标人的要约：投标价。

注意：①投标价包含缺漏项的，按规定加入评标总价，并以此作为商务和技术偏差价格调整的基数，这是对原 13 号令相应规定的修正。②如果缺漏项仅是因为数量错误的，评标时可以自身的报价为准调整；如招标文件要求 10 台变压器，投标人误报 9 台范围调整应当按照自身单价调整。

B．商务偏差调整

商务偏差调整一般按照约定的允许偏差项数和范围分别计算调整额。每项商务偏差调整最多不超过评标价格的 1%。

其中，付款条件的偏差，如果投标人要求提前付款的，可以按照招标文件规定的利率计算提前付款部分的利息，加价计入投标价格；如果要求延期付款的不考虑折价。

交货期的偏离可以按照延期交货预计对招标人造成的损失计入评标价格，也可以按照招标文件合同条款中规定的延期交货罚款的办法调整评标价格。

C．技术偏差调整

技术偏差调整一般按照约定的每项技术偏差可调整额和偏差项数限额分别计算投标报价调整额，每项技术偏差最多不超过评标价格的 1%。

第三步：计算评标价格。

我国海关规定计算进口产品关税必须以 CIF 或 CIP 价格为基准。为此，机电产品国际招标项目评标时，也是以 CIF 或 CIP 价格为计算进口关税及计算商务和技术等偏差调整额的基准，我们称之为投标价基准值。CIF 是专门用于海运的价格术语，而 CIP 可用于各种运输方式（空运、铁路运输、公路运输、邮包运输及多式联运方式等）。当运输方式为海运时，投标报价可以采用 FOB、CFR 和 CIF 等价格术语，报价采用 FOB 和 CFR 价格术语的评标时就需要转换为 CIF 价格；当运输方式为其他运输方式时，投标报价可以采用 FCA、CPT、CIP、DAP 和 DDP 等价格术语，那么报价采用 FCA、CPT、DAP 和 DDP 价格术语的评标时就需要转换为 CIP 价格。

1 号令第 21 条第十一项规定："招标文件应当计算评标总价时关境内、外产品的计算方法并应当明确指定到货地点。除国外贷款项目、援助资金项目外，评标总价应当包含货物到达招标人指定到货地点前的所有成本及费用。"

① 关境外产品。

评标总价=CIF 价＋进口环节税＋国内运输、保险费等；

其中：CIF 价＝FOB 价＋国际运费＋国际运输保险费；

报价采用 CIP、DDP 报价的参照此方法计算评标价。

【例】投标价格为 1000 万美元 DDP 北京，投标货物进口关税税率 10%，进口增值税税率 17%，为计算评标价需要换算 CIP 价格。

在已知 DDP 价格的情况下计算 CIP 价格：

换算公式：DDP÷（1＋增值税率）×（1＋关税税率）；

CIP 价格=1000÷1.1×1.7= 777 万美元。

② 投标截止前已经进口的产品。

评标总价=销售价（含进口环节税、销售环节增值税）+国内运输、保险费

③ 关境内制造的产品：

评标总价=出厂价（含增值税）+消费税（如适用）+国内运输费、保险费等。

上述有价格调整的，计算评标总价时应当包含偏离加价。但应注意：

① 情形时偏离加价以修正价（含范围调整）为加价基数；

②、③情形下计算偏离加价时应扣除报价中的相关税费为加价基数；

①②③项偏离计算中招标文件对付款条件和供货期偏离计算有约定从其约定。

1 号令和原 13 号令相比增加了投标截止前已经进口的产品计算公式。

（5）资格后审

资格后审，是指评标委员会经过投标价格评审比较后，对评标价格最低的投标人的资格能力条件进行审查或再次复核确认。采用资格预审的招标项目，凡是资格预审时间间隔较长的货物招标项目，也需要审查其资格能力是否有变化。如果其投标资格能力审查通过，将推荐为中标候选人；如果审查没有通过，将废除投标，并审查下一个最低评标价的投标人的资格能力。

（三）综合评价法的评议原则和步骤

1. 综合评价法的评审原则

第 61 条，"采用综合评价法评标时，按下列原则进行：

（一）评标办法应当充分考虑每个评价指标所有可能的投标响应，且每一种可能的投标响应应当对应一个明确的评价值，不得对应多个评价值或评价值区间，采用两步评价方法的除外。

对于总体设计、总体方案等难以量化比较的评价内容，可以采取两步评价方法：第一步，评标委员会成员独立确定投标人该项评价内容的优劣等级，根据优劣等级对应的评价值算术平均后确定该投标人该项评价内容的平均等级；第二步，评标委员会成员根据投标人的平均等级，在对应的分值区间内给出评价值。

（二）价格评价应当符合低价优先、经济节约的原则，并明确规定评议价格最低的有效投标人将获得价格评价的最高评价值。价格评价的最大可能评价值和最小可能评价值应当分别为价格最高评价值和零评价值。

（三）评标委员会应当根据综合评价值对各投标人进行排名。综合评价值相同的，依照价格、

技术、商务、服务及其他评价内容的优先次序，根据分项评价值进行排名”。

本条第1款的方法属于区间法，区间法应注意上下区间的衔接。对于模糊评价内容采用两步法。

本条第2款参照311号文第12条条款，但有以下不同。考虑了评价值的多种形式，本条依据311号文第11条的办法拟定但做了重要修正。311号文主要考虑用分值表示评价值，实践中表示评价值的方法还有其他多种方式，如得票数、性价比、期限（BOT项目的移交时间）评语（优、良、差）、名次和其他模糊评价。因此，本条采用“最高评价值”修正了311号文的“最高分值”。

311号文第12条　“综合评价法的价格评价应当符合低价优先、经济节约的原则，并明确规定评标价格最低的有效投标人将获得价格评价的最高分值，价格评价的最大可能分值和最小可能分值应当分别为价格满分和0分”。（本条无效。）

311号文第8条　“综合评价法应当对每一项评价内容赋予相应的权重，其中价格权重不得低于30%，技术权重不得高于60%”。（本条有效。）

本条第3款对评标价值相同时的处理规则。

2．综合评价法的评审步骤

目前，商务部《机电产品国际招标综合评价法实施规范（试行）》（商产发[2008]311号文）关于采用综合评价法评标的有关规定除了和1号令个别条款抵触外，仍然有效。

（1）评价内容

“综合评价法的评价内容应当包括投标文件的商务、技术、价格、服务及其他方面。商务、技术、服务及其他评价内容可以包括但不限于以下方面：

（一）商务评价内容可以包括：资质、业绩、财务、交货期、付款条件及方式、质保期、其他商务合同条款等。

（二）技术评价内容可以包括：方案设计、工艺配置、功能要求、性能指标、项目管理、专业能力、项目实施计划、质量保证体系及交货、安装、调试和验收方案等。

（三）服务及其他评价内容可以包括：服务流程、故障维修、零配件供应、技术支持、培训方案等”。

（2）评价标准

综合评价法应当明确规定资质、业绩和财务的相关指标获得最高评价分值的具体标准；但经过资格预审项目的有关要求不作为评价的内容。

“综合评价法应当对每一项评价内容赋予相应的权重，其中价格权重不得低于30%，技术权重不得高于60%”。

将价格和参数指标折算成分值的办法在本书第4章第3节已做了介绍。

（3）评价程序

综合评价法的评价程序可以参照最低评标价法的评标程序，首先进行符合性检查、商务评议（包括资格后审）、技术评议、价格评议，然后进行综合评分等步骤。按照综合评分排序，推荐中标候选人。

① 初步评审阶段，判定并拒绝无效的和存在实质性偏离的投标文件，通过初步评审合格的投标文件进入到综合评价阶段。

② 综合评价阶段，评标委员会成员应当根据综合评价法的规定对投标人的投标文件独立打分，并分别计算各投标人的商务、技术、服务及其他评价内容的分项得分。

③ 价格评价。

价格评价依照下列步骤进行：

“● 算术修正；

● 计算投标声明（折扣/升降价）后的价格；

● 价格调整；

● 价格评分。

评标委员会成员对同一投标人的商务、技术、服务及其他评价内容的分项评分结果出现差距时，应遵循以下调整原则：

评标委员会成员的分项评分偏离超过评标委员会全体成员的评分均值±20%，该成员的该项分值将被剔除，以其他未超出偏离范围的评标委员会成员的评分均值（称为“评分修正值”）替代；评标委员会成员的分项评分偏离均超过评标委员会全体成员的评分均值±20%，则以评标委员会全体成员的评分均值作为该投标人的分项得分。”

④ 综合得分。

投标人的综合得分等于其商务、技术、价格、服务及其他评价内容的分项得分之和。

（4）定标原则

评标委员会应当根据综合得分对各投标人进行排名。综合得分相同的，价格得分高者排名优先；价格得分相同的，技术得分高者排名优先，并依照商务、服务及其他评价内容的分项得分优先次序类推。

“综合评价法应当明确规定投标人出现下列情形之一的，将不得被确定为推荐中标人：

（一）该投标人的评标价格超过全体有效投标人的评标价格平均值一定比例以上的；

（二）该投标人的技术得分低于全体有效投标人的技术得分平均值一定比例以上的。

本条第（一）、（二）项中所列的比例由招标文件具体规定，且第（一）项中所列的比例不得高于40%，第（二）项中所列的比例不得高于30%。”

（5）资格后审：同最低评标价法

（四）评标澄清的有关规定

第64条：“投标文件中有含义不明确的内容、明显文字或者计算错误，评标委员会认为需要投标人做出必要澄清、说明的，应当书面通知该投标人。投标人的澄清、说明应当采用书面形式在评标委员会规定的时间内提交，并不得超出投标文件的范围或者改变投标文件的实质性内容。

投标人的投标文件不响应招标文件加注星号（“*”）的重要商务和技术条款（参数），或加注星号（“*”）的重要技术条款（参数）未提供符合招标文件要求的技术支持资料的，评标委员会不得要求其进行澄清或后补。

评标委员会不得暗示或者诱导投标人做出澄清、说明，不得接受投标人主动提出的澄清、说明。”

本法64条参照条例第52条拟定。

第1款规定可以澄清的三项内容（含义不清、明显文字错误、明显计算错误）、形式（书面）和约束条件（不得超范围和该实质条件）。在条例规定的基础上补充了在评标委员会规定的时间内提交的要求；第2款是补充增加的同1号令相应规定一致，对于“*”的商务、技术条款不能澄清；第3款是对评标委员会澄清环节的禁止性规定：两个方面、两个不得。

（五）关于可以否决投标、重新招标或评标的规定

1. 可以否决投标的规定

第65条：“评标委员会经评审，认为所有投标都不符合招标文件要求的，可以否决所有投标。依法必须进行招标的项目的所有投标被否决的，招标人应当依照本办法重新招标。”

该条引用招标法第43条的原文（多一个“办”字）。评标实践中，除了直接认定投标人不足3人外，如保证金、资信证明等不满足要求使评审对象不足3人。评委可援引本条，如果不是所有的投标不符合要求，可以不否决符合文件的投标文件。投标文件经评审后参数已经公布，其竞争的属性不是人数的比较是参数同社会平均价格的比较。

2．关于重新招标或评标的规定

第108条："依法必须进行招标的项目的招标投标活动违反招标投标法、招标投标法实施条例和本办法的规定，对中标结果造成实质性影响，且不能采取补救措施予以纠正的，招标、投标、中标无效，应当依照本办法重新招标或者重新评标。

重新评标应当由招标人依照本办法组建新的评标委员会负责。前一次参与评标的专家不得参与重新招标或者重新评标。依法必须进行招标的项目，重新评标的结果应当依照本办法进行公示。

除法律、行政法规和本办法规定外，招标人不得擅自决定重新招标或重新评标。"

本条第1款规定了依法必须招标项目招标、投标、中标无效的认定条件：一是有违法行为；二是该行为对中标结果造成实质性影响；三是该结果不能采取补救措施纠正。第2款对重新招标或评标时评标委员会组建的办法和程序做了规定。第3款是对招标人决定重新招标或评标的约束条件。

（六）关于评标报告的规定

第66条 评标完成后，评标委员会应当向招标人提交书面评标报告和中标候选人名单。中标候选人应当不超过3个，并标明排序。

评标委员会的每位成员应当分别填写评标委员会成员评标意见表（见附件2），评标意见表是评标报告必不可少的一部分。评标报告应当由评标委员会全体成员签字。对评标结果有不同意见的评标委员会成员应当以书面形式说明其不同意见和理由，评标报告应当注明该不同意见。评标委员会成员拒绝在评标报告上签字又不说明其不同意见和理由的，视为同意评标结果。

专家受聘承担的具体项目评审工作结束后，招标人或者招标机构应当在招标网对专家的能力、水平、履行职责等方面进行评价，评价结果分为优秀、称职和不称职。

本条第1款第2款依据条例第53条拟定，第3款补充了对专家评价的相关规定。

评标报告和推荐的中标候选人名单是评标委员会的评审成果。招标法没有规定排序和推荐的人数，条例补充、明确了排序和3人的限制；本法第2款规定了提交评审成果的程序：填表、签字及如果有不同意见的处理办法；第3款作为对专家管理的重要措施，规定了评标结束后对专家的评价制度，评价主体：招标人或代理机构；评价内容：能力、水平、履行职责；评价形式：网上公开；评价结果：优秀、称职和不称职。

法律没有规定评标报告的格式，由代理机构自行设计但须包含1号令附件3《评标委员会评标意见表》。本章第七节世行标准评标报告的格式可供参考。

八、评标报告格式示范

机电产品国际招标的评标报告应当符合相关规定的格式和内容，各机电产品进出口管理机构只审核符合格式要求的评标报告。利用世行贷款项目，还需附上世行要求的其他材料或表格。

财政部1997年版世界银行标准评标报告格式（用于货物或工程采购）。

1．评标报告编制原则

格式标准统一；内容清晰完整；理由真实客观。

2．评标报告编制内容

采用最低评标价法评标报告的目录：

"（1）封面

（2）文字叙述部分

（3）开标一览表（表1）

（4）符合性检查表（表2）

（5）商务评议表（表3）

（6）技术参数比较表（表4）

（7）评标价格比较表（表5）

（8）授标建议（表6）。”

3．报告编排具体说明

（1）封面

招标编号：指各招标机构对具体项目或具体产品招标时自行编制的特有代码(不得重复、错误)。

项目名称：指本次采购的具体项目名称或采购的具体产品名称。

贷款编号（如适用）：指有关部门批准使用国外贷款外汇项目的统一编制的代码。

招标人：　指买方单位全称。

招标机构：指招标机构的全称。

日期：　指评标报告的填写日期。

（2）文字叙述部分

① 项目简介：

- 项目名称、项目背景；
- 资金来源、计划用汇；
- 具体采购内容（设备名称、数量和简单规格描述）；
- 委托招标情况（委托方和受委托方名称、委托时间），等等。

② 招标过程简介：

- 刊登招标公告的时间和媒体。
- 发售招标文件的日期。
- 购买招标文件的厂商数量和国籍。
- 投标截止时间。
- 开标时间、地点。
- 投标厂商的数量等。

注意：另需附上招标文件购买记录、开标一览表。

③ 评标过程：

按符合性检查、商务评议、技术评议、价格评议顺序，叙述在每项中各投标厂商的响应情况，尤其对“结论”被判为“不合格”的要重点叙述。

说明：资格后审确定是否有能力履行合同。

④ 评标结果：

- 评标委员会对所有参加当次投标的厂商，按招标文件、投标文件、评标规则和程序进行评审后确定的中标人。
- 对中标人应注明其名称、国籍、中标金额（即投标总价）。
- 招标人和招标机构签章。

（3）开标一览表

① 招标编号/包号。

② 填写要求：

- 按开标顺序填写。
- 报价方式应当填写 CIF 价、CIP 价、EXW 价等。
- 开标价格是指开标时原始唱标价。

• 投标声明（如：折扣声明/优惠声明）。

• 投标保证金（填写金额或比例）、货物交货期、到货口岸等按投标人开标时原始递交文件填写。

注意： 如果所招设备为多个合同包，一个投标人可能会对若干个合同包报价，在填写开标一览表时，招标机构应以合同包为单位。

（4）符合性检查表

① 目的：审核投标人的投标文件包含的必备内容是否齐全。

② 参考：招标文件范本第一章“投标人须知”第三款“投标文件的编制”和第四章“附件”有关内容。

③ 审核内容：

• 投标书。

• 投标保证金（支票、现金或保函）。

• 法人授权书（法人代表签字时无须授权书）。

• 资格证明文件（投标人资格声明、制造商资格声明、银行资信证明、制造商授权等）。

• 技术文件：一般应包括货物说明一览表、对照招标文件中技术规范的技术响应说明、投标人对设备的描述、零备件和必备工具情况、技术和售后服务、样本资料等。

• 投标分项报价表。

说明：这6项内容只看有无，而不看其具体内容是否符合招标文件的要求。6者缺一即可导致废标，不能进入下一阶段评审。

（5）商务评议表

① 投标人的合格性：

• 是否与中国有正常贸易往来；

• 是否与招标人或招标机构有利害关系；

• 是否是财务独立、合法运作的独立法人。

注意： 有一项不满足将导致废标。

② 投标的有效性：

• 投标文件是否由法人代表或法人授权代表签署；

• 投标文件重要页面是否逐页小签。

说明：第一项是投标人对所投文件内容的确认和承担责任的保证。第二项是防止开标后投标文件被不当替换的手段。

③ 投标有效期：是指投标文件自开标后的有效时间。

说明：有效期不足将导致废标。在招标程序未完成之前，如果需要延长投标有效期的应及时通知各投标人，不同意延长的将导致废标。

④ 投标保证金：一般采用银行保函形式，现金、支票（同城）、汇票等也可接受。

注意：

查看金额是否达到要求（比例或数字）；有效期是否满足；银行保函格式是否和招标文件要求的格式一致；出具保函的银行资格是否符合要求。

⑤ 资格证明文件：

• 资格声明、制造商资格声明、作为代理商的贸易公司的资格声明（如适用）。

• 制造商授权书（如适用）。

• 招标文件要求提供的有关证书，如营业执照、进出口经营备案登记证书等。

• 银行资信证明：开具银行、时间、授信额度等。

注意： 证明投标人有资格投标和有能力履行合同的文件。

⑥ 经营范围：指投标人注册登记的内容。

说明：投标人是否在经营范围内投标，按照工商行政管理部门的规定执行。

⑦ 业绩：根据招标文件，指投标人的生产记录或在一定范围内的销售情况，类似业绩等。

注意：①、②、③、④、⑤、⑥、⑦项均为重要商务条款。

⑧ 交货期：交付货物的日期。

⑨ 质量保证期：货物交付使用后的质量保证时间。

⑩ 付款条件和方式：对支付货款的要求和采取何种方式支付货款（建议作为重要条款）。

⑪ 适用法律和仲裁：一般应适用中国法律和由中国仲裁机关仲裁。（建议作为重要条款）。

⑫ 其他：指招标文件要求的其他商务条款。

说明：可能会要求提供过去三年的财务报表、资质等级证书、市场准入证书或ISO认证等。

（6）技术参数比较表

① 产品名称、招标文件要求数量：按招标文件填写。

② 投标人/国别、制造商/国别、产品型号、产品数量，按投标人的投标文件填写。

③ 技术响应性：

- 按招标文件所列的“指标”名称、参数填写；
- 按投标文件所响应的实际指标填写。

注意：

- 凡是招标文件有具体数字要求的，“技术参数”栏目应填写投标人提供的具体数字。
- “评议”栏目只填写接受或不接受。
- 重要指标（加注“*”号）只要有一项不合格，“结论”即为不合格。
- 一般指标超出招标文件允许偏离最大范围或最高项数的，“结论”即为不合格。

（7）评标价格比较表

① 开标价格：开标时的唱标价。

② 投标报价：

- 开标价格：开标后审核投标文件的价格。
- 算术修正值：投标文件中的分项报价之和与总价之间需要修正的差值。
- 算术修正后的投标价格：修正后的投标价格。
- 投标声明（如投标人另有声明时适用）：一般是升降价比例或金额。

注意：投标声明在投标截止时间前递交才有效。

- 投标总价（原币）：在算术修正后的投标价格基础上计算增加或扣除折扣的原币值投标价格。
- 投标总价构成：按第5点，将原币值的投标总价分出设备价、备件及专用工具价和技术服务费及培训费。
- 汇率：开标当日中国银行公布的卖出价汇率。
- 投标总价（美元）：将投标总价的各种货币按汇率统一折算成美元。

③ 价格调整：

- 供货范围偏离，对投标文件供货范围内的缺漏项进行价格调整；
- 技术偏离，按招标文件要求对投标文件技术部分进行价格调整；
- 商务偏离，按招标文件要求对投标文件商务部分进行价格调整；
- 其他，除供货范围、技术、商务外，如有其他偏离则也要做相应的价格调整；
- 调整总和，前4项之和。

④ 国内运保费：根据到货港口地计算内陆运输费和保险费。

⑤ 进口环节税：对国外货物计算关税（按照海关统一税率）和增值税。

⑥ 评标价格：“投标总价”“调整总和”“国内运保费”“进口环节税”之和。

⑦ 评标价格排序：按评标价格由低到高排列出顺序。

（8）授标建议

① 将标授于评标价格排序第 1 名；

② 中标商名称/地址、制造商名称/地址：按投标文件填写；

③ 投标价格：按投标人的投标报价填写。（不是开标价或评标价）。

九、评标委员会成员的法律责任

1．依法对评标委员会违法行为处罚的责任

第 101 条：“评标委员会成员有下列行为之一的，依照招标投标法、招标投标法实施条例的有关规定处罚。

（一）应当回避而不回避的；

（二）擅离职守的；

（三）不按照招标文件规定的评标方法和标准评标的；

（四）私下接触投标人的；

（五）向招标人征询确定中标人的意向或者接受任何单位或者个人明示，或者暗示提出的倾向或者排斥特定投标人的要求的；

（六）暗示或者诱导投标人做出澄清、说明或者接受投标人主动提出的澄清、说明的；

（七）对依法应当否决的投标不提出否决意见的；

（八）向他人透露对投标文件的评审和比较、中标候选人的推荐及与评标有关的其他情况的。”

本条引用条例第 71 条，其中第（八）项除外。

2．评标委员会成员可能除名的违法行为的规定

第 102 条：“评标委员会成员有下列行为之一的，将被从专家库名单中除名，同时在招标网上予以公告：

（一）弄虚作假，谋取私利的；

（二）在评标时拒绝出具明确书面意见的；

（三）除本办法第一百零一条第八项所列行为外，其他泄漏应当保密的与招标投标活动有关的情况和资料的；

（四）与投标人、招标人、招标机构串通的；

（五）专家 1 年内 2 次被评价为不称职的；

（六）专家无正当理由拒绝参加评标的；

（七）其他不客观公正地履行职责的行为，或违反招标投标法、招标投标法实施条例和本办法的行为。

前款所列行为影响中标结果的，中标无效。”

本条在条例 71 条的基础上补充了上述规定。

3．对其他评审专家违法行为的规定

第 103 条：“除评标委员会成员之外的其他评审专家有本办法第 101 条和第 102 条所列行为之一的，将被从专家库名单中除名，同时在招标网上予以公告。”

本条的其他评审专家指：参加资格审查委员会成员、参加对投诉事件评审成员。

十、评标案例示范

（一）最低评标价计算案例

【背景】西安某单位国际招标采购 20 台轿车。轿车进口关税税率为 25%，消费税率为 20%，进口增值税率为 17%，运输公司公布的天津港至西安的运输费为 3600 元 / 台轿车，保险公司公布的天津港至西安运输保险费标准为完税后货价的 0.5%。甲公司投标价 CIF 天津港 2400 万元（120 万/台）。

【问题】根据以上条件计算甲公司 20 台轿车到达西安的评标价（计算过程和结果以万元为单位，保留 2 位小数）。

【参考答案】该批轿车的评标价格=CIF 价＋进口环节税＋国内运输费＋国内运输保险费

其中：

（1）进口环节税＝进口关税＋进口增值税＋消费税

进口关税＝CIF 价格×进口关税税率＝2400 万元×25%＝600 万元

消费税：(CIF 价格＋关税)×消费税税率/(1－消费税税率)

＝(2400＋600)万元×20% / (1－20%)＝750 万元

进口增值税：(CIF 价格＋进口关税＋消费税)×增值税税率

＝(2400＋600＋750)万元×17%＝637.5 万元

进口环节税＝(600＋750＋637.5)万元＝1987.5 万元

（2）国内运输费：进口轿车数量×国内单位运费＝20 台×3600 元/台＝7.2 万元

（3）国内运输保险费：

(CIF 价格＋进口环节税)×国内运输保险费率

＝(2400＋1987.5)万元×0.5%＝21.94 万元

则该批轿车到达西安的评标价＝(2400＋1987.5＋7.2＋21.94)万元

＝4416.64 万元

（二）最低评标价法中的价格评议案例

【背景】某机电产品国际招标项目的招标文件要求 CIF（上海）报价，其调价因素为：

（1）延迟交货折价为迟交部分投标总价的 2%/周；

（2）年利率为 12%；

（3）招标文件要求效率为 98%，每降低 0.1%折价 40 000 美元；

（4）多种报价货币以开标当日中国人民银行授权公布的汇率卖出价转换为统一货币，开标当日中国人民银行授权公布的欧元对美元汇率中间价为 1.4000∶1；

（5）招标货物进口环节综合税率为 25%。

投标共有三个投标人 A、B 和 C 进入详细评审。

各投标文件相关内容如下。

（1）投标人 A：投标价格为 10 000 000 美元，算术偏差为+20 000 美元，投标货物效率为 97.5%，有 500 000 美元的付款要求提前支付 1 个月，内陆运输费、保险费即其他伴随服务费用 30 000 美元。

（2）投标人 B：投标价格为 9 500 000 欧元，算术偏差为-50 000 欧元，包含在投标价内的缺漏项，其他投标人最高价为 10 000 美元，交货期延迟 2 周，投标货物效率为 98%，内陆运输费、保险费，即其他伴随服务费用 28 500 美元。

（3）投标人 C：投标价格为 10 500 000 美元，降价折扣为 15 000 美元，投标货物效率为 97.7%，内陆运输费、保险费，即其他伴随服务费用 29 000 美元。

【问题】计算各投标人评标价。

【参考答案】（1）技术偏差调整

投标人 A：(98%－97.5%)÷0.1%×40 000＝200 000 美元

投标人 C：(98%－97.7%)÷0.1%×40 000＝120 000 美元

（2）交货期偏差调整

投标人 B：（13 230 000+10 000）×2×2%＝529 240 美元

投标人缺漏项 10 000 美元，依据 1 号令规定包含在总价内的缺漏项应将其他有效投标中该项的最高价计入其评标总价，并依据此评标总价对其一般商务和技术条款（参数）偏离进行评标价格调整。

如投标文件对该偏离有约定的按其约定计算。

（3）付款偏差的调整

投标人 A：500 000×12%×(1÷12)＝5 000 美元

（4）各投标人的进口环节税

投标人 A：10 020 000×25%＝2 505 000 美元

投标人 B：13 230 000×25%＝3 307 500 美元

投标人 C：10 485 000×25%＝2 621 250 美元

评标价格比较表见表 11.2。

表 11.2　评标价格比较表

序号	项　目		投标人		
			A	B	C
1	投标报价	开标报价（CIF）	$10 000 000	€ 9 500 000	$10 500 000
2		算术修正值	$20 000	€ -50 000	$0
3		算术修正值后价格 ＝（1）+（2）	$10 020 000	€ 9 450 000	$10 500 000
4		投标申明（折扣或升、降价）	$0	€ 0	-$15 000
5		投标总价＝（3）+（4）	$10 020 000	€ 9 450 000	$10 485 000
6		汇率（投标货币/美元）	1	1.4	1
7		投标总价（折合美元）＝（5）×（6）	10 020 000	13 230 000	10 485 000
8	价格调整	供货范围偏离（美元）	0	10 000	0
9		技术偏离（美元）	200 000	0	120000
10		交货期偏差调整（美元）	0	529 240	0
11		付款方式偏差调整（美元）	5 000	0	0
12		调整总和（美元）(8)+(9)+(10)+(11)	205 000	539 240	120 000
13	国内运保费（美元）		30 000	28 500	29 000
14	进口环节税（美元）		2 505 000	3 307 500	2 621 250
15	评标价格（美元）(7)+(12)+(13)+(14)		12 760 000	17 105 240	13 255 250
16	评标价格排序		1	3	2

（三）综合评价法评标标准设计案例

【背景】某柔性制造系统项目概况

随着科学技术的发展和多品种、小批量自动化生产及迅速响应市场变化的需要，为适应不可预测、持续发展和快速多变的市场竞争，企业必须在适当的时机以较短的时间和较低的费用迅速实现转产，单机生产方式或刚性生产方式无法迅速实现转产和高效率生产。柔性制造系统（FMS，Flexible Manufacturing System）作为一种集多种高新技术于一体的现代化制造系统，已越来越受到人们的重视，被广泛应用于汽车、拖拉机和压缩机等许多工业生产领域并取得了较好的效果。FMS涉及的领域包括机床、电子技术、液压传动、机器人技术、控制技术、计算机技术及系统工程等。

一个典型的FMS基本由4个部分组成：加工系统、辅助设备、物流系统和控制系统。

加工系统主要由两台以上的数控机床或加工中心及使用的刀具组成，包括测量机、清洗机等。辅助设备主要由对刀仪、中央刀库、工装夹具等组成。物流系统主要由一套能自动装卸的运输系统，一般包含工件装卸站、托盘缓冲站、物料运送装置（传输带、有轨小车、无轨小车、搬运机器人等）和自动化仓库等几个部分。控制系统主要由一套计算机控制及信息通信网络控制系统组成，包括过程控制及过程监控两个系统，过程控制系统进行加工系统及物流系统的自动控制；过程监控系统进行在线状态数据自动采集和处理。

FMS将硬件、软件、数据库与信息集成在一起，具有如下优点：在计算机直接控制下实现产品的自动化制造，大大提高了加工精度和生产过程的可靠性；使生产过程的控制和流程连续，有效提高了生产效率；实现系统内材料、刀具、机床、物流、夹具等的理想配置，具有良好的柔性；可直接调整物流和制造中的各项工序，制造不同品种的产品，大大提高了设备的利用率。

【问题】根据柔性生产线的组成和特点，以及用户对本机壳、底板柔性生产线的各项要求，设计本招标项目的综合评价方法。

【参考答案】

1．本项目综合评价法的设计思路和方法

本综合评价方法按百分制计，分成三个部分：价格、技术、商务及其他，其中价格部分44分，技术部分44分，商务及其他部分12分。总得分为价格、技术、商务及其他得分之和。每个部分又按设定的评标因素规定了打分细则，以全面评价每一家投标商提供的柔性生产线。其设计思路和特点如下：

① 根据决定和影响柔性生产线的投资成本、性能优劣和质量保证及售前、售后服务等方面，分成价格、技术、商务及其他三大部分；根据影响柔性生产线的工艺方案优劣、设备利用率、系统生产效率和可靠性等方面，又将技术部分细分为工艺方案、生产线柔性、生产线匹配性、生产能力、生产线的可靠性和稳定性、生产线柔性控制系统功能实现的先进性和可靠性、设备工作效率、用工人数、上下料最短节拍时间、加工中心技术指标和功能满足程度和配置先进性十个评标因素；根据影响柔性生产线的质量保证及售前、售后服务等方面，将商务及其他细分为交货期、付款条件和方式、售后服务承诺、质量保证期、生产线验收、投标文件质量、优惠条件、销售业绩八个评标因素。经过专家、用户和招标机构的集体分析和商量，依据各个评标因素在评价中的地位和重要程度，来确定三大部分各个细分评标因素的分值权重。设计全面、合理的评价体系为科学决策打下了良好的基础。

② 对于柔性生产线的工艺方案、生产线柔性、生产线的可靠性和稳定性这些难以准确量化的评标因素，通过在招标文件技术规格中全面、详细提出各项技术要求，根据各投标商满足这些技术要求的程度不同，按评标标准给出它们各自不同的得分，弥补了最低评标价法难以量化评价的模糊评标因素。

③ 通过将投标商对柔性生产线的生产能力、设备工作效率、销售业绩、优惠条件等技术和商务要求响应的数据进行优劣排名，根据各投标商的排名名次，按评标标准给出它们各自不同的得分，

弥补了最低评标价法在各投标商都满足招标文件要求的情况下，无法合理体现和评价它们之间的优劣。

2．柔性生产线综合评价方法的运用

评标委员会在仔细审核了参加投标并通过了符合性检查、商务评议和技术评议进入最终打分评议阶段的主要两家投标商的投标文件，并对两家投标商投标文件不清楚的问题分别进行了澄清的基础上，对两家投标商的价格、技术、商务及其他部分进行分析和打分评议，B 公司以得分高出 A 公司 4.76 分而中标。详细评标因素和分值分布见表 11.3。两家投标商的具体得分情况，限于篇幅在此不再赘述。

由于设计了合理的评标方法，本次招标用户不仅通过评标委员会的综合评议选到了理想的设备供应商，而且两家投标商为赢得标的，均在投标价格上作了很大的努力，明显降低了采购成本，为项目的成功实施打下了良好的基础，用户非常满意本次招标结果。

表 11.3　评标因素和分值

评标组成部分	评标因素和分值	
价格部分（44 分）		
技术部分（44 分）	工艺方案（10 分）	比较工艺方案的先进性（是否相当、低于或优于招标文件所提参考工艺方案的要求）（4 分）
		比较工序能力大小（根据投标商提供的机床工序能力系数 Cp、Cpk 大小排名）（2 分）
		工艺方案满足图纸精度要求（2 分）
		工装夹具满足招标文件要求（2 分）
	生产线柔性（设备、工装及量、检具对产品换型的适应性）（3 分）	
	生产线匹配性（根据投标商模拟计算并承诺的三种型号缝纫机一一对应配套的机壳与底板产量匹配性好差排名）（2 分）	
	生产能力（根据投标商模拟计算并承诺的生产能力大小排名）（3 分）	
	生产线的可靠性、稳定性（3 分）	
	生产线柔性控制系统功能实现的先进性、可靠性（3 分）	
	设备工作效率（根据投标商模拟计算并承诺的设备工作效率高低排名）（2 分）	
	用工人数（根据投标商计算和承诺的用工人数多少排名）（2 分）	
	上下料最短节拍时间（根据投标商承诺的最短节拍时间长短排名）（2 分）	
	加工中心技术指标和功能满足程度、配置先进性（14 分）	设备的主要技术指标是否满足或优于招标文件的要求（4 分）
		设备的主要功能是否满足或优于招标文件的要求（4 分）
		设备对环境适应能力强弱，有无额外的特殊要求（2 分）
		控制系统和各类元器件的配置是否满足招标文件的要求（3 分）
		排屑和冷却方式是否满足招标文件的要求（1 分）
商务及其他部分（12 分）	交货期（1 分）	
	付款条件和方式（2 分）	
	售后服务承诺（2 分）	
	质量保证期（2 分）	
	生产线验收（2 分）	
	投标文件质量（评标委员会根据各投标商提供的投标文件质量优劣排名）（1 分）	
	优惠条件（评标委员会根据各投标商提出的优惠条件的大小排名）（1 分）	
	销售业绩（评标委员会根据各投标商提供的同一系列柔性机加工生产线成功销售数量业绩进行排名）（1 分）	

3．综合评价方法运用中应注意的主要问题

① 最低评标价法为机电产品国际招标项目主要的评标方法，综合评价方法目前在国际招标这一特定招标领域中还是应该根据招标项目的具体情况谨慎采用，主要适用于大型、复杂的生产线和成套设备的招标项目。

② 科学、全面、合理的综合评价体系的设计，包括评标因素的设定和分值权重的分配，是综合评价方法能否成功运用、达到预期理想效果的关键所在。在实际操作中，应根据招标采购设备的特点，并在用户和招标机构的共同分析和商量的基础上，辅以层次分析法、模糊分析法、专家咨询法等多种方法来设计综合评价方法，以保证综合评价方法的质量。

③ 在评标过程中，应确保评标委员会成员打分的客观性、合理性、公正性，尽可能避免和消除人为因素的影响。

（本文作者：汪江洪、李嘉）

（四）综合评价法评标出现重大意见分歧案例

【背景】 某国有企业利用自有资金采购一套大型成套设备，已按照商务部《机电产品国际招标投标实施办法》履行了相关备案手续，委托有资质的某国际招标代理机构 G 采用国际公开招标方式进行招标。

经过备案的招标文件采用综合评价法评标，对商务、技术、价格、服务 4 项内容进行评价。满分 100 分，其中评标价权重为 60%即 60 分，技术权重为 40%即 40 分。对商务、服务分别进行合格性评价。合格性评价结果分为合格和不合格。商务或服务评价不合格的投标不得确定为中标人。评标价格超过全体有效投标人的评标价格平均值 40%及以上的或者投标人的技术得分低于全体有效投标人的技术得分平均值 30%及以上的投标人不得被确定为推荐中标人。评标的计算过程和结果均保留到小数点后 2 位，第 3 位四舍五入。

【问题】

① 请补充完成技术最终评分汇总表见表 11.4。

表 11.4　技术最终评分汇总表

投标人名称：投标人 A

序号	评委姓名	技术评分	全体评委技术评分均值	是否存在评分偏离±20%以上情况（填写有或无）	技术评分修正值	最终评分
1	1#评委	36	32.3			
2	2#评委	33.5				
3	3#评委	24.5				
4	4#评委	32				
5	5#评委	35.5				

② 请补充完成投标人最终评分汇总及排名见表 11.5。

③ 根据投标人最终评分汇总及排名表和招标文件规定，给出推荐中标人名称并说明理由。

④ 若以上各投标人价格最终评分不变，技术最终评分和最终评分合计发生了变化，投标人 C 综合排名第一，请问投标人 C 是否可以被推荐为中标人？请说明理由。

【参考答案】

① 补充完成后的请补充完成技术最终评分汇总表见表 11.6。

表 11.5 投标人最终评分汇总及排名表

序号	投标人名称	评标价格(美元)	价格最终评分	技术最终评分	商务、服务合格性评价	最终评分合计	排名	备注
1	投标人 A	252.44			合格性			
2	投标人 B	255.72	45.44	35.51	合格性	80.95		
3	投标人 C	358.85	32.38	38.86	合格性	71.24		
4	投标人 D	193.66	60	22.72	合格性	82.72		
5	投标人 E	260.62	44.58	36.95	合格性	81.53		

表 11.6 技术最终评分汇总表

投标人名称：投标人 A

序号	评委姓名	技术评分	全体评委技术评分均值	是否存在评分偏离±20%以上情况（填写有或无）	技术评分修正值	最终评分
1	1#评委	36	32.3	无	36	34.25
2	2#评委	33.5		无	33.5	
3	3#评委	24.5		有	34.25	
4	4#评委	32		无	32	
5	5#评委	35.5		无	35.5	

注意：3#评委的评分被取消后，由其余四个评委的均分 34.25 替代，而不是由原五个评委的均分 32.3 替代。

② 请补充完成后的投标人最终评分汇总及排名表见表 11.7。

$$投标人A的评标价得分=\frac{最低评标价}{A评标价}\times 权值$$

$$=（193.66\div 252.44）\times 60\% = 46.03$$

表 11.7 投标人最终评分汇总及排名表

序号	投标人名称	评标价格（美元）	价格最终评分	技术最终评分	商务、服务合格性评价	最终评分合计	排名	备注
1	投标人 A	252.44	46.03	34.35	合格性	80.28	4	
2	投标人 B	255.72	45.44	35.51	合格性	80.95	3	
3	投标人 C	358.85	32.38	38.86	合格性	71.24	5	
4	投标人 D	193.66	60	22.72	合格性	82.72	1	技术评分低于全体有效投标人技术评分平均值 30%以上
5	投标人 E	260.62	44.58	36.95	合格性	81.53	2	

③ 根据投标人最终评分汇总及排名表和招标文件规定，推荐的中标人是投标人 E。因为投标人 D 综合排名第一，但其技术评分低于全体有效投标人技术评分平均值 30%以上，不得被确定为推荐中标人。投标人 E 综合排名第二，但其评标价格和技术得分都没有违反"价格评标价格超过全体有效投标人的评标价格平均值 40%及以上的，或者投标人的技术得分低于全体有效投标人的技术得分平均值 30%及以上的投标人不得被确定为推荐中标人"。规定，因此推荐的中标人是投标人 E。

④ 投标人 D 综合排名第一，但其技术评分低于全体有效投标人技术评分平均值 30%以上，不得推荐为中标人。

（本案例作者：安徽国际招标有限公司总经理 蒋玉红）

可以将竞争性谈判这种采购方式引入工程建设领域，并针对不同的适用情形加以区分，并为每种情形制定和细化具体的采购程序，为工程建设领域的采购工作提供新的采购工具。

国际关系学院国际经济系副主任副教授　赵勇

第 12 章

政府采购方式和评标

一、政府采购管理

（一）政府采购程序管理

政府采购制度是一种规范政府采购行为的管理手段，是中央政府、地方政府及法律规定的其他实体以法定的方式向社会采购物资、工程或服务，并对采购过程进行管理的一种控制系统。政府采购制度包含有关政府采购的法律、政府采购的制度、政府采购管理和运作机构，以及监督检查机构。

政府采购程序的主要步骤：编制政府采购预算，汇编政府采购计划，确定并执行采购方式，订立及履行采购合同，验收、结算、资料归档等。

所谓政府采购管理包含了对上述工作环节合规性的审核、批准和监督检查。

政府采购是建立在集中采购基础上的一种采购制度，如图 12.1 所示。

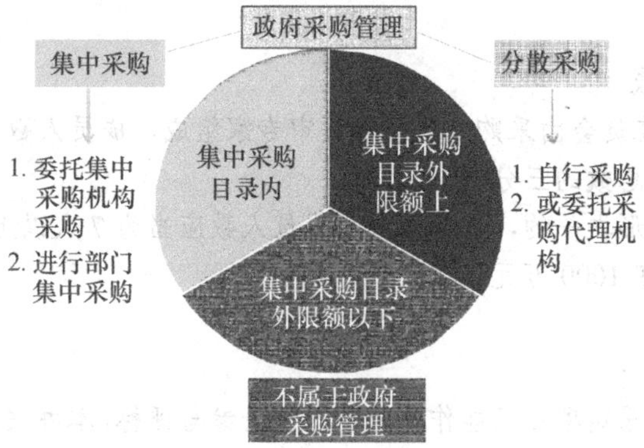

图 12.1　政府采购管理示意图

图中的集中采购分为集中采购和部门集中采购，集中或分散采购属于采购组织形式。在政府采购制度中，凡目录内“标的”的采购一律委托政府采购中心采购；属于部门特殊用途可以集中采购的由部门集中采购，统称集中采购；政府目录外限额上的采购称之为分散采购，分散采购可以由采购人自行采购或委托招标代理机构采购。上述集中采购和分散采购管理都属于政府采购管理。

目录外限额下的采购不属于政府采购管理。其主要特征是不属于政府采购的标的无须个案做预算，一般为零星、应急和小额采购。

纳入集中采购的项目其采购方式并不意味着只能公开招标，法律授权省级财政部门因采购标的的特点和市场情况，每年制订本级政府采购目录名单和规模标准。其中在目录中也确定了采购方式。

政府采购的方式有 6 种，包括公开招标、邀请招标、竞争性谈判、单一来源谈判、询价及国务院政府采购监督管理部门认定的其他采购方式，如协议供货、定点协作、竞争性磋商等。

（二）政府采购货物和服务评标的有关规定

鉴于《招标法》对招标投标程序已做了具体规定，在法律层面《采购法》没有再重复关于招标投标的程序规则。《采购法》第4条规定："政府采购工程进行招标投标的，适用招标投标法。"《招标投标法实施条例》第84条规定："政府采购的法律、行政法规对政府采购货物、服务的招标投标另有规定的，从其规定"。

2017年7月11日财政部颁发了部门规章《政府采购货物和服务招标投标管理办法》（87号令）该规章于2017年10月1日起施行。

评标制度是招标投标制度的重要组成部分。也是具有中国特色的制度之一。在政府采购活动中，招标人负责通过资格审查判断合同相对人的履约能力是否合格；评标委员会负责通过对投标文件的评审，判断合同内容是否最大限度满足招标人的需求。本章就87号令有关评标的内容做解读。

1．评标委员会的职责

第46条："评标委员会负责具体评标事务，并独立履行下列职责：

（一）审查、评价投标文件是否符合招标文件的商务、技术等实质性要求；

（二）要求投标人对投标文件有关事项作出澄清或者说明；

（三）对投标文件进行比较和评价；

（四）确定中标候选人名单，以及根据采购人委托直接确定中标人；

（五）向采购人、采购代理机构或者有关部门报告评标中发现的违法行为。"

解读：本条是权义性条款。法律赋予评标委员会关于评标工作的权利。除了审查、评价、澄清、比较、评价投标文件，推荐中标候选人之外，同时规定了向采购人、代理机构或有关部门报告的义务。

2．评标委员会的组成

第四十七条："评标委员会由采购人代表和评审专家组成，成员人数应当为5人以上单数，其中评审专家不得少于成员总数的三分之二。

采购项目符合下列情形之一的，评标委员会成员人数应当为7人以上单数：

（一）采购预算金额在1000万元以上；

（二）技术复杂；

（三）社会影响较大。

评审专家对本单位的采购项目只能作为采购人代表参与评标，本办法第四十八条第二款规定情形除外。采购代理机构工作人员不得参加由本机构代理的政府采购项目的评标。

评标委员会成员名单在评标结果公告前应当保密。"

解读：本条是政府采购法规对评标委员会的特殊规定。

第1款依照《招标法》第37条规定。

第2款对三种情形规定了7人以上。包括依据金额、项目复杂、和项目影响三种情形。后两种情形是18号令没有的，关于金额的限制也从过去300万元扩展为1000万元。文字表述为评标委员会成员人数，而不是18号令专家5人。

第3款为招标人代表参加评委的限制条款和除外规定，特殊项目招标人代表也可作为专家评标。

实践中是否可以全部抽取专家？法律规定了成分要求。因此，应当有招标人代表参加评标委员会，作为管理性的管制规定，法律没有设置法律责任，即如果招标人全部聘请专家组成评标委员会也不能判定评标主体不合格从而影响评标结果。

3. 评审专家聘请方式

第四十八条："采购人或者采购代理机构应当从省级以上财政部门设立的政府采购评审专家库中，通过随机方式抽取评审专家。

对技术复杂、专业性强的采购项目，通过随机方式难以确定合适评审专家的，经主管预算单位同意，采购人可以自行选定相应专业领域的评审专家。"

解读：本条第 1 款规定了政府采购抽取聘请专家的来源：省级以上专家库，以保证评审质量。

第二款对聘请方式做了除外规定。一是条件，两类情形，这同招标条例是一致的；二是程序要求简化，87 号令规定自行聘请专家无须财政部门同意，主管预算部门批准即可。这些规定同 74 号令一脉相承，以保证政府采购法规的一致性。

4. 评标委员会成员组成不合法的处理办法

第 49 条："评标中因评标委员会成员缺席、回避或者健康等特殊原因导致评标委员会组成不符合本办法规定的，采购人或者采购代理机构应当依法补足后继续评标。被更换的评标委员会成员所作出的评标意见无效。

无法及时补足评标委员会成员的，采购人或者采购代理机构应当停止评标活动，封存所有投标文件和开标、评标资料，依法重新组建评标委员会进行评标。原评标委员会所作出的评标意见无效。

采购人或者采购代理机构应当将变更、重新组建评标委员会的情况予以记录，并随采购文件一并存档。"

解读：招标条例第 48 条："招标人应当向评标委员会提供评标所必需的信息，但不得明示或者暗示其倾向或者排斥特定投标人。

招标人应当根据项目规模和技术复杂程度等因素合理确定评标时间。超过三分之一的评标委员会成员认为评标时间不够的，招标人应当适当延长。

评标过程中，评标委员会成员有回避事由、擅离职守或者因健康等原因不能继续评标的，应当及时更换。被更换的评标委员会成员作出的评审结论无效，由更换后的评标委员会成员重新进行评审。"

通过两法对同一问题规定的比较，我们看出，在政府采购中，评委人数必须符合法律规定才能评审，不足应及时补充。主体不合格评审无效。

《条例》48 条第 3 款通过对"评标过程中" 的解释（开始评标至确定中标人之前），在不足人数的情况下到会的专家可以先评审，之后再确定中标人之前候补专家单独评审，最后汇总。这在政府采购评审中不被允许。因此，本条第 2 款规定了无法及时补足评委的应急措施，封存、重组评委会，如果在评审过程中后补的专家不能及时到场，已经评审的结果无效。

第 3 款规定了上述处理的情况报告程序。

5. 评审程序之一：符合性审查

第 50 条："评标委员会应当对符合资格的投标人的投标文件进行符合性审查，以确定其是否满足招标文件的实质性要求。"

解读：本条是评标委员会评审程序的第一步；符合性检查。

评审的条件：仅对招标人评审资格合格的投标文件评审。

评审的标准：是对标的、质量、工期、价格等实质性内容的合格性审查。（识别真假）

6. 评审程序之二：澄清说明和补正

第 51 条："对于投标文件中含义不明确、同类问题表述不一致或者有明显文字和计算错误的内容，评标委员会应当以书面形式要求投标人作出必要的澄清、说明或者补正。

投标人的澄清、说明或者补正应当采用书面形式，并加盖公章，或者由法定代表人或其授权的代表签字。投标人的澄清、说明或者补正不得超出投标文件的范围或者改变投标文件的实质性内容。”

解读：澄清的4个要件为含义不清、同一问题前后不一致、文字错误、计算错误。

澄清的主体：评标委员会。

澄清的形式：书面形式。

澄清的约束条件：不能超范围和改变实质内容。

87 号令关于可以澄清的要件包含了同一问题前后不一致的事项，招标条例对此没有规定，但是在《工程建设项目施工招标投标办法》（30号令）和《工程建设项目货物招标投标办法》（27号令）都有类似规定。

7．评审程序之三：商务和技术评估

第52条：“评标委员会应当按照招标文件中规定的评标方法和标准，对符合性审查合格的投标文件进行商务和技术评估，综合比较与评价。”

解读：商务和技术评估属于详细评审，依据招标文件规定的评价或评分的方法，以及相应的标准打分、判定比较。行使专家的评审权（甄别好坏）。

8．评审中认定投标无效的规定

第37条：“有下列情形之一的，视为投标人串通投标，其投标无效：

（一）不同投标人的投标文件由同一单位或者个人编制；

（二）不同投标人委托同一单位或者个人办理投标事宜；

（三）不同投标人的投标文件载明的项目管理成员或者联系人员为同一人；

（四）不同投标人的投标文件异常一致或者投标报价呈规律性差异；

（五）不同投标人的投标文件相互混装；

（六）不同投标人的投标保证金从同一单位或者个人的账户转出。”

解读：该条“克隆”招标条例第40条，是评标委员会和其他部门判定供应商串标的依据。

所谓“视为”即推断，在法律上推断的举证责任在被告方。

该条规定使得监督部门和社会公众对围标串标的行为具有实质意义的可操作性。

9．评审方法

第53条：“ 评标方法分为最低评标价法和综合评分法。”

10．评审方法之一：最低评标价法

第54条：“最低评标价法，是指投标文件满足招标文件全部实质性要求，且投标报价最低的投标人为中标候选人的评标方法。

技术、服务等标准统一的货物服务项目，应当采用最低评标价法。

采用最低评标价法评标时，除了算术修正和落实政府采购政策需进行的价格扣除外，不能对投标人的投标价格进行任何调整。”

解读：本条第1款依据采购条例第34条表述，第2款补充了计算评标价的游戏规则，除了为政策目标的调整外不得调整投标人要约。即商务条件不能折算分数。

机电产品国际招标最低评标价要求所有商务、技术条件依照标准折算分数，最低评标价中标。

87 号令规定除了算数修正体现投标人真实意思表示满足私权要求，为实现社会政策目标的调整调整满足公权。实际上就是在能用的情况下最低价中标。这是政府采购资金的公有性决定的。

11．评审方法之二：关于综合评分法

第55条：“综合评分法，是指投标文件满足招标文件全部实质性要求，且按照评审因素的量化指标评审得分最高的投标人为中标候选人的评标方法。

评审因素的设定应当与投标人所提供货物服务的质量相关，包括投标报价、技术或者服务水平、履约能力、售后服务等。资格条件不得作为评审因素。评审因素应当在招标文件中规定。

评审因素应当细化和量化，且与相应的商务条件和采购需求对应。商务条件和采购需求指标有区间规定的，评审因素应当量化到相应区间，并设置各区间对应的不同分值。

评标时，评标委员会各成员应当独立对每个投标人的投标文件进行评价，并汇总每个投标人的得分。

货物项目的价格分值占总分值的比重不得低于 30%；服务项目的价格分值占总分值的比重不得低于 10%。执行国家统一定价标准和采用固定价格采购的项目，其价格不列为评审因素。

价格分应当采用低价优先法计算，即满足招标文件要求且投标价格最低的投标报价为评标基准价，其价格分为满分。其他投标人的价格分统一按照下列公式计算：

投标报价得分=（评标基准价／投标报价）×100

评标总得分 = $F_1 \times A_1 + F_2 \times A_2 + \cdots\cdots + F_n \times A_n$

其中 F_1、F_2，…，F_n分别为各项评审因素的得分；

A_1、A_2，…，A_n 分别为各项评审因素所占的权重（$A_1 + A_2 + \cdots + A_n = 1$）。

评标过程中，不得去掉报价中的最高报价和最低报价。

因落实政府采购政策进行价格调整的，以调整后的价格计算评标基准价和投标报价。”

解读：第 55 条第 1 款依据采购条例第 34 条第 1 款的定义表述。

第 2 款对评审因素的范围做了罗列式的规定，原则是和质量“相关”，明确资格条件不能再作为评审因素。

第 3 款规定了关于设置评审因素的权重和标准做了规定（新增）。

第 4 款是独立评审的规定。

第 5 款规定了不同评审方法中价格的分值底线，没有上线。改变了 18 号令区间的规则，方便招标人适应不同采购标的的评审。

第 6 款规定了基准价确定的方式和计算公式。

第 7 款明确政府采购基准价的计算不能去掉最高价和最低价（新增）。

第 8 款规定了投标价的核定要求（新增）。

87 号令所称的最低评标价法和国际招标 1 号令所称的最低评标价法名称相同，内容不同；所称的综合评分法和综合评价法名称不同，内容基本相同。

12. 关于价格修正的处理办法

第 59 条：“投标文件报价出现前后不一致的，除招标文件另有规定外，按照下列规定修正。

（一）投标文件中开标一览表（报价表）内容与投标文件中相应内容不一致的，以开标一览表（报价表）为准；

（二）大写金额和小写金额不一致的，以大写金额为准；

（三）单价金额小数点或者百分比有明显错位的，以开标一览表的总价为准，并修改单价；

（四）总价金额与按单价汇总金额不一致的，以单价金额计算结果为准。

同时出现两种以上不一致的，按照前款规定的顺序修正。修正后的报价按照本办法第 51 条第 2 款的规定经投标人确认后产生约束力，投标人不确认的，其投标无效。”

解读：某投标文件报价投标一览表报价贰拾捌万捌仟零捌元整，小写 288 080 元，投标文件为贰拾捌万捌仟零捌拾元整，小写 288 080 元，大小写一致。如何调整？

依本条规定，评标时以前者为准。前者依照顺序大写和小写不一致以大写为准调整单价，报价 288 008 万元。这样兼顾了公平和效率的关系。

13. 关于价格极低投标文件的处理办法

第 60 条：“评标委员会认为投标人的报价明显低于其他通过符合性审查投标人的报价，有可能影响产品质量或者不能诚信履约的，应当要求其在评标现场合理的时间内提供书面说明，必要时提交相关证明材料；投标人不能证明其报价合理性的，评标委员会应当将其作为无效投标处理。”

解读：本条规定用“报价明显低于其他通过符合性审查投标人的报价”和示范法的表述“报价极低”相近。两个约束条件也很准确一是可能影响质量；二是可能影响顺利履约。

本条用“明显低于”的表述比低于成本容易判断。因为，价格一般情况下和成本有关，但成本的判定比较复杂，另一方面，有些领域的价格和成本无关，属于消费者认知价格。如软件、服务、课酬等。此外定价还和市场需求、生命周期等有关，因此用“明显低于” 的表述科学。

法律规定在这种情形下应通过澄清予以说明的程序，本条对说明的程序作了详细规定。如需要书面说明、证明等。

87 号令和原 18 号令相比，其区别见表 12.1。

表 12.1　关于新旧法则对价格极低情形判断的区别规定

<table>
<tr><td colspan="2">区别内容项</td><td>18 号令 54 条</td><td>87 号令第 60 条</td><td>备注</td></tr>
<tr><td colspan="2">适用范围</td><td>最低评标价法</td><td>综合评分法、最低评标价法</td><td>范围更广，涵盖所有招标采购项目</td></tr>
<tr><td colspan="2">执行环节</td><td>中标候选人排名时</td><td>符合性审查结束后，初步评审、详细评审前</td><td>执行环节提前，采用综合评分法且不再对因此被判定无效的投标人进行评分，减少了评标工作量，提高了评标效率</td></tr>
<tr><td colspan="2">启动审查条件</td><td>排在前面的中标候选供应商的最低投标价或者某些分项报价明显不合理或者低于成本，有可能影响商品质量和不能诚信履约的</td><td>报价明显低于其他通过符合性审查投标人的报价，有可能影响产品质量或者不能诚实履约的</td><td>只对总价，不管分项报价；降低评标难度；
参照对象不是成本，而是其他通过符合性审查投标人的报价；
低价和可能两个约束条件同时具备</td></tr>
<tr><td rowspan="2">投标人应对</td><td>时间地点</td><td>规定的期限内</td><td>评标现场、合理的时间</td><td>相对明确</td></tr>
<tr><td>内容</td><td>解释说明并提交证明材料</td><td>书面说明，必要时提交证明材料</td><td>应当提交改为“必要时”提交，体现效率。</td></tr>
<tr><td colspan="2">审查结论</td><td>属实的，取消中标候选人资格</td><td>属实的，作为无效投标处理</td><td>对有效投标人数计算、影响评标基准价的确定；并影响最终评审结果。</td></tr>
</table>

14．最低评标价的评审结果

第 56 条：“采用最低评标价法的，评标结果按投标报价由低到高的顺序排列。投标报价相同的并列。投标文件满足招标文件全部实质性要求且投标报价最低的投标人为排名第一的中标候选人。”

解读：本条针对评审过程出现的偶然性事件做了前瞻性制度安排：价格相同可以并列顺序。交由招标人定标。招标人可以依招标文件约定确定中标人，也可抽签确定中标人（推荐名次）。

15．综合评分法的评审结果

第 57 条：“采用综合评分法的，评标结果按评审后得分由高到低的顺序排列。得分相同的，按投标报价由低到高顺序排列。得分且投标报价相同的并列。投标文件满足招标文件全部实质性要求，且按照评审因素的量化指标评审得分最高的投标人为排名第一的中标候选人。”

解读：综合评分法按照得分排序并推荐中标候选人，得分和报价相同可以并列，实践中文件可以约定顺序。如技术分、商务分、报价分等依次约定

16．评委意见分歧的处理办法

第 61 条：“评标委员会成员对需要共同认定的事项存在争议的，应当按照少数服从多数的原则作出结论。持不同意见的评标委员会成员应当在评标报告上签署不同意见及理由，否则视为同意评标报告。”

解读：针对实践中时有发生的问题，本条依照两个条例的规定原则制定议事规则，不同意应当签署意见及理由，否则视为同意。少数服从多数在评委组成单数的机制上已经体现。本条明确做了规定。

17．评标报告

第 58 条：“评标委员会根据全体评标成员签字的原始评标记录和评标结果编写评标报告。评标报告应当包括以下内容。

（一）招标公告刊登的媒体名称、开标日期和地点；

（二）投标人名单和评标委员会成员名单；

（三）评标方法和标准；

（四）开标记录和评标情况及说明，包括无效投标人名单及原因；

（五）评标结果，确定的中标候选人名单或者经采购人委托直接确定的中标人；

（六）其他需要说明的情况，包括评标过程中投标人根据评标委员会要求进行的澄清、说明或者补正，评标委员会成员的更换等。”

解读：招标法规 12 号令对评标报告的内容在第 42 条，“评标委员会完成评标后，应当向招标人提出书面评标报告，并抄送有关行政监督部门。评标报告应当如实记载以下内容：

（一）基本情况和数据表；

（二）评标委员会成员名单；

（三）开标记录；

（四）符合要求的投标一览表；

（五）否决投标的情况说明；

（六）评标标准、评标方法或者评标因素一览表；

（七）经评审的价格或者评分比较一览表；

（八）经评审的投标人排序；

（九）推荐的中标候选人名单与签订合同前要处理的事宜；

（十）澄清、说明、补正事项纪要”。

两法表述内容基本相同，不同的是 12 号令要求评委见证开标的公正性。87 号令没有此规定，同时也明确规定评委不能参加开标。

18．投标无效的规定

第 63 条：“投标人存在下列情况之一的，投标无效：

（一）未按照招标文件的规定提交投标保证金的；

（二）投标文件未按招标文件要求签署、盖章的；

（三）不具备招标文件中规定的资格要求的；

（四）报价超过招标文件中规定的预算金额或者最高限价的；

（五）投标文件含有采购人不能接受的附加条件的；

（六）法律、法规和招标文件规定的其他无效情形。

解读：本条参照招标法规 12 号令第 25 条拟定，其中关于投标文件的签署方式强调依约定。

19．评标委员会评审的禁止性规定

第 62 条，“评标委员会及其成员不得有下列行为：

（一）确定参与评标至评标结束前私自接触投标人；

（二）接受投标人提出的与投标文件不一致的澄清或者说明，本办法第五十一条规定的情形除外；

（三）违反评标纪律发表倾向性意见或者征询采购人的倾向性意见；

（四）对需要专业判断的主观评审因素协商评分；

（五）在评标过程中擅离职守，影响评标程序正常进行的；

（六）记录、复制或者带走任何评标资料；

（七）其他不遵守评标纪律的行为。评标委员会成员有前款第一至五项行为之一的，其评审意见无效，并不得获取评审劳务报酬和报销异地评审差旅费”。

解读：本条依照《采购条例》第40条对评委的违纪行为做了细化补充。例如，对私下接触投标人设定时间界限；对澄清做了范围界定；对可以个人判断的问题协商打分等。同时规定违反其中第（一）至第（五）项，其评审意见无效，并不得获取评审劳务报酬和报销异地评审差旅费。这一条对目前个别滥用权利的专家是一个很好的制约。

评审专家权利和义务不对等是评标制度的三大缺陷之一。因此87号令通过加大招标人的权利体现招标采购主体的责任。

20．评审汇总错误的处理办法

第64条，“评标结果汇总完成后，除下列情形外，任何人不得修改评标结果：

（一）分值汇总计算错误的；

（二）分项评分超出评分标准范围的；

（三）评标委员会成员对客观评审因素评分不一致的；

（四）经评标委员会认定评分畸高、畸低的。

评标报告签署前，经复核发现存在以上情形之一的，评标委员会应当当场修改评标结果，并在评标报告中记载；评标报告签署后，采购人或者采购代理机构发现存在以上情形之一的，应当组织原评标委员会进行重新评审，重新评审改变评标结果的，书面报告本级财政部门”。

解读：采购条例第四十四条对重新评审做了严格规定。本条对“国务院财政部门规定”做了归纳表述，共4个方面主要是评委操作原因造成的，鉴于此本条第二款做了救济规定：由招标人复核结果并依据不同节点分别处理。即评标报告签署前和签署后的处理办法：原评委重评、改变结果的向财政部门报告。

（1）应当组织原评标委员会进行重新评审，这是采购人的责任。

（2）采购人决定重新评审不需要财政部门批准或者同意。

（3）只有重新评审改变评标结果的，才需要报告本级财政部门，这个报告是事后报告，不是事前报告和请示。

21．评审依据错误的处理办法

第65条：“评标委员会发现招标文件存在歧义、重大缺陷导致评标工作无法进行，或者招标文件内容违反国家有关强制性规定的，应当停止评标工作，与采购人或者采购代理机构沟通并作书面记录。采购人或者采购代理机构确认后，应当修改招标文件，重新组织采购活动。”

解读：本条是采购条例第41条的细化和补充。第41条规定了采购文件内容违反国家有关强制性规定因停止评审并说明情况，本条补充了“存在歧义、重大缺陷”造成不能评标的具体行为表现。评委应当停止评标并要求招标人确认、记录、修改招标文件重新招标。

22．评标保密的规定

第66条：“采购人、采购代理机构应当采取必要措施，保证评标在严格保密的情况下进行。除采购人代表、评标现场组织人员外，采购人的其他工作人员以及与评标工作无关的人员不得进入评标现场。

有关人员对评标情况以及在评标过程中获悉的国家秘密、商业秘密负有保密责任。”

解读：87号令第45条规定了招标人组织评标的有关事宜，本条是相应的义务条款。无关人员不能进入评标现场。现场工作人员包括招标代理机构的服务人员，如准备演示设备等，还包括交易中心的相关人员。

二、政府采购法规关于对评审专家的管理

（一）政府采购中的评审专家

2016年11月18日财政部印发了《政府采购评审专家管理办法》财库〔2016〕198号文，该文件自2017年1月1日起施行。

1．评审专家的资格条件

第6条，“评审专家应当具备以下条件:

（一）具有良好的职业道德，廉洁自律，遵纪守法，无行贿、受贿、欺诈等不良信用记录;

（二）具有中级专业技术职称或同等专业水平且从事相关领域工作满8年，或者具有高级专业技术职称或同等专业水平;

（三）熟悉政府采购相关政策法规;

（四）承诺以独立身份参加评审工作，依法履行评审专家工作职责并承担相应法律责任的中国公民;

（五）不满70周岁，身体健康，能够承担评审工作;

（六）申请成为评审专家前三年内，无本办法第二十九条规定的不良行为记录。

对评审专家数量较少的专业，前款第(二)项、第(五)项所列条件可以适当放宽”。

解读：政府采购专家不要求高级职称，但是对道德标准要求严格，年龄条件明确规定不满70岁身体健康；该条第2款针对个别地区和特殊项目对职称和年龄做了除外规定。

2．解聘专家的情形

第11条，“评审专家存在以下情形之一的，省级以上人民政府财政部门应当将其解聘:

（一）不符合本办法第6条规定条件;

（二）本人申请不再担任评审专家;

（三）存在本办法第29条规定的不良行为记录;

（四）受到刑事处罚”。

3．聘请专家的办法

（1）来源和方式

第12条:“采购人或者采购代理机构应当从省级以上人民政府财政部门设立的评审专家库中随机抽取评审专家。

评审专家库中相关专家数量不能保证随机抽取需要的，采购人或者采购代理机构可以推荐符合条件的人员，经审核选聘入库后再随机抽取使用。”

（2）指定专家的条件

第13条 技术复杂、专业性强的采购项目，通过随机方式难以确定合适评审专家的，经主管预算单位同意，采购人可以自行选定相应专业领域的评审专家。

自行选定评审专家的，应当优先选择本单位以外的评审专家。

（3）抽取的时间

第14条 除采用竞争性谈判、竞争性磋商方式采购，以及异地评审的项目外，采购人或者采购代理机构抽取评审专家的开始时间原则上不得早于评审活动开始前2个工作日。

（4）纪律管理

第15条 采购人或者采购代理机构应当在评审活动开始前宣布评审工作纪律，并将记载评审工作纪律的书面文件作为采购文件一并存档。

4．专家回避制度

第 16 条，“评审专家与参加采购活动的供应商存在下列利害关系之一的，应当回避：

（一）参加采购活动前三年内，与供应商存在劳动关系，或者担任过供应商的董事、监事，或者是供应商的控股股东或实际控制人；

（二）与供应商的法定代表人或者负责人有夫妻、直系血亲、三代以内旁系血亲或者近姻亲关系；

（三）与供应商有其他可能影响政府采购活动公平、公正进行的关系。

评审专家发现本人与参加采购活动的供应商有利害关系的，应当主动提出回避。采购人或者采购代理机构发现评审专家与参加采购活动的供应商有利害关系的，应当要求其回避。

除本办法第 13 条规定的情形外，评审专家对本单位的政府采购项目只能作为采购人代表参与评审活动。

各级财政部门政府采购监督管理工作人员，不得作为评审专家参与政府采购项目的评审活动”。

5．递补办法

第 17 条，“出现评审专家缺席、回避等情形导致评审现场专家数量不符合规定的，采购人或者采购代理机构应当及时补抽评审专家，或者经采购人主管预算单位同意自行选定补足评审专家。无法及时补足评审专家的，采购人或者采购代理机构应当立即停止评审工作，妥善保存采购文件，依法重新组建评标委员会、谈判小组、询价小组、磋商小组进行评审”。

6．专家义务

第 18 条，“评审专家应当严格遵守评审工作纪律，按照客观、公正、审慎的原则，根据采购文件规定的评审程序、评审方法和评审标准进行独立评审。

评审专家发现采购文件内容违反国家有关强制性规定或者采购文件存在歧义、重大缺陷导致评审工作无法进行时，应当停止评审并向采购人或者采购代理机构书面说明情况。

评审专家应当配合答复供应商的询问、质疑和投诉等事项，不得泄露评审文件、评审情况和在评审过程中获悉的商业秘密。

评审专家发现供应商具有行贿、提供虚假材料或者串通等违法行为的，应当及时向财政部门报告。

评审专家在评审过程中受到非法干预的，应当及时向财政、监察等部门举报”。

7．签署报告

第 19 条，“评审专家应当在评审报告上签字，对自己的评审意见承担法律责任。对需要共同认定的事项存在争议的，按照少数服从多数的原则做出结论。对评审报告有异议的，应当在评审报告上签署不同意见并说明理由，否则视为同意评审报告”。

8．保守秘密

第 20 条，“审专家名单在评审结果公告前应当保密。评审活动完成后，采购人或者采购代理机构应当随中标、成交结果一并公告评审专家名单，并对自行选定的评审专家做出标注。

各级财政部门、采购人和采购代理机构有关工作人员不得泄露评审专家的个人情况”。

9．评价专家

第 21 条，“采购人或者采购代理机构应当于评审活动结束后 5 个工作日内，在政府采购信用评价系统中记录评审专家的职责履行情况。

评审专家可以在政府采购信用评价系统中查询本人职责履行情况记录，并就有关情况作出说明。

省级以上人民政府财政部门可根据评审专家履职情况等因素设置阶梯抽取概率”。

10．专家监督

第 22 条，“评审专家应当于评审活动结束后 5 个工作日内，在政府采购信用评价系统中记录采购人或者采购代理机构的职责履行情况”。

11. 领取报酬

（1）支付主体

第23条，“集中采购目录内的项目，由集中采购机构支付评审专家劳务报酬；集中采购目录外的项目，由采购人支付评审专家劳务报酬”。

（2）支付标准

第24条，“省级人民政府财政部门应当根据实际情况，制定本地区评审专家劳务报酬标准。中央预算单位参照本单位所在地或评审活动所在地标准支付评审专家劳务报酬”。

（3）报酬范围

第25条，“评审专家参加异地评审的，其往返的城市间交通费、住宿费等实际发生的费用，可参照采购人执行的差旅费管理办法相应标准向采购人或集中采购机构凭据报销”。

（4）缺席处理

第26条，“评审专家未完成评审工作擅自离开评审现场，或者在评审活动中有违法违规行为的，不得获取劳务报酬和报销异地评审差旅费。评审专家以外的其他人员不得获取评审劳务报酬”。

三、政府采购的其他方式

（一）其他采购方式

依据《采购法》，政府采购的方式除了招标，即公开招标、邀请招标外，还有竞争性谈判、单一来源谈判、询价等方式。

为了规范政府采购行为，加强对采用竞争性谈判、单一来源采购、询价采购方式进行采购活动的监督管理，财政部发布了《政府采购非招标采购方式管理办法》（财政部令第74号，以下简称《办法》），自2014年2月1日起施行。

《办法》第3条规定了非招标采购方式的适用范围，“采购人、采购代理机构采购以下货物、工程和服务之一的，可以采用竞争性谈判、单一来源采购方式采购；采购货物的，还可以采用询价采购方式：

（一）依法制定的集中采购目录以内，且未达到公开招标数额标准的货物、服务；

（二）依法制定的集中采购目录以外、采购限额标准以上，且未达到公开招标数额标准的货物、服务；

（三）达到公开招标数额标准、经批准采用非公开招标方式的货物、服务；

（四）按照招标投标法及其实施条例必须进行招标的工程建设项目以外的政府采购工程。”

（二）非招标采购方式程序的一般规定

1. 确定非招标采购方式的准备

（1）采取非招标方式采购的审批

74号令第4条：“达到公开招标数额标准的货物、服务采购项目，拟采用非招标采购方式的，采购人应当在采购活动开始前，报经主管预算单位同意后，向设区的市、自治州以上人民政府财政部门申请批准。”

采用非招标采购方式采购需要政府管制。本条规定了审批程序：主管预算部门同意，由设区的市级政府财政部门批准。

（2）申报材料

74 号令第 5 条，“根据本办法第四条申请采用非招标采购方式采购的，采购人应当向财政部门提交以下材料并对材料的真实性负责：

（一）采购人名称、采购项目名称、项目概况等项目基本情况说明；

（二）项目预算金额、预算批复文件或者资金来源证明；

（三）拟申请采用的采购方式和理由”。

（3）保障措施

74 号令第 6 条：“采购人、采购代理机构应当按照政府采购法和本办法的规定组织开展非招标采购活动，并采取必要措施，保证评审在严格保密的情况下进行。

任何单位和个人不得非法干预、影响评审过程和结果。”

本条第一款，按照法定程序组织采购并保密评审；第二款，禁止任何单位和个人非法干预以保证公正。

2．编制采购文件和询价通知书

（1）编制采购文件和询价通知书的原则

74 号令第 10 条：“谈判文件、询价通知书应当根据采购项目的特点和采购人的实际需求制定，并经采购人书面同意。采购人应当以满足实际需求为原则，不得擅自提高经费预算和资产配置等采购标准。

谈判文件、询价通知书不得要求或者标明供应商名称或者特定货物的品牌，不得含有指向特定供应商的技术、服务等条件。”

本条第 1 款对编制文件的原则作了规定：一是依据项目特点和需求编制；二是需要采购人书面同意；三是遵循最经济原则。第 2 款是三项禁止性规定，三个不得：不得提高标准；不得指定品牌；不得有特定指向。

（2）编制采购文件和询价通知书的内容

74 号令第 11 条 ：“谈判文件、询价通知书应当包括供应商资格条件、采购邀请、采购方式、采购预算、采购需求、采购程序、价格构成或者报价要求、响应文件编制要求、提交响应文件截止时间及地点、保证金交纳数额和形式、评定成交的标准等。

谈判文件除本条第 1 款规定的内容外，还应当明确谈判小组根据与供应商谈判情况可能实质性变动的内容，包括采购需求中的技术、服务要求及合同草案条款。”

本条第 1 款规定了采购文件的法定内容：14 项，其中明确包括采购预算；第 2 款对竞争性谈判文件做了特别规定。

（3）关于保证金

74 号令第 14 条 ：“采购人、采购代理机构可以要求供应商在提交响应文件截止时间之前交纳保证金。保证金应当采用支票、汇票、本票、网上银行支付或者金融机构、担保机构出具的保函等非现金形式交纳。保证金数额应当不超过采购项目预算的 2%。

供应商为联合体的，可以由联合体中的一方或者多方共同交纳保证金，其交纳的保证金对联合体各方均具有约束力。”

保证金作为供应商对采购人的担保是采购文件的从合同，因此提交保证金截止时间应当同采购文件一致：相应文件截止时间前。该条用列举的方式对保证金的形式做了规定，包括各种担保在内的非现金形式。

3．非招标采购的一般程序

（1）邀请供应商

74 号令第 12 条：“采购人、采购代理机构应当通过发布公告、从省级以上财政部门建立的供应商库中随机抽取或者采购人和评审专家分别书面推荐的方式邀请不少于 3 家符合相应资格条件的供应商参与竞争性谈判或者询价采购活动。

符合政府采购法第22条第1款规定条件的供应商可以在采购活动开始前加入供应商库。财政部门不得对供应商申请入库收取任何费用，不得利用供应商库进行地区和行业封锁。

采取采购人和评审专家书面推荐方式选择供应商的，采购人和评审专家应当各自出具书面推荐意见。采购人推荐供应商的比例不得高于推荐供应商总数的50%。”

本条第1款规定了邀请供应商的程序。

两种途径：一是发布公告，二是省级供应商库。两种方式：一是在合格名单或供应商库随机抽取，二是由采购人和专家书面推荐。

第2款规定了建立省级供应商库的规定；第3款规定了推荐的书面形式和采购人推荐供应商数量比例约束。

（2）供应商编制响应文件

第13条：“供应商应当按照谈判文件、询价通知书的要求编制响应文件，并对其提交的响应文件的真实性、合法性承担法律责任。”

本条规定了供应商响应邀请编制采购文件的权利及基本义务：真实、合法和相应法律责任。

（3）供应商提交响应文件

第15条：“供应商应当在谈判文件、询价通知书要求的截止时间前，将响应文件密封送达指定地点。在截止时间后送达的响应文件为无效文件，采购人、采购代理机构或者谈判小组、询价小组应当拒收。

供应商在提交询价响应文件截止时间前，可以对所提交的响应文件进行补充、修改或者撤回，并书面通知采购人、采购代理机构。补充、修改的内容作为响应文件的组成部分。补充、修改的内容与响应文件不一致的，以补充、修改的内容为准。”

本条第1款规定了投标人在截止时间送到指定地点的义务和法定采购主体拒绝接收的权利；第2款规定了供应商在截止前可以补充、修改、撤回相应文件的权利。

（4）评审程序见本节第（五）条

（5）公布成交结果

第18条，“采购人或者采购代理机构应当在成交供应商确定后2个工作日内，在省级以上财政部门指定的媒体上公告成交结果，同时向成交供应商发出成交通知书，并将竞争性谈判文件、询价通知书随成交结果同时公告。成交结果公告应当包括以下内容：

（一）采购人和采购代理机构的名称、地址和联系方式；

（二）项目名称和项目编号；

（三）成交供应商名称、地址和成交金额；

（四）主要成交标的的名称、规格型号、数量、单价、服务要求；

（五）谈判小组、询价小组成员名单及单一来源采购人员名单。

采用书面推荐供应商参加采购活动的，还应当公告采购人和评审专家的推荐意见”。

本条第1款规定了成交公告的时间：成交商确定后2个工作日。公布的媒体：省级以上财政部门指定的媒体，同时发中标通知书和结果通知书。第2款规定了公告的内容。第3款针对书面推荐供应商的还应公示采购人、评审专家的推荐意见，以接受社会监督。

（6）签订合同

74号令第19条：“采购人与成交供应商应当在成交通知书发出之日起30日内，按照采购文件确定的合同文本及采购标的、规格型号、采购金额、采购数量、技术和服务要求等事项签订政府采购合同。

采购人不得向成交供应商提出超出采购文件以外的任何要求作为签订合同的条件，不得与成交供应商订立背离采购文件确定的合同文本及采购标的、规格型号、采购金额、采购数量、技术和服务要求等实质性内容的协议。”

本条第 1 款规定了签订采购合同的时间和内容，其中所列事项构成合同实质性要件。第 2 款是规范采购人订立合同的行为：两个不得，一是不得超出采购文件要求；二是不得改变已经确定的合同实质要件。

（7）退还保证金

74 号令第 20 条，“采购人或者采购代理机构应当在采购活动结束后及时退还供应商的保证金，但因供应商自身原因导致无法及时退还的除外。未成交供应商的保证金应当在成交通知书发出后 5 个工作日内退还，成交供应商的保证金应当在采购合同签订后 5 个工作日内退还。

有下列情形之一的，保证金不予退还：

（一）供应商在提交响应文件截止时间后撤回响应文件的；

（二）供应商在响应文件中提供虚假材料的；

（三）除因不可抗力或谈判文件、询价通知书认可的情形以外，成交供应商不与采购人签订合同的；

（四）供应商与采购人、其他供应商或者采购代理机构恶意串通的；

（五）采购文件规定的其他情形”。

本条规定了退还保证金的时限要求和程序，分两次退还本金；同时对不予退还做了具体规定以约束投标人尊重采购结果的落实。

（8）关于重新评审或采购

74 号令第 21 条：“ 除资格性审查认定错误和价格计算错误外，采购人或者采购代理机构不得以任何理由组织重新评审。采购人、采购代理机构发现谈判小组、询价小组未按照采购文件规定的评定成交的标准进行评审的，应当重新开展采购活动，并同时书面报告本级财政部门。”

本条规定两种情况可以重新评审，一是资格审查认定错误和计算错误可以重审，也没有要求履行报告手续；二是评审小组没有依照采购文件评审应当重新开展采购活动，并书面报告本级财政部门。

（9）成交通知书的法律效力

74 号令第 22 条 ：“除不可抗力等因素外，成交通知书发出后，采购人改变成交结果，或者成交供应商拒绝签订政府采购合同的，应当承担相应的法律责任。

成交供应商拒绝签订政府采购合同的，采购人可以按照本办法第 36 条第 2 款、第 49 条第 2 款规定的原则确定其他供应商作为成交供应商并签订政府采购合同，也可以重新开展采购活动。拒绝签订政府采购合同的成交供应商不得参加对该项目重新开展的采购活动。”

本条第 1 款规定了成交结果通知书对采购相对人的法律约束力。其法律责任依照采购法第 71 条、74 号令第 51 条第 1 款第（二）项处罚；第 2 款规定了对成交商拒绝签订合同的处理程序：①履行程序确定其他供应商；②重新采购。同时明确规定，拒绝签合同的供应商不能参加本项目重新采购。

74 号令 36 条第 2 款和 49 条第 2 款确定中标供应商的程序：时限，五个工作日内；范围，成交候选人内；条件，质量服务满足的最后报价中的最低价中标；逾期不确定中标候选人，评审报告中的最低价自动为中标人。

（10）关于终止采购

74 号令第 23 条：“ 在采购活动中因重大变故，采购任务取消的，采购人或者采购代理机构应当终止采购活动，通知所有参加采购活动的供应商，并将项目实施情况和采购任务取消原因报送本级财政部门。”

本条是对终止采购的规定。终止的原因有两条：一是发生重大变故；二是采购任务取消。重大变故不包括任务取消。法律对重大变故没有做出列举式规定，应当由低阶法规予以明示。

本条规定了采购的终止程序：通知所有参加活动的供应商；报告本级财政部门，报告内容两项：项目实施情况、取消原因。

（11）对供应商的验收

74号令第24条："采购人或者采购代理机构应当按照采购合同规定的技术、服务等要求组织对供应商履约的验收，并出具验收书。验收书应当包括每一项技术、服务等要求的履约情况。大型或者复杂的项目，应当邀请国家认可的质量检测机构参加验收。验收方成员应当在验收书上签字，并承担相应的法律责任。"

本条规定了验收主体，采购人或供应商（一般项目）；或国家认可的质量检测机构（大型或复杂项目）；验收依据，合同规定；验收书内容，包括每一项技术服务要求的履约情；验收手续，验收书签字；验收责任，采购法没有规定，适用其他法律。

（12）文件保存管理

第26条："采购人、采购代理机构应当妥善保管每项采购活动的采购文件。采购文件包括采购活动记录、采购预算、谈判文件、询价通知书、响应文件、推荐供应商的意见、评审报告、成交供应商确定文件、单一来源采购协商情况记录、合同文本、验收证明、质疑答复、投诉处理决定以及其他有关文件、资料。采购文件可以电子档案方式保存。"

本条是对采购主体妥善保管相关资料义务的规定，并用列举式对资料内容做了规定。同时本条也规定了保存形式，可以用电子档案方式，也可以用纸质形式。

（三）非招标采购方式具体规定

1. 竞争性谈判

（1）定义

74号令第2条第3款规定："竞争性谈判是指谈判小组与符合资格条件的供应商就采购货物、工程和服务事宜进行谈判，供应商按照谈判文件的要求提交响应文件和最后报价，采购人从谈判小组提出的成交候选人中确定成交供应商的采购方式。"

（2）适用条件

采购法第30条，"符合下列情形之一的货物或者服务，可以依照本法采用竞争性谈判方式采购：

（一）招标后没有供应商投标或者没有合格标的或者重新招标未能成立的；

（二）技术复杂或者性质特殊，不能确定详细规格或者具体要求的；

（三）采用招标所需时间不能满足用户紧急需要的；

（四）不能事先计算出价格总额的"。

74号令第27条对适用范围进行细化补充：

第27条，"符合下列情形之一的采购项目，可以采用竞争性谈判方式采购：

（一）招标后没有供应商投标或者没有合格标的，或者重新招标未能成立的；

（二）技术复杂或者性质特殊，不能确定详细规格或者具体要求的；

（三）非采购人所能预见的原因或者非采购人拖延造成采用招标所需时间不能满足用户紧急需要的；

（四）因艺术品采购、专利、专有技术或者服务的时间、数量事先不能确定等原因不能事先计算出价格总额的。

公开招标的货物、服务采购项目，招标过程中提交投标文件或者经评审实质性响应招标文件要求的供应商只有两家时，采购人、采购代理机构按照本办法第四条经本级财政部门批准后可以与该两家供应商进行竞争性谈判采购。采购人、采购代理机构应当根据招标文件中的采购需求编制谈判文件，成立谈判小组，由谈判小组对谈判文件进行确认。符合本款情形的，本办法第三十三条、第三十五条中规定的供应商最低数量可以为两家”。

第 1 款对采购法第 30 条 3、4 项做了限制约束；第 2 款对 2 家供应商的情况做了规定。在实践中在政府采购中法律规定由采购小组编制采购文件实际工作中难以把握，本条规定在招标失败后经过程序批准，一是可以两家进行竞争性谈判；二是采购文件根据招标文件需求转化的采购文件由采购小组确认，解决了法律实施中的困难。

应当注意：确定 2 家进行谈判只有在本条规定的适用范围内，即招标失败后的处理。如果直接采用竞争性谈判必须满足 3 人。

对重新招标或转入 2 家竞争性谈判的程序规定。

第 28 条，“符合本办法第 27 条第 1 款第一项情形和第二款情形，申请采用竞争性谈判采购方式时，除提交本办法第 5 条第一至三项规定的材料外，还应当提交下列申请材料：

（一）在省级以上财政部门指定的媒体上发布招标公告的证明材料；

（二）采购人、采购代理机构出具的对招标文件和招标过程是否有供应商质疑及质疑处理情况的说明；

（三）评标委员会或者 3 名以上评审专家出具的招标文件没有不合理条款的论证意见”。

本办法第 5 条一至三项是：项目名称概况、资金来源、拟选采购方式的说明。除此之外在转入谈判程序时，还应补充本条款规定的三种文件：招标公告、程序合法及招标文件没有不合理条款的证明。从而保证转入竞争谈判理由的真实合法。

（3）采购程序

采购法第 38 条，“采用竞争性谈判方式采购的，应当遵循下列程序：

（一）成立谈判小组。谈判小组由采购人的代表和有关专家共三人以上的单数组成，其中专家的人数不得少于成员总数的三分之二。

（二）制定谈判文件。谈判文件应当明确谈判程序、谈判内容、合同草案的条款及评定成交的标准等事项。

（三）确定邀请参加谈判的供应商名单。谈判小组从符合相应资格条件的供应商名单中确定不少于三家的供应商参加谈判，并向其提供谈判文件。

（四）谈判。谈判小组所有成员集中与单一供应商分别进行谈判。在谈判中，谈判的任何一方不得透露与谈判有关的其他供应商的技术资料、价格和其他信息。谈判文件有实质性变动的，谈判小组应当以书面形式通知所有参加谈判的供应商。

（五）确定成交供应商。谈判结束后，谈判小组应当要求所有参加谈判的供应商在规定时间内进行最后报价，采购人从谈判小组提出的成交候选人中根据符合采购需求、质量和服务相等且报价最低的原则确定成交供应商，并将结果通知所有参加谈判的未成交的供应商”。

74 号令对竞争性谈判的程序做了详细规定。

① 响应文件截止和采购人的澄清修改权利。

第29条:“从谈判文件发出之日起至供应商提交首次响应文件截止之日止不得少于3个工作日。

提交首次响应文件截止之日前，采购人、采购代理机构或者谈判小组可以对已发出的谈判文件进行必要的澄清或者修改，澄清或者修改的内容作为谈判文件的组成部分。澄清或者修改的内容可能影响响应文件编制的，采购人、采购代理机构或者谈判小组应当在提交首次响应文件截止之日 3 个工作日前，以书面形式通知所有接收谈判文件的供应商，不足 3 个工作日的，应当顺延提交首次响应文件截止之日。”

② 关于谈判过程的处理规定。

74 号令第 30 条：“谈判小组应当对响应文件进行评审，并根据谈判文件规定的程序、评定成交的标准等事项与实质性响应谈判文件要求的供应商进行谈判。未实质性响应谈判文件的响应文件按无效处理，谈判小组应当告知有关供应商。”

本条是对谈判客体合格性的规定，没有实质响应文件按废标处理并规定了告知义务。

74 号令第 31 条：“谈判小组所有成员应当集中与单一供应商分别进行谈判，并给予所有参加谈判的供应商平等的谈判机会。”

本条是对谈判主体谈判方式的规定，同时要求对所有供应商提供平等的谈判机会，包括时间、轮次、展示（如有）等。

74 号令第 32 条：“在谈判过程中，谈判小组可以根据谈判文件和谈判情况实质性变动采购需求中的技术、服务要求及合同草案条款，但不得变动谈判文件中的其他内容。实质性变动的内容，须经采购人代表确认。

对谈判文件做出的实质性变动是谈判文件的有效组成部分，谈判小组应当及时以书面形式同时通知所有参加谈判的供应商。

供应商应当按照谈判文件的变动情况和谈判小组的要求重新提交响应文件，并由其法定代表人或授权代表签字或者加盖公章。由授权代表签字的，应当附法定代表人授权书。供应商为自然人的，应当由本人签字并附身份证明。”

本条是对谈判过程中实质性变动的处理规定。第 1 款规定了谈判小组可以改变实质性内容的权利，包括技术条件和合同，但须采购人确认；第 2 款明确变动的部分属于采购文件的组成部分，同时规定了告知义务；第 3 款规定了变动后的处理程序，供应商重新要约及必要的合格的主体资格证明文件。

③ 谈判结束后的最后报价。

74 号令第 33 条：“谈判文件能够详细列明采购标的的技术、服务要求的，谈判结束后，谈判小组应当要求所有继续参加谈判的供应商在规定时间内提交最后报价，提交最后报价的供应商不得少于 3 家。

谈判文件不能详细列明采购标的的技术、服务要求，需经谈判由供应商提供最终设计方案或解决方案的，谈判结束后，谈判小组应当按照少数服从多数的原则投票推荐 3 家以上供应商的设计方案或者解决方案，并要求其在规定时间内提交最后报价。

最后报价是供应商响应文件的有效组成部分。”

本条针对不同情况对谈判结束后的处理程序做出规定。

第 1 款对已经明确商务技术要求的情形，在提交报价的供应商不少于 3 人的条件下，谈判小组应当规定，最后报价的截止时间。第 2 款对不能明确商务技术要求的情形，按照少数服从多数的原则要求投标确定 3 家以上供应商的及方案在规定时间的最后报价。第 3 款明确了最后报价是供应商要约的法定组成部分。

④ 供应商退出谈判的权利。

4 号令第 34 条：“已提交响应文件的供应商，在提交最后报价之前，可以根据谈判情况退出谈判。采购人、采购代理机构应当退还退出谈判的供应商的保证金。”

该条规定是对供应商的救济条款，是对采购法相关环节的重要补充。

⑤ 谈判小组提出成交候选人。

74 号令第 35 条：“谈判小组应当从质量和服务均能满足采购文件实质性响应要求的供应商中，按照最后报价由低到高的顺序提出 3 名以上成交候选人，并编写评审报告。”

本条规定提出成交候选人名单的主体是谈判小组；候选人排队的规则是在质量和服务满足的条件下依据最后报价由低向高的顺序排队；最后规定了谈判小组撰写评审报告的义务。

⑥ 采购人确定成交供应商。

74 号令第 36 条："采购代理机构应当在评审结束后 2 个工作日内将评审报告送采购人确认。

采购人应当在收到评审报告后 5 个工作日内，从评审报告提出的成交候选人中，根据质量和服务均能满足采购文件实质性响应要求，且最后报价最低的原则确定成交供应商，也可以书面授权谈判小组直接确定成交供应商。采购人逾期未确定成交供应商且不提出异议的，视为确定评审报告提出的最后报价最低的供应商为成交供应商。"

本条第一款规定了采购代理机构向采购人提交评审报告的时间限制，在评审结束 2 个工作日；第二款规定了确定成交人时间，收到报告 5 个工作日。确定主体：采购人或授权评审小组。确定的原则满足要求，最后报价最低（不考虑性价比）。逾期确定的处理：报告的最低价为供应商。

（4）竞争性谈判活动的终止

74 号令第 37 条，"出现下列情形之一的，采购人或者采购代理机构应当终止竞争性谈判采购活动，发布项目终止公告并说明原因，重新开展采购活动：

（一）因情况变化，不再符合规定的竞争性谈判采购方式适用情形的；

（二）出现影响采购公正的违法、违规行为的；

（三）在采购过程中符合竞争要求的供应商或者报价未超过采购预算的供应商不足 3 家的，但本办法第 27 条第 2 款规定的情形除外"。

本条是终止竞争性谈判的规定。第一款规定了终止程序：发布终止公告说明原因，之后重新采购。第 1 款规定的三项原因，一是情况变化不符合该采购方式的法定条件，如只有一家变更为单一来源谈判；二是出现违法行为；三是合格的供应商不足 3 家。第 2 款的除外条款指技术复杂或者性质特殊，不能确定详细规格或者具体要求的，在这种情况下在自愿的原则下可以重新谈判而无须终止。

2．单一来源采购

（1）单一来源采购的定义

74 号令第 2 条第 4 款："单一来源采购是指采购人从某一特定供应商处采购货物、工程和服务的采购方式。"

（2）该方式的适用条件

采购法第 31 条，"符合下列情形之一的货物或者服务，可以依照本法采用单一来源方式采购：

(一) 只能从唯一供应商处采购的；

(二) 发生了不可预见的紧急情况不能从其他供应商处采购的；

(三) 必须保证原有采购项目一致性或者服务配套的要求，需要继续从原供应商处添购，且添购资金总额不超过原合同采购金额百分之十的"。

(3) 74 号令对单一来源采购的适用条件和认定做了细化和补充。

① 认定单一来源的公示制度。

74 号令第 38 条，"属于政府采购法第 31 条第 1 项情形，且达到公开招标数额的货物、服务项目，拟采用单一来源采购方式的，采购人、采购代理机构在按照本办法第四条报财政部门批准之前，应当在省级以上财政部门指定媒体上公示，并将公示情况一并报财政部门。公示期不得少于 5 个工作日，公示内容应当包括：

（一）采购人、采购项目名称和内容；

（二）拟采购的货物或者服务的说明；

（三）采用单一来源采购方式的原因及相关说明；

（四）拟定的唯一供应商名称、地址；

（五）专业人员对相关供应商因专利、专有技术等原因具有唯一性的具体论证意见，以及专业人员的姓名、工作单位和职称；

（六）公示的期限；

（七）采购人、采购代理机构、财政部门的联系地址、联系人和联系电话”。

本条第一款规定采购人申请单一来源采购的条件和程序。本条适用条件是政府采购法第 31 条第一项，只能从唯一供应商处采购，其达到公开招标数额的应当履行本程序：

A．请专业人员论证并提出意见；

B．在报送财政部门申请单一来源采购批准前时应当公示省级指定媒体；公示期限不得少于 5 个工作日；

C．报送申请资料：除了 74 号令第五条申请的一般要求外还包括公示情况；

D．审批机关：主管预算部门同意后，市级财政部门审查批准。

第 2 款规定了公示的 7 项内容：项目名称、标的、单一方式的说明、供应商的名称地址、论证意见、公式期限、联系办法。

② 接受社会监督。

74 号令第 39 条：“任何供应商、单位或者个人对采用单一来源采购方式公示有异议的，可以在公示期内将书面意见反馈给采购人、采购代理机构，并同时抄送相关财政部门。”

本条规定了对采用单一来源采购方式采购时接受全社会监督的权利。

③ 对单一来源采购认定异议的处理。

74 号令第 40 条：“采购人、采购代理机构收到对采用单一来源采购方式公示的异议后，应当在公示期满后 5 个工作日内，组织补充论证，论证后认为异议成立的，应当依法采取其他采购方式；论证后认为异议不成立的，应当将异议意见、论证意见与公示情况一并报相关财政部门。”

本条是对公示异议的处理规定。对于公示后提出的异议，采购人、采购代理机构应当将在法定时间（5 个工作日内）补充论证。补充论证的主体是采购人、代理机构。论证的结论有两种情况：异议成立，依法采取其他方式；异议不成立，将异议、论证、公示三个文件一并报送财政部门。

（4）单一来源采购方式的采购程序

采购法第 39 条：“采取单一来源方式采购的，采购人与供应商应当遵循本法规定的原则，在保证采购项目质量和双方商定合理价格的基础上进行采购。”

74 号令对该程序做了补充规定。

① 谈判人员资格。

第 41 条：“采用单一来源采购方式采购的，采购人、采购代理机构应当组织具有相关经验的专业人员与供应商商定合理的成交价格并保证采购项目质量。”

本条规定了采购人应当具备相关经验的人员与供应商谈判，在满足质量的前提下，商定合理价格。

② 协商记录。

74 号令第 42 条，“单一来源采购人员应当编写协商情况记录，主要内容包括：

（一）依据本办法第三十八条进行公示的，公示情况说明；

（二）协商日期和地点，采购人员名单；

（三）供应商提供的采购标的成本、同类项目合同价格及相关专利、专有技术等情况说明；

（四）合同主要条款及价格商定情况。

协商情况记录应当由采购全体人员签字认可。对记录有异议的采购人员，应当签署不同意见并说明理由。采购人员拒绝在记录上签字又不书面说明其不同意见和理由的，视为同意”。

本条是对谈判程序的规定。为体现公平、公正，本条规定了编写协商记录制度。包括协商记录的内容、签字程序及不同意见的处理办法。

（5）单一来源采购活动终止

74 号令第 43 条，“出现下列情形之一的，采购人或者采购代理机构应当终止采购活动，发布项目终止公告并说明原因，重新开展采购活动：

（一）因情况变化，不再符合规定的单一来源采购方式适用情形的；

（二）出现影响采购公正的违法、违规行为的；

（三）报价超过采购预算的”。

3. 询价采购

（1）询价采购的定义

74 号令第 2 条第 5 款：“询价是指询价小组向符合资格条件的供应商发出采购货物询价通知书，要求供应商一次报出不得更改的价格，采购人从询价小组提出的成交候选人中确定成交供应商的采购方式。”

本条规定了询价主体是询价小组；询价内容是发出采购货物询价通知单（条件：符合资格条件）；供应商报价的要求是一次报出不可更改的价格；采购人是从询价小组提出的成交候选人中确定的供应商。

（2）询价的适用条件

采购法第 32 条：“采购的货物规格、标准统一、现货货源充足且价格变化幅度小的政府采购项目，可以依照本法采用询价方式采购。”

四项基本条件：规格统一、标准统一、现货充足、价格变化幅度小。

74 号令补充规定：“第 44 条 询价采购需求中的技术、服务等要求应当完整、明确，符合相关法律、行政法规和政府采购政策的规定。”

该条对询价需求做了补充性规定，要求需求中的技术、服务完整、明确并符合法律和政策规定。

（3）询价的采购程序

采购法第 40 条：“采取询价方式采购的，应当遵循下列程序：

（一）成立询价小组。询价小组由采购人的代表和有关专家共三人以上的单数组成，其中专家的人数不得少于成员总数的三分之二。询价小组应当对采购项目的价格构成和评定成交的标准等事项做出规定。

（二）确定被询价的供应商名单。询价小组根据采购需求，从符合相应资格条件的供应商名单中确定不少于 3 家的供应商，并向其发出询价通知书让其报价。

（三）询价。询价小组要求被询价的供应商一次报出不得更改的价格。

（四）确定成交供应商。采购人根据符合采购需求、质量和服务相等且报价最低的原则确定成交供应商，并将结果通知所有被询价的未成交的供应商。”

74 号令对该程序做了细化和补充规定。

① 提交响应文件截止的时间和采购人澄清修改的权利。

74 号令第 45 条：“从询价通知书发出之日起至供应商提交响应文件截止之日止不得少于 3 个工作日。

提交响应文件截止之日前，采购人、采购代理机构或者询价小组可以对已发出的询价通知书进行必要的澄清或者修改，澄清或者修改的内容作为询价通知书的组成部分。澄清或者修改的内容可能影响响应文件编制的，采购人、采购代理机构或者询价小组应当在提交响应文件截止之日 3 个工作日前，以书面形式通知所有接收询价通知书的供应商，不足 3 个工作日的，应当顺延提交响应文件截止之日。”

本条第 1 款规定了供应商报价准备的法定时间的时间基点：发出通知。期限为不得少于 3 个工作日。第 2 款规定了采购人在截止时间前可以澄清、修改询价文件的权利和告知义务和限制条件。

② 询价过程。

A. 74 号令第 46 条："询价小组在询价过程中，不得改变询价通知书所确定的技术和服务等要求、评审程序、评定成交的标准和合同文本等事项。"

该条规定了询价小组在询价过程应当遵守的基本义务：不得改变评审标准和合同文本。

B. 74 号令第 47 条："参加询价采购活动的供应商，应当按照询价通知书的规定一次报出不得更改的价格。"

该条规定了供应商在询价过程中应当遵守的游戏规则：一次报出不可更改的报价。

③ 询价小组提出成交候选人。

74 号令第 48 条："询价小组应当从质量和服务均能满足采购文件实质性响应要求的供应商中，按照报价由低到高的顺序提出 3 名以上成交候选人，并编写评审报告。"

本条规定了确定成交候选人的行为主体为询价小组；确定的原则是在质量和服务均能满足的条件下依照价格由低到高；行为结果是提出 3 名候选人；最后编写评审报告。

④ 采购人确认成交供应商

74 号令第 49 条："采购代理机构应当在评审结束后 2 个工作日内将评审报告送采购人确认。

采购人应当在收到评审报告后 5 个工作日内，从评审报告提出的成交候选人中，根据质量和服务均能满足采购文件实质性响应要求且报价最低的原则确定成交供应商，也可以书面授权询价小组直接确定成交供应商。采购人逾期未确定成交供应商且不提出异议的，视为确定评审报告提出的最后报价最低的供应商为成交供应商。"

采购小组：评审结束 2 日内提交评审报告；

采购人：收到评审报告 5 个工作日内确定成交供应商；

逾期确认并不提异议的后果：最低价成交。

（4）询价采购终止的规定

74 号令第 50 条，"出现下列情形之一的，采购人或者采购代理机构应当终止询价采购活动，发布项目终止公告并说明原因，重新开展采购活动：

（一）因情况变化，不再符合规定的询价采购方式适用情形的；

（二）出现影响采购公正的违法、违规行为的；

（三）在采购过程中符合竞争要求的供应商或者报价未超过采购预算的供应商不足 3 家的"。

终止询价的原因三种非招标采购的方式基本相同，不同的是第三项。详见表 12.2。

表 12.2　三种非招标采购方式的终止询价原因

竞争性谈判	单一来源采购	询价采购
（一）因情况变化，不再符合规定的竞争性谈判采购方式适用情形的	（一）因情况变化，不再符合规定的单一来源采购方式适用情形的	（一）因情况变化，不再符合规定的询价采购方式适用情形的
（二）出现影响采购公正的违法、违规行为的	（二）出现影响采购公正的违法、违规行为的	（二）出现影响采购公正的违法、违规行为的
（三）在采购过程中符合竞争要求的供应商或者报价未超过采购预算的供应商不足 3 家的，但本办法第二十七条第二款规定的情形除外	（三）报价超过采购预算的。	（三）在采购过程中符合竞争要求的供应商或者报价未超过采购预算的供应商不足 3 家的

（四）非招标采购方式的评审小组及其成员的权利义务

1．评审的一般规定

（1）谈判小组或询价小组

74号令第7条："竞争性谈判小组或者询价小组由采购人代表和评审专家共3人以上单数组成，其中评审专家人数不得少于竞争性谈判小组或者询价小组成员总数的2/3。采购人不得以评审专家身份参加本部门或本单位采购项目的评审。采购代理机构人员不得参加本机构代理的采购项目的评审。

达到公开招标数额标准的货物或者服务采购项目，或者达到招标规模标准的政府采购工程，竞争性谈判小组或者询价小组应当由5人以上单数组成。

采用竞争性谈判、询价方式采购的政府采购项目，评审专家应当从政府采购评审专家库内相关专业的专家名单中随机抽取。技术复杂、专业性强的竞争性谈判采购项目，通过随机方式难以确定合适的评审专家的，经主管预算单位同意，可以自行选定评审专家。技术复杂、专业性强的竞争性谈判采购项目，评审专家中应当包含1名法律专家。"

本条第1款对谈判小组的组成成分、结构和约束条件做出规定；第2款规定对达到公开招标数额标准的货物和服务采购项目或达到招标规模标准的政府采购工程的谈判（询价）小组人数应为5人以上单数；第3款规定了谈判专家的来源、聘请方式和特殊竞争性谈判中评审专家中应当有法律专家的要求。

（2）谈判小组询价小组成员的权利

74号令第8条，"竞争性谈判小组或者询价小组在采购活动过程中应当履行下列职责：

（一）确认或者制定谈判文件、询价通知书；

（二）从符合相应资格条件的供应商名单中确定不少于3家的供应商参加谈判或者询价；

（三）审查供应商的响应文件并做出评价；

（四）要求供应商解释或者澄清其响应文件；

（五）编写评审报告；

（六）告知采购人、采购代理机构在评审过程中发现的供应商的违法违规行为"。

注意和招标法的不同，采购法进一步限制了采购人的权利：由采购小组而不是采购人编制采购文件。

（3）谈判小组、询价小组成员的义务

74号令第9条，"竞争性谈判小组或者询价小组成员应当履行下列义务：

（一）遵纪守法，客观、公正、廉洁地履行职责；

（二）根据采购文件的规定独立进行评审，对个人的评审意见承担法律责任；

（三）参与评审报告的起草；

（四）配合采购人、采购代理机构答复供应商提出的质疑；

（五）配合财政部门的投诉处理和监督检查工作"。

2．评审中的澄清说明和更正

74号令第16条："谈判小组、询价小组在对响应文件的有效性、完整性和响应程度进行审查时，可以要求供应商对响应文件中含义不明确、同类问题表述不一致或者有明显文字和计算错误的内容等做出必要的澄清、说明或者更正。供应商的澄清、说明或者更正不得超出响应文件的范围或者改变响应文件的实质性内容。

谈判小组、询价小组要求供应商澄清、说明或者更正响应文件应当以书面形式做出。供应商的澄清、说明或者更正应当由法定代表人或其授权代表签字或者加盖公章。由授权代表签字的，应当附法定代表人授权书。供应商为自然人的，应当由本人签字并附身份证明。"

3. 编写评审报告

74号令第17条，“谈判小组、询价小组应当根据评审记录和评审结果编写评审报告，其主要内容包括：

（一）邀请供应商参加采购活动的具体方式和相关情况，以及参加采购活动的供应商名单；

（二）评审日期和地点，谈判小组、询价小组成员名单；

（三）评审情况记录和说明，包括对供应商的资格审查情况、供应商响应文件评审情况、谈判情况、报价情况等；

（四）提出的成交候选人的名单及理由。

评审报告应当由谈判小组、询价小组全体人员签字认可。谈判小组、询价小组成员对评审报告有异议的，谈判小组、询价小组按照少数服从多数的原则推荐成交候选人，采购程序继续进行。对评审报告有异议的谈判小组、询价小组成员，应当在报告上签署不同意见并说明理由，由谈判小组、询价小组书面记录相关情况。谈判小组、询价小组成员拒绝在报告上签字又不书面说明其不同意见和理由的，视为同意评审报告”。

第1款规定了评审报告的编写主体、依据和内容；第2款规定了评审报告的生效条件，签字认可；对报告异议的处理，签署不同意见、说明理由；拒绝签字、不说明理由视为同意。

4. 关于评审有关人员对评审过程保密的规定

74号令第25条：“谈判小组、询价小组成员及与评审工作有关的人员不得泄露评审情况，以及评审过程中获悉的国家秘密、商业秘密。”

（五）非招标采购方式评审专家的法律责任

1. 评审小组违法行为的表现形式

第55条，“谈判小组、询价小组成员有下列行为之一的，责令改正，给予警告；有关法律、行政法规规定处以罚款的，并处罚款；涉嫌犯罪的，依法移送司法机关处理：

（一）收受采购人、采购代理机构、供应商、其他利害关系人的财物或者其他不正当利益的；

（二）泄露评审情况及评审过程中获悉的国家秘密、商业秘密的；

（三）明知与供应商有利害关系而不依法回避的；

（四）在评审过程中擅离职守，影响评审程序正常进行的；

（五）在评审过程中有明显不合理或者不正当倾向性的；

（六）未按照采购文件规定的评定成交的标准进行评审的。

评审专家有前款情形之一，情节严重的，取消其政府采购评审专家资格，不得再参加任何政府采购项目的评审，并在财政部门指定的政府采购信息发布媒体上予以公告。”

2. 由于违法行为产生不同后果的处理

第56条，“有本办法第51条、第52条、第55条违法行为之一，并且影响或者可能影响成交结果的，应当按照下列情形分别处理：

（一）未确定成交供应商的，终止本次采购活动，依法重新开展采购活动；

（二）已确定成交供应商但采购合同尚未履行的，撤销合同，从合格的成交候选人中另行确定成交供应商，没有合格的成交候选人的，重新开展采购活动；

（三）采购合同已经履行的，给采购人、供应商造成损失的，由责任人依法承担赔偿责任。”

3. 关于侵权责任的规定

第57条：“政府采购当事人违反政府采购法和本办法规定，给他人造成损失的，应当依照有关民事法律规定承担民事责任。”

4. 关于禁止非法干预采购的规定

第 58 条：“任何单位或者个人非法干预、影响评审过程或者结果的，责令改正；该单位责任人或者个人属于国家机关工作人员的，由任免机关或者监察机关依法给予处分。”

本章案例解读

（一）确定适当的政府采购形式

【背景】某中央部委以公开招标方式，利用财政资金采购一台技术复杂的实验室分析仪器，达到了政府采购限额标准。该仪器国内有 10 余家制造商生产。投标截止时，没有供应商投标。经审查，招标文件中没有不合理条款，招标公告及采购程序均符合政府采购相关规定。

由于重新公开招标不能满足时间要求，经财政部门批准，可以改变采购方式。但采购人对采用什么方式拿不定主意，为此，采购人向某政府采购中心咨询，得到以下 4 条建议。

① 采用邀请招标。

② 采用竞争性谈判。采购人可直接确定两家生产该实验室仪器的国内制造厂家谈判。采购人再成立由采购人 1 人和从财政部门专家库中随机确定的有关专家 2 人组成采购小组。进行两轮谈判，按照谈判中确定的最低报价来确定成交供应商。

③ 采用询价采购。采购人先制定询价文件，询价文件中明确规定采购项目的价格构成和评定成交的标准。评定成交的办法可采用综合打分法。

④ 采用单一来源采购方式。采购人直接与本地一家该实验室分析仪器制造厂家谈判，签订采购合同。

【问题】

指出某政府采购中心提出的 4 条建议的不妥之处，并分别说明理由。

【答案】

① 采用邀请方式不妥。理由是供应商有 10 多家，其次该方式不能满足时间紧急的问题。

② 采用竞争性谈判的方式妥当。理由是符合该方式解决时间紧急、技术和价格难以把握的要求；但由采购人直接确定两家生产该实验室仪器的国内制造厂家谈判不妥。理由是应当由采购小组在符合资格条件的候选人名单中确定谈判供应商名单并且在 3 人以上。

最后一轮谈判确定中标人不妥，应规定最终报价时间，成交商报价低，符合采购需求、质量服务相等。

③ 采用询价的方式不妥：理由是该项目技术复杂，不符合询价采购方式；其次采购人制定询价文件不妥，理由是应由采购小组制定；再次，评定成交采用综合评价法不妥，理由是询价文件只要求符合采购需求质量和服务相等报价最低。

④ 采用单一来源采购方式并签订合同不妥。理由是该项目有 10 余家供应商不符合单一来源的条件，更不能直接向供应商签订合同。

（二）某医院政府采购评标组织与结果分析

【背景】某医院手术室净化系统项目采用政府财政性资金。该医院按照国家相关法律法规的要求，委托具有采购代理资质的某代理机构采用公开招标的方式择优选择中标供应商。该代理机构于 2007 年 7 月 2 日在中国政府采购网发布招标公告。在规定时间内，共有七家投标人领取了招标文件。

招标文件中的评标办法为百分制打分法，其中：

报价得分＝65×[1－(投标报价－评标基准价)/评标基准价]

评标基准价＝(所有报价之和÷供应商数)×(1－3%)

2007 年 7 月 10 日，采购人某医院发现图纸和设备清单需要更改，采购代理机构应采购人的要求分别给 7 家投标人发送了最新的图纸和设备清单。 2007 年 7 月 23 日，某医院手术室净化系统项目开标、评标会议在某会议室举行，由地方财政部门现场全程监督。评标委员会由某省内拥有类似设备的医院推荐的 6 位资深专家组成，但未报有关财政部门备案。评标委员会在开标结束后对该项目所有投标文件进行了评审。在评审过程中，投标人 A 和投标人 B 的技术部分因没有响应招标文件的实质性要求作为废标处理。评标委员会推荐投标人 C 作为本项目中标供应商。

中标结果在中国政府采购网公告。

【问题】 指出此次招标过程是否存在的问题，并说明原因。

【参考答案】

此次招标中存在的问题如下。

（1）招标文件修改存在问题

采购代理机构对招标文件的修改不是在提交投标文件截止时间 15 日前，且对招标文件的修改没有在政府采购信息发布媒体上发布公告，发送修改资料时没有办理登记手续。《招标法》第 23 条、《政府采购货物和服务招标投标管理办法》（财政部 18 号令）第 27 条规定，招标人对已发出的招标文件进行必要的澄清或者修改的，应当在招标文件要求提交投标文件截止时间至少 15 日前，以书面形式通知所有招标文件收受人。该澄清或者修改的内容为招标文件的组成部分。

（2）评标委员会组成存在问题

该项目的评标委员会的专家产生方式不符合《政府采购评审专家管理办法》，应从财政部门设立的政府采购评审专家库中，通过随机方式抽取评标专家。在没有建立政府采购评审专家库的地区，采购机构按照规定确定评标专家后，应报财政部门备案同意。

本项目评标专家没有报有关财政部门备案同意，不符合《政府采购评审专家管理办法》的规定，同时评标专家人数不符合法律规定，《招标法》第 37 条规定，评标委员会由招标人的代表和有关技术、经济等方面的专家组成，成员人数为 5 人以上单数，其中技术、经济等方面的专家不得少于成员总数的三分之二。

（3）对供应商报价评审公式不符合要求

《财政部关于加强政府采购货物和服务项目价格评审管理的通知》（财政部[2007]2 号）规定，综合评分法中的价格分统一采用低价优先法计算，即满足招标文件要求且投标价格最低的投标报价为评标基准价，其价格分为满分。其他投标人的报价得分统一按照下列公式计算：

投标报价得分=(评标基准价 / 投标报价)×价格权值×100

采购人或其委托的采购代理机构对同类采购项目采用综合评分法的，原则上不得改变评审因素和评分标准。

（三）政府采购招标程序及供应商权利、义务案例

【背景】 某地区政府采购中心受地区卫生局委托，公开招标采购一批多功能监护仪。采购中心于 7 月 2 日在省级政府采购媒体上刊登招标公告，同日开始发售招标文件。招标文件发出后，区卫生局发现招标文件有两个技术指标存在错误，要求采购中心做出更正。采购中心于 7 月 10 日向已经购买招标文件的 A、B、C、D、E 五家供应商发出招标文件勘误通知，5 家供应商均于当日回函确认收到勘误通知。

采购中心于 7 月 22 日组织开标和评标。开标后，供应商 A 投标价格最低。评标结束后，评标委员会推荐供应商 B 为中标人。采购中心于 7 月 23 日公布了评标结果。

供应商A获悉评标结果后，认为其投标产品完全满足招标文件要求，价格比供应商B低20%，而且供应商B投标产品有一个指标不满足招标文件要求，评标结果不公正，遂于公布评标结果的当日打电话给采购中心和区卫生局主管人员提出质疑。采购中心和区卫生局均未对供应商A的质疑做出明确答复。采购中心于8月15日向供应商B发出中标通知书。得知情况后，经过准备，供应商A于9月5日向省卫生厅和区财政局投诉。省卫生厅以该项目为政府采购项目其招标采购活动不属省卫生厅监管范围为由拒绝受理。区财政局以供应商A未进行有效质疑为由也拒绝受理。供应商A又于9月30日向区人民法院对采购中心提起民事诉讼，要求法院责令采购中心改正其错误评标结果并赔偿其参加投标的费用和损失。区人民法院依法驳回了供应商A诉讼请求，理由是供应商A诉讼对象错误。

【问题】

（1）在招标过程中，采购中心存在哪些问题？

（2）供应商A在维权过程中存在哪些失误？

【分析】

① 在招标过程中，如果需要对招标文件做修改，必须要保证所有潜在的投标人都能够在同样的时间内获悉修改的内容，以便潜在的投标人根据修改的内容决定是否参加投标。为了保证潜在的投标人获悉招标文件修改内容，招标人应该在发布该项目招标公告的媒体上公布招标文件修改内容。除此之外，修改招标文件要按照法规规定在投标截止时间15日以前进行，以便投标人有足够的时间准备投标。

② 政府采购公开招标项目要求在公告中标结果的同时，向中标供应商发出中标通知书。这是政府采购项目一个比较特殊之处，需要特别注意。

③ 供应商维护其权益一定要按照规定的程序和办法进行。对于政府采购项目，发生招标投标争议而提出质疑和投诉时，要注意提出质疑和投诉的时间要在规定的时效内，质疑和投诉的对象要选择正确，质疑和投诉的形式要符合要求，程序要依照规定进行。

【参考答案】

（1）在招标过程中，采购中心存在以下问题

① 对招标文件的修改内容只通知已经购买招标文件的投标人不妥，还应该在省级政府采购媒体上公布；

② 修改招标文件时间距离投标截止时间不足15日，违反了《政府采购货物和服务招标投标管理办法》第27条的规定。应该在修改招标文件的同时把投标截止时间延长到7月25日；

③ 采购中心没有在公告评标结果的同时向中标供应商发出中标通知书，违反了《政府采购货物和服务招标投标管理办法》第62条的规定。

（2）供应商A在维权过程中存在以下失误

①《采购法》第52条规定，质疑应当在7个工作日内以书面形式提出。而A供应商在提出质疑时，是以电话形式提出的，不符合《采购法》的规定。

② 供应商A向省卫生厅投诉不当。《采购法》第13条规定，各级人民政府财政部门负责政府采购监督管理。供应商A应该向区财政局投诉。

③ 供应商A向区财政局投诉没有在规定的时间内提出。《采购法》和《政府采购供应商投诉处理办法》规定，供应商投诉应在质疑答复期满15个工作日内提出。假设供应商A提出了有效质疑，而采购中心和区卫生局均没有作答复，则答复期到8月11日满（从公布中标结果起14个工作日），再加15个工作日为9月1日。A供应商9月5日才向区财政局投诉，超过了时效。

④ 供应商A向人民法院对采购中心提起民事诉讼不妥。供应商A应该提起诉讼的对象不应该是采购中心，而应该是区财政局；诉讼的形式不应该是民事诉讼，而应该是行政诉讼。假设供应

商 A 在投诉前已经依法向采购中心或区卫生局提出了书面质疑，而区财政局做出了维持评标结果的处理决定，A 供应商可以向人民法院针对区财政局提起行政诉讼，请求人民法院撤销区财政局的行政处理决定和判令区财政局重新做出行政处理决定。

（四）关于同一品牌不同供应商投标的案例

【背景】2018 年年初，某医院政府招标采购中央监护系统，包括中央站和床旁监护仪等。有 9 个集成供应商投标。在评标中，评委发现有 3 家投标供应商选用的床旁监护仪属于同一厂家同一品牌，其余 6 家选择的床旁监护仪是另一个品牌。评标委员会认为实际供应商只有两家，停止评标，要求供应商自行选择两个品牌的代表后，经招标人向监督部门报告申请转入竞争性谈判。某供应商向招标人提出异议，一是床旁监护仪不是系统的核心产品，二是品牌的代表应当竞争产生。评委停止评审不妥，招标人向监督部门请示如何解决。

【问题】

（1）如何认定核心产品？

（2）如果招标人认定床旁监护仪在中央监护系统不属于核心产品，应当如何处理？

（3）评标专家建议同一品牌自行推选两个代表是否正确？

（4）监督部门如何答复？

【参考答案】

①《政府采购货物和服务招标管理办法》（87 号令）第 31 条规定：在不同供应商选择同一品牌时，“由采购人或者采购人委托评标委员会按照招标文件规定的方式确定一个参加评标的投标人”。本案中，招标文件对此没有约定，评委无法认定，停止评审并无不妥。

② 如果招标文件对核心产品有认定标准，并确定床旁监护仪虽然合计价格占合同金额的 50%，但本项目竞争的核心是中央站的设备和软件系统，评标委员会应当继续评审。

③ 专家建议两个品牌的 9 家供应商自行选择品牌代表不妥，依据 87 号令第 31 条规定，应当竞争产生，采用最低评标价评审时确定最低价代表品牌，按照综合评分法评审时由最高得分代表品牌参加竞争，即政府采购法规鼓励同一品牌不同供应商之间的竞争，在此基础上鼓励不同品牌之间的竞争。

④ 监督部门答复：招标文件对核心产品没有约定不妥，且只有两家的床旁监护仪不属于核心产品。而实际上有 9 家供应商参与实质竞争，招标人修改招标文件后重新招标。

招投标信息和电子网络的紧密结合，必将发挥行业和社会的共同监督力量，有效地促进行政监督部门转变职能、作风和方式，同时监督规范招标投标各行为主体行为和行政管理行为，有效地打破条块分割保护，有力预防和惩治腐败行为，为全面建立各类招标市场主体资格、业绩能力和信誉的科学、高效、公正评价体系创造必要和可靠的技术基础。

中国招标投标协会副会长　教授级高工　李小林

第13章

电子招标投标活动及其管理

所谓电子招标投标是指招标投标主体按照国家有关法律法规的规定，以数据电文为主要载体，运用电子化手段完成的全部或者部分招标投标活动。

电子招标投标系统是指用于完成招标投标活动的信息系统，由公共服务平台、交易平台和监督平台组成的电子系统。公共服务平台用于为招标投标主体、社会公众提供招标投标信息交互和共享服务；项目交易系统用于完成招标项目的交易过程，并与公共服务平台交互数据电文；监督平台为各行政监督部门提供监督平台。该信息系统将依据规划在全国形成统一、规范的网络体系。

一、电子化招投标活动发展的技术条件

（一）信息化技术的成熟和普及

电子化招标投标活动是随着网络通信和计算机技术的发展而进步的。随着互联网技术的成熟和应用的普及，商务部率先通过互联网对机电产品国际招标投标活动进行监督管理。随着计算机软件技术的开发、关键技术的突破，各地建设行政主管部门在建筑交易市场也逐步开始不同程度地使用电子化管理，取得积极成果。

（二）行业部门技术标准规范的要求

《招标法》规定强制招标的范围重点是工程建设项目。为规范工程建设建筑市场，原建设部于2003 年颁布了《建设工程工程量清单计价规范》（GB50500—2003），该标准的实施对招投标工作使用计算机技术起到积极的推动作用，在采用清单计价中，每份投标文件成千上万个数据，人工处理和评价是不可能的，于是各种软件技术应运而生。

（三）电子签名法的立法保证

2005 年 4 月 1 日，中国的第一部信息化立法《中华人民共和国电子签名法》正式颁布，为工程建设项目电子招标、投标、评标创造了良好的法律保证。《电子签名法》确立了电子签名的法律效力；明确了电子签名规则；消除了电子商务发展的法律障碍；维护了电子交易各方的合法权益；保障了电子交易安全；创造了有利的电子商务法律环境。

其中三个非常重要的条款。

第 3 条 ：“……当事人约定使用电子签名、数据电文的文书，不得仅因为其采用电子签名、数

据电文的形式而否定其法律效力。”

第 14 条：“可靠的电子签名与手写签名或者盖章具有同等的法律效力。”

第 32 条：“伪造、冒用、盗用他人的电子签名，构成犯罪的，依法追究刑事责任；给他人造成损失的，依法承担民事责任。”

电子招投标过程中引入国家相关部门认证的第三方电子签名数字证书技术（CA），保证了电子数据的安全性、合法性。

二、电子化招标方式在招标投标活动中的作用和意义

中国招标投标协会副秘书长李小林同志在第 2 届中国招标投标高层论坛的发言指出，“招投标信息和电子网络的紧密结合，必将发挥行业和社会的共同监督力量，有效地促进行政监督部门转变职能、作风和方式，同时监督规范招标投标各行为主体行为和行政管理行为，有效地打破条块分割保护，有力预防和惩治腐败行为，并为改革市场准入行为的行政管理方式，全面建立各类招标市场主体资格、业绩能力和信誉的科学、高效、公正评价体系创造必要和可靠的技术基础”。

（一）电子招标投标活动的平台系统是我国平台经济的重要组成部分

随着互联网和各种软件技术的成熟，电子商务在我国蓬勃发展。电商最大的优势就是大大降低了采购成本，市场这只无形的手推动着电子商务在各个经济领域渗透发展。在招标投标领域，国家商务部早在 2002 年就率先在机电产品国际招标的管理中推行电子化制度；住建部门在推行工程量清单计价招标的同时在其有形市场积极推行全部或部分采用电子招标的方式。国家发改委等政府部门顺应市场发展的需要，为规范电子招标投标市场，于 2012 年颁布了《电子招标投标办法》（以下简称办法），该办法对电子招标的架构做了原则规定，要求电子招标投标系统分为政府主导建设的服务平台和监督平台，还有市场主导的交易平台。

在电子信息服务中，网页、网站、平台和交易平台反映了服务的特征和内涵。其内涵和特征见表 13.1。

表 13.1　电子系统服务特征一览表

名称	特征	数据库	功能	运营机构	投资
网页	信息	无数据库	静态窗口展示和发布	无	千元至万元
网站	信息	简单数据库	动态门户交互和更新	有	十万元至百万元级
平台	技术、资金、信息	较高数据库	交互、更新、服务、分析、报告	有	百万元级至千万元级
交易平台	技术、资金、物流、信用	高级数据库：信息流、物流、资金流、商流等数据库	交互、更新、交易、服务、分析、报告	有	千万元级至亿元级
增值平台	制度、数据、信用（未来）	更高级数据库：信息流、物流、资金流、商流、人才流、管理流等	交互、更新、交易、综合性管理服务和分析报告	有	超亿元以上

网页、网站、平台、交易平台及增值平台是电子信息技术从低级向高端延伸的不同阶段。依据电子招标投标法，服务平台应当由政府主导组建提供公益性社会服务，交易平台作为市场运行载体主要通过市场主体组建，监督平台为各级政府政务平台留有接口。

电子招标体系属于平台经济的范畴。在目前我国经济转型过程中，平台经济已经不仅仅是一种工具，已成为国家战略产业构成新的新型经济体，以技术、资金和信息为特征的信息平台正在发展成为以信用、物流和支付为特征的交易平台，未来将发展成为增值平台，增值平台以制度、数据和信用为特征。平台经济有三个显著特征：虚拟性、跨地域和跨时空，必然会对现有对实体经济的管理模式提出挑战，并要求法律法规做出相应调整。包括企业和项目内部实行的信息化管理也决定其招标采购活动应当实行电子化，否则无法顺利实现企业和项目全过程信息化、系统化的管理，也无法提高生产和服务的效率、质量，也难以降低管理成本。

平台经济是国家信息化战略在经济领域的重要组成部分，因此，必须予以高度重视，克服小农经济思想，通过市场运作，最大程度降低建设和运营成本和风险。

（二）电子化招标方式有利于加强对招标投标活动的监督管理

电子招标投标有利于加强对招标投标活动的监督管理，表现为以下 3 个方面。

第一，有效建立招标投标的行业和社会监督机制。目前招投标活动中的地方保护、行业封闭、虚假招标、串标、围标，伪造企业资质与项目业绩、伪造身份、违法失信等现象十分严重，电子招标投标将为有效克服和消除这些弊病提供可靠的技术基础。建立行业诚信体系和规范市场秩序，不仅需要完善法律体系、规范行政监督，同时还需要发挥社会监督和主体诚信守法的自律作用。电子招标投标将为招标投标市场信息的公开透明、主体自律和充分发挥社会公众的监督提供一个有效的公共服务、监督平台。

第二，推行电子招标投标是转变行政监督方式、规范行政监督行为的一个重要途径。通过电子招标投标公共服务平台把行政监督过程和结果公开，构成社会监督机制，规范行政监督行为。并可以克服政府部门条块分割和监督管理合一体制的缺陷，让招投标信息的流转系统突破部门、地区的分割限制，实现招标投标市场信息一体化共享机制，为真正实现招标投标“公开、公平、公正”的市场一体化奠定必要的基础。实践证明，招投标活动的各种违法行为靠有关行政主管部门所谓“现场监督”发现问题的概率很小。但连带问题的确不少。有些地方各类人员热衷参加开标会议，领取和评标专家相同的报酬，并成为固定的灰色收入渠道。更有甚者同投标人串通干预评标，影响很坏。我国著名学者吴敬琏指出，行政权力对微观经济的广泛干预，会造成凭借权力取得“租金”即“非直接生产性利润”的众多机会。这种“权力货币化”或“权力资本化”的安排，造成广泛的寻租环境，埋下腐败蔓延的祸根。因此，有关监察部门应加强对行政权力合理化的监督，法定对招投标活动进行监管的主管部门应当改善监管手段，重点加强对招标结果和投诉的管理，加强对合同的管理。

第三，有利于降低监督成本。降低采购成本是电商的共性优点，通过平台交易使采购部门从后勤服务转变为企业的战略部门，为企业直接创造利润。同普通交易平台不同的是，电子招标投标平台是受管制的专业交易网站。在市场激烈的竞争中，各个交易网站会逐步形成自己的特点，体现了行业分工的要求。不符合市场要求的系统会自然淘汰，政府的作用就是维持市场秩序的公平。招标采购电子化能有效节约政府采购监督成本，主要体现在以下两个方面：一是招标采购电子化对直接监督成本的降低，二是招标采购电子化对间接监督成本的降低。

（三）招标投标活动可持续发展的技术里程碑

招投标活动是一项公权力监督下的民事活动，如果说在《招标法》颁布前后，招投标活动相对干净、公平，经过 10 年的演练，社会上的各种腐败现象已逐渐的渗透到招投标活动的各个环节。目前，国家有关部门正在采取积极措施，加强立法建设和监督管理，加强对招投标当事人教育，包括实施招标师职业水平考试制度等以净化招投标市场，保证公平。其中，建立电子招投标制度也是一个重要方面。电子技术的应用可以保证招投标活动合法程序的各个环节尽量避免人为干扰，屏蔽了各种违规现象的渗透，保证招投标活动相对公平。因此，如果说颁布《招标投标法实施条例》是我国招标投标活动可持续发展的立法里程碑，建立电子招标投标制度则是招投标活动可持续发展的技术里程碑。

建立电子招投标制度除了在推动招投标活动管理体制改革方面体现的巨大作用外，表现在评标阶段，计算机辅助评标和远程评标技术的应用，在评标环节至少解决了以下 3 个方面的问题。

一是扩大了评标专家库范围。

目前，在评标中遇到的一个最大问题是专家“不专”。特别是国有投资的依法必须招标项目，原则上中标候选人第一名中标。因此，为了保证结果公平，必须保证聘请评标专家是该领域的专家。但是，由于地区和行业的局限，加上对专家库专业分类存在的问题，不少项目从该专家库抽取的专家难以胜任项目评标而又别无选择。在评标中，有的一言不发，有的随从大流虚假评标，招标人不满意。电子技术的应用将各专家库联网极大地扩大了专家库的容量，特别是远程评标技术的运用，可以聘请外行业、外省区甚至外国的专家参加本项目的评标，使真正熟悉该项目的专家参与评标从而保证项目的评标质量。

同时，由于专家分散在全国各地，减少了投标人串标的空间，避免了一个地区仅有几个专家垄断某领域评标从而受贿犯罪现象的发生。如某市玻璃幕墙专业只有 10 人左右，这几个人决定了该市玻璃幕墙项目投标人中标的命运，迫使投标人千方百计向其行贿。当然，这些专家大都受到法律的惩处。

二是保证了评标有效时间。

现在，评标中存在的第二个问题是评标时间不能保证，评标专家必须在本单位请假脱岗到评标现场评标，其评标时间不能过长，一般是一天或半天，对于大中型项目，项目基本情况还未熟悉，投标文件基本不看，仅根据投标函匆忙评分，这样的评标质量怎能让招标人放心。计算机辅助评标和远程评标技术的应用可以使专家在本单位在一定时间段内从容评标。这样，加上计算机本身的比较、检索、计算等功能的应用可以为评标专家的评标提供可靠的技术支持，提高了效率，保证了评标质量。

三是方便对评标专家的监管。

建立电子招投标制度可以对评标专家进行有效管理。每位评标专家的评审意见自动汇总统计，经过若干项目的评标，如果某评标专家的分值超过平均值的一定范围，则应当发黄牌告知，教育无效则清退出评标专家队伍。如同国家考试中心对各类别国家考试的阅卷那样，电子评卷系统自动控制阅卷程序，每题双评，阅卷老师的打分值误差率不能超过一定范围，否则启动第三人阅卷程序，以保证阅卷公平。同样，电子招投标系统自动记录每位评标专家的评审意见的偏离数据作为考核评标专家的一个参考依据。（对于具体案例还须具体分析）这样对评标专家的监督考核就落在实处。

此外，招标人可在网上对该项目的评标报告进行审查，投标人对评标结果公示在网上结果提出意见，评标结果通过互联网接受社会监督，就会大大降低了人为渗透的各种干扰，保证了评标的质量。

考虑到对工程建设项目全过程的管理，项目建设和竣工投产后，招标代理机构应当对项目执行情况进行回访，对包括评标阶段的全部招投标过程进行评价。这样，招投标活动随着社会监督机制的完善就会进一步健康发展。

当然，毋庸置疑，如果招标人行为不端正，任何技术也不能避免违法、违规现象的发生。因此，对招投标当事人进行思想和法治教育是各级党委和监察部门永恒的主题。

（四）电子招标投标的市场呼唤《电子招标投标办法》

随着电子招标投标市场的发展，相关问题也接踵而来。首先由于缺乏制度和规范。电子交易平台不能互联互通，一个地方一套软件系统。例如，某省共有十多个地市，各地市的有形市场全部采用电子招标，但是互不相通。投标人到某地投标先交会费加入地方协会成为会员，然后“优惠”出售电子投标合成软件，允许其投标；到了本省另一个地市原来的系统不通用，必须再入该地协会，再交一份“买路钱”才能投标，投标人苦不堪言。此外，由于各级政府网站和相关服务平台、交易平台互不联通，不利于打破技术壁垒和行业界限，阻碍了信息在全国范围内的自由流动和全国统一大市场的形成。

第二，对于电子招标活动中特有的专业程序和安全问题，如投标文件传输失败的救济和法律责任，泄密的责任追究等，由于缺乏法律支撑，亟须解决。

第三，各地交易中心的建立和运行缺乏统一标准、缺乏管理，长此以往将阻碍电子招标的发展。

第四、电子招标的监管体制不健全，有形市场内的监督局限于开标旁站；交易市场外的项目缺乏手段、疏于管理。

基于此，2013 年 2 月 4 日国家发改委等部门经过认真调研反复征求意见起草颁布了行业内盼望已久的《电子招标投标办法》及其技术规范（8 部委 20 号令）。该办法于 2013 年 5 月 1 日正式实施，该法的实施为建立公平公正的电子招标投标活动的市场秩序提供了法律和技术保障。是招标投标行业可持续发展的技术里程碑。

三、电子招标投标办法解读

（一）电子招标投标办法的框架

电子招标投标办法共九章 66 条，其框架如图 13.1 所示。

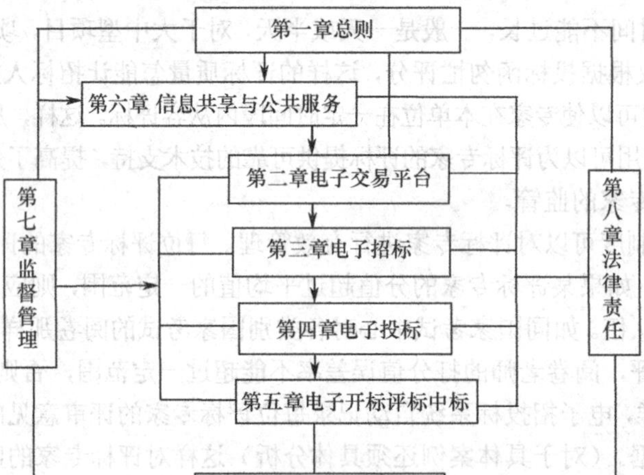

图 13.1　电子招标投标办法框架

第一章总则共 4 条包含了立法宗旨、适用范围、功能分工、建设管理和监督分工等。

第二章共 11 条，关于电子交易平台建设的相关规定。包括建设原则、建设主体、系统功能、技术标准、服务要求，以及对资格认证、从业人员、安全性、可靠度、完整性和相应义务做了规范。

第三章主要针对电子化的特点，对电子招标程序的规定共 7 条。主要有注册、公告、招标文件的下载、招标文本的标准，不得限制排斥潜在投标人和保密的义务以及澄清程序规则，等等。

第四章是关于电子投标的程序规定共 6 条。主要有运营商回避制度、注册登记、提交文本技术管道、编制投标文件加密、解密特殊要求、递交规则和资格预审文件相关规定。

第五章规定应当在选定交易平台进行，并对开标、评标和中标程序各环节针对电子招标投标的特点做了特别规定，共 12 条。

第六章是公共服务平台的规定共 5 条。包含了对交易平台、政府网站、公共服务平台公布信息的要求和内容，以及公共服务的技术要求和职能，包括对交易平台的管理职能。

第七章是关于电子招标投标活动中监督管理的规定，包括相关主体接受监督的义务、监督平台的建立和技术条件、职能分工、监督方式和其他义务性规定，共 8 条。

第八章是针对电子招标投标活动特有行为设置的法律责任，共 8 条。

第九章法规的附则一般属于补充性内容的非规范性本章规定，共 6 条。

（二）电子招标投标办法的法律渊源和电子招标的定义

1. 办法的法律渊源

第 1 条："为了规范电子招标投标活动，促进电子招标投标健康发展，根据《中华人民共和国招标投标法》《中华人民共和国招标投标法实施条例》（以下分别简称招标投标法、招标投标法实施条例），制定本办法。"

本条是对立法宗旨的规定。

法律始终被认为是社会控制可以信赖的权威，但法律一直只能是过去历史的概括总结。《电子招标投标办法》也是这样，该法是过去我国电子招标投标活动司法实践的概括性总结。电子招标投标活动的兴起需要一部针对性的游戏规则，发扬其利，去除其弊，这就是所谓规范。只有通过统一规则的规范，才能达到促进该项活动健康发展的目的。显而易见，其法律渊源是《招标法》及其《条例》。作为招标投标法律体系的组成部分，该法一个显著的特点就是技术性强，因此，需要一个技术规范作为附录和本法正文有相同法律效力。

2. 电子招标的定义

第 2 条："在中华人民共和国境内进行电子招标投标活动，适用本办法。

本办法所称电子招标投标活动是指以数据电文形式，依托电子招标投标系统完成的全部或者部分招标投标交易、公共服务和行政监督活动。

数据电文形式与纸质形式的招标投标活动具有同等法律效力。"

本条是对该法适用范围、电子招标投标活动的定义及同两种形式法律效力的规定。

本条第 1 款是该法适用范围；在我国境内，即不包括香港、澳门和台湾地区的我国领土范围内，适用本办法。

第 2 款是对电子招标投标活动的定义。所谓电子招标投标活动，一是招标投标文本，程序采用数据电文形式，二是依托构成的电子招标投标网络系统；三是完成具有完成交易、信息服务和在线监督三项职能的综合。其中，"部分或者全部"应当事先约定，不能随意变动。

本条第 3 款考虑到地域、行业、部门应用电子招标的不同情形，依据《电子签名法》第 3 条、第 4 条的规定，对纸质和电子形式的效力等级做出规范：具有同等效力。但是没有规定如果出现不一致如何处理，修正后的 30 号令、27 号令规定，"出现不一致时以书面为准，国家另有规定的除外"。

"部分或者全部""电子与纸质"通过约定都具有同等法律效力，体现了差别管理的内涵。

（三）电子招标投标的组织架构和功能

依据办法，电子招标投标系统分为电子交易平台、公共服务平台、公共监督平台，如图 13.2 所示。

交易平台的基本功能要求如图 13.3 所示。

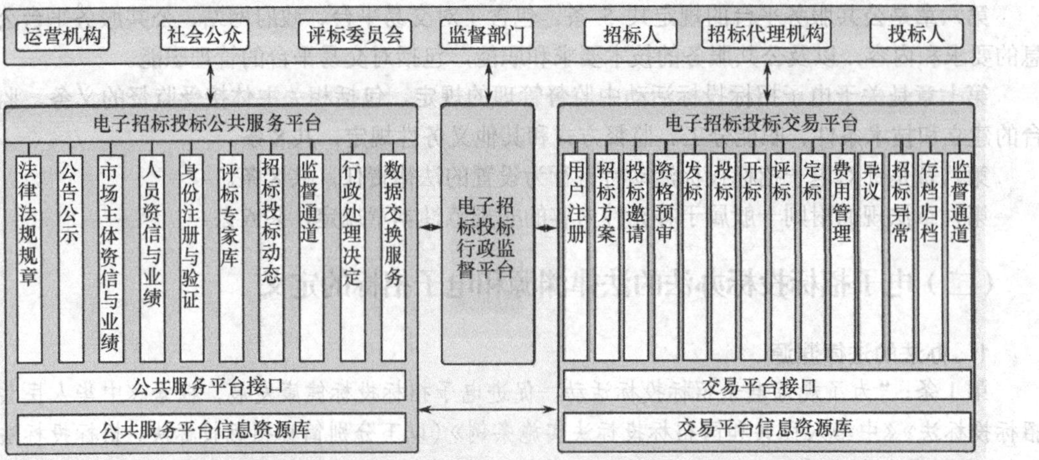

图 13.2　电子招标投标系统示意图

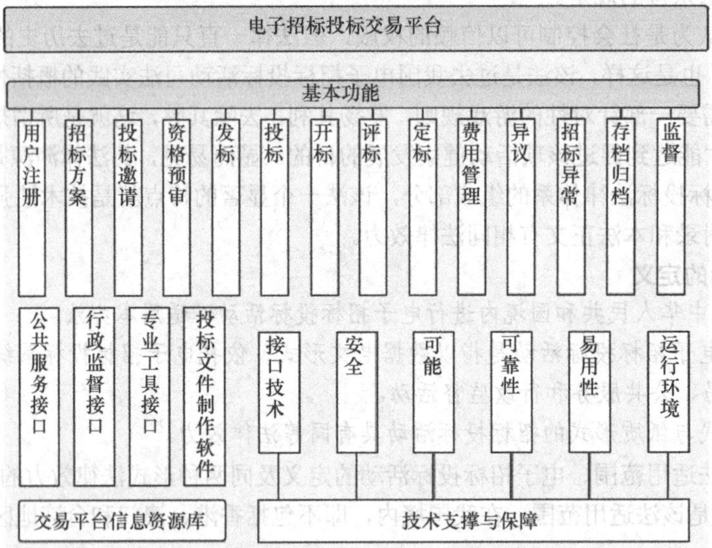

图 13.3　电子交易平台基本功能示意图

1. 中国特色的电子招标投标系统的组织架构

第 3 条："电子招标投标系统根据功能的不同，分为交易平台、公共服务平台和行政监督平台。

交易平台是以数据电文形式完成招标投标交易活动的信息平台。公共服务平台是满足交易平台之间信息交换、资源共享需要，并为市场主体、行政监督部门和社会公众提供信息服务的信息平台。行政监督平台是行政监督部门和监察机关在线监督电子招标投标活动的信息平台。

电子招标投标系统的开发、检测、认证、运营应当遵守本办法及所附《电子招标投标系统技术规范》(以下简称《技术规范》)。

该条是电子招标投标系统组织结构和功能分工及适用技术规范的规定。

第 1 款明确统一了该系统的组织结构，即交易、服务和监督三大平台结构。

第 2 款规范了三类平台的功能和属性。其中，交易平台是招标投标相对人招标采购的交易市场，体现了相对人的私权利，其组建运营应当依靠市场在竞争中发展，政府的作用是提供维持公平市场秩序的保障，公权力不应当干预交易平台的建立、运行和竞争，不能指定运营商或进行地区保护等。服务平台是为社会提供公共信息服务的平台，属于公益性质。可以由政府或协会、招标投标交易场所等部门以公益为目的按专业或行业建立、运营。在线监督平台属于行政权力维持和保证市场秩序的渠道，监督平台由政府行政监督部门和监察部门依照法定分工组建和维持其运行并开展监督活动。由于电子平台的公开性，三个平台都应当接受全社会的监督，增强了监督的有效性。电子招标活动的范围可以是招标投标程序全过程，也可以是部分过程，体现了法律对地区、行业、部门的差别管理。

在实践中，一个电子招标投标系统可以仅具备交易平台的功能，也可以具有交易平台和监督平台功能，部分电子招标投标系统还可以在具备交易平台和监管平台功能的同时，兼具某一方面公共服务平台的功能。

本条第 3 款明确了三大平台准入、运营的适用行政法规和技术要求。

2. 交易平台的市场化和专业化

(1) 交易平台的建设原则

第 5 条："电子招标投标交易平台按照标准统一、互联互通、公开透明、安全高效的原则及市场化、专业化、集约化方向建设和运营。"

本条是交易平台建设原则规定：只有标准统一才能互联互通，只有互联互通才能公开透明，只有标准统一、互联互通、公开透明才能实现电子招标投标活动的安全和高效。

为确保系统的互联互通，本办法规定，一是电子招标投标系统开发、检测、认证、运营应当符合《电子招标投标系统技术规范》的要求；二是交易平台、公共服务平台应当执行统一的信息分类和编码标准，为各类电子招标投标信息的互联互通和交互共享开放数据接口、公布接口要求；三是支持不同电子认证服务机构数字证书的兼容互认；四是不同层级的公共服务平台分别与本行政区域内相应层级的电子招标投标系统连接，下一层级的公共服务平台分别与上一层级的公共服务平台连接。通过交易平台与公共服务平台的连接，公共服务平台之间相互连接，形成全国范围互联互通的电子招标投标网络。

电子招标发展方向是市场化、专业化、集约化，三化的核心是市场化。专业化是平台的技术属性，集约化是平台市场竞争的结果。

(2) 交易平台的专业化、市场化

第 6 条："依法设立的招标投标交易场所、招标人、招标代理机构及其他依法设立的法人组织可以按行业、专业类别，建设和运营电子招标投标交易平台。国家鼓励电子招标投标交易平台进行平等竞争。"

本条明确了交易平台建设和运营机构的合法主体及不同交易平台之间平等竞争的原则。

考虑到目前国内电子招标投标系统应用的现状，该条赋予依法设立的招标投标交易场所、招标人、招标代理机构及其他依法设立的法人组织是建设和运营交易平台的合法主体。其中，交易场所由政府依法组建属于事业服务性质。但是从交易平台的市场属性考量，该平台建设的主体应当靠市场的竞争，最终也只有靠市场决定了平台的生存和发展。历史证明，不是在任何领域权力都可决定一切，过去我们工业学大庆、农业学大寨，最后也没有学成；改革开放后，工业农业的布局重来了一遍。市场本身有一个试错的过程，行政权力太强硬，纠错的代价过高。政府主导的好处是立竿见影，但是弊病也多，主要是可能造成地区、部门、行业的封锁及部分国家工作人员的设租、寻租。因此国家鼓励运营商公平竞争。招标投标行政监督部门和具有公共服务职能的招标投标交易场所不得滥用行政权力限制外地交易平台进入本地市场。同时，行政监察部门应加强对交易、服务平台人员的监督管理，这是监察部门面临的一个新的领域。

(3) 交易平台的基本功能

第 7 条："电子招投标交易平台应当依据本办法和技术规范，具备下列主要功能：

(一) 在线完成招标投标全部交易过程；

(二) 编辑、生成、交互和发布有关招标投标数据信息和文档；

(三) 提供行政监督部门和监察机关依法实施监督和受理投诉所需的监督通道；

（四）本办法和技术规范要求的其他功能。”

该条是本办法对电子招标投标交易平台规定的应当具备基本功能条件：

（一）通过在线招标采购的公平交易功能；

（二）体现电子平台优势的信息加工功能；

（三）体现电子平台公开的方便监督功能；

（四）民事行为的兜底条款。

其中在线交易相当于电子高速公路，加工信息（编辑、生成、交互和发布）靠软件载体完成，公路有标准接口方便行政监督和监察。实现平台上述四大功能的依据是本办法和技术规范，以保证系统的互联互通。

该条行为对应的法律责任是本法第 53 条（一）、（二）。

（4） 交易平台的信息服务的内容

第 41 条，“电子招标投标交易平台应当依法及时公布下列主要信息：

（一）招标人名称、地址、联系人及联系方式；

（二）招标项目名称、内容范围、规模、资金来源和主要技术要求；

（三）招标代理机构名称、资格、项目负责人及联系方式；

（四）投标人名称、资质和许可范围、项目负责人；

（五）中标人名称、中标金额、签约时间、合同期限；

（六）国家规定的公告、公示和技术规范规定公布和交换的其他信息”。

本条是关于交易平台依法公布相关信息的规定。本条依照《招标法》第 16 条第 2 款关于公告的内容、第 19 条关于招标文件编制的内容、第 47 条关于报告的规定，结合电子招标的特点是对交易平台公布的信息内容作出规范。除了在纸质形式招标中应当公布的信息外，办法补充了电子平台应当依法公布和交换信息的内容和有关合同的相关内容，包括合同缔约签订的信息，如中标人、合同金额、签约时间和合同期限等。该条补充了合同履约过程信息公示的要求，包括完成项目的质量信息、工期和结算金额信息。但在目前市场情况下并考虑到项目的复杂性或可能的涉密要求，强制性的规定还有待于其他条件的成熟，因此，法条采用鼓励的方式。尽管如此，该条规定对于规范招投标当事人依法完成合同、防止非法转包和违法分包也有重要的意义。有关部门规章应对鼓励的行为做具体化的补充，如在信用等级认定时加分，在参加依法必须招标项目的评审中加分，等等，把政策鼓励落到实处。这种透明化的监督方式是最有效的监督方式。

上述信息的及时公布是交易平台的义务，所谓“及时”应当理解为，生成即公布并同服务平台交换信息，为社会信息共享和公共服务创造条件。

（5）交易平台公共服务的义务

第 9 条：“电子招标投标交易平台应当允许社会公众、市场主体免费注册登录和获取依法公开的招标投标信息，为招标投标活动当事人、行政监督部门和监察机关按各自职责和注册权限登录使用交易平台提供必要条件。”

本条是对交易平台关于公共服务义务的规定。交易平台应当允许社会公众，市场主体免费注册登录和获得应当公开的信息如招标公告，等等。为招标投标当事人和监督部门开通登录的条件。但上网登录须满足各自职责和注册权限范围内，以满足招标信息保密的要求。交易平台作为市场化的商品应当允许其获得合法的利润并维持平台的建设和运营，因此对于其他不是依法公开的信息如招标文件或投标文件编制软件的获取可以适当收费，但本条没有对交易平台收费做出规定。

该条行为对应的法律责任是本法第 53 条（五）。

3. 公共服务平台的公益性

（1）功能定位：公益性

第44条，“电子招标投标公共服务平台应当按照本办法和技术规范规定，具备下列主要功能：

（一）链接各级人民政府及其部门网站，收集、整合和发布有关法律法规规章及规范性文件、行政许可、行政处理决定、市场监管和服务的相关信息；

（二）连接电子招标投标交易平台、国家规定的公告媒介，交换、整合和发布本办法第四十一条规定的信息；

（三）连接依法设立的评标专家库，实现专家资源共享；

（四）支持不同电子认证服务机构数字证书的兼容互认；

（五）提供行政监督部门和监察机关依法实施监督、监察所需的监督通道；

（六）整合分析相关数据信息，动态反映招标投标市场运行状况、相关市场主体业绩和信用情况。

属于依法必须公开的信息，公共服务平台应当无偿提供。

公共服务平台应同时遵守本办法第八条至第十五条规定”。

本条是对电子公共平台服务职能的具体规定，鉴于服务平台信息枢纽的地位，该平台应当具备本条规定的6项服务职能。

本条第1款第一项赋予了服务平台是链接交易平台和行政网站的全方位信息枢纽的地位；“链接”只能方便单向自动搜索浏览信息。

第二项是关于对交易平台的连接要求，其功能除了信息交换外还有整合加工的职能。该条重申了交易平台公示信息的范围和内容，“连接”指建立双向的数据信息交互关系。

第三项是连接政府专家库的技术要求，政府专家库的建设和管理属于政府的服务职能，但是由于其性质的公益性和事务性，该项工作应当委托有关事业单位管理；政府部门保留其监督执法的权力，事务性工作交由服务平台的管理部门执行，同时通过其跨部门、跨行业的事业属性和电子系统的便利条件沟通政府各有关部门的专家库，实现专家资源共享，在一定程度上解决专家库专业的全面性和在一线评标专家的集中性的矛盾。

第四项是服务平台的技术支持要求，实现服务平台、交易平台、监督平台中电子身份的兼容互认是三个平台互联互通的基础技术条件。

第五项是关于为监督、监察提供沟通渠道的要求。

第六项是关于服务平台对相关信息整合加工的要求，为市场提供动态的公益服务，包括市场运行、相关业绩和信用，便于行政和全社会的监督。

本条第2款是服务平台收费的规定，鉴于公共服务平台的公益性，服务平台中依法必须公开的信息应当免费下载，无偿提供。法律没有规定不属于应当公开信息的下载是否收费，如何收费。为了建设和维持服务平台的正常运行，地方政府或服务平台管理部门应当规定服务平台有偿收费的范围和标准，允许服务平台本着非营利的原则对本平台加工的信息适当收费。

在招标投标活动中，资格预审公告、招标公告、中标候选人公示、中标结果公布属于依法必须公开无偿公布的信息；招标文件属于有偿提供的加工的信息。

本条第3款款规定了服务平台的应当具备的条件，包括服务要求、资格认证、从业人员、软件、硬件、管理和遵守相应义务等条件。

（2）政府网站信息服务

第42条，“各级人民政府有关部门应当按照《中华人民共和国政府信息公开条例》等规定，在本部门网站及时公布并允许下载下列信息：

（一）有关法律法规规章及规范性文件；

（二）取得相关工程、服务资质证书或货物生产、经营许可证的单位名称、营业范围及年检情况；

（三）取得有关职称、职业资格的从业人员的姓名、电子证书编号；

（四）对有关违法行为做出的行政处理决定和招标投标活动的投诉处理情况；

（五）依法公开的工商、税务、海关、金融等相关信息。

政府部门网站具有公共行政管理和服务属性，一般都有对招标采购服务和管理的专栏。政府网站作为官方平台主要是通过政策引导建立并维持本地区、本行业电子交易市场秩序的公平、公正，依法行使法律赋予本部门的执法权。

本条规定了政府网站关于招标投标活动应当公开的五项内容，第一项属于包括本部门或行业法规在内的法规宣示，便于招标投标相关人依法约束相关人的行为应当符合法规要求。在法规框架内相对人的行为属于私权利，公权力对这种私权利应当予以保护。第二项是关于企业资质管理的信息公示，如对招标代理机构资质审批等工作，便于相关人监督。第三项是对从事特定行业准入条件的当事人的资格管理的公示。第四项是依照条例第 79 条规定，依法公告对相关当事人违法处理的决定，这是最有效的监督方式。第五项针对招标投标活动的经济属性，为方便合同双方缔结和履行合同，政府有关部门应当提供相关服务信息。这些内容体现了政府对招标投标活动的服务和管理职能。政府网站随着政府职能的转变，应当从微观经济领域的管理中逐步退出，交由行业组织的公共服务平台通过透明化的自律形式组织完成。

（3）政府有关部门推动服务平台建设

第 43 条："设区的市级以上人民政府发展改革部门会同有关部门，按照政府主导、共建共享、公益服务的原则，推动建立本地区统一的电子招标投标公共服务平台，为电子招标投标交易平台、招标投标活动当事人、社会公众和行政监督部门、监察机关提供信息服务。"本条是对电子公共服务平台建设主体及其提供相应服务的规定。

由于招标投标服务场所和电子招标的相关性，本条参照条例第五条的规定，明确规定推动建立招标投标公共服务平台的主体是设区的地方人民政府发改委和有关部门，不包含县级人民政府的相应机构。如有些地方由纪检监察部门牵头组建了交易场所，经政府授权日常管理由省信息中心指导。在建立服务平台时，则由地方发改委和相关纪检监察部门、信息中心等部门共同负责主导和推动电子招标投标事宜。鉴于服务平台的公益性，在建立地方服务平台中，政府不能包办，政府的主导作用靠政策，通过政策引导推动平台共建共享，所谓共建共享即服务平台的投资主体可以多元化、包括政府投资和其他社会投资共建，并体现服务平台的公益性质，为全社会开放。该平台应当"统一"，所谓统一包含了技术标准统一和数量管理的统一，在一个行政区服务平台也不易太多，以节约建设和运营的成本。

电子招标投标系统应当按照国家、省、市层级构建组成电子招标投标网络系统。但这种架构是一个技术架构，相互有合同义务关系没有行政隶属关系。

（4）政府在电子政务中提升对招标的监督能力

第 47 条："行政监督部门、监察机关结合电子政务建设，提升电子招标投标监督能力，依法设置并公布有关法律法规规章、行政监督的依据、职责权限、监督环节、程序和时限、信息交换要求和联系方式等相关内容。

本条是对政府有关部门提升招标监督能力和约束权力的规定。

鉴于目前政府有关部门已经普遍建立了电子网站和电子政务服务的现状，依据本条授权政府有关监督部门、监察部门应当结合电子政务建设提升电子招标投标监督能力。行政监督和监察执法的核心内容是依法行政、越权无效。因此该条通过网站公布了包括法律规章、行政监督的依据、职责权限、监督环节、程序和时限、信息交换要求、联系方式等内容，把权力关在笼子里，便于社会和当事人监督。

4. 三个平台的相互关系

（1）注册登记制度

第 45 条："电子招标投标交易平台应当按照本办法和技术规范规定，在任一电子招标投标公共服务平台注册登记，并向电子招标投标公共服务平台及时提供本办法第四十一条规定的信息，以及双方协商确定的其他信息。

电子招标投标公共服务平台应当按照本办法和技术规范规定，开放数据接口、公布接口要求，与电子招标投标交易平台及时交换招标投标活动所必需的信息，以及双方协商确定的其他信息。

电子招标投标公共服务平台应当按照本办法和技术规范规定，开放数据接口、公布接口要求，与上一层级电子招标投标公共服务平台连接并注册登记，及时交换本办法第四十四条规定的信息，以及双方协商确定的其他信息。

电子招标投标公共服务平台应当允许社会公众、市场主体免费注册登录和获取依法公开的招标投标信息，为招标人、投标人、行政监督部门和监察机关按各自职责和注册权限登录使用公共服务平台提供必要条件。

本条规定了电子交易平台、服务平台的注册登记制度，以及服务平台相应的技术要求和服务范围、对象、条件和内容。

该条第 1 款规定了交易平台在公共服务平台的注册管理制度，及交互信息的义务。为了打破地区和部门封锁，考虑到交易平台的经济属性，交易平台可以在任何一个服务平台注册，并依照本办法的规定提供相关信息。这种注册制度属于私权利的合同关系，依法约定双方的权利义务。

第 2 款规定了服务平台依法开放接口和信息交会的范围和内容即对“所必需”的信息做出具体界定，并协商规定信息的范围、内容和标准要求等；该内容属于服务平台和交易平台合同关系中服务平台的权利和义务。

第 3 款规定了服务平台向上一层级服务平台注册登记制度。这种制度也属于合同关系而不是管理关系。即依照本办法第 44 条的规定交互信息。电子招标服务系统的属性属于开放性和网络性，因此服务平台按层级构造，但法律没有规定层级的行政属性，省级网站对市级网站没有行政隶属关系。

鉴于服务平台属于公益性，本条第 4 款规定了服务平台的服务对象：社会公众和招投标市场。服务的范围是免费注册登录和获取依法应当公开的信息，服务内容相对于交易平台应当符合本办法第 41 条的规定，相对于不同层级的服务平台应当符合本办法第 44 条的规定；服务条件是按照职责或者注册权限登录使用平台。

法律对职责范围和注册权限之外的信息是否实行有偿服务没有做出规定。为了维持平台的正常运行应当允许服务平台对加工的信息有偿服务，但服务平台并不应当以营利为目的，地方物价部门应对服务平台的收费依法做出规定。

（2）平台的开放性规定

第 48 条：“电子招标投标交易平台和公共服务平台应当按照本办法和技术规范规定，向行政监督平台开放数据接口、公布接口要求，按有关规定及时对接交换和公布有关招标投标信息。

行政监督平台应当开放数据接口，公布数据接口要求，不得限制和排斥已通过检测认证的电子招标投标交易平台和公共服务平台与其对接交换信息，并参照执行本办法第八条至第十五条的有关规定。”

本条第 1 款规定了交易平台、服务平台向行政监督平台提供接口标准交互信息的义务。

第 2 款规定了监督平台开放接口的义务，以保证执法的公正性，不得限制和排斥合法的相关平台和交互信息，由于行政部门官员属于公务员，本办法第 8 至 16 条中有关人员资格、管理制度等规定无法完全执行，因此本条规定监督平台应当参照本办法关于电子平台相关条件的要求，具备本办法规定的基本条件。

（3）平台数据的安全责任

第 49 条：“电子招标投标交易平台应当依法设置电子招标投标工作人员的职责权限，如实记录招标投标过程、数据信息来源，以及每一操作环节的时间、网络地址和工作人员，并具备电子归档功能。

电子招标投标公共服务平台应当记录和公布相关交换数据信息的来源、时间并进行电子归档备份。

任何单位和个人不得伪造、篡改或者损毁电子招标投标活动信息。”

本条是关于交易平台和服务平台的数据安全责任的规定。

为保证数据安全，本条第 1 款规定了交易平台管理制度的法定内容要求，即平台管理制度应当包括设置从业人员职权范围和责任规定、对电子招标的过程、数据来源及其操作建立工作程序和管理制度、档案管理制度，确保在交易平台的每个操作留痕并可追溯。其中平台的硬件和软件系统能够满足所有数据自动归档的功能。

本条第 2 款规定了服务平台对相关交换数据信息来源和时间应当记录和公布并制作电子归档备份的义务。服务平台的安全责任体现在上述工作中。

本条第 3 款义务规定适用主体是任何单位和个人，其义务行为是不得伪造、篡改和损毁电子信息，属于自律的基本要求，以便于接受社会、行政和司法的监督。本办法第 58 条设置了相应法律责任。

48 条数据开放和 49 条数据安全构成交易平台接受监督的基础。前者规定了平台的方便监督的技术条件，后者规定了方便监督的管理要求。

三个平台的关系总结如下。

三个平台既相互区别，又功能互补。交易平台是基础；公共服务平台是枢纽；监督平台是手段。共同构成定位清晰、层次分明、功能互补、互联互通的电子招标投标系统架构。

（四） 电子招标投标系统的安全可靠性

为了保证系统的安全可靠，办法从标准规范、检测认证、主体资格、运行和安全制度、软件保障、制度约束、法律约束七个方面保障平台的安全可靠。

1. 交易平台的基础规范

第 8 条：“电子招标投标交易平台应当按照技术规范要求，执行统一信息分类和编码标准，为各类电子招标投标信息的互联互通和交互共享开放数据接口、公布接口要求。

电子招标投标交易平台应接口应当保持技术中立，与各类需要分离开发的工具软件相兼容对接，不得限制或者排斥符合技术规范规定的工具软件与其对接。”

本条是关于交易平台技术基础条件的规定。

第 1 款规定了依照全国电子招标投标技术规范，统一信息分类和编码标准和开放的接口标准；第 2 款规定了标准的公正性、通用性以满足其功能需要；同时还有一项禁止性规定，不得限制或者排斥符合技术规范规定的工具软件与其对接。如各投标人编制投标文件时可以使用自己已经购买的符合标准的工程计价系统的工具软件，只要符合交易平台公布的数据接口标准即可与交易平台实现数据对接交换。招标人或平台运营机构不得要求投标人购买指定的工程计价系统工具软件。又比如，为了提高投标文件制作“打包”软件与交易平台的匹配性能，将制作投标文件的“打包“软件，归入交易平台的系统组成软件一并提供投标人使用或支付合理使用费，而不得作为分离的专用工具软件，要求投标人另行一次性购买。

该条两款行为对应法律责任分别是本法第 53 条（三）、（四）。

2. 检测和认证

第 10 条：“电子招标投标交易平台应当依照《中华人民共和国认证认可条例》等有关规定进行检测、认证，通过检测、认证的电子招标投标交易平台应当在省级以上电子招标投标公共服务平台上公布。”

本条是关于政府有关部门对交易平台管理的规定。

第 1 款规定了对检测机构资格和认证机构的依据是《中华人民共和国认证认可条例》等规定，检测指通过具有相应资格的专业检测机构对交易平台进行测试验证；认证指对平台的运营商是否合格做出判断。检测是认证的基础，认证是检测的结果。即在检测合格的基础上进行专业认证。通过检测认证的平台在省级以上公共服务平台公布。最大限度地通过公开化接受公众监督；但认证认可条例主要是对认证、认可机构的设置主体资格和运行管理的规定，关于电子交易平台省级检测认证机构的确定、平台认证检测条件、认证程序，由于行业、部门和地域的差异，还需要有关部门颁布相应的执行细则予以落实。

加强对网络安全设施的建设是政府部门、社会和企业共同的责任，作为政府部门应当建立系统配套、统一完善的网络监管中心、测评认证中心、应急处理中心、病毒防治中心、数字证书认证中心等，为政府网站和社会、企业网站提供强有力的技术支撑。

为了便于管理，第 2 款是关于平台的服务器应当设在国境内的规定。

本办法仅对第 1 款设置了法律责任，其对应法条是第 53 条（七）。

3．电子交易平台运营商的资格

第 11 条：电子招标投标交易平台运营机构应当是依法成立的法人，拥有一定数量的专职信息技术、招标专业人员。

本条是关于交易平台运营主体资格要求的规定。

其合格主体有两个要件。依法成立的法人同时拥有信息技术人员和招标专业人员，但办法没有对各类别技术人员人数、比例资格等级以及招标专业人员的定义做出规定，这些都属于认证的条件之一，需相应的认证细则具体规范。

4．建立运行和安全制度

第 12 条：“电子招标投标交易平台运营机构应当根据国家有关法律法规及技术规范，建立健全电子招标投标交易平台规范运行和安全管理制度，加强监控、检测，及时发现和排除隐患。”

本条是关于对交易平台规范运行和安全的管理制度要求的规定。

运行和安全管理制度属于检测和认证的技术条件之一，鉴于招标投标保密性的特点，交易平台的运行规章制度除了满足平台可靠规范运行外，还必须建立安全管理制度，防止各类泄密事件发生。在制度层面保证招标投标的公正性。

为了保证电子招标的安全，本办法技术规范从信息保密、身份识别、权限设置、物理隔离、信息留痕、外部监督、容灾备份、安全规范八个方面，对交易安全做出全面规定。在对系统通信安全、存储安全、数据安全和备份恢复、安全缺陷防范、安全审计及对机房、网络、主机、数据存储（如，达到“系统审计保护级”，应用服务器和数据库服务器应物理分离）、系统软件（宜同时支持包括但不仅限于 Unix、Linux、Windows 等操作系统）等运行环境都作了具体规定，即开发平台应当是 JAVA EE 开发平台，该平台具有开放、安全和功能支持多的特点，但开发难度和成本较高。有些平台采用 NET 平台，只能与微软操作系统匹配，不符合规范的要求。

硬件软件系统的完善是建立健全管理制度的基础，管理制度的健全和落实才能充分发挥系统保障规范稳定安全运行的作用。

《电子招标技术办法》附录对各类用户的身份标识与鉴别、电子签名、加密、解密、访问控制及通信安全、存储安全、数据安全和备份恢复、安全缺陷防范、安全审计，以及机房、网络、主机、数据存储、系统软件等运行环境作了进一步具体要求。

本条对应的法律责任是本法第 53 条（六）。

5．软件要求

第 13 条：“电子招标投标交易平台运营机构应当采用可靠的身份识别、权限控制、加密、病毒防范等技术，防范非授权操作，保证交易平台的安全、稳定、可靠。”

本条是对电子交易平台技术条件的规定。

平台技术条件应当具有四项基本要求，一是身份识别技术；二是具备操作权限和控制技术；三是必须具备加密技术；四是应对网络专业病毒的技术。

不言而喻这四项技术功能也是平台检测和认证的条件之一，硬件、软件技术的完善应当保证平台的安全、稳定和可靠。

6．制度约束

第 14 条："电子招标投标交易平台运营机构应当采取有效措施，验证初始录入信息的真实性，并确保数据电文不被篡改、不遗漏和可追溯。"

本条是对电子交易平台信息真实可靠性管理的规定。

电子传输的属性之一就是信息痕迹的可追溯型，也是方便行政监督部门监督的优点，但同时也容易篡改。这就需要平台软件的设计有验证数据真实性的检验程序、防止篡改的保证程序，确保数据录入后不被篡改、不遗漏和可追溯。

在管理制度中，平台应建立违法和不诚信黑名单制度、建立对运营人员管理制度等，以保证交易秩序的可信度，这也是电子商务竞争力的核心。

7．法律约束

第 15 条："电子招标投标交易平台运营机构不得以任何手段限制或者排斥潜在投标人，不得泄露依法应当保密的信息，不得弄虚作假、串通投标或者为弄虚作假、串通投标提供便利。"

本条办法是对运营机构三项禁止性规定。

限制和排斥潜在投标人，泄密及弄虚作假，和围标串标是招标投标活动禁止的三类违法行为，为其提供便利属于运营机构的违法责任。也是本办法第 12 条、13 条、14 条、15 条规定的底线，即运营机构应当在人员、软件、硬件和管理方面等方面保证电子招标投标的公正性。

交易平台及其运营商相关权利、义务和责任汇总表见表 13.2。

表 13.2　交易平台及运营商权利义务和责任汇总表

	交易平台	法律责任	交易平台运营商	法律责任
一般义务	第 7 条基本功能	53 条（一）（二）	第 11 条法人资格	
	第 8 条统一编码分类	53 条（三）	第 12 条建立规范运行安全制度	53 条（六）
	第 8 条技术中立开放接口	53 条（四）	第 13 条四项基础技术	
	第 9 条免费注册获取信息	53 条（五）	第 14 条验证数据真实	
	第 10 条检测认证	53 条（七）		
	第 10 条在省级服务网公布			
	第 10 条服务器在境内			
禁止性规定	第 8 条不得限制排斥其他软件工具对接	53 条（四）	第 15 条不得限制、排斥、泄密、弄虚作假	第 56、57、58 条
权利	组建交易平台主体：第 6 条依法组建的招标投标交易场所、招标人、代理机构等法人			

（五）电子招标投标程序的要求

办法用了三个章节针对数据电文招标投标的特点依照招标投标法及其条例规定的程序和规则对相对人的权利、义务做了规范。

第三章　电子招标

本章电子招标的规定主要有注册、公告、招标文件的加载下载、招标文本的标准、不得限制排斥潜在投标人和保密的义务以及澄清程序规则等（7 条）。

1．注册登记制度

第 16 条："招标人或者其委托的招标代理机构应当在其使用的电子招标投标交易平台注册登记，选择使用除招标人或招标代理机构之外第三方运营的电子招标投标交易平台的，还应当与电子招标投标交易平台运营机构签订使用合同，明确服务内容、服务质量、服务费用等权利和义务，并对服务过程中相关信息的产权归属、保密责任、存档等依法做出约定。

电子招标投标交易平台运营机构不得以技术和数据接口配套为由，要求潜在投标人购买指定的工具软件。"

本条是关于电子招标特有的关于注册登记制度的规定。

该条第 1 款规定了交易平台使用方注册登记事项及其与交易平台运营机构约定主要的权利义务和责任。

审查登记考虑到交易平台的市场属性。一是在交易平台注册登记不同于工商登记，无须包括工商行政管理部门在内的任何单位和个人审查；二是不同于各地违规进行的备案管理；三是该登记与具体的招标项目操作是可以分离的；四是该登记在全国联网后应当是在一个平台注册登记全国通用的（远景规划）。

注册选择使用除招标人或招标代理机构之外第三方运营的电子招标投标交易平台的应当签订委托合同。即招标人（代理机构）和平台运营商的委托合同（平台运营商——电子招标中新出现的一个相关主体），按照有关法规和技术规范约定双方的权利义务。除了一般合同内容应当包含的标的、时间、金额等主要条款外，针对电子招标的特点，该合同还须对信息产权归属、保密责任、归档等做出约定。

本条的第 2 款是对运营商的禁止性条款，电子招标交易平台运营机构以满足接口为由，要求投标人购买指定工具软件获取非法高额利润是早期电子招标活动中普遍存在的问题，对规范市场的破坏性极大。故本条针对性做出规定，以防止不正当竞争和非法牟利。

2．电子招标的公告制度

第 17 条："招标人或者其委托的招标代理机构应当在资格预审公告、招标公告或者投标邀请书中载明潜在投标人和访问电子招标投标交易平台的网络地址和方法。依法必须进行招标项目的上述相关公告应当在电子招标投标交易平台和国家指定的招标公告媒介同步发布。"

本条是关于电子招标公告内容和程序的规定。

本规定是对招标人（招标代理）在发布公告内容（资格预审公告）和程序中设定的义务。公告内容补充增加了访问交易平台的网址和登录方法，公告程序要求在指定媒体外增加本交易平台，国家有关部门应当按照项目专业类别、地区、规模等制定统一的交易平台检索目录，以方便使用。依据《电子招标投标系统技术规范》电子化的招标文本实现了标准化，确保了招标文本信息的完整性，促进了招标信息的公开性；有利于社会对招标投标活动的监督。

3．电子招标文本的加载和下载

第 18 条："招标人或者其委托的招标代理机构应当及时将数据电文形式的资格预审文件、招标文件加载至电子招标投标交易平台，供潜在投标人下载或者查阅。"

本条是关于招标人（代理机构）传输电子文本规定。

招标人应当"及时"提供招标文本供投标人下载属于招标人的义务，但本条没有要求招标文本必须供潜在投标人查阅后再决定是否下载。所谓及时就是依法保证招标文件出售的时间，从出售之日起不少于 5 日。对于依法必须招标的项目从出售招标文件之日起距离投标截止时间不少于 20 日等有关规定。电子招标文件可以适当收取费用，该费用当限于平台发售环节成本的支出。上述文件应当按照与交易平台约定和公布的收费模式、金额，告知潜在投标人，付费的相关环节和方式。

4. 电子文本内容的格式化和标准化

第 19 条:“数据电文形式的资格预审公告、招标公告、资格预审文件、招标文件等应当标准化、格式化，并符合有关法律法规以及国家有关部门颁发的标准文本的要求。”

本条是针对电子招标的特点，关于招标文本格式化、标准化的规定。

所谓电子招标的特点是指标准文本的模块化处理方式。模块化的表现形式，一是数据系统一次性录入，文本内容自动核对勾稽；二是文本内容要素、结构要素与文本自动转化；三是文本来源和文本真实性的自动确认；四是文本要素信息的智能化集成。电子招标的上述特点成为招标文本标准化和格式化的技术属性，这里的标准化格式化除了形式要求以满足电子招标投标的需要外。依据条例第 15 条的规定应当使用标准文本，还包括实质内容的公平性、风险分配的合理性，以保证当事人双方的合法权益。

该规定属于招标人（代理机构）在招标环节的义务之一。

5. 电子招标环节相关的禁止性规定

第 20 条:“除本办法和技术规范规定的注册登记外，任何单位和个人不得在招标投标活动中设置注册登记、投标报名等前置条件限制潜在投标人下载资格预审文件或者招标文件。”

本条是针对电子招标技术特点产生的违法行为的禁止性规定。

该规定体现了公权力对私权利的保护。注册是当事人的“身份证明”，在公共信息平台和交易平台建立并连接的条件下，一个平台一次操作，各地各台信息共享，持续有效。本条规定除了法定许可，任何单位和个人不得借“注册登记、投标报名”的名义设定阻碍公平交易。目前此类问题比较严重，所以该条规定非常有针对性。为了体现法律的严肃性，本办法 54 条第 3 项对此违法行为设置了相应责任条款。

6. 招标环节的一般禁止性规定

第 21 条:“在投标截止时间前，电子招标投标交易平台运营机构不得向招标人或者其委托的招标代理机构以外的任何单位和个人泄露下载资格预审文件、招标文件的潜在投标人名称、数量及可能影响公平竞争的其他信息。”

本条是对电子招标投标交易平台运营机构不得泄露应当保密信息的规定。

招标投标活动在经济学领域属于博弈范畴，保密是保证结果公平的前提条件，招标法规中多处对保密作了规定，本办法依照法规规定重申了有关保密的要求，该条适用主体是交易平台运营机构，由于其技术地位的特殊性，因此针对该运营机构做出保密的规定是必要的，也是对有关法规的补充。

7. 关于对招标文本澄清程序的相关规定

第 22 条:“招标人对资格预审文件、招标文件进行澄清或者修改的，应当通过电子招标投标交易平台以醒目的方式公告澄清或者修改的内容，并以有效方式通知所有已下载资格预审文件或者招标文件的潜在投标人。”

本条是对招标人在电子招标文本澄清、修改中的义务规定。

招标人澄清修改后的义务，一是在同一平台；二是以“醒目的方式公告澄清或者修改的内容”，三是有效方式通知所有已经下载电子文本的潜在投标人，四是应当在电子交易平台公告。其中，“醒目”和“有效方式”还需要细则予以规范。不言而喻，修改后对投标截止时间所需要的时间应当符合法律要求，招标人对招标文件的修改不影响投标文件编制的，按时开标，如果影响应当保证修改之日起到投标截止时间不少于 15 日。

本章小结：在招标环节，本办法对招标人（招标代理）规定了 7 项义务性要求，对平台运营机构规定了 2 项禁止性义务规定，对任何单位和个人规定了 1 项禁止性规定，同时设置了相应责任条款。见表 13.3。

表 13.3　招标环节招标人（代理机构）的义务和责任汇总表

	招标人（代理机构）	法律责任	交易平台运营机构	法律责任
一般义务	第 16 条：在服务平台注册			
	第 16 条：签订第三方使用合同			
	第 17 条:公告内容增加网址办法			
	第 17 条：公告程序增加平台			
	第 18 条:及时加载招标文本			
	第 19 条:文本标准化格式化			
	第 22 条：通过平台澄清			
禁止性规定			第 16 条：不得要求购买指定的工具软件	第 54 条
			第 21 条:投标人名称数量不得泄密	第 56 条
	第 20 条:任何单位和个人不得非法设置注册、报名等前置环节限制潜在投标人下载文本			第 54 条(三)

第四章　电子投标

本章对运营商回避制度、注册登记、提交文本技术管道、编制投标文件加密、解密特殊要求、递交规则和资格预审文件相关等投标程序做了规定。(6 条)

1．电子投标中防止利益冲突的规定

第 23 条："电子招标投标交易平台的运营机构，以及与该机构有控股或者管理关系可能影响招标公正性的任何单位和个人，不得在该交易平台进行的招标项目中投标和代理投标。"

本条是在电子招标中关于防止利益冲突的规定。

防止利益冲突原则是国际招标采购通行规则的三大制度之一，为了保证招标采购的公正性，本条规定有关电子交易平台运营机构，以及与该机构有控股或者管理关系可能影响招标公正性的任何单位和个人，不得在该平台进行招标项目中投标或者代理投标。鉴于我国现行经济管理体制的现状，这种控股或管理关系还需要对是否影响公正进行甄别，如集团公司的电子平台招标，在不影响公正性的条件下其若干子公司应当允许其投标。这同条例第 34 条的规定和解释是相同的。该条是本章对交易平台运营商规定的唯一一项禁止性规定。

2．电子投标注册和验证制度

第 24 条："投标人应当在资格预审公告、招标公告或者投标邀请书载明的电子招标投标交易平台注册登记，如实递交有关信息，并经电子招标投标交易平台运营机构验证。"

本条是电子招标程序相关程序的规定。

本条是依据电子招标特点对法定投标程序的补充，也是相对于纸质投标不同的地方，是对投标人规定的义务要求。投标人应当对投标信息的真实性负责，投标商的投标信息记录将在平台信息库保存作为其诚实性用的资料之一。该条程序规定，一是投标人在平台注册登记；二是该登记资信基本信息须经过运营平台验证。

技术规范第 5.1.3B 规定，交易平台应该具备从公共服务平台交换获取投标人注册信息并修改验证的功能。有关信息的范围内容按照技术规范附件表格 A.2.1，A.2.2.填报。包括第一次注册的数据项、数据取值范围、数据类型和数据格式。运营商可以要求投标人提供原件进行信息一致性的验证核实。投标人的信息发生变化应在平台及时进行数据变更处理，并经运营商重新验证。

3．关于电子投标文件递交的管道

第 25 条："投标人应当通过资格预审公告、招标公告或者投标邀请书载明的电子招标投标交易平台递交数据电文形式的资格预审申请文件或者投标文件。"

本条是关于递交电子投标文件管道的规定。

该条是对法定投标程序的补充，规定了递交投标文件的技术管道是招标文本载明的交易平台，招标文件载明的平台可能是本交易平台以外的交易平台，使用该台平提供的投标文件合成软件与投标人内部文件编制审核系统要对接。这是对投标人投标义务的规定。

4．关于编制电子投标文件的技术条件

第26条："电子招标投标交易平台应当允许投标人离线编制投标文件，并且具备分段或者整体加密、解密功能。"

本条是关于投标人编制电子投标文件和加密的规定。

第 1 款是赋予投标人编制投标文件的权利：可以离线编制，既是企业内部审核程序的需要，也有保密的考量；但须分段或整体加密解密，该款也是对交易平台的技术性规定。本办法不反对在线加密，但交易平台应当提供离线编制投标文件的功能。

第 2 款是投标人的义务，即编制投标文件的依据，一是投标文件实质性要求，二是交易平台的投标技术要求，同时投标文件必须加密。

第3款是对条例第36条拒收投标文件的补充，依据条例第36条规定，接收投标文件的资格预审合格、按时送达、密封符合要求等三项条件中，密封条件在电子招标中表现为投标文件的加密，因此，投标文件没有加密也应当拒收。在接受环节运营商有拒收的提醒告知义务和窗口提示功能。

5．关于电子投标的递交程序

第27条："投标人应当在投标截止时间前完成投标文件的传输递交，并可以补充、修改或者撤回投标文件。投标截止时间前未完成投标文件传输的，视为撤回投标文件。投标截止时间后送达的投标文件，电子招标投标交易平台应当拒收。

电子招标投标交易平台收到投标人送达的投标文件，应当即时向投标人发出确认回执通知，并妥善保存投标文件。在投标截止时间前，除投标人补充、修改或者撤回投标文件外，任何单位和个人不得解密、提取投标文件。"

本条是关于递交电子投标文件程序的规定。

本条第 1 款依照《招标法》第 29 条及其条例第 35 条的规定赋予投标人补充、修改或者撤回投标文件的权利和应当在投标截止前完成投标文件传输的义务，在投标截止时间前正在传输但到了截止时间未完成的视为"撤回"。但截止时间后开始传输的视为放弃投标，依据条例 35 条的规定，上述投标人有义务书面告知招标人，招标人应在收到书面报告 5 日内退还其保证金。

第 2 款规定了交易平台接收投标文件的义务。一是发出确认回执，二是妥善保存，三是保证除投标人外在截止时间前其投标文件处于保密状态。

6．电子资格预审文件的法律适用

第28条："资格预审申请文件的编制、加密、递交、传输、接收确认等，适用本办法关于投标文件的规定。"

本条是对资格预审文件编制、加密、递交、传输、确认的规定，适用本办法第 25、26、27 条的规定执行。

第四章小结：本章赋予投标人 1 项权利规定了 4 项义务，对平台运营机构规定了 3 项义务。同时针对利益冲突投标人、任何单位和个人分别做了禁止性规定，但本法没有对此专门设定责任条款，参照《招标法》及其条例的相应条款执行。其汇总见表 13.4。

表 13.4　投标环节投标人和交易平台运营机构的义务汇总表

	投标人	法律责任	平台运营机构	法律责任
权利	第 27 条：规定截止前可以补充修改撤回投标文件			
一般义务	第 24 条：在平台注册登记		第 26 条应当允许离线编制投标文件	
	第 25 条：通过平台递交文本		第 26 条未加密应当拒收并提示	
	第 27 条：按时提交投标文本		第 27 条收到确认回执	
禁止性	第 23 条：和交易平台有利益冲突的投标人不得在本平台投标或代理投标			参照条例 34 条
规定	第 27 条:任何单位个人不得在开标前解密提取投标文件			参照标法 52 条

第五章　电子开标、评标和中标

本章对开标时间地点和人员、开标在线解密、开标记录公布、评标场所条件、在线评标（澄清）、在线提交评标报告、依法公示中标候选人、公布中标结果、在线发出中标通知书、在线签订合同做出规定；同时鼓励在线公布合同履行的信息。资格预审文件的评审适用本办法、有关异议应当在线处理以及关于电子存档的要求共 12 条。

1．电子开标程序的相关规定

① 第 29 条："电子开标应当按照招标文件确定的时间，在电子招标投标交易平台上公开进行，所有投标人均应当准时在线参加开标。"

本条是关于电子开标时间地点和当事人的规定。

本条对《招标法》第 34 条及其条例第 44 条的补充，依法开标是招标人的法定义务。法规规定邀请投标人参加开标会议，对投标人是否到现场参加没有强制性规定。鉴于电子招标的技术要求，本办法要求所有投标人在开标时应当准时在线，否则无法对其投标文件解密，介于其特殊性，法律对此作了强制性规定。但是本办法对是否到开标现场在线没有要求，也没有对投标人开标时不在线设立法律责任。

② 第 30 条："开标时，电子招标投标交易平台自动提取所有投标文件，提示招标人和投标人按招标文件规定的方式按时在线解密。解密全部完成后，应当向所有投标人公布投标人名称、投标价格和招标文件规定的其他内容。"

本条是关于交易平台在开标环节应当具备功能的规定。

第一项功能是自动提取投标文件和提取完成的告知功能。其中，提示的对象是招标人和投标人，提示的内容是依照招标文件约定的解密办法在线解密。第二项功能是交易平台依照招标文件规定的方式在线解密后将自动生成唱标记录文件作为开标记录的组成部分，解密全部完成一并向所有投标人公布。公布的内容包括投标人名称、投标价格和招标文件规定的其他内容。电子开标可以避免唱标错误等唱标方式产生的无谓错误。违反本规定将承担法律责任。

实践中，完整的电子开标程序要点如下。

① 招标人或委托代理机构主持开标会议，根据系统事先设定的权限流程主持程序按计划进行。

② 参加开标会的投标人电子签到，向主持人报到。

③ 开标截止时间到开标正式开始，平台自动提取投标文件。

④ 交易平台向主持人显示投标文件的数量，不足 3 人的，自动提示是否继续开标，主持人依

法决定是否继续开标或终止开标。

⑤ 交易平台验证并公布投标文件没有篡改，遗漏及其投标过程的记录。

⑥ 主持人在线发出解密指令，招标人和投标人按照招标文件要求在线解密。如出现解密失败的情形，主持人提醒投标人采取招标文件约定的补救措施提交解密投标文件。一般解密时间由系统设定。所有投标文件可同时操作，无须依次进行。

⑦ 解密完成后，交易平台依据规范 5.6.2 向所有解密的投标人演示开标记录的数据项，包括标段（包）编号、开标参与人、唱标内容（包括投标人名称、报价、工期或交货期）、保证金额、投标文件递交时间等。有些平台还可实现语音唱标。

⑧ 投标人对开标有异议的，应通过平台向招标人提出，主持人应当在线当场答复，并在开标记录表形成异议及答复记录。

⑨ 交易平台自动生成开标记录，参加开标的投标人电子签名确认，签名时间结束后如有未签名的监标人可以替其签名并作出说明。

⑩ 经电子签名确认的开标记录表向所有投标人公布，并通过交易平台向社会公众和服务平台同步发布（应当保密的除外）。至此开标流程结束。

（3）电子投标文件的撤回和撤销

第 31 条：“因投标人原因造成投标文件未解密的，视为撤销其投标文件；因投标人之外的原因造成投标文件未解密的，视为撤回其投标文件，投标人有权要求责任方赔偿因此遭受的直接损失。部分投标文件未解密的，其他投标文件的开标可以继续进行。

招标人可以在招标文件中明确投标文件解密失败的补救方案，投标文件应按照招标文件的要求做出响应。”

本条是关于电子投标文件撤回和撤销的规定。

电子招标投标的撤回和撤销是该项活动特有的技术问题，虽然在实践中解密失败的概率很小，但作为游戏规则，应当对此做出规定。本条对解密失败依照其责任认定规定了不同处理方法。

实践中，由于投标人解密失败的原因主要有：①数字证书保管不善导致遗失、错拿；②输错密码；③操作失误；④其他等。

非投标人的责任和原因主要有：① 网络通信服务提供商责任，如在输入解密信息中由于网络中断导致信息未传输至交易平台服务器，导致无法解密；② 交易平台软件供应商责任，如平台使用的软件存在功能缺陷或系统不稳定，可能导致解密失败；③ 配套应用软件供应商的责任，如交易平台配套软件选择不当或选择了盗版的应用软件，也会导致解密失败；④ 其他情形，如网关接口不畅等。

法律规定，由于投标人的原因视为撤销其投标文件承担撤销招标文件的责任，即投标保证金可以不退还；如因投标人之外的原因，如属于交易平台的技术障碍不能输入平台，则视为投标文件的撤回，投标保证金应当退还。同时投标人有权要求责任方赔偿其直接损失，一般应承担缔约过失责任。但条文没有对如何识别解密没有成功责任认定的主体、程序和标准做出规定，需要经过实践，通过细则规定予以完善；本法规定如发生个别投标文件不能解密的情况不影响开标的继续进行，授予招标人依法临时处置继续进行开标或组织评标的权利。

由于解密程序的技术复杂性和责任认定的复杂性，本条第 2 款规定了招标文件应当包括投标文件解密失败补救方案的救济条款。发生此类事件时，招标文件应当规定，允许不能解密的投标人可以用光盘输入以示公平等，或者在交易平台存放投标文件摘要校验本，待再次解密后验证其投标文件的真实性，防止替换、篡改，尽量减少由于技术手段缺陷造成的不公平。投标文件应对招标文件的要求做出响应。

（4）电子开标记录的公布

第 32 条：“电子招标投标交易平台应当生成开标记录并向社会公众公布，但依法应当保密的招标项目除外。”

开标记录表包含了唱标记录在内的在开标阶段发生的相关事宜，依据规范 5.6.2 向所有解密的投标人演示开标记录的数据项，包括标段（包）编号、开标参与人、唱标内容（包括投标人名称、报价、工期（交货期）、保证金额、投标文件递交时间等。开标记录表是评标报告的组成部分，该条规定是对招标投标法规关于电子交易平台技术条件的补充。由于开标记录可能涉及需要保密的事项，所以本条规定了相应的除外条款。

2. 电子评标的相关规定

（1）电子评标的条件和管道

第 33 条：“电子评标应当在有效监控和保密的环境下在线进行。

根据国家规定应当进入依法设立的招标投标交易场所的招标项目，评标委员会成员应当在依法设立的招标投标交易场所登录招标项目所使用的电子招标投标交易平台进行评标。

评标中需要投标人对投标文件澄清或者说明的，招标人和投标人应当通过电子招标投标交易平台交换数据电文。”

本条是关于电子评标环境条件和组织程序的特别规定。开标除了依照《招标法》第 38 条规定应当在严格保密的条件下进行外，针对电子招标的特点，补充了电子招标需要的有效监控的评标条件。对于远程异地评标应当在符合上述条件的基础上进行，即交易平台必须建立视频、音频、第三方切入监控等设施完善的具备保密条件的会务平台，通过会务平台满足有效监控和远程异地评标等功能的实现。

实践中保密和监控的措施主要有：

① 评标区需要采取物理隔离措施，保证其相对封闭，相关人员出入应当履行相关手续；

② 评标期间非紧急事项一般不能使用通信工具同外界通话，遇到紧急情况必须通信应当在有效监控下进行；

③ 通过制度和技术手段保证评标资料包括下载的文件、记录仅限在评标区域使用，不能带出评标区或外传。

④ 澄清说明和补正通过交易平台送达投标人；

⑤ 评标结束时，应当向评标专家及其工作人员进行保密提示，保证评标资料的保密。

⑥ 对评标全过程的摄像资料存档期应当为投标有效期结束后 90 日以上。

第 2 款规定了评标委员会成员评标应当使用规定的交易平台，属于评委应当承担的义务；评审的对象是在依法设立的招标投标交易场所登录的招标项目。一般指国有控股占主导地位的依法必须招标的项目；但法律没有对违反该行为设置责任条款。

第 3 款规定依据法定评标程序澄清说明补充的渠道也应当使用相同的交易平台交互信息数据。该款是对评委和投标人的限制性义务规定。

第 34 条：“评标委员会完成评标后，应当通过电子招标投标交易平台向招标人提交数据电文形式的评标报告。”

向招标人提交评标报告是评标委员会评标的法定程序和义务；本条规定了提交评标报告的渠道。鉴于电子信息的可追溯性，以此可以准确确定公示的起始时间。

《技术规范》5.7.3 规定，电子交易平台应具备评标报告编辑、阅读的权限设置、签署和提交功能，并且规定了评标报告应包括：标段（包）编号；中标候选人名称及排名、投标价格、评分结果或评标价格、中标结果、附件等。

（2）公示和公布

第 35 条：“依法必须进行招标的项目中标候选人和中标结果应当在电子招标投标交易平台进行公示和公布。”

本条是关于中标候选人公示和中标结果公布的规定。

该条是对条例的重要补充，一是条例规定了对中标候选人的公示制度，本办法补充了应当公布中标结果。其中，中标候选人公示，表示还未确定中标人，中标结果公布，表示中标人的确定。二是补充了在交易平台公示或公布相关信息，即程序补充了交易平台的媒体渠道。该条适用对象是依法必须招标的项目，包括国有资金控股或占主导地位的依法必须招标的项目和其他资金性质的依法必须招标的项目。该条是本办法对招标人在中标阶段补充的义务性规定。

《技术规范》5.8.1 规定了交易平台应具备向服务平台提供中标候选人的功能，中标结果的编辑、提交审核、验证确认、备案、发布和向服务平台提供相关数据的功能，在电子公共服务平台全国联网后，中标候选人或中标人在网络体系上公示或公布。

3. 电子定标的相关规定

① 第 36 条："招标人确定中标人后，应当通过电子招标投标交易平台以数据电文形式向中标人发出中标通知书，并向未中标人发出中标结果通知书。

招标人应当通过电子招标投标交易平台，以数据电文形式与中标人签订合同。"

本条是电子招标投标活动中定标的特别规定。

发中标通知书是招标人的权利，但通过法定管道发中标通知书是其义务。本条对招标人的该项权利做了符合电子招标特点的限制，即规定了通过电子交易平台传输中标通知书并签订合同。招标人发出中标通知书后可以在线下同中标人就非实质问题进行谈判并最终确定合同文本。但为了便于监督，签订合同应当在网上进行。该条同时规定了向未中标人发出中标结果的相应义务。

《技术规范》5.8.6 规定了交易平台对合同管理应具备的功能。

"合同管理应满足以下要求。

a）应提供招标项目标段（包）与合同的关联关系。

b）应具备根据法律法规规章和招标文件约定的内容，编辑、形成、递交、验证确认和签署合同文本的功能。

c）应具备向公共服务平台提供规定要求的合同信息的功能。

d）宜具备按规定要求向相关主体和管理单位收集、记录和验证合同履行结果的相关信息。

e）合同的数据项格式详见附录 A.1.20。"

② 第 37 条："鼓励招标人、中标人等相关主体及时通过电子招标投标交易平台递交和公布中标合同履行情况的信息。"

本条是关于鼓励通过交易平台公布合同履约信息的规定。

该规定是对《招标法》及其条例的补充，但属于提倡鼓励性质，因此没有强制性和相应法律责任。鉴于纸质招标文件的局限性，法规没有要求公布招标采购签订的合同履约情况信息，本办法鼓励发包人和承包人提交履约信息体现了合同双方的自我约束，也有利于有关部门对非法转包和违法分包等问题的监督。这对于加强对履约过程中违法行为的监督有重要意义。

4. 关于资格预审申请文件的相关规定

第 38 条："资格预审申请文件的解密、开启、评审、发出结果通知书等，适用本办法关于投标文件的规定。"

本条是关于资格预审评审的有关规定，其程序有解密、开启、评审和发出结果通知书 4 个环节，这同电子投标文件规定程序和要求相同。

5. 关于电子招标投标活动中异议法定管道的规定

第 39 条："投标人或者其他利害关系人依法对资格预审文件、招标文件、开标和评标结果提出异议，以及招标人答复，均应当通过电子招标投标交易平台进行。"

该条是对异议投诉程序子电子招标投标活动中的补充规定。

条例赋予了投标人或利害关系人对投标文件（第 24 条）、开标程序（第 44 条）和评标结果（第 54 条）提出异议的权利和招标人答复的义务，本办法规定同条例的相应条款一致，但鉴于电子招投标的特点，补充了其权利和义务的行使应当通过交易平台进行的约束条件，一是方便迅速。二是便于监督。

6．关于电子招标投标活动的文件存档

第 40 条，“招标投标活动中的下列数据电文应当按照《中华人民共和国电子签名法》和招标文件的要求进行电子签名并进行电子存档：

（一）资格预审公告、招标公告或者投标邀请书；

（二）资格预审文件、招标文件及其澄清、补充和修改；

（三）资格预审申请文件、投标文件及其澄清和说明；

（四）资格审查报告、评标报告；

（五）资格预审结果通知书和中标通知书；

（六）合同；

（七）国家规定的其他文件”。

本条是对电子文件存档的规定。

该条是对《招标法》及其条例的补充，是招标人的法定义务。《招标法》第 47 条规定了依法必须招标的报告制度，但没有对报告的内容做出规定，本条对归档的形式和内容作了规定，从公告至合同阶段的全部文件，包括国家规定的其他文件。文件形式要求进行招标人电子签名，归档文件应当包含向有关部门报告的内容。特别是包含了《工程建设项目施工招标投标办法》（30 号令）第 65 条书面报告内容中没有要求的合同。内容中第（七）项是兜底条款，适用于国家有规定的专业部门和行业。这非常有利于行政监督部门对招投标程序和合同履约的监督。

本章小结：本章对招标人补充了 2 项权利和 5 项义务规定；对交易平台规定了应当具备的 4 项条件；对投标人补充了 1 项权利和 4 项义务规定；对评标委员会规定了 3 项义务性规定。本章的义务没有设置专门的法律责任。见汇总表 13.5。

表 13.5　电子招标投标活动开标、评标、中标环节相关权利义务汇总表

	权利	义务（技术管理条件）	责任
招标人（代理机构）	第 31 条第一款，部分未解密可以继续进行； 第 32 条第二款，可以在招标文件明确补救方案	第 29 条应当按时在平台开标； 第 35 条依法招标项目中标候选人和中标结果在平台公示和公布 第 36 条通过平台发中标通知书、签订书面合同 第 39 条对投标人的各类异议通过平台回复 第 40 条对法定存档文件电子签名并电子存档	
交易平台		第 30 条自动提取所有投标文件，并提示解密，并向投标人公布投标要约； 第 32 条自动生成开标记录并公布 第 33 条保证评标有效监控和保密环境（也是招标人义务）	
投标人	第 31 条因投标人之外原因造成投标文件不能解密投标人有权要求赔偿直接损失	第 29 条开标准时在线 第 31 条第二款相应补救方案 第 39 条对招标文本、开标、中标的异议通过平台进行。	
评标委员会		第 33 条对依法评标项目在交易场所的平台评标 第 33 条澄清说明应在平台进行 第 34 条应当通过平台提交评标报告	

（六）关于电子招标投标的监督

办法对电子招标投标活动监督的职能分工和相关主体接受监督的义务、监督平台的建立和技术条件、职能分工、监督方式和其他义务性作了规定。

1. 关于电子招标监督管理职责分工

第 4 条："国务院发展改革部门指导和协调全国招标投标工作，对国家重大建设项目的工程招标投标活动实施监督检查。国务院工业和信息化、住房城乡建设、交通运输、铁道、水利、商务等部门，按照规定的职责分工对有关招标投标活动实施监督。

县级以上地方人民政府发展改革部门指导和协调本行政区域的招标投标工作。县级以上地方人民政府有关部门按照规定的职责分工，对招标投标活动实施监督，依法查处招标投标活动中的违法行为。县级以上地方人民政府对其所属部门有关招标投标活动的监督职责分工另有规定的，从其规定。

财政部门依法对实行招标投标的政府采购工程建设项目的预算执行情况和政府采购政策执行情况实施监督。

监察机关依法对与招标投标活动有关的监察对象实施监察。"

第 4 条是对招标投标活动监督管理职责分工的规定。

第 1 款重复了条例第 4 条关于对招标投标活动的职责分工。

第 2 款首次在部门规章层面提出招标投标交易场所监管部门的机构，并赋予其在推动电子招投标活动中的督促、指导和配合职能。依据条例规定，招标投标交易场所由设区的市级以上人民政府组建，依据政府职能分工有关部门对该场所有监督管理的职能，包括行政、人事、业务等管理，这些管理职权属于行政授权，但本条规定的权利属于法律授权。即在开展电子招标活动中，设区的市级以上人民政府有关部门有督促、指导招标投标交易场所推进电子招标投标活动，配合依法对招标投标活动实施监督的责任。由于条例已经对招标投标活动的监督管理作了明确的分工，所以办法对建设平台相关工作的范围、性质对作了严格规定。

第 3 款明确了电子招标投标系统建设、运营、检测和认证工作活动实施监督的责任主体是省级以上人民政府；但未指定分管部门，由本级政府结合地方实际情况确定；有关行政监督部门可以在该平台系统依法对电子招标投标活动实施监督。

第 4 款依照条例分工原则对监察机关在电子招标投标中的职能作了界定，即对招标投标活动中监察对象实施监察而不是对交易活动的监督，其中监察对象包括行政监督部门，如各级招标办及交易中心工作人员，等等。

2. 相关主体接受监督和履行相关义务的规定

第 46 条："电子招标投标活动及相关主体应当自觉接受行政监督部门、监察机关依法实施的监督、监察。"

本条是对相关主体应当接受监督的规定。

本条依照《招标法》第 7 条和条例第 4 条的规定对电子招标投标活动做出相应规定，是电子招标投标活动相对人的法定义务。但是鉴于监察部门在建立交易场所和电子招标投标系统的重要作用，在条文中行政监督、行政监察并列明示，行政监督负责对电子招标投标活动的监督，行政监察负责对该活动中属于监察对象实施行政监察。

3. 监督部门工作人员的义务

第 50 条：行政监督部门、监察机关及其工作人员，除依法履行职责外，不得干预电子招标投标活动，并遵守有关信息保密的规定。

本条是对监督部门遵守相关义务的规定。

本办法依照条例第六条的规定，要求监督部门、监察部门及其工作人员依法行政，不得非法干预私权利范围内的民事活动，同时应当享有保密的义务。这两项义务都设置了责任条款。

4．电子招标投标活动中投诉的相关规定

① 第 51 条："投标人或者其他利害关系人认为电子招标投标活动不符合有关规定的，通过相关行政监督平台进行投诉。"

本条是相对人通过监督平台进行投诉的规定。

本条规定了在电子招标投标活动中当事人投诉的权利，投诉的主体同条例的相关规定相同。投诉可以通过相关行政监督平台，如交易平台的监督接口、服务平台的监督接口或监督平台进行。

本条关于投诉技术管道的规定属于推荐性，没有对如果用通过其他方式如书面投诉是否受理做出强制性要求，充分考虑了不同地区、行业电子招投标发展的差异，方便相对人投诉。

② 第 52 条："行政监督部门和监察机关在依法监督检查招标投标活动或者处理投诉时，通过其平台发出的行政监督或者行政监察指令，招标投标活动当事人和电子招标投标交易平台、公共服务平台的运营机构应当执行，并如实提供相关信息，协助调查处理。

本条是关于投诉中相关人义务的规定。

由于本办法针对电子招标投标活动，因此行政监督部门、行政监察部门在执法中通过其平台发出的行政指令，如责令暂停等指令通过监督平台发出；该条规定了交易平台和服务平台运营机构执行行政指令的法定义务。相关人员接受指令后有如实提供相关信息和协助调查的义务。

小结：除了第 4 条监督职能分工外，监督内容第七章 7 条分为两个层次。第一个层次是第 46 条和第 47 条，前者规定了相关主体接受监督的义务，后者规定了监督的约束条件防止权力滥用；第二个层次是第 50、51 和 52 条，分别对监督部门工作人员的要求、被监督者的法律救济权利和程序作出规定。

（七）关于电子招标投标活动的法律责任

第八章　法律责任

本章针对系统特点和一般违法两类行为分别设置法律责任共 6 条。

1．针对电子招标投标特点设置的法律责任

（1）系统的法律责任

第 53 条："电子招标投标系统有下列情形的，责令改正。拒不改正的，不得交付使用，已经运营的应当停止运营。

（一）不具备本办法及技术规范规定的主要功能；

（二）不向行政监督部门和监察机关提供监督通道；

（三）不执行统一的信息分类和编码标准；

（四）不开放数据接口、不公布接口要求；

（五）不按照规定注册登记、对接、交换、公布信息；

（六）不满足规定的技术和安全保障要求；

（七）未按照规定通过检测和认证。"

本条是电子化招标特有的责任条款，也是相关平台技术准入的责任条款，法律适用主体是电子招标投标系统的法人。该系统不符合上述条款责令改正，拒不改正的，新建的平台不得交付使用，正在运行的平台停止运营。

第一项是电子平台的基础准入条件不合格，主要属于硬件不合格。

第二项、第三项、第四项是满足平台监督、管理、服务功能的充要条件，也是平台运营检测的条件之一，如果不合格应当承担相应责任。

第五项属于运营商没有履行其法定义务的责任条款。

第六项是关于电子平台技术和安全保障的要求。平台的技术和安全属于动态管理范畴，安全措施除了硬件、软件技术的原因外，还和管理有关，平台的安全是电子招标的保障条件。安全措施属于检测认证的重要指标。

第七项属于电子平台检测认证的责任条款。对电子平台的检测和认证属于对电子平台管理制度的重要组成部分。

（2）招标人和运营商的法律责任

第54条："招标人或者电子招标投标系统运营机构存在以下情形的，视为限制或者排斥潜在投标人，依照招标投标法第51条规定处罚。

（一）利用技术手段对享有相同权限的市场主体提供有差别的信息；

（二）拒绝或者限制社会公众、市场主体免费注册并获取依法必须公开的招标投标信息；

（三）违规设置注册登记、投标报名等前置条件；

（四）故意与各类需要分离开发并符合技术规范规定的工具软件不兼容对接；

（五）故意对递交或者解密投标文件设置障碍。"

本条是针对电子招标技术手段排斥和限制潜在投标人的责任条款。法律适用主体是招标人和电子平台运营机构，本条参照条例第32条对电子招标中特有的违法行为做了明确规范以便行政和社会监督。

本条规定的"视为"在法律上事实即为"推定"。

这里所谓"推定"其实是根据某一事实的存在而做出的与之相关的另一事实存在(或不存在)的假定，这种推定与证据问题息息相关，它可以免除主张推定事实的一方当事人的举证责任，并把证明不存在推定事实的证明责任转移于对方当事人。

第一项是电子技术造成的差别信息，其特征是技术手段，对象是平等的市场主体除了投标人及其利害关系人外还有服务平台等。

第二项是不公正行为的表现条款。其行为表现依照违法形式分为拒绝和限制；违法的内容是对社会公众、市场主体免费注册和获取法定信息。

第三项设置无关条件的电子技术表现形式，违规形式是违规设置注册登记、投标报名等前置条件。

第四项、第五项都是设置歧视性条款的电子表现形式。其中，两项行为违法认定的要件首先是故意所致，第四项违法的客体内容是需要分离开发的合格工具，软件不兼容、不对接。第五项违法的客体内容是在递交和开标解密两个环节设置障碍。

上述行为的后果不能改正并影响中标结果的应当按照《招标法》第51条追究其法律责任。

（3）运营商的侵权责任

第55条："电子招标投标交易平台运营机构有下列情形的，责令改正，并按照有关规定处罚。

（一）违反规定要求投标人注册登记、收取费用；

（二）要求投标人购买指定的工具软件；

（三）其他侵犯招标投标活动当事人合法权益的情形。"

本条适用主体是电子招标投标交易平台运营机构，其行为表现为侵权行为。

第一项本办法第55条第二项违法行为的结果，其性质属于乱收费；情节严重的，应当按照《价格法》的有关规定处罚。

第二项是本办法第55条第四项违法行为的结果，其性质属于不正当竞争行为，情节严重的按照《反不正当竞争法》处罚。

第三项是对投标人的其他侵权行为，依照侵权责任的性质和情节分别依法处理。侵权责任主要是赔偿责任。

（4）运营商验证义务的法律责任

第 59 条：“电子招标投标系统运营机构未按照本办法和技术规范规定履行初始录入信息验证义务，造成招标投标活动当事人损失的，应当承担相应的赔偿责任。”

本条是对专门针对电子招标投标系统运营机构的责任条款，公正是运营机构的基本职业道德准则。法律规定了运营机构初始录入信息验证的权利，该权利关系到招投标相关人的合法权益，包括招标人、投标人和利害关系人，如果给当事人造成损失的，本条依照侵权的法律责任要求运营机构给予赔偿。这种损失赔偿主要是经济性质。

2．泄密、围标串标和弄虚作假行为的法律责任

（1）泄密的责任

第 56 条：“电子招标投标系统运营机构向他人透露已获取招标文件的潜在投标人的名称、数量、投标文件内容或者对投标文件的评审和比较及其他可能影响公平竞争的招标投标信息，参照招标投标法第 52 条关于招标人泄密的规定予以处罚。”

本条属于涉嫌泄密的责任条款，其行为表现形式除了传统招标投标活动关于对潜在投标人相关信息的泄密和评标相关信息泄密外，还补充增加了其他可能影响公平竞争投标信息的泄密，适用主体除了招标投标当事人之外，还包括系统运营机构。这都是由于电子招标的特点决定的。其违法责任参照招标投标法第 52 条的处罚规定包括警告、罚款处分和追究刑事责任。之所以规定参照执法，表示了在处理电子招标投标的泄密活动中要注意电子招标的特点。

（2）串通投标的法律责任

第 57 条：“招标投标活动当事人和电子招标投标系统运营机构协助招标人、投标人串通投标的，依照招标投标法第 53 条和招标投标法实施条例第 67 条规定处罚。”

本条属于串通投标的责任条款，适用主体除了招标投标当事人之外，还包括系统运营机构。运营商协助招标投标当事人串标的，按照法律规定的串标责任处罚。条例对串通投标的表现形式和认定都作了详细的规定，在电子招标活动中除了标的的技术属性外，还有电子技术的复杂性，这些都给串标行为的认定造成新的困难。因此，对于该类行为认定主体还应当包括电子技术专家或专业检测认证机构。

（3）弄虚作假的法律责任

第 58 条：“招标投标活动当事人和电子招标投标系统运营机构伪造、篡改、损毁招标投标信息，或者以其他方式弄虚作假的，依照招标投标法第 54 条和招标投标法实施条例第 68 条规定处罚。”

本条属于招标人弄虚作假违法行为的责任条款，适用主体除了招标投标当事人外包括系统运营机构，由于电子系统的生成信息删除、修改、损毁信息很方便，有必要对这种行为设置专门的责任条款。

3．行政监督工作人员的法律责任

第 60 条：“有关行政监督部门及其工作人员不履行职责，或者利用职务便利非法干涉电子招标投标活动的，依照有关法律法规处理。”

本条属于条例第 81 条的补充条款，鉴于电子招标监督管理包含了其特有的工作内容，本条对行政监督部门及其管理人员不履行职责或者非法干涉电子招标的行为做出依照招标投标法和相关法律处罚的规定。同相应监督条款的执法主体对照，本条的法律适用主体没有包括行政监察部门及其工作人员。其违法行为依照《国家公务员管理条例》等其他法律规定执行。

小结：法律责任分为针对电子招标投标特有的责任和招标投标普遍存在问题在电子招标活动表现责任两类。前者包括 53 条，对电子招标系统准入条件的责任条款；第 55 条，电子交易平台侵权责任的条款；第 59 条，针对电子招标特有行为没有履行原始录入的责任条款。后者包括第 54 条：电子招标中限制、排斥潜在投标人的责任条款；第 56、57、58 分别是串标、泄密、弄虚作假在电子招标表现形式的责任条款；第六十条是相关监督部门的责任条款。

（八）办法的附则

第九章：附则

法规的附则一般属于补充性内容的非规范性，本章规定共 6 条。

1. 数据电文的效力

第 62 条："电子招标投标某些环节需要同时使用纸质文件的，应当在招标文件中明确约定；当纸质文件与数据电文不一致时，除招标文件特别约定外，以数据电文为准。"

在电子招标中一般不需要纸质文件，特殊情况需要时应当在招标文件中约定。依据 23 号令修正的《工程建设项目施工招标投标办法》（30 号令）第 15 条第二款规定："…通过信息网络或者其他媒介发布的招标文件与书面招标文件具有同等法律效力，但出现不一致时，以书面文件为准。国家另有规定的除外。" 因此，在电子招标中，依据本条规定，出现不一致以数据电文为准。

在实际应用中，不是所有数据电文都具备法律效力，如果要成为具有法律效力的数据电文，应该使该数据电文符合《电子签名法》中"数据电文原件形式的要求"，因为只有数据电文原件形式才具有与纸质形式同等法律效力。

《电子签名法》第二章指出，数据电文有两种形式，即书面形式和原件形式。

（1）数据电文的书面形式

《电子签名法》第 4 条指出："能够有形地表现所载内容，并可以随时调取查用的数据电文，视为符合法律、法规要求的书面形式。" 绝大部门数据电文都具有书面形式的属性，但是，由于数据电文具有可无痕篡改、伪造的特性，在电子招投标系统中，只满足数据电文书面形式要求在很多场合是不够的。尤其是涉及责任认定和作为纠纷证据的部分一定不能是书面形式的数据电文，应当是书面形式。

（2）数据电文的原件形式

《电子签名法》第 5 条中规定，"符合下列条件的数据电文，视为满足法律、法规规定的原件形式要求：

（一）能够有效地表现所载内容并可供随时调取查用；

（二）能够可靠地保证自最终形成时起，内容保持完整、未被更改。但是，在数据电文上增加背书以及数据交换、储存和显示过程中发生的形式变化不影响数据电文的完整性"。

在司法实践中，保障数据电文原件形式的方式有很多，只要满足上述条件的都可以称为原件。这里关键是保障原件形式的方式和方法是否简易、有效。

国际通行做法是对数据电文申请可信时间戳，可信时间戳必须由法定时间机构负责授时和守时保障的第三方时间戳服务机构签发。目前我国已经有这样的时间戳服务机构，在国家授时中心官方网站（www.ntsc.ac.cn）可以查询到。在办法技术规范第 8.2.2 条中也明确了这一点："应提供按照国家授时中心的标准时间源对需要电子签名的数据电文生成时间戳的功能。"

综上，《办法》中所指数据电文应解读为符合《电子签名法》数据电文原件形式要求的数据电文，不能是书面形式的数据电文。需要有可信时间戳来证明数据电文的原件形式。

（3）关于电子签名

《电子签名法》，"第 13 条 电子签名同时符合下列条件的，视为可靠的电子签名：

（一）电子签名制作数据用于电子签名时，属于电子签名人专有；

（二）签署时电子签名制作数据仅由电子签名人控制；

（三）签署后对电子签名的任何改动能够被发现；

（四）签署后对数据电文内容和形式的任何改动能够被发现。

当事人也可以选择使用符合其约定的可靠条件的电子签名。

第 14 条 可靠的电子签名与手写签名或者盖章具有同等的法律效力”。

（4）高级电子签名

在《办法》中电子签名使用的是数字证书产生的签名，应称为数字签名，是电子签名的一种。数字证书由于有效期的限制且可以随时吊销失效，存在着签名人可以签名证书失效为由拒绝承担签名责任的法律风险。为了解决数字签名的有效性和长效性问题。我国颁布了《GB/T25064 电子签名格式标准》，其中可分为基本电子签名（BES）格式和高级电子签名格式（ES-T、ES-A 、ES-C 、ES-X）。高级电子签名=基本电子签名+可信时间戳，这里面时间戳的作用就是解决电子签名时间权威问题。

在《办法》中的电子签名需要的是可靠电子签名而非基本电子签名，具体实现方法是使用国家信息产业主管部门批准的电子认证服务机构（CA）签发的数字证书签名，同时签名的格式是高级电子签名格式，即基本电子签名加上第三方可信时间戳。

（5）技术规范关于签名的规定

《电子招标投标系统技术规范》中的 8.2.2 条款关于时间戳要求：“应提供按照国家授时中心的标准时间源对需要电子签名的数据电文生成时间戳的功能”。这里的时间戳要求必须由国家授时中心负责授时和守时保障的第三方时间戳服务机构签发，称为可信时间戳。招投标平台在使用时应该注意时间戳是否由时间戳服务机构签发，如果是平台自己签发或非国家授时中心授权的时间戳服务机构签发则存在着系统可以人为修改时间和重新签发时间戳的问题，导致这样方法产生的时间戳存在法律瑕疵。

有效的方法在国际上的通用做法是使用法定时间源（我国是国家授时中心）负责授时和守时保障的第三方专业时间戳服务机构（www.tsa.cn）签发的时间戳。

2．行业协会

第 61 条：“招标投标协会应当按照有关规定，加强电子招标投标活动的自律管理和服务。”

本条依照条例第 83 条规定关行业组织的规定，鉴于招标投标服务平台的公益性和专业性、招标投标协会应当在电子招标投标活动中发挥更大的作用。

目前我国已有半数省市成立了招标投标行业协会，在协会的网站的基础上建立电子招标服务平台符合专业化和节约投资的原则。

3．兜底条款

第 63 条：“本办法未尽事宜，按照有关法律、法规、规章执行。”

本办法是针对电子应用技术招标的部门规章，不是规范招标投标活动的法律全部，因此在招标投标活动中本办法没有规定的应当按照有关法律、法规和部门规章执行。

4．释法单位

第 64 条：“本办法由国家发展和改革委员会会同有关部门负责解释。”

本办法作为招标投标法律体系的组成部分的部门规章，在实践中如发生条款理解的歧义，应当由负责解释的单位，保证法律的严肃性和完整性，本办法的解释责任单位是国家发展和改革委员会。

5．技术规范的法律效力

第 65 条：“技术规范作为本办法的附件，与本办法具有同等效力。”

本办法的附件是规章的技术支持文件，电子信息技术有其特有的专业技术术语和规范，不宜在法律文件中罗列或规定，因此将纯技术的规范要求专门作为一个文件，方便相关人理解和执行。同理，该附件和正文具有同等法律效力。

坚持统一规范与鼓励创新相结合是本办法技术规范的重要特点。

实现电子招标投标系统的互联互通必须做到技术标准的统一，同时消除技术壁垒。因此技术规范通过固化招标投标基本流程达到统一规范的基本要求；但是技术规范的强制性内容以落实法定要求、保证交易安全和消除技术壁垒为限，要为技术创新留下足够空间。由于技术创新永无止境。因此规范法条中对强制规定用“应”做出限制，对推荐性规定可以不断发展的规定用“宜”划出边界。

《技术规范》的功能要求与具体交易平台开发任务书的实施要求是有区别的。

前者是对平台的普遍性功能要求，不等于后者的具体项目开发要求。

6. 法律生效

第66条：“本办法自2013年5月1日起施行。”

法的生效日期是法律的必备构成内容，一般都是根据法律的具体性质和实际需要规定在附则中。法律的生效日期的规定，涉及法律的溯及力问题，即新的法律施行后，对它生效前发生的事件和行为是否适用新法的问题。对于本办法而言，本办法施行前发生的法律事实和法律关系，不适用本办法。但是，在本办法施行前发生的法律事实和法律关系，直至本办法公布施行后依然自然存续的，则适用本法。

案例这一结构是一个灵活并不断发展的体系，不能仅仅依靠概念分析、演绎推理去理解和发现它们，只能从积累的经验中抽象出规则而来理解它们与其他法律规范之间的联系。

中国政法大学民商经济法教授、博士生导师　李显冬

第 14 章

评标程序和方法典型案例解读

一、评标程序案例

（一）评标组织程序案例

【背景】 某政府投资的工程建设项目组织工程施工招标，招标人共受理了 24 份投标文件。开标后，招标人在开标现场外约 12 千米处选择了一个宾馆组织封闭评标。

【问题】

① 评标前，招标人组织评标委员会评标应进行哪些准备工作？

② 如评标委员会人数为 7 人，怎样组建本项目评标委员会？

③ 安排一个完整的评标程序。

【分析】 招标人组织评标前，应进行确定评标场地、评标委员会成员、评标资料及相关设备设施、表格等准备工作。《招标法》第 37 条规定了评标委员会的构成及专家资格条件，即依法必须进行招标的项目，其评标委员会由招标人的代表和有关技术、经济等方面的专家组成，成员人数为 5 人以上单数。其中技术、经济等方面的专家不得少于成员总数的三分之二，招标人代表应熟悉相关业务。《评标专家和评标专家库暂行办法》（29 号令）中，明确规定了政府投资项目的评标专家，应由政府相关部门组建的评标专家库中抽取或直接确定。这些规定，为招标人组织评标活动必须遵守的准则。

【参考答案】

① 组织评标前，招标人应完成一下准备工作：

1）准备评标需用的资料，如招标文件及其澄清与修改、标底文件、开标记录等；

2）准备评标相关表格；

3）选择评标地点和评标场所；

4）布置评标现场，必要时，准备好电脑、打印机、打印纸等；

5）对开标后的所有投标文件进行妥善保管并运到评标现场；

6）依法确定评标委员会成员名单并对其保密；

7）安排评标委员会成员的食、住、行等辅助性工作；

8）其他与评标活动有关的工作。

② 本项目为依法必须进行招标的政府投资项目，依据《招标法》第 37 条对评标委员会构成的规定，本项目招标人代表不能超过两人，应熟悉电梯技术及其经济；政府建设主管部门组建的专家库中随机抽取技术、经济专家 5 人。

③ 完整的评标程序如下：

1）评标委员会专家签到；

2）评标委员会推选或招标人指定主任委员；

3）评标委员会熟悉招标文件和有关表格；

4）评标委员会依据招标文件中的评标标准和方法，进行初步审查；

5）评标委员会依据招标文件中的评标标准和方法，进行详细审查；

6）评标委员会推荐中标候选人，完成并签署评标报告；

7） 招标人核对评标报告及相关资料；

8）招标人宣布注意事项，评标结束。

（二）评标委员会组成及其权限分析案例

【背景】 某依法必须进行招标的机电设备安装工程，开标后，招标人组建了总人数 5 人的评标委员会，其中招标人代表 1 人，招标代理机构代表 1 人，政府组建的综合性评标专家库抽取 3 人。评标委员会采用了以下评标程序对投标文件进行了评审和比较：

① 评标委员会成员签到；

② 选举评标委员会的主任委员；

③ 学习招标文件，讨论并通过招标代理机构提出的评标细则，该评标细则对招标文件中评标标准和方法中的一些指标进行了具体量化；

④ 对投标文件的封装进行检查，确认封装合格后进行拆封；

⑤ 逐一查验投标人的营业执照、资质证书、安全生产许可证、建造师证书、项目经理部主要人员执业/职业证书、合同及获奖证书的原件等，按评标细则，对投标人资质、业绩、项目管理机构等评标因素进行打分；

⑥ 按评标细则，对投标报价进行评审打分；

⑦ 按评标细则，对施工组织设计进行打分；

⑧ 评分汇总；

⑨ 推荐中标候选人，完成并签署评标报告；

⑩ 评标结束。

【问题】

（1）评标委员会组成是否存在问题？为什么？

（2）上述评标程序是否存在问题？为什么？

【参考答案】

（1）本案中，由于招标人和招标代理机构各派了 1 个人参加评标，所占比例超过了总人数的三分之一，评标委员会的组成违反了《招标法》第 37 条，即评标委员会由招标人代表和有关技术、经济方面的专家组成，人员为 5 人以上单数，其中招标人代表不能超过三分之一，技术、经济方面的专家不能少于三分之二的规定。

（2）在评标程序中，第 3、4、5、6 步存在问题。

第 3 步中讨论并通过招标代理机构提出的评标细则的做法属于评标委员会越权，违反了法律规定的评标原则，即按照招标文件中的评标标准和方法，对投标文件进行系统的评审和比较，招标文件中没有规定的标准和方法，评标时不能采用的规定。因为，此时通过的评标细则不属于招标文件，依法不能作为评标的依据。

第 4 步对投标文件外封装检查的职责属于招标人，不属于评标委员会。

第 5 步中应依据查对有关证明、证件原件的结果，判断投标人在投标文件中提供的相关证明和证件的复印件是否有效，进而对投标文件进行打分方法，而不能对该类证明或证件原件直接打分，因为此处查对的原件不属于投标文件。

第 5 步到第 7 步中，评标委员会依据其讨论通过的评标细则进行打分的做法，不符合《招标法》规定。如上述，该评标细则不属于招标文件的组成部分，不能作为依法评审投标文件的依据。

（三）评标专家判定个别投标报价低于成本价的评标案例

【背景】 某市某自来水厂 6 期工程，总投资约 2000 万元人民币。该工程一标段概括为：清水池容积 2000m^3，钢筋混凝土结构，一类工程取费，综合费率 18.14%，设计概算 70 万元。要求公开招标，施工图预算报价，采用最低价中标，投标保证金 0.5 万元，中标后自动转为履约保证金。9 家单位报名投标，资格预审后 5 家获准投标。评标委员会由 5 人组成，技术、经济专家各 2 人，从专家库中随机抽取。各投标人报价见表 14.1。

表 14.1　商务标报价分析表　　　　单位：万元

编号	投标单位（1）	定额直接费（2）	预算报价（3）	投标报价（4）	优惠金额（5）=（3）-（4）	优惠幅度（%）（6）=（5）/（3）
1	A	39.49	46.60	39.74	6.86	14.76
2	B	43.03	47.13	43.00	4.13	8.76
3	C	42.90	49.89	43.80	6.09	12.21
4	D	42.92	49.90	44.16	5.74	11.50
5	E	42.79	49.98	49.86	0.12	0.04
	平均值	42.23	48.68	44.11	4.57	9.53

详细评审是从最低标开始的，由低标到高标，如果最低标不低于成本，就可以推荐为第一中标人，如果低于成本，那么就评审次低标。以此类推，直到评审出第一中标候选人为止。

投标人 A，投标报价 39.74 万元，低于预算报价 6.88 万元，低幅达 14.76 %，低于平均预算报价 8.94 万元，低幅达 18.36%，低于平均投标价 4.37 万元，低幅达 9.81%，低于平均定额直接费 2.49 万元。

【问题】 投标人 A 报价是否可能低于成本?

【参考答案】

评委们怀疑投标人 A 报价有可能低于成本。经济类评委按照投标人 A 预算书中提供的人工、材料费和机械消耗×地区市场价＋规定必须计取的劳保统筹、安全监督、税金＋报价书中让利后的管理费，得出本招标项目 A 企业成本价应高于 41.73 万元的结论。于是，要求投标人 A 做出报价让利部分的补充说明及证明材料。从补充说明材料中发现：

① 投标人 A 拟用于本招标项目的施工机械的人工单价报价为 24 元，明显低于本地区建安工资 25～30 元的标准；

② 对拟用于本招标项目的施工机械没有提取折旧费。

经过上述质疑、评审，评委们无记名投票，判定投标人 A 的投标报价低于了成本，于是，推荐投标人 B 为第一中标人。

（四）评标专家正确评定投标文件重大偏差和建议定标案例

【背景】 某项目通过国际竞争性招标采购起重机，收到 7 份投标文件，工作人员将简要情况列表报告评标委员会，相关数据见表 14.2。

评标委员会根据投标情况简表的备考所列情况，决定拒绝投标人 A，投标人 C，投标人 D 及投标人 F。委员会认为投标人 B、投标人 E 符合要求，且投标人 E 评标价最低，但由于符合要求的投标人不到 3 家，此项采购应重新投标。

表 14.2 投标人基本情况表

投标人	国家	报价（万美元）	备 考
A	美	691.5	未按要求在每一页上签字
B	英	721.8	无其他问题
C	德	679.9	保修期 12 个月，而要求为 15 个月
D	法	698.8	技术说明用法文，而要求用英文
E	英	690.5	无其他问题
F	日	692.9	无投标保证金

【问题】认为评标委员会的决定合理吗？

【参考答案】值得商榷。判断评标委员会的决定是否合理，首先应判断投标人 A、投标人 C、投标人 D 三份投标文件的差距是否是重大的实质性偏差，如属于技术性判断问题，不应一概拒绝。

投标人 A 投标文件未签字的页面如不是在非签字不可的重要页面，而是一般性的忽略，则不应拒绝。投标人 C 投标文件保修时间与招标文件规定有出入，不应视为重大偏差。对投标人 C 可采取三种方法解决问题：①在澄清问题时要求投标人修改至符合招标文件要求的 15 个月；②如投标人不同意修改，可在评标时在其报价上按一定标准另加一定金额，计入评标价内（这种计算标准应在招标文件中规定）；③若中标则增加履约保证金。投标人 D 投标文件则可以通过澄清解决。

《FIDIC 招标程序》建议：如果投标书包含有偏差，则偏差的价值应由招标人决定，并加（或减）到投标价格上，这样就能得到投标的预期真实费用，可与收到的其他投标书进行比较了，计算方式可采用投标书中包含的方法。如果投标书中没有包含适当的方法，则可使用商业费率和价格；如是偏差的性质太大，不可能决定预期资金价值，建议该投标应被判定为基本上不符合要求，并退给投标人。

投标人 F 无投标保证金，应予拒绝。

上述几点已说明投标人 A、投标人 C、投标人 D 三份投标文件不应被拒绝。

其次，因评标原因必须拒绝全部投标应慎重从事。

假设出现投标人 A、投标人 C、投标人 D 三家对投标程序或技术规格要求有重大偏离而被拒绝的情形，使投标人数量少于 3 人，本案例情况也不能视为缺乏有效的竞争，因此不应废弃所有投标而重新招标。实际上，如果招标文件或招标过程中并无限制竞争的规定或做法，造成投标人很少，甚至只有一个，只要其报价合理，投标符合要求，也应对其评审并授予合同（事实上按上述评论意见，投标人 E 不是唯一符合要求的投标文件，其既符合要求，又是评标价最低，应该授予合同）。按照我国《评标委员会和评标方法暂行规定》(12 号令) 第 27 条规定，评标中如果因出现违法虚假投标、低于成本投标、资格后审不合格、所有投标文件出现重大偏差 4 种情况时，“否决不合格投标或者界定为废标后，因有效投标不足三个使得投标明显缺乏竞争的，评标委员会可以否决全部投标”。当然，如果其余投标文件中能够在实质上响应招标文件，评标委员会也“可以”不否决全部投标。

（五）初审合格仅两家投标人评标结果分析案例

【背景】 甲、乙两个项目均采用公开招标方式确定施工承包人，其中，甲项目为中部地区跨江桥梁施工工程，有工期紧、施工地点偏远、环境恶劣的特点。评标时属于枯水期，距离汛期来临有一个多月。开标时仅有 A、B、C 三家投标单位递交投标文件，开标后进入评标阶段，A、B 两家单位的投标文件未能通过初步评审，详细评审之前只剩 C 单位的一份投标文件有效，经评标委员会评审，认为其投标有一定的竞争性，故继续评审，以该有效投标文件为依据推荐 C 为中标候选人。

乙项目为西北高海拔地区二级公路施工工程，仅每年 4～10 月可进行施工，当年 11 月到次年 3 月因气温太低无法进行施工。评标时为当年 11 月份。开标时有 D、E、F 3 家投标单位递交投标文件，开标后进入评标阶段，D、E 两家单位的投标文件未能通过初步评审，详细评审之前只剩 F 单位的一份投标文件有效且明显缺乏竞争，经评标委员会评审，评标委员会否决投标，建议招标人重新招标。

【问题】

（1）同时出现有效投标文件不足 3 个的情况，但是做出不同的评标结果是否合乎法规？为什么？

（2）分析甲乙两个项目评标结果的合法性。

【参考答案】

（1）同时出现有效投标文件不足 3 个的情况，但是做出不同的评标结果不违反法律规定。《评标委员会和评标方法暂行规定》（12 号令）第 27 条进一步规定，评标委员会否决不合格投标或者界定为废标后，因有效投标不足 3 个使得投标明显缺乏竞争的，评标委员会可以否决全部投标，将否决投标的权利赋予了评标委员会，即评标委员会有权在出现有效投标文件不足 3 个时，可以依据投标是否有竞争性而做出评标结论。

（2）依据《评标委员会和评标方法暂行规定》（12 号令）第 27 条规定，通过初步审查的投标人少于 3 个的，经过评审后评标委员会认为其投标明显缺乏竞争时，可以否决所有投标。本案两个项目均有 3 个投标人投标，且通过初审的投标人仅剩下一个投标人。甲项目经评标委员会评审，认为通过初步审查的投标人 C 的投标有一定竞争性，故继续评审，并推荐其为中标候选人；乙项目经评标委员会评审，认为通过初步审查的投标人 F 的投标文件明显缺乏竞争，进而否决所有投标，符合上述规定。

（六）建筑装修设计招标废标条件分析案例

【背景】 某房地产公司开发一处建筑面积约 20 万平方米的大型国际公寓，主要用途为商业、办公及相关配套设施。在工程前期筹划阶段，房地产公司的高层人员对国外一家设计公司及国内两家设计公司的方案设计理念比较认同，因此邀请这家国外设计公司及国内两家设计公司参与此项工程的设计投标工作。在规定的投标文件递交截止时间内，以上三家投标人均按规定递交了投标文件。在招标人及监管机构的监督下，开标后进入评标阶段。评标过程中，国内一家投标人的设计方案中，标准层建筑面积为 2300 平方米，依据《高层建筑设计防火规范》的要求应设两个防火分区即 4 个楼梯，而此方案仅设了两个楼梯不符合现行国家规范要求，评标委员会依据招标文件中“不符合国家强制性规范要求”的投标经初审后为废标的规定，予以废标。与此同时，评标委员会的专家提出“有效标不满足 3 家使得投标明显缺乏竞争性的，招标人应重新招标”，因此评标委员会终止评标过程，否决全部投标。

【问题】 指出此次招标过程中存在的问题，说明原因。

【参考答案】

此次招标存在的问题如下：

① 国外设计公司不能够直接参与国内设计招标。《关于外国企业在中华人民共和国境内从事建设工程设计活动的管理暂行规定》（以下简称“规定”）第 4 条：“外国企业承担中华人民共和国境内建设工程设计，必须选择至少一家持有建设行政主管部门颁发的建设工程设计资质的中方设计企业（以下简称中方设计企业）进行中外合作设计（以下简称合作设计），且在所选择的中方设计企业资质许可的范围内承接设计业务。” 今后如国家进一步改革开放取消这些规定则上述行为即不涉及违法问题。

② 评标委员会终止评标过程，否决全部投标错误。《评标委员会和评标方法暂行规定》（12 号令第 27 条规定：“因有效投标不足三个使得投标明显缺乏竞争性的，评标委员会可否决全部投标”。将否决所有投标的权利依法赋予了评标委员会，但有一个前提，就是评标委员会需要提供判断“明显缺乏竞争”的依据及相关资料，进而才能否决所有投标。在招标投标活动中，评标委员会以仅剩

下两家有效投标而直接判定本次招标投标人“明显缺乏竞争”的理由并不能成立。

（七）评标汇总后违规重新发放评标表格案例

【背景】 某机电产品国际招标项目采用综合评估法进行评标，评标委员会成员在完成了各自对投标文件的评审与比较后进行打分汇总、推荐中标候选人和完成评标报告工作。汇总完成后，有一位评标委员会成员不同意汇总后的结论，提出在听了其他成员介绍的情况后，需要重新核对一下自己的打分结果，要求招标代理机构给每个评标委员会成员提供一份空白表格，以便其对投标文件重新进行评审。为此，招标代理机构认为法律规定评标委员会负责评标活动，同时任何单位和个人不能干预其评标活动，于是就是否重新发放评标表格，征求了所有评标委员会成员的意见。评标委员会中存在两种意见。

第一种意见：依据相关规定，评标委员会成员对评标结果承担个人责任，既然有的评标委员会成员不同意最终的评标结论，可以向这部分成员重新发放评标用表格，然后再重新汇总，推荐中标候选人，而不能要求所有评标委员会成员进行重新评审。

第二种意见：依据《招标法》对评标委员会的功能定位，评标结束前，评标委员会有权决定评标的方式与方法，因为对评标结论依法承担责任的主体是评标委员会，所以应通过举手表决，按照少数服从多数的原则决定是否发放空白表格。

最后，招标代理机构与评标委员会达成了一致意见，由评标委员会全体成员举手表决是否发放空白表格，进行重新评审。 超过三分之二的评标委员会成员同意重新发放空白表格，招标代理机构于是向评标委员会成员发放了空白表格。评标委员会重新对该项目进行了评审和比较，推荐了中标候选人，签署了评标报告。

【问题】

（1）招标代理机构的上述评标组织程序是否有问题？为什么？

（2）评标委员会成员的两种意见是否正确？为什么？

（3）如果你组织评标委员会评审，会怎样处理？

【参考答案】

（1）本案中，招标代理机构的评标组织程序存在问题。招标代理机构对评标委员会的地位和“任何单位和个人不得非法干预评标活动”一条规定的错误理解，导致了其违规组织评标活动。在评标汇总结果出台后，无论是全体评标委员会成员还是某个、某几个评标委员会成员进行重新评审，均违反了法律赋予其独立评审的职责，违反了公平、公正的原则。所以，在评标结果汇总后，招标代理机构不能应评标委员会的要求讨论是否重新发放表格，也没有权利要求评标委员会就此事进行投票。

（2）本案评标委员会的两种意见，无论是第一种意见还是第二种意见，均违背了法律法规赋予评标委员会的职能，即依据招标文件中的评标标准和方法，按照公平、公正、科学、择优的原则对投标文件进行系统的评审和比较。这种评审是一次性的，即在评标结果出台前，评标委员会的每个成员应对自己的评审意见负责，最后才能进行汇总，推荐中标候选人并完成评标报告。本案同时违反了商务部《进一步规范机电产品国际招标投标活动的规定》第 16 条第（3）款，即“评标委员会在综合分数计算汇总后不得重新打分，否则当次评标结果无效的规定”。

本案中，评标委员会投票决定是否重新进行评审的做法是一种越权行为，违法了法律赋予其的权利与义务。

（3）按照《评标委员会和评标方法暂行规定》（12 号令）第 43 条的规定，本案正确的做法应是要求该评标委员会成员以书面方式阐述其不同意见和理由，并在其上签字，进而完成整个评标活动，而不能许可评标委员会修改已经完成的评标结论，否则就形成了对已经列为中标候选人或中标人的歧视，违背了公平、公正的评标原则。

（八）评标委员会违规要求投标人澄清实质性内容案例

【背景】某依法必须进行招标的燃油锅炉采购项目，评标委员会经过初步审查，认为投标人A投标的锅炉与招标文件中要求的使用环境、参数、热效率等基本一致，但其价格过高。为此，招标人代表建议评标委员会进行了以下两项澄清，要求投标人A作进一步说明：

如果中标，在现有的报价基础上可否再下浮1%～3%；

如果中标，针对锅炉中的一些关键部件，如喷油嘴，可否在招标文件要求的供货范围之外免费提供一套。

在规定的时间内，投标人A及时进行了回复，承诺如果中标，在原投标报价的基础上下浮2%，但没有承诺免费提供喷油嘴，因为其价格太贵。但承诺可以优惠20%提供一套供货范围之外的喷油嘴。招标人对投标人A的回复较满意，于是评标委员会推荐了投标人A为第一中标候选人。

【问题】

（1）评标过程中，《招标法》对评标委员会要求投标人澄清的内容是否有限制？

（2）本案评标过程是否存在问题？为什么？

（3）本案评标委员会的评标结果是否有效？为什么？

【参考答案】

（1）《招标法》对评标委员会要求投标人澄清的内容有很明确的限制。《招标法》39条规定，评标委员会可以要求投标人对投标文件中含义不明确的内容作必要的澄清或者说明，但是澄清或者说明不得超出投标文件的范围或者改变投标文件的实质性内容。在评标过程中，评标委员会可以书面形式，要求投标人对投标文件中含义不明确、对同类问题表述不一致或者有明显文字和计算错误的内容作必要的澄清，但澄清、说明或补正不得超出投标文件的范围或者改变投标文件的实质性内容，特别是不能要求投标人对投标价格、投标方案等实质性内容进行修改或变相修改。

（2）本案中，招标人通过评标委员会向投标人A发出的两项澄清内容，即如果中标，在现有的报价基础上可否再下浮1%～3%，针对锅炉中的一些关键部件，如喷油嘴，可否在招标文件要求的供货范围之外免费提供一套等，这些均属于法律明确规定不允许澄清的内容。评标委员会的这种行为，实质上等同于代替招标人在确定中标人之前，与投标人A的投标价格、投标方案进行了谈判，许可了投标人A二次报价、二次递交投标范围，违反了《招标法》第43条关于在确定中标人之前，招标人不得就投标价格、投标方案等实质性内容与投标人进行谈判的规定。

本案中，评标委员会的行为超越了法律赋予其的权限，依据《工程建设项目货物招标投标办法》第57条的规定，该评标结果无效，招标人应重新进行评标或重新进行招标。

二、评标方法案例

（一）工程施工招标双信封评标结果分析案例

【背景】某工程采用公开招标方式，有A、B、C、D、E、F共6家投标人参加投标，经资格预审，该6家投标人均满足招标人要求。该工程采用双信封评标法评标，评标委员会由7名委员组成，评标分成两个阶段，分别对应两个投标信封内容。具体规定如下。

第一阶段：评技术和商务标。共计40分，其中施工方案15分，总工期8分，工程质量6分，项目管理机构6分，企业信誉5分。

技术标各项内容的得分，为各评委评分去掉一个最高分和一个最低分后的算术平均数。技术标合计得分不满28分者，不参与第二阶段评审。表14.3为各评委对6家承包人施工组织设计评分的汇总表；表 14.4 为各承包人总工期、工程质量、项目管理机构、企业信誉得分汇总表。

表 14.3　施工组织设计评审结果表

评委 投标人	一	二	三	四	五	六	七
A	13.0	11.5	12.0	11.0	11.0	12.5	12.5
B	14.5	13.5	14.5	13.0	13.5	14.5	14.5
C	12.0	10.0	11.5	11.0	10.5	11.5	11.5
D	14.0	13.5	13.5	13.0	13.5	14.0	14.5
E	12.5	11.5	12.0	11.0	11.5	12.5	12.5
F	10.5	10.5	10.5	10.5	9.5	11.0	10.5

表 14.4　工期、质量、信誉及项目管理机构评审结果

投标人	总工期	工程质量	项目管理机构	企业信誉
A	6.5	5.5	4.5	4.5
B	6.0	5.0	5.0	4.5
C	5.0	4.5	3.5	3.0
D	7.0	5.5	5.0	4.5
E	7.5	5.0	4.0	4.0
F	8.0	4.5	4.0	3.5

第二阶段：评投标报价。

投标报价共计 60 分。以标底的 40%与投标人报价算术平均数的 60%之和为评标基准价，但最高（或最低）报价高于（或低于）次高（或次低）报价的 15%者，在计算投标人报价算术平均数时不予考虑，其商务标得分均为 15 分。

以基准价为满分 60 分，报价比基准价每下降 1%，扣 1 分，最多扣 10 分；报价比基准价每增加 1%，扣 2 分，扣分不保底；不足 1%者按插值法计算。各投标人报价见表 14.5。

表 14.5　投标报价汇总表　　单位：万元

投标人	A	B	C	D	E	F	标底
报价	13 656.00	11 108.00	14 303.00	13 098.00	13 241.00	14 125.00	13 790.00

【问题】 完成以下计算，计算结果保留 2 位小数。

（1）请按综合得分最高者中标的原则依次推荐 3 名候选人。

（2）若以标底的 10%与投标人报价算术平均数的 90%之和为评标基准价，其余评标规定不变，按问题（1）中的中标原则推荐 3 名中标候选人。

（3）若该工程标底不参与评标基准价计算，以各投标人报价的算术平均数作为基准价，其余评标规定不变，按问题（1）中的中标原则推荐 3 名中标候选人。

【参考答案】

（1）

① 计算各投标人施工组织设计的得分，见表 14.6。

② 计算各投标人技术和商务标的得分，见表 14.7。

由于投标人 C 的技术和商务标仅得 27.2，小于 28 分的最低限，按规定，不再评其商务标，实际上已作为废标处理。

③ 计算各投标人的投标报价得分。

表 14.6 施工组织设计得分表

评委 / 投标人	一	二	三	四	五	六	七	平均得分
A	13.00	11.50	12.00	11.00	11.00	12.50	12.50	11.90
B	14.50	13.50	14.50	13.00	13.50	14.50	14.50	14.10
C	12.00	10.00	11.50	11.00	10.50	11.50	11.50	11.20
D	14.00	13.50	13.50	13.00	13.50	14.00	14.50	13.70
E	12.50	11.50	12.00	11.00	11.50	12.50	12.50	12.00
F	10.50	10.50	10.50	10.50	9.50	11.00	10.50	10.50

表 14.7 技术和商务标得分汇总表

投标人	施工组织设计	总工期	工程质量	项目管理机构	企业信誉	合计
A	11.90	6.50	5.50	4.50	4.50	32.90
B	14.10	6.00	5.00	5.00	4.50	34.60
C	11.20	5.00	4.50	3.50	3.00	27.20
D	13.70	7.00	5.50	5.00	4.50	35.70
E	12.00	7.50	5.00	4.00	4.00	32.50
F	10.50	8.00	4.50	4.00	3.50	30.50

依据评标办法，最高报价高于次高报价，15%或最低报价低于次低报价，15%的投标报价若在计算投标人算术平均数不予考虑的规定（报价排序与投标人序号相同）。

（次最低报价 D－最低报价 B）与次最低报价 D 之比大于 15%

(13 098－11 108)÷13 098＝15.19%＞15%

所以，该最低报价 B（11 108 万元）在计算基准价不予考虑。

（最高报价 F－次最高报价 A）与次最高报价 A 之比小于 15%，该最高报价 F 应包含在基准价之内，即 (14 125－13 656)/13 656＝3.43%＜15%，则

基准价＝13 790×40%＋(13 656＋13 098＋13 241＋14 125)/4×60%

＝13 634.00 万元

得出的具体报价参见表 14.8。

表 14.8 投标报价得分表

投标人	报价(万元)	报价与基准价的比例（%）	扣分	得分
A	13 656	(13 656/13 634)×100＝100.16	(100.1－100)×2＝0.32	59.68
B	11 108			15.00
D	13 098	(13 098/13 634)×100＝96.07	(100－96.07)×1＝3.93	56.07
E	13 241	(13 241/13 634)×100＝97.12	(100－97.12)×1＝2.88	57.12
F	14 125	(14 125/13 634)×100＝103.60	(103.6－100)×2＝7.20	52.80

④ 计算各投标人的综合得分，见表 14.9。

按照上表计算结果，应依次推荐的中标候选人为：①A；②D；③E。

（2）

① 计算各投标人的投标报价得分，见表 14.10。

评标基准价＝13 790×10%＋(13 656＋13 098＋13 241＋14 125)/4×90%＝13 556 万元

② 计算各投标人的综合得分，见表 14.11。

表 14.9 得分汇总表

投标人	技术标得分	商务标得分	综合得分
A	32.90	59.68	92.58
B	34.60	15.00	49.60
D	35.70	56.07	91.77
E	32.50	57.12	89.62
F	30.50	52.80	83.30

此时依次推荐的中标候选人为：①D；②A；③E。

表 14.10 各投标人报价得分表

投标人	报价(万元)	报价与基准价的比例（%）	扣分	得分
A	13 656	(13 656/13 556)×100=100.74	(100.74−100)×2=1.48	58.52
B	11 108			15.00
D	13 098	(13 098/13 556)×100=96.62	(100−96.62)×1=3.38	56.62
E	13 241	(13 241/13 556)×100=97.68	(100−97.68)×1=2.32	57.68
F	14 125	(14 125/13 556)×100=104.20	(104.20−100)×2=8.40	51.60

（3）

① 计算各投标人的投标报价得分，见表 14.12。此时：

基准价=（13 656+13 098+13 241+14 125）/4=13 530 万元

表 14.11 总得分汇总表

投标人	技术标得分	商务标得分	综合得分
A	32.90	58.52	91.42
B	34.60	15.00	49.60
D	35.70	56.62	92.32
E	32.50	57.68	90.18
F	30.50	51.60	82.10

表 14.12 投标报价评分表

投标人	报价（万元）	报价与基准价比例（%）	扣分	得分
A	13 656	(13 656/13 530)×100=100.93	(100.93−100)×2=1.86	58.14
B	11 108			15.00
D	13 098	(13 098/13 530)×100=96.81	(100−96.81)×1=3.19	56.81
E	13 241	(13 241/13 530)×100=97.86	(100−97.86)×1=2.14	57.86
F	14 125	(14 125/13 530)×100=104.40	(104.40−100)×2=8.80	51.20

②计算各投标人的综合得分，见表 14.13。

表 14.13 得分汇总表

投标人	技术标得分	商务标得分	综合得分
A	32.90	58.14	91.04
B	34.60	15.00	49.60
D	35.70	56.81	92.51
E	32.50	57.86	90.36
F	30.50	51.20	81.70

此时依次推荐的中标候选人为：①D；②A；③E。

（二）世界银行贷款最低评标价法评标结果分析案例

【背景】 使用世界银行贷款建设的两段互相衔接的公路施工招标，招标人在招标时将这两段公路分为甲、乙两个标段。招标文件规定：运用最低评标价法进行评标，国内投标人有 7.5%的评标价优惠；同时投两个标段的投标人如果第一个标段中标，第二个标段有 4%评标扣减；投标工期以 24～30 个月内为合理工期，评标时两个标段都以 24 个月为基准，每增加 1 个月在评标时加上 0.1 百万元。有 A、B、C、D、E 5 个承包人的投标文件是合格的，其中 A、B 两投标人同时对两个标段进行投标，B、D、E 为国内承包人。承包人的投标情况见表 14.14。

表 14.14 投标情况表

投标人	报价（百万元）		投标工期（月）	
	甲段	乙段	甲段	乙段
A	10	10	24	24
B	9.7	10.3	26	28
C		9.8		24
D	9.9		25	
E		9.5		30

【问题】

计算甲、乙两个标段投标人的评标价。如各投标均实质性响应招标文件要求，确定各标段排名第一的中标候选人。

【参考答案】

评标结果如下：甲段计算结果见表 14.15。投标人 B 为中标人。

表 14.15 甲段评标价

投标人	报价（百万元）	修正因素		评标价
		工期因素	本国优惠	
A	10			10
B	9.7	+0.2	−0.7275	9.172 5
D	9.9	+0.1	−0.7425	9.257 5

乙段评标价计算结果见表 14.16。

表 14.16 乙段评标价

投标人	报价（百万元）	修正因素			评标价
		工期因素	两个标段优惠	本国优惠	
A	10				10
B	10.3	+0.4	−0.412	−0.7725	9.515 5
C	9.8				9.8
E	9.5	+0.6		−0.7125	9.387 5

因此，乙段排名第一的中标候选人应为投标人 E。

附文 A

关于招标投标活动走过场的思考

目前招标投标活动在实践中走过场的现象很严重，据专家在某网站不记名投票统计，以围标串标、弄虚作假等形式“走过场”的项目占全部招标项目的 85%。依据和招投标一线工作的同行交流，大家都基本认同目前招标投标活动存在严重“走过场”的评估。

那么，造成这种现象的原因是什么，单靠监督部门严格执法能解决问题吗？如果不尽人意，那么锦囊妙计在哪里。下面，我们通过以下五个故事分别讨论。

一、企业集团内部关联企业的利益博弈

故事一：某矿务局领导和作者交底，他们单位许多招标都是走个过场，他们矿务局有个机修厂生产刮板运输机，该设备属于消耗品。局属矿采购时，依据当地国资委规定，国有企业采购金额达到 50 万需要招标。因此，该局招标采购时，找两家陪标的投标人，每次都一定是该局的机修厂中标。该局领导对作者道出其中原委。该企业职工主要是家属子弟，该厂产品质量同国内专业水平高的企业相比一般质次价高，如果公开公平招标难以取得合同，就单项采购来说真招标可节约采购资金 10%左右，但是该局机修厂年底可能造成严重亏损，需要该局财物补贴的损失金额远远超过节约的数额。更严重的后果是，如果企业破产造成职工失业会造成严重的社会问题，地方政府解决不了，国企还承担着维护社会稳定的重要社会责任。

这就是典型的所谓关联企业采购制度的设计问题。目前我国企业集团存在大量的二级、三级等企业，依据招标投标法实施条例的规定。集团公司招标，子公司在不影响公正的前提下可以投标，但不能自然取得合同，但是由于上述原因，为了企业集团的最大经济利益和社会稳定，通过围标、串标、限制潜在投标人、量身定做等各种方式走过场不可避免。国家对关联企业的采购政策规定应当实事求是。但根本的出路在于企业经济体制的深入改革。

对策：

在目前这种情况下，针对上述关联企业的采购应当区别不同情况予以解决。

一是对于企业在生产经营中的采购生产资料、原材料的采购项目，无论采购金额大小都不是招标投标法规规定的依法必须招标的项目，招标投标法对各类项目是区别规定分类管理。上述设备的采购方式国家不予管制，其采购方式由企业自行确定，确定的原则是在保证质量、交货期的前提下节约采购成本。企业可以直接采购，也可以为了降低成本通过招标采购，但采购程序有很多条款可以参照执行。

二是依法必须招标的项目。条例中关于“采购人”的解释是否可以放宽为集团公司所有关联实体，与其走过场浪费采购成本不如由项目法人决定采购方式，但要求采购过程公开接受企业职工和社会监督、最后接受审计监督。

二、评标制度缺陷的影响

故事二：某招标项目采购焊接机器人，在政府专家库抽取了一名名校焊接专业毕业的某高校

教授、博导，但是被招标人寄予厚望的专家在评标中基本一言不发，人云亦云。为什么？首先，焊接专业分为三个专业方向，一是焊接材料，研究不同焊接介质的可焊性问题，基础课是金属学，工作基本是看显微镜；二是焊机结构，研究不同焊接结构的焊接应力和变形问题，基础课是力学；三是焊接设备，研究满足不同焊接工艺的设备设计，基础课是电学。这位教授是研究焊接材料的专家，对于焊接设备当然无发言权。事后，招标人说，如果所有专家都是类似专家，他们的评标结果我们能相信吗？这就是评标专家依照专业管理和产品需要不相容的矛盾。

其次，还有评标的社会性和专家管理单位属性的矛盾，虽然条例规定有三分之一的专家要求延长评标时间招标人应当延长，但是由于专家的单位属性，专家不可能按照项目需要去评标的。作者曾受一位亲属的委托担任他出资的风电项目的招标人代表参加评标，我们在开标当天完成评标，招标人说，××，你买件衬衣跑三个商店，我2000万元的项目你一个下午就决定了合同对象，如果我没有预先做功课我敢相信你们的评审结论吗？

最后，还有目前评标制度中专家权利和义务不对等的问题，在有些项目中专家的公正性也令人怀疑。

鉴于此，招标人在招标前如果不做功课，在目前的评标制度下，评出什么你采购什么。国有资金也就罢了，但如果是民营资金你敢冒此风险吗？依据现在的制度设计，评标专家的评审意见对招标人签订合同具有法律约束力，从而形成对招标人的法定代理。在具体的聘请活动中，抽取的方式由招标人和评标专家形成射幸合同，而射幸合同的特点就是权利义务的不对等或者说结果的不可预见性。这种不可预见性造成的风险，专家并不承担。于是在不少项目中招标人预先做调研和初步谈判，在编制预审文件或编制招标文件中量身定做，通过招标走过场就成了最佳选择。

对策：

针对上述问题，在目前的法规制度下难以根本解决。日前，作者在深圳建设工程交易中心参观，特区在制度上解决了这个问题。依据招标法第40条“……评标委员会完成评标后，应当向招标人提出评标报告，并推荐合格的中标候选人”的规定。深圳地方条例规定，专家在评标时依照法律和招标文件规定，否决不合格的投标文件，对其他合格的文件悉数推荐给招标人，不限于3名也不排名次，评审过程不打分，仅对合格的投标文件提出优点和缺点供招标人决标参考。招标人组成定标小组在监督部门监督下投票表决，项目法人签字确认。这样，招标采购项目由招标人负责就落到实处。

这种评标方法是合法不合规，即符合招标法的规定，但违反了条例的相应条款。在目前情况下，这种方式只能试点，还不能普遍实施。

在目前制度框架下，应当从四方面努力，缓解制度缺陷造成的影响。

一是对专家库进行科学管理，在依照专业管理的同时，还应当区分职业、岗位，否则普遍出现假专家就难以避免；同时通过后评价对专家进行考核。

二是实事求是采取合适的聘请方式，对于工业项目，鉴于其复杂性，应当依法尽可能指定一个或几个真专家，以弥补抽取专家可能难以保证评标质量的缺陷。

三是区别不同项目在评标程序采取不同的方式，对于技术复杂的项目应当允许专家充分讨论，在充分讨论的基础上独立打分。

四是区别不同行业，细化对评标办法的研究，依据非价格因素差异的大小决定适当的评标方法，不能以不变应万变。如何科学准确评价采购标的的经济性和性价比，是招标人采购能力水平体现，标准文件不能规定太死，否则效果适得其反。

三、政府行为不规范的产物

故事三：某城市市政道路建设项目招标，由于政府没有钱，但路必须修，又不能采取所谓BT

或 BOT 方式，只能以政府信用担保要求投标人垫资，由于愿意垫资的投标人有限，因此只要能垫资就可以承揽该合同。这类项目属于依法招标的项目，所以这类项目的招标只能是走过场假招标。据作者在交通系统的朋友透露，此类情形在交通行业占很普遍，他们作为该类项目的主管部门同时也是监督部门，感到无可奈何。

对策：

尽量避免该类不具备招标采购的项目启动招标程序。但是如果由于特殊需要，如召开国际会议需要，工期较紧必须完工，应当经过地方立法部门特别批准，可以纳入不招标范围。如某城市 2013 年大规模改造。该市市长的思路是办多少事筹多少钱，筹钱的方式是由私企垫资修必要的道路和配套设施，之后道路两旁的土地必然升值，之后挂牌给该垫资人，如果先出让土地，不修路，土地的价格就上不去。这种对国家和社会有利的方法，在道路施工的采购程序上就不可能合法，法律应当有个兜底条款以适应地方的一些特殊需要。否则政府不守法如何保证市场相对人守法。

四、企业和项目法人责任制不落实的后果

故事四：作者熟悉的某央企集团公司，在最近的反腐败风暴中集团领导层被揪出了一批贪官，其贪污受贿大都和工程建设项目有关。该类央企名义是企业，有股东会、董事会、监事会、经理层等，实际还是行政机关，内部的监督机制形同虚设。政府对该特大型企业的监管很困难，某集团公司的采购部门领导和作者说，“他们（市政府监管部门）一个科级单位怎么到我们这里监督，我们随便一个单位都是处级。”因此央企的监督大都是同体监督，同体监督对企业和部门的一把手没有任何约束力。同时借口集体负责，通过合法的招标程序造成工程建设项目和采购项目无人负责，无人负责的结果就是大家吃国家这块唐僧肉。

此类现象在政府采购中也很普遍，政府采购法规进一步限制了采购人的权利，采购小组编制采购文件，采购小组组织谈判，采购项目虽然最后由采购人定标，但由于程序的约束实际上还是集体负责，这样，萝卜卖出人参价也就不奇怪了。

对策：

在某种意义上说，招标投标制度的基础是项目法人责任制。由于实行项目法人负责制度，所以招标投标法在制度设计上就赋予招标人的重要的权利以及相应的义务。理论和实践都证明，招标投标活动要想取得预期成果，必须落实项目法人责任。这种责任不仅包括程序责任，更重要的是合同责任。在程序管理中，只要保证公开透明，通过行业自律和社会监督基本可以解决问题，但是对于合同责任，现在政府疏于管理。行之有效的后评价制度没有规定为法定程序，政府管理的思路应当是程序监督从宽，合同监督从严。

鉴于此，建议政府有关部门将对招标投标活动的后评价作为法定程序，同时，学习鄂尔多斯资源交易中心的经验，将核算中心作为各类交易中心的组成部分，通过合同核算的公开化加强对招标人的监督。

五、市场秩序混乱的副产品

故事五：作者在某公路局讲课结束后，该单位接待同事告诉作者，我们单位去年的中标率是 50%。我说你们很不简单，他们说，哪里不简单，50%中标靠串标，其余参加围标也有陪标费。我说，你们如何串标呢？他说，“公路招标采用合理低价法，我们每次围标一般找 40 家左右，基本可以围住评标基准价，这样中标就没问题了”。具有讽刺意义的是，在这种所谓合理低价法的评标

中，不是合理低价中标，而是接近评标基准价的围标人中标。作者在另外一个单位也有同事印证此类事件，他说，“他们这里有个公路项目预计如果中标可能盈利 2 个亿，因此在开标前一天某投标人用三辆轿车装了 2 千万元现金，分给陪标人围标或买通竞争对手放弃投标，评标结束后顺利中标”。某专家告诉作者：“我所熟悉的所有土建甲级公司都具有在 3 天内组织 10 家以上串标的能力，所有公司都是没有道德底线的坏人？”专家说：“不是。对于土建公司拿不到合同就死，那公司面临的选择就是不串标，立刻被别人玩死；串标，不被查处就不死，查处再死。你选择什么？”造成这种现象的原因很多，如僵硬评标办法的政策引诱，采购技能的缺失等都造成了市场秩序的混乱，有位投标人朋友告诉作者，他研究了现在的评审方法才发现串标是最佳投标策略。在市场经济中，政府的作用是建立并维护公平的市场秩序。但是，我们现在的制度管理往往反其道而行之。

我们一些政府部门不能与时俱进，抱着计划经济的思维对市场过分干预。如对企业单位资质的管理其范围之广、标准之复杂全世界都罕见。作者认为对一些特殊领域政府制定一些门槛条件是必要的。现在的问题是，我们政府对企业的资质管理还沿用计划经济的思维，企业分为特级、一级、二级；设计部门分为甲级、乙级、丙级，等等。这种管理事实上是只进不出，客观造成国企对特定市场的垄断，由于认定资质成本高，民企只好通过挂靠进入市场，企业借用资质投标付出的成本必然要通过所有手段保证中标来收回。于是行贿、受贿就成了工程建设领域的行业病。政府相关资质管理部门就是腐败高危岗位。

对策：

一是放开绝大多数的单位的资格管理，加强对执业人员个人的资格管理。政府主要通过建立必要的执业资格考试和上岗制度，只有建立严格的执业人员的个人责任制度。挂靠围标现象才能从根本上解决。

二是拨乱反正，加强对招标采购科学理论和实践的研究而不是制度的研究。培训教材的重点应要求学生掌握科学的采购技能和知识，而不是学习采购制度的书呆子。职业资格制度建设的立脚点是培养符合中国特色的采购专家队伍而不是流程专家、资质专家。有位专家说得好：“采购本身没有成为科学反而成了制度，结果锦上添花的造价能力成了核心能力，悲哀啊！”

六、其他

不可否认，在招标投标活动中部分领导干部非法干预招标获取非法利益，国企招标人中的部分腐败分子通过工程建设项目的获取非法利益，其惯用的手段也是通过围标串标、弄虚作假等手段获取合同。这是招标采购走过场的另一方面的原因。对于此类问题，发现一起处理，立法部门应当建立类似美国的《虚假申报法》制度，对于通过举报政府查出挽回的损失应当按照规定比例奖励举报人。

结论：针对招标投标活动走过场的现象，应当分别情况不同处理，其基本思路应当是“疏”和“堵”相结合，其中对前五方面的问题主要还是“疏”。当然，招标采购活动作为一种法律行为，强制性是法律的属性。因此，依法、科学、准确的行政监督、司法监督当然是规范市场或不可缺的有力武器，二者不能偏废。

附表1 招标投标法规关于招标程序法定时间和异议投诉法定时间的规定

	程序内容	法定时间
1	资格预审文件的发售期	不得少于5日。
2	招标人合理确定提交资格预审申请文件的时间	依法必须进行招标的项目提交资格预审申请文件的时间，自资格预审文件停止发售之日起不得少于5日
3	招标人对已发出的资格预审文件进行必要的澄清或者修改。澄清或者修改的内容可能影响资格预审申请文件编制的	应当在提交资格预审申请文件截止时间至少3日前，以书面形式通知所有获取资格预审文件潜在投标人；不足3日的，招标人应当顺延提交资格预审申请文件的截止时间
4	潜在投标人或者其他利害关系人对资格预审文件有异议的	应当在提交资格预审申请文件截止时间2日前提出；招标人应当自收到异议之日起3日内做出答复；做出答复前，应当暂停招标投标活动
5	招标文件的发售期	不得少于5日
6	招标人应当确定投标人编制投标文件的合理时间	依法必须进行招标的项目从招标文件发出之日起至投标人提交投标文件截止之日止，最短不得少于20天
7	对已发出的招标文件进行必要的澄清或者修改。澄清或者修改的内容可能影响投标文件编制的	招标人应当在投标截止时间至少15日前，以书面形式通知所有获取招标文件的潜在投标人；不足15日的，招标人应当顺延投标文件的截止时间
8	潜在投标人或者其他利害关系人对招标文件有异议的	应当在投标截止时间10日前提出。招标人应当自收到异议之日起3日内做出答复；做出答复前，应当暂停招标投标活动
9	投标人撤回已提交的投标文件，应当在投标截止时间前书面通知招标人。招标人已收取投标保证金的	应当自收到投标人书面撤回通知之日起5日内退还
10	投标人对开标有异议的	应当在开标现场提出，招标人应当当场做出答复，并制作记录
11	公示中标候选人	依法必须进行招标的项目，招标人应当自收到评标报告之日起3日内公示中标候选人，公示期不得少于3日
12	投标人或者其他利害关系人对依法必须进行招标的项目的评标结果有异议的	应当在中标候选人公示期间提出。招标人应当自收到异议之日起3日内做出答复；做出答复前，应当暂停招标投标活动
13	按照招标文件和中标人的投标文件订立书面合同	中标人应当自中标通知书发出之日起30日内签订
14	依法必须招标的项目招标人向有关行政监督部门提交招标投标情况书面报告	应当自确定中标人之日起15日内
15	向中标人和未中标的投标人退还投标保证金及银行同期存款利息	招标人最迟应当在书面合同签订后5日内
16	关于对招标投标活动的投诉时效	投标人或者其他利害关系人认为招标投标活动不符合法律、行政法规规定的，可以自知道或者应当知道之日起10日内向有关行政监督部门投诉。投诉应当有明确的请求和必要的证明材料
17	关于对招标投标活动的投诉处理的时间要求	行政监督部门应当自收到投诉之日起3个工作日内决定是否受理投诉，并自受理投诉之日起30个工作日内做出书面处理决定；需要检验、检测、鉴定、专家评审的，所需时间不计算在内

附表 2　公开招标程序图

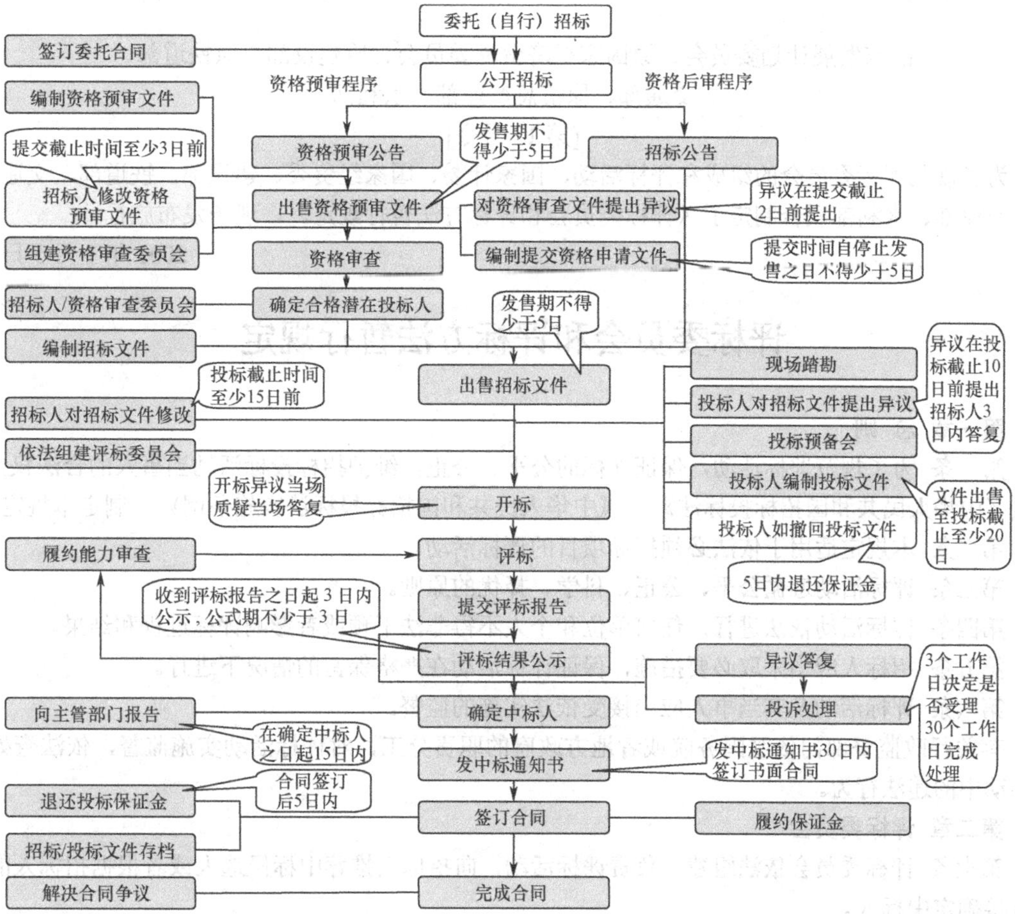
委托（自行）招标
签订委托合同
公开招标
资格预审程序
资格后审程序
编制资格预审文件
提交截止时间至少3日前
招标人修改资格预审文件
组建资格审查委员会
资格预审公告
发售期不得少于5日
出售资格预审文件
对资格审查文件提出异议
异议在提交截止2日前提出
资格审查
编制提交资格申请文件
提交时间自停止发售之日不得少于5日
招标人/资格审查委员会
确定合格潜在投标人
招标公告
编制招标文件
发售期不得少于5日
出售招标文件
投标截止时间至少15日前
招标人对招标文件修改
现场踏勘
投标人对招标文件提出异议
异议在投标截止10日前提出招标人3日内答复
投标预备会
依法组建评标委员会
开标异议当场质疑当场答复
开标
投标人编制投标文件
文件出售至投标截止至少20日
投标人如撤回投标文件
5日内退还保证金
履约能力审查
评标
收到评标报告之日起3日内公示，公式期不少于3日
提交评标报告
评标结果公示
异议答复
投诉处理
3个工作日决定是否受理30个工作日完成处理
向主管部门报告
确定中标人
在确定中标人之日起15日内
发中标通知书
发中标通知书30日内签订书面合同
合同签订后5日内
退还投标保证金
签订合同
履约保证金
招标/投标文件存档
解决合同争议
完成合同

附录A

评标委员会和评标方法暂行规定（依据23号令修订）

国家发展计划委员会、原国家经济贸易委员会、原建设部、原铁道部、
交通部、原信息产业部、水利部

[第12号令]

为了规范评标委员会的组成和评标活动，国家计委、国家经贸委、建设部、铁道部、交通部、信息产业部、水利部联合制定了《评标委员会和评标方法暂行规定》，现予发布施行。

2001年7月5日

评标委员会和评标方法暂行规定

第一章 总 则

第一条 为了规范评标活动，保证评标的公平、公正，维护招标投标活动当事人的合法权益，依照《中华人民共和国招标投标法》、《中华人民共和国招标投标法实施条例》，制定本规定。

第二条 本规定适用于依法必须招标项目的评标活动。

第三条 评标活动遵循公平、公正、科学、择优的原则。

第四条 评标活动依法进行，任何单位和个人不得非法干预或者影响评标过程和结果。

第五条 招标人应当采取必要措施，保证评标活动在严格保密的情况下进行。

第六条 评标活动及其当事人应当接受依法实施的监督。

有关行政监督部门依照国务院或者地方政府的职责分工，对评标活动实施监督，依法查处评标活动中的违法行为。

第二章 评标委员会

第七条 评标委员会依法组建，负责评标活动，向招标人推荐中标候选人或者根据招标人的授权直接确定中标人。

第八条 评标委员会由招标人负责组建。

评标委员会成员名单一般应于开标前确定。评标委员会成员名单在中标结果确定前应当保密。

第九条 评标委员会由招标人或其委托的招标代理机构熟悉相关业务的代表，以及有关技术、经济等方面的专家组成，成员人数为五人以上单数，其中技术、经济等方面的专家不得少于成员总数的三分之二。

评标委员会设负责人的，评标委员会负责人由评标委员会成员推举产生或者由招标人确定。评标委员会负责人与评标委员会的其他成员有同等的表决权。

第十条 评标委员会的专家成员应当从依法组建的专家库内的相关专家名单中确定。

按前款规定确定评标专家，可以采取随机抽取或者直接确定的方式。一般项目，可以采取随机抽取的方式；技术特别复杂、专业性强或者国家有特殊要求的招标项目，采取随机抽取方式确定的专家难以保证胜任的，可以由招标人直接确定。

第十一条 评标专家应符合下列条件：

（一）从事相关专业领域工作满八年并具有高级职称或者同等专业水平；

（二）熟悉有关招标投标的法律法规，并具有与招标项目相关的实践经验；

（三）能够认真、公正、诚实、廉洁地履行职责。

第十二条 有下列情形之一的，不得担任评标委员会成员：

（一）投标人或者投标人主要负责人的近亲属；

（二）项目主管部门或者行政监督部门的人员；

（三）与投标人有经济利益关系，可能影响对投标公正评审的；

（四）曾因在招标、评标及其他与招标投标有关活动中从事违法行为而受过行政处罚或刑事处罚的。

评标委员会成员有前款规定情形之一的，应当主动提出回避。

第十三条 评标委员会成员应当客观、公正地履行职责，遵守职业道德，对所提出的评审意见承担个人责任。

评标委员会成员不得与任何投标人或者与招标结果有利害关系的人进行私下接触，不得收受投标人、中介人、其他利害关系人的财物或者其他好处，不得向招标人征询其确定中标人的意向，不得接受任何单位或者个人明示或者暗示提出的倾向或者排斥特定投标人的要求，不得有其他不客观、不公正履行职务的行为。

第十四条 评标委员会成员和与评标活动有关的工作人员不得透露对投标文件的评审和比较、中标候选人的推荐情况及与评标有关的其他情况。

前款所称与评标活动有关的工作人员，是指评标委员会成员以外的因参与评标监督工作或者事务性工作而知悉有关评标情况的所有人员。

第三章 评标的准备与初步评审

第十五条 评标委员会成员应当编制供评标使用的相应表格，认真研究招标文件，至少应了解和熟悉以下内容：

（一）招标的目标；

（二）招标项目的范围和性质；

（三）招标文件中规定的主要技术要求、标准和商务条款；

（四）招标文件规定的评标标准、评标方法和在评标过程中考虑的相关因素。

第十六条 招标人或者其委托的招标代理机构应当向评标委员会提供评标所需的重要信息和数据但不得带有明示或者暗示倾向或者排斥特定投标人的信息。

招标人设有标底的，标底在开标前应当保密，并在评标时作为参考。

第十七条 评标委员会应当根据招标文件规定的评标标准和方法，对投标文件进行系统地评审和比较。招标文件中没有规定的标准和方法不得作为评标的依据。

招标文件中规定的评标标准和评标方法应当合理，不得含有倾向或者排斥潜在投标人的内容，不得妨碍或者限制投标人之间的竞争。

第十八条 评标委员会应当按照投标报价的高低或者招标文件规定的其他方法对投标文件排序。以多种货币报价的，应当按照中国银行在开标日公布的汇率中间价换算成人民币。

招标文件应当对汇率标准和汇率风险作出规定。未作规定的，汇率风险由投标人承担。

第十九条 评标委员会可以书面方式要求投标人对投标文件中含义不明确、对同类问题表述不一致或者有明显文字和计算错误的内容作必要的澄清、说明或者补正。澄清、说明或者补正应以书面方式进行并不得超出投标文件的范围或者改变投标文件的实质性内容。

投标文件中的大写金额和小写金额不一致的，以大写金额为准。总价金额与单价金额不一致的，以单价金额为准，但单价金额小数点有明显错误的除外。对不同文字文本投标文件的解释发生异议的，以中文文本为准。

第二十条 在评标过程中，评标委员会发现投标人以他人的名义投标、串通投标、以行贿手段谋取中标或者以其他弄虚作假方式投标的，应当否决该投标人的投标

第二十一条 在评标过程中，评标委员会发现投标人的报价明显低于其他投标报价或者在设有标底时明显低于标底，使得其投标报价可能低于其个别成本的，应当要求该投标人作出书面说明并提供相关证明材料。投标人不能合理说明或者不能提供相关证明材料的，由评标委员会认定该投标人以低于成本报价竞标，应当否决其投标。

第二十二条 投标人资格条件不符合国家有关规定和招标文件要求的，或者拒不按照要求对投标文件进行澄清、说明或者补正的，评标委员会可以否决其投标。

第二十三条 评标委员会应当审查每一投标文件是否对招标文件提出的所有实质性要求和条件作出响应。未能在实质上响应的投标，应当予以否决。

第二十四条 评标委员会应当根据招标文件，审查并逐项列出投标文件的全部投标偏差。

投标偏差分为重大偏差和细微偏差。

第二十五条 下列情况属于重大偏差：

（一）没有按照招标文件要求提供投标担保或者所提供的投标担保有瑕疵；

（二）投标文件没有投标人授权代表签字和加盖公章；

（三）投标文件载明的招标项目完成期限超过招标文件规定的期限；

（四）明显不符合技术规格、技术标准的要求；

（五）投标文件载明的货物包装方式、检验标准和方法等不符合招标文件的要求；

（六）投标文件附有招标人不能接受的条件；

（七）不符合招标文件中规定的其他实质性要求。

投标文件有上述情形之一的，为未能对招标文件作出实质性响应，并按本规定第二十三条规定作否决投标处理。招标文件对重大偏差另有规定的，从其规定。

第二十六条 细微偏差是指投标文件在实质上响应招标文件要求，但在个别地方存在漏项或者提供了不完整的技术信息和数据等情况，并且补正这些遗漏或者不完整不会对其他投标人造成不公平的结果。细微偏差不影响投标文件的有效性。

评标委员会应当书面要求存在细微偏差的投标人在评标结束前予以补正。拒不补正的，在详细评审时可以对细微偏差作不利于该投标人的量化，量化标准应当在招标文件中规定。

第二十七条 评标委员会根据本规定第二十条、第二十一条、第二十二条、第二十三条、第二十五条的规定否决不合格投标后，因有效投标不足三个使得投标明显缺乏竞争的，评标委员会可以否决全部投标。

投标人少于三个或者所有投标被否决的，招标人在分析招标失败的原因并采取相应措施后，应当依法重新招标。

第四章 详细评审

第二十八条 经初步评审合格的投标文件，评标委员会应当根据招标文件确定的评标标准和方法，对其技术部分和商务部分作进一步评审、比较。

第二十九条 评标方法包括经评审的最低投标价法、综合评估法或者法律、行政法规允许的其他评标方法。

第三十条 经评审的最低投标价法一般适用于具有通用技术、性能标准或者招标人对其技术、性能没有特殊要求的招标项目。

第三十一条 根据经评审的最低投标价法，能够满足招标文件的实质性要求，并且经评审的最低投标价的投标，应当推荐为中标候选人。

第三十二条 采用经评审的最低投标价法的，评标委员会应当根据招标文件中规定的评标价格调整方法，对所有投标人的投标报价及投标文件的商务部分作必要的价格调整。

采用经评审的最低投标价法的，中标人的投标应当符合招标文件规定的技术要求和标准，但评标委员会无须对投标文件的技术部分进行价格折算。

第三十三条 根据经评审的最低投标价法完成详细评审后，评标委员会应当拟定一份“标价比较表”，连同书面评标报告提交招标人。“标价比较表”应当载明投标人的投标报价、对商务偏差的价格调整和说明，以及经评审的最终投标价。

第三十四条 不宜采用经评审的最低投标价法的招标项目，一般应当采取综合评估法进行评审。

第三十五条 根据综合评估法，最大限度地满足招标文件中规定的各项综合评价标准的投标，应当推荐为中标候选人。

衡量投标文件是否最大限度地满足招标文件中规定的各项评价标准，可以采取折算为货币的方法、打分的方法或者其他方法。需量化的因素及其权重应当在招标文件中明确规定。

第三十六条 评标委员会对各个评审因素进行量化时，应当将量化指标建立在同一基础或者同一标准上，使各投标文件具有可比性。

对技术部分和商务部分进行量化后，评标委员会应当对这两部分的量化结果进行加权，计算出每一投标的综合评估价或者综合评估分。

第三十七条 根据综合评估法完成评标后，评标委员会应当拟定一份“综合评估比较表”，连同书面评标报告提交招标人。“综合评估比较表”应当载明投标人的投标报价、所作的任何修正、对商务偏差的调整、对技术偏差的调整、对各评审因素的评估，以及对每一投标的最终评审结果。

第三十八条 根据招标文件的规定，允许投标人投备选标的，评标委员会可以对中标人所投的备选标进行评审，以决定是否采纳备选标。不符合中标条件的投标人的备选标不予考虑。

第三十九条 对于划分有多个单项合同的招标项目，招标文件允许投标人为获得整个项目合同而提出优惠的，评标委员会可以对投标人提出的优惠进行审查，以决定是否将招标项目作为一个整体合同授予中标人。将招标项目作为一个整体合同授予的，整体合同中标人的投标应当最有利于招标人。

第四十条 评标和定标应当在投标有效期内完成。不能在投标有效期内完成评标和定标的，招标人应当通知所有投标人延长投标有效期。拒绝延长投标有效期的投标人有权收回投标保证金。同意延长投标有效期的投标人应当相应延长其投标担保的有效期，但不得修改投标文件的实质性内容。因延长投标有效期造成投标人损失的，招标人应当给予补偿，但因不可抗力需延长投标有效期的除外。

招标文件应当载明投标有效期。投标有效期从提交投标文件截止日起计算。

第五章 推荐中标候选人与定标

第四十一条 评标委员会在评标过程中发现的问题，应当及时作出处理或者向招标人提出处理建议，并作书面记录。

第四十二条 评标委员会完成评标后，应当向招标人提出书面评标报告，并抄送有关行政监督部门。评标报告应当如实记载以下内容：

（一）基本情况和数据表；

（二）评标委员会成员名单；

（三）开标记录；

（四）符合要求的投标一览表；

（五）否决投标的情况说明；

（六）评标标准、评标方法或者评标因素一览表；

（七）经评审的价格或者评分比较一览表；

（八）经评审的投标人排序；

（九）推荐的中标候选人名单与签订合同前要处理的事宜；

（十）澄清、说明、补正事项纪要。

第四十三条 评标报告由评标委员会全体成员签字。对评标结论持有异议的评标委员会成员可以书面方式阐述其不同意见和理由。评标委员会成员拒绝在评标报告上签字且不陈述其不同意见和理由的，视为同意评标结论。评标委员会应当对此作出书面说明并记录在案。

第四十四条 向招标人提交书面评标报告后，评标委员会应将评标过程中使用的文件、表格及其他资料应当即时归还招标人。

第四十五条 评标委员会推荐的中标候选人应当限定在一至三人，并标明排列顺序。

第四十六条 中标人的投标应当符合下列条件之一：

（一）能够最大限度满足招标文件中规定的各项综合评价标准；

（二）能够满足招标文件的实质性要求，并且经评审的投标价格最低，但是投标价格低于成本的除外。

第四十七条 招标人不得与投标人就投标价格、投标方案等实质性内容进行谈判。

第四十八条 国有资金占控股或者主导地位的项目，招标人应当确定排名第一的中标候选人为中标人。排名第一的中标候选人放弃中标、因不可抗力提出不能履行合同，或者招标文件规定应当提交履约保证金而在规定的期限内未能提交，或者被查实存在影响中标结果的违法行为等情形，不符合中标条件的，招标人可以按照评标委员会提出的中标候选人名单排序依次确定其他中标候选人为中标人。依次确定其他中标候选人与招标人预期差距较大，或者对招标人明显不利的，招标人可以重新招标。

招标人可以授权评标委员会直接确定中标人。

国务院对中标人的确定另有规定的，从其规定。

第四十九条 中标人确定后，招标人应当向中标人发出中标通知书，同时通知未中标人，并与中标人在投标有效期内，以及中标通知书发出之日起30日之内签订合同。

第五十条 中标通知书对招标人和中标人具有法律约束力。中标通知书发出后，招标人改变中标结果或者中标人放弃中标的，应当承担法律责任。

第五十一条 招标人应当与中标人按照招标文件和中标人的投标文件订立书面合同。招标人与中标人不得再行订立背离合同实质性内容的其他协议。

第五十二条 招标人与中标人签订合同后5日内，应当向中标人和未中标的投标人退还投标保证金。

第六章 罚 则

第五十三条 评标委员会成员有下列行为之一的，由有关行政监督部门责令改正。情节严重的，禁止其在一定期限内参加依法必须进行招标的项目的评标。情节特别严重的，取消其担任评标委员会成员的资格：

（一）应当回避而不回避；

（二）擅离职守；

（三）不按照招标文件规定的评标标准和方法评标；

（四）私下接触投标人；

（五）向招标人征询确定中标人的意向或者接受任何单位或者个人明示或者暗示提出的倾向或者，排斥特定投标人的要求；

（六）对依法应当否决的投标不提出否决意见；

（七）暗示或者诱导投标人作出澄清、说明或者接受投标人主动提出的澄清、说明；

（八）其他不客观、不公正履行职务的行为

第五十四条 评标委员会成员收受投标人的财物或者其他好处的，评标委员会成员或者与评标活动有关的工作人员向他人透露对投标文件的评审和比较、中标候选人的推荐，以及与评标有关的其他情况的，给予警告，没收收受的财物，可以并处三千元以上五万元以下的罚款；对有所列违法行为的评标委员会成员取消担任评标委员会成员的资格，不得再参加任何依法必须进行招标项目的评标；构成犯罪的，依法追究刑事责任。

第五十五条 招标人有下列情形之一的，责令改正，可以处中标项目金额千分之十以下的罚款。给他人造成损失的，依法承担赔偿责任。对单位直接负责的主管人员和其他直接责任人员依法给予处分：

（一）无正当理由不发出中标通知书；

（二）不按照规定确定中标人；

（三）中标通知书发出后无正当理由改变中标结果；

（四）无正当理由不与中标人订立合同；

（五）在订立合同时向中标人提出附加条件。

第五十六条 招标人与中标人不按照招标文件和中标人的投标文件订立合同的，合同的主要条款与招标文件、中标人的投标文件的内容不一致，或者招标人、中标人订立背离合同实质性内容的协议的，由有关行政监督部门责令改正，可以处中标项目金额千分之五以上千分之十以下的罚款。

第五十七条 中标人无正当理由不与招标人订立合同，在签订合同时向招标人提出附加条件，或者不按照招标文件要求提交履约保证金的，取消其中标资格，投标保证金不予退还。对依法必须进行招标的项目的中标人，由有关行政监督部门责令改正，可以处中标项目金额10‰以下的罚款。

第七章 附 则

第五十八条 依法必须招标项目以外的评标活动，参照本规定执行。

第五十九条 使用国际组织或者外国政府贷款、援助资金的招标项目的评标活动，贷款方、资金提供方对评标委员会与评标方法另有规定的，适用其规定，但违背中华人民共和国的社会公共利益的除外。

第六十条 本规定颁布前有关评标机构和评标方法的规定与本规定不一致的，以本规定为准。法律或者行政法规另有规定的，从其规定。

第六十一条 本规定由国家发展改革委会同有关部门负责解释。

第六十二条 本规定自发布之日起施行。

附录 B

评标专家和评标专家库管理暂行办法（依据 23 号令修订）

第 29 号

为了加强对评标专家和评标专家库的监督管理，健全评标专家库制度，根据《中华人民共和国招标投标法》，特制定《评标专家和评标专家库管理暂行办法》，经国家发展计划委员会审议通过，现予发布，自 2003 年 4 月 1 日起施行。

国家发展计划委员会主任：**曾培炎**

2003 年 2 月 22 日

评标专家和评标专家库管理暂行办法

第一条 为加强对评标专家的监督管理，健全评标专家库制度，保证评标活动的公平、公正，提高评标质量，根据《中华人民共和国招标投标法》（简称为《招标法》）、《中华人民共和国招标投标法实施条例》（简称《招标投标法实施条例》），制定本办法。

第二条 本办法适用于评标专家的资格认定、入库及评标专家库的组建、使用、管理活动。

第三条 评标专家库由省级（含，下同）以上人民政府有关部门或者依法成立的招标代理机构依照《招标法》、《招标投标法实施条例》，以及国家统一的评标专家专业分类标准和管理办法的规定自主组建。

评标专家库的组建活动应当公开，接受公众监督。

第四条 省级人民政府、省级以上人民政府有关部门和招标代理机构应当加强对其所建评标专家库及评标专家的管理，但不得以任何名义非法控制、干预或者影响评标专家的具体评标活动。

第五条 政府投资项目的评标专家，必须从政府或政府有关部门组建的评标专家库中抽取。

第六条 省级人民政府、省级以上人民政府有关部门组建评标专家库，应当有利于打破地区封锁，实现评标专家资源共享。省级人民政府和国务院有关部门应当组建跨部门、跨地区的综合性评标专家库。

第七条 入选评标专家库的专家，必须具备如下条件：

（一）从事相关专业领域工作满八年并具有高级职称或同等专业水平；

（二）熟悉有关招标投标的法律法规；

（三）能够认真、公正、诚实、廉洁地履行职责；

（四）身体健康，能够承担评标工作；

（五）法律规章规定的其他条件。

第八条 评标专家库应当具备下列条件：

（一）具有符合本办法第七条规定条件的评标专家，专家总数不得少于 500 人；

（二）有满足评标需要的专业分类；

（三）有满足异地抽取、随机抽取评标专家需要的必要设施和条件；

（四）有负责日常维护管理的专门机构和人员。

第九条 专家入选评标专家库，采取个人申请和单位推荐两种方式。采取单位推荐方式的，应事先征得被推荐人同意。

个人申请书或单位推荐书应当存档备查。个人申请书或单位推荐书应当附有符合本办法第七条规定条件的证明材料。

第十条 组建评标专家库的省级人民政府、政府部门或者招标代理机构，应当对申请人或被推荐人进行评审，决定是否接受申请或者推荐，并向符合本办法第七条规定条件的申请人或被推荐人颁发评标专家证书。

评审过程及结果应做成书面记录，并存档备查。

组建评标专家库的政府部门，可以对申请人或者被推荐人进行必要的招标投标业务和法律知识培训。

第十一条 组建评标专家库的政府部门或者招标代理机构，应当为每位入选专家建立档案，详细记载评标专家评标的具体情况。

第十二条 组建评标专家库的政府部门或者招标代理机构，应当建立年度考核制度，对每位入选专家进行考核。评标专家因身体健康、业务能力及信誉等原因不能胜任评标工作的，停止担任评标专家，并从评标专家库中除名。

第十三条 评标专家享有下列权利：

（一）接受招标人或其招标代理机构聘请，担任评标委员会成员；

（二）依法对投标文件进行独立评审，提出评审意见，不受任何单位或者个人的干预；

（三）接受参加评标活动的劳务报酬；

（四）国家规定的其他权利。

第十四条 评标专家负有下列义务：

（一）有《招标法》第三十七条、《招标投标法实施条例》第四十六条和《评标委员会和评标方法暂行规定》第十二条规定情形之一的，应当主动提出回避；

（二）遵守评标工作纪律，不得私下接触投标人，不得收受投标人或者其他利害关系人的财物或者其他好处，不得透露对投标文件的评审和比较、中标候选人的推荐情况，以及与评标有关的其他情况；

（三）客观公正地进行评标；

（四）协助、配合有关行政监督部门的监督、检查；

（五）国家规定的其他义务。

第十五条 评标专家有下列情形之一的，由有关行政监督部门责令改正；情节严重的，禁止其在一定期限内参加依法必须进行招标的项目的评标；情节特别严重的，取消其担任评标委员会成员的资格：

（一）应当回避而不回避；

（二）擅离职守；

（三）不按照招标文件规定的评标标准和方法评标；

（四）私下接触投标人；

（五）向招标人征询确定中标人的意向或者接受任何单位或者个人明示或者暗示提出的倾向或者排斥特定投标人的要求；

（六）对依法应当否决的投标不提出否决意见；

（七）暗示或者诱导投标人作出澄清、说明或者接受投标人主动提出的澄清、说明；

（八）其他不客观、不公正履行职务的行为。

评标委员会成员收受投标人的财物或者其他好处的，评标委员会成员或者与评标活动有关的工作人员向他人透露对投标文件的评审和比较、中标候选人的推荐，以及与评标有关的其他情况的，给予警告，没收收受的财物，可以并处三千元以上五万元以下的罚款；对有所列违法行为的评标委员会成员取消担任评标委员会成员的资格，不得再参加任何依法必须进行招标项目的评标；构成犯罪的，依法追究刑事责任。

第十六条 组建评标专家库的政府部门或者招标代理机构有下列情形之一的，由有关行政监督部门给予警告。情节严重的，暂停直至取消招标代理机构相应的招标代理资格：

（一）组建的评标专家库不具备本办法规定条件的；

（二）未按本办法规定建立评标专家档案或对评标专家档案作虚假记载的；

（三）以管理为名，非法干预评标专家的评标活动的。

第十七条 依法必须进行招标的项目的 招标人不按照规定组建评标委员会，或者确定、更换评标委员会成员违反《招标法》和《招标投标法实施条例》规定的，由有关行政监督部门责令改正，可以处十万元以下的罚款，对单位直接负责的主管人员和其他直接责任人员依法给予处分。违法确定或者更换的评标委员会成员作出的评审结论无效，依法重新进行评审。

政府投资项目的招标人或其委托的招标代理机构不遵守本办法第五条的规定，不从政府或者政府有关部门组建的评标专家库中抽取专家的，评标无效；情节严重的，由政府有关部门依法给予警告。

第十八条 本办法由国家发展改革委负责解释。

第十九条 本办法自 2003 年 4 月 1 日起实施。

附录 C

政府采购评审专家管理办法

财库〔2016〕198 号

党中央有关部门，国务院各部委、各直属机构，全国人大常委会办公厅，全国政协办公厅，高法院，高检院，有关人民团体，各省、自治区、直辖市、计划单列市财政厅（局），中共中央直属机关采购中心、中央国家机关政府采购中心、全国人大机关采购中心、国家税务总局集中采购中心、海关总署物资装备采购中心、中国人民银行集中采购中心、公安部警用装备采购中心:

现将财政部制定的《政府采购评审专家管理办法》印发给你们，请遵照执行。

附件：政府采购评审专家管理办法

财政部

2016 年 11 月 18 日

附件

政府采购评审专家管理办法

第一章 总　则

第一条　为加强政府采购评审活动管理，规范政府采购评审专家（以下简称评审专家）评审行为，根据《中华人民共和国政府采购法》（以下简称《政府采购法》）、《中华人民共和国政府采购法实施条例》（以下简称《政府采购法实施条例》）等法律法规及有关规定，制定本办法。

第二条　本办法所称评审专家，是指经省级以上人民政府财政部门选聘，以独立身份参加政府采购评审，纳入评审专家库管理的人员。评审专家选聘、解聘、抽取、使用、监督管理适用本办法。

第三条　评审专家实行统一标准、管用分离、随机抽取的管理原则。

第四条　财政部负责制定全国统一的评审专家专业分类标准和评审专家库建设标准，建设管理国家评审专家库。

省级人民政府财政部门负责建设本地区评审专家库并实行动态管理，与国家评审专家库互联互通、资源共享。

各级人民政府财政部门依法履行对评审专家的监督管理职责。

第二章 评审专家选聘与解聘

第五条　省级以上人民政府财政部门通过公开征集、单位推荐和自我推荐相结合的方式选聘评审专家。

第六条　评审专家应当具备以下条件:

（一）具有良好的职业道德，廉洁自律、遵纪守法，无行贿、受贿、欺诈等不良信用记录；

（二）具有中级专业技术职称或同等专业水平且从事相关领域工作满 8 年，或者具有高级专业技术职称或同等专业水平；

（三）熟悉政府采购相关政策法规；

（四）承诺以独立身份参加评审工作，依法履行评审专家工作职责并承担相应法律责任的中国公民；

（五）不满 70 周岁，身体健康，能够承担评审工作；

（六）申请成为评审专家前三年内，无本办法第二十九条规定的不良行为记录。

对评审专家数量较少的专业，前款第（二）项、第（五）项所列条件可以适当放宽。

第七条　符合本办法第六条规定条件，自愿申请成为评审专家的人员（以下简称申请人），应当提供以下申请材料：

（一）个人简历、本人签署的申请书和承诺书；

（二）学历学位证书、专业技术职称证书或者具有同等专业水平的证明材料；

（三）证明本人身份的有效证件；

（四）本人认为需要申请回避的信息；

（五）省级以上人民政府财政部门规定的其他材料。

第八条　申请人应当根据本人专业或专长申报评审专业。

第九条　省级以上人民政府财政部门对申请人提交的申请材料、申报的评审专业和信用信息进行审核，符合条件的选聘为评审专家， 纳入评审专家库管理。

第十条　评审专家工作单位、联系方式、专业技术职称、需要回避的信息等发生变化的，应当及时向相关省级以上人民政府财政部门申请变更相关信息。

第十一条　评审专家存在以下情形之一的，省级以上人民政府财政部门应当将其解聘：

（一）不符合本办法第六条规定条件；

（二）本人申请不再担任评审专家；

（三）存在本办法第二十九条规定的不良行为记录；

（四）受到刑事处罚。

第三章　评审专家抽取与使用

第十二条　采购人或者采购代理机构应当从省级以上人民政府财政部门设立的评审专家库中随机抽取评审专家。

评审专家库中相关专家数量不能保证随机抽取需要的，采购人或者采购代理机构可以推荐符合条件的人员，经审核选聘入库后再随机抽取使用。

第十三条　技术复杂、专业性强的采购项目，通过随机方式难以确定合适评审专家的，经主管预算单位同意，采购人可以自行选定相应专业领域的评审专家。

自行选定评审专家的，应当优先选择本单位以外的评审专家。

第十四条　除采用竞争性谈判、竞争性磋商方式采购，以及异地评审的项目外，采购人或者采购代理机构抽取评审专家的开始时间原则上不得早于评审活动开始前 2 个工作日。

第十五条　采购人或者采购代理机构应当在评审活动开始前宣布评审工作纪律，并将记载评审工作纪律的书面文件作为采购文件一并存档。

第十六条　评审专家与参加采购活动的供应商存在下列利害关系之一的，应当回避：

（一）参加采购活动前三年内，与供应商存在劳动关系，或者担任过供应商的董事、监事，或者是供应商的控股股东或实际控制人；

（二）与供应商的法定代表人或者负责人有夫妻、直系血亲、三代以内旁系血亲或者近姻亲关系；

（三）与供应商有其他可能影响政府采购活动公平、公正进行的关系。

评审专家发现本人与参加采购活动的供应商有利害关系的，应当主动提出回避。采购人或者采购代理机构发现评审专家与参加采购活动的供应商有利害关系的，应当要求其回避。

除本办法第十三条规定的情形外，评审专家对本单位的政府采购项目只能作为采购人代表参与评审活动。

各级财政部门政府采购监督管理工作人员，不得作为评审专家参与政府采购项目的评审活动。

第十七条　出现评审专家缺席、回避等情形导致评审现场专家数量不符合规定的，采购人或者采购代理机构应当及时补抽评审专家，或者经采购人主管预算单位同意自行选定补足评审专家。无法及时补足评审专家的，采购人或者采购代理机构应当立即停止评审工作，妥善保存采购文件，依法重新组建评标委员会、谈判小组、询价小组、磋商小组进行评审。

第十八条　评审专家应当严格遵守评审工作纪律，按照客观、公正、审慎的原则，根据采购文件规定的评审程序、评审方法和评审标准进行独立评审。

评审专家发现采购文件内容违反国家有关强制性规定或者采购文件存在歧义、重大缺陷导致评审工作无法进行时，应当停止评审并向采购人或者采购代理机构书面说明情况。

评审专家应当配合答复供应商的询问、质疑和投诉等事项，不得泄露评审文件、评审情况和在评审过程中获悉的商业秘密。

评审专家发现供应商具有行贿、提供虚假材料或者串通等违法行为的，应当及时向财政部门报告。

评审专家在评审过程中受到非法干预的，应当及时向财政、监察等部门举报。

第十九条　评审专家应当在评审报告上签字，对自己的评审意见承担法律责任。对需要共同认定的事项存在争议的，按照少数服从多数的原则做出结论。对评审报告有异议的，应当在评审报告上签署不同意见并说明理由，否则视为同意评审报告。

第二十条　评审专家名单在评审结果公告前应当保密。评审活动完成后，采购人或者采购代理机构应当随中标、成交结果一并公告评审专家名单，并对自行选定的评审专家做出标注。

各级财政部门、采购人和采购代理机构有关工作人员不得泄露评审专家的个人情况。

第二十一条　采购人或者采购代理机构应当于评审活动结束后5个工作日内，在政府采购信用评价系统中记录评审专家的职责履行情况。

评审专家可以在政府采购信用评价系统中查询本人职责履行情况记录，并就有关情况作出说明。

省级以上人民政府财政部门可根据评审专家履职情况等因素设置阶梯抽取概率。

第二十二条　评审专家应当于评审活动结束后5个工作日内，在政府采购信用评价系统中记录采购人或者采购代理机构的职责履行情况。

第二十三条　集中采购目录内的项目，由集中采购机构支付评审专家劳务报酬；集中采购目录外的项目，由采购人支付评审专家劳务报酬。

第二十四条　省级人民政府财政部门应当根据实际情况，制定本地区评审专家劳务报酬标准。中央预算单位参照本单位所在地或评审活动所在地标准支付评审专家劳务报酬。

第二十五条　评审专家参加异地评审的，其往返的城市间交通费、住宿费等实际发生的费用，可参照采购人执行的差旅费管理办法相应标准向采购人或集中采购机构凭据报销。

第二十六条　评审专家未完成评审工作擅自离开评审现场，或者在评审活动中有违法违规行为的，不得获取劳务报酬和报销异地评审差旅费。评审专家以外的其他人员不得获取评审劳务报酬。

第四章 评审专家监督管理

第二十七条 评审专家未按照采购文件规定的评审程序、评审方法和评审标准进行独立评审或者泄露评审文件、评审情况的，由财政部门给予警告，并处2000元以上2万元以下的罚款；影响中标、成交结果的，处2万元以上5万元以下的罚款，禁止其参加政府采购评审活动。

评审专家与供应商存在利害关系未回避的，处2万元以上5万元以下的罚款，禁止其参加政府采购评审活动。

评审专家收受采购人、采购代理机构、供应商贿赂或者获取其他不正当利益，构成犯罪的，依法追究刑事责任；尚不构成犯罪的，处2万元以上5万元以下的罚款，禁止其参加政府采购评审活动。

评审专家有上述违法行为的，其评审意见无效；有违法所得的，没收违法所得；给他人造成损失的，依法承担民事责任。

第二十八条 采购人、采购代理机构发现评审专家有违法违规行为的，应当及时向采购人本级财政部门报告。

第二十九条 申请人或评审专家有下列情形的，列入不良行为记录：

（一）未按照采购文件规定的评审程序、评审方法和评审标准进行独立评审；

（二）泄露评审文件、评审情况；

（三）与供应商存在利害关系未回避；

（四）收受采购人、采购代理机构、供应商贿赂或者获取其他不正当利益；

（五）提供虚假申请材料；

（六）拒不履行配合答复供应商询问、质疑、投诉等法定义务；

（七）以评审专家身份从事有损政府采购公信力的活动。

第三十条 采购人或者采购代理机构未按照本办法规定抽取和使用评审专家的，依照《政府采购法》及有关法律法规追究法律责任。

第三十一条 财政部门工作人员在评审专家管理工作中存在滥用职权、玩忽职守、徇私舞弊等违法违纪行为的，依照《政府采购法》《公务员法》《行政监察法》《政府采购法实施条例》等国家有关规定追究相应责任；涉嫌犯罪的，移送司法机关处理。

第五章 附 则

第三十二条 参加评审活动的采购人代表、采购人依法自行选定的评审专家管理参照本办法执行。

第三十三条 国家对评审专家抽取、选定另有规定的，从其规定。

第三十四条 各省级人民政府财政部门，可以根据本办法规定，制定具体实施办法。

第三十五条 本办法由财政部负责解释。

第三十六条 本办法自2017年1月1日起施行。财政部、监察部2003年11月17日发布的《政府采购评审专家管理办法》（财库〔2003〕119号）同时废止。

参考文献

[1] 何红峰. 招标师职业水平考试辅导教材之四招标采购案例分析. 北京：中国计划出版社，2009.
[2] 刘慧. 招标师职业水平考试辅导教材之三招标采购专业实务. 北京：中国计划出版社，2009.
[3] 林善谋. 招标投标法适用与案例评析. 北京：机械工业出版社，2004.
[4] 唐广庆. 建设工程实施阶段的项目管理. 北京：知识产权出版社，2005.
[5] 李显冬. 民法教程. 北京：中国人民公安大学出版社，2003.
[6] 李显冬. 民法总则典型案例疏议. 北京：法律出版社，2008.
[7] 李小林. 关于创新和完善招标投标体制机制的思考. 第二届中国招标投标高层论坛. 2009.
[8] 赵勇. 竞争性谈判的国际借鉴. 第二届中国招标投标高层论坛. 2009.
[9] 张立江. e 招标平台关于电子招标投标办法解读.